RODIGER
SAFRANSKI

EIN MEISTER AUS
DEUTSCHLAND
Heidegger und
seine Zeit

来自德国的大师

海德格尔和他的时代

[德] 吕迪格尔·萨弗兰斯基 著

靳希平 译

Rüdiger Safranski
EIN MEISTER AUS DEUTSCHLAND
Heidegger und seine Zeit
© 1994 Carl Hanser Verlag GmbH & Co. KG, München
Chinese language edition arranged through
HERCULES Business & Culture GmbH, Germany

据卡尔·汉莎出版社 1994 年版译出

译者前言

本书作者萨弗兰斯基生于1945年，哲学博士，长期生活在柏林，1987年他出版了已被翻译为多国文字，至今仍然畅销的叔本华传《叔本华与哲学的野蛮时代》，使他成为当今德国哲学著名的自由撰稿人。

本书出版于1994年，问世不久就成为畅销书。这本书出版以后，知道我在研究海德格尔的德国朋友纷纷来信向我推荐，一年之内我就收到三本朋友的赠书，其中一本是海德格尔的再传弟子，布尔特曼的学生海因里希·奥托（Heinrich Ott）寄来的，并且告诉我，这是他迄今为止见到的最好的海德格尔思想传记。另外一位赠书的朋友是德国乡间中学的生物学教师马克斯·宾德（Max Binder）先生，他在附信中说，"连我这个哲学盲都能看懂这本书。它居然使我也了解了海德格尔的思想，所以我想，这一定是本好书，值得向你推荐。"

翻阅过全书之后，我发现本书的确是一部理解海德格尔思想精髓的深入浅出的好书。译者于海德格尔思想之中盘桓有日，自以为独有心得。但在初读萨弗兰斯基的《来自德国的大师——海德格尔和他的时代》时，不仅如逢知己，且常有茅塞顿开之感，所以迫不及待，向尚不能读德文原著的哲学爱好者译荐此书，共同分享恍悟之乐。

这本书以平实的语言,一边说故事一边讲道理,介绍了海德格尔的家庭背景、童年和青年时的生活,他故乡的政治文化及宗教传统,他大学时期的思想转变,如何成为地下哲学王及与犹太姑娘、后来的著名的政治哲学家——阿伦特的恋情,纳粹时期的拙劣表演,光复以后政治上的顽冥与哲学上的深邃,并且按照海德格尔著作写作的时间顺序,一步一步地讲述评论了海德格尔整个思想的发展过程。这本书难能可贵之处有两点:第一,他不是孤立地评介海德格尔思想,而是把海德格尔思想放到当时的哲学、宗教、政治思潮中,通过比较,确定海德格尔思想的来源、从属的政治倾向,以及他比同代人的同类思想高明在何处。为此,传记作者用了大量笔墨,介绍了一次大战前后曾经名重一时,但现在已经被人们遗忘了的思想家的思想。正如一位 Carl Hanser 出版社的编辑向我说的那样,该书不仅仅是一本海德格尔的思想传记,而且是一本 20 世纪的哲学政治思想史。

还记得我的朋友王炜先生听说我要翻译《来自德国的大师——海德格尔和他的时代》一书时,曾问我,你常说翻译太难,罕为移译之事,如今出乎尔,反乎尔,怎么译起 500 页的长卷呢?我说,为了海德格尔,我愿意上这个贼船。我这里所说的为了海德格尔,是指为了更好地理解海德格尔。

按译者感觉,海德格尔对人生的分析好像一张人生剧照的负片,它可以帮助我们获得一张关于人生的清晰夺目、绚丽多彩的生动写照。但要得到这幅彩照,则需要把这负片拿到暗室里在显影灯下,放在显影纸上,泡到显影液中去洗。这就属于哲学爱好者自己的工作了。译者希望此书的读者也能像摄影爱好者那样,在暗室的操劳中享受到难以言传的乐趣,并可以将完成的作品向公众显摆,与大家共同品评欣赏。

目　　录

前言 ·· 3

第一章 ·· 7

　　　被抛　麦氏教堂上的那片天　地方上的教派分裂　主角　敲钟的小男孩儿　唯一的兄弟　此-此-此在　双亲　在教会的卵翼下　在康斯坦茨　世俗与其他　弗赖堡高级中学　差一点儿当上耶稣会修士

第二章 ·· 29

　　　跻身于反现代主义者之间　亚伯拉罕·阿·桑克塔·克拉拉　生命的彼岸价值　美妙的逻辑　海德格尔发现了布伦塔诺和胡塞尔　19世纪哲学的遗产　晾干德国唯心主义　"仿佛"哲学　到文化价值中避难　有效与有钱

第三章 ·· 64

　　　橄榄山的时刻　事业上的计划　博士论文　虚无存在吗　《响起来了》　在神甫圣下面前的祈祷　生命哲学的彼岸　哲学生活的开始　狄尔泰的体验生活与尼采的享受生活　柏格森的巨流　马克斯·

舍勒　鲜花盛开的庭院

第四章 …………………………………………… 85
战争爆发　1914年的观念　海德格尔的哲学思考　对经院哲学的蒸馏　邓·斯各特　高级教职论文　服兵役　破格提拔未果　男人团　结婚

第五章 …………………………………………… 108
现象学的凯旋　开放的感性　头脑中的世界　胡塞尔和他的追随者　疯狂的制表匠　基础工作　诗：作为哲学的秘密追求　作为现象学家的普鲁斯特　胡塞尔与海德格尔　父与子　伊里莎白·布洛赫曼　海德格尔的生活乐趣和"疯狂的处境"

第六章 …………………………………………… 132
革命时代　马克斯·韦伯与书斋先知的对抗　圣徒贬值　海德格尔的讲台　存在问题的早期历史　体验生活与离异生活　世界活动　破坏的哲学　海德格尔的达达主义　生活的透视　经历过的瞬间的黑暗　有亲缘的精神：海德格尔和年轻的恩斯特·布洛赫

第七章 …………………………………………… 156
脱离天主教　"现实生活"与"向上帝的祈祷"　解构工作　卡尔·巴尔特的上帝　如何在降落中研究降落规律　同雅斯贝尔斯友谊的开端　1923年讲授"存在论"　《存在与时间》的前奏

第八章 …………………………………………… 182

马堡的聘请　与雅斯贝尔斯的战斗同盟　马堡的幽灵　在神学家之中　汉娜·阿伦特　巨大的热情　汉娜为明晰性而战　隐蔽中的胜利　把生活简单纯粹高贵地置于心灵之前　《存在与时间》的诞生　母亲的亡故

第九章 ······························· 209

《存在与时间》"卷首语"　什么样的存在？什么样的意义？　从何开始？　作为海藻殖民地的此在　在存在中　畏惧　操心渡河　人到底有多少本真性？　普列斯纳和盖伦另有抉择　海德格尔的道德哲学　注定使然与自由　集体的人生此在：是团体还是社会？

第十章 ································ 245

时间的规定性　对伟大瞬间的期待　卡尔·施米特、蒂利希和其他人　精神的现状　决断性和虚无　从学派压力下解放出来　人生此在的誓言　博伊隆的晚祷　怀念与鲁莽　恶　达斡斯的大辩论　海德格尔和卡西尔在魔山　黑夜与白昼

第十一章 ······························ 271

秘密代表作：1929—1930年的形而上学讲稿　关于无聊　秘密与惊恐　海德格尔的自然哲学尝试　从石头到意识　开放的历史

第十二章 ······························ 288

共和国的临终总结　普列斯纳　发挥拆毁作用

的"架拱" 朋友与敌人 海德格尔的歧义性:个人还是民众 第一次柏林招聘 卡尔·曼海姆 关于认知社会学的争论 自由主义的急救措施 以不可调和性为生 柏拉图 洞穴中的海德格尔 关于"授权"的观念 实存如何变得更实存

第十三章 ………………………………………………… 321

1931—1932年冬天在小木屋里:"粗大的木料需要粗大的楔子" 纳粹革命 洞穴中集体暴动 存在到来了 渴望非政治的政治 贱民与精英的结合 希特勒"神奇的手" 海德格尔的参与 当选校长 校长致辞 爆炸中的老古董 未带福音的牧师

第十四章 ………………………………………………… 353

校长致辞及其影响 大学改革 海德格尔是反犹太主义者吗? 海德格尔的革命活动 与1968年运动的相似性 为人民服务 科学的状态

第十五章 ………………………………………………… 374

哲学同政治之间的短路 单数的人和复数的人 差别的消失 不带差别的存在论 来自柏林的第二次招聘 海德格尔为纳粹运动的纯洁性而进行的斗争 作为告密者的革命家

第十六章 ………………………………………………… 389

当我们思维的时候,我们在哪儿? 柏林的托特瑙山 讲师科学院的计划 脱离政治舞台 "我现在讲授逻辑学……" 海德格尔自己选的英雄:从

希特勒到荷尔德林　"世界变暗"和现实存在着的国家社会主义

第十七章 ……………………………………………… 410

世界图像的时间和全面动员　海德格尔的撤退　置于作品之中的真理　气势庄重的实用主义　国家奠基人、艺术家、哲学家　对权力思维的批判　尼采和海德格尔——谁克服谁？　在汪洋大海上修造木筏

第十八章 ……………………………………………… 432

海德格尔的哲学日记:《哲学论文集》　海德格尔的哲学念珠　大古琴　一次小升天　意味深长的沉默

第十九章 ……………………………………………… 447

受到监视的海德格尔　1937年巴黎哲学大会　海德格尔的恼怒　关于德-法谅解的想法　海德格尔与战争　"行星在燃烧中"　思维与德意志

第二十章 ……………………………………………… 466

海德格尔参加人民冲锋队　弗赖堡被毁　惊恐不安的田园生活:维尔登施泰恩堡　海德格尔面对清查委员会　雅斯贝尔斯的鉴定信:"拘谨、专制、封闭"　禁止教书　法国发现了海德格尔　考叶维、萨特和虚无　海德格尔读萨特　被错过的会面　访红衣主教　精神崩溃和冬季的森林中的康复

第二十一章 ……………………………………………… 494

当我们思维时,我们在干什么？　对萨特的回答　关于人道主义的信　人道主义的复兴　高调战后德国的现身情态　由虚无的占位者到存在的牧人　海德格尔对自己的解释:回转。　不作图像,既不为人,也不为神作图像

第二十二章·················· 518

战后的马丁·海德格尔、汉娜·阿伦特和卡尔·雅斯贝尔斯　一个关于个人的和哲学的关系史

第二十三章·················· 545

另外一种公众社会　海德格尔的技术批判　托架与泰然任之　梦之乡　海德格尔在希腊故乡之梦:普罗旺斯讨论班　梅达德·波斯　措利孔讨论班:作为治疗法的人生此在分析　中学毕业生之梦

第二十四章·················· 569

克珊德拉的警告　阿道尔诺与海德格尔　阿摩尔溪流[Amorboch]与田间路　从关于本真本己性的行话到60年代的本真本己的行话　对奥斯威辛集中营的言说与沉默　《明镜周刊》的采访　保罗·策兰在弗赖堡和托特瑙山

第二十五章·················· 595

暮年　再谈一次阿伦特　海德格尔与弗兰茨·贝肯鲍尔　落叶、负担、终曲　难忘之事　存在问题和存在的意义:两则禅的故事　桥梁　纹身　鸱枭死　重归麦氏教堂镇的那片天

附录……………………………………………………… 605
  一、马丁·海德格尔年表……………………………… 605
  二、马丁·海德格尔著作目录………………………… 611
  三、主题索引…………………………………………… 615
  四、人名索引…………………………………………… 619
  五、参考文献(一)……………………………………… 627
  六、参考文献(二)……………………………………… 636
译后记…………………………………………………… 641
重印后记………………………………………………… 643

"就像在两千年之后的今天仍然从柏拉图著作中向我们迎面冲来的风暴一样,席卷着海德格尔整个思想活动的风暴不是发源于我们这个世纪。它来自非常非常古老悠远的年代。它将尽善尽美留给我们,就像一切尽善尽美者一样,又重归那非常非常古老悠远的年代。"

汉娜·阿伦特

"一个真理必有尽其天年之时,就像以前人们常说的那样;不然的话她就是个无世界的家伙。世界之所以已经变得这么贫瘠干瘪,就是因为有如此众多的人为制造出来的思想到处游荡,无着无落,无形无迹。"

埃哈德·凯斯特纳

"假如离开了人,存在[das Sein]必暗哑:它仍在那,却难以成真。"

亚历山大·考叶维

献　　给

吉泽拉·玛利亚·尼克劳斯
乌尔里希·伯姆
翰斯-彼得·翰珀尔
赫尔穆特·勒腾
策斯·诺特鲍姆
彼得·斯罗特笛叶科
乌尔里希·万纳，
对你们让我分享到的友情，
对你们的好奇与各自的信息上的帮助，
我表示由衷的感谢。

前　　言

海德格尔,他的人生,他的哲学,这是一段很长的故事。它包含着整个世纪的激情和灾难。

哲学上,海德格尔来自悠久遥远之乡:他把赫拉克里特、柏拉图、康德视为同代,与他们十分亲近,以至于使海德格尔能够聆听到这些前贤们的未尽之语,并且将它们表达出来。在海德格尔这里,整个奇妙的形而上学尚存,但是尚存于形而上学业已沉寂的时刻;也可以说,它尚存于形而上学为别的东西敞开自己心扉的时刻。

海德格尔的激情所在是提问,而不是回答。他所追问、寻觅的东西,被他称之为存在。海德格尔在他的整个的哲学生涯中,不断地提出关于存在的问题。这个问题的意义无非是把在现代已受到威胁,以至于行将消失的人生的秘密重新赋予人生而已。

海德格尔是作为天主教哲学家开始他的哲学生涯的。他接受了现代文明的挑战,发展出了关于人生此在的哲学:人生此在处身于空洞的天空[①]之下,生活在暴力统治吞噬着一切的时代,他是被

[①] 指现代文明中,天失去了它古老的居民,即上帝和神话中的诸神,因此变成了空无一神的天。——译者

抛的，但又赋有筹措自己人生之天赋。这是一种呼吁每个个人接受他的自由和责任的、严肃对待自己的死亡的哲学。按照海德格尔的看法，提问存在就意味着，使人生此在轻装洒脱，就像为航船起锚[Lichtet]①，以便使它自由驶向大海一样。海德格尔哲学的影响史是一则可悲的讽刺：在这个过程中，海德格尔的存在问题完全失去了它原有的解放、洒脱的特征，反而使思维在它面前感到备受威胁，困窘不堪。解除思维的这种窘困的日子将会到来。到那时人们也许已经超脱了，足以回应色雷斯侍女②对这位哲学天才某些不幸蒙难的深刻思想的嘲笑。

海德格尔的政治纠葛一直对思维的困窘发挥着影响。出于哲学上的原因，海德格尔曾短时期当过国家社会主义革命者，但是，帮助他从政治黑幕中解放出来的也是他的哲学。他当时的所作所为对他是一种教训。从此以后，趋向于权力的意志对精神的诱惑性问题也被包括到他思考的范围之内。海德格尔的哲学之路始于对果断[Entschlossenheit]的思考，经过关于伟大历史时刻的形而上学，最后达到了泰然任之[Gelassenheit]和对世界体贴关怀的思想。

马丁·海德格尔——一位来自德国的大师。

他真的是一位大师：他出身于神秘主义者大师艾克哈特的学

---

① 德语中有两个动词写作 lichten，两个词来源完全不同，一个源于"光[Licht]"字，一个源于"轻[leicht]"字。传记作者用后者来解说海德格尔所用 lichten 一词。——译者

② 典故出自泰勒士的故事。据柏拉图在《泰阿泰德篇》的记载，有一次泰勒士仰头观察星象，不慎落井，一位色雷斯侍女见了嘲笑说，他急于知道高天之上的东西，却忽视了身旁脚边的一切。——译者

派。没有人能像他这样在非宗教的时代为宗教体验保留了一片天地。他找到了一种思想方式,既能坚持贴近事物,又能防止堕落为陈腐。

他的确非常"德意志化",就像托马斯·曼笔下的阿德里安·莱弗金①那么"德意志"。海德格尔的人生和思想史是又一个浮士德故事。哲学中的特殊德意志道路的可爱、魅力和高深莫测日益为人们认识,它本应是欧洲际的事件。最后,由于他在政治上的纠葛,他也确实是保罗·策兰②诗中的那种"来自德国的大师"。③

这就是海德格尔,这个名字书写了德国精神发展史上最激动人心的一章。无论如何人们总要谈论他,不管是出于善意还是出于恶意,或者出于善与恶的彼岸。

---

① 托马斯·曼(1875年6月6日—1955年8月12日),德国现代最重要的文学家,1929年获诺贝尔文学奖。阿德里安·莱弗金是他的代表作之一、长篇小说《浮士德博士,由一位友人讲述的德国作曲家阿德里安·莱弗金的一生》的主人公。这是一部描写德国走向法西斯、走向战争和毁灭的历史悲剧的"时代小说"。书中莱弗金不满传统,急于创新,于是像浮士德一样与魔鬼订约,以放弃人类的爱为条件换取魔鬼提供的创新灵感。25年以后,他的灵魂归魔鬼所有。但他的人性并没有完全泯灭,因向人类表示爱而受到魔鬼的惩罚变成痴呆。这里作者喻示海德格尔同纳粹的经历。——译者

② 保罗·策兰(Paul Celan,1920—1970),原名保罗·安托舍尔(Paul Antschel),说德语的犹太诗人,1920年生于奥匈帝国的彻尔洛维泽(Tschernowzy),1970年4月在法国巴黎自杀身亡。——译者

③ 保罗·策兰在他1948年出版的著名诗集《骨灰罐里的灰粒(Der Sand aus den Urnen)》中有一首诗叫《死亡赋格曲》,其中der Tod ist ein Meister aus Deutschland(死亡是来自德国的大师)成了德国知识分子阶层尽人皆知的名句。本传记作者选用"来自德国的大师"为书名,既影射海德格尔与"纳粹"的瓜葛,又预示出海德格尔哲学的重要课题之一:死亡,而字面上又十分贴切地指出了海德格尔在哲学中的地位。——译者

第 一 章

被抛　麦氏教堂上的那片天　地方上的教派分裂　主角　敲钟的小男孩儿　唯一的兄弟　此-此-此在　双亲　在教会的卵翼下　在康斯坦茨　世俗与其他　弗赖堡高级中学　差一点儿当上耶稣会修士

1928年已经成为名人的马丁·海德格尔，在给他以前在康斯坦茨天主教寄宿学校上学时的班长的信中写道："也许哲学以最强烈、最持久的方式向人们指出，人总是一个刚开始的新手。哲学探讨最终无非就是意味着当一个刚开始的新手。"

海德格尔开端的赞扬具有多种含义。他想当开始开端中的大师。他到希腊这块哲学的开端中去寻求已经逝去的未来，而在当代他却想在生活中找到使哲学持续涌流之源。而这些恰恰发生在"人生之心境情调[Stimmung]"中。对那些硬性规定必须从思想开始哲学思考的哲学，他持批判态度。海德格尔说，哲学应该始于"人生之心境情调"，始于惊异、畏惧、忧虑操心、惊叹好奇和狂欢。

对海德格尔来说，是"人生之心境情调"把生活与思维联系在一起。但是具有讽刺意味的是，他断然拒绝在自己的生活中对本人思维与生活之间的联系做任何研究探索。在讲授亚里士多德的某堂课上,海德格尔用下面十分简练的话作为开场白:"他诞生、工作而后死去。"海德格尔希望后人也能这样谈论他自己,因为他的最大的梦想就是,为哲学生活,甚至消失在自己的哲学之中。这当然和他的人生心境情调有关:他急于(也许过于急切)发现现存东西中最紧迫的东西,以便稽查出其中的隐秘。也许,最紧迫者莫过于生活本身。海德格尔的人生之心境情调使他自己言道:"人生此在即是被抛",存在[Sein]则"被揭示为负担"。因为"对于它是否愿意进入'人生此在'一事,作为此在本身的人生此在何时曾自己自由作过决定?或者有朝一日能自己决定?"(《存在与时间》,第228页)

海德格尔喜欢作大动作。所以人们从来弄不清楚,海德格尔是在谈论西方世界还是在谈论他自己,是就存在本身还是就他自己的存在进行辩论。但是,如果"哲学不是起源于思维,而是起源于人生之心境情调"这条基本原则的确有效,那么便不允许我们把一种思想只放到同其他思想的较量中,即置入思想传统的高原之上。当然海德格尔同传统有着密切的联系,但是他这样做的唯一动机是为了回到他自己的生活。传统显然不允许把他自己的入世[Zur-Welt-Kommen]作为偶然馈赠[Geschenk],或者作为承诺甚多的莅临来体检。所以那一定是一场大变故,他的人生之心境情调所向往的就是这种大变故。

他感到,自己"被抛"于其中的那个世界,并不是他1889年9月26日出生在那里,在那里度过童年的上世纪末的麦氏教堂镇。但这块土地毕生令他魂牵梦绕。当那个作为他对现代性吹毛求疵的后盾的故土世界将他抛了出来时,他方才感到自己是被抛了。我们不要忘记,出生并不意味着入世的完成。在人的一生当中,人必须反复诞生多次。而且可能永远不能完全贴近世界。现在我们先谈海德格尔的第一次诞生。

他的父亲,弗里德里希·海德格尔是个箍桶匠兼麦氏教堂镇的天主教圣·马丁教堂的司事,于1924年去世。他肯定经历了儿子与天主教的决裂,但却未能赶上经历儿子哲学上的成功。母亲死于1927年。海德格尔在她的灵柩里放了一本刚刚出版的《存在与时间》。

他母亲的家族世居邻村格根恩。每当凛冽的寒风从施瓦本山的高原上袭来的时候,麦氏教堂镇的居民们便说,"从格根恩刮下来的……"。母系祖上几代都生活在村里的国有庄园"窿洞农民田庄"。1662年西妥教团修道院准许海德格尔的一位高外祖雅克布·肯普夫在位于普福伦村附近的这所森林庄园中务农为生。1838年海德格尔的另一位外祖用3800古尔登将田庄赎为己有。但是在精神上仍然保持着教会子民的身份。

海德格尔父系的祖先都是小农和小手工业者。他们是在18世纪从奥地利移居此地的。麦氏教堂镇的镇史研究者发现,海德格尔血缘可以上溯到麦格勒尔和克罗伊策尔家族。17世纪最著名的布道者亚布拉罕·阿·桑克塔·克拉拉就出身于麦格勒尔家族。而另一个家族中则诞生了作曲家康拉丁·克罗伊策尔[Konratin Kreutzer]。海德格尔在康斯坦茨天主教寄宿学校时的宗教指导教师、后来的弗赖堡教区大主教孔拉德·格勒贝尔也是海德格尔的远房亲戚。

麦氏教堂镇是一个很小的小镇,坐落在博登湖、施瓦本山和上多瑙河之间,是阿雷曼地区和施瓦本地区交界处的一块贫瘠而穷困的土地。阿雷曼人天性持重,性情忧郁,好冥想沉思。而施瓦本人性格爽朗,坦率,耽于梦想。前者倾向于冷嘲热讽,后者更乐于驰骋激情。马丁·海德格尔两种天性均沾。约翰·彼得·黑贝尔是阿雷曼人,荷尔德林是施瓦本人,两人都被海德格尔选作自己的庇护人[①]。在海德格尔看来,两人均受到各自乡土民情的陶冶,而后都出脱为大世界中的伟人。海德格尔对自己持同样的看法:"向太空的广阔自由开放,同时又生根于大地的幽冥之中。"(《思想的经验》,第38页)

1942年,有一次海德格尔在课堂上解释荷尔德林的多瑙河赞歌《伊丝特尔》。在他的讲稿中夹着一张在公开发表的文本中未予收录的字条,上面写着:"也许诗人荷尔德林,注定要成为一位思想者的有决定性意义的赠品;其祖父于《伊丝特尔赞歌》诞生之时在位于上多瑙河激流之畔、山岩峭壁之下的牧场羊圈中出生。"(珀格勒:《海德格尔对自己的政治理解》,第41页)

是自我神化吗?无论如何这是一次按照自己的愿望来确定自己出身的尝试。在威尔登施坦山巅城堡之麓、麦氏教堂镇脚下、多瑙河畔的一所房子上,闪烁着荷尔德林的光华;18世纪海德格尔家族生活在这里。这所房子还在。房子现在的主人向来人叙述着,头戴巴斯克圆帽的教授如何频频光顾此地。

[①] 荷尔德林(1770—1843),德国诗人,谢林和黑格尔的挚友。黑贝尔(1760—1826),阿雷曼地区的乡土诗人。海德格尔的后期哲学中经常借助两位诗人的诗歌来阐发他自己的思想。——译者

第 一 章

在多瑙豪斯和威尔登施坦城堡附近静卧着一个小镇博伊隆，它环抱着一所天主教本笃会的修道院。这里过去曾是奥古斯丁教团唱诗班的男修道院，里面有牲口栏、粮食垛以及一座颇具规模的图书馆——这个静谧的修士世界一直吸引着马丁·海德格尔，即便是在他和天主教决裂之后亦是如此。在20年代，寒暑假期间他间或光顾修道院，在僧房中盘桓数周。1945年到1949年间，盟军禁止海德格尔从事任何教学活动。那时，博伊隆修道院是他能在公众场合公开露面的唯一场所。

19世纪末麦氏教堂镇住有两千居民，其中大部分是农民和手工业者。还有一些地方工业：一个酿酒作坊，一个纺线作坊，一个牛奶场。镇上还设有行政区的办事处、职业学校、一个电报所、一个火车站、一个二级邮所、一个地方法院、一个协作社工作站、一个领地和城堡管理站。麦氏教堂镇行政上属于巴登州，这对于这个小镇的精神生活的气氛具有重要意义。

从19世纪初起，在巴登州就形成了强大的自由主义传统[1]：1815年这里颁布了议会制宪法，1831年废除了新闻检查制度。它曾经是德国1848年革命的堡垒。1848年4月海克尔[2]和施特鲁韦[3]在康斯坦茨附近号召举行武装暴动。革命的士兵们曾经聚集在多瑙厄申根。但是他们打了败仗。一年以后，他们曾经短时期

---

[1] 此处的自由主义是指德国反封建的资产阶级民主主义。——译者
[2] 弗里德里希·海克尔(1811—1881)，是1848年革命时巴登州义勇军领袖，革命后移居美国务农。美国南北战争时担任上校。——译者
[3] 古斯塔夫·施特鲁韦(1805—1870)，律师和革命的政治家，1848年革命时期巴登州的起义的领袖，后在美国南北战争中任军官。——译者

占领多瑙厄申根,大公逃往阿尔萨斯地区。后来只是依仗了普鲁士军队的支持,旧的社会关系才得以恢复。在巴登州,人们谈起普鲁士就反感。甚至在1871年以后,这里的德意志疆界仍然掺有普鲁士的怪味儿。巴登州的自由主义者最终还是和德意志帝国和解了,因为它面临着新的对手:天主教会。

天主教会与自由主义精神向来就势不两立。但是出于本身利益的需要,1848年以来,天主教却巧妙地利用着自由主义的精神:它像自由主义一样主张国家独立和宗教自由、反对国家对中小学和大学的监管权、提倡教会神职人员选定的自由、教产管理的自由,主张人们应该更多地服从宗教,而不是去服从教会中的个人。政府在1854年逮捕了弗赖堡教区的大主教,导致教会同政府之间的矛盾日趋尖锐。显然,由于在民众的思想习惯和生活习惯中教会的影响实在太深远、太强大,特别是在农村和小城市,最后还是政府方面作了让步。在德国西南部,天主教的通俗化运动中充满着宗教虔诚,对国家却怀有敌意;它维护教阶等级制,却反对国家权利,主张政治自治;它是反普鲁士的,但它反普鲁士与其说是出于宗教的动机,倒不如说是出于民族主义的动机;它是反资本主义的、是农业的、反犹的、乡土之情浓厚的;在社会下层人民中间,它的根基尤其深厚。

1870年罗马天主教大公会通过了所谓"教皇的无错教条",这使得国家与教会之间的冲突重新尖锐起来:既然在民族主义盛行的时代已经不可能重建天主教会的世界统治,那么天主教世界至少也应该在国家和世俗社会面前得到有力的庇护。

德国南部的地方教会形成了一个独立的反对派与罗马天主教

庭的主张相抗衡：所谓旧天主教运动。这个运动的基础是德国南部具有民族自由主义倾向的有文化修养的市民。在教会同国家的对立气氛中，他们不想过于"亲罗马"，而愿意维护天主教同本民族的密切联系。少数"旧天主教徒"甚至走得更远：他们追求教会的现代化：取消教士独身的教规，限制对圣徒的崇拜，主张教区自治，牧师自由选举产生。

这个运动建立了自己的教会组织，选举了自己的主教。尽管它得到了政府的支持，特别是在旧天主教运动发展迅速的巴登州，但是，它的教民数量一直十分有限，从来没有超过十万会员。在70和80年代，麦氏教堂镇是这个运动的堡垒。有一段时间，这里的旧天主教徒几乎占到人口的一半。

麦氏教堂镇的"文化斗争"一直延续到海德格尔童年时代。罗马天主教会的官方代表孔拉德·格勒贝尔为这场文化斗争描绘了一幅沉闷的图画："通过自己痛苦的经验，我们清楚地知道，在那个冷酷的时代有多少青年人的幸福被摧毁于旧天主教徒有钱人的孩子对罗马天主教徒的穷孩子的排挤之中：给他们教会的神职人员起的绰号；对他们本人拳脚相加；把他们抬到饮牲口的水槽里进行'再洗礼'。我们还十分遗憾地通过亲身经历知道，旧天主教老师们是如何将'公羊'同'绵羊'清楚地加以区别[①]：把来自罗马天主教家庭的孩子'亲昵'地称之为'黑病鬼'，并使这些孩子对'走罗马之路必然会遭惩罚'这一点有切肤的感受。他们认识到，他们要想

[①] 见《圣经》马太福音第25章。那里把"绵羊"比作善人，把"公羊"比作恶人，受到耶稣的唾弃。——译者

在麦氏教堂镇获得一个稳定的职业,只有皈依旧天主教。在后来很晚近的时候,人们仍然看到,要想在这个地区的亚布拉赫城[Ablach]①中的小部门里谋得一个职位,唯一的路子是改变宗教信仰。"(格勒贝尔:《麦氏教堂镇的旧天主教会》,第158页)

海德格尔的父亲也是受难者之一。他一直是"罗马天主教徒",尽管这对他只有坏处。

政府同意麦氏教堂镇的旧天主教徒有使用镇教堂,即圣·马丁天主堂,进行宗教活动的权力。这对于镇上的"罗马"教民来说,不啻是对圣地的亵渎。于是,他们搬出了圣·马丁天主堂。1875年在博伊隆的修士们的帮助下,罗马派在离教堂不远的地方,把一个水果储藏库改建为"临时教堂",教堂司事弗里德里希·海德格尔的箍桶作坊也在这里。马丁·海德格尔受洗礼也在这里。

"罗马教派"和"旧天主教派"的对立,把镇子上的居民分裂为两大阵营:旧天主教是"好人家的圈子",是自由主义派、现代派。从他们的观点看,"罗马教派"是社会进步的累赘。他们偏狭、落后,是一帮死抱着教会过时的陋俗不放的小市民。当"罗马派"教民们成群结队到田野作春季或秋季祈福游行时,旧天主教派的人都待在家里不出门,他们的孩子们则从家里向路过的怪物们扔石头。

在这种斗争中,小马丁第一次经历了传统与现代化的对立。旧天主教派属于"上头"的,罗马天主教尽管占了人口的大多数,却

---

① Ablach 为麦氏教堂镇附近的一条小溪,所以,麦氏教堂镇在这里又被称之为Ablachstadt,即亚布拉赫城。——译者

感到自己被压在下面。正是由于这种感受,使这些压在底层的人们结成了紧密的团体。

到了上个世纪末,旧天主教派的人数在麦氏教堂镇也急剧减少。于是文化斗争气氛日趋缓解,"罗马派"又收回了他们的老教堂及所属地产和其他财产。海德格尔一家得以迁回到教堂区的司事房。1895年12月1日,"罗马派"举行了盛大的庆典,作弥撒,显示对背叛者的胜利。这时,小马丁意外地扮演了主要角色:把教堂的钥匙交还给后继者,使旧天主教派的司事感到十分尴尬,于是这位司事便把钥匙塞在正在教堂广场上玩耍的"罗马派"司事的儿子小马丁的手里。

在雄伟耸立的圣·马丁教堂对面,低声下气地缩在教堂广场边缘的那间司事房,这就是他童年的世界。广场一直将自己宽阔的胸膛扩展到16世纪修建的公爵菲尔斯滕贝格宫殿面前。孩子们可以走进高大的宫门,进到宫殿的内院,穿过花园直到宫殿另一端的花园的大门,从那里出去,就是广阔的田野。田间路[①]就是从此开始的:"它从宫殿花园大门里跑出来,一直跑到埃恩利德。这条田野之路无论是在复活节的日子里,在抽芽的新苗和茂盛成长的青草之间来回闪动,还是在圣诞节的时候消失在面前山丘的雪堆底下,宫殿花园里的老椴树们总是探出高墙,从高处静静地注视着它。"(《思想的经验》,第37页)

在作圣事的时候,"司事孩儿"马丁和他弟弟弗里茨必须帮忙:他们当弥撒辅助人员,采摘鲜花,装饰教堂,为牧师当信差,为教堂

---

① 海德格尔有一本文集叫《田间路》。——译者

敲钟。在《钟楼的秘密》一文中，海德格尔回忆道：钟楼上悬挂着七只钟，每个都有自己的名字、自己的音色和自己的时间。有一只叫"卯"钟，它在下午四点钟的时候敲响，即所谓"惊醒之声"，因为它惊醒小城里尚沉醉于梦乡中的人们。寅钟是死亡之钟。在上宗教课和捻珠祷告时敲响的钟叫"肯德"钟（"童钟"）。学校里十二点钟下课时敲响的是"克朗耐"钟。音色最美的是"洪钟"。它只在重大节日的前夜和早晨才被敲响。从濯足节①到复活节的星期六之间，所有的钟都沉默了。在此之后，钟声便响鼗爆豆般响作一片：一支活动曲柄使一组小钟锤在硬木上使劲地敲打。这种响鼓位于钟楼的四角，打钟的男孩必须不断地转动它们，以便使严肃的鼓声飞向天空的四个不同的方向。最美的当然还是圣诞节。清晨四点半，敲钟的男孩们便来到司事房。房子中间的桌上排放着妈妈准备好的蛋糕、牛奶和咖啡。早饭之后，在司事房甬道里，人们点上灯笼，然后踏着瑞雪，穿过冬夜，走向教堂，爬上漆黑的钟楼，各自奔到自己负责的钟绳边和挂满冰霜的钟锤之下。海德格尔写道："在基督教的各种节日上、各种庆典的前夕、在四季更迭的时刻以及每天的清晨、正午、入夜的时刻，充满神秘的赋格曲式的钟声此起彼伏，重复叠架，相互交融，以至于使这钟声在充满青春活力的心中、梦中、祈祷中和游戏中一直回荡，连绵不断。这钟声带着它的魔力和神圣，无时无刻不神秘地隐藏在钟楼之内。"（《思想的经验》，第65—66页）

这是一个19世纪初在农村小镇里，处于教会卵翼之下的生

---

① 复活节前的星期四。——译者

命。在《田间路》一书中,海德格尔回忆他当时坐在学校的喷水池里玩弄自制的小船的情景:"这类梦幻般的航程尚隐藏在当时还模糊难辨的、沐浴了一切事物的光辉之中。母亲的眼睛与双手圈定了这个王国的疆域,……这类游戏的航程对于那种把一切堤岸都抛于身后的漫游尚一无所知……"(同上书,第38页)

在海德格尔关于他麦氏教堂镇的童年生活的所有记忆中都有这种"当时还模糊难辨的光辉"。这不单纯是对游戏的美化。他的弟弟弗里茨也有同样的经历。"我们中的大多数人都在儿时的恶作剧中尽情享受着一种持续'失重状态'下的舒适安适。这种体验(在成人之后)再也没有经历过了。"(米勒:《探照灯》,第11页)弟弟弗里茨在度过童年的小镇上终其一生:先在镇上一个信贷银行里做职员,后来死在那个小镇上。

对麦氏教堂镇的人来说,弗里茨·海德格尔才是"地道的本地人"。他在这儿是如此出名,以致后来人们总是把世界著名的哲学家称之为"弗里茨的哥哥"。弗里茨·海德格尔有些口吃,但麦氏教堂镇的人们说,只有当他"严肃认真"的时候,"才会有话说不出来"。因此,海德格尔的人生此在(Da-sein)在弗里茨口里就成了此-此-此在[Da-Da-Da-sein]。但是,当他开玩笑时,他从来不口吃。比如,在狂欢节上讲话时,他就没有口吃过。在这种场合下,他一点也不紧张。在希特勒时代,他同那个地方的著名的纳粹分子发生争执。但是他在当地居民中的知名度保护了他,纳粹也拿他没办法。弗里茨没上过大学。这位银行职员称自己是"点票子的"。他为他的哥哥用打字机誊写了三万张手稿。在战争时期,他把哥哥的手稿锁在银行的保险柜里。他说,等到21世纪,"当美国人在月亮上早已开设了巨大的超级市场时",人们才能看懂这些手稿。据他自己说,他在原文的校对和加工上出过不少力。他不能容忍一句话中含有两个意思。他对哥哥说,你必须把它们拆成两句。在他的那扇窄门里只能一个挨一个地通过。此时,弗里茨更偏爱一目了然的关系。但是在其他情况下,无论什么头绪繁乱的事都难不倒他。他的口头语之一就是:你可以不正眼看我,但你无论如何不能一眼看透我①。他非常佩服哲学家的傻气。但当哲学家过于认真地对待自己的一切时,他又表示遗憾。谁要是把自己的思想[Sinn]献给哲学的傻气,那么他正好应了弗里茨所说的话:此-此-此在。弗里茨经常说,"在我们内部,在内心最深处的某个角落,活着某种能经受一切困境而无损的东西,这就是我们几乎察觉不到的欢乐,即那种最本色的傻气的最后残余。"(同上书,第9页)弗里茨·海德格尔性好自嘲,这是他哥哥马丁所缺乏的。他比哥哥马丁晚生五年,关于这一点,他评论说:"生命的阵痛在一个人那里从今天开始,在另一个人那里则从明天开始,他的生命始于宫殿街上的凡夫俗子家中一个圣灰星期三:又砸又撬,又揉又搓,极其不正常,就如圣灰星期三这一天所常有的那样。"(同上书,第11页)

马丁·海德格尔把他的一本书献给他的弟弟以表谢意。献词中一语双关地写道:献给那唯一的弟弟②。

---

① 德文原文:uebersehen 的意思是"不理睬,看不起"的意思,而由 uebersehen 变出来的形容词 uebersichtlich 却是"看透"的意思。——译者
② 德文 einziger Bruder,既有:"唯一的弟弟"的意思,又有"无与伦比的弟弟"的意思。——译者

第 一 章

据弗里茨讲,父母很虔诚,但并不狂热,是真正的信条派教徒①。天主教徒的生活渗透到父母生活的各个方面,以至于他们觉得无须对自己的信仰加以辩护或坚持,以便对抗其他信仰。所以当他们的儿子马丁背离了在他们看来是不言而喻的"正道"时,他们便茫然不知所措。

母亲是一个性情开朗的妇女,据弗里茨讲,她常常说,"生活这么美好,人们只需为此高兴。"她处事果断,有时也很骄傲。她并不掩饰自己对其富有农民家庭出身的自我意识。她热爱劳动。人们看到她的时候,她总是带着围裙和头巾。父亲是一个十分内向的人,他常常一天不说一句话。他不惹人注目,但勤快,公道。他没有给儿子们留下太多的记忆。

海德格尔一家的生活既不奢侈,也不贫困。它有2000马克的不动产,其中有960马克需要纳税(1903年的数字),所以生活水平属于中等。一家人完全可以过得下去。但是想靠自己的力量支持孩子们到远处学费昂贵的学校里去念书,那就根本办不到了。恰在此时,天主教会雪里送炭。天主教会历来就是以这种方式支持天才少年儿童的学习,同时也是教会募集农村地区的牧师接班人的手段。

因为当地没有中学,所以,镇上的卡米罗·布兰德胡贝尔牧师向海德格尔的父母建议,在读完麦氏教堂镇的初级人民小学之后,

---

① 信条派[Konfessionalismus]:指基督教会中片面强调教会的某些教义和传统的派别。——译者

把他们天才的儿子送到康斯坦茨地方由天主教办的寄宿学校去读书。这是一所培养牧师接班人的学校。布兰德胡贝尔为他的这位弟子免费辅导拉丁语，以便使他具备进入中学读书的起码条件。康斯坦茨的寄宿学校的长官是孔拉德·格勒贝尔。布兰德胡贝尔和格勒贝尔为小马丁在地方基金会里找到了资助，教会主动承担起了教育这个孩子的责任。他的父母为此感到十分荣耀。对马丁来说，这就意味着，他开始在经济上完全依赖教会。当然，现在他对此感恩不尽。

从此时起，这种经济上的依赖的状态，一直持续到1916年，长达13年之久。1903年到1906年，马丁从魏斯基金会获得资助，供他在康斯坦茨寄宿学校读书。之后靠伊林基金会的资助，他读完高中最后一年和大学神学系四学期学习的第一学期，此时是1911年。这个伊林基金会只资助神学学生。1913年至1916年学业是靠舍茨勒尔家族的捐赠维持的。这个捐款是专门用来支持捍卫托马斯·阿奎那哲学和神学的学生而设置的。海德格尔本来已经错过了时机，因为此时他内心已经叛离天主教、完全独立于天主教的世界了。但他必须强迫自己迎合天主教的要求。此事使他感到一种羞耻，一种屈辱。这使他永远不能原谅天主教制度（他自己这样称呼天主教会）。他极其厌恶这种组织机构上的制度以及它在社会生活中的利益政策。他后来转而同情纳粹的原因之一，就是纳粹运动的反教权主义。

1903年海德格尔进入康斯坦茨的教会寄宿学校和那里的文科中学。

麦氏教堂镇当时还是一个封闭的天主教世界。尽管同旧天主

第 一 章

教的斗争还发生着影响,但在50公里之外的康斯坦茨,到处已经清楚地感觉到摩登时代的到来。

康斯坦茨当时是帝国内的一个自治市,新教徒占绝大多数。城市的伟大历史还活生生地活在文物古迹之中。那里有16世纪召开天主教大公会的古老店铺;有胡斯[①]于其中等候天主教会对他进行判决的房子。被看作"异端"的多明我会修道院被改建成了旅馆:海岛饭店。饭店的大厅是这个城市精神文化生活的活动中心。这里经常举行音乐会和报告会。中学生们十分乐意光顾这些活动。在这里人们崇尚的是"现代精神"。人们在这里评品尼采、易卜生,谈论无神论,讨论哈特曼的《无意识哲学》和费英格的《似乎哲学》。他们甚至已经在讨论心理分析和梦的解释问题。一股进步精神吹拂着康斯坦茨。自从海克尔暴动以来,这个城市一直是巴登州自由主义的堡垒。与海德格尔同时在康斯坦茨中学学习的京特尔·德恩在他的回忆录中说到过,当他和同学们听说男子公共游泳池的管理员是曾经在1848年革命中进行过街垒战的老革命时,他心里感到了那种激动、那种热烘烘的震颤。《晚报》是这个城市发行量最大的报纸,这张报纸民主的、反教会的趋向十分明显。它还小心谨慎地反普鲁士,这种谨慎也许是因为,或者恰恰是因为,在这个城市里驻有普鲁士军队,而且整个帝国的官员都乐于到博登湖湖滨小城来度假。

寄宿学校叫圣·孔拉德学生宿舍,简称为"孔拉德屋"。它曾

---

① 胡斯(Hus,1370—1415),宗教改革家,1415年被天主教会烧死于康斯坦茨。——译者

在文化斗争的年代①被关闭,1888年才重新开放。文科中学的校舍是以前天主教耶稣会的学院。学校受到国家的监督。教会寄宿学校的学生也在这个"世俗学校"里上学。这里占统治地位的思想是温和自由主义、反天主教信条的教育上的人道主义。这里用新的语言称呼教师们。学校里有个教现代语言的教师帕希乌斯,他是民主主义者、自由思想家、和平主义者。他能出口成章,所以学生们十分喜欢他。在教会寄宿学校的这些未来的神学家那里,亚里士多德总是受到特别的礼遇,因此这位教师特意说"和柏拉图的博大精深相比,亚里士多德算得了什么"(德恩:《过去的时代——生活回忆》,第37页),以便激怒那些未来的神学家。他对新教徒也不客气,他常说,"依据我个人的研究,占星术这种迷信来自梅兰希顿"②。在德语和古希腊语教师奥托-基米希眼里,莱辛的《智者纳旦》是他所能承认的唯一的圣经③。海德格尔就是受教于这样

---

① 这里所说的文化斗争是指1871年到1887年间,德国普鲁士政府首相俾斯麦和文化部长法尔克联合当时的自由运动在德国境内发动的反天主教会的文化运动,目的是使国家在文化政治上摆脱天主教会的统治。1871年议会通过法律:凡危及国家安定的宗教活动均应受到惩罚;禁止建立新的耶稣教团;限制耶稣教团的活动区域。1873年通过立法,加强了国家对教会的监督;规定了神职人员的培训规则;学校和大学的考试权转归国家所有;等等。天主教会拒绝接受这些法案;因此,许多牧师被捕,或受到罚款的处罚;普鲁士境内的所有主教均被驱除。后来国内形势变化,政府与自由主义政治派别的联盟破裂,俾斯麦转而寻求同天主教会的妥协;1880年俾斯麦政府同教皇利奥八世进行谈判,1886、1887年同天主教会达成和平协议。但是关于耶稣会的法律直至1904和1917年才最后废除。但是学校和大学的所有权并没有再交回教会。婚姻登记的权利也一直保留在国家手里。——译者
② 梅兰希顿(Melanchthon,1497—1560),人道主义者,新教神学家、宗教改革家路德在神学上的战友。——译者
③ 莱辛在剧本《智者纳旦》中宣传宗教宽容。——译者

第 一 章

的学校,受教于这样一群教师。他们的影响是十分明显的。京特尔·德恩在他的回忆中总结说"后来我才清楚,正是在这两位教师的影响下,我才不知不觉地退出了对他俩来说根本不存在的天主教思想世界。"(同上书,第38页)

　　教会尽量使孔拉德屋的寄宿生免受文科中学中的自由思想的感染。学生们接受批判性的思想清洗,神职人员帮助他们作各种准备,以便和"世俗观点"进行争论:学生们必须轮番写书面报告,以武装自己。这些报告涉及的问题有:人单靠自己的力量能否真的达到人性;宽容是否有界限。还讨论到自由与原罪问题,以及歌德的伊菲革尼亚①是一个异教-基督教形象,还是基督教-德意志形象,还是仅仅为异教形象,等等。上完这类批判争论课程之后,他们可以听一些乡土民情方面的课程作为休息,比如,关于赖兴瑙岛上的修道院的历史;黑高地区的民俗习惯;博登湖地区自中世纪以来居住在城堡之外的居民的历史。有时,寄宿生们也举行青年运动式活动:在阳光明媚的日子里,弹着吉他,唱着歌曲,漫步于绿色的田野;或者登上缅因瑙岛②,进入博特曼的伯爵公园;或者爬上翁特尔湖畔的山地葡萄园。他们背诵方言小诗,为它们配上乐曲。当他们的俗家同学与来访者在女音乐教师那里大侃什么戏剧的时候,这些教会寄宿生也可以报告他们演唱耶稣诞生剧的情况。教会寄宿生们无论如何不是奴颜婢膝的一群:他们选举产生了自己的代表组织,它在孔拉德屋的管理中有建议权。他们出版了自

---

① 伊菲革尼亚是希腊神话中的人物。歌德曾以她的故事作为题材进行创作。——译者
② 博登湖中的小岛。——译者

己的小报。这张报纸的如期出版明证,巴登州是德国第一个取消了书报检查制度的地方。

对教会寄宿生们的生活监督十分严密,但显然很有耐心。最起码马丁·海德格尔回忆寄宿学校的生活时,心情是平静的,不带郁怒。1928年他在给当时的教会寄宿学校的总管马特豪伊斯·朗格的信中写道:"我十分乐意回想我开始在孔拉德屋的学习的那个阶段,并十分感激那个时期。我越来越清楚地感到,我的一切努力都与我的家乡故土密不可分。我现在还能清楚地回忆起,我在你这位新任长官面前感到的信赖。这种信赖一直保留下来,并使我在家乡的住留成为一种快乐。"(奥托:《马丁·海德格尔》,第55页)

这些天主教寄宿生当时与文科中学里的非天主教的世俗生同学之间的交往就不那么惬意了,特别是同那些来自富人圈子的孩子们交往的时候。律师的儿子,公务员的儿子,商人的儿子,他们觉得比那些"阉鸡"(他们这样称呼那些教会寄宿生)优越得多。这些寄宿生大多数像海德格尔一样来自农村的寒酸或贫困的家庭。京特尔·德恩这位邮局总局长的儿子在回忆中说:"我们总是居高临下地对待那些'阉鸡'。在我们眼里,他们衣衫褴褛,发育不良。我们觉得,我们比他们强得多。但这并不妨碍我们对他们彻底加以剥削。我们时常要求他们把作业做得好上加好。因为,在休息时,他们必须把答案告诉我们。他们常常乐意做这些事。"(京特尔·德恩:《过去的时代——生活回忆》,第39页)

教会寄宿生们自成一体。他们可以声称是一个团体,但那是一个常常被人讥笑的团体。或者是因为没有零花钱,或者是被严令禁止，他们不参加俗家同学的许多娱乐。狂欢节的时候，无论是在城市里狭窄的街道还是在咖啡馆里，到处闹翻了天。学生们也趁机构想着自己的行当。可是教会寄宿生们却只能呆在孔拉德屋里做笼中雀。夏天的时候，外地的旅游者纷至沓来。旅游船插满彩旗，上午出发到梅尔斯堡，晚上带着一群醉得跌跌撞撞的游客归来。他们喝着、嚷着从老城的小巷中穿过。这支队伍里从来不乏戴着彩色帽子的学生们。第二天的课间，学生们的闲聊便就有了话题。他们各自吹嘘着自己的经验和胜利。这些经历和胜利故事不断地往教会寄宿生的耳朵里钻。在葡萄收获的季节里，到处都有令人陶醉的葡萄清酒卖。有些小店还允许学生们聚会到晚上10点。在这里，学生们常常碰到端着能容半升的大酒杯的老师们。这是同老师结拜、建立密切关系和获得自信的好机会。但是这一切均与教会寄宿生们无缘。

他们这些寄宿生属于另外的世界。人们经常使他们清楚地感觉到这一点。他们常常得同低人一等的感觉作斗争。他们的偏执态度在这里起了作用："被排斥在外"也可以被体会为"被选中"①。

教会寄宿学校同外面生气勃勃的城市生活之间、天主教同市民的自由主义气氛之间的紧张关系，可能使当时还是中学生的马丁·海德格尔形成了对于两个世界的基本看法：这里是严格的、沉重的、始终不渝的、缓慢的世界；那里是来去匆匆、浅薄的、追求眼前刺激的世界。这里是全身心的投入；那里是纯粹的忙忙碌碌。这里是根深蒂固；那里是来去浮云。这里不畏艰难；那里只知追求

---

① 这里显然是指被上帝选中，去同堕落的世界对抗。——译者

捷径。这里深思熟虑;那里漫不经心。这里忠实于本己,抱朴守真;那里寻欢作乐,忘乎所以。

这个模式后来以"**本真本己性**"和"**非本真本己性**"这样一对概念为形式,在海德格尔的哲学中扮演着重要角色!

1906年秋,海德格尔由康斯坦茨转到弗赖堡的大主教圣·乔治中学寄宿舍,在那里的贝托尔德文科中学学习。麦氏教堂镇的地方基金的资助已经不够支付在康斯坦茨的寄宿开支。教堂司事之子的热心的导师孔拉德·格勒贝尔和卡米罗·布兰德胡贝尔又为他找到了另外的经济来源:埃利纳基金会。这个基金会是由出身于麦氏教堂镇的神学家克里斯托夫·埃利纳于16世纪建立的。这个基金会当然愿意支持这个地方上的神学候补生。条件是,在弗赖堡的中学和弗赖堡大学读书。

从康斯坦茨转到弗赖堡之后,情况没有太大变化。马丁心情舒畅地告别了康斯坦茨。他对这一点一直记忆犹新。一直到他的晚年,他还经常参加当年孔拉德屋同学们的集会。海德格尔从弗赖堡的寄宿舍的生活中却没有能发展出类似的眷恋之情。由于他一生都是在弗赖堡度过的,因此,他必须同弗赖堡保持一定距离。高大的哥特式的大教堂高耸于城市上空,把整个城市都笼罩在它的阴影之下。弗赖堡像一艘巨大的航船,偃卧在黑森林地区连绵不断的山丘脚下,好像刚刚起锚,驶向布莱斯皋。

一直到二次大战结束前,大教堂周围房屋密布的老城还保存完好:难以计数的小巷从四面八方通向大教堂,其中有些小巷还有清渠环绕。它们看上去像是从教堂放射出来一样。在一座神甫的庄园的旁边就是教会寄宿生的住所。

第 一 章

当年轻的海德格尔来到弗赖堡的时候,人们仍能看到当年努尔皮茨·布瓦西埃在一百年前给歌德的信中所描述的样子:"关于弗赖堡我可以给你写一本书。这里是最美丽的地方。一切古老的东西都受到珍爱和保护,简直美极了。每条小巷都有一个清澈见底的小溪相伴;每条巷子里都有一眼清泉喷涌,……周围到处是葡萄架。古城堡城墙上布满了葡萄蔓。"(基福尔:《施瓦本和阿雷芒地区》,第 324 页)

海德格尔属于贝托尔德中学中极有上进心的学生。他求知的抱负此时尚局限在教会的事务范围内:他准备中学毕业后加入耶稣教团。他的老师也支持他这一个计划。1909 年中学寄宿舍的校长在给海德格尔的毕业评语中写道:"有天赋,很勤奋,品行端正。性格已趋成熟。学习中也具有独立性,爱好德国文学,甚至为此牺牲其他的专业学习。他的博学证明了这一点。矢志神职,选择坚定,且有做僧侣的倾向,极有可能申请加入耶稣会。"(奥托:《马丁·海德格尔》,第 59 页)

和他的同学们不同,年轻的马丁·海德格尔并没有为当时的摩登精神所动。在他的个人文献工具箱中,没有自然主义者、象征主义、青年派的地位。他的精神祈祷练习十分严肃认真。1915 年为教职论文所写的简历中他曾谈及在中学那些使他感到兴奋的东西:"高中七年级的数学课上,大量的数学解题练习引导我转入理论的学习;对这个学科的偏好,进一步发展成对实际事物的兴趣,并开始对物理学发生兴趣。在宗教课的引导下,我阅读了生物进化论的大量文献。毕业班上我最重视的是关于柏拉图的课程,……尽管当时还谈不上在理论上进入哲学问题的讨论。"(同上

书,第86页)

恰恰是宗教课唤起了他对当时最敌对宗教的生物进化理论的兴趣。显然是它把海德格尔带到精神上的危险领域。他并不畏惧精神上的冒险。因为此时他尚感觉得到他脚下的大地——信仰的基地的存在。1909年9月30日海德格尔在惕西斯(福拉尔贝格山的)弗尔德教堂加入耶稣会修士见习生的行列。但在两周试验期结束后,便被解除见习生的资格。根据胡果·奥托的消息,海德格尔显然是因为心脏病发作,出于健康的原因被送回家的。两年后,他的心脏病再次发作,并导致他最终中断了他的牧师学习生涯。也许正是他的心脏保住了这个头脑里的计划。

第 二 章

跻身于反现代主义者之间　亚伯拉罕·阿·桑克塔·克拉拉　生命的彼岸价值　美妙的逻辑　海德格尔发现了布伦塔诺和胡塞尔　19世纪哲学的遗产　晾干德国唯心主义　"仿佛"哲学　到文化价值中避难　有效与有钱

被耶稣会赶出来以后，海德格尔并没有马上步入"歧途"：他又去申请当弗赖堡神学寄宿学院的候补生。这也可能是出于经济方面的原因。他的父母无力支付他的学习费用。他到弗赖堡后就同埃利纳基金会建立了关系，但是这个基金会只给学习神学的学生发放奖学金。

1909年冬季学期，海德格尔开始了他的神学学习。他在1915年的简历中写道："当时的哲学必修课难以令人满意。于是我便靠神学院里的教科书来自学。这些书使我受到一定程度的逻辑训练，但在哲学上，我没能找到我所寻求的东西。"（胡果·奥托：《马丁·海德格尔》，第86页）

此时他特别佩服弗赖堡的一位神学家。后来海德格尔一直把他称作老师。他就是卡尔·布莱克。在他还是文科中学毕业班的学生时，就已经读过布莱克的提纲式的著作《论存在：存在论大纲》（1896年出版），藉此熟悉了传统存在论的几个基本概念。布莱克激起了他与黑格尔和谢林的第一次交锋。在海德格尔陪布莱克一起散步的过程中，他从布莱克那里学习到了他那种"鞭辟入里的思维方式"。（《关于思想之事》，第82页）五十年后，海德格尔仍然说，布莱克懂得，如何让思想在当下活生生地存在。

卡尔·布莱克是反现代主义的神学家。

1907年罗马教皇发布通谕，宣布"现代主义者的理论的荒谬"，公开向现代主义宣战。从那时起，现代主义与反现代主义的斗争，便成为精神思想斗争的标准战场，而且不只限于天主教内部的斗争。反现代主义不仅仅意味着维护诸如"圣洁受胎"等教会的教条，和"教皇绝无谬误性"之类的等级制原则。但是对立派很乐于把反现代主义描画成这种形象：他们把反现代主义看作是蒙昧主义者们的一种危险而又十分可笑的阴谋：反对当代的科学精神、反对任何形式的启蒙、反对人道主义和进步思想。

然而，卡尔·布莱克的例子表明，一个反现代主义者不一定就是反对人类进步的蒙昧主义者。布莱克思维敏锐，他的目的正是揭示现代科学性中形形色色的、非反思的、盲目信仰的前提。把那些自认为无信仰、无前提的人们，从"教条主义的假寐"中唤醒。他认为，所谓的不可知论者[①]也有他们的信仰：对进步的信仰，对科学的信仰，对自称对我们充满善意的生物进化论的信仰，对经济和

---

① 这里所说的"不可知论［Agnostiker］"是指认为"关于上帝的形而上学和认识论是不可能的"那种理论观点。——译者

第 二 章

历史规律的信仰……他说,现代主义者"为一切不是他自己或者与他自己无关的东西所吸引"(布莱克:《有教养者对于现代主义应该知道什么?》,第37页),主体的自治成为自己为自己建筑的牢狱。布莱克认为,现实是一个永远不会枯竭的秘密,我们都是这个秘密的一部分,被这个秘密所包围。而现代文明却缺乏对这个秘密的必要的尊重。如果人类飞扬跋扈地把自己置于现实的中心,那么他同真理之间,最终只会剩下一种实用性的关系:"真"就是对我们有用,并以此获得实用成果。与此相反,布莱克主张,"像一切真理一样,历史真理的最大胜利,就是它闪烁着永恒的真理之光,具有最严格的形式——数学真理的形式。这种历史真理先于主体的自我,而且不带有主体——就像理性的自我从整体上察看物的理性一样,它们也不在真理之中,——即使是康德也不能——改变那些要求人们服从于物的规律。"(布莱克:《有教养者对于现代主义应该知道些什么?》,第37页)

布莱克的确想追溯康德背后的东西,但却是同黑格尔一起去追溯的。黑格尔谴责康德过于谨慎,认为怕犯错误本身就是错误。布莱克进一步鼓励人们去超越先验的界限:我们仅仅发现了世界,就完事了吗?为什么不会是世界发现了我们呢?难道不可能,恰恰因为我们被认识,所以我们才从事认识?我们能够思想上帝,为什么我们不能是上帝的思想呢?在他看来,现代人被囚禁于镜阁之中[①],布莱克的确十分粗暴地击碎了它。他从灵魂和经验上公

[①] 镜阁是西方游艺场中常见的设施,为上下周围都镶满不同种类镜子或哈哈镜的屋子,处于其中的人,自己以为看得很远,或看到了自己的不同形象,其实均为幻象。——译者

开为使人感到奇怪的、现代以前的实在论辩护。他为其辩护的证据是：因为我们认识着认识，感觉着感觉，所以我们已经超越了界限。因为我们认识着认识，感觉着感觉，所以我们已经运动在绝对现实的空间之中。布莱克说，我们必须从主体的绝对主义中摆脱出来，以便向绝对的现实性敞开自身，无偏见地面对绝对现实性。

在现代主义争论的阵地上，年轻的海德格尔初试笔锋。在此期间，他已是"格拉尔社[Gralsbund]"的会员。这是天主教青年运动中一个反现代主义的团体。它的精神领袖是维纳尔·理查德·冯·克拉里克。他狂热地追求纯天主教信仰，向往天主教神圣德意志罗马帝国的复辟。在他看来，这个世界的中心不应该在普鲁士，而应该在哈布斯堡。这是中部欧洲的政治理想。这个圈子里的人们，梦想着诺瓦利斯①式的浪漫主义的中世纪，对施蒂伏特②式的"温和的规则"充满了信赖：忠实地维护来源。这个圈子里的人也时刻准备着，为反对现代主义的无理要求与诱惑进行坚决的自卫。1910年8月，在离麦氏教堂镇不远的邻村克林翰斯台腾，为亚伯拉罕·阿·桑克塔·克拉拉的纪念像的落成进行隆重的揭幕典礼。此事为年轻的马丁·海德格尔提供了初露锋芒的机会。

亚伯拉罕·阿·桑克塔·克拉拉是一位使地方上感到荣耀的

---

① 诺瓦利斯(Novalis，原名 Friedrich von Hardenger)，德国诗人和哲学家，德国哲学中的浪漫主义代表人物。——译者

② 施蒂伏特(Adalbert Stifter，1805—1868)，奥地利作家。受浪漫主义影响，又有现实主义倾向。自视为歌德的同路人。风格上追求高贵的单纯，静穆的伟大。——译者

名人。麦氏教堂镇的地方主义一直对他念念不忘。他1644年生于克林翰斯台腾,1709年在维也纳去世。当时他是德高望重的宫廷布道者。每当他的诞辰之日,人们不是在地方小报纸发表文章,就是举行小型庆祝会以示纪念。但是到了本世纪初,这种感情浓重和充满乡土气息的传统纪念活动,带上了明显的意识形态斗争的性质。亚伯拉罕·阿·桑克塔·克拉拉被这些南方的反现代主义者们选为他们的主要精神代表。在同天主教内部的自由主义思潮的争论时,他们经常引证克拉拉。在这位奥古斯丁派修士那里,他们找到了激烈的言词,用以反对追求享乐、腐朽堕落的城市生活,反对在教会天启面前不再俯首贴耳的、精神的狂妄自大,反对富人们的挥霍奢靡,反对所谓"犹太高利贷者"的利欲熏心。这位布道者以自己出身下层为骄傲而知名,并获得了代表小市民和贫贱阶层利益的党派的拥护。并非每个出生在茅草屋中的人都是草包,他的这句名言常常被人引用。亚伯拉罕·阿·桑克塔·克拉拉信奉基督教,关心社会公益,有大众性,虔诚且刻薄,但并不狂热,充满乡土情绪,反对犹太人。总之,他是恰到好处的混合物,正好符合反对现代主义的需要。

1910年8月16日的纪念像落成,揭幕典礼是一个盛大的群众庆祝活动。马丁·海德格尔专程从弗赖堡赶来赴会。

鲜花妆点了整个村庄,街头架着大条的横幅,家家窗外垂挂着写有这位布道者的名言的标语。身着克拉拉时代古装的传令官,引导参加庆典的游行队伍徐徐行进。来自博伊隆地方修道院的修士,神职人员和世俗世界的显贵高官们紧随其后,接着是举着各色彩旗的男学生和拿着鲜花的女孩子们,最后是身着各色本地服装的村民。乐队奏乐,演讲致辞,麦氏教堂镇的小学生们朗诵亚伯拉罕的诗和名言。

马丁·海德格尔在慕尼黑出版的天主教保守派周刊《评论总汇》上专门对这次活动作了报道。海德格尔认为自己的这篇早期文章很有价值,多年后收入他自编的全集之中。

"自然,清新,偶或带些粗犷的情调使这个事件别具特色。平淡无奇的乡村,同它那性格坚韧、自信以致显得古怪冥顽的村民一起,聚集在这山凹之中,如静静地沉睡着一样。即使这里的教堂钟楼也与众不同,它不像它的众多兄弟那样从高处眺望着广阔的大地,而是带着它的迟缓,将自己隐没在黑红色的屋顶之下……揭幕典礼就是如此朴质、清爽和真实地举行的。"(《思想的经验》,第1页)

人们不要忘记,马丁·海德格尔在写上述这段话的时候,已经在康斯坦茨和(从1906年起)弗赖堡呼吸过城市里的空气。他知道自己同那些充满自信、深谙如何自如应付上层社会之道的那些人的区别:他们着装入时,通晓文学、艺术和哲学中的最新问题。海德格尔十分清楚地看到他自己的世界——麦氏教堂镇和克林翰斯台腾——与外部的世界之间的区别。这个区别已经预示了本真本己性和非本真本己性的差别。从纪念像揭幕典礼报道中可以看到作者自己的肖像:他自己像村子里教堂钟楼一样与众不同。别人都自由远眺广阔的大地,而他的"迟缓"将自己压回到他出身的原始大地。他如那里的居民一样"坚韧、自信、古怪、冥顽"。他愿意像那里的居民,也愿意像亚伯拉罕·阿·桑克塔·克拉拉。在克拉拉身上,"从肉体到灵魂无不透出人民的健康";他身上那股原始天主教的力量,信仰的坚定和对上帝的挚爱,给人们留下了不可磨灭的印象。克拉拉也通晓他那个时代精巧的精神文化。他掌握了这种文化,而没有被这种文化所掌握。海德格尔说,因此,他才"可以无顾忌地打击这种地上人间被过高估价的此岸生活方式。"亚伯拉罕·阿·桑克塔·克拉拉知道他在谈论什么。他不是那种因"吃不到葡萄便说葡萄酸的人"。

年轻的海德格尔也据理批判他自己的这个时代的堕落。他提出了哪些指责呢?这个时代充满了"令人窒息的淫声秽气","文化肤浅","追求快捷"," 狂热地追求新奇对基础发生着腐蚀作用","向往过眼烟云式的妖媚"。这里占统治的是"一种疯狂:妄想通过一次跳跃摆脱生活与艺术的深刻心灵底蕴。"(同上书,第3页)

显然这是流行的文化批评,来自一些保守派。不仅是"格拉尔会"的人才这样说,这样想。在朗贝恩[①]和拉卡尔德[②]那里也可以听到类似的说法。他们也批评肤浅和哗众取宠的时尚,谴责追求速度和革新的狂热。引人注目的是,在文化批评者那里比比皆是的反犹太言辞,在年轻的海德格尔的文章中找不到任何痕迹。克林翰斯台腾的克拉拉纪念像得以建立,完全归功于维也纳市长卡尔·吕格尔。正是由于他的努力,纪念像的建设才有了财政保证。但是吕格尔是一个尽人皆知的反犹太主义者。因此,海德格尔的文章中不带任何反犹倾向这一点就更加值得注意。还有另外一点引人注目,这就是关于自信问题。海德格尔在这里所说的自信,还

[①] 尤里乌斯·朗贝恩(Langbehn,1851—1907),德国文化批评家,著作有《作为教育家伦布朗》。——译者

[②] 保罗·德·拉卡尔德(Lagarde,1827—1891),原为制桶工人,后为德国语言研究家,民族主义文化哲学家。——译者

是那种对生活彼岸价值的自信。在他眼里,时尚完全背叛了生活的彼岸价值。我们应该如何理解这句话呢?在维克多·法里亚斯发现的海德格尔几篇早期文章中可以找到问题的答案。这是海德格尔于1910年至1912年为格拉尔主义天主教学者协会的周刊《学者》撰写的一组文章。

在1910年3月号上,海德格尔撰文介绍丹麦作家散文家约翰内斯·约根森的传记《生活的谎言和生活的真理》。该书展示了作者从达尔文主义转向天主教的精神发展过程,描述了他由绝望到有安全感,由高傲到谦恭,由放荡不羁到生气勃勃的自由之路。在海德格尔眼里这是一条典型的,因而是极有教育意义的道路。因为作者经历了现代社会的所有的愚蠢和诱惑,最后又回到教会信仰的静谧和福祉中,也就是最后在生活的彼岸价值中找到归宿。现代性将自我引入到无穷无尽的发展之中;在这里终于出现了想从无穷无尽的发展中解放出来的人;在这里,终于有人用他自己的灵与肉表明,把自己的一切都置于自身这一基础之上,实际上是把自己置于空无之上。"我们今天常常谈论'名人大腕'……艺术家们被推到了前台,人们常常听到很多有意思的名字:'花花公子'奥斯卡·王尔德[1],'天才酒鬼'保罗·魏尔兰[2],流浪汉马克西姆·高尔基,"超人"尼采——这些人都被看作是很有意思的人。然而一旦有人在神的赐福下意识到,他自己过去的吉卜赛式的流

---

[1] 奥斯卡·王尔德(O. Wilde, 1854—1900),爱尔兰诗人,剧作家,19世纪英国唯美主义运动的主要代表,"为艺术而艺术"的倡导者。——译者

[2] 保罗·魏尔兰(P. Verlaine, 1844—1896),法国诗人,意志薄弱,行为不检,曾是象征派诗人们推崇的对象。——译者

浪生活只是一个骗局,因而奋起打翻了假神们的祭坛,皈依了基督的时候,人们却说他们'无聊、恶心'。"(转引自维克多·法里亚斯:《海德格尔与纳粹》,第88页)

1930年,海德格尔在其著名的讲演《真理的本质》中说,"自由使我们成为真理"。但在青年时代发表的文章,则恰好持相反的观点:真理使我们自由。这里所说的真理,并不是以自己为基础的、由自己出发的真理,而是在活生生的信仰团体和传统中接受来的真理。只有在这里,才有"占有真理时的高级的幸福,这是从自己本身出发永远达不到的真理。"年轻的海德格尔思想中体现了他的导师布莱克的信仰主义的实在论。对海德格尔来说,新教虔信主义具有太强的感受性的虔敬主观性。在关于 F. W. 弗尔斯特的《权威与自由——对教会的文化问题之观察》一书的书评中,海德格尔批判了经验中的自恋性陶醉,批判了世界观上的印象派,指责它们只表达了个人情绪,没有表达客观内容。海德格尔反对各种流行世界观的标准论据是:它以生活的需要为取向。与此相反,谁要求达到真理,他就必须强迫生活服从他的理智的命令。在年轻的海德格尔看来,真理不会轻而易举地获得。占有真理是一种"掠夺自身,摆脱自身的艺术。"显然对年轻的海德格尔来说,判定是否为真理的决定性标准是:认识真理恰恰体现为真理对我们抵抗、挑战和它的不断嬗变。"只有那些能够忽略自己的人,才能够超出本能的世界,达到精神的自由,真正发现真理。它是对无节制的自律主义的严峻挑战。真理在那里闪光,但是,真理却不会自发地变明晰,显示出来"。自负必须在"宗教与道德权威"面前俯首称臣。"大多数人们相信,自己完全可以自立,他们不想发现真理,不想为了真理而奋斗,而宁可把真理钉上十字架。这个令人窒息的事实,取消了所有个人主义伦理学上之可能的基础。"(同上书,第88页)

海德格尔的论据值得我们留意,因为海德格尔一直坚持认为,含辛茹苦,孜孜以求,是达及真理的标志。不过,海德格尔后来认为,在信仰庇护下的那些假想的真理的占有,不是达及真理的捷径,因而是背叛真理的道路。含辛茹苦、孜孜以求那种困难的、坚硬的、对人构成挑战的真理就是先前一直受到怀疑的那个自由。在形而上学流离失所之时它却坚定不移,而不去俯就宗教信仰提供的现成真理辞章,不去祈求它的庇护。

海德格尔对名人崇拜的攻击多少带有妒忌的成分。他不能隐瞒,尽管他攻讦那些大人物们,但是,他缺乏那些人的文雅。这位由教会"抚养"的神学候补生,在文科中学和大学中资产阶级文化氛围中还显得笨手笨脚。脚下的非哲学地板显得越来越不稳固。他抛不掉身上"小市民的酸臭味",而且一辈子都没有抛掉。20年代在马堡的时候,已经成为德国哲学秘密之王的海德格尔,有时仍被不相识的同事和学生当成暖气工或管房子的工友。他尚缺乏为他激烈抨击的"吸引力"。因为他还没有找到可供他自己策划扮演的合适角色。此时,登上社会舞台即可产生影响,而面对舞台他却有些胆怯。年轻的尼采主义者在各个城市咖啡馆里的出色表演,被海德格尔鄙视地称为"恺撒-博尔吉亚[①]—狂热"。凡是唾手可

[①] 博尔吉亚(1475/1476—1507),文艺复兴时期名声最坏的教皇亚历山大六世的私生子。他父亲升任教皇后,他得以做教廷的高级官员。他的教皇父亲利用他的姻亲关系,扩大领地。他本人善于耍阴谋和搞暗杀,以达到自己的政治目的。马基雅维里在《君主论》中以他为新政治君主的代表:为达目的可以不择手段。——译者

得者,不期而至者,都被海德格尔斥为浅薄的东西。不过,他还没有给自己的自发性找到适当的环境,因此,他的"本己"就在外面他人之处变成了一种约束性的负担。海德格尔现在就是以这种人的身份思考问题。当海德格尔把真理置于艰难、严厉、顽强的灵光之中时,反射出来的东西实际上是他在外部世界中感受到的抵抗。面对这些抵抗,他不得不起来保护自己。在家里,这种信仰的真理便失去了它的艰难和沉重。所以,在他写的有关约根森的书评结尾中,歌颂了天主教传统占统治地位的故乡的隐蔽性的诗意:"在古老的城市里,他(约根森——作者按)看到的是阴影中的角落,寓于房子一角的、忠诚可信的、玛利亚的圣像。朦胧中他听到淙淙的清泉,倾听着深沉忧伤的民歌。它们就像德国的六月之夜一样,化在梦一般的沉寂中,洒落、覆盖在他那充满了爱的书上。改宗者寻求上帝并得到实现的思乡之情,应该是他的艺术的强大酵母"。(同上书,第88页)

在约根森的世界中,天主教的真理如鱼得水。这个世界同麦氏教堂镇的世界极其相像。这里,信仰还是正常生活秩序的组成部分。在这里,人们接受它,而无需强迫"自我放弃自我"、"压制自我"。但是,当他们带着自己的信仰与陌生人遭遇时,他们便需要原则和逻辑的支撑。在任何信仰面前展示的都是一道无根无底的深渊。人们怎样度过它呢?海德格尔年轻时靠的是纪律和传统。后来靠的则是果断决心,即决定主义。再后来,他依靠的就是泰然任之了:对它的信赖,任其左右。

1910年前后,对海德格尔来说,教会真理之瑰宝还是一种馈赠。它不是靠我们积累而成的、供我们自由取用的财富。对教会真理之瑰宝的信仰也不纯粹是一种感情。在布莱克和他的学生马丁·海德格尔看来，施莱尔马赫的纯情感性宗教是向现代主观主义的妥协。信仰并不是多愁善感中的舒适，而是一种严厉的挑战。所以，在已被启蒙的世界中，它被看作苛求便不足为奇。因为信仰的确是一种苛求。比如，为了真理之故，信仰苛求人们放弃无拘无束的生活的灵魂和逻辑。用年轻的海德格尔的话来说："你想过精神生活，赢得永恒的幸福，然后死去吗？那就请绞杀你心中低级的东西，让超自然的圣恩发生影响，你将得到重生。"（同上书，第88页）

但是，皈依上帝并不带有乡土的温情。这种皈依恰恰是想使生活更艰辛。这皈依并不想让施莱尔马赫式的柔情乘隙而入。也不想堕落为单纯内在性的避难所。在此期间，海德格尔要到别的地方去寻求人间的上帝精神。布莱克的说法是："这里数学真理闪耀着它最辉煌的胜利光芒。它是永恒真理的最严格的形式。"他的看法为海德格尔指明了方向。海德格尔在《学者》杂志上写道："严格的铁面无情的逻辑，再也不能满足情感细腻的现代灵魂的口味，'思维'再也不能容忍自己继续被禁锢在不可逆转的永恒的逻辑规律之内了。严格的逻辑思维么，这个我们已经有了。它严严实实地堵死了情绪的任何影响。而真正的无前提的科学工作，又需要积蓄一定的道德力量，从自我中解脱，以及压抑自我等技巧。"（同上书，第86页）

对海德格尔来说，上述这种道德力量同信仰所要求的克服自我的力量是同一种力量。对他来说，信仰的权威同严密逻辑的客观性是同一个东西。它们都是"永恒性①"的不同类型。但是,这里仍然涉及到情感问题,而且是一种十分崇高的情感。"存在的终极问题,有时突然十分耀眼,有几天又像铅块一样沉重,放在痛苦、无目的、无出路的灵魂之中,得不到解决。通过严格的信仰和逻辑的训练,对存在终极追问的完满回答和不断追求完满答案的要求才能实现。"(同上书,第86页)

1915年,当他在"简历"中提及形式逻辑训练时,把逻辑作为基础知识来看待,这是他缩小了事实。因为当时在他看来,从事形式逻辑和数理逻辑之事,事实上就是给上帝做礼拜的一种形式。通过逻辑可以使他自己被接纳到关于永恒性的专科训练②之中。他认为,只有在这里生活之摇摆不定的基础才能找到它的支撑点。

1907年孔拉德·格勒贝尔送给他的学生海德格尔一本书:布伦塔诺的《论亚里士多德关于存在概念的多义性》。海德格尔在这本书里找到了被他称之为"严格的,铁面无情的逻辑",找到了适合心智强大的人、不满足于靠意见和情感生活的人所需要的东西。

格勒贝尔作为教规严格的教会的神职人员,恰恰选中这样一本书送给学生,此事本身令人惊奇。因为,浪漫主义者克莱芒斯·布伦塔诺的侄子、哲学家弗兰茨·布伦塔诺,尽管他起初是一个天主教牧师,并且主张哲学服从信仰,但在1870年教皇颁布了"无错性"敕令之后,便同教会的上层发生分歧,最终退出天主教会。他一直当私人讲师,1895年以后隐居威尼斯,此时他几乎完全失明。

---

① 指上帝的神性。——译者
② 指神性的专科训练。——译者

布伦塔诺是现象学奠基人胡塞尔的老师。布伦塔诺力求解决上帝存在的形式问题,如果有上帝的话。这里的"有"是什么意思?这个"有"是我们头脑中的表象吗?它作为最高的存在、作为世界的整体,存在于外在的世界之中吗?经过仔细分析,布伦塔诺发现,在主观表象和物体的自身存在之间,还有一个第三者:"意向性对象"。他认为,表象不是某种纯内在的物,表象总是对"某某内容"的表象;它们总是对已有的,或更准确地说,向我给出的、向我提供的实存之类的内容的意识。这种内在的"意向性对象"总已是"些什么",这就是说,它不会化解为那种主观行为——靠了这种主观行为才使我得以与意向性现象相遇的。这样,布伦塔诺便制作出一个独立的世界。这是一种处于传统的主体-客体模式之间的世界。布伦塔诺把我们同上帝的关系也置入这个意向性对象的世界之中。上帝就是在这里"给出"的。在我们经验到客体实在之处,我们无法验证对上帝的意识;对上帝的意识也不是像"最高的善",或者"最高的实存"那样,以抽象的一般性概念为基础。布伦塔诺之所以研究亚里士多德的存在概念,是为了不让我们所信仰的上帝,成为我们凭借抽象从其他实存中获得的东西。布伦塔诺想通过亚里士多德向人们指明,严格说来,根本不存在这类一般整体。存在的只是个别事物,不存在广延性本身,只存在有广延的个别事物;不存在一般的爱,只存在许多许多爱的事件。布伦坦诺警告说,不要把实体错误地赋予概念性的东西。实体并不染指一般性概念,而是只存在于个别东西之中。实体是一种极其丰富的、无穷性的东西。因为,它由无穷多的关系构成,因此可以从无穷多的角度加以规定。世界是永不枯竭的。世界只在个别性中、在存在的类型的多样性层次中呈现自己。在布伦坦诺的思想中,上帝存在于具体事物之中。

布伦塔诺通过对亚里士多德的研究,测绘出一个思想性区域。布伦坦诺一直坚持他的基督教信仰。在这个新测绘出的区域中,可以使他的信仰免受具有迷惑性的逻辑化的污染。他立论的基础有另外的根源。但是,布伦塔诺在他的博士论文中指出,以后也许有可能准确地描述出,在信仰行为中,到底在实际上发生了什么事,使得信仰与判断、表象、感觉不同。而这就是以后出现的现象学规划的大纲。

布伦塔诺的这份文献,对马丁·海德格尔来说是一份十分困难的家庭作业。有一次在麦氏教堂镇度假期间,海德格尔曾流露一些这方面的信息:"当诸种不解之谜挤在一起,找不到出路时,出来帮忙的是田间小路。"在那里的长凳上,一切对他来说又变得简单明了。"滞留在田间小路的周围的广袤中各种事物繁茂生长,为这广袤奉献出世界。在其无法言说的语言内容中,神才是神。"(《思想的经验》,第39页)

海德格尔经过布伦塔诺接触到了胡塞尔。胡塞尔的《逻辑研究》恰恰发表于世纪之交。这本书成了海德格尔个人的"皇历"。

海德格尔从大学图书馆借了一本《逻辑研究》,在他的书桌上一放就是两年。在此期间,没有人问起过这本书在他那孤独而又出众的情绪中激起什么样的感情。50年之后,当回忆起这本书时,海德格尔仍然陶醉其中:"胡塞尔的著作对我的触动如此之大,以至于此后许多年中我经常不断地反复阅读它……一种魔力由这本书出发,一直延伸到版心和封面之外。"(《关于思想之事》,第81页)

在胡塞尔的书中,海德格尔看到对逻辑有效性的心理主义相对化的批判,以及为逻辑有效性提供的激烈辩护。他在1912年的文章中,对胡塞尔辩护的中心内容作了概括:"心理主义作为知识是荒谬的,在理论上是无结果的,其根本错误就是忽视了心理活动同逻辑内容的区别,忽视了现实的思想过程和观念性的同一意义之间的区别,前者在时间中进行,后者在时间之外存在。总之,它忽视了'是'之所是同有效的区别。"(《海德格尔全集》,第1卷,22页)

胡塞尔在世纪之初,把"心理行为"同"逻辑内容"作出的区别,以快刀斩乱麻的凌厉之势,了结了当时的心理主义争论。但是,其表达方式十分艰深,因此只有包括年轻的海德格尔在内的少数几个人注意到这里发生的事。从表面上看,书中讨论的是专业哲学问题。在这场争论中,当时相互对立的倾向和张力得到缓解。

1900年前后,哲学面临着严峻困难的挑战,自然科学与实证主义、经验主义和感觉论联手,要置哲学于死地而后快。

科学的凯旋之感建立于它对自然的精确认识,以及它在技术上对自然的统治之上。在这期间,井然有序的经验、实验、科学假说的构造,验证和归纳的过程,已经成为自然科学研究逻辑的基本成分。人们已经把古老而又受尊重的哲学问题"什么是什么[Was etwas-ist]"弃之不顾。这种哲学问题只会将人们引入漫无边际的空谈,这已成为尽人皆知的事实。因为人们对无限性失去兴趣,所以希望从漫无边际的空谈中解脱出来。对于那些开始把自己当作某个研究过程的管理干部的近代科学家来说,"某物如何发生作用"这个问题更有前途,因为通过这种研究,人们得到的是具体实在的东西,甚至还有希望让物,甚至让人按着自己的设想发挥作用。

而且使整个研究过程得以进行的理智,也是自然的一个部分,所以按着那些野心勃勃的计划,人们同样也应该能够用研究外部自然的方法来研究人的理智。于是在上世纪末,脑生理科学和脑化学相结合,出现了一种新的科学,关于他人的心灵的科学:实验心理学。

这个学科的研究起点是:在研究工作中,必须设想,人们不知道什么是心灵的东西;人们必须,并且可以从外部对它进行观察,并且是进行实证主义的、经验主义的观察;人们不是想说明,而是想澄清;不是去寻找它们的意义,而是寻找它们自身的规律性。理智使我们成为研究对象的告密者。但是,它却做不到把这种对象同我们自己分隔开,让东西单纯地向我们展示自身。心理学与其他经验科学一样,心理学需要的对象是一种从某种视角出发受到处理的对象,为的是能对它的装置(结构)进行分析,而不是去分析它的意义。这就是说,在这类对象身上分析表象的构造者中生理刺激的变化规律。在表象复合中分析出有规则的联想的结构,最后分析出思想本身的规则,这样也就找到了"逻辑"。

从这种观点出发,"逻辑"就成了心理存在中的自然事件。这就是心理主义的问题所在。对心理存在持自然主义观点的人要把"逻辑"这种思维的操作规则当成思维的自然规律。他们忽视了,逻辑学根本不是描述经验上我们如何思想,而是描述我们应该如何思维。这种工作的前提是:进行判断时我们始终坚持着真理的要求。这也恰恰是科学本身所要求的。在科学把思想当作心理性的自然现象加以分析时,它自身便陷入了一个棘手的矛盾:它在研究思想时,把它看作有规律地发生的事件,如果它注意一下自己,就会发现,它自身的思维过程并不是一个有规律的实施过程。思维活动不是由规律规定的,但却对某种确定的规律承担着责任。

在可思想物的广阔领域内,逻辑不是作为自然规律出现,而是那种如果我们让其生效,它便生效的东西。

众所周知,规律这一概念本身就有歧义性:它一方面指称,事件的发生有规律可循、并且必然按照规律发生;另一方面,又指称一组规则,即对事件发生的特定过程进行规定规划的规则。在第一种情况下,它是存在的规律;在第二种情况下它是规范性(关于应该如何如何)的规律。作为前者,它对"其所是"加以描述;作为后者,它对将发生的事件预先加以规定。

胡塞尔研究工作的目的是企图把逻辑学从自然主义之下解放出来,再现逻辑的规范性特征,即精神性的特征。当然,逻辑学的工作是在心理性的东西中进行的,但是,它是心理性东西的规范性产物,而不是心理过程的自然规律。

但是,在这个清晰的说明内部,却包含着一个非常明显的问题:关于心理行为同它的结果的关系问题,即思维的生成过程同思维内容的有效性之间的关系问题。

"二乘二等于四"的计算过程是心理活动过程,但是,只有当心理活动不再进行的时候,"二乘二等于四"才会生效。计算结果所要求的有效性与哪个大脑进行的计算这一点毫无关系。谁进行了计算,或者谁完成逻辑演算,谁就成为超主体的精神领域的分享者(这听起来已经带有很浓重的柏拉图味道)。当可作为心理事件来

第 二 章

描述的思维活动得到实施的时候,在这个领域中聚集的意义和有效性便得到现实化和使用。

"逻辑不是思维的自然规律,而是属于有效性的理念性范畴",这个说法常常被人误解,因为这种说法十分接近下述推测:这里涉及的只是实用性的协议。比如,演绎证明的形式,不是我们相互间建立了协定,然后宣布它为"正确",而是它本身就是正确的。"所有的人是有死的,苏格拉底是人,于是,苏格拉底是有死的。"这个推论的正确性是自明的;它是有效的。至于这里所作的判断是否符合经验事实,并没有作出任何明确的断定。这完全取决于前提("所有的人是有死的……")是否正确。即使依据的推论形式是正确的,我们也可以得出一系列的错误论断(比如"如果所有的人是公务员,那么苏格拉底也是一个公务员")。所以,不能说,因为逻辑推理形式有助于我们获得有益的知识,我们便习惯于服从逻辑推理形式。从经验上看,为了获取有益的知识,我们根本无需求助于逻辑推理。相反,逻辑经常把人们引入歧途。逻辑结论并不需要经验的维护,它们像一切逻辑运算一样是自明的。人们越是深入到逻辑的自明性之中,逻辑的这种自明性就越神秘难解。从对一个三段论的简单分析出发,人们突然步入了精神的魔术王国。一切对它加以还原的努力——实用的还原,生物的还原,自然主义的还原,或者社会学还原——都被它一一击败。

19世纪中叶以来,我们一直处于这样一个时代:在经验科学丰硕的实践结果的影响下,出现了持续的还原热,人们想通过还原,把精神从认识的领域中驱除出去。

尼采曾经对这个时代进行了诊断:这个时代是"正直的"和"真

诚的"，但是是一种粗俗的"正直"与"真诚"。它"在任何现实面前都卑躬屈膝，都真诚"。它挣脱了"理想的统治"，凭着直觉，到处寻求能为"屈服于事实"提供合理性的理论。尼采针对的是毕德麦耶尔派①的和所谓小市民的实在论的观点。19世纪中叶以来，的确是实在论的全盛时期。它确实只求屈服于事实，以便达到对它的完全的统治，按照自己的意图对事实加以改造。尼采赋予"自由精神"以"趋向于权力的意志"，但是，它并没有在"超人"这个最高层次中获得胜利，而是在蚂蚁般勤奋的市民的、追求实践理性科学化的努力中取得了胜利。这既适用于资产阶级世界，也适用于工人运动。它们的强有力的解决办法是："知识就是力量"；教育应该带来社会的进步，抵御任何形式的假象。谁知道什么，都一目了然，不再那么容易从事伪装了。在知识方面给人印象最深的是：人们不再需要知识给我们造成什么令人惊叹的深刻印象。人们被允诺可以获得全权，可以按照自己的需要，把事物提取出来——如可能的话——并将其置入到自己的那种贫乏、蹩脚的形式中去。

绝对精神在作了唯心主义的翱翔之后，到了19世纪中叶，突然间，到处弥漫着"降低"人类的空气。当时思想界的人物都是这样开始他们的事业：人无非是……

对浪漫主义者来说，只要当人们找到了相应的符咒，世界就会开始歌唱。世纪的前半叶的诗歌和哲学全是些诱人规划：不断地努力去发现或发明新符咒。时代要求令人感情奔放的伟大意义。

---

① 毕德麦耶尔派［Biedermeier］，1814—1848年间在德国流行的一种艺术派别，一般认为，它反映了脱离政治、胸无大志的德国资产阶级庸俗的生活情趣。——译者

第 二 章

在精神魔术的舞台上,反思大力士们获得胜利,但是他们的表演并不长久。当实在论带着他们对事实的敏感,身着"无非是……"的形式武装,站在门口的时候,他们便像天真的孩子一样相互嬉闹,把一切搅了个乱七八糟。接着又要求整理。于是,开始了严肃的生活。实在论者们必须为此而操心。19世纪下半叶的实在论,将最终完成他们的作品:把人"看小",并把他同"伟大"的东西联系在一起,如果我们愿意把大家均能受益的、现代的、科学化的文明称作"伟大"的话。

人们的现代化的规划始于下面这种想法:反对一些过分的和不现实的幻想。但是,即使当时最过分的幻想也难以设想,实证主义的冷静精神,究竟带来了何等巨大的惊人后果。

19世纪中叶,在排泄德国唯心主义的过程中,出现了一种最粗俗的唯物主义。供人清醒之用的文集语粹,如,卡尔·福科特的《生理学通信》(1845),雅克布·莫莱肖特的《生命的循环》(1852),路德维希·毕希纳的《力与材料》(1855),海因里希·乔尔布的《感觉主义新论》,当时突然变成了抢手货。对这种由力与碰撞以及腺体、功能等等概念构成的唯物主义的风格,乔尔布用下面的话作了刻画:"试图通过发明超感觉世界来改善可认识的世界,试图通过赋予人类以超感觉成分,以便使人变成超自然的、十分崇高的实体,这种欲望只能是骄横和虚荣的证明。当然,对现象世界的不满、对超感性的理解之最深刻的基础是……道德的缺陷。"乔尔布向人们提出的最后要求是"满足已有的世界吧。"但是,这个"已有的"世界里所缺少的是什么啊!生成与存在的世界,无非是分子的风暴和能的转换而已。德谟克里特的原子论世界仍然有效。人们不再需要阿那克萨戈拉的"奴斯"（思想）和柏拉图的理念了。人们无需基督徒的上帝，斯宾诺莎的实体，笛卡尔的"我思"，费希特的"自我"，也无需黑格尔的"精神"了。活在人的内部的精神，无非是大脑的功能。思想同大脑的关系，就如同胆汁同胆囊、尿液同肾脏的关系。曾经人丁兴旺的形而上学家族中，有一位罕见的劫后余生者，形而上学家海尔曼.洛采针对这种观点曾经指出，这种思想是"某种未经过滤的东西"。也是洛采在当时指出——尽管徒劳无功——唯物主义者的"死亡空翻"是愚蠢的。他提醒人们注意莱布尼茨的工作：莱布尼茨在同霍布斯的争论中已经把唯物主义的问题，特别是关于意识与肉体的关系问题解决了：如果某种东西以另一种东西为基础，这恰恰意味着这两者并不是同一的。因为，如果二者是同一的，二者之间便没有差异；但是，如果二者无差异，这种东西也就不可能以那种东西为基础了。莱布尼茨说，人的生命是以呼吸为基础的，然而人绝不仅仅是一股空气。

不过，机智的反驳并没有能够阻滞唯物主义胜利之师的前进步伐。其原因首先是，这种唯物主义混合有一种特殊的形而上学：对进步的信仰。按照这种信仰，如果我们把事物和生命向下分析，直到它的最基本的构成成分，我们就将发现它们内部机制的秘密。当我们搞清楚这一切是怎样发生的，我们就有能力再造这个过程。

这里起作用的是这样一种意识，即，想侦破包括自然诡计在内的一切"诡计"，并且要在实验中当场抓获它们。假若知道了它们如何活动，人们便能向它们指出，它们到底应该干什么。

马克思主义业已受到19世纪下半叶这种精神的极大的鼓舞。经过艰苦细致的琐碎工作，马克思把社会实体解剖开，把它的灵魂——资本提取出来。最后人们也搞不清楚,无产阶级救世的使命(1850年之前马克思对德国唯心主义的贡献)在反对资本的铁的规律(1850年之后马克思对决定论精神的贡献)中,是否还有成功的机会。马克思也想看破一切诡计。他的意识形态批判使他可能做到这一点。对于意识形态批判家来说,思想并不像进行哲学思考的那一大群生理学家和生物学家所说的,是从大脑中分泌出来的。意识形态批判家认为,思想是从社会中分泌出来的。具有意识形态批判立场的社会科学家,也想对精神的奇特的分泌之法实施"解密"。唯物主义的远征军向有效性问题展开了进攻。

1866年出现了对这种立场的决定性批判:F.A.朗格发表了他的经典著作《唯物主义史》。我们绝不能说,这部著作当时没有影响,尼采就受过它的强烈影响。尽管后来尼采被称为"生命哲学家",认为他的哲学炸开了唯物主义的那几块结实笨重的部分,但激发其思想的导火索,的确是朗格放置的。新康德主义(以后我们将专门讨论它,因为海德格尔就是在新康德主义的环境中活动的)也是在朗格的引导下发展起来的。

朗格的基本思想是恢复康德对世界所作的干净利索的区别:一个是我们可以依据规则加以分析的世界,作为诸事物之一的我们,也是其中的一部分,也从属于这个世界。另一个世界是深入我们内部的世界。以前这个世界被称之为"精神";在康德这里,人的内部被称之为"自由",外部世界被称之为"物自体"。朗格引用康德关于自然的定义:自然不是被我们称之为自然规律的那些规律生效的地方。恰恰相反,只要我们从一定的角度把某种东西视为规律,我们便把它构造为显相的"自然"。当我们从另外一个角度将其视为自决[①]和自由时,那么此时所涉及的就是"精神"。两种观察方式都是可能的、必然的,而且,重要的是,二者是不可能相互置换的!我们可以把自己当作物中之物加以分析;我们也可以效法霍布斯,公然声称我们是一部机器。不过,是我们自己选定了这个视野——我们是完全自由的,因而可以将自己当成机器。我们是现象世界的构成部分,是有规律的自然的部分,是诸物中的一物,同时,每个人都体验到自己的自由的自决性。世界秘密在我们内部的显示就是自由;它是现象界之镜的背面。"自在之物"——它就是我们在自由中的自身;我们能够对自己加以规定的领域,就是所有这些规定的心脏。

朗格又重新启用康德的双重视野——人既是物中之物,又是自由。他说,作为自然科学的研究方法,唯物主义完全可以得到肯定。在自然科学的经验过程中,世界必然表现为似乎只有物质实在存在于其间。若是自然科学在什么地方遇到困难,不能用已有的说明方法加以说明,那么也不允许它用"精神"之类的东西作为代用品填补这一空白。精神不是因果链条上的环节,而是这个链条上的另外一个侧面。人们可以对心理事物加以研究,从事自然科学中的心理学工作,但是人们不应该忘记,人们在这个过程中把握到的并不是心灵本身,而是它的物质代用品。朗格并未批评自然科学的研究方法,而是批评伴它而生的错误的意识和拙劣的哲学,即下面这类看法:通过对"外在事物"的分析,就可以穷尽人生

[①] 自决:Spontanitaet,也可译为"自发"。——译者

第 二 章

诸事。当人们在空间范畴内进行思考时,上述假设几乎是真的:所有的东西,不管它是什么,都必须指明它在空间中的位置,或者它的可以在空间中加以表象的结构。

F.A.朗格的最大贡献就在于他指出:唯心主义如何达到它的沸点,将一切精神都蒸馏掉,并因此造成了唯物主义的凝固点,使一切东西都不再运动,尽管人们又将精神匿名后偷偷引入,比如引入"活力"的形式,但是,没人知道它是什么东西。与唯心主义的蒸馏和唯物主义的凝固相对,朗格坚持既有精神又有物质的立场。

朗格以低廉的价格为形而上学辩护。对他来说,形而上学就是概念性诗歌,是幻想与知识的振奋人心的混合物。宗教也是一样,当宗教声称,它占有了关于神、灵魂和永恒不死者的知识时,那么,它就将自身交给了科学的批判,不再站得住脚。阵线的划分是必不可少的。"理念的立场"不再允许将自己的骄傲建立在对真理的认识之上,而是建立在对价值的构成和由此带来的对现实进行的改造之上。经验中有真理;精神中有价值。后来,尼采为朗格提出的真理与价值和平共存的理论的终结作了准备。尼采又往前迈了一步,将真理同价值直接对立起来。在这里,尼采让价值评估的活力论将真理吞噬掉。于是,真理仅仅是一种使我们感觉舒适且有用的幻觉。另外一些人则认为,价值仅是一种文化生活的事件。李凯尔特以后将把它定义为"价值事件":人们可以从社会科学的角度对它加以描写,从历史学的角度对它进行叙述。只有当有效性变为事实时,有效性才生效。只有生效的东西才会有效,这将是历史主义的要点。

F.A.朗格在寻求一种平衡:"唯物主义同神灵世界共享权力。

有谁会去反驳帕勒斯蒂那的弥撒曲呢？有谁会去斥责拉菲尔的圣母像是一种谬误呢？'荣归主颂'一直保持着它所具有的世界历史性的力量。面对崇高之时，人类的神经还会发生颤抖，那么'荣归主颂'还将一百年二百年地继续回荡。那种把自己的意志交付给驾驭着整体的意志，以使单独的个人得到解脱的思想，那表达了激荡在人们胸中的最剧烈、最高尚的东西的(耶稣的)死与复活的形象……，那种命令我们将面包掰开分给饥民、将愉快的福音带给贫苦人的教诲，这一切绝不会因为有一个社会制度，能按照理智去建立较优秀的警察制度，凭借着它思维的敏锐进行层出不穷的发明，使推陈出新的需求欲得到满足，为了给这种社会制度的实现开辟场所、达到目的，便完全引退，进而永远销声匿迹。"(F. A. 朗格:《唯物主义史》,第897页)

上述这种唯心主义，应该给受科学技术驱使的文明带来某种平衡。这是一种"似乎(Als-ob)"唯心主义。因为它所推荐的价值都已经失去了它们的尊严和存在力量，因为人们在这些价值中认出了杜撰的本相。理想的典范从根本上只是一种偶像，它闪耀着赝品的光辉。唯心主义者只能在迫不得已的轻浮的思考中，才得以坚持它对善与美的启示。他们解说信仰的规则时带着占卜官的微笑，这显然是让别人去信仰，而不是他们自己信仰。上世纪末的哲学畅销书是汉斯·费英格的《似乎(Als-ob)哲学》。它是这种有教养的资产阶级的伤风败俗的最忠实的表达。在这里，价值被称之为有用的虚构。它纯粹是一种主观发明。但是，如果在执行生活任务的过程中，它能在理论和实践上给我们提供帮助，那么它便具有某种意义，我们习惯上称其为客观意义。

第 二 章

整个威廉主义时期①都弥漫着这种"似乎"主义。它传播着对虚伪性的追求和乐趣。人们印象最深的是,什么看上去像什么。被使用的每种材料,都希望表现得比它"真实之所是"更丰富。这是一个虚构材料的时代。大理石是油漆过的木料;银光闪烁如群星的花岗岩实际上是石膏。新东西必须看起来古香古色;古希腊庙堂的梁柱被修建在股票交易所的大门口;工厂修得像中世纪的古堡;新建筑修得像古城废墟。人们努力维护着历史的联想:法庭看上去像威尼斯的总督府;市民的住宅摆放着路德式长凳、锡杯和古登堡的圣经②。但是,明眼人一看就知道,那是不值几文的赝品。威廉大帝本身就不是货真价实的。他的权力意志缺少权力而富有意志。"似乎"要求表演,它靠表演为生。没有人比理查德·瓦格纳更清楚如何动用戏剧魔术来拯救他的时代:暂时的拯救,是一种"似乎"的拯救。这一切都是凭借对现实的干练思考。正因为这种思考及其干练,使它们必须要有一点色彩,有一点修饰,有一点装潢,有一点雕琢,等等,等等,所以,这个整体外观上像什么东西,可以作为某种东西有效。最后,德国的官方政治也以有效为基础:在德国范围内有效。因为,一个人要作为什么而有效,便可以省掉"真正成为什么"的努力。

现实的干练与"似乎性"的思考的混合物,为威廉·詹姆士和皮尔士的盎格鲁-撒克逊实用主义,开辟了通向德国的道路。众所周知,实用主义公开宣布,要对真理实施"裁军"。它解除了真理同

---

① 德皇威廉二世的统治时期。——译者
② "古登堡圣经"又称"42 行圣经",是现存最古老的圣经印刷本,是德国发明现代活字印刷的德国工匠古登堡于 1455 年左右印制的。——译者

理念王国的固定联系,真理被降级,成为一种社会原则,对行为过程进行自我论证。实践中的成果成了真理的唯一标准。这一点对所谓价值同样适用。价值的现实性的证明并不在于它同那种令人怀疑的、永远可望而不可即、只是有可能得到证明理想性存在的一致。价值的现实性只取决于它的影响。价值的灵魂就是它所发生的影响。实用主义用效果论代替了真理的符合论。人们不用再害怕犯错误。因为,第一,由于取消了真理的客观标准,错误如今失去它的本体论上的原罪性。人们甚至可以把真理定义为有用的错误。第二,错误属于实验的一部分。当一只狗试图横叼着一根长骨头穿过门口时,它必须不断转动它的头,直至能通过为止。这就是试错法。人类通过真理之门和狗过门口的情况一样。真理不再是过去的它了,它失去了往日令人崇敬的激情。它不再追求确凿无误,而只讲求实践上的收益。人所共知,对确凿无误的追求是一种精神状态,其中隐藏着许多宗教内容。实用主义事先用实验代替了形而上学的严格检验;它瓦解了条顿人的不断追求整体的努力,用它"我们向前、向上犯错误"的道德原则,使人们得以保持泰然任之的状态。威廉·詹姆士说,"我们的错误终于不再是那么了不得的事情。在这个世界上,无论多么小心,我们都无法逃避这条错误的道路。因此,某种程度的无忧无虑的轻率比过去过分神经质的恐惧要健康得多。"(威廉·詹姆士:《趋向信仰的意志》,第146页)

　　这种无忧无虑的态度得到了当时另外一种强有力的倾向的支持:这就是以达尔文的发现为基础建立起来进化论生物学。这种生物学教导人们:依照试错原则行事的不仅仅是我们,而且自然本

第 二 章

身也是如此。遗传信息的传递错误造成变异,并由此引起物种链条出现分支。偶然性引起变异性;适应的结果就是选择;经受住考验,能挺住的就保持下来;通过偶然性引起的突变加上生存竞争中的选择,这就是自然发展的方式;它完全不需要什么目的。自然界前进的过程也就是出错、失误的过程。另外,通过变异和选择的规律,康德无目的自然目的论难题也得到解决。盲目的偶然性引导着自然发展前进,它的结果看起来似乎是遵循着某种目的。上帝不掷骰子——也许是吧。但是,人们相信,自然在玩押宝的游戏时被人们当场抓获。当时,进化论生物学成了对方法的重大作用的最大认可:它是由无序到有序,由错误到成功的方法。它给出了一条基本规则:真理无非就是实践上的成功。这几乎成了不可动摇的,显而易见的东西。

在 19 世纪末,维纳·冯·西门子①将"这个自然科学时代"的精英召集到柏林最大的会堂——伦茨大马戏场,举行了被他称之为令人难忘的魔术表演。科学家们汇集一堂,举行节日性的聚会和盛大表演,欢迎新世纪的到来。西门子说,"这样,我的先生们,我们绝不会动摇下述信念:我们的研究和发明活动,将带领人类步入更高的文明阶段,使它进一步得到改善,并使那些理想的愿望转变为现实。突然到来的自然科学时代,将减轻人类活动的苦难、祛除痼疾,提高生活享受的水平,使他们生活得更好、更幸福,更满意他们的命运。尽管我们并不总是很清楚地知道达到这种更美好阶

---

① 维纳·冯·西门子(Werner von Siemens,1816—1892),德国发明家、科学家和西门子公司的创始人。——译者

段的道路,但是,我们坚定地相信,我们的研究所追随的真理之光,不会将我们引入歧途。真理给人类带来的强大力量,不可能降低人的地位。它必将把人推进到存在的更高阶段。"(引自 A. 海尔曼:《升入人生存在的更高阶段》,第 812 页)

　　心灵上、信仰上的节制;对简单明了事物的好奇;对不可见的、但不是彼岸的,而是对现实世界中的不可见的东西好奇,即细胞的微观理论、电磁波的宏观理论,都属于科学的伟大的成功的前提。这两种理论都是强行进入了不可见东西的领域,对它们进行研究,并且得到了可见的结果。例如在同生物病原体的斗争的胜利和世界范围内的无线电报网的建立,就是这种可见的结果。许多形而上学的梦想,比如,对躯体的完全控制权的获得,对时间与空间限制的克服,均已经成为技术的事实。

　　当物理学学习飞行的时候,形而上学的超越飞行者却坠落下来。他们必须在平坦的大地上寻求自身的发展。形而上学在地上所能做的事情——比如按照新康德主义理论——也少得可怜。新康德主义者保罗·那托普 1909 年给哲学的任务下的定义是:它无非是努力增加科学方法的透明性。在哲学中科学对它自己的原则、工作方式、价值取向有了意识。那托普把这称之为"科学的道路指南……但是,不是从外部,而是通过对科学从开始就描述的,而且还会坚持不懈地描述下去的道路的内在规则进行说明,实施指导。"(那托普:《哲学与教育学》,第 235 页)哲学必须达到的目的与哲学开始时设想的完全相反:"起初,哲学在她的腹内孕育着所有科学的萌芽,在她生下它们之后,又用母爱抚育它们。科学在她的保护下长大成熟;此后,她怀着愉快的心情,望着科学走向远方,去开拓它们自己的天地。她还怀着坦诚的忧虑,远远观望了它们一段时间,间或还轻声细语送去几声忠告,但丝毫没有限制它们独立的愿望和能力。最后,她悄悄地退回到老地方,以便有一天无人知晓、无人怀念地从这个世界上消失。"(同上书,第237页)

文德尔班、那托普、李凯尔特、科亨都被人们称作"新康德主义者",因为他们向现代自然科学力荐康德的方法性反思。在伦理规范的论证问题上也主张回到康德去。一直到第一次世界大战,这个哲学思潮的影响都十分强大有力,其中也不乏思维敏捷者和好斗者。但整体上讲,面对当时科学精神的绝对优势,新康德主义处于防御地位。这种哲学希望在哲学寿终正寝之后,还能在它的"孩子们"中,即科学中,继续生存下去。的确,那托普正是为此做了准备。而且看上去,"科学中的哲学"也并非"毫无希望",并且在经验科学家和精密科学家的行囊里,的确还有大量的未经思想考查过的世界观上的旧货和思辨性的私货。他们甚至启用科学性的尊严来维护他们的盲目乐观和顽固的迷信。例如,动物学家恩斯特·海克尔就是这样一位科学家。他从达尔文的进化论生物学中蒸馏出一种一元论世界——宇宙论,而且就像海克尔1899年的图书订货单上的题目所说的那样,打算以此来解开所有的"世界之谜"。

新康德主义者想在双重意义上坚持科学的良知,即方法上的良知和伦理上的良知。因为,价值问题是他们的第二业务专长。他们的问题是:如何对这个过程进行科学的分析,而且在分析中不是像在科学中那样,使某种东西变成某种东西,而是使某种东西作为某种东西而有效。对新康德主义者来说,从整体上看,整个价值领域就等于文化。对一个雕像的物质材料可以进行物理、化学之类的分析,但通过这种分析,人们并不能把握什么是雕塑。因为雕塑的存在恰恰是它所意味的内容。这个意义有价值,而且由某个人使之变为现实。这个人并不是把这个雕像视为一堆石头,而是作为艺术来把握。李凯尔特说,"所有的文化发展过程,都体现着为人类所承认的价值。"(李凯尔特:《文化科学和自然科学》,第18页)自然与文化不是两种截然分开的领域,自然的对象依据它与价值联系的方式、程度而成为文化的对象。比如,性欲是非价值的,是生物学上的自然事件,但是,作为文化的所有物,性欲就成为非常有价值的意义不寻常的大事:成为爱情。整个人类的现实总是同价值的构成过程交织在一起。这里丝毫没有什么神秘的东西。价值世界并不是飘浮在高天之上。一切和人类有牵涉的东西都含有价值的色调。一个事实性的关系同时总是一种"价值关系"。对事实关系我们可以加以说明,但对价值关系我们只能理解。整个人类社会就如同国王弥达斯[①]一样:凡是他触摸到的东西、即凡是被他拉入他的魔法之内的东西,尽管它们不是[像弥达斯那里那样]马上变成金子,但是却马上获得了价值。

新康德主义在价值哲学方面走火入魔。然而这些学院派的哲学家们在深入有效性的秘密之内部的时候,忽略了一个最重要的有效之物:货币。因此一个圈外人,乔治·齐美尔发表了本世纪初整个价值哲学中的天才的杰作:"货币哲学"。

---

① 希腊神话中小亚细亚的弗里吉亚国的国王,会点金术。——译者

第 二 章

　　齐美尔描述了由抢掠到交换的过渡,认为它是整个人类文明最有决定性意义的大事。所以他把开化了的文明人类称之为"进行交换的动物"。(齐美尔:《货币哲学》,第285页)交换活动吸收了暴力,货币将交换普遍化。原来本是物质性的东西的货币,成了一切物品的现实符号。钱一旦出现,被它触及的一切东西都有了魔力。不管它是一条珍珠项链,还是一段墓前悼词,还是性具的交互利用,一切都依照价值来评估。货币是现实存在着的、处于社会化过程中的先验范畴。通过货币建立的等价关系,为现代社会的内在联系提供了保证。货币是一根魔杖,它使世界中的一切都转变为一种"财产",这种"财产"可依其价值进行评估,因而可以得到估价。

　　但是,某种东西怎么变成货币了呢?答案是简单而必然的:是某种有效的东西使之成为货币的。若是有人对某种其他的东西有欲望,为了解除这种欲望,这种有效的东西便进入工作,发生作用,解除这种欲望。这种交换的尺度是可以精确计算的。但这个尺度来自何处,却不清楚。有人认为来自劳动,有人认为来自市场,另外有人认为来自欲求,还有人认为来自匮乏。无论如何,货币的有效性并不在于它的物质自然本性,而是一种变成了物质力量的社会精神。货币的流通力量战胜了人们一直认为可以随心所欲、为所欲为的精神。

　　齐美尔所讲的这种精神就像货币一样,渗透到社会生活的每个隐蔽角落。齐美尔把一切都联系在一起。货币为如此截然不同的东西,如圣经和一瓶烈性酒,创造了共同的价值表现;齐美尔在其中发现了它同库萨的尼古拉的上帝概念的联系:上帝就意味着

"coincidentia - oppositornm"①,所有对立物的统一点。"当货物越来越变成所有价值的绝对充分的表达和等价物时,便超过了客体极其广泛的多样性,将自己高扬到更抽象的高度,它就成为中心,一切相互对立的、最不相干的、最陌生的东西都能在这个中心找到他们的共同性,从而相互接触。就此而言,货币也确定、维护了它高扬于个别事物之上的地位,维护了其他东西对它的全智全能的依赖,就像对最高原则的全智全能的依赖一样。"(同上书,第305页)

对货币有效性力量的分析——如齐美尔的例子所表明的——也并非没有形而上学的概念储备的支持。

在1914年之前那个仇恨形而上学的时代,有效性的诸领域(包括货币有效性领域在内)成了形而上学残余的避难所。在胡塞尔那里也是如此。为了回到我们的出发点,我们还得回来谈谈胡塞尔。胡塞尔致力于捍卫逻辑学的非心理学的有效性和柏拉图的理念王国,以反对自然主义的心理学鼹鼠②。

年轻的海德格尔也曾一度站在类似的立场上保卫过逻辑。他也是用他自己的形而上学残余同胡塞尔(和埃米尔·拉斯克)一起在有效性的神秘中,在纯逻辑性的王国中,反抗一切企图通过生物学和心理学来建立相对主义的努力。对他来说,每个领域中都包含着"生活的彼岸价值"。但是,逻辑学同灵魂生活之间的关系尚

---

① coincidentia-oppositornm"拉丁文"意即"对立面的统一"。是尼古拉·库萨的名言。他是说,人类世界的一切矛盾均可以在上帝的全智全能,即在无限中得到扬弃。——译者

② 地基破坏者。——译者

不清楚。在1912年发表的《关于逻辑学的最新研究》一文中,海德格尔把心理的东西称之为逻辑的东西的"操作性基础"。在那篇文章里他认为,整个来说这个关系"仍然是一个十分特别的,也许永远不能完全搞清楚的问题。"

海德格尔相信,用逻辑可以把握住超个人的有效性。这一点对他来说意义重大,因为海德格尔愿意相信精神的客观实在性。精神不应该仅仅是我们头脑的产物;也想承认外部世界独立的实在性:它们不应该被化为主观精神的妄想,这种还原只能是受到他痛斥的自我的无限制的自律主义在认识论上的翻版。海德格尔既不想直接跌入唯物主义,也不想错误地升上唯主观主义的天空。他的第一次哲学尝试的取向就是"批判实在论"。这种实在论认为,"只有相信实在的自然界的可规定性的人,才会将力量用于对它的认识。"(《海德格尔全集》,第1卷,第15页)他自己就是致力于客观精神之可能性的研究工作。

他在教会的启示性真理宝藏中找到了这种精神。不过,这并不能使我们的哲学家满足,所以他的第二个发掘地是逻辑学和它的客观有效性。

我们可以在他大学学习第一年中观察到,海德格尔是如何在寻求一种使他得以在现代竞技舞台上维护自己,并且同时允许他滞留在麦氏教堂镇的那块天空之下的哲学。

第 三 章

　　橄榄山的时刻　事业上的计划　博士论文　虚无存在吗　《响起来了》　在神甫圣下[①]面前的祈祷　生命哲学的彼岸　哲学生活的开始　狄尔泰的体验生活与尼采的享受生活　柏格森的巨流　马克斯·舍勒　鲜花盛开的庭院

　　"现代哲学中的实在问题和关于逻辑学的新研究"是海德格尔的第一篇哲学论文。从论文中人们根本看不出,在写作该论文时,海德格尔危机四伏的生活正处在转折中。他努力为"有可以清楚认识的现实性存在"这一原则和逻辑的可信赖性辩护,但此时,他自己个人生计的基础却发生了动摇。这是1911年。

　　在神学院寄宿并学习了三个学期的神学之后,海德格尔的心脏病又复发了。也许就像他在1915年的简历中所讲的,是由于"劳累过度",也许是身体起而反抗这种荒谬的工作。于是,他按着神学院寄宿舍的医生的建议,于1911年2月离开神学院,回到了麦氏教堂镇,以便"完全安静"地生活度日。他的上司得到的印象是:这位天才的神学学生的身体健康状况太不稳定,难以适应以后

---

① 神甫圣下[Hochwuerden],对神甫之类神职人员的尊称。——译者

第 三 章

服务教会的艰辛工作。

海德格尔在父母家里呆了整整一个学期,不知道自己下一步的生活之路怎么走。他心情郁闷,于是吟诗作句,寻求解脱。在他的诗里,职业的变故得到升华,变成了小诗"橄榄山的时刻[①]"。这首诗于 1911 年 4 月首次发表在《总汇报[Allgemeine Rundschau]》上:

> 我生活中的橄榄山时刻:
> 阴郁的外表之中
> 你们常常关照着我
>
> 我哭泣着呼唤从未徒劳
> 我青年的存在
> 已经厌烦了抱怨
> 只对天使"圣恩"依赖。
> (胡果·奥托:《马丁·海德格尔》,第 71 页)

这首诗是胡果·奥托发现的。同时发现的还有海德格尔给恩

---

① 见《圣经》马太福音第 26 章,或马可福音第 14 章。当耶稣带领门人来到橄榄山一个叫客西马尼的地方,他突然感觉十分难受,于是耶稣便对和他在一起的彼得、雅各和约翰说:"我心里甚是忧伤,几乎要死。"于是耶稣向上帝祷告:"父啊!在你凡事都能,求你将这一切撤去。"然后马上又要上帝不要听从他的请求。后来以此比喻耶稣的精神斗争。——译者

斯特·拉斯罗威斯基的一些信。恩斯特·拉斯罗威斯基是弗赖堡大学历史系的学生,师从天主教历史学讲座教授海因里希·冯克,是上西里西亚人,在弗莱堡大学学习过几个学期。海德格尔视他为最知心的朋友,而拉斯罗威斯基很早就对海德格尔十分钦佩。他曾在给海德格尔的信中写道:"如果你的父亲能支持你读4—5学期,或者3—4学期,使你得以能做完博士论文,或为高校教职论文作好准备,然后就会有办法了。"(同上书,第70页)但海德格尔的父亲根本拿不出钱来。这个普通人家的儿子必须继续在教会的卵翼下当奖学金生,否则就不得不选择其他艰苦漫长的道路。

在同拉斯罗威斯基的通信中一直在讨论其他的可能性。马丁应该继续学习神学,以便以后当牧师?拉斯罗威斯基建议:只要他不理上司对他的健康情况的怀疑,他的生活是有保障的。他仍然可以毫无阻碍地完成博士学业,并且通过大学教职论文。在这两站之间,也许可以作一段乡村牧师,以使自己"成熟"起来。其后他肯定能成为神学家,前途光明。

他的这种看法是一种恭维。此时海德格尔已经意识到,他之所以向往神学,不是由于神学的内容,而是由于其中的哲学成分。第二种可能性,就是集中精力于哲学,但仍然留在天主教的范围内,不去触动教会的"真理宝藏"。哲学甚至可以争取到教会的保护:尽管信仰无需哲学的论证,但是,哲学可以反驳对科学性的错误理解,去打击科学反形而上学的狂妄自大。因为科学家把真理的价值赋予他们的命题时,他们大多数人并没意识到,他们已经反复多次地在误用着形而上学。如果能证明,在逻辑中隐含着"生命的彼岸价值",教会和它的"真理宝藏"所处地位就会有利得多。如果他能这样来理解天主教哲学和辩惑学［Apologitik］的话，也许他可以获得天主教界的类似"大阿尔伯特学会"或"格雷斯维护科学协会"等团体的经济支持。拉斯罗威斯基建议海德格尔，同在斯特拉斯堡执教的天主教哲学家克莱门斯·博伊姆克建立联系。博伊姆克是格雷斯协会的主席和《哲学年鉴》的主编。他特别乐意支持天主教中哲学人才的成长。天主教哲学家的前途并不光明。因为天主教以外的哲学界并不承认他们。天主教哲学占有的著名教席职位很少。

还有第三种的可能，一种最低的追求：学习某个教育专业，通过国家统一考试，然后当老师。海德格尔十分严肃认真地提过到这种可能性。因为，选择这一职业，生计便有保证，而且他考虑的是学习自然科学类的专业。

在麦氏教堂镇度过这一艰难的学期之后，海德格尔终于作出了决定。他中断了神学的学习。1911—1912年冬季学期，海德格尔在弗赖堡大学自然科学系的数学、物理和化学专业注册，但是，他学习哲学的热情丝毫没有减退。同时，他同克莱门斯·博伊姆克建立了联系。他的文章《当代哲学中的实在问题》，就是通过博伊姆克在《格雷斯协会哲学年鉴》上发表的。同时他还同弗赖堡大学的艺术史和天主教考古学教授约瑟夫·藻厄建立了联系。藻厄是《文学评论》的主编。1912年这个杂志连载了海德格尔的长文《关于逻辑学的最新研究成果》。

1912年3月17日海德格尔在给藻厄的信里谈到了他自己的研究计划。藻厄与教会的联系十分密切，所以，他对这位宣誓献身教会的宗教文化发展研究的学生的工作计划十分震惊："如果想使整个事情不至于成为毫无结果的吹毛求疵和学院式的自相矛盾的曝光的话,那么,空间与时间问题的研究工作,起码必须在数学物理学方向上找到一种临时的解决方案。"(胡果·奥托:《马丁·海德格尔》,第 73 页)

现代物理学对时间问题的研究,到底能在多大程度上为教会提供帮助,这位并不熟悉哲学的约瑟夫·藻厄也不十分清楚。尽管如此,他对海德格尔还是十分满意的,因为海德格尔关于逻辑学的文章,在天主教的圈子里反响甚好。拉斯罗威斯基在 1913 年 1月 20 日的信中告诉他这一反响:"我最亲爱的,我有一种感觉,你将会跻身于各个大学都要争夺的那些伟大人物们的行列,你绝不会屈居于他们之下的。"无论如何,"天主教同整个现代哲学体系根本不合拍。"(同上书,第 75 页)他认为,海德格尔不应该让自己蛰居于天主教的樊笼中,应该到非教会的杂志上去发表文章。

一方面,能继续保有在天主教环境中所获得的利益,另一方面,又不沾上教会哲学的坏名声,这是一个高难度的平衡动作。他的朋友在通信中详细讨论了这个问题。拉斯罗威斯基写道:"你必须以天主教徒的身份开始。见鬼!这真是一个棘手的问题。"(同上书,第 76 页)最好是让它再掩护你一段时间,而且这样做还有一个有利的附带效应:"在一个较长的时间内,你给自己罩上一层神秘的阴影,使'人们'对你产生好奇。然后你就比较好办了。"(同上书,第 76 页)

这位冷静的、多少有点爱上了马丁·海德格尔的拉斯罗威斯基,到处打听空缺的天主教哲学教授职位的情况,为他的朋友做宣传。为此,他专程去了圣·德意志馆,在那里遇见了私人讲师恩格尔伯特·克雷伯斯。他是来自弗赖堡的牧师兼哲学家,比海德格尔年长8岁。他向拉斯罗威斯基表示,帮不了他什么忙,因为他自己也有待进一步发展。当克雷伯斯1914年结束了罗马之行,回到弗赖堡时,海德格尔马上与他建立了联系。后来有好几年,他们都是好朋友。但是,海德格尔脱离天主教时,这种友谊也随之结束。

拉斯罗威斯基还帮着海德格尔找经济来源。在布雷斯劳的天主教同学会中,他找到了一位老先生,他的说服使这位先生相信,海德格尔是德国天主教哲学的希望,诱使他向海德格尔提供了一项私人贷款。放弃神学学习以后,海德格尔就靠这项贷款,以及弗赖堡大学经管的奖学金中的一点钱,加上给人做家教挣的钱过了一年。1913年夏天,海德格尔获得博士头衔。他的博士论文的题目是:《心理主义中的判断理论》。

海德格尔的博士论文证明,他是胡塞尔的勤奋好学的学生。胡塞尔的《逻辑研究》对他产生了强烈的影响,他用胡塞尔的思想同心理主义的代表人物争论,反对用心理的东西来解释逻辑的内容。受到这位信心十足的博士生批判的,都是很有名望的哲学家,比如特奥多尔·李普斯,威廉·冯特等。同心理主义的争论,迫使他第一次思考时间问题。这个问题后来成为他的代表作《存在与时间》的核心问题。

作为心理行为的思想活动,是在时间中进行的,它需要时间。但是——海德格尔用胡塞尔的口气说——思想活动的逻辑内容却独立于时间。"逻辑的东西是一种'静态现象',处于一切发展和变化的彼岸,既不生成,也不出现,只是有效。它是某种可以被从事判断的主体加以'把握'的东西,但是,它绝不会由于这种把握而发生些许改变。"(海德格尔:《早期著作集》,第 120 页)眼下与数年之后不同,时间在海德格尔这儿还不是把一切都拉入运动的存在性力量[Seinsmacht]。现在还有彼岸存在。海德格尔进一步追问:这种逻辑的东西"意义"何在?对此他写道:"现在,出现在我们面前的,也许是终极的东西,不可还原的东西,根本不可能对它作进一步的澄清,任何进一步的提问都必然遭到失败"。(同上书,第 112 页)

　　静态的逻辑,必然会同时间性的、动态的、不断变化的现实性形成了一种张力。海德格尔通过例子进一步探讨这个问题,这个例子对他晚期思想具有重要的意义。这就是关于"无"的问题。他研究了判断活动中的否定问题。我们可以说"这朵玫瑰花不是黄的"或者"老师不在场"。这个"不"的意思是,某个我们期待的,或者与我们有关的、确定的东西不在眼前;缺了某种东西,比如玫瑰缺了黄色或老师缺了在场。从这种缺欠中,从这个"不"中,我们抽象出了"无"。它只是一个思想之物;只有在思想行为中才找得到这种"无";在现实性中是找不到它的。因为在现实性中,"当一个东西不存在时,我不能说它存在。"(同上书,第 125 页)。

　　后来在 1930 年的讲演《什么是形而上学?》中,海德格尔把一切形而上学——包括他自己的形而上学在内——的源泉,都纳入对"无"的经验之中。"无"比"不"和否定更原初。"无"是从"深深的无聊和人生此在的深渊中冒出来的。"(《路标》,第 29 页)在那里,"无"就是把整个世界置入可疑的、最令人惶恐不安的神秘的状态之中的东西。

　　这种情绪对年轻的海德格尔也并不陌生。不过,还没有把它接收到他的哲学中来。他还是一个前途未卜的大学生,因此,他的研究工作仍停留于学院允许讨论的范畴之内。也就是说,对他来说,"无"只存在于判断之中,不可能在现实性中遇到"无",这个基本原则仍然有效。他此时使用的论据,正是后来逻辑实证主义者鲁道夫·卡尔纳普用以反对他和他的哲学时所使用的论据。

但是,海德格尔毕竟和卡尔纳普不同。年轻的海德格尔是出于形而上学的动机才成为一个逻辑学家的。他发现,"我们只能在判断行为中,在精神中遇到'无'",这并不影响他把关于"无"的存在论当作毕生的事业。因为,深藏在我们精神中的东西,恰恰正是伟大的存在本身的投影。"否定"只有通过我们才来到世界上。正是从这个微不足道的关于"否定"的语义学讨论中,生成一个庄严宏大的关于存在与"无"的存在论。然而,在这种存在论中,"无"便不再是被冷处理之后的判断中的"无",而是畏惧之无。我们已经看到,在海德格尔1912年的哲学尝试中,还找不到表达这种情绪的语言。比如,在讨论无人称句问题时,他还没有十分认真地对待无主语句中所隐藏的有关现实的忧虑性这个方面。我们说,"打闪了"。谁打的闪?"我想用神秘的'es(它)'表达一种性质,一种瞬间状态,还是说,这个判断有另外一种完全不同的意义?"(《早期著作集》,第126页)在那里打闪的"它"是什么或者是谁?海德格尔没有像后来那样对此进行深究,而是先转而分析另外一个例子:"爆炸了"。他写道:"比如,当我和一个朋友在军事演习中跟着炮兵连进入射击阵地时,突然听见炮弹飞来的声音,我说:'快,爆炸了。'——在这种情况下,什么爆炸了,是十分清楚的。这个判断的意义就在于现在已经发生的爆炸之中。"(同上书,第127页)

海德格尔之所以对非人称判断感兴趣,是因为他想向人们指出,无论是"心理学的研究",还是"对词的意义的清晰规定和解释",都无助于揭示判断内容。为了揭示判断的内容,必须对行为环境的联系进行认识和理解。几年之后,海德格尔正是把我们日常生活中的这个语用问题,作为其存在问题的大舞台。此时,他只不过是在"爆炸"这个问题上遇到了这个问题。我们正处在大战爆发前夜。

通过军事演习的例子,所谓"生活世界"进入了严格的精密分析。

1913年7月26日,海德格尔以最优异的成绩在哲学系通过了博士考试。他的博士导师是天主教哲学讲席的主持人阿图尔·施耐德。施耐德当年夏天已经接受了斯特拉斯堡帝国大学的聘请去斯特拉堡执教了。但是,海德格尔在枢密顾问官,哲学系最有影响的天主教历史学家海因里希·冯克教授那里找到了支持:他支持年仅24岁的年轻人来代替刚刚离去的施耐德,主持空缺的哲学讲席。不过,教神学的私人讲师恩格尔伯特·克雷伯斯正在暂时代行其职,而克雷伯斯也觉得有望获得这一教席。克雷伯斯和海德格尔这两位交好的朋友为此成了竞争对手。1913年9月14日克雷伯斯在他的日记中写道:"今天晚上5点到6点,他(海德格尔——作者按)来找我,告诉我,冯克敦促他写一本哲学史专著,以获得大学教职资格。他还说,冯克说话的口气使他清楚地感到,他是告诉海德格尔,在教席正值空缺之际,他应该尽快往前赶,以便早日成为私人讲师。我现在的临时代理只不过是为海德格尔暖着位子而已。"(奥托:《马丁·海德格尔》,第81页)

第 三 章

开始，竞争并没有影响到他们之间的友谊。海德格尔第一次来访之后，克雷伯斯记述道："此人头脑敏锐而谦逊，且举止老练。"（同上）谈话给克雷伯斯造成这样的印象，他"毫无妒忌地承认，海德格尔已经是施耐德教席当之无愧的后继人了。"（同上）1913年年底，克雷伯斯在日记中写道："很遗憾，他没有能早两年完成（他的论文）。现在我们正需要他。"（同上）

克雷伯斯和海德格尔在科学研究工作上经常互相帮助。克雷伯斯必须教授形式逻辑，而他在这方面并不内行。海德格尔帮他准备讲稿。克雷伯斯写道："他给我的帮助也许比他注意到的还多。"（同上）而克雷伯斯则向海德格尔在经院哲学史方面提供帮助。

海德格尔教职论文的题目，就选定在这个领域。本来他想继续他的逻辑研究，研究"数概念的本质"。但是，由于他现在有希望获得天主教讲席的职位，便转向经院哲学。另外，为了获得1913年的奖学金，他也必须做这方面的题目。这里所说的奖学金，指1901年由奥格斯堡的舍茨勒尔工业家族创建的奖金丰厚基金："颂扬圣·托马斯·阿奎那基金会"。

为了这份奖学金，1913年8月2日[①]海德格尔向弗赖堡的教堂修士咨议会递交的申请书中写道："请允许忠实顺从的申请人，就获取奖学金事宜，向最尊贵的修士会议……提出最恭顺的请求。忠实顺从的申请人决心致力于基督教哲学的研究，并以此开拓自己的科研生涯。因为该人生活于贫困之中，所以他将对最尊贵的

[①] 应为"20日"，见奥托，《通向海德格尔传记之路》。——译者

修士会议由衷地表示感谢……"等等。海德格尔必须一遍又一遍地重复递写这种令人感到屈辱的信件[①]。这深深地伤害了海德格尔。乞丐很难宽容那些他不得不向其乞讨的人。尽管,或者恰恰因为这些尊贵者曾经向他提供过帮助,所以海德格尔后来从来不曾讲过这些尊贵者的好话。但是,麦氏教堂镇上那小市民的教会在他看来是另外一回事。那是他的家乡故土。他终生都觉得他属于那里。每当他回到麦氏教堂镇的时候,即使是年事已高的日子里,他总是要去圣马丁教堂作礼拜,而且总是坐在他于顽童时就坐的那条唱诗班的长凳上。

眼下海德格尔还是被人们寄予厚望的天主教哲学家,所以修士会议给海德格尔每学期资助 1000 帝国马克。靠这一笔钱当时完全可以无忧无虑地生活一学期。在奖学金通知书上,副主教尤斯图斯·克奈希特明确规定了这笔奖学金的使用目的:"我们相信,您将忠实于托马斯哲学的精神,基于这种信任,我们同意……"(同上书,第 80 页)

海德格尔享受这种支持长达三年之久,一直到 1916 年夏季。也就是说,三年之久他都与托马斯主义和经院哲学联系在一起,这里我们分不清到底出于本人的倾向,还是出于责任。这一点甚至连他自己也分不清楚。1915 年 12 月当他第三次为获取该奖学金写申请时,他写道:"最忠顺的申请人坚定不移,愿以终身的科学研究工作去融会贯通[Fluessigmachung]经院哲学中的思想遗产,

---

[①] 显然,这里指的是,海德格尔为了获得奖学金,必须每学期或者每年写一次申请,表白一次对天主教的忠诚。——译者

第 三 章

为基督教-天主教生活理想的未来而进行精神上的战斗,以答谢最崇高的红衣主教教会团对申请人的无比信赖。"(同上)

此时海德格尔在哲学上的抱负小得出奇。在1915年写的简历中,他还把中世纪思想家的解释工作称之为他终身的工作。当然,他想把这种解释中所发现的思想宝藏用于现实的斗争,即用于为"基督教-天主教的生活理想"而进行斗争。这时,第一次世界大战业已爆发,成千上万的人战死沙场,生活哲学也在此时获得全胜。尽管如此,在海德格尔的哲学工作中,人们找不到这些事件的任何痕迹。

胡塞尔和海德格尔早期关于逻辑的哲学研究,都反对19世纪后期的唯物主义和机械论。此后,海德格尔面临的最大挑战是各种形式的生活哲学,但是,只有"融会贯通[Fluessigmachung]"这种说法表明,海德格尔这时对生活哲学的动机有了感觉。因为"融化稀释[Verfluessigen]"正是那个时代生活哲学的要求。

几年前,对海德格尔来说,生活哲学还是一种现代社会的过于灵敏的幽灵,也就是说,他对它们不屑一顾。1919年他在《学者》杂志上发表的一篇文章中说,"哲学,应是真理的永恒物之镜。然而,当今的哲学却只知道重复反思各种主观意见、个人情绪。反理智主义使哲学变成了'体验',人人都成了印象派……今天,人们已经不再按世界观来剪裁生活,而是世界观按生活来剪裁自身。"(法里亚斯:《海德格尔与纳粹》,第90页)

海德格尔对生活哲学的这种严厉的保留态度,不仅仅囿于他当时的天主教生活的彼岸价值,而且还有海因里希·李凯尔特的新康德主义学派的影响。当时海德格尔准备在李凯尔特指导下完成教职论文。李凯尔特后来曾经对生活哲学作了如下概括:"作为研究者,我们必须用概念来掌握生活,将它固定化,因此我们必须从纯粹的、活生生的生活躁动中走出来,到系统的世界秩序中去。"(李凯尔特:《关于生活的哲学》,第155页)实际上,海德格尔也把这作为自己哲学的走向。

生活哲学一直受到学院哲学的排斥。海德格尔起初也属于学院哲学一派。但是,在大学之外,生活哲学早已成了占统治地位的精神思潮。就像以前"存在"、"自然"、"上帝"或者"自我"曾是时代的中心概念一样,今天"生活"成了中心概念,而且也是一个战斗概念。它在两条战线上作战:它是一方面要反对新的"似乎[als-ob]"唯心论。这种唯心论受到德国大学中新康德主义者的维护,当然也受到市民的道德习俗的维护。同时"生活"这一口号反对的另外一种倾向是:没有灵魂的唯物主义。这是从19世纪继承下来的遗产。实际上,新康德主义的唯心论是对唯物主义和实证主义的回答:如果人们把精神同物质生活分裂开,使之成为分立的二元,就已经是对精神的打击。这样人们便无法回护精神。相反,现在人们必须自己把精神重新带到物质生活中去。

在生活哲学中,"生活"这个概念的可塑性和包容性很大,以至于可以囊括一切,如:灵魂、精神、自然、存在、动力和创造力等。生活哲学是狂飙运动反对18世纪理性主义的重演。当时狂飙运动的战斗口号是"自然"。如今"生活"这个概念起着同样的作用。"生活"是形式的充实[Cestaltenfuelle],是进行发明的王国,是可能性的汪洋大海。它难以预测,充满了惊涛骇浪,因此我们不再需要彼岸了。此岸的内容已经够丰富了。生活既是驶向远方海岸的航程，又是近在咫尺的事，是追求塑造自身的生动性。"生活"是青年运动的口号，是(艺术中)青春风格的标语，是新浪漫主义的旗帜，是教育改革的号令。

1900年以前，资产阶级的青年都以老派为时髦，青年人都雄心勃勃，孜孜以求，努力实现自己的抱负。新闻报纸大登广告为快速蓄胡须提供良方。眼镜成了当时身份的标志。人们纷纷效仿父辈，身着笔直的高领制服，还处在青春期的青年就套上了小礼服，迈着四平八稳的方步。当时，"生活"被认为是冷静的，青年人都到营造冷静的生活中去磨炼自己的棱角。可是现在，生活激动人心、富有开创性。生活就是青春本身。青年不再是需要遮掩的缺陷。恰恰相反，老年才必须为自己的生存进行辩护。老年开始带有衰亡、僵化的嫌疑。整个文化，即威廉二世时代的生活，都被传讯到"生活的法庭上"(狄尔泰语)，必须对下面的问题给予回答：这种生活还活着吗？

生活哲学被理解为生活之哲学，但是，"之"是主语意义上的"之"，即由生活所创造的哲学。它不是对生活的哲学思考，哲学本身就是生活，生活就活在它的哲学活动中。作为哲学的生活哲学想成为生活的器官。生活哲学要把生活提高为新的形式，塑造生活的新形象。生活哲学不想去为生活寻求生活的价值。它已经充满信心，去创造一种新的价值。生活哲学是实用主义的活力论的变种。它根本不再问一种现实是否有用，而是问，这种观点的创造性和潜力有多大。对生活哲学来说，生活比理论更丰富，所以它厌恶生物主义的还原论，因为这种理论把精神拉到生活的水平之下，而生活哲学恰恰要把精神抬高到生活的水平上。

1914年以前,生活哲学的伟大先驱是尼采、狄尔泰、柏格森和舍勒。

尼采把生活等同于创造性潜力,他正是在这种意义上,把生活称之为"趋于权力的意志"。生活向往它自身,向往塑造自身;意识同生活的自我塑造的原则处于一种自相矛盾的境地:它可以是塑造生活的积极的推动因素,也可以是阻碍的因素。意识可以产生谨慎,道德的顾忌,也可以产生灰心丧气听天由命的情绪。所以意识可以破坏生活的激情。当然,意识也可以服务于生活:它可以预先设定价值规定,使生活有勇气,走向游戏的自由活动,走向文雅,走向高尚。不过,无论如何,意识为生活准备的命运也就是生活为自己准备的命运。提高生活的是意识,破坏生活的也是意识。但是,意识的作用到底是提高还是破坏,这并不取决于盲目无知的生活过程,而是取决于有意识的意志,也就是取决于与生活面面相对的意识的自由。尼采的生活哲学,把"人生"从19世纪晚期决定论的束身衣中解放出来,把本来就属于生活的自由还给了生活。这是与艺术家业已完成的作品完全不同的艺术家的自由。尼采宣布:"我想作我的生活的诗人"。在真理概念上,尼采得出的结论是众所周知的:根本不存在客观真理;真理只是幻想的形式之一;它完全服务于生活;这就是尼采的实用主义。但这种实用主义同英语国家的实用主义不同。它以酒神狄俄尼索斯式的生活概念为基础。达尔文把物竞天择、适者生存作为生命发展规律。尼采对于达尔文主义的这个教条十分厌恶。对达尔文来说,这是一种功利主义道德的设计。这个小市民设想了一种自然,在这个自然中,人们对职业生活的适应终会得到报偿。而对尼采来说,自然是赫拉克里特式的嬉戏的儿童:自然塑造了雕像然后又把它打碎。自然就是这样的创造的过程。在其中取得胜利的不是适应者,而是强大的生命之力;活下来并不是胜利。只有在挥霍生命之时,在尽情享乐时,生命才在多余之中庆祝自己的胜利。

尼采的生命哲学是积极的,富有艺术性的哲学。开始,他的"趋向权力的意志"并不是作为一种政治理论,而是作为一种美学观点发生影响。他的生命哲学使艺术重新获得了自己的自我意识自信。艺术曾一度在科学思想的压力下丧失了这种意识,屈从于模仿论教条的统治。如今,同意尼采观点的人可以说:如果艺术和现实互相不能取得一致,就等于说现实有了严重问题!

本世纪初,所有的重要艺术流派,不论是象征主义,青春风格,还是表现主义,都受尼采思想的启发。美学的"趋向于权力的意志"有好几个名字。在弗洛伊德的维也纳,潜意识格外受器重,于是神经质就成了真正的生命力(活力):"当神经的激情完全解除了束缚,人,特别是艺术家,完全听凭自己的神经的指挥,置理性和感性于不顾,这时,曾一度消失的对艺术的欢乐便又回到了艺术之中。"(海尔曼·巴尔语,1891)表现主义者则要求"把一切艺术手段和力量联合在一起,以使社会获得新生"(胡果·巴尔语)。格奥尔格团体的人也相信,独立自主的艺术精神,可以使国家与社会获得"新生"。弗兰茨·魏尔弗尔宣布"心登王位"。这是艺术家能创造一切的狂想节日。生活哲学把艺术从对现实原则的屈从之下重新解放出来:艺术家又敢于用想象与现实相对抗。他们相信,现实也会变化。"幻想、抗议、变化"构成表现主义的三刃剑。

尼采生命哲学专管放纵。狄尔泰的生命哲学则专司体验。狄尔泰根本不管生物学的事。他想通过人文科学的研究来弄清,什么是人。但是,他找到的都是一个个具体作品和形象,以及大量的立场和观点;精神生活在它们身上显示出自己的全部财富。狄尔泰理论中的生命是书的宇宙,其中存在着无数的语句,每个句子都有一定的意义;但是,生命总是不断把这些分散的句子综合在一起,得到一个整体性的意义。精神的生命带给这些语句各种丰富的形象。当精神已经在文化作品中客观化时,如果我们不知道如何把僵死的精神从僵化的形式中重新复活,这种精神生活造成的形象看起来就会像骷髅地一般①。文化的复活是通过理解来实现的。理解是精神体验,是异在精神客观化的方式,是精神使固化的东西重新"液化"的方式。狄尔泰首先使用了这个说法。当海德格尔说,为了为天主教的理想而斗争,要对经院哲学施以"液化"时,便是从狄尔泰那里接受的这个说法。理解是把过去了的生命重新找回来。理解是一种重复。体验本身进行重复的可能性,就是它对时间"转眼即逝"的胜利。但是,在那些时代出现的作品,并不让人们把它们的形式客观地约束、固定下来。每一个理解行为本身都是一个特定的解剖行为。这样我们总是裹挟在不断向前流动的、不断去旧翻新的时间之中——立场、观点、想象、世界观,所有这一切都在连续不断的变换中。狄尔泰问道:"哪里有克服这种信念上的无政府状态(它对信念造成了直接的威胁)的方法[Mittel]?"(狄尔泰:《在人文科学中的历史世界的结构》)对于这位德

---

① 此说法见《圣经·新约》,路加福音 23 章 33 行:"又到了一个地方,叫骷髅地,就在这里把耶稣钉在十字架上……。"——译者

国经济繁荣时代的思维敏捷的德国学者来说,这种无政府状态是十分可怕的。因此他相信,精神生活一定会服从一种秘密的秩序。他也说不清楚这到底是怎么回事,但无论如何,他想做人类乐园的园丁。"生活"在狄尔泰的口里听起来十分亲切,不带任何尼采式的疯狂。"生活是一种最基本的事实,一切哲学都必须由此出发。我们从内部亲知到它,在它的身后不可能再有什么可追问的东西。生活是不可能被带上理性的法庭的。"

尼采想使他的生活成为哲学,狄尔泰想使精神的作家重新焕发出生命的活力。前者把对生活哲学的追求当作生存的历险,后者把它当作对教育的经验。

尼采和狄尔泰都是19世纪的人,柏格森才是20世纪的生活哲学天才。他曾试图把生活哲学发展成为一种哲学体系。他的主要代表作《创造进化论》的德文版的发表,立刻在读者中引起了史无前例的反响!1913年舍勒在"生活哲学之尝试"一文中描述了当时的情况:"目前,文化界到处都大声叫着柏格森的名字,以至于使听觉敏锐的人们怀疑,柏格森的著作是否真的值得一读"(舍勒:《论价值的革命》,第323页)。舍勒说,柏格森还是值得一读的。因为,在柏格森哲学中,表达了一种人对待世界和灵魂的全新态度:"这种哲学用它开放的指示性之手向全世界作着手势,用睁得大大的自由的眼睛向世界递着眼色"。"但这不是怀着批判态度眯起来的眼睛里透出的怀疑的目光——如笛卡尔掷向事物的目光那样。也不像康德的眼睛那样,从里面露出的精神之光是如此陌生,好像是来自另外一个世界,威严地落在东西上,逼视着它们。在柏格森眼睛里,直到它的精神源头都流淌着存在的溪流,这股存在流在这眼里是如此自然，就如同本来就应享受的成分一样"（舍勒：《论价值的革命》，第 323 页）。

柏格森以他的前辈叔本华的类似的方式，揭示了关于生活的知识的两个不同源泉：一个是理智，一个是直觉（在叔本华那里是对意志的内在的体验）。理智就是那种已被康德作过详尽分析的能力。柏格森接受了康德的结果，认为空间、时间、因果性、广袤，都是理智的范畴。柏格森改变了观察的角度：他从生物进化论的角度来观察理智。在他看来，"理智乃生物进化之产物，是生活世界中进行定向和对行为进行控制的器官。理智经受过考验，是生物对现存的生存条件灵活适应的表达。"

这就是说，理智是对迎面而来的存在与生存的丰富性与杂多进行过滤的体系，其目的就是为了存下来。（在叔本华那里情况类似，理智只是意志的工具）

到此为止，柏格森是一个实用主义生物学家。但是，接着他又勇敢地跨出了关键性的一步。他的想法并不复杂：既然我们的分析可以达到理智的界限，那么我们实际上就已经超出了这一界限了，否则我们便不可能发现它的局限性。所以，一定存在着一个界限"之外"的区域。柏格森指出，这个"之外"应是某种内在的东西，它就是直觉。在直觉中，在这种内部经验中，存在不再是我们可以与之保持距离的对象。我们直接经验我们自身时，总是把自己作为存在的一部分来经验的。"充满着世界的物质和生命，同样也存在于我们内部。在我们的内部，我们同样可以感觉到那种在一切东西之中从事创造活动的力量。"（同上）从有助于生存下来这个意义上看，理智是服务于生活的，但是，直觉使我们更加接近生活的秘密。从世界的整体来看,生活就是一个无尽的波涛,它在直觉的意识中自由激荡。"如果深入我们自己的内部,我们会接触到更深的地方,而另一股更强大的撞击又会把我们冲回表面……"(同上书,第339页)普鲁斯特的"研究"奇迹,应该归功于柏格森这种走向自己内部的指示:生活在这里显示着自身,特别是对时间的内在体验中,充满了神秘,激起联翩浮想,引人入胜。生命展示着自身。指向外在目的理智,形成了可测量的、均匀的时间(牛顿:"tempus-quod-aequaliter fluit")①。而内在的经验,也就是直觉,它结识了另外一种时间。它就是绵延[duree]。生命"绵延着",是说,我们的生命以不同的节奏,不同的密度,带着不同的回旋和回流,处在一种连续不断的流动中。这里没有流失任何东西,这是一个不停的生长过程。每一点都是唯一的,因为它同以前推动着我们的过去,在任何一点上都不完全相同。因为流过去的当下,都已经进到了过去之中,使过去发生了改变。人在时间中的运动就像在媒介中的运动一样。不过,在进行着自己的生活的过程中,人也"时间"着时间。这就是说,人具有创造性,自发性。人这个实体总是不断重新开始。柏格森认为,在时间体验最深沉的内部,潜藏着对创造性自由的体验。自由作为创造性的潜能驱动着整个宇宙万有,在人类对自由的体验中,自我意识找到了宇宙的创造性自由。直觉将我们带到世界的心脏。"在绝对中,我们存在,我们徘徊,我们生活。"

这就是1914年以前的哲学。它吟咏着"生活"这个主调,如此庄严,如此令人着迷,如此自我陶醉,如此激动人心,充满希望。然

---

① 拉丁文,意为总是均匀流动着的时间。——译者

而，年轻的海德格尔并没有让这股浪潮裹挟着自己前进。1913年海德格尔以枯燥、死板的对"纯逻辑"展望结束了他的博士论文：人们可以在"纯逻辑"的帮助下"接近认识论问题"，并且可以"把'存在'的整个领域依据其不同的现实形式区分为不同的区域"。（《早期著作集》，第128页）

我们在海德格尔的论文中，根本找不到舍勒在同一时间完成的"生活哲学的尝试"中表现出的那种觉醒的痕迹。舍勒写道："世界观的改造就发生在我们眼前。它将像一个长年囚禁在阴暗牢房内的人第一次走进鲜花盛开的花园一样。这座牢房就是人类生活环境和它的文明。它一直被那种为纯机械的东西，或能够加以机械化的东西服务的理智包围着。而那个花园就是上帝的五彩缤纷的世界。它影响着我们——尽管只是从那遥远的地方——渴望向我们祝福。那个囚徒就是那肩负着他自己的机构、呻吟着、叹息着，朝前走着的今天和昨天的欧洲人。他眼睛只看着土地，身体只感到重压，忘记了他的上帝和世界。"

令人惊奇的是，年轻的海德格尔还没有完全理解这种生活哲学觉醒的情绪，更令人惊奇的是，在外边，搅在时代哲学的喧哗中的许多题材和主题，如对时间的其他经验，对僵化精神的稀释、松动，对抽象认识对象的消解，把艺术作为真理之处所，等等，都是后来海德格尔哲学的主题和问题。

非得等到第一次世界大战爆发，海德格尔昨日的世界才得以崩溃。在海德格尔以自己的方式揭示出"生活"，并以"现实性"和"生存"的名义让它受洗之前，还不得不置身于形而上学之中，无家可归，到处流浪。

第 四 章

战争爆发　　1914年的观念　　海德格尔的哲学思考　　对经院哲学的蒸馏　　邓·斯各特　　高校教职论文　　服兵役　　破格提拔未果　　男人团　　结婚

刚刚获得哲学博士头衔的海德格尔,马上开始写作他的高校教职论文:《邓·斯各特的范畴和意义理论》。靠舍茨勒基金会的支持,他尚可无忧无虑地生活一段时间,不过,也因此承担了为托马斯主义为教会真理作哲学辩护的义务。大学里基督教哲学的教席还一直空着,如果论文能很快完成,他还有机会得到这个席位。一切都很顺利。这时战争爆发了。

战争开始阶段的狂热情绪当然也烧到了弗赖堡大学。年轻的战士们在歌舞和鲜花的伴随下,在热情洋溢的讲话中走向战场。1914年10月10日海德格尔应征入伍,然而由于心脏病,又被退回,加入预备役的行列。这使他又得以回到书桌旁,沉浸到中世纪唯名论的烦琐争论之中。

海德格尔是学生中的奇人之一。当时也在弗赖堡大学读书的马尔库塞,在他的《自传》中对这类奇人有一段描述:"七月末,在歌德大街上,我遇到了法尔肯费尔德,他是研讨班中我最佩服的同学之一。他惊恐不安地对我说:'你听说出什么事了吗?'我十分轻蔑、沮丧地说:'知道了,萨拉热窝。'他说:'不对!明天李凯尔特的研讨课不上了!'我十分吃惊:'他病了?''没有。因为战争临近了。'我说:'研讨课跟战争有什么关系?'他痛苦地耸了耸肩。"(马尔库塞:《我的20世纪》,第30页)

这位朋友为战争的爆发深感遗憾,因为他的研讨报告准备得十分充分,而战争却扼杀了他在李凯尔特的研讨班上作报告的机会。他参军的第一天就被派往前线。他在从前线寄回的信中写道:"我和以前一样,过得很好,尽管我参加了10月30日的战斗,24军的炮弹的爆炸声,把我的耳朵几乎都震聋了。尽管如此……我仍然认为,康德的第三对二律背反,比整个世界大战都重要。战争与哲学的关系,如同感性与理性的关系。我根本不相信,即便是法国人的手榴弹片进入到我的经验的躯体之内,我也不会相信,这个物质世界的事件能对我们内部的先验成分有任何触动,先验哲学仍然活着。"(同上)

严格的先验哲学立场,使最坚定的新康德主义者们变得麻木不仁。战争搅起来的狂热,战争给个人带来的命运,都被他们一律视为粗糙的经验性的事物。战争并没有使知识和道德人格受到任何触动。战争的意义和合理性并不因此受到怀疑。但是这意味着,严格意义上的哲学,对战争既无论证也无合理性辩护。在激情面前,人们可以随意发表个人意见和论断,而哲学却应该保持她高尚的冷静。她应该不受时代精神的干扰,继续走自己的正确道路,即便是在战争初期,全体人民都动员起来的情况下,也是如此。有些哲学家——包括有些新康德主义者——让时代精神推动自己,

第 四 章

但也并不是从哲学的角度出发而为之,而是因为,战争的爆发使哲学家突然发现,还存在着比这种哲学更重要的东西。比如,新康德主义者中的青年天才拉斯克[1]就是一例。海德格尔后来把自己的大学教职论文献给了这位在战争第二年倒在战场上的拉斯克。拉斯克在战前就注意到,知性之磨转得越欢快,被磨的生活材料就越少。也就是说,只有在远离意义丰富的生活素材的地方,哲学思考才有炫耀自己的机会。拉斯克感到,这是一种缺陷。因此在战争爆发几个月后,在他从战场写给母亲的信中说:"现在确实到我们离开的时候了。我的耐心已经达到了极限。在这决定一切成败的时代,感觉无所事事,一切能量均无处施展它的作用;连起码的参与机会都没有,是可忍,孰不可忍!"(法里亚斯:《海德格尔与纳粹》,第97页)

海德格尔对于他未能直接征战沙场并没有感到遗憾。他无需拿自己的生命去冒险。他要继续高校教职论文的工作,为自己的升迁而努力。当然,他也为战争的激情所感染,因为他那些亲近的天主教的朋友们和生活圈内的其他人都燃烧在这种激情中。他的支持者冯克建立了一个委员会,以便在世界大战中保卫德国和天主教的利益。这个委员会举行了一系列的活动,出版印刷品。他们企图给战争涂上宗教的意义,以便从现代立场参与关于战争目的的争论。海德格尔的朋友克雷伯斯就此发表了大量煽动性的传单和文章。这些传单和文章于1916年集成一书,以《我们强大的

---

[1] 埃米尔·拉斯克(Emil Lask,1875—1915),德国新康德主义西南学派的最后一代代表人物。——译者

秘密》为题正式出版。

战争初期出现了一股出版热:当时从德国人笔下涌流出的诗就有50万首之多!里尔克在一个优雅的社会集会上献出了他的一首战争颂:

> "传说中的战神,遥远,难以置信,
> 初视你的崛起,——
> 庆幸有了一位神。
> 我们常与和平之神无缘,
> 却骤然落入阿瑞斯之手——
> 我真幸运,
> 看到了被缚于战车上的生灵。"
> (转引自里尔克:《第一次世界大战前的文学》,第247页)

教授们也介入了战争。1914年10月16日,3016名教授签署的《德意志帝国高校教师声明》公开表示:"德国的敌人们,首先是英国,据说是出于对我们的好意,企图把德国的科学精神同他们所谓的普鲁士军国主义对立起来,我们对此表示极大的愤慨。"(C. V. 克罗克夫:《德国世纪中的德国人》,第101页)

人们不愿意把自己同"军国主义"分割开。又不愿意公开承认这个简单的事实。人们想把军国主义做成某种有重要意义的东西。解释的冲动支配了被支配者:"实际上它是我们的文化、我们的精神、我们的历史的最深刻的力量。是它承担着这场战争,赋予战争以生命"(马尔克斯[Marcks]:《我们站在何处?》)。托马斯·

第 四 章

曼在《非政治的观察》中,把战争说成是一个事件,使各民族的个性和它们永恒的面貌强有力地表现出来。只有通过"湿壁心理学"才能把握它。这种民族认同感的表达,带有特殊的粗暴本质,它是生存的有利条件。卷入设计文化哲学类型学战斗的不仅仅是托马斯·曼,因为当时明显存在着两种有力的势力的对立:深刻的文化对抗肤浅的文明;有机共同体对抗机械式的社会;英雄对抗商人;激情对抗伤感;道德对抗计算式的思维。

哲学家对此的反应各不相同。有些哲学家没有受到任何迷惑,继续清醒地从事他们的科研工作。马尔库塞已经对他们作了漫画式的描述。另外一些哲学家——而且恰恰是那些深受大众欢迎的人生哲学家们——希望用他们的哲学为战争作出特殊贡献。经过他们的解释,这场战争成为思想精神的厮杀。为此,他们动用了他们的全部哲学储备。在1915年发表的一长篇论文"战争的守护神"中,马克斯·舍勒口若悬河,滔滔不绝,欢庆"战争守护神"的到来。他为战争设计了整套的人类学。战争揭示人类内部的隐秘。不过,舍勒一直很有教养:他并不谴责敌国的力量,而是承认他们进行战争的权力。在战争中,他看到各种文化自我评估的秘密:就像个人之间一样,各种文化必然会相互碰撞在一起。如果它们都找到了自己的独立存在形态,为了让这种形态坚固起来,就必须把它放到火里去锤炼。战争面对的是死亡,因此,它强迫人民和个人把自己当作一个整体,但是,是一个可以被打碎的整体。战争是伟大的提炼大师,它把真正的东西同虚假的东西区别开;它使真正的成分"现出正身"。战争是对国家最严格的考试:国家必须证明,自己不仅仅是单纯地管理着社会,而且还确实表达了共同的意志。战争是真理的时刻:"整体的、伟大的、广泛的、人类的形象,在和平中只能看到这个形象的一小块灰色的中间地带。……现在,这个形象如同雕塑一般矗立在我们面前。只有战争能测量出人类本性的范围和幅度。人类在战争中认识到他的整体的伟大和渺小(舍勒:《战争的守护神》,第 136 页)。

是什么精神实体使战争登场?有人认为,这是唯心主义的胜利。长期以来,它被唯物主义和实用思想闷得喘不过气来。现在,它终于怒吼了。人类又重新准备为非物质的东西作出牺牲了:为了人民,为了祖国,为了荣誉。因此,特勒尔奇①认为,战争引起的兴奋是对"精神信仰"的回归,是精神对"金钱拜物教"、对"踌躇不前的怀疑主义"、对"追求享乐"和"麻木不仁地听命于自然的规律性"的伟大胜利,是精神信仰的凯旋。(特勒尔奇:《德意志精神在西欧》,第 39 页)

一些哲学家则认为,战争使创造力重新获得了解放,在漫长的和平时期中,它几为僵死。他们欢呼战争的自然暴力。他们说,文化终于又同基础发生了接触。基尔克②认为,战争,是一切文化最残暴的摧毁者,同时又是文化最强有力的创造者。(转引自格拉泽尔:《弗洛伊德的 20 世纪》,第 187 页)

战争改变了一切。马克斯·舍勒希望战争也能改变哲学本身,使人们不再满足于纯粹形式主义的咬文嚼字,而且对世界的独立的、原则性的直观的渴望将会与日俱增。(舍勒:《战争的守护

---

① 特勒尔奇(Ernst Troeltsch,1865—1923),著名神学家和哲学家,宗教社会学的奠基人。——译者

② 基尔克(Otto von Gierke,1847—1922),德国法学家。——译者

神》,第 144 页)

事实上,战争期间哲学并没有赢得新的原初性的直观。哲学仍然是靠它的形而上学本钱度日,并为战争这一灾难性事件赋予"深刻"和"意义"。真正从事政治思考的头脑,从马克斯·韦伯,到卡尔·施米特,对这些喧嚣感到厌恶。马克斯·韦伯抨击那些到处"演说,写文章的文化人",说他们把思维的产品同政治思想混为一谈。(参见马克斯·韦伯:《论政治职业》)卡尔·施米特则认为,对政治的这种形而上学的拔高,是赤裸裸的"投机主义",这种态度之所以拾取事实,只是为了孤芳自赏的思想产品的缘故。(参见施米特:《政治浪漫主义》)

对上述的一切,海德格尔都采取回避态度。他的哲学狂怒并没有宣泄在政治领域中。在这个时期,他的思想是典型的哲学式的思维,尽管涉及的内容是历史。

正像我们前面提到过的,他原想在完成博士论文之后从事"数概念的本质"的研究。但是,他的监护者海因里希·冯克建议,最好在经院哲学领域中选择研究课题。海德格尔在其中找到了适合他口味的研究文本。他选作研究对象的文本是《关于意义的本质,或者思辨语法》(De modis significandi sive Grammativa specuativa)。在数概念问题中,最使他感兴趣的是"观念性的现实性"。这个问题在这个文本的研究中仍然可以进行讨论。这个文本在当时还被列为邓·斯各特(1266—1308)的著作。后来经过研究,人们认定,该著作的作者是邓·斯各特学派中的另外一位哲学家艾尔弗特的托马斯。

邓·斯各特是中世纪从事理性批判的哲学家,他在中世纪被人们称之为"精敏博士"。他企图用敏锐的思维把自然理性的领域限制在形而上学问题之内。他认为,上帝的真正本质是不可能通过我们的理解来把握的。由于世界是上帝创造的,所以对理解性来说,世界也就带有上帝的那种不透明性。我们周围的事物也是如此。不管我们对各个具体事物把握得如何准确,这些事物总是具有某种不可捉摸的神秘性[Raezelhaftigkeit]。这种对理性的理性批判,在邓·斯各特那里是服务于信仰的。后来康德评价自己的话,也适用于这位来自苏格兰的中世纪经院哲学大师:他想通过对理性批判为信仰创造地盘。无论是在康德那儿,还是在邓·斯各特那儿,这种批判总是向着两个方向冲击:理性的非分之想和信仰的误用,这两个方面均遭到他的拒绝。实际的信仰是超越认识的,但是,不能代替认识。或者也可以说,我们应该允许信仰和认识占有它们各自所应有的东西。任何人也不要企图用一个去代替另一个。邓·斯各特是一个温和的唯名论者,对于他来说,概念起初只是一些名称,并非事物本身的本质。对于中世纪的哲学家来说,事物本身当然首先是上帝和世界,也就是说,唯名论是从思想与存在的二元性出发的,但是又企图在二者之间架起一座桥梁。被海德格尔选为研究对象的邓·斯各特学派的这部著作中,这一倾向表现得特别明显。

他们的基本想法是:思维活动在语言之中;语言是符号系统;语言指向事物,就如同酒店幌子指向酒店里供人饮用的葡萄酒一样。这是对生活充满情趣的邓·斯各特(实际上是托马斯·艾尔弗尔特)举的例子。在思想和存在之间,存在着差别的深渊[Heterogenitaet(异质性)],但是,它们之间也存在着共同性[Homogenitaet（同质性）〕，它们之间的桥梁就是类比性。思想与现实同上帝与世界之间的类比关系是相同的。这一点是整个思想的中心。在这一点上，整个中世纪的形而上学大厦又找到了它的支撑点。存在的所有成分，一直到最高级的实存，都类比式地相互关联着。上帝与世界之间的类比关系意味着，上帝根本不可能完全与世界同一，否则上帝就成了世界的囚犯。然而，上帝也不可能完全与世界不同，因为世界是它的创造物。世界指向上帝，就如同酒店的幌子指向白葡萄酒一样。当然十分清楚，酒店的幌子解不了渴，只有葡萄酒才能解渴。酒店幌子尽可以是实在的，但上帝或者葡萄酒更实在。对于这一思想海德格尔评论说：在中世纪的思维中，有一种"实在性①的等级"（《海德格尔早期著作集》，第 202 页）既具有强度又有层次。进一步钻研这种高度思辨的思想，便提出下述问题：思维本身到底处在实在性的哪个层次呢？对邓·斯各特来说，人类和他的思想并不像激进实在论者想象的离上帝那么近。这些激进实在论者几乎认为，人能够对创造万物的上帝的思想再次进行思考。但是，人也不像激进唯名论者想象的离上帝那么远。这些激进唯名论者让思维在上帝面前沉入不可知的黑夜之中。

在这座中世纪思维的教堂里，海德格尔要找什么，找到了什么？

他要找的是这种思维里隐藏的现代性。他想把中世纪思想加以蒸馏，首先想在细节上发现其中现象学式的工作，它们应是胡塞尔现象学工作的先驱。比如邓·斯各特已经对"primta intentio"（基础意向）和"secunda intentio"（亚意向）作了现象学的区别。

---

① 实在性〔Wirklichkeit〕，或译为"现实性"。——译者

"基础意向"是一种自然的看法：以感觉和思维的对象为取向。而"亚意向"则是一种特殊的视线转向，通过这个转向，思维关注着的是它自身以及它自己的内容。这恰恰是胡塞尔的"Noesis"（意向性行为）和"Noema"（意向性内容）之间的区别。（关于这个区别我们后面作专门讨论）

海德格尔对中世纪的哲学家加以"稀释"，以把他们招募到胡塞尔的麾下。他向我们介绍的经院哲学家和胡塞尔一样，在纯意识的领域内从事研究，以便把整个世界的结构像变戏法一样地变出来。这种对思维的思维、这种对思维工作的旁观者发展出了一种宇宙。我们能够证明它不是这个世界上的东西，但是，我们不能据此便把它从这个世界中驱除出去。这个宇宙是有某种意义的。这就够了。海德格尔说，邓·斯各特指明了意义领域的生存自由。（《早期著作集》，第 243 页）

马丁·海德格尔想对数的本质进行哲学考察。循着邓·斯各特的足迹，他可以执着地研究这个问题。因为斯各特式的思辨语法从 Einen（某个体）和 Eins（一）中得出了一种本体论。

文本本身以及海德格尔的分析，均是从基本范畴开始的。现实的东西存在于范畴中，并向我们显相。邓·斯各特并没有把这些范畴放在下面，放到"基础"上去，而是按中世纪十分典型的做法把它们放在高处。所以他把它们称之为"超越者"，它们包括："ens"（一般存在），"unum"（一），"verum"（真），"bonum"（善）。很显然，有存在，也就是有"ens"[①]，而且一切都是从存在开始的。这

[①] 此时海德格尔还没有把 Seiendes 同 Sein 明确区别开，所以，他才把拉丁文"ens"译为 Seiendes，按照他成熟期思想的术语，应译为 Sein。——译者

是没问题的。成问题的是经过思考而认为,存在只是作为一个存在、作为某种特定的存在出现,作为"一"而出现。"一"是"一",然而,只是在与其他不同的东西的差别中才是"一"。海德格尔写道:"一和他者是作为占有对象的思维活动的真正源泉"。(《早期著作集》,第160页)在源泉这儿,思维与存在之间的纤细的分裂已经开始。因为我们可以问,这个"一"本身的特性是什么?"不是他者"是它的特性吗?不对。每个存在都是它所是,而"不是他者"不属于"一"的特性。这个"不"只是思维活动对东西进行比较时才出现在东西上。东西本身只因禁在自身之中,它们之间不可能进行比较,也不可能主动地相互区别,它们并不相互进行区分。它们只是可能被区别的东西——对于我们的思维活动来说,它们是可以区别的。这是一个具有深远意义的发现:"现实存在的东西都是个体的东西"。(同上书,第194页)邓·斯各特把这种个体的东西称之为"haecceitas",如果直译的话,就是东西的"这个-现在-此处性"。在其时间-空间-点上,每个具体的东西[das Jeweilige]都是一次性的,唯一的,不可重复的东西[das Einmalige]。

这个发现之所以意义深远,就是因为它在非常基础的层次上指明,我们的理性通过理性的方式可以抽象出、区别出,什么是来自东西自身的,什么是我们的思维在它们身上造成的。来自东西自身的东西包括许多具体细节,我们的知性就是活动于这些细节之间,对它们加以比较、连接、整理。海德格尔是这样表达邓·斯各特的思想的:我们在一个匀质的媒介中,对存在加以比较、把握,而且进行计数。我们正是在这种匀质媒介中,设计着由无数个别具体细部(异质性)组成的存在。这种匀质性的重要性在自然数列中体现得最清楚。当我数5个苹果时,处在系列第三位的苹果并不具有3的性质。处在第三位并非它的属性。因为,当我将其从系列中取出之后,这个苹果本身并没起任何变化。也就是说,一方面是不匀质的杂多性,另一方面是可数性的匀质媒介。在存在的杂多中没有数的存在。但是——这一点对于类比关系是至关重要的——只有在杂多性中才可能对存在进行计数。所以,两个领域是相互连接在一起的。个体的杂多性数列的有序性,正是处在类比关系中。

我们在数数时就是活动于类比的神秘性之中。正是这种神秘性导致了最大的神秘,导致了神。神同整个存在处在某种关系之中,就像无穷数列同可数的、但本身却又是"无数字性"的个别存在的关系一样。东西是其所是,除此而外,它们还可以用类比的形式使我们概念(在这里就是数概念)的观念性意义内容得到充实。不过,这就意味着,东西内容比严格的概念在匀质媒介中由所表达的要多得多。可以说,多出的东西不胜计数,而且完全不同于概念表达出的内容。于是,海德格尔便得出一个对他的进一步的哲学思考无比重要的结论:"匀质性与异质性以独特的方式相互交织在一起,这是实际现实性的基本结构。"(同上书,第199页)所以那种在概念使用中坚持意义统一性观念的科学,不适应上述对象。只有其意义"处在特殊运动状态中的活生生的言谈"才与其相应。(同上书,第278页)这个结果对海德格尔后来思想发展的各个阶段,一直有着决定性的影响。尽管后来他不再使用经院哲学的类比性这一概念,但他一直是坚信,哲学最应手的工具,不是意义齐一的形式逻辑,而是历史性,意义多重性,以及在诗歌形态中被使用的语言。

　　1915年春天,海德格尔完成了高校教职论文的工作,把它交给李凯尔特。这位一头乱发,酷似雄狮、深受学生和公众喜爱的先生是弗赖堡的学术权威,身边围着一大群不要薪金的助教。他在图书馆的大讲堂里主持他的讲座,但仍然是座无虚席。人多得使李凯尔特感到呼吸困难。他在自己的别墅里主持研讨班,参加者都是他亲手挑选的教授、勤于进修的绅士、博士、私人讲师。海德格尔也参加过几次这类讨论班。李凯尔特是学派领袖,他很喜欢这些排场。在德国哲学界教席的位置上,他乐于像总司令一样施展他的影响。这个领域的情况并不复杂,很好掌握。如果有谁破坏了他的情绪,那他在哲学界的前途就很成问题。他对年轻的海德格尔并不怎么关心。对他来说,海德格尔是天主教的人。他接收了海德格尔的教职论文,但不愿意费力气去读它,而把它交给了恩格尔伯特·克雷伯斯。李凯尔特可能不知道克雷伯斯是海德格尔的好朋友,所以他让克雷伯斯给海德格尔的论文写一份鉴定。克雷伯斯在他的日记里记述了他给海德格尔写鉴定的过程:"在审读论文时,我一直让海德格尔坐在一旁,以便随时就其中的难题进行讨论。"(奥托:《海德格尔》,第82页)李凯尔特正是依据这样写成的鉴定认可了海德格尔的论文。1915年7月27日,在高校教职资格授予会上,海德格尔进行了教学试讲,题目为"历史科学中的时间概念"。他选了大师艾克哈特的名言作为题词:"时间就是变化、多样性,永恒性则只是保持。"

　　从此刻起,海德格尔就是私人讲师了,而且还当了相当一段时间。在给他的朋友拉斯罗威斯基的信中,海德格尔写了一句尼采的格言"赠给私人讲师及想当私人讲师的人":"这些学术上的狂妄自大者!只有它配作并且愿意作把最鲁莽的狗鱼变成丰满、成熟、健康的青蛙的泥坑。"(同上书,第87页)

海德格尔诅咒当时学术界的气氛,因为当时他自己的雄心受到了打击。他原来估计会获得尚在空缺的天主教哲学教席的教授职位。冯克曾经向他做过暗示,并保证在他完成教职论文前一直让这个教授职位空缺。这一做法得到了李凯尔特的支持。李凯尔特对这个教席有兴趣,是为了能使这个地方继续起新康德主义"种鹿场"的作用。

从1913—1914年冬季学期起,克雷伯斯就代理执教于这个教席。半年多以后的今天,他想知道,到底他自己还有没有机会获得这个位子,当然也考虑到他的朋友海德格尔已获取了教职资格。于是,1915年3月克雷伯斯向设在卡尔斯鲁厄的负责此事的巴登州政府的文化部提出正式申诉。他向文化部举荐自己和其他几个同事为候选人,但没有举荐海德格尔。这件事并不是阴谋,因为他把他的进攻通知了弗赖堡的同事。但是海德格尔感到受到伤害和欺骗。随着时间的流逝,人们学会了用冷静的眼光去发现人类性格的弱点。海德格尔在给拉斯罗威斯基的信里这样写道。但是,克雷伯斯很快便退出了竞争者的行列。因为人们许诺,他将被聘为神学系教文学的教授。1916年初,事情开始向对海德格尔不利的方向发展。在招聘通告上,清楚地写明,专门招聘中世纪经院哲学史家。而海德格尔的论邓·斯各特的专著理论重于历史。所以海德格尔觉得自己前景黯淡。在这种情况下,他的朋友向海德格尔建议,不要过于追求经院哲学的现代化:"如果不是你在上封信中表示,要偷听主人的谈话,我是不会向你提出这种祖母式的建议的。你自己很清楚,过敏症恰恰在神学家的圈子里特别严重。而且'责任感'特别强,特别是在他们觉得'不可靠的人'搞阴谋的时候。你的批判对于相关的圈子来说,总不会嫌晚的。"(同上书,第91页)

很显然,这个时期在私人通信和个人谈话中,海德格尔逐渐表现出对天主教哲学的批判态度。但是,他还不敢在公众场合公开他的立场。

1916年初,海德格尔改定了他的邓·斯各特论文的最后一章的付印稿。在这一稿中一种新的情绪贯穿全篇。但是,它并不是对经院哲学的批判,而是新的烦躁、激动、急切的情绪。特别是对"生活"的强调在此之前是罕见的,这里第一次表现出来。

我们回忆一下,在论文主体部分的结尾,海德格尔谈到"在特殊的意义运动"中的"活生生的言谈[Rede]"。翻过几页之后的最后一章中,"生活"、"活生生的精神"、"活生生的行为"这类说法共出现了二十三次之多。回顾他所完成的研究,很难摆脱"那种致命的空洞"的印象,现在,"至此一直受到压抑的精神躁动"(海德格尔:《早期著作集》,第341页)终于登场了。

在论文最后一章中,海德格尔抱怨自己说,他以前从事的工作,根本不是他现在强烈要求进行的那种工作,即从超逻辑的联系上来阐明逻辑本身,但这种抱怨并不十分公允。中世纪的形而上学精神恰恰构成了这种联系。新写定的最后一章,只不过把这种精神置于生命哲学的激流中。对于"活生生的精神来说","理论的精神态度"并不是一切。"收集起可知的东西,对它们进行整体的把握"是远远不够的。因为这里涉及的是"向真的现实和现实的真实〔真理〕进军"(同上书,第348页)。前进到什么地方去,什么地方可以找到真正的生活?无论如何不是在那种内容上草率、肤浅的生活态度的实施过程中,而是在不断增强活力[Intensitaet]的过程中。在中世纪,通过超越的联系使这种活力的增强成为可能。那么今天呢?今天通过什么来获得活力的增强呢?

这里涉及形而上学的观审方法并不使我们感到惊奇。使我们感到新奇的是对形而上学的独特论证。这个论证不仅仅是以教会的真理宝库为基础,而是从十分有意义的、使意义得以实现的行动中涌流出来的。这样形而上学便从天上接到了地上,变为历史活动的内在逻辑。在论邓·斯各特的论文的最后一章中,海德格尔正在努力发掘生活的历史性精神。换句话说,他发现了黑格尔。海德格尔对黑格尔的鉴定是,他发展了历史性世界观的巨大体系,过去一切基础性的哲学问题的动机,都在这个体系中得到扬弃。(同上书,第353页)

邓·斯各特一书的最后一章对黑格尔历史主义展望,掩盖了海德格尔思想的进一步发展中的另外一个选择。

海德格尔很理解,邓·斯各特是如何用"类比"概念来克服人类精神同外部现实之间的二元主义——这是上帝与世界之间的重大差别的一个小缩影——的威胁性。在这个概念中,包含了对精神与现实之间的区别和同一的思考,并赋予人的精神以更高的现实性。在从上帝向下沉降的现实系列中,人是最接近上帝的。为什么?因为人与上帝类似,他的精神有能力把握理解类比关系的技巧。他的精神实际上透露了一些上帝创世的秘密。据此,人的意识便栖息在上帝之中。在最后一章中,海德格尔回顾这种通向超越的魔术时就像回顾沉入大洋的世界一样,它只是一种历史的回顾。如果人们像黑格尔一样,可以在历史中信仰上帝,就已经很不错了。海德格尔在最后一章所做的尝试就是如此。但是,正如我们前面指出的,这并不是论文中唯一的视野。通过对"haecceitas"①这个奇特范畴的思考,又形成另外一个视野。对这一概念海德格尔研究的时间已经够长了。唯名论者正是通过这一概念指出现实中个体的奇迹。海德格尔对这一概念也十分感兴趣。"实际存在的,都是个体性的……一切现实存在的,都是一种'如此-现在-这里'。个体性形式[haecceitas]的使用是为了给实在的现实性一个原初的规定性。"(同上书,第 195 页)

海德格尔把这种唯名论思想描述为把上帝的奥秘从彼岸的神性接到我们切近之处,在直接的具体现实性中去发现上帝奥秘的早期尝试。每一个实存就其本身而言,都是不可穷尽的。如果我们只把它当作一个"对象"来思考,那么我们便根本淘不到它的宝藏。真正对"如此-现在-这里"进行思考,就意味着要克服从事对象化的思维活动。此后,实存才可能在它独一无二的丰富性中显示自己。关于在这种方式中遇到的实存,用海德格尔后来的说法,叫做"(在场)[anwesend]"。"在场性"冲破了对象性的狭隘性。

以这种形式走向现实性的个别性[Singularitaet]的思维活动,是走向与黑格尔不同的另外一条道路。对黑格尔来说,"个别性"是哲学上的无,它不能给思维活动提供任何东西。"个别性"是

---

① 拉丁文,意为"个体性、此性"。——译者

杂多，只有当它被植入概念的匀质环境中，即在普遍的联系中，或可以被普遍化的联系中，它才具有意义。

海德格尔想有"更大、更自由的活动空间"。经院哲学缺乏的恰恰是，"以某种确定的精神的冲力来驾驭自己的工作"。（同上书，第141页）但是，我们并不是只能像黑格尔那样，通过把运动植入历史精神之内来驾驭自己的运动。我们也可以通过克服各种普遍主义，包括历史的普遍主义，使我们有能力直接面对现实的个别性，即直接面对"Haecceitas"。1916年当胡塞尔应聘到弗赖堡任教后，海德格尔努力同现象学的奠基人暨大师建立密切的合作关系，海德格尔做到了这一点。不过，1915年海德格尔写教职论文最后一章时，他眼前一时还只有黑格尔的历史世界观体系。（同上书，第353页）

1918年底在给他的牧师朋友、神学家克雷伯斯的告辞信中，海德格尔把他在黑格尔和狄尔泰那里结识的活生生的历史精神描写成一种力量。正是这种力量使他与天主教主义的体系的关系出现了问题，使这种关系成为不可能。

实际上，这是以现象学的方式看到的历史性观念。生命的彼岸价值在这种历史性中找到家园。形而上学的垂直面开始倒向历史-现象学的水平面。

教职论文完成以后，军方再次让他入伍服役。可是，他的心脏病又复发，1915年秋，他被送到慕尼黑-巴登野战医院；此后作为预备役军人被派往弗赖堡，做邮政监检站的工作。这个监检站的任务是对来往信函进行检查。有疑点的信件，特别是同敌方和中立国的通信均被拆开检查。在这里工作的都是在役的妇女和无力直接参战的男人。海德格尔并不是自愿到这里来工作的。不过，在战时，他对这个工作不会有什么反感。这是一个十分舒适的工作，他一直干到 1918 年。这使他有充足的时间从事他的科研工作。

1916 年 7 月 23 日，空缺了两年的天主教哲学教席归属问题的决定作出了。两年来，一直在谈论海德格尔的任职问题，如今却令年轻的海德格尔大失所望。委员会决定，请明斯特的正教授约瑟夫·盖泽尔来接任这一教席，其理由令海德格尔感到十分屈辱："由于目前可供选择的非修士人员中人才如此匮乏，以至于——经过慎重考虑——系务会只可能推荐出一名候选人。"（奥托：《海德格尔》，第 92 页）海德格尔根本连上名单的机会都没有。这样，即使盖泽尔不接受聘请，海德格尔也不在被考虑之列，海德格尔只获得了一纸临时执教合同。

远在西西里的朋友拉斯罗威斯基安慰他说："他们都害怕你，一切都出于纯私人的原因。就内容来说，他们根本无力作任何判断。"（同上书，第 94 页）

在委员会的会议上，海德格尔曾作为"信仰上合适的候选人"提交会议讨论。委员会中的天主教团关于这个席位的聘请问题有决定性的影响。也许对天主教团来说，海德格尔在这期间已经成了不可靠的人物。也许太年轻也是他落选的原因之一。他获得博士学位才两年，而且，他的同龄人都在远方前线冒着生命危险战斗。如果让他一个人在家里青云直上，也是不公平的。所以人们为了保险起见，宁可选择一个已无力扛枪的老人，盖泽尔比海德格尔年长 20 岁。

海德格尔向教授的第一次冲锋失败了,他的希望落空了。他还得等待7年。

1916年夏天,在这个倒霉的夏天,海德格尔认识了埃尔福丽德·佩特里[Elfride Petri],后来她成了海德格尔夫人。当时她在弗赖堡学习国民经济学。这时海德格尔同海关低级官员的女儿,一个斯特拉斯堡的女孩解除了婚约已经半年。这个女孩有很重的肺病。他的朋友拉斯罗威斯基把海德格尔看作尼采式的超人。所以他把海德格尔解除婚约一事看作一个重大事件:"我看到,你如何一天天地成长起来了,一直长到如此高大,超出了'爱情'和'幸福'繁衍的区域。我早已经看到,你一定会走这条路,以便接近你的目的。在这个目的地,'爱情'必会被冻僵。"(同上书,第90页)

然而,半年以后,新的爱情又开始了。

埃尔福丽德是萨克森的高级军官的女儿,新教徒,来自北方,解放型的女孩。当时女孩子学习国民经济学是十分不寻常的事。她是自由主义女权主义者格特普德-博伊默的追随者。博伊默同青年运动有密切联系。海德格尔和埃尔福丽德·佩特里就是在青年运动的圈子里结识的。爱情故事是在一个名叫莱辛瑙的小岛上开始的。海德格尔、拉斯罗威斯基、埃尔福丽德和她的女友们一起在岛上住了几天。

海德格尔的一首诗"莱辛瑙的夜幕"就是对这个夏天的怀忆。

一道银光掠过大海

流向

遥远昏暗的海岸

第 四 章

>充满盛夏倦意与晚间润湿
>的园林
>迎来了夜的降临
>如期待中爱情的细语
>
>月色染白的山墙间
>古塔之顶飘下的
>宿鸟最后的躁动
>萦绕不去
>而明媚夏日赐给我的
>东西中
>静卧着
>来自永恒的
>感性的重载
>伴我于伟大天才的荒漠之中(《田间路》,第 7 页)

当这首诗于 1916 年底发表的时候,海德格尔已经与埃尔福丽德订了婚。三个月后,1917 年 3 月二人正式结婚。如果海德格尔不是这么快就作出结婚的决定,他的朋友拉斯罗威斯基也许会提前有所准备。他宁可坚持自己给海德格尔规划的形象:这位哲学的攀登者一直冲向高空,在那里,爱情与幸福都"冻僵"了,就像查拉图斯特拉的攀登一样。海德格尔应从结婚、成家的人类泥潭中升起,而拉斯罗威斯基觉得,尽管自己只配在泥潭中生活,但起码是顶峰攀登者的见证人。拉斯罗威斯基一定是把他同海德格尔的关系定义为伟人与其目睹者的关系。在1917年1月25日给海德格尔的信中他写道:"亲爱的马丁,要是我能与你在一起该有多好!我自己都不太清楚是怎么回事,但是,佩特里小姐在信中告诉我的内容,使我感到不快。如果我自己错了,那该多好。但是,我请求你,一定要慎重。等一下,等到我们见面的时候。我真的十分替你担心,特别是在这种异常重大的问题上。你理解我和我的请求,不要过于仓促地作出决定。"(奥托:《海德格尔》,第99页)

海德格尔并没有被朋友的疑虑所迷惑。而且还克服了其他方面的阻力。马丁在中断了他的牧师和神学的生涯之后,又准备建立异教混合婚姻。这对忠实于教会的虔诚的父母不啻是一个严重的打击。佩特里家里的人对这位来自下层的海德格尔也是嗤之以鼻,尽管他可能很有天分,但是,仍然没有找到正当的职业。他如何像高级官员圈子的人们所期待的那样,像样子地供养一家人呢?

他们没有举行大型结婚庆典。私人讲师马丁·海德格尔同国民经济学的女学生埃尔福丽德·佩特里在明斯特的大学教堂里举行了结婚仪式,双方的父母均未到场。按海德格尔的要求,结婚仪式由克雷伯斯主持。克雷伯斯在档案中作了如下说明:"战时婚礼,没有管风琴伴奏,没有婚礼服,没有花环和面纱,没有花车和马,也没有婚宴和客人,带着双方父母的书面祝福,可是,双方父母均未到场。"(同上书,第101页)按克雷伯斯同埃尔福丽德的谈话中获得的印象,她提到要改信天主教。不过,她并没有真的这样做。半年以后,当他们的第一个儿子问世时,埃尔福丽德和马丁宣布,他们将不能按结婚时的承诺,让孩子接受天主教的教育。

按胡塞尔当时的印象,海德格尔已成了新教徒。胡塞尔在1919年初给鲁道夫·奥托的信中说,"海德格尔在走向……新教的过程中。"这一点对他并没有起引导性的影响,尽管对他个人来说,他"更喜欢海德格尔是自由基督徒"和"非教条的新教徒"。(同上书,第116页)

此时,胡塞尔已经把年轻的海德格尔看作他最出色的学生,而且几乎把海德格尔当成与他平起平坐的现象学的巨大研究计划的合作者。

第 五 章

现象学的凯旋　开放的感性　头脑中的世界　胡塞尔和他的追随者　疯狂的制表匠　基础工作　诗:作为哲学的秘密追求　作为现象学家的普鲁斯特　胡塞尔与海德格尔　父与子　伊丽莎白·布洛赫曼　海德格尔的生活乐趣和"疯狂的处境"

当胡塞尔来弗赖堡时,胡塞尔的现象学家名气还没有超出职业哲学家的小圈子。但是,几年之后,即第一次世界大战之后的第一年,这位学院哲学的专家一跃成为世界观的希望之星。汉斯·格奥尔格·伽达默尔曾写道,20年代初期,"到处都看到'欧洲的没落'的口号"(转引自塞普(主编):《胡塞尔与现象学运动》,第13页)。在一次关于"改善世界的讨论"中,人们提出天主教解放欧洲的方案。讨论中提到马克斯·韦伯、卡尔·马克思和基尔凯郭尔,也提到现象学。短短几年,现象学被传说为最有希望的哲学。许多人像伽达默尔一样为之所动,纷纷来到弗赖堡,聆听现象学大师和那些跟他学习魔术的徒弟们的演讲。现象学是新开端的征兆。这个时代的脉搏在没落的情绪和对新开端的兴奋快乐之间摇摆波动。现象学头上戴的新开端的光环,使它在这个时代红极一时。

第 五 章

1916年以前,哥廷根是现象学的大本营。胡塞尔从1901年到1905年在这里执教。慕尼黑是另外一个现象学的中心。它独立于哥廷根,以马克斯·舍勒和亚历山大·普凡德尔为核心。他们觉得现象学不应该只是一个学派,所以他们称自己为"运动"。这不仅涉及重建哲学的科学性的问题——这是现象学的半官方的自我评估——还涉及以知识分子的真诚为口号的生活方式改革问题。人们想克服错误的激情在意识形态上的自欺,在思维和感想上的无原则性。哥廷根团体成员的元老赫德维希·孔拉德·马蒂乌斯,一开始便这样来表述哥廷根现象学团体的精神:"事情本身的纯粹性和真诚性……当然必须融汇到思想、性格和生活方式中去。"(转引自安德雷斯:《爱蒂特·施泰恩》,第87页)从学派的风格上看,哲学中的现象学运动,相当于艺术中的施蒂芬-格奥尔格[1]学派。两个团体都强调严格性、训练有素和纯粹性。

"回到事情本身!"是现象学家的座右铭。但是,什么是"事情"呢?无论如何,有一个事实无可否认:事物淹没、失落在偏见、大话、空话、世界观构造的汪洋大海中。这里跳动的脉搏同胡果·霍夫曼斯塔尔[2]在世纪初创作的名篇《信》中的脉搏一样。霍夫曼斯塔尔让他作品中的主人钱多斯爵士写道:"我现在获得了一种能力,能够思考和谈论任何组合在一起的东西……那些抽象的词汇——无论如何它们也得按照舌头的需要作出某些判断——在我

---

[1] 施蒂芬-格奥尔格(Stefan George,1868—1933),19世纪末20世纪初德国文学运动中"为艺术而艺术"的唯美主义思潮的主要代表。——译者

[2] 胡果·霍夫曼斯塔尔(H. von Hofmannsthal,1874—1929),奥地利诗人,是唯美主义、象征主义的重要代表。——译者

这儿就像煮烂的蘑菇一样,轻易地化在我的嘴里"。(《霍夫曼斯塔尔全集》,第 7 卷,第 456 页)语言给他提供的东西是无声的、不可穷尽的、沉闷的,也是迷人的、以前从未出现过的事情之显而易见性。现象学家也想这样开放地面对显而易见性,而不管从古至今人们对意识和世界作了什么样的思考,说了些什么,写了些什么。这就是现象学家们的雄心。他们期望找到一种新的方式,使事情本身得以显现,而无需与已知的东西相一致。人们必须给现实以自身显示的机会。事情本身显示的内容,以及它们显现的方式,被现象学家称之为"现象"。

现象学家们同意霍夫曼斯塔尔的信念:我们必须重新开始学习认识感觉的真实的 A、B、C。首先,我们必须把迄今为止所讲的一切都忘掉,必须重新找回现实性的语言。对现象学家来说,意识的现实性是现象学的第一课。通过意识的现实性才达到外在的现实性。这里涉及的是对现实性的全新认识。

现象学家的谦逊却表现为极端不谦逊。他们到处谴责其他哲学家,说他们建立的体系根本没有基础。因为意识本身还远远没有认识清楚,它还是一块未被探索过的大陆。在这种情况下,人们已经开始研究非意识的东西了,可是对于意识本身却知之甚少。

胡塞尔是这一运动的首创者。他严肃地警告他的学生,要十分谨慎。他经常对他们说:"在基础性工作中,必须老老实实,一丝不苟"。(转引自塞普:《胡塞尔与现象学运动》,第 42 页)能在"主人的葡萄园里工作"对这些学生们来说必是一种荣耀。但是,这里指的是哪位"主人",却是悬而未决的。现象学家提倡谦卑、禁欲、真诚、纯粹的精神,他们有时也把这种精神称之为"贞洁性"。如果我们联系到现象学提倡的这些精神,我们以后看到有些现象学家变得对宗教十分虔诚时,就不会认为是完全出于偶然了。此时已经宣布为上帝的殉道者的爱蒂特·施泰恩,是最典型的例子。早在1904年以前,在早期的哥廷根年代里,她就开始——用她自己的话说——"效力"于现象学了。1916年至1918年间,她是胡塞尔在弗赖堡的私人助教。20年代转信天主教,最后进入修道院。后来纳粹把她从修道院里抓走,因为她有犹太血统,被纳粹处死于奥斯维辛集中营。

胡塞尔的学生阿道尔夫·赖纳赫说:现象学是一个项目,"要完成它需要几个世纪的工作。"(同上书,第61页)1938年胡塞尔去世。他身后留下了四万张未发表的手稿。就数量而言,生前发表的著作实在太少了。1901年《逻辑研究》发表之后,还有两本书使他名声大噪,并因此使他的哲学得以传世:1910年出版的《作为严格科学的哲学》和1913年出版的《纯粹现象学和现象学哲学》的第一卷(他生前只有这一卷问世)。

胡塞尔在日记里吐露了他大胆的梦想:在他看来,他所开始的工作的继续就是哲学的未来。在谈到他自己的时候,他总是说,他是一个"初学者"。他也不断地研究他自己的著作。当他想把以前的手稿定稿,以供发表时,他总是把整个书稿又重写一遍。这使得助手们深感绝望。他总是重新从头开始思考。他很难简单地承认他以前写的东西。对他来说,意识,特别是他自己的意识,是一条河。众所周知,人们不可能在同一个地方两次下到同一条河里。正是由于这种态度,他后来发展出了一种"恐发表症"。另外一些无此困难的哲学家,比如马克斯·舍勒,同时写作三本书也不在话下。胡塞尔对这种工作方式深表怀疑。尽管胡塞尔承认舍勒的天才,但谈到他时总是持一种"不敢恭维"的态度:"当然,思想上突发的闪光是不可缺少的,但是,不能把它拿出去发表,"胡塞尔经常这样说。(同上书,第42页)舍勒在谈话中,一旦有了思想的闪光出现,又一时找不到纸时,他便把这点闪光记在他上了浆的衬衣袖口上。这种人当然没有什么保留给自己的东西。胡塞尔与他完全不同。他的著作在他的手里揉来揉去,直至它变成大捆大捆的手稿为止。1938年一位弗朗西斯克修道士把这些大捆的手稿传奇般地从纳粹手中抢救出来,偷运到比利时的卢汶。今天它保存在专门为它而设的研究所里。

胡塞尔,1859年生于麦林,在奥匈帝国的一个犹太商人家庭中长大。"自信感……是最值得追求的财富,是共同的生活理想"(施蒂芬·茨威格:《明天的世界》,第14页),这正是那个时代的精神。胡塞尔深受这种精神的影响。他学习的是数学,因为在他看来,数学是最可靠的、最精确的科学。但是,后来他注意到,数学也需要另外的东西做基础。根本性,确定性,奠基性,这是他的偏好。于是便转向哲学。不过,正如他在回顾这段经历时说的,不是转向"流行的哲学"。在这类哲学里他发现,"不是知识分子的诡计就是模糊不清的、不成熟的、粗糙的不彻底性",根本不是人们可以用来作为科学研究出发点的东西。(塞普:《胡塞尔与现象学运动》,第66页)

如果人们想研究意识,应该从哪儿开始呢?胡塞尔不断向他的学生们重复指出的原则是:应该把所有关于意识的理论、看法、解释置于不顾,以便无拘束地直接地观察意识中的实际过程,观察我现在的意识里的现实过程。

我们天天看见太阳升起。整个自然科学都无力帮助我们戒掉"太阳升起来"这种说法。更糟的是,我们确实看见太阳升起,但是,我们却认为,事实并非如此。它只是显得如此。现实完全是另外一回事。这种从假象到现实的模式,可以使我们整个熟知信赖的生活世界动摇坍塌。没有什么东西是其所是,一切都是表面上看上去如此。1913年在维也纳我们还能说"多么美丽的八月金秋"吗?罗伯特·穆西尔——他也受到现象学的影响——别出心裁地这样描述维也纳的八月金秋:"在大西洋上有一个低气压区,它向东移动与俄国上空的高气压靠拢。……这是由等温线和等夏温线造成的……。"(穆西尔:《无性格的人》,第9页)

在我们的生活中,绝对体验不到穆西尔描述的八月金秋,这只是对自然科学的讽刺。我们从来没有透过空气看到过,将来也不会看到等温层。我们所经历的只有富有诗意的夏日。用胡塞尔式的语言说,这是我们生活世界的现象。当然,我们也知道,在气象学上它是如何形成的。所有在意识中给出的内容都是"现象"。在胡塞尔意义上的意识研究,就是对意识现象的内在秩序,进行严格的反观自审。它并不企图对它们作解释和说明,而是力图去描述,现象"从自身出发"是什么,以及它们是如何显示自身的。这种对意识过程的关注一举克服了"本质"与"现象"的二元论。或者,更确切地说,它使我们发现,作出"本质"与"现象"的区别,完全属于意识操作活动的范围。意识正是以此种特殊的方式知觉到它在感觉活动中忽略的东西。因为所有进入意识的都是现象,所以,这种隐藏性(指感觉中被意识忽略这种现象)也是意识的现象。现象不是隐藏在本质"背后"的东西;只要我思想它,或者只要我想到它在躲避我,它本身就已经显现出来了。康德的"自在之物",不可把握的不显现者,作为没思想到的东西,就是现象。

胡塞尔并不想重新复活对外部世界实在性的人为的、智者式的怀疑。与此相反,他要指明的是:整个外部世界已经在我们内部了。我们并不是一个留待外部世界来填充的空口袋,我们从来就是与某某东西相关联的[bezogen sind]。意识总是对什么东西的意识。意识并不是内向于自身,而是外向于它所意识到的东西上。当人们终于开始把意识提高到意识的高度时,人们就会注意到这一点。这就是现象学。

为了自我启发,胡塞尔创造了一种技法[Technik]:"现象学还原"。现象学还原是实施感知活动的特殊形式,或更一般地说,是实现意识进程的特殊方式。在这个实施过程中,注意力不是集中到被感知的东西上,而是集中在感知活动的过程上。由于方法上的原因,还原中人们会马上超出感觉,又不是完全超出感觉,而是能够看到,在实施过程所需要的水平上超出感觉。我看到一棵树。当我对感知树的感知活动进行感知时,我便注意到,我在被感知的树上附加了一个参数:"现实的"。但是,当我只想象或回忆某一棵树时,我看到的是什么?我看到的只是想象活动,回忆活动吗?不对。我看到的是树,只不过是带有"想象"、"回忆"这些参数的树。有多少种树就有多少种存在方式。现在我们提到的是看到的树,回忆到的树,想象到的树。同一棵树,有一次我看到它十分愉快,因为它为我提供阴凉。另一次我仔细打量它,看它在经济上是否值得砍伐。在这种感知中,同一棵树已经不是同一棵树了。

它的所是起了变化。如果我用所谓"客观的"方式,纯事物性地对它加以研究,那么,这时的树也是树的许多形式之一,"让树去是……"的形式。树"在实际上"是什么,这类问题被现象学括掉不予考虑,现象学注意树给予意识的各种各样的不同形式,或者最好说:意识在树那里滞留的各种形式。

通过现象学还原的这种工作,把所谓"自然的"感知进来加以关注,把外在现实括掉了,不予考察。这样,就像胡塞尔在他的《笛卡尔沉思》中所说的,人们失去了整个世界,以便在"普遍的自身规定"中重新赢得它(胡塞尔:《笛卡尔沉思》,第183页)。

现象学还原是现象学观察问题最具决定性的视角。这里涉及的是面对意识过程的特殊的注意力,也称为"现象学的观审[Sehen 看]"。通过这种观注力,人们看到了意识生活在同外在现实性的"游戏"中到底扮演了多么重要的角色。但是,如果把自然的现实括掉了,剩下的东西便成了一种空洞的游戏吗?关于这一点胡塞尔写道:

"让关于现已给出的客观世界的一切看法都普遍失效……我们并不是被置于面对虚无的境地。我们由此获得(并且只有如此才能获得)的东西要更多,或者说得更清楚一点:我作为深思者由此获得的,是我们纯粹的生活,以及所有对它的体验和它的一切共性,即现象学意义上的现象的一体性[Universum]。悬置(让自然的现实性关系失效——作者按),也可以这样说,是一种彻底的、普遍的方法。通过它我可以把我纯粹地作为我来把握,并连带把握了他者本身的纯意识生活。整个客观世界都是在意识生活之中并通过意识生活为我而存在,而且是'如其为我所是'地那样存在。"

(转引自 H. 罗姆巴赫《当下意识的现象学》,第 48 页)

人们很容易想到,"纯意识"是一种空洞的意识,就像一个空的窥镜,一只空胃。然而,这恰恰是关于意识的"先入之见"。这种"先入之见"根本不符合意识对自己的现实体验。人们发现,意识无时无刻不与存在联系在一起。空洞的意识直接面对客观对象,让它来充实自己,这种情况根本就不存在。意识总是关于什么的意识。这种从方法着眼,从外部现实中"净化出来"的意识,一刻也不能停止对外部世界的想象:对内部世界的外部世界的想象。意识没有什么"内部的东西",它自身就是"外部的"。如果能够深深地钻入意识中心的话,那么就会发现我们又重新置于外部的各种事物之中。按萨特的说法,我们就会被"甩到"这些东西之中。(参见萨特的《自我的超越》,第 33 页以下)是胡塞尔的著作使萨特在 30 年代经历了一次信仰的转变:他觉得自己从已经麻痹的传说、从"消化道哲学"中,即把意识当作处理世界的肠胃的哲学中解放出来。

也就是说,对胡塞尔来说,意识总是以某种东西为定向的。他把意识的这种基本结构称之为"意向"[Intention]。

意识活动过程的不同类型都有与自己相应的不同类型的意向。在有距离的认知意向中把握某种东西的欲求只是意向性意识的一种形式而已。人们经常错误地把这种意识等同于整个的意识现象。实际上,与之共存的还有许多其他的形式。所谓形式就是以某种东西为定向的形式。这里的情况并不是下面这个样子:首先对某种客观对象进行"中性"的把握,以便在进一步的活动中对其再加以"向往"、"热爱"、"追求"、"估价"等等。"向往"、"估价"、"热爱"等等，也都有它们自己的对象性关系。在这些活动中，对象完全是以另外的方式给出的。对意识来说，对一个"对象"在不同的情况下进行把握，它也就是完全不同的东西。比如，在好奇中把握它，还是在希望中把握它，或者是在恐惧中把握它，从实践角度，还是在理论角度把握它，都使之成为不同的东西。胡塞尔曾经这样表述这一思想：爱情把他的"对象"构成为"非对象"。

现象学的最大的贡献就是指出，我们的意识在实际工作中是多么微妙，形式多么丰富。而通常人们用以概括意识进程的那些意识概念又是何等简陋粗笨。它总是以下面的模式考虑问题：把主体化的内在空间和一个客体化的外在空间对立起来，然后再问，如何把人为分割开的东西重新联合到一起，世界如何进入主体，主体如何达及世界。现象学的研究表明，我们的感觉和思想所走的道路，与我们通常想象的完全不同。现象学指出，意识是一种"居间"现象。就像法国现象学家梅洛-庞蒂所说的，"从原本意义上讲，它既非主体，亦非客体"。首先，思维活动、感觉活动是一个进程，它处于由许许多多早已被遗忘了的行为构成的意识流中。一种基本的反思活动，即只有对意识的意识，才能作出分隔，并发现这边是"我"、主体、意识的所有者，那边是客体。我们也可以这样说，意识就是所意识到一切：意愿［Will］消融在所意愿的内容中；思维消融在所思的内容中，感觉消融在所感的内容中。

胡塞尔打开了一道大门，在他面前展示出一望无际的"田野"——意识的世界。这个世界是如此丰富和生动，以至于要想按胡塞尔要求的体系化、规律性知识的方向，科学地对它们加以准确的描述，必然会陷入自相矛盾。胡塞尔身后留下的尚未完成，而且也不可完成的巨型著作，给我们留下了这样的印象：胡塞尔所描述的意识流，违背了胡塞尔自己的科学的、体系化的观点，顽强地表达着自己。在意识流里拼搏的体系的残片，使人们回忆起斯坦尼斯拉夫·赖姆斯[Lems]带有哲学深意的科学幻想小说《光源》中的一个场面。研究者发现了一个星球，它完全是由大脑构成的，是一个生物原浆的大洋。这个星球在宇宙空间中孤独地努力工作着。在它的表层漂浮着各种巨大的图形、波涛、喷泉，形成了巨大的旋涡和深渊，具有无与伦比的丰富多彩的内容。研究者把这个进程理解为符号，并企图解读它们。于是发明了各种名词、概念，各种体系，相关的著述构成了一个巨大的图书馆。最后研究者们模糊地感觉到——一个对于有序的大脑来说是可怕的看法，在大脑的大洋里的每一个点上发生的事件都是不可重复的，不可比较的，因此，任何概念都不可能对它们加以把握。给它们起的任何名称都是毫无意义的。因为它们都只出现一次，所以我们根本无机会对它们加以识别。关于它们的任何有序的知识，都如同在水上作标记：下一个波涛只会把它冲得无影无踪。

胡塞尔是19世纪的人，一个枢密官式的、教授式的、慈父式的、满腹经纶的绅士，他坚持不懈地追求最后的基础和确定性，甚至企图寻找上帝的确定性。在他的哲学生涯开始之时，他曾说过，要"通过严格的哲学科学来发现一条通向上帝和真正的生活的道路。"（转引自塞普：《胡塞尔与现象学运动》，第63页）

无论如何经验科学才不去管这位"发疯了的钟表匠"——弗赖堡的大学生们称呼胡塞尔为"发疯了的钟表匠"，因为他在课堂上不断深入地独白时,经常作着一个手势:右手的中指在左手的掌心不断地画着小圈——的特殊的奠基性工作。胡塞尔在课堂上常常深深沉入他自己的意识流之中,根本没有注意学生们的沉默不语。有一次一个学生——他就是汉斯·格奥尔格·伽达默尔,在课上提出了不同意见。胡塞尔课后对他的助教马丁·海德格尔说,"今天可真是一次令人兴奋的讨论"。(同上书,第15页)人们偏爱的东西,总是处在天堂的中心。所以,胡塞尔不能理解,他的学生们生活在与他不同的各种世界中,纠缠于各种不同的其他事物。他对他的私人助教施泰恩严肃地说,她应该一直在他这儿工作,直至她结婚为止。她应该在他的学生圈子里找个男人,这个男人也可以当他的助教。也许他们的孩子也会是现象学家……。

　　胡塞尔的工作不啻是一种讽刺。这位专业技术工人——胡塞尔当时也这样称呼自己——在试验中企图给认识寻找一个稳定的基础,而在哲学上发现的却是意识流,于是十分可笑地付出了极大的努力,想把这活生生的无穷运动中的因素,改造成一种最终的确定性和可靠性的基地或底座。他想在流沙上建筑房屋,他甚至想把这些房子留给子孙后代。现象学的意识研究——一个百年研究工程。他可以自我安慰地说:"可以这样来理解,现象学就是整个近代哲学的神秘的欲望。"(胡塞尔:《纯粹现象学的观念》,第118页)但是,他也有对整个事业的意义发生怀疑,并产生疑惑的时刻,当我们对意识的无限广大的领域进行测量时,我们一定必须是一个"初学者"吗?

　　当人们想要达到一个不断后退的地平线时,情况不就是如此吗?当意识不能够彻底加以描述和分析的时候,那么我们就应该将另外一端关闭,将口袋扎死,胡塞尔就是这样使自己摆脱困境的。这种思想的短路的名字叫做"先验自我"。它是意识的所有功能和操作的总体,是意识流的发源地。

如果像胡塞尔所教导的那样,在对感觉内容的感觉中,我才构建起我的意识,我们怎样才能把先验自我带入整个意识进程的开端呢?很简单,直接把现象学观察意识进程的视点宣布为先验自我的处所。"任何一种我思和它的组成部分,都是在体验的河流中出现或消逝的。但是,纯粹主体既不出现也不消逝。尽管它也以它的方式'上场'和'下场',它可以进入活动,也可以退出活动。纯粹主体是什么,它根本上是什么,以及它的功用是什么,我们可以在自身感知中把握它,或者纯粹主体自己在其中把握到自己,它自己就是它的行为,它的存在样态的绝对无可怀疑性建立在这里。"(罗姆巴赫:《当下意识的现象学》,第52页)

这样就很清楚了:本来胡塞尔的工作使我们能够做到,在我同世界分裂之前对意识进程加以"无我"的描述,如今胡塞尔在先验层次上,又退回到他本来想要克服的思想中,即"自我"是意识的内容的所有者的思想中。刚刚被解构的自我,现在又像笛卡尔传统中的一样,成了确定性的"最高当局"。这就是胡塞尔于1913年概略提出的向先验自我的转变,就是这个转变后来引发了海德格尔的批判。胡塞尔把先验自我理解为某种实体,在它里面,内容可以演变,但是,它本身不发生任何变化。这种先验自我同上帝精神有一种十分可疑的相似性。在传统中,上帝精神是一切世界内容的不可变化的基础。所以,当我们听到胡塞尔谈到他的先验自我的发现时说,"我自己这样做时,我也就不是人的自我了",(同上书,第 71 页)我们本不应该觉得吃惊。

就像在费希特那里一样,胡塞尔最终还是实现了他向自我的转变,整个世界都是来自自我,而意识也不再只是一种具有魔力的东西。它出现在世界中,并由于它的出现,整个世界才有可能作为世界而出现。某种被标记为实存性的东西,却是存在论性[ontologisch]的。海德格尔将来要对这个难以捉摸的现象加以规定,并重新将它掷回到它(在胡塞尔处)偷偷溜出来的那个世界中去。胡塞尔的先验自我在脑袋里有一个世界,但是,这个脑袋却并不真正在世界之中。

我们更清楚的是,如果谁想把丰富的意识生活挂到一个固定的点上,而又想避免做心理主义的还原,这种思维就很容易采取与上帝相似的立场。

但是,意识想使丰富的意识生活清晰透明,同时又不想使它遭到破坏,并不一定非要扶摇直上,升为先验哲学家找的上帝。它也可以成为诗人。从柏拉图时代开始,这就是哲学家的秘密或可怕的预感[Ahnung]。胡塞尔也并非不了解这一点,他在与日本人的谈话中说:"哲学与诗,从它们的最内在的源泉上来看,是相互紧密相连的,它们在灵魂中有着一种神秘的亲缘关系"。(参见塞普:《胡塞尔与现象学运动》,第 18 页)

哲学同诗之间这种秘密的亲缘关系,在现象学中表现得比任何其他哲学中都明显。对意识生命的描述,并进而对世界体验的描述,对内在和外在空间中的现象的关注,对内在和外在时间的关注等等,从来就是诗的主题,对马塞尔·普鲁斯特尤其如此,他倾心于柏格森学派,在布尔瓦·豪斯曼的隔音间里潜心于他的现象学练习。如果现象学应该是"整个近代哲学神秘欲望"(胡塞尔语),普鲁斯特就应该是现象学哲学的神秘欲望。

我们只需要读一下作家在《追忆逝水年华》的开头部分对自己醒来的描述就可以了,这时是对每天清晨自我重新诞生的杰出的现象学描述。每一次都必须做一次穿越时间空间的旅行,然后才可能重新找到这里和现在的十字准线。

"但是,我只要躺在自己的床上,又睡得很踏实,精神处于完全松弛的状态,我就会忘记自己身在何处,等我半夜梦回,我不仅忘记是在哪里睡着的,甚至在乍醒过来的一瞬间,连自己是谁都弄不清了;当时只有最原始的一种存在感,可能一切生灵在冥冥中都萌动着这种感觉;我比穴居时代的人类更无牵挂。可是,随后,记忆像从天而降的救星,把我从虚空中解救出来:起先我倒还没有想起自己身在何处,只忆及我以前住过的地方,或是我可能在什么地方;如没有记忆助我一臂之力,我独自万万不能从冥冥中脱身;在一秒钟之间,我飞越过人类文明的十几个世纪,首先是煤油灯的模糊形象,然后是翻领衬衫的隐约的轮廓,它们逐渐一点一画地重新勾绘出我的五官特征。……"(普鲁斯特:《追忆逝水年华》,中文版,第一卷,第2页)

现象学为了关注意识进程的这个世界,需要一种新的观察态度[Einstellung],这种观察态度正好与日常生活中的要求与发展相抵触。在日常生活中,我们注意的是东西、人和我们自己。我们并不去注意这些东西是如何在我的意识中向我"给出"它们自身的。胡塞尔始终强调中止对待世界的自然态度。普鲁斯特也只可能在避难所的卧室——这里是他生命最后十二年中的工作室——

中发展他的回忆工作中的现象学宇宙。隐退到无世界性中去,在胡塞尔这里得到的补偿比在普鲁斯特处还要多:胡塞尔发现了多种形式的内在本体论。在那里有着无穷多层次的实存世界。回忆的对象,恐惧的对象,欲望的对象,思维的对象,这些都是"现实性"。这些现实性早已把主体与客体的干干净净的分别淹没掉了。

布伦塔诺的《关于存在的多义性》一书,在哲学上给海德格尔以极大的启发。他把胡塞尔现象学看作一种可以揭示存在的多样性的哲学。

后来在他1925年夏马堡大学的讲稿《时间概念史》中回忆这段历史时提到,胡塞尔现象学观察事物的角度使他走上了自己的道路。在书中还明确表示为了前进,他必须超越胡塞尔现象学的界限。

在现象学观察事物的态度中,最关键的一点是,再次重新进到"事情"面前,消除各种先入之见,"单纯地去观察,抓住看到的东西不放,而不要问我们拿它怎么办。现象学要求的无偏袒性的纯事情性是最难达到的,因为矫揉造作,谎言和他人的议论构成了人类生存的基本要素。"(《海德格尔全集》,第20卷,第37页)

对海德格尔来说,被现象学所克服的哲学内部的人为的造作之一,就是关于两个领域的区别的顽固教条,即关于本质和现象的区别的教条。用海德格尔的话说,现象学给现象、给显现的世界恢复了名誉,它突出强调了显现出的内容的意义。在现象学中现象不再是低级的、必须在它的背后去寻找什么本真东西虚幻性的现实。本真的东西本身,不论它是上帝还是逻辑的"对象",或是所谓自然规律,都是显现的东西。在海德格尔看来,现象学不是思辨,不是思想的构造,而是"拆除隐蔽物",让东西"显摆出来",让人"观看"的工作。被揭示显摆出来的是意识的意向性结构。海德格尔把这一点指为现象学的最重要的发现。于是,对海德格尔来说,传统认识论的主体-客体的二元对立便得到克服,并且是从自身显现自身的世界和总是牵涉到世界的意识这两个方面得到克服。

当然,在1925年的讲稿中,海德格尔同时也清楚地指明了胡塞尔的局限性。通过对现象的挽救,胡塞尔又重新突出了实存的各种给出形式的重要意义,但胡塞尔从来没有提出过这个问题:人,即意向性的意识,在什么意义上实存着[seiend]。胡塞尔的研究只深入到人的否定性规定的层次,人类是"自然的对立物[Gegenwurf]"。人是什么,人是谁?海德格尔对这个问题的回答我们后面再谈。

同胡塞尔密切合作的第一年,海德格尔已经开始把胡塞尔的现象学观念从意识的内在联系之中提取出来,放置到世界中去。

在这个过程中,狄尔泰关于历史生活的哲学研究,给予海德格尔很大的帮助。从狄尔泰哲学的观点看,任何一种哲学都是值得怀疑的。它们都陷入自我误解不能自拔。它们自以为可以在历史的彼岸确定它们自己的稳定的地位。胡塞尔构造的先验自我,就是这种毫无用处的意识性的"彼岸"。其次,海德格尔对基尔凯郭尔的研究,也有助于海德格尔摆脱胡塞尔的意识内在论。

基尔凯郭尔并不像狄尔泰那样,从历史性"生命"出发攻击精神的虚幻的自吹的强大。他是从思维与生存的不可消除的差别出发,来发动这一攻击的。在生活的纠缠之中,我总是陷入必须对"我想当谁"作出选择的境地。我们常离开纯粹思维的领域。我们必须承诺、接受我应负的责任。我们不能避免,从一个能对一切加以思考的可能的人变成为一个现实的人,他必须从可思考的东西中挑选出对他内在和外在行为合适的东西。在基尔凯郭尔的存在主义的批判看来,意识哲学不过是一种对活生生的生活的唯一的逃避。

在海德格尔这里,历史环境的变化本身,将会努力使历史生活和生存生活的强大力量不仅仅作为一种思想而存在。

自从胡塞尔到弗赖堡之后,海德格尔一直寻求接近这位大师。开始胡塞尔表现十分冷淡。在胡塞尔看来,海德格尔是属于教会哲学阵营的人,因此影响了他对海德格尔的兴趣。海德格尔用了几乎一年的时间,经过多次徒劳的努力,最终才获得和胡塞尔进行个人交谈的机会。1917年9月24日,胡塞尔向海德格尔写道:"十分乐意就我之所能支持你的研究"。(奥托:《海德格尔》,第102页)

1917年至1918年间的冬天,胡塞尔终于"发现"了海德格尔。在不久前,他的私人助教施泰恩放弃了她在胡塞尔处的工作,胡塞尔让她把他的手稿加工成供发表的书稿,但是,这位自称是现象学上的"初学者"的胡塞尔,每次总是提出新的草案和笔记交给她,直至把她已加工好的书稿彻底推翻为止。她实在忍受不了这种工作了。另外,胡塞尔只知道让她工作,而并没有帮助她实现完成高校大学教职论文的愿望,最后她终于一走了之。

于是胡塞尔不得不为自己寻找新助手。海德格尔接近胡塞尔的努力,成功有望。

在1917年的最后一个星期里,胡塞尔和海德格尔之间一定进行了一场非常紧张认真的哲学谈话,因为当1917年1月海德格尔作为预备役进驻兵营,然后又到麦氏教堂镇附近的豪伊贝尔格[Heuberg]的练兵场去进行军事训练时,胡塞尔在一封给海德格尔的私人通信中,为不能同海德格尔一起进行哲学工作而深表遗憾。在回信中,海德格尔十分愉快,带有迎合口味写道,在此刻他不是从哲学而是从能够很好地耐受艰苦的军事训练中获得他的自我意识的。胡塞尔这位充满民族感的人,当然对于这种非哲学的精干也十分欣赏。1918年3月28日的信里,胡塞尔写道,有一段时间把哲学放在一边,对海德格尔来说未必是坏事;不久——"但愿在西方战线的精彩胜利之后,战争不会持续太久"——他一定会以更充沛的精力重新投入到哲学问题的研究上来。(同上书,第104页)

海德格尔在军队中还得呆一段时间。他被派到前线气象站值勤——20年之后,二次大战初期,萨特也担任过同样的工作——同年7月海德格尔被派往柏林进行气象学培训。他继续同胡塞尔进行频繁通信。书信变得更推心置腹,更充满信任。1918年9月10日的信中,胡塞尔赞扬还没有学坏的年轻的海德格尔有"清楚的灵魂之眼睛,清净的心,清楚定向的生活风格。"在这封信的最后,胡塞尔惊叹道:"噢,您,年轻人,您的通信使我分享到的是多么大的喜悦和内心的恢复[Herz-erquikung]呀"。(同上书,第104页)

胡塞尔的信中充满着父亲般的情绪,这可能是由于1916年初他最小的儿子战死前线之故,就在这年秋天,他的另外一个儿子也因头部中弹,躺在野战医院里。胡塞尔正在为他牵肠挂肚。胡塞

第 五 章

尔对待海德格尔的态度就好像他是他的继子一样。在胡塞尔给海德格尔写信的时候,施泰恩正住在胡塞尔家里扮演护士和青年女佣人的角色。胡塞尔和他的夫人玛尔蕴都得了重感冒,卧床不起。女仆辞职了,女儿正好外出旅游未归。从野战医院来的是可怕的消息。施泰恩在给罗曼·英伽登的信中描述了胡塞尔当时的凄凉景况。在这种情况下,同海德格尔的联系显然对胡塞尔是一种安慰和鼓舞。不过,春天时对战争获胜的信念已经不见了。取而代之的是胡塞尔家里对帝国"体系"的不满。胡塞尔的夫人玛尔蕴甚至转而加入了"独立党"的阵营(指的是独立德国社会民主党),其实是有意气胡塞尔而已,这是我们在施泰恩的信中得知的。(爱蒂特·施泰恩:《致英伽登书信集》,第10页)

在此期间,海德格尔已于8月底被派往德国西部的色当附近的阿登[Ardennen]的军事气象站。这个气象站的任务是为海战提供天气趋势预报,以为使用毒气提供支持。

海德格尔当时的生活态度反应在他给伊丽莎白·布洛赫曼的第一封信中。

伊丽莎白·布洛赫曼是海德格尔的夫人埃尔福丽德的同学。在一次大战期间,她有一段时间在斯特拉斯堡大学从齐美尔[Simmel]学习哲学、日耳曼学和教育学。战争期间,她曾参加社会服务工作,看护病人,她和海德格尔一样深受青年运动的影响,就如海德格尔1913年在高地-迈森人-简报上所写的:"自由德国的青年们要面对自己的责任,依据内在的真实性,自己决定如何塑造自己的生活。"

马丁·海德格尔同伊丽莎白·布洛赫曼以及埃尔福丽德就是

在青年运动团体中相识的。

在海德格尔给布洛赫曼的第一封信里充满青年运动的精神,正是这种精神把他们联系在一起。信中多次谈到真实性和责任,爱慕之情只是隐含在其中。双方都在信中练习着含蓄与暗示的技术。比海德格尔小三岁的布洛赫曼十分敬佩海德格尔,这使海德格尔感到十分得意。因此,他十分乐意用哲学导师和领袖的口吻说话:"我们的义务是,把我们在鼓动与冲动中、内部真实性中经历到的东西不走样地表达出来。"(《海德格尔与布洛赫曼通信集》,第9页,1918年2月10日)"这种精神生活必须在我们这里重新变成真正的现实,它必定是一种由个人内部生长出的一种冲压力,这种冲压力要颠覆,要强烈要求起义。这种冲力并不表现在吹嘘中、颓废中和压迫中,它作为真正的冲力只表现在朴实无华中。……精神的生活只能通过以身作则进行塑造,以使应该参与其中的人直接地在他们的生活中把握到它。……只有对自决的价值真正充满信心,一切偶然的周围事件的所有无价值的东西才会从内部,一劳永逸地被清除。"(同上书,第7页,1918年6月15日)

海德格尔曾亲眼目睹了西线德国军队对节节胜利的协约国军队实施的最后也是最大的反攻。这个过程刺得他的眼睛发痛,使他看清楚了,战前年代文化的"精神"早已不复存在。战争把一切都烧光了,只剩下了一个赤裸的核。海德格尔怀着一种含糊不清的激情,把这个核称之为"个人的冲力",或"对自身价值的信念",或对中心自我的服从。他感觉到,这种向个人核心的剧烈回归是一个伟大的契机。现在,是"清除偶然的周围事件的无价值的东西"的时候了,然而,只有当人们十分强大,对自己充满信心时,在剿杀了文明风潮的错误精神后,才有这种可能。海德格尔认为,在这之后精神才会重新诞生。起初在真实的人们的小团体中,稍后,由此辐射出去,于更广的和更深的层次上在民众中不断更新繁衍。1918年11月7日,在他从前线写给伊丽莎白·布洛赫曼的信中写道:在这个结局之后,生活到底如何塑造,必然到来的生活、我们唯一的救助到底是什么,一切都不清楚。不过,有一点是确定而且不可动摇的,这就是对真正的精神的人生的追求,此时此刻不能怯弱,而是要亲手把握住决断的领导不放,以便把民众引向真实性和对人生此在的真实的真正估价。事实上,这正是我的生活乐趣——即使面临外在的贫困而不得不放弃某些东西,也是如此——只有那些内在贫乏的唯美主义者,以及一直以有才智的身份玩弄精神的人(他就像对待金钱和享乐一样对待精神),才会在这个时候彻底崩溃,惶恐绝望。根本不要指望从他们那里得到任何帮助和有价值的指示。(同上书,第12页)

海德格尔写道:这是"生活的乐趣"。一个只知玩弄精神的世界崩溃了,这使他感到振奋。他的政治幻景十分模糊。前线的信中只字未提那里的具体生活,只是说,"去前线的旅行棒极了"。(同上书,第19页)信里到处洋溢着对哲学的新开端的喜悦。他清楚地表示,首先要铲除那些已经死亡的、不真实的、习俗性的、纯粹是人为造作的东西。他谈到了原初的体验,包括原初的宗教体验,认为,只是因为人们为哲学和神学制造了所谓连续性和可及性,原初的生活体验才被哲学和神学遮盖了。

后备役士兵马丁·海德格尔发现了新的兴奋点[Intensitaet]。使他兴奋的不是战争本身,而是这场灾难把一切都焚毁了之后所遗留的东西；使他兴奋的不是那胜利的磨炼，而是由失败而带来的大清洗。这是一种对"精神和力量的信念，谁在它之中并为它而活着，他便永远不会在战争中处于败势。"（同上书，第 10 页）而且，"我们向往，或者想进入我们之中的新的生命必放弃追求普遍化，即不真实的、肤浅的存在。他的财富是原初性——不是矫揉造作的构成性，而是完全依赖直观的显然性。"（同上书，第 15 页）

这是伟大的满怀希望的豪言壮语，不过并不是空话。因为这位在战争最后一周被提升为二等兵的青年哲学讲师，1918 年 11 月回到弗赖堡以后便竭尽全力投入工作，试图完全跟着直观行进，以便去把握向他袭来的东西。要把这种直观、这种瞬间的显然性化为哲学的语言，首先是在连续的现实生活中加以训练。在这种过程中他注意到了时间的运动原理：它"时间"着直观和瞬间的显然性，但它本身不保存自己[Bewahren]，它并不把自己置于绵延性之中。它出现了，发生了，是一个事件[Ereignis]，它并不是制作出来的，而它的一切又取决于我们用以制作什么。1919 年 5 月 1 日，在给布洛赫曼的详尽的信中——信里泄漏的这种内心深处的极强烈的哲学上的迫切追求，恐怕不只是年轻的马丁·海德格尔一个人的——海德格尔写道："如果认为并且要求生活之流必须按照恩准它的时候涌现的振幅、同样的频率和音量去振动，这完全是理性主义者对个人生活之流的错误认识。这种要求养成了一种缺陷：对一切生活的秘密和赏赐的内在谦卑。我们必须能够等待最高的、紧张的、充满意义的生活的张力的到来。我们必须坚持在连续性中与瞬间同在——不是享受这种张力而是在生活中塑造它、构型它——在生活的前进过程中携带着它，将它贯彻到一切未来生活的节奏之中去。

我们自身以及我们生活进程中所属的那个方向直接得到实现的时刻,我们不应只满足于点清现有的东西,简单加以记录,好像它是一个对象一样面对我们而立。只有当处理自身者真正地被生活体验到之时,也就是说,生活走向成为它的存在之时,这个从事理解着的处理自身者[Sichselbsthaben],才是货真价实的从事理解的生活的走向。"

1919年海德格尔沉浸在对自己直觉的处理的欢乐之中,而把他周围所发生的一切,都称之为"疯狂的状态"。(同上书,第12页)

第 六 章

革命时代　马克斯·韦伯与书斋先知的对抗　圣徒贬值　海德格尔的讲台　存在问题的早期历史　体验生活与离异生活　世界活动　破坏的哲学　海德格尔的达达主义　生活的透视　经历过的瞬间的黑暗　有亲缘的精神：海德格尔和年轻的恩斯特·布洛赫

1919年初，马克斯·韦伯在慕尼黑作了一次演说，题目是："从内在的使命到科学"。他作报告的地方像德意志帝国其他大城市一样，正处在革命暴动之中。几星期之后，慕尼黑爆发了公开的内战，成立了苏维埃共和国。心怀善意的作家们企图巩固这"光明、美丽和理性的王国"，他们极其狂热，而且用心良苦，短时期内，在共和国内颇成气候。对马克斯·韦伯来说，这一切只不过是一种不负责任的信念政治，是一种政治冒险。他们不想承认，期望政治去促进性情和幸福的发展，完全是对政治的过分要求。韦伯作报告时，卡尔·勒维特也在场。他描写了马克斯·韦伯逝世的前一年，"如何面色极为苍白、疲惫、匆忙地穿过挤满听众的大厅，走向他的讲台"（勒维特：《我在德国的生活》，第17页）。韦伯"满脸乱蓬蓬的大胡子",使他回忆起班贝克先知塑像的阴沉沉的红晕。韦伯给他留下的印象是"震撼人心"。卡尔·勒维特写道:马克斯·韦伯撕碎了一切希望的面纱。在场的每一个人都一定感受到了这个清醒理智的那颗心充满了"深沉严肃的博爱[Humanitaet]"。在听过知识界积极分子无以数计革命讲话之后,"韦伯的字句好像是一种拯救"。(勒维特:《我在德国的生活》,第17页)

韦伯的讲话很快就公开发表,并马上引起了一场激烈的、具有广泛影响的争论。他在讲话中对时势作了清醒的"诊断"。讲话看上去是涉及科学问题,但其核心是回答这一问题:"在现代理性化文明的钢筋混凝土的房子里,如何使有意义的生活得到发展"。他的答案是:"科学通过它在技术上的影响,从根本上改变了日常生活,并且在战争中证明,它内部蕴藏着多么巨大的摧毁力。这种科学已成为我们的命运。然而它向我们提出了敏感的问题:作为职业的科学它的意义是什么?科学是'通向真正的存在之路'、'通向真正的艺术之路'、'通向真正的自然之路'、'通向真正的幸福之路'等等的早期幻想都销声匿迹了吗?托尔斯泰给出了一个简单的回答:'科学是无意义的,因为,它不能回答对我们来说是最有意义的问题:我们应该做什么?我们应该怎么生活?'科学不能回答这些问题,是无可辩驳的事实。问题是,在什么意义上,科学不能'给以'回答,或者也许科学根本无力正确地提出这些问题。"(马克斯·韦伯:《社会学-世界历史分析-政治》,第322页)

科学可以对为达到预期目的而使用的相应的手段加以检验,作出评价,而这一评价却又是以价值决断为基础的。科学也可以分析其内部是否包含有矛盾,它与其他价值的区别以及适应程度。

也就是说，科学可以对自己作出规定，对此有所作为，但是它不能代替我们作出如何生活的决断。这种给予个人作出价值决断的自由，被人们理解为是针对过去的约束的一种解放。这样，科学无力从事意义决断这个事实便不再成为问题，而是成为一种机遇。但情况并非如此。韦伯说，由于我们的文明是如此根本，而且在如此大的范围内浸淫陶冶于理性之中，以至于文明中的个人已经葬送了对自己的决断权的信心。人们在作价值决断时也想追求客观的确定性和客观保险性。由于人们在科技化的世界中已经养成了这种习惯，乘电车的人根本无需知道，电车是如何工作的，他完全可以放心，一切都经过周密"计算"了。但是如果人们是和人生世界打交道，其中需要"计算"的重要内容无穷之多，所以人们习惯于认为，尽管自己对它没有准确的把握，可是别人已经准确把握了——否则的话，人们就不可能生产出如此惊人的东西——于是，人们便在原本不可能提供的这种确切性和保险的地方，要求这种确切性和保险：在意义与价值决断的领域中要求这种确定性和保险。人们不是去把握其中的自由，而是在这里也启用科学的客观性。于是世界观上便出现了这种情况：为了获取信任，各种理论纷纷用科学来装饰自己。韦伯称它们为"书斋先知"的事业。理性化使世界失去魔力，它剩下的最后魔术师就是个性和他的自由。面对世界的无神秘性，这些书斋先知们的反映是对个性和他的自由进行错误的理性化。他们不再想在理性与个性之间的张力之中坚持下去，而是从生活体验中变出一个可信赖的世界意义，就像人们乘电车时那样。这些书斋先知们不是让那现存的秘密在那个人的心灵中继续神秘下去，而是把已经失去魔力的世界又浸泡到有目的的新魔法的光怪陆离中去。与之相反,马克斯·韦伯主张分离论:一方面是主张用理性对世界加以干涉、把握,另一方面应该尊敬私人个性的奥秘,即便是这种奥秘在一个时期内力图摆脱自由的负担,也是如此。马克斯·韦伯要求真诚。尽管不舒服,我们也应该清醒地承认这样的事实,在一个我们可以用理性加以透视,可以从技术上整治的世界中,上帝已经消逝了。假如它还存在的话,也只有存在于单个个人的灵魂中。他必须"自己负责"作好为"理智牺牲"的准备,以便建立对神的信仰。这种并非来自世界的活生生的信仰对马克斯·韦伯的吸引,就像人们受到艺术家或演奏大师的吸引一样。他把这种人称之为"宗教演奏家"。假如把宗教信仰错当成科学,或者用它同科学进行观念的竞争的话,那么这种信仰便被韦伯称之为危险的欺骗。在他看来,只有不借助科学从事欺骗活动的信仰,才在"神秘生活的阴间王国或者在个人之间直接的关系的友爱中具有尊严和真理"。这里可能"有仙气"吹拂,但是人们应该注意,他不应该把这种仙气吹到政治领域中去。

马克斯·韦伯的警告没有起作用。"书斋先知们"被激怒了。[116]一个正在爬向书斋的小学教师(他与海德格尔在国家社会主义的革命中还有联系),主动承担了批判"左"派马克斯·韦伯的代言人。他就是恩斯特·克里克。他攻击这种"客观性姿态"和价值自由。在他眼里,这是堕落的典型表现,是无根基的知识分子的言论。在科学中也有同样的现象,民族失去了它的灵魂。所以,克里克要求进行"科学的革命"。这种科学革命,应该在"普遍的民族宗教"的建立中发挥作用。这种宗教必能使民众"成为一个道德的同一体",它可以使国家提高到一个新高度,超出纯粹功利机器这一水平。(F.K.林格:《学者》,第320页)马克斯·韦伯已经无力对这些批判、诽谤、诬蔑进行还击了。他于1920年与世长辞。即便他不去逝,他也理会不了那么多由预言、幻想、神医术和各种世界观捣起来的污秽。在魏玛共和国的第一个年头里,被马克斯·韦伯刺伤了的"书斋先知们",遇到了不断强大的无业知识分子的强大竞争。这是一个圣徒贬值的时代。在大街上,小树林里,在集市上,在马戏团的帐篷里,在小酒店的乌烟瘴气的暗室里,到处都看见他们解放德国或解放世界的活动。那一年奥斯特瓦德·斯宾格勒的《西方的没落》销售了60万册。这本书里提出的伟大的理论方案被人们粉碎,成为数千块末世精神和极端的新生精神的碎片。几乎每一个大一点的城市都有一位救世主,有的地方甚至有好几个救世主。卡尔斯鲁厄城的救世主把自己叫做"原始旋涡"。他向他的信徒们许诺,他具有一种宇宙能量。在斯图加特有一位"人类之子",他邀请人们参加他的解放世界的素食晚餐。在杜塞尔多夫城一位新基督向人们布道,宣布世界马上要毁灭,呼吁人们回到艾弗尔的田野中去。在柏林的各个大厅里到处都有路德维希·豪伊泽尔的"精神君主"。他在那里要求原始共产主义意义上的"最坚定的耶稣——伦理"。宣传情爱无政府主义并自封为领袖,声称这是"民众、帝国和人类进一步发展的唯一的可能性"。(林泽:《赤脚先知》,第27页)那些年代出现了无数的先知和代神降福者,他们几乎全都声称自己是千年王国的代表,世界末日的代表。他们是战争结束后革命激动的迷失者,世界更新的决策论者,变得疯狂的形而上学家,是意识形态和宗教代用品,大集市上的投机商人。凡是想保留自己的尊严的人,都同这类乌烟瘴气的舞台保持着距离。但是它们之间的界限却是流动的。在政治舞台上也是如此,救世主义和救世说不断向四面八方漫延。在慕尼黑的苏维埃共和国的日子里,充满激情,煞费苦心炮制出来的政府公告公开宣布,世界将变形为一片"开满鲜花的绿色草","每个人都可以在里面去摘取他那部分的花朵"。(同上书,第27页)它宣布取消任何剥削、取消一切等级制和法律,并且命令在报纸头版上颁布的革命政令的旁边刊登荷尔德林和席勒的诗。

那些年的狂热的精神,淹没在给无意义的东西赋以意义的政治环境中。无论在政治上还是在经济上,人们都不愿意接受一个失去魔法的现代世界。现实主义精神和现实主义政治(魏玛议会联盟)在1920年之后再无力获得多数。在人文科学和经济科学中,没有人听得进去马克斯·韦伯的关于节制世界观的请求。1921年艾德瓦尔德·施普朗格把对韦伯式的客观精神和对形而上学的拒斥的异议作了如下的总结:"年轻一代虔诚地期待着最内在性的重生。……今天的青年人比任何时代的青年都更加依靠精神器官的整体性来呼吸和生活……",他们"追求整体性","怀着宗教的向往,由艺术的人的关系出发,回头去探索永恒涌流的形而上学的东西。"(林格:《学者》,第328页)

第一次世界大战之后,马丁·海德格尔在1919年初的"战时补救学期"中开的第一门课是《哲学的观念和世界观问题》。这位青年讲师也想跻身于时代争论中。他的思路开始直接与马克斯·韦伯联系在一起。他强调,在这里像在任何其他科学中一样,哲学的科学特征,也应该不掺杂哲学家的个人看法。(《海德格尔全集》,第56/57卷,第10页)

但是，海德格尔并不想停留在韦伯的观点上，即不仅限于把科学知识同价值判断分离开，而且还想把"我们如何估价事物，如可构成世界观"本身作为问题来研究。同韦伯的其他批评者不同，他并不想对科学价值和世界观重新进行调和，用最后的形而上学的合题把它们合到一起。他有一个更远大的目的：要发现一个在这种区别、分化以前的新的领域。他的问题是，在我们对现实作科学的处理，或价值处理或世界观处理之前，我们是如何体验现实的。这听起来十分像是胡塞尔对科学进行奠基的现象学工程的继续，似乎是对科学和关于世界的自然态度从中生长出来的意识结构的描述。但是从这第一门课里我们已经可以清楚地看到，海德格尔正在超过胡塞尔。他引用胡塞尔的原则："我们要接受一切'直观'中原初性……如其所是地提供的一切"，（同上书，第109页）以便指出，胡塞尔所描述的只不过是从事理论活动的意识中所给出的那类存在。而事实上，在我们在"周围世界的体验"中，理论性的立场只是例外。"体验的原初的状态"（同上书，第110页）完全是另外一回事。这位还是胡塞尔的最有希望的学生的年轻讲师，此时已经十分自信地宣布，原初状态的体验从来还没有进过哲学瞄准镜。

体验，甚至原初状态的体验，是一个关于深藏的秘密的题目吗？从这个黑色的口袋里最后变出来的不是还是形而上学的财宝吗？通过当时的学生卡尔·勒维特和汉斯·格奥尔格·伽达默尔，我们得知，这就是当时听课的学生对海德格尔授课的印象。但是那些期待这种东西的人，那些渴望世界观、急需形而上学的人，希望在"体验中"搜索新的或者老的意义的人，对海德格尔的冷静但又十分热烈、简练但又十分复杂的表达深感失望。海德格尔不是以"书斋先知"的身份出现学生面前,而是要求学生们自己把讲台体验——他就是站在这个体验中,并在其中授课——带到自己的意识中去,即加以有意识的把握。整个课都围绕着这个讲台体验进行的。所以我们很有必要引述一大段海德格尔对这种体验精彩的描述:

"诸位按习惯的时间,习惯地走进讲堂,坐到诸位习惯的位子上去。诸位牢牢记住这个'看见自己位子'的体验。诸位也可以实施我的态度,走进讲堂,看到讲台……'我'看到的是什么呢?切削得方方正正的棕色平面?不是,我看到的是另外的东西。是一种用小木箱组成一个大木箱子吗?也不是。我看到的是我要向诸位谈论的讲台。诸位也看到这个我在这儿向诸位讲过话的并且还要讲话的讲台。在我们纯粹体验中并没有人们所说的奠基活动的联系:我并不是先看见棕色的切得方方正正的平面,然后进一步扩展,看到它们是许多方木盒,然后看到一个桌台,然后才看到一个可供科学演讲的讲台,好像我给木盒子的讲台贴上了标签似的。所有这些都是引人误入歧途的解释,是对体验中的直接的观审的歪曲。我是一下子就看到了讲台。我也不是孤立地只看到它。我看到它很高,我很难站到上面去。我看到上面放着一本书,直接对我造成妨碍……我在定向中,在光线里,在背景中看到讲台。在看到讲台的体验中,一种直接来自周围世界的东西出现在我面前。这种周围世界性的东西……并不是某种带有意义特征的事物。并非被把握为这个那个的对象。有意义的东西是作为最基本的东西,直接给予了我,对其事物性特征进行把握的思想性曲折,尚未对它产生任何影响。对我来说,在生活的世界中,到处都有意义,而且总是有意义的,一切都是世界性的。世界世界着[es weltet]。"(同上书,第71—72页)

世界世界着[es weltet],这是海德格尔自己独创的第一个单词。这类创造以后会越来越多。这里我们可以看到,为了标示一个过程而发现一个表达的过程。这个过程一开始显得十分显而易见,但进一步的观察便发现了它的复杂性,并且还找不到现成的名称来标示它。于是他便给这个因离我们太近而一般不被我们认识的东西发明一个新的名称,以标示它。事实上,确实如此。当我们再思考这个讲台时,我们的视线便不在原有方向上,而是转向了一个新的方向。我们平时是按下述模式思考的:有一个进行感觉的自我,这个我遇到了某种东西,某种对象:在这个对象上自我逐渐注意几种特征。海德格尔则要指出,我们在现实中并不是这样同物相交往的。我们实际上是如何同物相遇的,这只有当我们以现在的此处的例子来试验,才能在与前者的明显对照中显示出来,比如在1919年灰色的二月天,在弗赖堡大学第二大教室对讲台的体验中看出来。我们必须尝试不去谈论感性行为,我们也不要去借助流行的什么理论。我们必须在实施上述体验的同时,将注意力对准这种体验,伴随这种体验。这样我们才可以达到海德格尔所达到的地方,达到他不断在其周围转圈的地方,于是,我们便能获得清楚的印象:他已经离开这个地方了。我们必须去体会那混乱庞杂的,但又具有意义的世界关联,并通过对自然体会进行抽象的道路,使之成为一种中立性的对象。而在流行理论观点中的观察过程,正好相反。我们从一个似乎为"中立"的物开始,然后我们赋予它以各种属性，进而将它置于与其相应的感觉联系的片断中。

"原初体验"这个听起来如喃喃细语似的概念，具有十分确切的意义：它标示的是事实上真正实施的感知活动：它是和各种理论观点对立的，相脱离的。讲台世界着，就是说，我体验着讲台的意蕴，它的功能，它在空间中的地位，它的光亮，它在其中起着作用的那小段历史；（一小时前另外一个人站在这儿讲课，我来这儿所走的那段路，以及我坐在讲台前，听着谁也不理解的东西而生气等等。）讲台世界着，就是说，它从时间上和空间上凝聚了一个世界。可以把我们这种尝试做得很好。当我们以后在回忆这个讲台体验时，我们就会注意到——在普鲁斯特之后我们已经看得很清楚——我们实际上是对整个生活处境的回忆。我们把讲台拉到面前时，整个世界都到了面前。当普鲁斯特把玛德莱娜[Madeleine]小蛋糕泡在茶里时，展现出来的是贡布雷[Combray]的整个世界，玛德莱娜小蛋糕世界着。

我们并不是在经历所有东西的时候都如此强烈地"在世界着"。但是任何东西都是在世界着什么。海德格尔假定，一个塞内加尔黑人随便溜达，走进了讲堂，并且注意到这个奇怪的木头家伙。那么他感觉到的一定是一个不可理解的、中立性的、在某种意义上赤裸裸的物吗？在这种情况下，人们总是感知到某种意蕴，这种说法还能适用吗？它在这种情况下也适用。这位黑人还是在意蕴中经历到它："我不知道怎么办？"

开始仍是意蕴。开始时它就世界着。不是这样就是那样地世界着。

完全深入到体验经历中去和世界活动中去的目的是什么？首

先是因为,我们想清楚地意识到,当我们在世界中遇到一件东西,比如讲台时,我们是如何接近它的。这种亲临过程[Befinden]总是一种经历。我们就是要把这种经历搞清楚。但海德格尔的追求不限于此。他特别要弄清,当我们进入一种理论的,通常称之为"科学"的态度中来看待世界时,到底发生了什么事情。

在这种所谓"客观化的科学态度"中,我们让基本的意蕴、周围性世界性的东西、经历体验性的内容消逝了,让一个东西一直脱得一丝不挂,成为对象性为止,以便使我们自己从其中抽身出来形成为一个自我,建立成为人为造成的、第二性的自我,并给它冠以"主体"的名分,使它同相关的中立性的"对象"(它被称之为"客体")相对立。到这里,我们便看清了,海德格尔到底要走向何处。近代哲学以及由它出发的近代自然科学设想的原始状态,思维无前提的开端以及最后的确定性,也就是"主体-客体"的相互对立,并不是一个无前提的开端。此处并不是开端。真正的开端恰是我们此处的上述描述的世界活动的形式,即体验经历着的世界与它那里的讲台、玛德莱娜小蛋糕和塞内加尔黑人。

如果我们在这期间已经习惯了海德格尔的喃喃私语的"原初",而且领会了(当时的具体环境下的初始性的东西的)意义,那么我们就可以理解,为什么人为制造的、虚假的开端,即"主体-客体"对立的下面被发现的东西,被海德格尔叫做"生活过来的生活的原初意向"。他自己说,他是想"对理论性东西的不正常的绝对化"提出抗议(这个指责也把胡塞尔包括在内了)。"已经深深侵入我们之中的向理论性东西的趋之若鹜……是我们综观周围世界经历体验的统治范围时的最大障碍"(同上书,第88页)。他以挑战的口吻谈到"周围世界受到日益压重的、破坏性的理性的感染"(同上书,第89页)。海德格尔还给它找到了一个新名称 Entleben（脱离生活）。理论性态度,不管它有多大用处,也不管它是否属于自然的世界态度的保留剧目,它们都是背离生活的。后来海德格尔也借用卢卡奇的概念,把它叫做 Verdinglichen（实物化）。实物化是对整个原初范围的圈定。是对周围世界的蒸馏。在实物性中"它世界着"已经熄灭了。实物只作为实物硬硬邦邦地在那里存在,作为实在的东西存在着……意蕴性已被作了脱意义处理,最后只剩下残渣:实-在。对周围世界的经历体验被作了脱生活的处理,最后只剩下残渣:对实在的东西的认识。历史性自我被作了脱历史了处理,只剩下残渣:"实物性的相关者,即特殊的自我-性"。(同上书,第91页)

人类很久以前就开始以相当危险的规模采取这种态度,以改变生活,改变自己的生活和自然的生命,以使其对我们有用。这只有在作"脱生活处理"后(海德格尔的说法),或叫"脱了魔法"之后(马克斯·韦伯的说法)才有可能。

马克斯·韦伯把"唯一"的"脱了魔法"的理性世界之"彼岸"留给了个人的、不再理性化的私人的价值决定领域。从这个私人的避难所里,萌发了各种世界观。只要它们不宣称自己具有科学的权威,我们便可不去理会它们。

海德格尔对"非理性"的批判更严厉。所有被科学称之为"非理性"的东西,海德格尔看来,事实上都是处于理论态度中,即盲点中的体验经历的残余。"理论上我自己是来自于经历体验……,但人们对他束手无策,因此便发明了一个方便的帽子给它带上完

事。"(同上书,第117页)

因为非理性的东西作为一种对象是如此"昏暗",以至于人们把想拿它做什么便做什么。对制造世界观的业余爱好者来说,它是一个地窖。对新先知来说它是一块山崖,对形而上学的追求者来说,它是蒙昧的对象,对夜游者来说它是庇护所。他们企图用不可言说的经历体验做成大不可言的理论。这种非理性的心理内容可以设想为一台心理-水利机的外形。或者可以设想为由地下室(它)、一层小楼(自我)和阁楼(超人)组成的一所中产阶级典型住房,或者设想为一幅有着宽阔的大海,堤坝,洪水,沼泽,排水系统等等构成的海边风景。与这类非理性主义打交道如同骑虎。

我们也可以像马克斯·韦伯那样,把推理性想象为价值判断的源泉。海德格尔在另外一个地方问道:我们真的事实上面对着诸如人,事件,实物之类的对象吗?它们"真的是从赤裸裸的现实性开始,……然后在经验的过程中,它们才具有了价值特性的,以便不再赤裸着到处游荡。"(《海德格尔全集》,第61卷,第91页)

海德格尔对李凯尔特的价值哲学(马克斯·韦伯也受到它的影响)和本来无价值性的自然科学的大话竭尽冷嘲热讽之能事。他带着冷酷的愤怒谈论这类形而上学的虔诚和世界观的类型:它们与我们的其他知识和平相处,共同涂画着我们上面的天空,在上面挂满了价值,就像树上的果实一样。"解脱了魔法"的理性世界的外壳像钢铁般坚硬,这种形而上学企图用抚摩、安慰来平衡补偿这个世界所引起的痛苦。它自己则求助于"更高"的感受、"更深"的体验和经历。在两年之后的讲课中,海德格尔将其称之为"诉诸模糊性作为庇护所,是对肮脏的、蛮横的、四处行骗艺术的所谓'世

界情感'的朦胧的排放。"(《海德格尔全集》,第 61 卷,第 101 页)

海德格尔并没有指名道姓。但我们必须清楚,当年的世界观文献中,绝大多数都具有形而上学倾向。这种情况并不难理解。因为,要想逃避对生活的物理学中的不适应并不困难,只要求助于思辨性的、具有伟大意义的"形而上学"就可以了。马丁·海德格尔对此深恶痛绝。这一年的讲课中几乎没有一次课不是以对当时文化事业的斥责开场的。他不厌其烦地强调,哲学必须戒掉鄙视天国的斜眼病。他要求哲学要有"冷静的眼光",大胆地把世界观问题"置于不顾"。(《海德格尔全集》,第 61 卷,第 45 页)如果谁不能忍受"向绝对可疑的冲击",他最好不要染指哲学。(同上书,第 37 页)

这条禁令有两重意义:一方面是一个专业哲学家面对形而上学的自然创造和粗制滥造,为他自己提出的辩护。但这本身就带有他所执意反对的小市民气。另一方面,海德格尔作出了一种使市民恐惧的姿态,他在向真-善-美的保护者挑战。这是对空洞的崇高伟大、虚假的内在性、伟大的空话和深沉的诡计组成的文化的全面攻击。总而言之,他使达达主义[Dadais-mus]进入了哲学。

在战争期间,柏林、苏黎世和其他地方的格奥尔格学派的唯美主义、表现主义者的"噢,人"的口号、知识庸人的传统主义以及形而上学的天国幻想早已受到达达主义的冷嘲热讽。因为在战争的事实面前这些观念丑态百出。达达主义的挑战性首先在于它对下列问题作出回答:"你们想用什么来对抗那些观念呢?"达达主义的回答是"我们什么也没有。我们只想追求反正已经存在的东西"。"达达主义宣言"明确声称:"打碎一切关于伦理、文化和内在性的口号"。这就是说,电车就是电车,战争就是战争,教授就是教授,茅坑就是茅坑。那些滔滔不绝的人只是证明,他不敢面对这简洁的存在同义反复,逃到意识的喋喋不休的同义反复中去。"达达主义使新的现实获得它的权力。"(达达主义宣言)这种新的现实是一种脱离了文化优雅,一切善的智慧早已破灭的现实。"达达这个词标示了与周围现实的一种原始简陋关系的宣言。现在有的只是这个、那个、这个、那个。"

如果我们想从海德格尔充满敏锐洞察和学院气味的讲稿中感觉到其中的达达主义脉搏的话,那么我们就必须想象,海德格尔装腔作势地开始提他的问题,什么是原科学,什么是生活的原体验,什么是诸原则的原则。把那些满怀希望的学生引入关于讲台体验的模糊不清的秘密中去。这正是达达主义式的挑战。把熟悉的东西转变成不熟悉的东西也是如此。通过这种关注,日常生活变成了神秘离奇的东西。达达主义者,至少其中的某些人,像亚里士多德一样,尽管有这种惊世骇俗的倾向,仍然在追求某种美妙的东西。胡果·巴尔从苏黎世的"伏尔泰俱乐部"回来之后,在他的形而上学日记《逃出时代》中写道:"还有其他途径达及美妙,也有其他途径陷入矛盾"。(巴尔:《逃出时代》,第100页)达达主义者和海德格尔一样,仍然以他们的方式公开地或者秘密地是形而上学者。

通过对讲台体验的哲学思考,"麦氏教堂镇来的变小戏法的"(人们很快就这样称呼他了)使那些在战争中对惊天动地的炮火已经习以为常的学生们紧张得喘不过气来。这里放下了包袱,那里毫不客气地抛弃了大话和空洞的体系和在空中建立起来的学院式的繁琐细腻。取而代之的是回到最基本的问题：当我经历到这个讲台时，在这里，在此时此刻到底发生了什么事？这种视线的转向同1945年以后德国文学的"间伐时期"养成的视线转向有亲缘关系："打碎你们的歌／焚光你们的诗／赤裸地讲／你们必须怎样。"（施努尔［Schnurre］）或者"这是我的帽子／这是我的大衣／此处我的剃须刀／在亚麻包里。"（艾希［Eich］）

此时在哲学中信贷欺骗正在蔓延，到处开出通向根本无法支付的未来的支票。海德格尔回到对他人著作的注疏是对这种倾向的冲击。海德格尔的简朴性的报道的附带信息是：哲学中不再有统帅者的高地了。正确地把握直接发生的事件，已经足够我们应付的了。多年之后，海德格尔把自己的这种转变，多少有点过于一本正经地称之为回到"经常被我们匆匆走过的，我们每次经历它时，它都再次向我们陌生化一次的最切近的东西那里去。"（《海德格尔全集》，第12卷，第94页）海德格尔能紧紧抓住最熟悉的周围世界的经历，他的这种理解是十分令人吃惊的。当时海德格尔的学生和我们今天一样都有这种经历：我们被这种思想所吸引，然后在令人惊奇地揉眼睛的时候，我们不禁会问自己：对讲台的经历对我来说到底是什么呢？雅斯贝尔斯在他的连续记录了20年、直至去世时还放在身边的工作台上随时准备续写的海德格尔笔记中，对海德格尔的思想作了十分精辟的表述。雅斯贝尔斯写道："海德格尔是在同代人当中最令人激动的思想家，精彩，有说服力，深奥莫测。但是，最后空无结果［loslassend］"。

海德格尔在讲课当中所描述的周围世界中的体验事实，的确隐藏着一种空洞的秘密。海德格尔指出了我们平时并没有打开直接体验的财富。但是如果真的要对这财富加以描述,加以规定,我们就会发现,除了一些陈词滥调之外,什么也没有。

海德格尔并不是要对讲台的本质进行探索,而是演示关注方式转变的可行性。他声称,首先,这种注视方式是哲学思考的基础,其次,这种注视方式被我们(当然也被整个哲学传统)所忽视。真正的哲学思考活动,不论是涉及什么样的对象,什么样的处境,都要求进入这种态度中,进入这种关注方式中。这里涉及的是一种方法,但这是一种悖论式的方法:它不允许任何其他理论方法介入,如在我未把它当作研究题目或反思对象之前它"所给出"的样子对环境加以把握。但是"给出"这种说法本身就包含了太多的理论成分,因为在一个处境中我不会说,这个处境向我"给出",而说我在这个处境之中。当我完全在其中之后,与这种处境对立的"自我"便不复存在。自我意识出现了断裂。感觉、体验不是从我开始。只有当体验发生断裂时,自我才开始被注意。此时我便失去了对处境的直接感觉,有某种东西破裂了。换一种形象的说法,我通过一个玻璃盘看到一个对象,当这个玻璃盘通光不好,即发生折线时,我才能在它上面看到我自己。海德格尔想通过一种关注,直接把握我们献身于处境之中的情况。一方面是对体验到的处境的表现力的外在表达,另一方面是对处境进行对象化活动的从事抽象修整的工作,海德格尔这里涉及的是这两个方面之间的中介者,是使自己的瞬间的生活自身透明化的问题。

为什么要使自身透明呢?

一方面是为了使我们清楚地意识到,在理论性的态度中我们到底失去了什么。在这个问题上,海德格尔的意向十分清楚。但

第 六 章

在海德格尔步步深入的哲学思考中还有一种张力,一种十分特殊的盈余。这个盈余使他的思想具有独特的魅力。在海德格尔思想发展这个早期阶段已是如此。这个盈余就隐藏在现在尚未明确提出的,后来成为程式不断重复的问题:对存在的追问。海德格尔深深扎进他的体验中去,以便捕捉处境中的存在的踪迹。当他为这种存在寻找语言表达时,他十分清楚地意识到,在科学理论中以及世界观的彩粉壁画中根本找不到可借用的东西。

这个盈余的意向是对准了存在的。但是,是什么东西在盈余呢?

作盈余活动的正是一种意向。它并不是以获得某种体验性处境的具体知识为目的,而是寻求存在适度性[Seinsgemaessheit]。这种存在适度性(相应于存在的东西)与达到成功的生活为目的的纯粹知识完全无关。海德格尔全力以赴从事自身透明化工作,好像其中一定能实现某种许诺,甚至看到一种吉兆似的。这种吉兆,这种许诺,在他那里表现为简洁的、冷却了的、学院化的东西。尽管如此,它仍然不时地发出一道道闪光。有一处,他把生活处境自身透明性的重建称之为简朴的"生活好感"(《海德格尔全集》,第56/57卷,第110页)。另一次在谈到人们必须在到底是想要理论还是想要透明之间作出决断和选择时,他说:"我们站在方法论的十字路口,它决定着哲学本身的生与死。我们处在一个极点[Ab-grund],不是进入虚无,即绝对的具体事物性,就是成功地进入另外一个世界,或更准确地说,最终进到世界之中。"(同上书,第63页)

雅斯贝尔斯说海德格尔虎头蛇尾,空无结果。此言不假。它始终只是一种无法兑现的意向的盈余。也许通过这种练习可以获得某种不寻常的紧张，一种清醒的精神状态。但是，难道人们不是得到更多的承诺吗？人们内心不是觉得海德格尔作了更多的许诺吗？海德格尔自己不是也对此作出了许诺吗？

这使我回想起在开这门课期间给伊丽莎白·布洛赫曼的信里的一段话："我们所期望的，或者说，在我们之中欲望着的新生活，放弃了普遍性。这就是说，放弃了不真、表面（肤浅）。它的财富是原初性——不是人为制造的结构，而是整个的直观的自明性。"（《海德格尔与布洛赫曼通信集》，1919年5月1日）在这封信里他还谈到"一切生活的秘密和恩典的特征"，我们必须"有能力等待""意义丰富的生活高度紧张的生活张力。"

在这一年有一本书问世了。它和海德格尔的倾向惊人地一致。它试图捕捉在昏暗中体验到的瞬间中，人们寄以很大希望的存在的踪迹。这里指的是本世纪的哲学巨著，恩斯特·布洛赫的《乌托邦精神》。这本书用表现主义风格写成，又充满了乐观的直觉精神，热衷于构图。这本书开头写道，"我们生活中，凡离得太近者，我们都不去看，而是流到那里去的。那里发生了什么，我们到底在其中是什么，与我们所能经历的并不完全相合。它不是人之所是，更不是人之所想。"（布洛赫：《乌托邦精神》，第245页）恩斯特·布洛赫具有一种过剩的能量，这正是海德格尔所缺乏的。布洛赫对"体验的瞬间的昏暗"具有一种精神的想象力。另外布洛赫作为哲学界圈外人，完全无拘无束，这也是海德格尔所做不到的。尽管他的举止不合时宜，他毕竟是一个学派的一支，是现象学中的一员。因此，布洛赫可以直截了当地说，为了照亮体验的瞬间的昏暗，所需要的是"最边缘的哲学的抒情风格"。

这是一次有价值的尝试。布洛赫描述了一只他面对的、他放置在我们面前的坛子："在这个坛子的黑洞洞的空腹大肚子里面到底看起来是什么样子，是很难探索的。我们很乐意在这儿试一试。永不止息的孩提时代的好奇所激发的问题又一次浮现。因为坛子与儿时的事情十分亲近。……你只要瞧着坛子，有足够的时间，你就会随身携带上它的颜色和外形。我当然不可能每一个地方都像坛子一样弯曲，弯成拐角。但我却可以被弄成坛子型的。我可以看上去是棕色的，很粗壮，与北方的双耳细颈罐迥然不同。这并不是对它的简单模仿或简单的设身处地，而是作为我的一部分丰富了我。它进一步与我联在一起，与构成我的一部分的这个图形联系在一起。……当时满怀深情地必然地所作的一切，都具有了自己的生活，它们耸入陌生的新区，在构型中又同我们一起回到原处（而我们在生活中却不可能做到这一点）。我们用自身的纹章装饰着它们，尽管这些纹章的痕迹是如此模糊。在这里就像在艺术品上一样，人们同样感到，通过一条充满阳光的走廊的大门去洞见它那深邃的目的。"

为什么不能用坛子来指明到底我们存在本身是什么？海德格尔后来也用坛子作了尝试。早期讲课中的讲台体验中的存在，以及他和年轻的布洛赫一起寻找的存在尚缺乏这种丰富性。

但是海德格尔所关心的不仅是这种丰富性，他还关心另外的秘密。他对"赤裸裸"的[Dass]深表惊叹。"居然有什么东西能存在"这一事实[Dass]就是最大的秘密。

直接的体验同它的对象化之间的关系，被海德格尔刻画为"脱离生活"的过程。这里处境的同一性瓦解了。从体验中出现了主体的自我感知与客体相对立。人们跌出了直接的存在,作为某人处身于一个对象面前,和其他东西在一起,自己也成了一个对象,即被称之为主体的对象。可以依据它们的其他特征、联系、起因等对这些客体和主体进行探索,对它们进行分析,规定,最后加以评估。在这个过程中中性化的对象又重新被构建到世界的关联之中,或者用海德格尔的话说,又被穿上了衣服,以便不使它赤条条地站在那里。

这种理论性的世界构造有一个抽象的遁点[Fluchtpunkt]。通过海德格尔讲的周围世界经历中讲台的例子就可以说明这里指的是什么。理论性的态度是用下列方式分析讲台的:"它是棕色的,棕色是一种颜色,颜色是真正的感性数据,感性数据是心理或心理学过程的产物,心理性的东西是第一原因;这种原因,这种客观的东西是一定数量的以太波。以太核裂变为简单的元素,在简单元素之间存在着简明的规律性。元素是最终的东西,元素是某种最基本的东西。"(《海德格尔全集》,第56/57卷,第113页)

通过这个途径我们可以获得某种最根本的东西,它就是实物的核心或本质。这种所谓东西的核心使整个有阶系列显得只是诸现象的层次变化。棕色的讲台不是它显现出来的那个样子。这种理解方式在海森堡看来是古代自然哲学在现代自然科学中的复活。在这种自然哲学看来,原子(或者亚原子性的粒子)才是"真正的存在"。(海森堡:《今日物理学的自然图像》,第10页)

海德格尔指出了在这种分析还原过程中的一个谜:把某种东西推到小宇宙层次的亚原子关系中去(当然我们也可以把某种东

西推到大宇宙的宇宙整体中去)。在这个过程中却忽略了,在整个还原的有阶系列中一直保留下来的那个东西[Etwas],那个谜。因为颜色本身已经是某种东西,感性数据也是某种东西,以太波或者核子等等都是某种东西。它与经过自然科学还原过后剩下的某种东西不同,海德格尔把这种到处存在的某种东西称之为某种"先于世界[Vorweltliches]"的东西。(《海德格尔全集》,第102页)显然海德格尔选择这个说法是与尼采的说法"后于世界[Hinterwelt]"互补的。尼采用这个词来刻画那些猎奇者的活动。他们把"现象"彻底把握为所谓无实体性的东西,因此在现象背后,或现象底下,或现象上面,到处寻找所谓现象的本质。在海德格尔意义上,被海德格尔称之为"先于世界"的、令人惊叹的某种东西,是一种对奇迹的觉察。这个奇迹就是,居然会存在某种东西。对某种东西的惊叹可以发生于任何体验中。海德格尔选择"先于世界"这个说法来指称这种惊叹行为是十分幸运的。因为我们提到惊叹这种说法时便联想到,第一次来到世界中,处于世界之中。这样,在这门课结束时,人们又回忆起这门课开头的思想。在这门课开始时,海德格尔企图使体验变成现象学上的明晰透明,并将其说成是"跳入另外一个世界,或者准确地讲,第一次进入世界。"(同上书,第63页)

对海德格尔来说,惊叹活动这种原初体验同理论性的"脱离生活"正好对立。惊叹体验并不意味着"生活过程的绝对中断,并不是对脱离了生活的东西的缓解,并不是对可体验的东西的理论性的固定化或冷却",而是"生活的最高度的潜在性的线索标记"。它是一种"基础现象"。它恰恰发生于最热烈的体验中。当它发生之际(尽管非常罕见),我们一定不可忘记,其实它一直在暗地起作用。但本身一直隐而不显。因为我们在原则上一直一刻不离地、牢牢地活在我们的生活联系中,同它没有任何距离,或者是以理论态度的脱离生活的方式与它产生距离。毫无疑问,这里涉及的是对经验的现象学的澄清。这种经验的简朴性同时就是神秘性。这里所说的神秘是威廉·冯特下面值得纪念的句子中对神秘所作的刻画的意义上的神秘:"在使概念转回到直观的过程中,到处充满神秘。"当我对讲台进行直观时,我就会对"我在,我面前的世界在"感到惊奇。

在对"居然有某种东西存在"这一神秘莫测的事实发生惊叹的过程中,一个没有任何答案可以使其平静下来的问题一直存活于其中。任何用"为什么"来对"Dass(这个事实)"作出的回答,都会陷入无限循环:任何一个"为什么"都与另外一个"为什么"紧密相连。因为不可能有答案,对这个神秘莫测的"Dass(这个事实)"的问题问什么也根本无法表达。所以恩斯特·布洛赫在研究与此相关的问题时,把这种惊叹称之为"不可构造的问题的形态"。布洛赫非常聪明,当他想使这种惊叹成为可领会、可体验的东西时,他就把这个任务交给了诗。在"踪迹"一书中他引用了科努特·哈姆逊[Knut Hamsun]"潘神[Pan]"中的极为精彩的一段:

"'请您想一想。这会儿我看见了一只蓝色的苍蝇。当然,这听起来十分贫乏。我不知道您听懂了没有。''当然,当然,我懂了'——'对,对。这会儿,我在看这棵草。也许草也在看着我。我们能认识什么呢?我看着草茎,它也许有一点发抖,而且在捉摸我:它也许是什么东西。而我自己这儿在想,这有一株草茎,而且在发抖!如果我看的是一棵云杉,它也许有一个分枝,这枝树枝也在思考我。但是这时我碰到一个走上来的人……'——'对,对',她振作了一下自己说。此时下了第一滴雨。'下雨了',我说。'对。请想一想,下雨了',她也说,而且一边说,一边走开了。"(布洛赫:《踪迹》,第 284 页)

第 七 章

脱离天主教 "现实生活"与"向上帝的祈祷"
解构工作 卡尔·巴尔特的上帝 如何在降落中研
究降落规律 同雅斯贝尔斯友谊的开端 1923年讲
授"存在论" 《存在与时间》的前奏

在课堂上讲授"讲台体验"那一年,海德格尔作出了脱离天主教的决定。1919年1月9日海德格尔给他天主教时期的朋友、此时已经是弗赖堡大学天主教教义学教授的克雷伯斯的信中写道:"在过去的两年中,我全力以赴,想在原则上澄清自己的哲学立场……得到的结论是:我已不能用这种哲学之外的联系,对这种信仰与学说的自由提供保障。认识论上的洞见,特别是对历史认识活动的研究,使我看到了天主教的问题,它在我眼里已成为不可接受的体系。但并不是基督教和形而上学成了问题。当然这是指在新的意义上的基督教和形而上学。我觉得,我对于天主教中世纪的价值本身内涵有着过于强烈的敏感……我的现象学的宗教研究(它和中世纪有着密切的联系)证明,由于我的原则立场发生了变化,不允许我再对天主教的生活世界作客观高雅的判断,对令人恼火、粗暴的叛教争论进行高度评价。……作为一个哲学家来生活度日实在是太难了——面对自己的内在真理性，并且要成为这种内在真理性的教师，它要求奉献，牺牲和奋斗。这些对于科学工匠们一直是陌生的。我觉得，对哲学的内在职责，对内在人性的永恒的规定、研究，与在教学中实施这一职责，并且只有为这一职责的实现而付出我毕生的精力才是有意义的。只有如此，我的存在，我的影响，才在上帝面前得到合理性辩护。"（奥托：《海德格尔》，第106—107页）

克雷伯斯在两年前为马丁和埃尔福丽德主持结婚仪式，并接受了夫妇俩的承诺：他们的孩子将来要接受天主教洗礼。海德格尔这封信的起因是埃尔福丽德正在期待着第一个孩子的问世，而夫妇双方已经决定不让孩子接受天主教的洗礼。所以对海德格尔来说，告别"天主教体系"不过是与一个机构的告别。形式上他并没有退出天主教（从天主教的教规来看，退出天主教是不可能的）。此后在胡塞尔的圈子里，海德格尔已成了"非教条的新教教徒"。上面引述的胡塞尔在1919年3月5日给鲁道夫·奥托的信里就是这样说的。

海德格尔从内心里早已与天主教世界脱离了关系。这是他最终走到公开与天主教进行"粗暴的叛教"这一步的根本原因。他自己写道，对天主教中世纪的价值的高度评估，一直妨碍他公开走这最后一步。对克雷伯斯来说，这是极其无力的安慰。因为当时的天主教需要的不是这种恭维。他把他的思想发展归功于哲学之外的联系的自由。回顾过去，他觉得，那时及时中断了牧师生涯对他是十分有益的。对他来说宗教信仰还剩下了什么呢？他仍然没有放弃基督教和形而上学，但他声明，"当然是在一种新意义上的"基督教和形而上学。

　　这里的形而上学已经不是中世纪的天主，或把上帝同世界统一在一起的思维活动。海德格尔最初正是在这种思维活动中找到了他的精神归宿。但后来凭借着敏锐的辨别力，他发现了其中极细小的裂痕。正是这个细小的裂痕，最终导致他同这个整体的彻底决裂。

　　他现在所坚持的形而上学是与之发生决裂之后剩下的统一性。过去的天早已坍塌，世界已经从中挣脱出来，变成了世界性。我们必须从这一事实出发。他在1919年的战时学期的课上说，迄今为止哲学尚未鼓起足够勇气充分面对这一现实。

　　起初我们可能会获得这样的印象：海德格尔是在强烈要求严肃地对待世界的世界化[Welten]。这很像是重复19世纪后期出现的、去发掘现实的现实性运动。在这个运动中所发现的现实的现实性是，精神背后的经济（马克思）、思辨背后的有死的人生（基尔凯郭尔）、理性背后的意志（叔本华）、文化背后的本能（尼采、弗洛伊德），以及历史背后的生物进化（达尔文）。

　　海德格尔的确是对这种发掘运动的继承。而且比他自己所承认的还要多。但是不久前尚在天主教的天空下进行思考的海德格尔想要尽可能地使这一"发掘活动"彻底化。在海德格尔看来，这些批判性的冲击仍然是为了保险起见而去努力发展世界观。他们还没有直接冲到"生活的潜在性"之前，并没有进入所有自我诠释、世界图式、自然科学的或者不太自然科学的自然之真正的生产基地。在1921到1922年的冬季学期的授课中，海德格尔把这种现实的现实性称之为"现实生活"。

这一"现实生活"不受任何形而上学"当局"管辖,它跌入空虚之中,在此在之中膨胀。不仅世界,而且个别的"现实生活"也是如此。

这里我要提前交待一下,在海德格尔所说的"现实生活"之中是找不到对宗教信仰的辩护或者对某种真理价值的形而上学构建的。有限的人生和无限的真理之间的过渡原则,这种相互对立的交往关系,在中世纪对于"现实生活"来说只是一种幻觉。与有着悠久文化传统的教会机构同舟共济的上帝,把上帝作为真理的宝藏加以维护的教会,也是一种幻觉。

20年代初,海德格尔开了一门宗教现象学的课程。课上讨论的是保罗、奥古斯丁、路德和基尔凯郭尔。这部分讲稿有一部分还没有发表。奥托·珀格勒有机会看到原稿,并且发现了海德格尔是一位新教徒。

保罗的第一封《帖撒罗尼迦书》通信中说,"弟兄们,至于时间与日期,我就不用写什么了:因为你们自己明明晓得,主的日子来到,好像夜间的贼一样。"海德格尔在讲稿中对这段话作了诠解:上帝就像时间一样不可把握。海德格尔说,上帝在深刻的宗教思想家那里成了时间奥秘的名称。海德格尔还详尽讨论了保罗给科林斯人的第二封信中的一段内容。在科林斯人赞美夸耀自己同上帝的特殊的联系时,保罗向他们引用了耶稣的一句话:"满足我的恩赐吧,因为我的力量在弱者中也是有力的。"像年轻的路德和后来的基尔凯郭尔一样,不管是谁,只要重新在圣恩降临的不可把握的那个时刻追求基督教的宗教性,那想要在当代与信仰对抗的形而上学和神学的讲台就会彻底坍塌。

海德格尔用奥古斯丁的话说，人类那颗"不安"的心对"安宁"的追求推动人们去尝试，使不可把握的"时代"之神转化为一种财富。奥古斯丁对两种"安宁"作了严格的区分，一种是人们自己能做到的安宁，另外一种是人们从神那里得到的安宁。这后一种安宁是降临到某人身上的。这正像保罗讲到上帝的时候所说的，"它"像夜间的贼一样到来，它带走了所有的不安。如果没有赠送给我们和平，我们便不可能建立和平。

谁要总是回忆在西方的基督教传统中上帝与人类之间的深渊，回忆圣恩的不可把握的瞬间，谁要总是回忆时间的奥秘，海德格尔便召唤他，让他作为下述勇敢行为的宣誓保证人，即去证明"现实生活"是与上帝分离的，而形而上学的断言不过是妄想而已。

在1922年为《对亚里士多德的现象学解释》一文所写的导论（后面我们还会谈到这篇文章）中海德格尔写道："每一种在其存在过程中对自身有所领会的哲学，作为一种生活解说的实际手法，假如它对于上帝还有一点'感觉'的话，都会知道，它自己实施的生活在向自身回撤，用宗教的语言来说，就是高举双手祈祷上帝。这样，只有它自己是真诚的——也就是说，依据它自己的可能性而单独地面对上帝。用无神论的语言来讲就是，同具有诱惑性的、只忠诚宗教性的恐慌保持距离"。(《狄尔泰年鉴》，1989年，第6卷，第246页)

海德格尔就像胡塞尔在谈论意识之外的现实性一样谈论上帝。胡塞尔把现实性放在括弧中，海德格尔则把上帝放在括弧中。胡塞尔通过划括弧获得一个纯意识的领域，并且想证明，这个领域把现实的整个多样性都包含在内了。海德格尔把上帝放在括弧中，是为了摆脱任何在世界中创造神的代替物的倾向，以便把握世界的纯粹的世界性。胡塞尔说，"我们必须得先失去世界，……以便在普遍的思维活动中重新获得它"。海德格尔是否也想做这种转化呢？他是不是也想通过"现实生活"自身明晰化而先失去上帝，以便把它作为在现实生活中发生的不可支配的事件，即"就像夜间的贼一样"，重新获得上帝呢？让我们来看一看。

此时海德格尔用他的哲学的"无神论"对辩证神学作了补充。1922年卡尔·巴尔特发表了《罗马通信》第二稿，它标志着辩证神学的诞生。

卡尔·巴尔特把他的辩证神学称之为危机中的神学。在他的神学中也提出"高举双手祈祷上帝"。这里上帝是陷入危机、陷入战争、经历了战争的文化的上帝。在这种文化的上帝同"教会的真理（宝藏）"之间的关系的问题上，巴尔特同海德格尔的立场完全一致：这种不可支配性被错误地做成了文化遗产。巴尔特像海德格尔一样要撤回到生活，切断它向形而上学构造中寻求安慰的逃避之路。走向上帝不需要引导性的过渡桥梁。上帝是对世界的否定。企图从现实之中发展出上帝的观念只是一种自我欺骗。海德格尔也是这样批判形而上学和文化虔诚的。海德格尔觉得新教更加可亲。所以在20年代初海德格尔说，目前只有在卡尔·巴尔特那里，才存在精神生活。很可能被海德格尔放在括弧中的上帝与巴尔特的上帝十分相像："上帝，我们之所是、所有、所为的一切之界限、一切之开端，它与人和一切人事有着无穷的本质区别，与他们根本对立；它从来没有、也永远不会同我们称之为神的内容，我们所体验、所知觉和崇拜的神完全一致。它是无条件地绝对坚持，与人类的一切安宁相对立,它是无条件地前进,它是我们的'不'中之'是',是我们的'是'中之'不'。它是最先的,也是最后的,因而是陌生的。它从来没有,也永远不会处于我们熟知的中心,决不会是其中的众多事物之一,这就是活生生的上帝。"(巴尔特:《罗马书信》,第315页)

针对对上帝的文化同化,巴尔特写道:"这里没有东西供浪漫主义者去经历,没有东西供狂想诗人去梦想,没有东西供心理学家去分析,也没有东西供历史学家去记述,这里没有什么上帝的'萌芽'和'排泄',没有在上帝的存在与我们存在之间建立连续的、联系的、飞速旋转涌流的生活"。(同上书,第279页)这种神学中的某些内容是同斯宾格勒的划时代的著作《西方的没落》相对立的。巴尔特坚信不疑,在上帝的法庭上,我们的文化将受到审判。这种信念造成了一种"惊心动魄的气氛",它正好与斯宾格勒的著作中的文化乐观主义的震颤形成了鲜明的对立。在巴尔特的神学中,还可以听到战争灾难的余音。比如当他谈到,当上帝进入生活之时,"战斗的弹坑"便被抛在后面。

把"生活"从错误的彼岸"拉回来",既是海德格尔的也是巴尔特的重要任务。海德格尔把生活从上帝那里拉回来,卡尔·巴尔特则把上帝从生活那里拉回来。

海德格尔1921-1922年冬季学期的课程《对亚里士多德的现象学解释》打算讨论的内容,正是人们必须重新抢回来"生活"。在海德格尔的课堂上期待听亚里士多德哲学导论的学生当时一定吃惊不小。在讲课开始时,海德格尔也的确对亚里士多德思想的传播情况作了一些讨论,但其目的无非是要指出,哲学史所从事的工作在原则上同哲学根本无关。"哲学真正的基础是彻底的、生存性的进取和问题的获得。把自身生活和决定性的实施置于问题之中。这是所有的和最彻底的澄清活动的基本概念。"(《海德格尔全集》,第61卷,第35页)

在战时学期的讲课中海德格尔以讲台为例,证明了我们对最简单的体验的理解是如何拙劣。现在应该向我们展示生活的"决定性的实施过程了"。

如果学生们在讲授亚里士多德的课堂上听到的不是亚里士多德,而是"现实生活",是他们的第一个意外,那第二个意外便接踵而来,因为当听到"现实生活"时,人们总会期望"这个彻底的、生存上的进取"会将人们引入个人的生存内容之中去。但如果真是这样,他们就会大失所望。尽管海德格尔反复强调,我们不应该从事"关于[ueber]""现实生活"的哲学探讨,而是必须从生活本身"出发[aus]"从事哲学探讨。而且他还经常谈到"危机";在这种思考活动的实施过程中也可能"没落[Untergehen]",这里需要"勇气",因为彻底的提问就意味着"自己的全部内在的和外在的生存完全的投入"。序幕极富戏剧性、煽动性。但是随后整个事情十分奇怪地被复杂的概念冷却下来。这些概念都是源于重新对实物性保持距离嗜好的武库。比如:没落[Ruinanz]、前结构、解构、遮蔽[Larvanz]、再澄清[Reluzenz]。海德格尔从这一年开始穿着农民的便装上课,讲课也不再是那样原初朴质,那样有乡土气了。讲课变得十分事物性,十分冷静,几乎是技术性的,完全是一种耀眼的现代性的姿态。当时人们一定也感觉到了这一点,根本看不到一点本真性的行话。

海德格尔以后数年间的典型风格在这门课上第一次出现：在生存的狂热与保持距离的中立性之间，在抽象的概念性与情绪的具体性之间，在呼吁与强烈要求与描述性的距离感之间，构成了一种特殊的张力。

我们是这样生活的，但我们并不这样认识我们自己。我们在盲区内是我们自己。当我们想使我们透明起来时，则需要付出极大的努力。海德格尔说：这种努力会"反弹到生活中去"。海德格尔的生活哲学是一种反对生活的自发倾向的哲学。因此，它既可以十分冷峻，同时又可以处在生存激流之中。

海德格尔讲授亚里士多德的课程一开始便阐述了下述思想：谁要想理解亚里士多德，谁要真正想与亚里士多德建立有意义的交往关系，谁就必须首先理解他自己。起码他得知道，他想在亚里士多德那里了解什么，以及借助亚里士多德了解什么。想了解自己，就必须弄清楚他自己所在的处境。这指的是1921年大学哲学专业的处境。这里的处境包含了整个世界。这是关于问题的问题。为什么偏偏要在现在学习哲学？当时哲学能在大学里、在职业或职业教育中起什么作用？如果人们选择了哲学，它能向你的生活许诺些什么呢？海德格尔抛出了这些问题，或者说，筹划组织了这些问题。他是想掀起一场模糊性和问题的风暴。它们应被解决，但当我们想澄清它们时，我们就会看到，这里的处境实际上是如此的混浊。这里我们又可以清楚地看到，海德格尔在思想逐渐成熟的过程中是如何创造他的术语的。海德格尔说，我们生活于其中的生活是不可以从外部进行观察的。我们总是处于其中，在其个别性的包围之中。在我们存在的地方只有"这个"、"这个"、"这个"[dieses]。海德格尔用了许多"这里[dies da]"来描写这种生活。突然,确切地表述出现了:生活的特征就是"这里性[Diesigkeit]"。(《海德格尔全集》,第61卷,第88页)

但是人们很难接受这个"这里性"。按照一般的规则,哲学是通过建立价值、维系传统、构建理论体系和思想的大厦来回答问题的。人们在这些构建中能找到栖身之处,不至于使自己"赤裸裸"地、毫无保护地在他自己的时代中到处"露宿"街头。人们可以躲到这些构建的背后,他们让哲学发挥像人寿保险或者像建房储备金一样的作用。在保险和储蓄中,人们付出劳动与心血,于是便扪心自问:这些付出的利率怎样?从中我能得到什么好处?它对我有何用途?但是海德格尔说,人们用哲学做不成任何事情。我们顶多可以通过哲学思考并弄清楚,人们归根到底在"做"什么。哲学只涉及"原则之事[Prinzipiellen]",这里,原则之事指的完全是它的字面意义:初始的。但这里又根本不涉及世界是如何起源的问题:也与最高的价值、最后的公理等意义的原则性无关。这里原则之事仅指,在那儿推动着我的、不断使我成为我的生活之开端的东西。

海德格尔艰难谨慎地尝试对生活运动的描述,不断使事态变得更紧张[Spannung]。人们期待着问题的答案:到底这运动着的原则是什么?课程已经过半,海德格尔下面的话让听众仍然处于一片黑暗之中:"只要人们懂得了,现实生活总是对原则的一种逃避,那么回归现实生活的倾向并不是'现成存在'的就毫不奇怪了。"(《海德格尔全集》,第61卷,第72页)

俄耳甫斯[Orpheus]要想把欧吕狄克[Eurydike]从黄泉地府

之中救出来,他自己就不能转身。他转了身,欧昌狄克就会永远消失在冥府之中。① 海德格尔想让活生生的生活自己转过身来:它应该从根本上对生活的意义加以把握。它应该发现生活的基础,生活从这一基础而来,又消逝于其中,并据此稳固地生活在他的世界中,也许这个回归之所以如此艰难,就是因为生活意识到,在它的心中自己一无所是。它是一种虚空。一种对空无的恐惧推动它不断向外部寻求充实。为了生计[Lebenstuechtig]难道我们不应该在那推动我们到世界中去忧人忧事的东西面前躲避我们自己吗?海德格尔鼓励人们,去看一眼日常生活中,认真与严肃所处理的事情。这种认真与严肃不允许认真所忧之事保以同样的方式严肃认真。海德格尔所借以使日常之事和习惯之事突然变得十分亲近的咒语就是操心[Sorge]。"生活就是操心,而且在使自己轻松的倾向中,生活就是逃避。"(同上书,第109页)

"操心"这个概念后来成了《存在与时间》的中心概念。在这年的讲课中海德格尔对这个概念的说明已经给人留下了十分深刻的印象。"这点涉及某人的什么事","关照某人某事","担心某人某事","打算做某事","注意某事状态是否正常","对付某人某事","想解决什么"等等。所有这些举止的总和就是"操心"。从这个意义上讲,操心[Sorge]与筹措[Besorgen]正好与行为完全同一。海德格尔之所以选择这个概念,是为了把这些生活的活动的时代特

---

① 这是一则古希腊神话。俄耳甫斯是诗人和音乐家,是长利俄珀与阿波罗的儿子,他跟着他死去的妻子欧昌狄克到了阴间,他用音乐感动了冥王哈德斯,得到允许将他的妻子带走,条件是他不能回头看她,直到他们回到地面,但是在最后一刻他回头看了一下,从而永远失去了妻子。——译者

征突出出来。当我们从事关照活动时,我已经先于[vorweg]我自己了。"在我面前[vor mir]"我有什么计划,有什么东西,总意味着我或在空间意义或在时间意义上担忧着或完成的什么事。或者,对我来说什么事"已经过去了[hinter mir]"总是意味着,我想保留什么或摆脱什么。筹措总是在自己周围有一个空间的、首先是时间上的广域。任何一个行为都是两面神。一个面孔冲着未来,另一个面孔冲着过去。人们为将来筹措,以便不使过去中有任何延误。

人们当然可以把这些理解为对平庸事实的描述,只不过身着奇词怪语而已:人总是以某种方式行为着。如果对海德格尔这样理解,那就是理解偏了,根本没有把握其中的要领。而其中的精要恰在于:在筹措中人们不仅是"超出"自己[vor aus],而且还在筹措中失去自己。被筹措的世界把我掩盖起来。我把自己隐蔽起来。我把自己、我让自己坚定地活到从事筹措的关系中去。"在操心中生活堵截了自己,而且将来也不会摆脱这种堵截。它不断地调动新的目光来寻求出路……。"(同上书,第107页)

生活"由自身活出去",在筹措中坚定地活下来,从一切东西中逃脱开去,生活的这种进程被海德格尔称之为 Ruinanz。海德格尔有意使人联想到"Ruine"(毁灭)"ruinoes"(摇摇欲坠的),实际上它的意思就是"跌落"[Sturz]。

操心和筹措被海德格尔理解为在将来或在过去中的,但无论如何是"广域性"的运动。如今海德格尔把这个"广域"运动调了一个角度,转换为垂直运动。这样自然就使运动加快了速度。跌落[Sturz]坠毁[Absturz]。但"现实生活"由于全力地使自己活到前面去,以至于根本没有注意到生活的跌落过程。哲学第一次使生活看到实情:它无非是在下落[Fall]而已。海德格尔说,应该将生活拉回到自身,以便使它注意到,生活在自身找不到支撑点,而且在任何地方也找不到供它支撑之处。海德格尔花了很大的力气清除下列误解:以为生活自身的清晰化就意味着让生活平静下来。完全相反,哲学恰恰是使不安不断加强。同时哲学是一种有方法的驱动的不安。对海德格尔来说,达达主义的倒置原则对这些年来的哲学是有效的:"我并没有失去头脑,以至于在非跌落中去研究下落规律。"(胡果·巴尔语)

我们到底跌到哪里去呢?在课程结束时这个问题总是不能回避的。他的回答是隐晦的预言,使不少的学生如堕五里雾中:"跌落之所向并不是人们陌生之处,它本身就有现实生活的特征,而且就是现实生活之虚无[das Nichts]。"(《海德格尔全集》第61卷,第145页)

到底什么是现实生活之虚无呢?事实上生活本身不可能是虚无,因为它一直在进行。现实生活存在着,或者更确切地说,它在状态中。所以现实生活之虚无一定是属于这个生活的东西,同时又不是使这种生活消解为虚无的东西。这里所说的从属于现实生活之虚无指的是死亡吗?但是在这门课上根本没有谈到死亡。海德格尔宁可把虚无定义为:只要现实生活自己失落到跌落的此在[Dasein]中去,那现实生活就会变为虚无。海德格尔说:(事实上的现实生活——作者按)"不要出现在跌落的此在中。"(同上书,第148页)

在这期间海德格尔已经预感到,他正在使哲学发生一场新的

第 七 章

变革。这时他把现实的生活不要出现在跌落的此在中的思想变形为关于异化的思想。19世纪这一思想在黑格尔和马克思那里起着历史性的决定作用。这种思想认为：人类这样创造着他的世界，以至于连他自己也不认识他的创造物了。人类的自我发展就是人类的自我削弱。

在这时的讲课中，海德格尔还没有达到使自己的思想从这种传统思想中清楚地摆脱出来的程度。但海德格尔与传统思想之间的差别是有决定性意义的。关于异化的哲学是以真正的自我的形象为前提的，是以关于人的"理念"为前提的，它可以而且应该是理念规定的样子。可是海德格尔正是在这个"理念"身后画了一个大问号。我们从何处得到关于人的所谓真正的规定的知识的呢？海德格尔猜测，这种知识背后在偷运神学的私货。海德格尔说，人们当然可以坚持这一理念，但是人们必须对这一"理念"作出准确的说明，人们必须真正接受它，忠实于它，相信它，不允许把它作为哲学可以证明的东西向外推销。

我们看到，海德格尔一方面在反驳关于真正自我的理念，但同时又处在它的影响之下。这个张力（紧张关系）仍然存在。后来《存在与时间》明确地把这个张力纳入到自己内部，那里它被称为"本真性[Eigentlichkeit]"。

20年代初期，当海德格尔正在发展自己的"关于生活澄清自身"哲学的时候，他开始十分谨慎地、有保留地试探着同雅斯贝尔斯建立友谊。雅斯贝尔斯也正在试图寻求哲学的新开端，两个初创者的十分复杂的友谊就这样开始了。

1920年初，两个人在胡塞尔家的一次友人聚会上相识。双方经过半年多的小心的接触,到1922年夏天,双方终于觉得相互"在一种罕见的独立战斗的团体意识中联系在一起"。(《海德格尔与雅斯贝尔斯通信集》,1922年6月27日海德格尔给雅斯贝尔斯的信)在两人的第一次单独会面中,洽谈了如何组成联合战线,以反对学院的仪规。在哲学自传中雅斯贝尔斯是这样回忆这次会见的。"1920年初,我同我的夫人在弗赖堡逗留了几天……当时是庆祝胡塞尔的生日,大家围着咖啡桌坐了一大圈。当时胡塞尔夫人把海德格尔称之为现象学之子。我当时讲到,我的一位女学生阿芙拉·盖格尔[Afra Geiger],一位十分杰出的人物,想来弗赖堡,到胡塞尔这儿来学习,但是根据胡塞尔的研讨班的接收规定,她被拒之门外。我说,这样,学院的程式使得胡塞尔和她都失去了机会。因为胡塞尔这样便失去了亲自结识此人的机会。我谈话期间,海德格尔插嘴,激烈地为我辩护。这是两个青年人结成联盟,反对秩序的抽象权威联盟。……这个下午气氛不好。我觉得那里有点小市民气,感觉过于狭隘,缺乏人与人之间的自由的关联,缺乏精神的闪光。在我眼里只有海德格尔不同。后来我去拜访他,和他单独坐在他的小屋里,看到了他对路德的研究,看到了他工作的紧张,对他的言简意赅的说话方式很有好感。"(雅斯贝尔斯:《哲学自传》,第97页)

雅斯贝尔斯长海德格尔九岁,被人们看作是未来哲学的圈外人。他是学医学精神病学出身,1913年出版了《心理病理学》使他一举成名。这本书不久就成为该专业的经典。但雅斯贝尔斯此时已经开始退出医学专业。特别是有病与无病的边缘状态使他清楚地认识到,在以自然科学为走向的心理学领域内部是不可能使心理内容得到充分地了解的。他以心理学为基础,吸收了狄尔泰关于理解的方法,和现象学在对意识现象的描述中的谨慎周到。但使他最后走向哲学的是马克斯·韦伯和基尔凯郭尔的对他的冲击。

马克斯·韦伯把事实研究同价值决定加以严格区别,这一点对他产生了很大的影响。他同意马克斯·韦伯的看法,认为必须反对错误的科学性的要求。但是他超出了韦伯,走得更远。他的看法是,价值决定的领域、个人的负责生活,需要而且也有可能进行自我澄清。这种自我澄清当然不能是科学的,但又不仅是一种私人的反思或宗教信仰问题。雅斯贝尔斯想把作为价值决定的基础的、被韦伯称之为"生活的力量"的东西作一番澄清。雅斯贝尔斯在基尔凯郭尔的思想中看到这种哲学活动——后来被他称之为"生存澄清活动"——的最好典范。马克斯·韦伯把哲学从精密科学的文献中剔除出去,因此哲学获得了它的自由,基尔凯郭尔则把生存的激情退赔给了哲学,这就是雅斯贝尔斯的看法。

他从心理学向哲学,即向"生存澄清"的过渡性著作,是1919年问世的《世界观的心理学》。它的影响远远超出了心理学专业的范围。他使用马克斯·韦伯的理念类型构造方法来研究"看法与世界图景"问题,认为看法与世界图景是从人类生活的经验,首先是从生活的基本问题中,比如自由问题、责难问题、死亡问题中滋长出来的。它们赋予各个时期的哲学以自己独特的面孔。雅斯贝尔斯通过描述,在某种程度上是从外部设置了这些世界图景和看法的类型,但这并不是历史的,也不是科学社会学意义上的类型学。他也把"一般性意识"作为目的,它应该是这一设计工作的基础。这显然是受到新康德主义的流行看法的影响。人们对该著作进行了历史的、知识社会学的或者新康德主义的解释。但这都不是这本书的本意。雅斯贝尔斯所关心的问题是，自身之存在[Seelbst sein]到底是以什么方式发展自己的，它是如何耽误、如何失败的。他所跟踪的实际是自由本身的运动，它也是对自由，对自愿被锁入据称是十分保险的原则和解释的桎梏中的准备状态的恐惧。他首先感兴趣的是行为和思想方式的"边缘状态"（死亡、痛苦、偶然、过失、战斗）。在这里生活自己承担着自身责任，生活表现出它的冒险性特点。雅斯贝尔斯在他的《自传》中谈到这本书时写道："整个书是一气呵成的。""整体的情绪要比成功地讲出来的广阔得多。"

这本书的问世使哲学带上新腔调。社会上对该书的反应是如此强烈，以致使并不是哲学博士的雅斯贝尔斯于1922年在海德堡大学获得了哲学教授的席位。但他的地位有两重性。在严守教规的科学家看来，他是科学的叛逆，他在从事"不精确"的工作，即从事哲学的工作。在哲学家们看来，他是具有强烈宣传鼓动倾向的心理学家。

雅斯贝尔斯对二者均不承认。他觉得自己正"走向广阔的天地"。

正是在这种情况下，雅斯贝尔斯遇到了海德格尔。1921年8月5日海德格尔在给雅斯贝尔斯的信中描述他自己的哲学工作时说，"我能否找到自己的天地，我自己不清楚。但愿我能做到，坚持一直走下去"。（《海德格尔与雅斯贝尔斯通信集》，第25页）雅斯贝尔斯对他的心境当然十分理解。

第七章

自1919年开始,海德格尔就开始为雅斯贝尔斯的那本书写书评概述,1921年寄给了雅斯贝尔斯。这是一篇涉及面很广的长文章。正是由于这个原因,该概述未能按原计划在《哥廷根学者杂志》上发表,直到1973年才得以面世。

海德格尔在文章开头对雅斯贝尔斯的书多有美誉,后面提出了他的批判,但表述十分谨慎。雅斯贝尔斯走得还不够远:它"对[ueber,关于]"生存进程做了描述,但没有把自己的思考置于这个生存进程之中。他要摆脱世界观的桎梏,保卫自己的自由,提示出个人生存的核心。但如果把建立于自身存在基础上的创造性自由描写成某种现成的[Vorhanden]东西,并最终将其描写为可以科学地加以察验的东西的话,这种提示本身也会变成世界观。海德格尔在书评概述的结尾说:"只有当一种真正的自身思考已经存在,并且处于真正紧张的清醒状态时,将它公诸众议才有意义。只有当这种自身的思考能毫无顾忌地把其他人以某种方式驱入反思中,这种自身思考才是真正清醒的。……我们必须自己在这方面已有所进展,才可能驱他人于反思之中,唤起他人的注意。"(海德格尔:《路标》,第42页)但"只有当哲学自为地把握了哲学自身之事"时,事情才会有所进展。而"哲学之事"正是"哲学思考活动本身"和它的早已尽人皆知的贫贱[Erbarmlichkeit]。(同上)

雅斯贝尔斯一定没有认为"贫贱"这个提法与他个人有什么牵连。从各方面的联系看,这里显然是指人类学的贫贱。所以雅斯贝尔斯并没有对此概念有什么不满。但海德格尔的概述使他感到迷惘。海德格尔所说的,不要"对[ueber]"生存进程作哲学思考,而要"从中[aus]"作哲学思考,到底是什么意思?或者海德格尔误解了他，因而没有看到，他已经走在海德格尔所说的道路上，即已经走在作为"自我忧虑"的哲学之路上（海德格尔语）；或者这条路在海德格尔心中完全是另外一个样子？如果是这样，海德格尔的暗示就太不明确了。无论如何，雅斯贝尔斯没有明白，海德格尔想怎样在他的路上继续前进。尽管如此，他仍保留着与海德格尔同路的感觉。1921年8月1日，雅斯贝尔斯在给海德格尔的信里写道："就我读到的东西而言，依我的看法，你提出的要求，就是去彻底挖掘思想之最深处的根源。您的确触动了我的内心。然而我缺乏的是正面的方法。在文献阅读中总是感到要继续前进的潜力，但是最终还是大失所望，发现我已走得更远了。"（《海德格尔与雅斯贝尔斯通信集》，第23页）

海德格尔在回信中把他的书评概念称之为"可笑到蹩脚的学生习作"。他绝没有想象"比您自己走得更远，我在脑子里首先想到的是，走我自己的曲折之路。"（同上书，第25页）他们之间的通信持续了一年之久。其后雅斯贝尔斯于1922年夏天邀请海德格尔到海德堡住了几天："如果我们能有几天的时间在适当的时候进行哲学思考，来检验巩固我们的'战斗团结'，按我的想法，我们可以住在一起，每个人有各自的房间。我的夫人出去旅行了。每个人想干什么就干什么。除了吃饭在一起之外，我们可以根据需要碰头、谈话，特别是在晚上，也可以随便什么时候，不要任何约束。"（同上书，1922年9月6日，第32页）

海德格尔接受了邀请。9月份的这几天他们终生难忘，他们经常缅怀这些日子，因为不久，他们之间的友谊便仅靠着已经逝去的未来来维系了。哲学上的紧张，友谊的轻松，对共同的觉醒和开端的突如其来的感受,这些对雅斯贝尔斯来说,正如回顾此事时所写的,是"扣人心弦"的,他同海德格尔之间难忘地"接近"。在这次神圣的谈话之后,海德格尔在给雅斯贝尔斯的信中写道:"在您那里度过的那8天一直同我形影不离。那突如其来者,从外部看是毫无结果的8天……友谊迈着不动感情的、严肃的脚步走向我们。这是双方都有信心的战斗团结的不断增长的确定性。——所有这一切对我来说都是不可思议的,对哲学家来讲这就是生活和世界的那种不可思议性。"(同上书,1922年11月19日,第33页)

他们之间的友谊的开始阶段是这样振奋人心,以致雅斯贝尔斯建议,创办一个刊物。在这个刊物上只发表他们两个人的文章,使之成为哲学的火炬。人们应该在当时哲学的不毛之地上高扬反教授哲学的声音:"我们并不谩骂,但讨论必须是毫无顾忌的。"(同上书,第36页)但是,雅斯贝尔斯想到,海德格尔连教授还不是,没有主持教席。所以创办刊物的事不得不等待一段时间,推迟到海德格尔当上教授之后。这是对职称的忧虑。

还有一些其他因素不利于刊物计划的实施。这两位对自己的各自的立场还没有十分确定的把握,还没有成熟到展开全面战斗的程度。雅斯贝尔斯说:"我们俩还都不清楚我们到底想干什么,也就是说,驱动我们两个的知还都不是一种十分清晰的知"。(同上书)海德格尔写道,"如果他自己在真正具体的不保险之中,想更保险一些的话",那么收获就会更大了。(同上书,1922年11月24日,第41页)

海德格尔果真在1922年夏到1923年之间在自身解说方面迈出了重要的一步。《存在与时间》中的立场已依稀可见。其证据就是1922年底海德格尔为申请教授职位寄往马堡的论文《对亚里士多德的现象学解释——解释的环境的说明》(1989年重新面世)和1923年的《本体论讲义》(这是他赴马堡任教授之前在弗赖堡开出的最后一门课)。

《现象学解释》一文在马堡获得了很好的反响。保罗·那托普将其看作一份"天才的计划"。当时在那托普处刚完成了博士论文的伽达默尔也有机会看到海德格尔的论文。他从中获得了"真正的灵感",对他造成一个"猛烈的冲击",使他下决心——下年跑到弗赖堡去听海德格尔的课,而且后来又跟着海德格尔回到马堡。

1923年的本体论课程造成的印象之强烈与他的那篇文章的影响不相上下。当时拜倒在这位私人讲师脚下的不乏后来哲学界的知名人物。他们当时就已经把海德格尔看成是秘密哲学之王,一位身着施瓦本粗布夹克的无冕之王。他的学生中有伽达默尔、奥斯卡·贝克尔、弗里茨·考夫曼、希尔伯特·马尔库塞、汉斯·约纳斯。

在这篇关于亚里士多德的论文中,海德格尔给他的哲学计划下了一个十分简洁的定义:"哲学问题的对象就是人类的此在[das menschlichen Dasein],它追问的是这一此在之存在特征。"(《狄尔泰年鉴》,1989年,第6卷,第238页)

第一眼看上去这个定义并不复杂。除了对人类此在进行探索之外,哲学的研究还能做什么?

当然,在历史上,哲学除了研究人的此在之外的确还做过些别的研究。正是有鉴于此,苏格拉底才认为有必要向哲学发起抗议,以便将哲学重新拉回来关心人事,为人而忧虑操心。于是在哲学史的发展中,想研究神与世界的哲学和集中关心人生此在的哲学之间一直存在着一种紧张关系。米利都的泰勒士仰面看天(研究星辰)而跌到井里,就是这种冲突的形象的代表。在海德格尔的哲学中,此在一直在跌落着。

第一眼看上去,"存在的特征"这个术语也不难理解。在一个"对象"的研究中,除了找出对象的类,即它的存在之外还能期望什么呢?

分子的存在特征不就是组成它的元素,它的化学反应形式以及组织的功能等等吗?动物的存在特征难道不是在解剖中、在它们的行为中、在它们的进化地位中发现的那些东西吗?

在把握这些形式的过程中,存在特征变得暗淡无光。它们囊括了人们所了解的对象的一切内容。这种形式的知不可避免地同时就是对区别的知。分子与其他东西相区别,一种动物如何同其他动物相区别,动物如何同植物相区别,以及动物如何同人相区别。这样这个概念性的术语"存在特征"就变成许多存在特征的多元性。

按照这种看法,一方面是求知行为,它自身是同一的;另一方面是可以被人们认识的各种不同的可能的对象。不论他们的具体研究的动机是什么,人们总想要研究它们的"存在特征"。

当然后来,起码自康德以来,科学也十分清楚,必须使用不同的方法去接近不同的对象。只要把人看作比自然丰富的,即把人看作从事文化创造,亦即从事自身创造的实体[Wesen],那么这一点对于自然和人类这两个世界来说都特别重要。首先是新康德主义,把文化科学同自然科学在方法上的区别作出严格区分,强调对这种区分的意识。文德尔班指出,自然科学的目标是获得普遍规律;文化科学的目标是了解个体之间的关系。李凯尔特说:自然科学研究的是实际情况,文化科学研究的是价值关系。但对海德格尔来说,这种对不同存在特征的思考已经是太不彻底了。海德格尔在关于亚里士多德的手稿中对他自己到底要走到哪里去,作了十分紧缩的因此十分难以理解的概括。我先把这段话引述如下,然后联系他的《本体论讲义》加以简短评论。"哲学提问的基本方向不是针对被问及的对象,不是要对现实生活从外部加以描画,加以分解,而是要把它理解为对现实生活的基本运动性所进行的清晰把握。这种把握的形式是,在它存在的具体的度时[Zeitigung]中对自己的存在的操心、筹措,包括它在逃避自己的时候也是如此"。(《狄尔泰年鉴》,第 6 卷,第 238 页)

"不是从外部加以描画",现象学的原则是,让应该被研究的东西有"显摆"自己的机会。海德格尔想把这原则运用到对人生此在的整个研究中去。

所以海德格尔在《本体论讲义》中对这个初步的想法作了非常详尽的研究:我们应该如何谈论人,才能使人们注意到,人们在作此思考时已经处于问题的内部之中了。

海德格尔说,当我们接近一个"对象",以便弄清它是什么的时候,当我们想把握它的"存在意义"的时候,我们必须进入到它的"运作意义[Vollzugssinn]"之中去。只有在这种运作的意义中,存在意义才可能展示出来。如果一个人刚刚步入一个陌生的文化圈的经济生活,对这种经济生活根本不了解,尽管他可以摸到钱,拿在手里来回掂量,钱的存在意义仍未展示在他的面前。或者,如果他没有进入音乐的运作意义之中,音乐对他来说就是一种噪音。在许多领域中都是如此:艺术、文学、宗教、虚数的计算,足球比赛等等。此外从对立的方面来考虑这一思想,从鼠目寸光的还原主义看问题的方法来检讨这一思想,问题就更清楚了。当我说,思想是大脑的生理功能,或者,爱情是腺体分泌的产物,那么我作出了关于思想和爱情之存在的判断(命题),但却没有进入其运作之中。当人们以一种与运作隔膜的方式来观察游戏、音乐、绘画、宗教时,游戏、音乐、绘画、宗教本身根本就没在他们那儿。

　　这种考虑问题的方法就是现象学的。它应该弄清楚,采取什么态度[Einstellung]才能够让现象如它"自身原本所是"的样子显示出来。"游戏"不可能在与游戏隔膜的态度中显示出自身。爱情只显示于爱情中,上帝只显示于信仰中。于是海德格尔便问道:我采取什么样的态度才能让人原本地显示其"人之所是"呢?

　　答案只能是:要想理解这个人生此在的话,人生此在的思维活动就必须将自身置于人生此在的运作意义之中去。这就是上面引述的海德格尔论亚里士多德手稿中的那句话"对现实生活的基本运动性进行清晰的把握"的意思。

　　在那里,海德格尔第一次十分强调这种运动性,将其称之为"生存[Exstenz]"。按我们一般人的理解,说什么东西"存在[existiert]"时,我们总是设想某种东西已现成地在那里。当我们证实了,我们所设想的东西在那儿,我们便说,它实际存在着[existiert]。伽利略依据他的计算,设想木星存在有卫星。后来在望远镜的帮助下,证实了,木星的卫星的确"存在着[existiert]"。但是海德格尔正是想把"存在"这个概念中"事实的现成的存在"这个含义剔除出

152

去。他在及物动词意义上使用"存在"一词：当我生存[existiert]时，我不是简单地手头现存在哪里。我必须生存我自己。我不仅是简单地活着，我还必须"领导我的生存[Leben]"。所以，生存是一种存在方式[Seinsweise]，而且是"使之对自身成为可及的存在"(《狄尔泰年鉴》，第6卷，第245页)。生存是一种实存，但是与石头、植物和动物不同的实存。生存有一种同自身的关系。生存不仅"在[ist]"，而且它还维护着它的"此[Da]"。正是由于有这种自我维护行为，所以它能开拓出操心和时间的整个广域[oeffnen]。也就是说，生存并不是手头现成的存在，而是一种运作，是一种运动。这个洞见使海德格尔十分激动。这一点在1921年给勒维特的信里体现得最明显："我只做我必须做和我认为必要做的事情，而且尽我之所能而为之。我根本不打算把我的哲学工作修剪成为一般人服务的文化习作。我是从我的'我在'和我的精神的和现实的源泉出发从事我的工作的。生存的活动正是癫狂在这个现实性之中的。"(勒维特:《我在德国的生活》，第30页)

"此在"的运作意义正是上面描述的这种及物意义上的生存活动，或者用意义相同的另一种说法，就是在时间中操着心的，担着惊的，从事筹划的现实生活。人生此在只有从它的运作意义出发，才可能得到理解，但我并不是要对待像一个手头现成的对象那样把它置于我的面前。在海德格尔眼前飘浮的关于人生此在的哲学，于《存在与时间》成书几年前已经被他勾勒出大概轮廓。它并不是由关于"人生此在"的观察而构成。这种哲学是人生此在的表达，是人生此在的工具论。哲学是当今精神生活中的特殊的生活。在《本体论讲义》中海德格尔提出："哲学的最极端的可能性是人生此在对于自身的清醒的存在"。(《海德格尔全集》,第63卷,第15页)什么叫在"逃避自己的地方"去进行捕捉呢?(《狄尔泰年鉴》,第6卷,第238页)这就是说,要对"生活的沉沦倾向加以澄清,要切断逃往所谓的稳定性的道路,要保持让生活的躁动不安进入到意识中,让人们看到,所有所谓持久的、确证的、约束性的东西,都无非是某种装饰,都是人生此在自己给自己戴上的假面具,或者是由公众的解释,即由占统治地位的意见、道德观念和价值观念[Sinngebung]给人生此在戴上去的假面具。"

追求"服务于人生此在自身的人生此在的真理"被海德格尔规定为哲学的最崇高的任务。但由于这种真理不让我们将其作为真正的自身去揭示,而是把我们抛到我们总是力图逃避的内心的不安之中去——正是由于这个原因,才产生了"对哲学的恐惧"。(《海德格尔全集》,第63卷,第19页)

在这一年,对海德格尔来说哲学就是不安的创建人。面对哲学的恐惧,就是面对自由的恐惧。此时海德格尔还没有使用"自由"这个概念,而是用现实生活的"存在"之可能性[Moeglichsein]一语代之。

海德格尔意义上的哲学是对直接参与人生此在的运作:参与操心、筹措。但它同时又是一种自由的运动,是对属于人的现实性的可能性的思考。总而言之,哲学无非是一种清醒的人生此在,所以哲学像人生此在的忧虑筹措一样,问题不断,有生有死。

对哲学,包括海德格尔哲学在内,最恰如其分的说法是:哲学就像所有人生此在一样,是一个事件,有它自己的时间性。

第 八 章

马堡的聘请　与雅斯贝尔斯的战斗同盟　马堡的幽灵　在神学家之中　汉娜·阿伦特　巨大的热情　汉娜为明晰性而战　隐蔽中的胜利　把生活简单纯粹高贵地置于心灵之前　《存在与时间》的诞生　母亲的亡故

1920年,海德格尔曾有望得到马堡大学的教授席位。但当时只是引起了学界对他的重视。在拟聘教授名单上他被列为第三名。当时马堡的人们的意见是,年轻的讲师尽管前途无量,但是发表的作品太少。1922年夏天,马堡大学又要聘教授——要聘一位编外教授,这又是一次机会。可是海德格尔仍然没有发表任何新东西。但是通过他的讲课,海德格尔的名声与日俱增。于是新康德主义的马堡学派的魁首保罗·那托普1922年9月22日写信给胡塞尔指出,马堡的人"近期"对海德格尔"尤其关注"。"这不仅是看到他是作为胡塞尔的助手的大量工作,更主要是人们向我……报告的关于……他的最新进展"。(奥托:《海德格尔》,第121页)那托普询问,海德格尔是否有什么东西打算发表,随便什么东西都行,以供这儿的人们审阅。胡塞尔将那托普的询问告知海德格尔。

第 八 章

按海德格尔给雅斯贝尔斯的信中的说法,他为此一下"坐了三个星期",对他的亚里士多德草稿作了摘要,又加上一个前言,共计60页的一大沓手稿。完成后寄往马堡。这就是我们前面已经评论过的《对亚里士多德的现象学解释——对解释环境的说明》。

1922年11月19日海德格尔写给雅斯贝尔斯的信中说,"我的工作在马堡引起了反响"。那托普的确向胡塞尔通报说,他和尼古拉·哈特曼"以极大的兴趣阅读了海德格尔的摘要,在其中看到了"不寻常的原创性、深刻性和严谨性。"那托普预测,海德格尔受聘马堡的可能性很大。

与此同时,哥廷根对海德格尔也很感兴趣。格奥尔格·米施(对海德格尔的摘要)作了过分热情的赞誉:"海德格尔带来关于人类生活历史性意义的意识,它完全是原创性的,由他自己发展出来的。"(法里亚斯:《海德格尔与纳粹》,第104页)尽管有胡塞尔的支持,但是,在哥廷根,狄尔泰的女婿米施的赞誉,并没有获得预想的效果。胡塞尔不仅在马堡,而且也在哥廷根为海德格尔的受聘之事尽力施加他的影响。在此期间,海德格尔已是四口之家的户主,只靠他那微薄的助教薪金已经难以为继,为此,他的夫人不得不去中学教书。海德格尔在马堡前景看好。但海德格尔仍然忧心忡忡。他给雅斯贝尔斯的信中说:"被牵着鼻子到处乱撞,模糊不清的希望,以及廉价吹捧等等,尽管人们并不打算真的做这件事的时候也是一样。这一切带来的只是一种令人厌恶的局面"。(《海德格尔与雅斯贝尔斯通信集》,第34页)

不过海德格尔还是成功了。1923年6月18日海德格尔接到马堡大学聘他作副教授的正式聘书,正如他第二天在信中自豪地通知雅斯贝尔斯时说的,"执正教授之职并享正教授待遇。"

一年前,海德格尔同雅斯贝尔斯加强了他们的战斗同盟。由于海德格尔当时立足未稳,他们把共同出版刊物、对当时流行的时代精神作毫无顾忌的批评的计划不得不暂时搁置起来。现在情况变化了。但是二人都没有再回到出刊物的计划上来。海德格尔的语调现在变得更加肆无忌惮。海德格尔1923年7月14日给雅斯贝尔斯的信中这种语调十分清晰。刚刚被聘为教授的海德格尔带着愉快的愤怒谈论着他的未来。谈到在这次预聘名单中名列第三位的竞争者理查德·克勒讷,海德格尔写道:"如此一副可怜相,我还从来没有在其他任何人身上看到过——而今他让人们像可怜一个老妇一样地来怜悯他。人们能向他表示的唯一善举,就是今天马上剥夺他在大学教书的资格"。克勒讷甚至向在马堡极有影响的尼古拉·哈特曼下了保证,如果他能获聘的话,他将以学生的身份参加哈特曼的讲座。海德格尔说,"我绝不会干这种事,我的在场和作为会叫他心惊肉跳,而且还有十六人的队伍随我而来。"

海德格尔带着同样好斗的情绪,再次发誓和雅斯贝尔斯结成"战斗同盟"。这个"战斗同盟"实施的时刻已经来到了:"必须清除各种偶像崇拜,也就是说,今天的哲学中的各式各样糟糕透顶的、可怜的巫术应该受到揭发——而且乘他们还活着的时候这样做,以便不要使它们误以为,它们可以升入天国了。"

在公开场合,海德格尔还一直把胡塞尔称之为他的"老师",胡塞尔也为海德格尔的事不惜余力。海德格尔从中获利匪浅,但其内心早已和胡塞尔分道扬镳了。在给雅斯贝尔斯的这封信里,胡塞尔也被他纳入应受诋毁的巫术之列:"您当然知道,胡塞尔接到了柏林的聘书。他的举止表现连个私人讲师都不如,把正教授的'正'当成了天国的永恒幸福。……胡塞尔完全胀破了——如果他曾经'内在'过的话——最近一段时间我越来越怀疑这一点——他摆来摆去,讲着陈腐的老调——他在乞求别人的怜悯。他靠着'现象学奠基人'的身份到处布道,以此为生。没人知道那是什么东西。——无论是谁,只要在这儿待一个学期,就知道,到底是怎么回事了——他开始预感到,人们不再跟着他后面转了。……就这样今天还要去柏林解救世界。"

此外,需要指出的是,胡塞尔没有接受聘请去柏林主持恩斯特·特勒尔奇[Ernst Troeltsch]讲席。胡塞尔由柏林出发去拯救世界的意愿并不如海德格尔想象的那么强烈。种种迹象表明,海德格尔把自己的野心投射到他过去的老师身上。这封写给雅斯贝尔斯的充满火药味的信恰恰表明,他自己对扮演大力神海拉格立斯的角色越来越有兴趣:有志去清扫哲学的奥基阿斯王牛厩。难道这不正是他扣在胡塞尔头上的救世主心态吗?无论如何,海德格尔在给雅斯贝尔斯的这封信里,完全是沉醉于"彻底改造哲学"和"颠覆"哲学的幻想之中。1923年的这个夏天,海德格尔发现了,他就是海德格尔。

这个夏天,在他的"本体论"讲课时——这是他在弗赖堡最后一门课——他对自己的工作十分有把握。在信中他激动地告诉雅斯贝尔斯,"我把世界的书和文化惊恐留给了世界,把青年人吸引到我的周围——'吸引[holen]'就是严格对待——以便使他们整个星期都在'压力之中';有些人忍受不了——最简单的挑选方法——有些人直至他懂得了,需要两、三个学期,我没有放过他们的任何一点懒惰、肤浅、诡计和空话——首先是没有放过他们的任何'现象学'……我的最大快乐是,在这里我能通过示范创造一种转变,现在我自由了。"(《海德格尔与雅斯贝尔斯通信集》,第41页,1923年7月14日信)

但是涉及经济问题的时候,海德格尔就感觉自己没那么有把握了。他应该提出多高的工资要求?他有权要求住房吗?可以要求搬迁资助吗?雅斯贝尔斯的回信彻底浇灭了他的期望:"涉及到工资,您不能提任何要求。"(同上书,第39页,1923年6月20日信)

在迁往马堡之前不久,海德格尔在托特瑙山购得一小块地,请人在上面修建了一座十分简陋的小木屋。他自己也亲自动手。他的夫人埃尔福丽德负责组织和监督。从现在起托特瑙山就成了他退身于世界之外时的居所,也是他哲学思考的冲锋高地。从这里出发,条条道路通山下。

1923年秋天海德格尔来到马堡。1928年春天离开这个城市,到弗赖堡接替胡塞尔的职位。海德格尔自己对于他在马堡的这四年,有各种不同的评价。在马堡时期接近尾声的时候,他在给雅斯贝尔斯的信里说:"马堡好在什么地方,我真讲不出什么。我在这里没有一刻感到舒服过"。(同上书,第96页,1928年5月13日信)

许多年以后,海德格尔在私人谈话中把他在马堡的这些年称之为他一生中"最激动人心的、最集中的、成果丰富的"时期。(默兴:《笔记》)

在给雅斯贝尔斯的信中,对马堡时期的消极评价还有一层策略上的意义：雅斯贝尔斯当时提到想离开海德堡，于是想听听海德格尔的意见，看去马堡是否值得。海德格尔当然不能建议他来马堡。因为他自己深知，不仅马堡大学的环境，而且，在马堡与托特瑙山之间来回跑动，使他在这几年里收获巨大。而且更重要的是，这里发生了一些海德格尔从来没有向雅斯贝尔斯透露过的，也不想让雅斯贝尔斯知道的事。

马堡是一个基督教新教影响甚深的小城市，它的大学却传统悠久。1927年这里正庆祝该大学"诞辰"400周年。按赫尔曼·默兴〔Hermann Mörchen〕的叙述，在这个时候，人们看到海德格尔满脸怒色，在无人居住的库塔大街慢慢走向平时他根本不光顾的天主教教堂。与此同时，新教教堂里正在举行庆典礼拜。在大学放假的时候，这个大学城变得空空荡荡，好像进入冬眠了一样。但这时海德格尔并不在马堡，而是在他的托特瑙山上的小木屋里。在这小城市的大学里人际关系十分明朗。人人相互认识。这里正是小城镇特有流言的滋生地，是诡计得逞的好地方，也是小里小气的泡沫人物为他们鸡零狗碎的小分歧而吹毛求疵、自我陶醉的最好场所。一个小小的天地，因其中大部分人是所谓"有教养者"，因而以大国自居。海德格尔给雅斯贝尔斯的信里说："一所无聊的大学，学生幼稚，没有什么特别的追求。因为从事很多关于否定问题的研究，在这里我有最佳的机会去欣赏'虚无'的相貌。"（同上书，第69页，1926年12月2日信）

在马堡没有什么"社会生活"。海德格尔从来不觉得"社交生活"有什么价值。尽管如此，他有时也光顾希茨克顾问官女士家里专门为学界新面孔举办的"引见"集会。关于这位女士当时流传着这样的说法：她同德国当时活着的91位正教授有血缘关系，在经济史学家弗里德里希·沃尔特斯的周围还有一个小圈子——格奥尔格团体。而现代派、思想新潮货或思想偏左的人，经常在历史学家理查德·哈曼那里聚会。鲁道夫·布尔特曼周围聚集了一批人：他们每周一个晚上，从8点到11点，在一起朗读希腊文献。11点以后，进行消闲活动，但也有严格的活动时间表：一个小时的高级的学术闲谈，然后在品尝葡萄酒和雪茄的期间允许讲的笑话。其中最杰出者由布尔特曼按照涉及的"学术内容"分类记入笔记本，以便随时查找。而习惯于大都市生活的人，像恩斯特·罗伯特·库齐乌斯忍受不了这种气氛。他经常坐火车到邻城基森，以便在车站的饭店里解一解馋。他常说，这在马堡根本办不到。

在这个小小的大学世界里，海德格尔很快就成为神秘的明星。他的课总是一清早就开始。但这显然仍不够残酷，因为，两个学期之后，他上课的教室里挤进了一百五十人。在海德格尔没来马堡之前，伽达默尔一直是哈特曼的学生。他曾经描述了哈特曼的学生如何成群地跑到海德格尔这边来的情况。

波罗的海的贵族哈特曼是一个"夜游神"。他中午12点起床，晚上12点精神头正旺。他周围也有一个圈子，大家讨论问题直到东方发亮。伽达默尔写道："海德格尔来到马堡之后，把他的课定在早上七点就开始。仅此一点，矛盾就不可避免了：下午去参加哈特曼的持续到深夜的讨论几无可能。"（伽达默尔：《学习哲学的日子》，第22页）

在海德格尔到马堡之前，哈特曼一直是哲学的中心。如今他感到在马堡受到冷落。两年后，他接受了波恩大学的聘请，离开马堡,他感到浑身轻松,有一种解放了的感觉。起初,刚刚在哈特曼名下获得博士学位的伽达默尔还想在他的老师和新老师之间进行斡旋:"1924年通货膨胀引起了严重的贫困。在这期间我必须参与一次学生搬迁。我有一辆人力车和两位拉车的朋友,一位是哈特曼,一位是海德格尔。他们一起拉向同一个方向,发挥着相同的作用。此时海德格尔显示出惊人的孩子般的幽默。当空车往回走的时候,海德格尔突然放手让哈特曼一人拉车……他自己跳上空车,打开雨伞。"(《回忆马丁·海德格尔》,第112页)从外表看,海德格尔在马堡也是一位引人注目的人物。在冬天人们可以看到他肩扛滑雪板走出城去。有时还把滑雪的空气带到课堂上。

夏天他穿着粗布山民装,打着绑腿。这是他的"候鸟运动服"。如今他这套装束已经众所周知。后来学生们把他的这套装束传之为"存在主义制服"。这身装束是画家奥托·乌贝罗德为他设计的。在伽达默尔看来这是"一个农民逢年过节时的打扮"。(同上书)

到马堡后,海德格尔马上同马堡科学协会建立了联系。这是青年联盟之类的组织。它和学生会组织相抗衡,拒绝"老人团的市侩精神",提倡青年人自我修养、自我负责的原则,效法候鸟运动,尝试实施多学科交叉学习。这个团体的特征是严格的格奥尔格同浪漫的候鸟运动的混合物。从社会政治倾向看似乎偏向左倾,但有一点是确定无疑的:反对城市文化。他们用"纯正性[Echtheit]"来对抗教育上的市民空谈。有一次一个学生宣布,他要把自己"造就成一个人物",海德格尔在一旁挖苦地说,最好还是不要理会什么人物不人物吧!这里的精神气氛与托马斯·曼在小说《浮士德博士》中描写的青年运动的气氛相同。在小说中托马斯·曼让阿德里安·莱弗金和他的几个朋友一起徒步远足，并与他们在一个草堆里过夜时进行了一场关于上帝与世界的争论。争论中所用的都是学者们的行话，但他们对自己的这种装腔作势毫无意识。他们津津乐道于"本质问题"，大谈什么"庄严的空间"，或者"辩证的张力关系"或者"存在性的相应性"等等。当这些年轻人作完了草堆里的睡前准备之后，谈话也达到了"赤裸裸终极性"。

海德格尔在这个"科学协会"里作过几个报告。在报告中，他赋予协会所提倡的严格以特殊的色彩：他强调，生存的问题应由概念的刺骨的冰冷来磨炼。海德格尔还邀请这些学生到家里做客。有一次，甚至请他们到家里来庆祝圣诞节。大家一起唱歌，海德格尔的夫人给大家烤蛋糕，然后圣诞老人出场，分赠礼物。记述这段故事的赫尔曼·默兴得到了一本黑格尔的《精神现象学》。大家经常组织集体远足，带着民族器乐。这个圈子里的学生还被允许到海德格尔托特瑙山的小木屋作客。这位秘密哲学王在这里按青年协会的方式招待大家。冬至或夏至的时候，大家按老习惯把车轮裹上草，点燃之后，滚向山下。这就是放火轮。海德格尔在火轮后面大声喊着豪言壮语。有时候还在小木屋前点起火堆，海德格尔在篝火前发表讲话。有一次他这样开始他的讲话："在深夜的篝火旁保持清醒……"，接下来便又津津乐道于他的古希腊。这位托特瑙山上的巴门尼德。

一位在大学期间曾跟海德格尔学过一段时间，最后终于放弃了哲学学习的学生阿尔诺尔德·冯·布根哈根曾这样生动地描述过海德格尔在讨论班上课的情况："海德格尔用中等声音讲话，不

第 八 章

用提纲。在语流中带着一种十分特殊的智慧[Verstand]，但其中更多的是欲望[Willenskraft]。这种欲望左右着整个语流，特别是当涉及到危险的题目时，这一点就表现得更加突出。这位讲授本体论的演讲者给人的印象更像是，一位站在时代的巨轮指挥楼上的舰队司令官指挥着随时面临游动冰山威胁的巨型船队。"（布根哈根：《哲学传记》，第134页）

布根哈根把这种新的哲学风格（1932年雅斯贝尔斯的主要著作面世之后，这种风格才被冠以"存在主义"大名）在当时的影响描述为是对枯燥无味的理性-普遍性要求的解脱，是人们鼓动以某种方式使自己进入角色。它吸引人的恰恰是这个"以某种方式"本身的不确定性。因为，十分清楚，海德格尔哲学思考的核心既不是个人的忏悔，也不是表现主义或者热情的生活救助。海德格尔自己十分清楚，对此他对这种期望进行了激烈的反驳。他在课堂上经常引述谢林的话说："对生活的恐惧把人驱逐到中心之外"。而这个"中心"对海德格尔来说他就是那种与自己的相遇[Selbstbegegnung]，也可以简单地表达为，"我注意到我存在"。布根哈根描述了海德格尔是如何成功地导演这场从赤裸裸的Dass（这）出发的或应该由此出发的躁动不安的。谁要是从康德得知，认识的合理的基础存在于理性之中的话，那么在他眼里看来，这里知识的真正基础似乎是在个人的不会混淆、不可替代的生存之中。也就是说，基础不在普遍化的能力之中，而是在个体性之中。海德格尔尽管没有明言，但实际上他总是把这一点作为某种基础的东西，围绕着这一点展开。但是他又从来不为此提供一个清楚的轮廓。布根哈根讲，他和他的一些同学们经常不无惭愧地扪心自问，自己是不是

缺少"生存质量",所以不能摆脱普遍化的理性这个合理性基础。(同上书,第11页)

有一点在海德格尔这儿十分清楚:这种哲学不能像传统大学里的课程一样说"学过了"。尽管海德格尔的讲课中到处体现着令人敬畏的博学多才,但人们清楚地感觉到,博学与否对他无所谓,他在十分轻蔑地处理他所掌握的无限丰富的材料。在学生看来,这是一场激动人心的戏剧:在一幕幕的剧情中去体验认识那位哲学家。有的学生觉得海德格尔"像一只在高空盘旋的雄鹰"。另一些学生觉得他是"一个过度兴奋的人"。布根哈根讲到,当时他突发奇想,"这个哲学家是不是一个发了疯的亚里士多德?他用自己思想的巨大威力反过来反对自己的思想,而在思想过程中声称,没什么可思想的,只有生存。"(同上)

但是对许多学生来说海德格尔的生存只是一个谜。他们所能做的顶多就是努力让海德格尔之谜变为自己的谜。布根哈根承认,他没能做到这一点。另外一些学生在这种努力中较有成效。默兴描述过,海德格尔如何能出色地"沉默"。默兴在学习哲学、日耳曼学的同时还学习神学。对于他来说,"生存"这个说法还有一层宗教的意义。他向海德格尔提出这个问题,海德格尔沉默不语。默兴认为,这证明,"一种本质性的沉默是最强有力的语言。同时这也是海德格尔在他的学派中推行的那种自由的实例。"有一次,在一个讨论班上,海德格尔说,"我们尊重神学,所以对它,我们沉默不语。"(默兴:《笔记》)

但这种对神学的沉默在马堡给他带来的困难比在弗赖堡大得多,因为马堡是新教神学的堡垒。这里神学的"现代化"方兴未艾:

第 八 章

人们力图通过科学精神和文化的研究分析来赢得通向基督信仰的新途径。

海德格尔到马堡不久,他曾去听艾德瓦尔特·图尔奈森的报告。图尔奈森是以卡尔·巴尔特为首的"辩证"神学家之一。海德格尔在讨论中的发言给伽达默尔留下了终生难忘的印象。海德格尔所讲的每一句话都很适合这个场合的气氛,但是在马堡却流传着关于海德格尔已经背离教会和信仰的说法。海德格尔当时讲到:"神学的真正任务是去寻找一种有能力呼唤人们走向信仰、坚持信仰的语言。"(伽达默尔:《马丁·海德格尔与马堡神学》,第169页)

这个说法相当准确地表达了当时在场的大神学家鲁道夫·布尔特曼的想法。他比海德格尔早两年来到马堡。在这里他继卡尔·巴尔特之后将使新教神学第二次改颜换貌。他的神学以"非神秘化"著称。尽管1945年之后它才发生巨大影响,但它草创于海德格尔在马堡期间。这是一种从海德格尔哲学中发展出来的神学。布尔特曼公开承认这一点。布尔特曼是以海德格尔的此在分析中的人的生存处境描述的"生存"描述为先例的:被抛性、操心、时间性、死亡、向非本质性的偏离。海德格尔的形而上学批判影响对他十分重要。在这种形而上学中,思想装扮成一种完全非理性的超时间性和对生活的完全的支配性。海德格尔这里的形而上学批判在布尔特曼那里就是"非神秘化"。哲学家布尔特曼像海德格尔一样想要揭示人生此在的"生存性结构",神学家布尔特曼则想要将这种"赤裸"的生存同基督福音进行对照。而这里基督福音应是从历史的教义下解放出来的、还原为它的生存性基本意义的福音。按布尔特曼的理解,海德格尔描述的并不是生存的理想,而只是生存的结构。这使海德格尔的思想同布尔特曼神学可以很好地衔接在一起。布尔特曼自己写道:"生存哲学没有回答关于我自己的生存的问题,当它这样做的时候,就为我打开了通向圣经语言之门。"(查尔恩特:《上帝之事》,第 245 页)

海德格尔和布尔特曼之间很快建立起了友谊,并成为终生好友。但是他们思想上的关系并不平衡。海德格尔并没有像布尔特曼受他的影响那样受到布尔特曼的影响。在信仰的前提下,他承认布尔特曼的神学,但他认为,这不可能是哲学的内容。在这个意义上,他并没有追随布尔特曼的神学,而布尔特曼则走了一段海德格尔哲学之路,以便由此出发找到他与基督福音相契合之处。

在布尔特曼的邀请下,1924 年夏天,海德格尔在马堡的神学家面前作了题为"时间概念"的报告。这个报告是海德格尔在神学面前作技艺高超的哲学沉默的典型代表。

他不想直接谈论神学的或神的事情。他在报告的开头作了声明,他的报告只限于谈论人之事。在接下去谈人之事的报告结束时,他又顺理成章地和布尔特曼的神学恰到好处地衔接在一起,就像一把钥匙配了一把锁一样吻合。

在作这报告的时候,海德格尔已经开始从事《存在与时间》思想的拟定工作。报告中他以压缩的方式展示了人生此在的重要基本结构的核心,即整个结构中,时间起着决定性作用。

在这里他把时间性——这是第一次强调这一点——解释为死亡性[Toedlichkeit]。"人生此在由于其有死而有知……它是人生此在走向它的过去了的先导。"(《时间概念》,第 12 页)在此时此地的行动和体验中，我们已经注意到这个"过去了"，人生过程总是一个人生消逝的过程。我们自己本身就是这个消逝过程。我们在此处经历到了时间。所以，这个"过去了"并不是我们生命结束时的那个死亡事件，而是生存实施的形式，是我的此在本身的"如之何"。（《时间概念》，第 18 页）

海德格尔这个思想同传统的关于死亡的思想有什么区别呢？同苏格拉底关于死亡的思想，同基督教的警告"请记住死亡［Memento mori］"，同蒙田的名言"哲学思考就是学习如何死亡"有什么不同呢？他们之间的区别在于，海德格尔思考死亡，不是为了最后以这种思想战胜死亡，而是要清楚地指出，对死亡的思考，对这个永无休止的、处处当下的"过去了"的思考，恰恰开拓了通向时间性之路，并由此开拓了通向人生此在之不可支配性之路。

报告中对后来在《存在与时间》中著名的论死亡的文字中全面展开的思想给出了一个简单提示。但这个简单提示作为对神学和形而上学的强大传统所作的清楚的拒绝已经足够用了。按照传统，神或者最高的存在被置于超时间的领域之中，我们在信仰和思想中可以分享那个世界。而海德格尔则指出，这是对本真的时间性的规避。所谓与永恒世界的连接并不能超出时间之外，而只是面对时间的恐惧。它并没有扩大我们（生存）的可能性，而是远远落在生存可能性的后面。

被海德格尔所抛弃的这个传统，也正是布尔特曼的"非神秘化"神学发展中所要遗弃的传统。在这种神学中，基督福音的核心是上十字架，即上帝之死。布尔特曼的神学是以海德格尔发展出来的时间性体验为前提的。在布尔特曼看来，我们必须经历"在到死中去"这种经历所具有的恐惧不安,然后才有可能感受基督的福音。上十字架和复活标志着一个信徒的生存实施了的转变:人的重生转世并不是发生在未来永恒天国里的幻想性事件,而是发生在此时此处,在此就得以实施的、内在之人的大转变——通过极端的时间性的经历,也就是说,通过对死亡性、对生命的经历而达到重生。处于死亡的生存之中并且处于死亡之中,这就是《新约》的悖论式的——当然是经过布尔特曼解释之后的贫乏的——福音。

汉斯·约纳斯的例子也是海德格尔哲学思考鼓舞启发当时宗教思想家的明证。约纳斯同时师从海德格尔和布尔特曼。他的庞大研究的题目是"诺斯替教派和晚期希腊罗马精神"。在研究中他处理这种完全不同的宗教遗产的方式和布尔特曼处理基督教遗产的方式相同。(诺斯替教派曾是晚期希腊罗马时期及早期基督教中最有影响的宗教运动)约纳斯和布尔特曼一样,也把海德格尔的人生此在分析看成一把锁,而宗教福音就像是一把可以打开这把锁的钥匙。而且,这把钥匙特别适合于这把锁,因为诺斯替教派正是从"被抛性"的经验出发来生存的。——起码按约纳斯的解释是如此。诺斯替教派的神话和神学讲述了精神[Pneuma]如何坠落到世俗世界之中。在这里他永远是异乡人,永远无家可归。只有当他背叛、忘记了它的真正的来源时,它才能适应世俗的生活,也就是说,当它消散在、失落到这个世界里的时候,才能适应世俗生活。按诺斯替教的设想,获救完全取决于在世界中到处游荡的精神能否重新聚集在一起,重新记起已被它遗忘的来源。总之,约纳斯把诺斯替教派描写成历史上存在的,寻求海德格尔所理解的本真性的宗教运动。

第 八 章

在马堡时期命运为海德格尔提供了一个出人意料的机会——今天的神学家们会称之为埃尔福丽德"Kairos",即重大的契机——去达及一种完全特殊的本真性。一种邂逅,就像他后来向他的夫人埃尔福丽德承认的那样,它后来成了他"生存的激情"。

1924年初,一位18岁的年轻犹太女大学生来到马堡,因为她想师从布尔特曼和海德格尔。她就是汉娜·阿伦特。

她出身于寇尼斯堡的一个已被同化了的犹太人家庭,她在寇尼斯堡长大。十四岁的时候,她对哲学的兴趣日益浓厚,读康德的《纯粹理性批判》,熟练地掌握了希腊语和拉丁语。16岁时她自己组织了一个研读欣赏希腊罗马古典文学的小组。她以最优异的成绩在寇城通过了高中的毕业考试。在通过考试之前她便在柏林听过罗曼诺·古阿蒂尼的讲课,并且开始读基尔凯郭尔。哲学成了她冒险的乐土。在柏林她听说了海德格尔的名字。她在回忆中写道:"传说十分简单:思想又有了活力,已经僵死的历史中的教育遗产又重新开口讲话了。对历史传统持怀疑态度的人根本意想不到,从中又产生出完全不同的东西。现在有一位教师,人们也许可以在他那里学到如何思想……这种思想是从对'(人是)生于世界之中'这一简单的事实的狂热偏爱中发展出来的。……除了人生本身……再不可能有其他最终目的。"(阿伦特:《海德格尔80寿辰》,第235,237页)

在马堡,年轻的汉娜·阿伦特留着短发,衣着时髦,引来不少青睐。"最引人注目的是从她眼睛里放射出的那股诱人的力量。"(冯·维泽:《人生自述》)20年代曾在短期内和她作过朋友的本诺·冯·维泽[Benno von Wiese]在他的回忆录中这样写道:"人们会被她的这种力量所淹没,以至于担心再浮不上来了。"由于她经常穿着一身十分精美雅致的绿色服装,所以学生们都称她为"一片绿[die Gruene]"。根据默兴记述,当这位女生在食堂谈话时,有时会出现她的临桌都安静下来的情况。很简单,她使你觉得非听听不可。她身上透出的是一种自知、自信与羞怯的混合。为参加布尔特曼讨论班而举行的正式预选谈话中,她反客为主,提出,要她参加讨论班必须满足她提出的条件。她直截了当地向布尔特曼提出,讨论班上"不得有反犹排犹的暗示"。布尔特曼用他平静而友好的语调向她保证,"假如有反犹排犹的言论的话,我们两个人一定能应付得了任何场面"。约纳斯在布尔特曼的讨论班上结识了汉娜·阿伦特,并且和她建立了友谊。他描述了学生们如何把阿伦特看作例外现象的。人们在她身上看到"一种张力,一种对目的的坚定的追求,一种导致质量的鉴别能力,一种对本质的求索,一种深刻。这一切赋予她一种魔力。"(布鲁尔:《汉娜·阿伦特》,第108页)

她住在大学附近阁楼上的一间小屋子里。她在这里接待她的朋友。他们有的是从寇尼斯堡、有的是从柏林跟随她到这里来的。阿伦特和他们聚在一起讨论哲学。在这间小屋里,她为朋友们准备了一幕娓娓动人的话剧:她从墙角的小洞里叫出和她同屋的小朋友,一只小老鼠,给它喂食。

从1924年2月起,她在这间小阁楼上极为秘密地接待了她的哲学老师马丁·海德格尔长达两个学期之久。没有人知道此事,包括她最亲密的朋友在内。

艾茨贝塔·埃廷格[Elzbieta Ettinger]从汉娜·阿伦特的遗

第 八 章

稿中收集了不少资料,重构了这段故事(很遗憾其中包括了过于冗长的道德评论)。她引述了阿伦特的信并转写了海德格尔的信(这些信的原文未能获准公开发表)。根据埃廷格的研究,他们之间的关系始于1924年2月。在海德格尔于2月初邀请阿伦特到他办公室里谈话之前,他留意这位女生已经有两个月之久。海德格尔后来常常津津有味地回忆阿伦特步入他办公室的那一幕:她身着一件雨衣,戴着一顶帽子,深深地遮住了她的面孔。只显得她的羞怯腼腆,和她去见布尔特曼时截然不同。她的嗓音不听使唤,只靠呼吸飘出那几乎听不到的"是"和"不是"。面对她所敬佩的这个男人,此时此刻阿伦特一定感到,自己被他吸引,不可抗拒。2月10日海德格尔给阿伦特写了第一封信。他在信的开头称呼她"亲爱的阿伦特小姐"。他赞许了她的灵魂和精神的素质极高,鼓励她忠实于自己。这封信既事物性又充满了柔情。埃廷格在评论中称其为一首"抒情的赞歌"。(埃廷格:《汉娜·阿伦特与马丁·海德格尔》,第20页)其实海德格尔在给伊丽莎白·布洛赫曼的第一封信也是这种情调:感情细腻的敬意和以精神导师自居的混合物。那是1918年6月15日,当时他在给布洛赫曼的信中写道:"如果我不是确信,这种精神使您的气质如此高贵,令人敬佩不已,我也就不会如此冒昧在今天给您提笔写信,并在未来与您保持这种思想上的联系。请您务必保持坚强和乐观。"海德格尔给汉娜的第一封信也许更圆滑了一点,但同样是充满心理诱惑性,并且真的控制了汉娜的感情,使她产生错觉。这位大师喜欢上了她。四天以后,海德格尔给她的信中就称她为"亲爱的汉娜"了。两周以后又写了几行字。通过几行字,埃廷格认为,这表明了他们之间的

"肉体的亲密关系的开始"。

按默兴的记述,正是在这一年的二月,海德格尔开始在布尔特曼的研究班上作了关于路德对创世记三章解释的评论报告:亚当、夏娃违反上帝的约法,偷吃禁果而犯原罪的故事。

汉娜严格遵守海德格尔为他们之间这段风流所规定的规则。最重要的是严守秘密,不仅是他的夫人,而且整个大学里和整个小城里也不得有人知道此事。密码书信频繁传递,幽会时间按分计算,分秒不差。挖空心思想出来的信号系统;开几下灯为无人,关几下灯为有人。敞开的窗户表示有机会,打开的门象征着有危险。为了减少这种双重生活给海德格尔带来的不便,汉娜使尽了浑身解数。她顺从海德格尔的所有安排,用她的话说"以使我对你的爱不致给你带来比现在更多的困难"。(同上书,第25页)汉娜·阿伦特没勇气要求海德格尔为此作出决断。

1924年暑假,海德格尔在托特瑙山的时候,汉娜回到寇尼斯堡她的亲戚家。在这期间她给自己写了一幅稍加掩饰的"自画像",并寄给了海德格尔。因为她感觉自己并不是真实地在这种关系之中存在。这种感觉使她十分痛苦。她不能显示自己,但在"阴影"(她把这篇"自画像"称为"阴影")中她自己终于得以表现。她试图寻找一种语言,以表达在她生活中发生的这种"不同寻常的,奇妙的东西",就是它把她的生活撕裂得东一块西一块,此时一块,彼时一块。她把她的爱情称之为"对唯一者的固执的奉送"。她把她的心灵的动荡描绘为完全化解为情绪的"阴影"。它是处在无世界的、四分五裂的内在性的旋涡中的心灵运动。这篇文章被反思割成几段,用有距离感的第三人称写成。它描述的是一种未能融入到世界中的爱情。这里缺少某种基础性的东西,它就是汉娜·阿伦特后来在《日常生活》中称作"世界性间隙"的东西。"在爱中激情只把握了他人的谁。正是在这种激情中一个人得以与他人联系在一起。同时又使得与他人隔开的世界性间隙化为灰烬。相爱者的世界同共在的世界之所以被隔开,是因为相爱者无世界,是因为相爱者之间世界被焚化了。"(阿伦特:《日常生活》,第237页)

这个"世界性间隙"不仅被激情所焚尽,而且被这种秘密行为的外在强迫性所扼杀了。在爱无权显示的地方,在爱得不到证人的地方,现实与幻想的界限也就会很快消失。这一切压抑着汉娜,她在"阴影"中把这说成是她的"着了魔的被焚"。同样出自这个时期的一首诗中她吟道:"为什么你向我伸出你的手,羞怯得像隐秘,你来自遥远的国度,没有品尝过我们的琼浆?"

海德格尔比汉娜大17岁,是两个儿子的父亲,有一位虚荣好胜的夫人。海德格尔的夫人谨守着家庭的名誉与尊严,满腹狐疑地注视着当时海德格尔的女学生们如何围着她的丈夫献殷勤。而对汉娜·阿伦特尤其不留情面,因为海德格尔显然对她另眼相待,当然还因为汉娜是犹太人。海德格尔夫人的反犹排犹情绪在20年代已经声名狼藉。后来与汉娜·阿伦特作了几年夫妻的京特·施特恩(安德斯)[Guenter Stern]([Anders])曾回忆到,海德格尔夫人曾在一次托特瑙山的欢宴上找机会问他,是否愿意加入马堡的纳粹青年团。当他告之海德格尔夫人,他是犹太人时,她十分震惊。

如果后来不是汉娜·阿伦特提出让海德格尔作出决定的话,很可能海德格尔夫人也会期望海德格尔作同样的决定。海德格尔与汉娜之间的秘密只不过是游戏而已。在汉娜的眼里,这种神秘的地下活动只会有助于将他们的关系变成坚定的现实。但是海德格尔并不愿意这样做。汉娜的奉送对他来说也是一种幸运。他不愿对此负任何责任。在信中他不断向汉娜申明,没有第二个人能像她那样理解他,特别是在对哲学性的东西上。也确实如此。汉娜·阿伦特将证明,她对海德格尔的理解是如何准确。她比海德格尔自己更理解海德格尔。就像在爱情中一样,对海德格尔的哲学汉娜作出的是配补性的回答。她给海德格尔哲学补充了它尚缺欠的那种世界性。针对海德格尔的"进入死亡的前驱"她补以诞生哲学;针对海德格尔的自我性的生存唯我论,她补以多元性哲学;针对海德格尔对常人世界的沉沦的批判,她补以"amor mundi(世界之爱)";针对海德格尔的"采光",她的回答是,授予"光天化日的公开性"以哲学的神圣桂冠。这样海德格尔的哲学才变得有一定的完整性了。但是这个男人并没有留意到这一切。他根本不读汉娜的书,或者只是随意翻翻而已。而他读到的,都将是令他伤心的东西。越往后越是如此。

海德格尔爱汉娜,而且在很长的时间内爱着她。他十分严肃地把她作为一位理解他思想的女人。她将是海德格尔《存在与时间》的缪斯女神。他将向她承认,如果没有汉娜,他根本不可能写出这部著作。但是他从来没有感到,他可以从汉娜那里学到点什么东西。1955年汉娜·阿伦特的巨著《极权主义的起源》出版,汉娜·阿伦特虽然考虑拜访海德格尔,但最后终于没有成行。在一封给海因里希·布吕歇尔的信中谈到了其中理由:"我的书恰恰在这个时候出版这一事实……形成了一种十分不利的状况。正如你知道的,我完全可以像没发表过一纸一字,并且将来也不写一纸一字似的面对海德格尔。这是整个事情的必不可少的前提条件[condtio sine qua non]"。(埃廷格:《汉娜·阿伦特与马丁·海德格尔》,第111页)

让我们再回到马堡吧。这种关系持续的时间越长,保守这个秘密就越难。因此,这种关系使汉娜感到十分可怕。由于海德格尔只想利用宝贵的机会和她幽会,并不想和她永久地生活在一起——这个角色已经派给了埃尔福丽德——所以,1925年初他建议汉娜迁居,最好去海德堡他的朋友雅斯贝尔斯处。当然,这并不是这种关系的结束,而是空间的间隔。在这期间,汉娜也有离开马堡的想法,但完全是出于另外的原因。也许她想,海德格尔可能会挽留她。当他主动向她提出建议,让她离开这个地方时,她感觉受到伤害。对她来说,这不仅仅是一种策略。十年之后,她在给海因里希·布吕歇尔——他将是她的一切:情人、朋友、兄弟、父亲、同事——信中说:"我还是不能相信,'伟大的爱情'和自己个人的认同我可以同时二者兼得……自从我得到了自己个人的认同[Identitaet],我也得到前者。我现在也知道了,什么是真正的幸福。"

海因里希·布吕歇尔是她政治避难中的难友,以前的共产主义者,后在美国自修成才,被聘为哲学讲座教授,通过同这个在理智上有领导者的诱人魅力、自信又十分热情的男人的关系,汉娜·阿伦特才得以体验到,奉送与坚守自身这两者的统一。在海德格尔那儿,这是不可能的。为了保护自己,汉娜·阿伦特决心离开海德格尔。但是她没能完全甩开他。她拒绝告诉海德格尔她在海德堡的地址,但在暗地里却期待着他来寻觅她,找到她。

海德格尔通过约纳斯得到了她在海德堡的地址。于是，你来我往的频繁通信又开始了。约会安排得更加精心。1925年初，海德格尔到瑞士作报告，阿伦特应该在途中的一个小地方等他，和他会面。他将在途中停留一天，在一家小旅馆过夜。海德格尔答应，在火车停车的每一个小站上期待她的出现。汉娜还向他报告了她同冯·维泽发生了关系，以及后来同京特·安德斯发生的关系。海德格尔的反应使她感到伤心。他对她的幸福表示祝贺，并继续谈他们幽会的事。他向她解释道，他的伟大激情会压倒她在这期间发展的那些小激情，因此对此不值得介意。无论如何，海德格尔显然没有注意到，她的这些风流插曲都是为摆脱海德格尔而进行的无可奈何的努力。如果他注意到了这一点的话，那么在阿伦特看来，他的行为只表明，他想用他的力量对自己进行某种控制。她选择了抽身回避的办法，不回答他的来信。可能不久海德格尔又会左一个请求，右一个要求，接着又是爱情的表白，她也就得到场了。20年代末，她去纽伦堡旅途中就是如此。她正在和一个女朋友去纽伦堡，途中接到海德格尔的信，就像卡夫卡的小说《城堡》里的城堡官员呼唤福莉达[Frieda]一样。她也就是福莉达。她一样没有片刻的犹豫，中止了旅行，奔向海德格尔。

离开马堡之后，汉娜·阿伦特开始写她关于拉尔·法恩哈根[Rahel Varnhagen]的书。在拉尔和芬肯施泰恩伯爵的爱情悲剧的描述中人们总有一种印象，阿伦特是在研究处理她自己的经历和遭遇。按拉尔的愿望，伯爵不仅应在沙龙里而且应在他的家庭成员面前供认他们之间的关系。这位犹太女子拉尔想跻入他的贵族世界。如果伯爵没有这个勇气，用阿伦特的话说，如果他不能送给她一个"清楚明白的答案",即"公开性"的话,他至少应该下决心断绝关系。阿伦特认为,伯爵任事情继续发展,以致有可能使这种关系的惰性完全战胜了爱情的冒险,这是对拉尔的一种屈辱。"他是胜者",阿伦特写道,"他达到了他之所求:让生活、'命运'——即他的生活和他的命运,成为她对他的显得无节制的疯狂的追求的驾驭者,而并不需要为善为恶负任何责任,不需要作任何表达。"(阿伦特:《拉尔·法恩哈根》,第54页)

难道海德格尔不是这样一个"胜者"吗?他不是用自己的无所决定达到了让"命运"成为阿伦特的"显得无节制的、疯狂的追求"的驾驭者了吗?

在命运完成了这项工作,二人分别多年之后,当1950年阿伦特再次见到海德格尔时,她在给海因里希·布吕歇尔的信中说:"根本上说,我很幸福,很简单,由于证实了:我是对的,从来没有忘记……"这次见面揭开了这段长达一生的故事的新的一章。

尽管缪斯离去,海德格尔自己工作的灵感仍没消散。暑假期间,他在托特瑙山上紧张地写着他的书稿,1927年将以《存在与时间》为名面世。他在邻近的农民家里租了一间房子。当全家聚在一起时,他的小木屋太挤、太吵。在给雅斯贝尔斯(他没有向他透露他同汉娜·阿伦特的关系)的信中,他报告了他在这里紧张和充满乐趣的工作状态。1925年6月24日他写道:"我将于8月1日坐车到上面的小木屋去。我向往山上强劲的空气。在这里,底下的这种柔软的东西,时间长了会把人毁掉。8天的林工和木工活,然后继续写书。"1925年9月23日:"我们这上面简直棒极了……按我的愿望最好是能一直在这里工作到明年初。我一点也不向往教授圈子的生活，农民们更有意思，更可爱。"1926年4月24日从托特瑙山传来胜利的喜讯："我4月1日得到了我的著作的清样……，我工作得正得手，只有临近的新学期使我感到烦恼。还有现在包围这里的凛冽的空气……现在已是深夜，风暴呼啸着掠过高地，小木屋里块块木头都在咔咔作响。生命纯净、简朴，伟大地展露在灵魂之前。……有时我真弄不懂，下面的人们在扮演着什么莫名其妙的角色。……"

《存在与时间》之所以能此时成书是由于外在的原因，至少部分是由于下述的原因。尼古拉·哈特曼1925年接到科隆大学的聘请。马堡大学想把副教授海德格尔"扶正"。大学招聘委员会给海德格尔施以小小的压力，他应该有点新东西发表，以供大家讨论。委员会还提及了哈特曼的说法，他曾指出，"海德格尔的杰出工作"已经接近尾声。根据这个提示，哲学系准备于1925年8月5日提名海德格尔作为哈特曼的继承人，但1926年1月27日，柏林拒绝了这个提议。文化部长贝克尔写道："在没有大的作品问世并在专业同行中获得特别的认可之前，尽管海德格尔教授教学成绩斐然，在我看来也难以直接担任那里的具有历史意义的哲学系的正教授。"(《海德格尔与雅斯贝尔斯通信集》，第232页)1926年6月18日马堡大学哲学系再次写信，请求聘任海德格尔任教授，因为他已经把他的作品交稿发排，并附上了该书稿的清样。11月25日，清样寄回，文化部仍坚持原来的决定。1927年初，《存在与时间》作为由胡塞尔和舍勒主编的《现象学与哲学研究年鉴》的特刊正式出版。现在文化部终于明白了，提供在公众目光下的是一本什么样的著作了。1927年10月19日海德格尔由副教授被扶为正教授。

这只不过是来来往往的手续而已——1926年4月24日海德格尔给雅斯贝尔斯的信中写道:"整个事情……对我根本无所谓"……但无论如何,这个环境迫使海德格尔将他的著作付诸发表,尽管对他自己来说,该书尚未完成。雅斯贝尔斯陆续接到海德格尔寄来的带有简短评语的清样。1926年5月24日海德格尔写道:"整体上讲,……这对我来讲,只不过是一个过渡性的工作……。"1926年12月21日写道,他对他这本书评价"并不太高"。但"在这项工作的基础上他学会了如何理解,……伟人们到底想干什么。"1926年12月26日写道:"这项工作对我的意义不会多于我从它那里已得到的,使我自己进入自由天地,能较有把握较有针对性地提问题。"

1927年初,海德格尔的母亲去世,海德格尔告诉雅斯贝尔斯,在虔诚的母亲眼里,他是一个叛离宗教的儿子,这一点不知给她造成了多少忧伤。"我是她的一块心病,我使她难以瞑目。这是错不了的。我在母亲身旁度过的最后一刻……是一段'实践哲学',它将伴我终生。我认为,对于大多数哲学家来说,关于神学和哲学的问题,更准确的讲,关于信仰与哲学的问题,只是一个书桌上的问题。"(《海德格尔与雅斯贝尔斯通信集》,第73页,1927年3月1日信)

就在他母亲去世的这个月,即1927年3月9日,海德格尔在图宾根作了一个题为"现象学与神学"的报告,一年之后,略作修改在马堡又报告了一次。报告中海德格尔说:"就其最内在的核心而言,信仰一直是一种特殊的生存的可能性,它和属于哲学的那种在本质上视死亡为仇敌的生存方式是对立的。"但这个对立并不排除"相互认真对待,认真承认"的可能性。但这只有坚持保持它们之间的差异而不是将其混淆的时候,这种承认才是可能的。基督教哲学不过是块"木制金属"。"作为一种纯粹向自己提问的人生此在自由发问"的哲学,必须完全信赖自己。(《路标》,第 66 页)

这就是他对自己哲学的理解。他认为,通过《存在与时间》他达到了这一点。所以在和母亲作最后告别时,他把刚刚出版的著作置放在她的身旁。

第 九 章

《存在与时间》"卷首语" 什么样的存在？什么样的意义？ 从何开始？ 作为海藻殖民地的此在 在存在中 畏惧 操心渡河 人到底有多少本真性？ 普列斯纳和盖伦另有抉择 海德格尔的道德哲学 注定使然与自由 集体的人生此在：是团体还是社会？

我们先来作一番回顾。在终止了他的短期神学学习之后，马丁·海德格尔是以天主教哲学家开始他的学术生涯的。他的思想活动在对上帝进行研究的领域：在这里，上帝是我们的世界性知识和自我认识的终结和保证。面对神已经失去意义的现代（文化）的挑战，海德格尔出身的那个传统只能说些本己性、本真性的大话。为了要保卫麦氏教堂镇的这一片天，海德格尔也曾启用现代的武器，比如胡塞尔关于逻辑的有效性是超时间超主体的观点。在中世纪形而上学的哲学中他发现了这个观点的雏形。在这里他还发现了理性的唯名论式的自我怀疑：他确切认识到，理性不仅不能把握上帝，而且也无力把握"haecceitas"，即在此的这个东西，唯一性的个体。Individuum est ineffabile（个体是不可言传的）。

但是,关于历史性的观念才真正向他揭示了整个形而上学的问题所在。尽管形而上学并不认为人是固定不变的,但却都坚持,最后的意义联系是固定不变的。通过对狄尔泰的学习他认识到,真理本身也有它的历史。在他的大学教职论文接近完成之际,他的基本观点发生了决定性的变化。他开始从较远的距离上观察同他如此亲近的中世纪思想,发现尽管它楚楚动人,但这是一个精神沉没的时代。按照狄尔泰的看法,"只有在人和他的历史中意义和意思才得以产生。"狄尔泰的这个观点成了他的最高原则。对历史性观念的彻底把握摧毁了那种无所不包的普遍有效性的要求。在欧洲历史上这种观念在对人本身的自我把握中造成了可能是最巨大的裂隙。它意味着海德格尔天主教哲学思考的结束。

现实的历史,昨天的世界在世界大战中彻底崩溃,它最终使海德格尔体验到,大地晃动了,一切必须重新开始。

1918年之后,对海德格尔来说,历史性的生活成为哲学思考的基础。但在海德格尔看来,只要"生存"这个概念尚未得到澄清,那么这个看法就不会产生什么具体成果。在现象学的"学校"里,他才渐渐意识到,这正是问题之所在。他以杰出的现象学方式提出了这个问题:采取什么样的立场才可以使人的生存"显示"出它的特性。对这个问题的回答奠定了他自己哲学的基础:对对象化的批判。他告诫我们,当我们企图在对象化过程中从理论上对人的生存进行把握时,生存就会从我们面前滑过去。在我们尝试对简单的"讲台经历"加以有意识的把握时,我们就已经注意到这类情况。在客观化的思考中,生存的世界性关联这种丰富内容便会消失得无影无踪。这种客观的立场会使生存经历失去生存,使与

第 九 章

我们相遇的世界失去了世界。海德格尔的哲学思考转向人们经历的瞬间的昏暗。但这里并不涉及什么神秘的深刻,也不涉及下意识的地下世界,或者神灵的天界。这里涉及的是生存实施过程中包括日常生活在内自身的透明性。在海德格尔这里,哲学成为一种人生此在使自己觉悟的艺术。转向日常生活还有一种挑战的味道:它是对那种总以为可以认识人生的规定性的哲学的挑战。海德格尔以重新开始为口号登上舞台。在他早期演讲中,有明显的达达主义的狂热,要摧毁崇高的文化价值和传统的意义规定,揭发它们的一文不值的真相。他手握他的人生此在的现实性[Faktizitaet],怒不可遏地关注着"今天普遍的文化任务周围的那群小鬼"。他在1927年写给勒维特的信中这样写道,开始十分吃力,但后来成功的希望越来越大,渐渐地海德格尔从人生此在的昏暗中升了上来。现在他依据其结构把人的生存称之为:在存在中(In-sein),对现身情态的领悟,沉沦,操心。这些就是《存在与时间》中提出的"生存性概念"。他找到了"关涉其本己本真的存在之可能性的人生此在的表达形式"。

从1923年到1927年《存在与时间》出版,是海德格尔最多产的时期。他讲课中把《存在与时间》中的题目全面展开。在《海德格尔全集》中,占了不到500页,和他的丰硕的思想成果相比,在量上,《存在与时间》只不过是巨大冰山山脉的一峰而已。但是在《存在与时间》中他的思想被组织在精心设计的复杂体系结构之中,被用大量专门的术语全面武装起来,它还包括整个建筑的"脚手架",方法的防范措施等等。这一切使整本著作给人以庞大笨拙的感觉。这种外貌在哲学界有它的影响力。因为,在学界里对于过于简单的东西总想表示怀疑；过于简单反而容易产生不良影响。这本书的阴暗恰恰使它在公众中产生了名望。因为，到底是人生此在本身如此阴暗，还是仅仅是对它的分析过于阴暗，这是疑而未决的问题。总之，整个著作给人的印象是神秘莫测。

在《存在与时间》中海德格尔想通过他的工作从哲学上证明，人生此在除了他在那里存在的此（Da）之外一无所有。在某种意义上，他的工作是尼采工作的继续。尼采思考上帝的死亡，批判"最后的人"，因为，人们用神的代用品来敷衍塞责，以逃避对上帝消失的惊恐。在《存在与时间》中关于惊恐能力的表达方式是："有勇气去畏惧。"

《存在与时间》这个题目告诉我们，这里讨论的是整体的问题。学界同仁早已知道，海德格尔正在写一部巨著。但谁也没想到，这部书会用如此恢弘的要求来标志他的著作。不要忘记，人们并不把海德格尔算作构造体系的哲学家，而是把他看作对传统进行揭示的高超能手，他能使传统当下化。海德格尔之于柏拉图、亚里士多德就如同布尔特曼之于基督教一样，能使他们起死回生。

赫尔曼·默兴回忆到，1927年在一次学生团体集会上，海德格尔就像孩子显摆他们心爱的神秘玩具一样，一言不发，充满希望地把带着油墨香气的清样放大家面前——扉页上写着："存在与时间"。

该书戏剧性的布局十分成功。书以"卷首语"开篇：柏拉图首先登场。从柏拉图的《智者篇》中引的一段话："因为，显然当你们使用'存在'这个词的时候，你们早已对你们本来意指的内容了如指掌。但是我们则以为，我们尽管已经对它有所领悟，可是现在却陷入了尴尬的困境。"

海德格尔认为,这个"尴尬困境"一直存在,只不过我们不肯承认它。当我们说,某种东西存在的时候,我们一直不知道,我们到底在说什么。这个卷首语控告了对存在的双重遗忘:我们忘记了存在是什么,同时也忘记了我们这种忘记。因此现在应该重新对存在的意义进行发问。但是由于我们已忘记了我们的这种忘记,所以,"首先应该重新唤醒对这个问题的意义的领悟。"

这个卷首语为什么而作,在书开始已有明示,把时间解释为领悟任何一种存在的可能性的境域。存在的意义是——时间。要点已经点明,但为了使人理解这一点,海德格尔不仅需要这整整一本书,而且还搭上了他整个余生。

存在问题。严格地讲,海德格尔提出了两个问题。一个问题是,当我们在表达中使用"是[seiend]"时,我们到底想的是什么?这里被问及的是表达的意义。海德格尔把这个问题和关于存在本身的意义的问题紧密联系在一起。对于领悟这个问题在意义上的双重性,海德格尔居然声称,对这个问题意义的领悟根本就不曾有过。一个令人惊异的断言。

我们可以说,关于存在的意义(不是关于表达的意义)的问题,是一个自历史之初直到今天,一直不间断地困扰着人类思考的问题。这是对人类生存的意义、目的、含义以及自然的意义、目的、含义的发问。这是对人类生存价值和取向的发问,是对世界、天界和宇宙为何原因和为何目的的发问。实践上的道德生存使人对此发问。在物理学、形而上学和神学尚且没有分离的过去的年代,科学也曾试图解答关于意义的问题。但是康德发现,我们人作为道德的实体,肯定会对意义发问,可是人作为科学家却不能对此给予任何回答。从此以后,严密的科学对意义问题退避三舍。但在人的实践中的道德生存继续不断地提出这个问题:在广告中,在诗歌中,在道德的反思中,在宗教里都是如此。海德格尔怎么能声称,人们已经对这个问题根本无所领悟了呢？只有当他认为,所有这类意义的存在[Sinngebungen]以及与其相应的对意义的追问都忽略了关于存在的意义的问题,他才可以作这类断言。这个大胆断言使他自己获益匪浅,因为他是以柏拉图以来的遗忘性和遮蔽性的重新发现者的身份登场的。在卷首语中,海德格尔就把自己装扮成为划时代的转折而战的先行者。他在存在的意义问题上所作出的具体贡献我们后面再谈。海德格尔是延长路途的大师。在隧道的尽头显出一点光感时,我们再为这光明而欢呼也不为迟。

首先海德格尔把关于对存在意义的发问(我把这个发问称之为"加强性问题")放在一边,而从另外一个问题,即语义问题开始他的追问。当我们在表达中使用"是[seiend]"的时候,我们想说的意思到底是什么？我们在什么"意义"上谈论"存在[Sein]"？这是一个和现代科学有关的问题。任何一门科学,物理学、化学、社会学、人类学等等,都是对各自确定的领域的存在者[seiende]的处理研究,或者它们在同一领域中工作,但使用着不同方法,关心的是不同的问题。所有对方法的思考,即对以何种方式才适合于接近其研究对象这一问题的思考,都隐含了一种区域本体论,尽管人们并不如此称呼它。正因为如此,开始人们并不理解海德格尔的下述断言:人们并不想搞清楚,他们在各自领域中,于什么意义上获取了"存在"。因为,由新康德主义发展起来的恰恰是方法论

第 九 章

意识的特殊重视。李凯尔特和文德尔班对自然科学和人文科学作出了细腻的区别。还有狄尔泰的解释学,马克斯·韦伯的理解社会学,胡塞尔的现象学方法,无意识的心理分析解释学等等。上述所有这些科学在方法上都不是天真幼稚的。它们均有自己的本体论问题意识,都对它们自己在现实研究的相互联系中的位置进行了考察。所以,无论在语义-方法问题上还是在存在意义的加强性问题上,情况都是一样的。海德格尔都声称根本不存在对意义问题的理解——可是实际上这类问题到处被提出:在实践的道德生活中常常提出的加强性问题,而在科学中常常提出的则是方法论-语义性问题。

海德格尔一定是想达到什么特别的目的。但他具体想要什么,人们还不清楚。他很成功地制造了一种紧张空气,然后他才提出他的论题。人们并不清楚,在什么意义上让人作为实存[Seiend]而存在,这一点恰恰在关于人的研究中表现得特别清楚。从做法上看,似乎可以像对待世界中的其他现成在手的对象那样来对待人,可以以此获得关于人的整体概观。在这个过程中,循着人生此在的自发倾向,理解自己的存在时可以从实存出发,从他本质上永远不停地首先与之发生联系的实存,即世界"出发"。(《存在与时间》,第 15 页)但是这实际上是人生此在的自我蒙蔽。只要人生此在一息尚存,他就不会像一个对象那样成为一个做完了的、完整的、结束了的东西,而是永远向未来开放的、充满了各种可能性的东西。"可能-是"属于人生此在。

与其他的实存不同,人同自己本身的存在有着一种关系。海德格尔把这种关系称之为"生存"[Existenz]。就像我在介绍海德格尔1922年解释亚里士多德的时候指出的那样,生存[Existenz]具有"及物性"意义。而人生此在的不及物性被海德格尔称之为"被抛性":"……难道人生此在自己为愿意或不愿意进入人生此在自由地作出了决断吗?"(《存在与时间》,第228页)但是当我们不及物地存在在那里时,我们作为不及物的东西不得不及物地生活。我们不及物时所成为的,就是能够且必须是及物的。后来萨特为此发现了表达方式:"用人为何故而成为某某的那个'何故'所构成的东西"就是生存。我们是一种同自身的关系,并因此是存在性关系。"人生此在实存性的最显著的特征恰恰在于,它是懂存在的。"(《存在与时间》,第12页)

"实存的[ontisch]"这个表达指称任何存在的东西。而"懂存在的[ontologisch]"是用于指称那种好奇的、惊诧的、恐惧的思想活动,对于有我、和居然有某某内容存在的思考。比如格拉比[Grabbe]的无法模仿的名句"只来世上一次,而且恰恰是Detmold的白铁工",就是存在之论。人生此在或者生存就意味着,我们不仅是(存在着),而且感觉到,我们是(存在着)。我们从来不会像现成在手的东西那样成为一个成品。我们不会走出去围着我们自己看来看去。在任何一点上,我们都是向未来开放着。我们必须引导我们的生活。我们把我们交给了自己。我们是我们的未来之生成。

如何谈论人生此在才是合适的?一开始提出这个问题的时候,海德格尔就已经瞄准了时间。

我们像深入瞭望开放的地平线一样洞视着时间,此时我们便注意到,我们面对着某些不确定的没把握的东西。但有一个东西是确定的：一个巨大的"过去了"，即那个死亡。我们对它十分熟悉。并不是因为他人的死亡我们才熟悉它，而是因为我们随时随地都会经历这个"过去了"：时间的流逝——无数小的告别，无数小的死亡。时间性就是对现在、将来以及死亡性的"过去了"的经验。

时间性的两个维度——一个是它的结束，一个是它的开放的维度，即向死亡的存在和向可能的存在——都是对人生此在的严重挑战。正是囿于此，人生此在倾向于把自己看成类似如手头现成存在的东西，以至在它尚未完成之际便自以为，它是可以完成的，并因此使生命之圈结束，而我们则又处于开始的那个地方。在海德格尔看来，以科学的方式对人加以客观化，是在回避人生此在的躁动不安的时间性。各种科学只不过是日常人生此在的人们熟知的顽固倾向的继续，即从世界出发，来理解自己，即把自己理解成处于诸物中的一物。海德格尔要触动的就是这颗铁石心。

海德格尔把加强性的关于存在的意义问题同"存在"这一表达的意义这个方法性——语义性问题结合在一个讨论题中：人生此在把自己抛到诸物之中的这种倾向，业已贯彻在关于存在意义的加强性问题的提问之中。人们寻求的这个"意义"就像在世界里或某种想象中寻找彼岸天国中存在的某种手头现存的东西一样，人们以为可以把它们当作依靠，或者作为生活的取向。这类手头现存之物包括上帝、普遍适用的规律、千古不变的道德规范等等。

像寻找手头现存的东西那样去询问意义，也是人生此在逃避它的时间性和可能存在的一种方式。从手头现存物的形而上学这个方向上去对存在意义进行发问和寻求答案是完全错误的。今天这个魔鬼又在庆祝它的复活：在这里"制作了一个意义"，那里又有了一个创造意义的项目，还有人谈论什么意义贮备的紧缺，说什么必须让它发挥经济效益等等。这完全是特别愚蠢的手头现存性的形而上学。

这里涉及的不是一种理论上的不正确态度。正如我们已经看到的，对存在意义的发问，已经不再属于高度发达的精密科学所研究的问题。因为在那里这个发问已经作为不良行为被戒掉了。当然实践-道德的日常意识还在提意义问题。但是人们又是如何理解这种意识态度的呢？

直到该书中部海德格尔才让对存在意义的发问的主体登场。这是《存在与时间》一书的戏剧技巧之一。这个从事发问的"谁"，这个发问的主体是一种情绪[Stimmung]，而其中的畏惧[Angst]是这种情绪的基础情态。人生此在于恐惧中向存在的意义发问，向它存在的意义发问。《存在与时间》著名的第 40 节专门谈论畏惧问题，尽管身边有汉娜·阿伦特，但《存在与时间》中没有关于狂欢、关于爱情的章节。其实从这些确定的情绪性出发也可以激发出对存在意义的发问。这不仅是由于从他的哲学开拓力出发，只有通过这种确定的情绪，才可以在哲学上有根有据地勾画生存此在；而且主要与作者本人有关，与他的实际情绪、他对某种情绪的偏爱有关。

现在来谈畏惧。畏惧是处在阴影中的情绪的女王。首先必须把它同害怕区别开。害怕总是针对某种具体东西的，是小打小闹，不成气候。畏惧则不同，它针对的是不确定的无边无际的东西，如世界一样。畏惧所面对的是作为世界的世界。在这种畏惧面前，所有的一切都赤裸裸地降到地上，暴露了它们的意谓。畏惧是最高统治者，它能够无缘无故地就在我们内部发挥强力的作用。它真正的对手不过是虚无而已，所以它无需什么诱因便发挥作用。谁要是畏惧，世界对他"便无所提供，与其共在的他人亦是如此。"畏惧不容忍其他神灵在它身旁存在。它的具体化表现为两个方面：它撕裂了同邻人的纽带，使个人从同世界的信赖关联中脱落出来。它用世界的赤裸裸的Dass［那具体内容］和本己本真的自己同人生此在相对质。问题是，当人生此在经过冷酷的畏惧之火的焚烧之后，并不是一无所获。被畏惧从它身上烧掉的东西，在人生此在的红炭火中显示出来："向自身的自我选择和自我把握的自由开放［Freisein］。"

在畏惧中人生此在经历了世界的阴森可怕［Unheimlichkeit］和本己本真的自由。所以畏惧可以同时是对两者的畏惧：对世界的畏惧和对自由的畏惧。

上述这种分析是受到基尔凯郭尔的启发。在基尔凯郭尔那里，面对自由的畏惧就是面对自己的过错的畏惧。他企图通过向信仰的跳跃，越过这个深涧，来克服这种畏惧。但是海德格尔的畏惧不是为跳跃而做的准备工作。他已经失去他出身的信仰。在海德格尔这里是跳跃之后的畏惧，即还在不断下落过程中的畏惧。

当然海德格尔的畏惧哲学的来源，是20年代到处流行的危机情绪。文化中的没情绪——弗洛伊德曾在1929年以此为题发表过论文——到处蔓延。这个时期的世界观小品文中到处都充满了这种没情绪的感情——对一个没落的、颠倒的、异化的世界的感情。对它的诊断结果令人悲观。提出的治疗方法五花八门。各种治疗尝试看上去都像是企图通过对某一点的更正来治愈早已病入膏肓的世界,就像当时的魏玛共和国政治中的民主中心被彻底的背叛者的极端主义彻底碾碎了一样,那个年月的危机哲学也向极端主义的解决方案中去寻求避难。它们带着各种不同的名号:"无产阶级"、"无意识者"、"灵魂"、"圣徒"、"民族性"等等。卡尔·克里斯蒂安·布赖[Carl Christian Bry]在他的《伪装的宗教》一书(它是 20 年代的畅销书)中对医治危机的哲学大集市曾经进行了一番彻底的检查。在该书于《存在与时间》问世两年前出版。当时反犹太主义和种族主义正在流行。希特勒正在兰德斯贝尔格写作他的《我的奋斗》;德国共产党开始"布尔什维克化",成千上万的人在各种异端运动中寻求他们的福祉。占神主义,素食主义,裸体文化,通神术,人智学,五花八门,无奇不有。到处都能听到具体的承诺,指引迷津者比比皆是。货币贬值的伤口养育着圣徒们繁殖过剩的业务。无论什么样的意义解释和治疗,如果"偏执狂式"地成为唯一的原则,那么它们都可以变为"伪装的宗教"。这是布赖的看法。布赖宗教感情十分浓厚。他发现了一个十分简单的标准,以区别宗教和宗教代用品。真正的宗教对世界的不可说明性充满了敬畏。在信仰的灵光中世界变得更伟大,也更加模糊不清,因为宗教保守着世界的秘密,人把自己看作这个秘密的一部分。他对自己并没有确切的把握。而在"伪装宗教"的偏执狂那里,世界干瘪了,收缩了。"在所有的事物中,在每个东西上他找到的都是他自己看法的证明。"(布赖:《干瘪的宗教》,第 33 页)他以信仰的热情面对世界。而面对自己的怀疑时,他只知为其看法辩护。

《存在与时间》也是这股危机情绪中的一员。但是它因自己的独特的样式而与众不同。这里没有提供治疗的良方。1929 年弗

第九章

洛伊德发表的论文"文化中的没情绪"在开场白中说："于是,我失去了在我的共在同人面前妄称先知的勇气,我躬身接受他们的谴责,我竟没有为他们提供安慰。从根本上讲,他们都有这个要求。"(《弗洛伊德著作集》,第9卷,第270页)弗洛伊德的话也适用于海德格尔的工作。他的思想也来自对"没情绪"的经验,但拒绝扮演先知的角色,拒绝为他人"提供安慰"。

当然,海德格尔关于存在意义的强调性发问恰恰可以唤起那种对安慰的期望。它也的确唤起了不少人的期望,只是这种希望并没有得到满足。这种希望必然落空恰恰是《存在与时间》带给人们的消息:背后一无所有;存在的意义就是时间;而时间并不是充满赠品的仙岛,它不向我们提供任何东西,也不给我们指引方向。意义就是时间,但是时间没"占有"任何意义。

在海德格尔人生此在分析这出"戏"中畏惧是转折点。它从"一直紧紧生活于其中"的关系网上坠落下来。在分析畏惧之前的诸章节中,分析的主题是人生此在早已完全习惯的那个世界。这种分析表明,因为畏惧让世界背离常规,而且仅就他是一种造成同世界的距离的现象而言,对畏惧的描述是较为容易的。相反,具体地紧紧生活"在-世界-中-存在"之中的日常生活,因为它与世界毫无距离,所以想要对它加以描述就相当困难。如果真想澄清它的话,就不允许你处于外在的旁观者的立场,你就必须在某种程度上"参与到"这种无距离的人生此在运动之中去。这恰恰是现象学的基本原则。你不应该"对"该现象进行谈论,而是必须选择一种立场使得你可以经历到现象的自身"显现"。

从这一观点出发来考察迄今为止的所有哲学,它们均有过错。

它们不是描述意识怎样从世界中产生（自然主义），就是描述世界如何由意识来构成的（唯心主义）。海德格尔寻求的是第三条道路。他的原初的，而且也是不得不采取的立场是，必须从"在-存在-中"开始。因为，在"现象上"，我既不是先经验我自己，然后再经验世界，也不是相反，先经验到世界，再经验到我自己，而是在经验中，二者不可分割地联系在一起，它们是同时给出的。在现象学中这种经验被称为"意向性"，对海德格尔来说，这是现象学的最重要的观点。海德格尔不像胡塞尔那样将此理解为意识的结构，而是把这种经验把握为人生此在的世界联系。

在海德格尔对"在-存在-中"的分析中，术语与术语之间，丝丝入扣，关系异乎寻常地紧密。因为任何一个概念性表达句都必须避免重新落入近在咫尺的主体-客体分裂的老套，避免在主体（内在的）立场和客体（外在的）立场之间进行抉择。于是就出现了大量由连字符构成的怪物。它们应该指称那种不可分割破坏的结构联系。我们举几个例子："在-世界-中-存在"的意思是：人生此在不可能从世界中走出来同世界面面相对，它总是已经处于这个世界之中的。"与-他人-一起-存在"的意思是：人生此在总是已经和他人一起处于一个共同的处境之中。"自己-在到-前面去"的意思是，人生此在并非偶或从现在这一点出发去瞭望一下将来，而是在操心过程中不间断地盯着未来。这些表达方式显示了整个工作的进退维谷的特性。分析本身就意味着将其分解支离。但是海德格尔企图通过分析把分析的效果（即分解离析为部分和元素），重新加以消除。海德格尔把握人生此在就像人们去把握海藻团一样：不管你抓到它的什么部位，你都必须把它整体拖出来。把握某种个体，为的是同时把与此相关的整体连带着加以称谓。这种努力使海德格尔陷入一种"滑稽戏"中对自己的模仿性讽刺。比如把操心规定为："作为存在-于-在世界内-相遇的-实存-之旁的自身-已经-预先-在到-（某个世界）之中的自身-已经-在到-前面去。"(《存在与时间》，第 327 页)

语言的这种复杂性应该正好与日常生活的人生此在的综合性相适应。在 1925 年夏季的讲课稿《时间概念史》中海德格尔说："我们这里不得不引入一些离奇的也许并不美观的表达方式，之所以这样做，绝不是出于我杜撰个人术语的怪僻或者特殊偏好，而是出于现象本身的强求……当这类表达方式频频出现时，希望大家不要反感。"(《海德格尔全集》，第 20 卷，第 204 页)海德格尔这类独特术语——与布莱希特的手法相对应——实际上是一种异化技术。因为这里待研究的东西"并不是陌生的、根本不认识的东西，相反，它是与我们最切近的，因此使我们看走了眼的东西"。(同上书，第 20 卷，第 205 页)特别是当所涉及的语言具有计算性的时候更是如此。这种语言讲述着某种显而易见的自明之事，它使哲学家对此也这样把握。这样，在对日常生活的侦察中，语言表明，自己需要哲学家的心血。但一般的情况下，它们却被置之不顾。"实存的切近和熟知就是存在论上的遥远、无知……和被忽视。"(《存在与时间》，第 43 页)

对人生此在的分析，被海德格尔称之为"生存论分析"，而人生此在的基本规定叫做"生存性概念"。这个概念引起过许多误解。它实际上构成了传统的范畴概念的对应。在一般情况下传统哲学将其研究对象的规定称之为范畴，比如空间、时间、广延等等。但由于对海德格尔来说,人生此在不是手头现存的所谓"对象",而是"生存",所以他便不再把对它的规定称之为范畴,而是称之为"生存性概念[Existenzialien]"。

海德格尔的人生此在的分析,是从对"在-存在-中"的分析开始的,因为人生此在自身就是以此为开端的。这个"在-存在-中"不仅意味着,人总是处于某处,它还意味着,人总是已经与什么有牵连,与什么东西有瓜葛,总是与什么东西打交道。

众所周知,寻根者是激进的。对马克思来说,人的根是从事工作(劳动)的人,但是在海德格尔那里,人的基本规定是"与什么打交道"。它是某种比"工作(劳动)"宽泛得多的东西。马克思把"工作(劳动)"定义为"与自然的材料(物质)交换"。海德格尔的"打交道"尽管也联系到(物质的,自然的)世界,但是同时也联系着自身世界(自身领会)和共在世界(社会)。

海德格尔的出发点是实用主义的。因为在他那里行为就意味着打交道。它构成了人生此在的最基础的结构。用海德格尔的术语讲,这种第一性的打交道有着属于它自己的周围世界。认识是行为的功能。所以,想从进行认识的意识本身出发去理解认知的意识是错误的。这当然是针对胡塞尔的现象学意识研究而发的。因为认识也是从实践性的、与世界打交道出发的,所以对认识的研究也得从实践性生存活动出发。

这难道不是在重复人所共知的唯物主义原则"存在决定意识"吗?海德格尔的反驳是,当人们让存在来规定意识的时候,他们是在向人们显示,他们知道什么是存在。但是我们并不知道存在是什么,所以我们才来追问它,海德格尔这样说。人们只可能对周围世界,共在世界和自身世界如何与人生此在于此处相遇,进行认真观察和现象学的描述。

他首先提出的问题是:物品性周围世界是如何以及作为什么与人生此在相遇的?它们是作为器具用品与人生此在相遇的。在我的活动范围内,人生此在同它们有某种确定的缘分。

比如,门。我天天打开门。我并不把门当作上了漆的木板来感觉。在我完全习惯了之后,便对它根本没有感觉了。我打开它是为了进办公室工作,这扇门在我的生活空间中有它的位置,而且在我的生活时间中也有它的时间。在日常生活的程序中它扮演着一定的角色。它的嘎嘎的响声,对它的使用留下的遗迹,"附着"在它身上的回忆,这一切均属于它在我日常生活中的角色。用海德格尔的说法,这扇门是应手的。如果有一次突然它被意想不到地锁住了,我全力用头去撞它,这时我才痛苦地注意到,这扇门是一块坚硬的木板,而且它也的确是一块坚硬的木板。这样一扇应手的门就成了一块手头现成的木板。

我们以这种方式习常地生活在一种关联之中。它构成了"应手性"的世界。那里有着一种意指性联系。在活动中,我们已习惯于启用这种意指性联系,但并没有对它有任何具体的认识。我"经历"这种意指,但对它没有任何清晰的意识。只有当出现干扰的时候,不管它是来自外部还是来自意识,这种被生活过的便瓦解了。诸物便作为单纯的手头现成的东西变得十分清楚醒目。在手头现成的东西身上,被经历过的应手的东西的意指性不是完全消失,就是变得有气无力了。只有在应手的东西向手头现成的东西的转变过程中,诸物才成了严格意义上在理论观察中可以加以研究的对象。

海德格尔的分析企图为思想活动而挽救那应手东西的世界。因为在哲学认识中,应手的东西构成的世界常常被匆匆掠过,它们太急于马上转向诸物(和人),以至于诸物只剩下在对谁都无所谓的形式上的手头现成的存在者。稍后,海德格尔把世界向纯手头现成性的东西的转变称之为"对存在的遗忘"。有意识对应手的生活空间的保护就成为存在的联结性,这种联结性被理解为"对诸物的接近,或者居于诸物"。而与之相应的行为举止被称为泰然任之[Gelassenheit]。我们下面将会看到,在《存在与时间》中还有另外一种存在观念起着指导作用。与世界打交道的基础结构被海德格尔称之为忧虑操心[Sorge]。他赋予这个概念以相当宽泛的涵义。一切都是操心。为解释这个概念他引用了晚期古典时代的希吉努斯的"操心之忧"的寓言。

"有一次,女神'操心'过了河之后,看见一片陶土之国。她一边思索一边从中取了一团陶土,并开始动手塑造。当她正在思索创造的作品的时候,朱庇特出现在她面前。于是'操心'请朱庇特赋予塑造的陶形以精神。朱庇特十分乐意满足她的这一请求。但是当她要给她的这些造型起名字的时候,朱庇特当下加以制止,并要求用朱庇特的名字给其命名。当朱庇特和'操心'为名字争执不休时,这时土地女神台鲁斯[Tellus]突然站起来,也要求这个造型叫她的名字,因为她认为,自己为造型奉献了身躯。三个争论者最后请农神萨土恩来作法官评断此事。萨土恩作出了如下看起来很公正的评断:'你,朱庇特,因为你给了这个造型以精神,那么它死后的精神归你。你,土地女神,因为你赠给了它的身躯,那么它的身躯就归你。但是'操心'最先创造了这个实体,那么,只要它还活着,它就应归'操心'所有'。"(《存在与时间》,第 198 页)

"忧虑操心"不是指人们时不时地会担心担忧。"忧虑操心"是人之何以为人者。海德格尔的这个术语包含了"筹措操办"、"设想规划"、"担忧照顾"、"估计盘算"、"预算假设"等意思在内。这里的关键是它们的时间关联。只有当一个存在自己面对自己不得不活到其中、化到其中去的开放的、不可支配的时间境域时,它才会"忧虑操心"。我们是忧着虑操着心地存在着,是筹措着什么,操办着什么地存在着。因为我们清晰地体验着那朝前开放着的时间境域。"忧虑操心"无非是生活本身体验着的时间性。

在时间的驱赶下我们忧虑操心地在活动中与世界相遇。但人生此在本身既非手头现成的,也非应手的东西,而是生存。生存就意味着有自知自悟,它必须对自己也就是说对它的存在取一定的态度。人自己的存在如何向人显示自己呢?海德格尔的回答是通过情绪。

"为此,认知可能提供的阐发是远远不够的……相反,在诸情绪的原初性的展示中,人生此在被置于它自己的存在之前。"(《存在与时间》,第 134 页)

海德格尔公开反对各式各样的神秘化哲学。因为哲学是一种思维的劳作。所以它对思想的巨大的揭示能力充满信赖。在它看来情感和情绪是"主观的",所以不适于承担认知世界的客观知识的重任。哲学以之为根据贬低情绪。当然"激情"一直是理论好奇心的对象,它尽可以是认知的对象,然而按规定,从来不允许它作认知的工具。尼采的生命哲学使这一情况发生变化,但对海德格尔来说，这还不够彻底。这种以情绪为出发点的哲学往往被排挤到"非理性主义"避难所中去。对哲学来说，这是一个条件恶劣的贫民窟。"非理性主义——作为理性主义的对立物——只能偷眼窥视理性主义茫然无视的东西。"(《存在与时间》，第136页)

海德格尔没有偷眼，而是直接把情绪放到面前正眼对待。

我们在生活中总是以某种方式有着某种情绪。情绪是一种处境。尽管我们可以进入其情绪之中，但从本质上讲，情绪总是自己冒出来，渗进来的。情绪总是乐于偷偷溜进来，袭击我们。我们并不是情绪的主人。在情绪这里，我们体验到我们决定权的局限性。

海德格尔没有逐一去检验所有可能的情绪，而是把考察集中于少数几种合乎他的意图的情绪上。从日常的基本情绪中他提取出最有持续性的、均匀的、枯燥乏味的无情无绪。它具体表现为厌倦与无聊。在这里存在被揭示为一种负担。(《存在与时间》，第134页)日常生活的忙忙碌碌是对这一情绪的逃避。人生此在，精神振奋，生龙活虎，不承认这种无情无绪的降临。"在多数情况下，人生此在逃避在情绪中展示出来的存在。"(《存在与时间》，第135页)

我们可以把海德格尔的基础存在论，看作企图切断此在逃避之路的奢华的尝试。海德格尔用十分烦琐冗长的、纠缠不休的方式，竭尽全力把这种情绪置于面前，使它公开显出它是人生此在之负担的这一特征。它在厌倦与无聊中表现为枯燥乏味，天天如此；在畏惧中则表现为尖利耀眼、惊心动魄。

认为这种负担性情绪是基础性的看法，只是一种断言而已，起码不是必然的。马克斯·舍勒像海德格尔一样，也认为，情绪具有基础性的特征，但他得出的却是与海德格尔不同的结论。在他的《交好的本质与形式》(1912年)的研究工作中他宣布,爱与亲密无间[Verbundenheit],"心心相印和携手共进"是基础处境。与海德格尔相反,他把阴郁和负担情绪认定为是同性基础关系的干扰与中断。

我们可以简单地说,海德格尔是把统治着他自己的基础情绪和魏玛危机时期的公众情绪拿来做基础。海德格尔自己也确实总是特别强调情绪"从来为我所有"和它的"历史性",因此上述说法显得颇有道理。尽管情绪是"从来为我所有"并且是"历史性"的,海德格尔仍然将其当作基础存在。在存在论上他公开声称：并非只是自己本身以及它那个时代的人生此在具有的基本情绪,而且是一切人生此在都应该在这种基础情绪中来把握。

海德格尔想通过他的人生此在的分析提出对存在意义的发问。因此他不想让人们把这种分析只理解成对哲学人类学的贡献。然而引人注目的是,那个时代的重要的哲学人类学家,普列斯纳[Helmuth Plessner]和盖伦[Arnold Gehlen]也是从人生此在是一种负担这一特性出发的。但是两位得出的结论却完全不同。与之相比海德格尔的立场却显得分外清晰。普列斯纳在他的哲学人类学代表作《有机物和人的层次》(1928年)中定义人的时候特别强调人的"偏心"位置。人有一种特殊的有机性周围世界。他自己已完全适应了这个环境。人是向世界开放的。他不像动物那样,"从自己的中心出发,又回到自己的中心去"。他必须寻找自己的中心,创造自己的中心。他是一个好持保留态度之物,这对其本身和他的偏心位来说,都是十分艰难和不利的,因为这使他陷入一种十分棘手的矛盾。他寻找他的位置,并以此建立各种联系,却做不到全部投入到这个关系中去。他总是不断地割断这些联系,以此体验到自己是一个反射性动物。他在行为中活动到世界里去,又把自己从中反射出来。他不仅相对于世界是偏心位,他对自身而言也是偏心位的。"作为我,他使活生生的系统完全转向自身成为可能,但因此人便不是处于'此处-当下',而是'尾随'在'此处-当下'之后,尾随在自己的后面,没有位置,在虚无之中他的生存真的建立在虚无之上了。……"(普列斯纳:《有机物质和人的层次》,第288页)

生存性意味着,与他已经承担的生活相比,人必须承担多得多的生活。或者换个积极的说法,人必须领导他的生活。人类的生活服从于"自然的制作规律[Kunstlichkeit]"。

在30年代盖伦继续发展了他的上述发现。对他来说,世界也是开放性的。人并没有去适应某种特殊的周围环境。如果没有其他方式加以补充的话,人的这种不去适应环境的缺陷会大大减少他幸存的机会。他的自然缺陷必须由他的文化来弥补。他必须为自己创造一个适应于自己的世界。这里服从的是"减刑原则"。由于他不得不"做"如此多的事情,以至于使他能对诸物和自己进行改造,使它们不费多大力气便可以"发挥"自动性、运动性、驱动性的"功能"。也就是说,人类对他的生存性和反射性进行了如此大量的调整,以便可以为自己装备一个周围世界,这个世界可以减轻他的负担。这就是哲学传统中所讲的人的尊严的内容:自主性、反思性和自由。

越内在化,人的生活的负担就越沉重。这种内在性按规律是

第 九 章

无力负担一个自己的世界的,但这种内在性已强大到足以感觉到社会生活世界的事物化和组织化是一种苛求和"非真理性"。最后,忍受着内在性的分裂之苦的人还是顺从了不可避免性,人想通过文明来卸去自己人生此在的负担——尽管他同时感觉到了自身的失落。人步入自身内,失掉的是世界,而当他步入世界时,失去的是自身。盖伦得出的结论是:"人只能间接地维护对自己和类似的东西的持续的关系。人必须以一种迂回的方式,在自身外化中,重新发现自己。这就是各种组织。这是由人生产的形式。人的心灵在这些组织中事物化,编织到物的过程中,只有如此才可能持久地得到设置。这样至少不是像动物那样由自然,而是被人自主的创造物焚烧、消费掉。"(盖伦:《人类学和社会学研究》,第245页)

和海德格尔一样,盖伦和普列斯讷两人都把人生此在是负担这一特征作为基本的出发点,进一步去描述"减负荷"的文化技巧,指出这种技巧下人们为了生存下去而必然采取的基本手段。尽管海德格尔也谈到,人们十分熟悉的占统治地位的"图轻便[Leichtnehmen]"、"偷闲[Leichtmachen]"的倾向。(《存在与时间》,第127页)但对海德格尔来说,正是这种倾向使人失去了他"本己的存在的可能"。人应怎样对待这种人生此在的负担的特性?应该去减负荷,还是应去"加载"?这完全取决于是本己本真性还是非本己本真性。在海德格尔眼里,"减负荷"首先有逃亡诡计之嫌疑,有逃避之嫌,沉沦之嫌——即有非本己本真之嫌。本己本真的英雄应像希腊神话中阿特拉斯一样,勇于承担世界之重荷,而且还应该能够表演笔直行走,果敢地对生活进行设计的特技。

紧接着著名的论死亡的那一章就是对本己本真性和非本己本

真性的分析。正是这一部分为这本艰深的著作带来了极大的宣传效应。海德格尔对非本己本真性的描写带有十分明显的时代批评的特征,尽管他一直否认此事。在对人生此在的分析中他描述了,人生此在不是从本己本真的存在可能出发去生活。像常人一样生活中,每人都是他人,无人是他自身。(《存在与时间》,第128页)而描述的字里行间渗透流动着从整体上对批量化和城市化的批判、对精神紧张的社会生活的批判、对急剧增长的娱乐工业的批判、对忙忙碌碌的日常生活的批判,以及对精神生活的粗制滥造的随意性的批判。

20年代还有另外一些作家,他们对常人世界的描述更为准确。罗伯特·穆西尔在《无性格的人》一书中这样写道:"'如果今天还有男人追求全面发展,人们一定会对他有很高的评价,'瓦尔特说。'这样的男人根本不存在了。'乌尔利希认为。'你只需看看报纸,里面充斥着大量的极可怕的琢磨不透的东西。它谈的事情如此之多,以至于即使伟大的莱布尼茨的思维能力也无以为计。可是对这一点人们甚至连一点感觉都没有。人已经变了。不再是整个人面对整个世界了。而是在某种一般性的营养液中蠕动着某种带人味的东西。'"(穆西尔:《无性格的人》,第217页)

瓦尔特·梅林在他的歌曲:"喔呦,我们活着"中写道:"在这地上的饭店/社会的上流光顾/带着轻松的表情/背着生活的重负!"

维克·鲍姆在1931年出版的最成功的小说《饭店里的人》中有这样一段:"如果你出去旅行,另一个人进来,躺在她的床上。结束。如果你在大厅里坐个把小时,仔细地看一看,你就会发现,这些人都没有脸。他们相互之间只不过都是仿制品。他们都已死了,但自己根本不知道……"

海德格尔的常人也是这类仿制品,"日常的人生此在是谁,这问题的答案是常人。但常人是个无其人。所有人生此在相互间也已将自身渡让给这个无其人了。"(《存在与时间》,第128页)

海德格尔对魏玛时期的现代性的描述之所以给人如此深刻的印象,与其当时所处的环境直接有关。正是这种环境造成了这个效果,在基础存在论搭起的舞台上流俗性和日常性正式登场,在我们的生存这场剧里它们要扮演主角了。海德格尔并不想作时代的又一位批评家,因为批判是某种实存性的东西。而他所关心的人生是存在论性质的东西。

在海德格尔的舞台上,这些无其人演出着一场幽灵剧。它们是面具,但后面一无所是,没有自己。自己跑到哪去了?这种非本己本真的自己难道不是自己之遗弃、脱落,或异化状态吗?真正的自己是躲在我们中或是在后台,等待最终重新现实化吗?海德格尔说,不是。这种非本己本真性是我们自己的人生此在的原初的形态,而且不仅是在(实存的)通常意义上是如此,在存在论意义上也是如此。我们总是处在有所事事的环境中,这一点曾以周围世界为例作过说明。当然这对共在世界和自己世界也同样适用。这也就是说,人生此在最先而且大多数情况下,并不在自己这儿,而是"离己在外",尽为他人作营生。"最先在本己本真的自己意义上'我'不'是''我'而是常人形式中的他人。……最先人生此在是常人,而且大多数情况下一直保持如此。当人生此在特意发现了世界,并主动去接近它时,当人生此在将自己自身本己本真的存在展示出来时,这时对世界的揭示和人生此在的展示便总是在实施遮

蔽。阴暗化的清除,是对人生此在用以禁锢着自己的伪装的摧毁。"(《存在与时间》,第129页)

摧毁了伪装,本己本真的存在展示的瞬间,我们已经见识过了,那就是畏惧的瞬间。这时,世界失去了它的意指性,显示为在虚无背景上的"Dass[内容]"。人生此在则体验到自己的无家无业,不受任何客观意义的触动和诱导。向本己本真存在的突然转变是作为一种短暂休克[Kontingenzschock],作为一种对无牵无挂,无缘无故,空空如也的体验而发生的。1928年在弗赖堡大学的教授就职讲演中,对这种本己本真性哲学的传授比《存在与时间》中讲得更清楚。在那里他说:只有当我们有勇气"让虚无和我们相遇",哲学才真正地开始。

当我们与虚无面面相对时,我们就会注意到,我们不仅是"某种"实际的东西,而且我们还是创造性的存在者:我们可以从虚无中创造出某些东西。这里的关键是,人可以把自己体验为一个处所,虚无在这里生成了些什么内容。这些什么内容又在这里变成为虚无。畏惧把我们带到这个突变的时刻。它用我们所是的那个"可能性的存在"与我们对质。

海德格尔明确地声明,他对畏惧的分析不以畏惧死亡为主题。人们甚至可以说,这种分析的主题不是畏死,而是畏生,畏惧突然处于完全是偶然性的当下的生活。畏惧明显展示了日常生活是面对其偶然性的逃亡。这就是一切寻求"安稳的生活"的意义。

人们可以想象,常人是任何人,而且哲学家们也是常人。正如哲学家批评的,哲学家们安稳生活于它们的伟大构造中,价值世界中和形而上学的地狱中。大多数情况下,哲学本身也在想方设法

第 九 章

排除这偶然的休克,或者最好根本不让休克发生。

现在谈本己本真性本身,它是否定的否定。它是对逃亡、逃避倾向的抵抗。

本己本真性把它的内容设为虚无。它意味着,再一次进入世界。它并不开拓人生此在的新的领域,一切都可以原封不动,而且也将保持不变,改变的只不过是对它们的态度。

如果畏惧就是本己本真性的传授过程的话,那么海德格尔著名的"前驱入死"就已经是成功达到这种本己本真性。所以,在《存在与时间》的精神设计的构架中论死的章节被置于论人生此在之可能的整体性存在这一部分之中。而人生此在的整体性存在其实不过是"本己本真性"的另外一种说法而已。

在我们与死亡的关系上,海德格尔选择的看法也是和日常人们对死亡的理解完全对立的。这种看法的表达方式是:"最后人总是要死一次的。但首先,此事尚与人无关"。(《存在与时间》,第253页)只要人还活着,自己的真正的死"对于自己来说就还不是手头现成的,所以,就还未构成威胁"。(《存在与时间》,第253页)

假如海德格尔想用新的忏悔布道或自新布道来丰富有千年传统的"死亡警告"的话,那么,这在哲学上并算不上什么原创性。而当他引用晚期中世纪约翰·泰波尔(Johannes Tepl)的《波希米亚农人》一书的"人一出生就已经老到足以死亡"这句话时,似乎是在暗示他有此意图。

海德格尔想用现象学描述我们在生活中与死亡相遇的不同方式,但不是用打动人心的语言,而是用装备精良的、事物性的、有距离感的术语来进行的。尽管如此,人们仍可以感觉其中的道德激励,它显示出,我们处在他的哲学思考的炽热地带。海德格尔说,死并不是那生活的完结,我们是"存在到完结的那里去"。死亡不只是在我们前头站着的最后的时刻,它处在我们的生活之中,因为我们知道我们的死。死是我们持续面对的可能性,因而是我们自己的真正的生存之不可能的可能性。尽管每人都与死相关,但是每个人都必须去死他自己的真正的死。对这种命运的普遍性的思考不能为他提供丝毫的帮助。处在死亡中的人是成批的,尽管如此,死也是单个进行的。如果想把死亡当作绝对的界限来理解,那么就必须把死当成理解的界限来理解。同死的关联是一切关联的完结。对死的思考是思考本身的终点。海德格尔想在对死的思考中探查出时间秘密的踪迹。死不是"在"时间"中"的时间,而是时间的完结。当我体验到他人的死时,死是"在"时间"之中"的事件。这时,我处在把时间空间化的移植感受中。时间的空间是如此宽敞,以至在他人活过去了之后,其中仍有我的位置。时间的这种空间图像来源于非本己本真的时间思考。本己本真的时间是下述事实:它是不可逆转的时间运动,是在我中穿过的巨大的"过去"。这个本己本真的事实并没有得到真正的思考。非本己本真的空间图像把时间当作某种手头现存的东西来对待。

我们不要忘记,海德格尔把实存区别为手头现成性与生存。这种区分对死亡的分析十分关键。手头现成的东西是空间化了的东西,而人生此在是放弃了的、刚忍受过来的、活向终点的时间。和手头现成相对立的是"在过去了"。诸物是"在"时间"之中"的,人生此在则有它的时间,它自身就是时间的实施[es zeitigt sich]。

对于追求安全和稳定性人生需要而言这是不可容忍的,因此生活便有了强烈的自我物化的倾向。人们想在时间中稳如诸物。永恒不死的想法带有安慰性质,它动用牢固的空间之力来反抗不断流逝、滑过去的时间。

对时间性的思考使在开始提出的关于存在意义的问题突然旧貌换新颜。人们注意到,以前提问的意义是什么,是对固定的意义的追问,或者是对固定不变性的意义的追问。而海德格尔的想法正好和这种固定不变性的追求,和时间问题上公开的和秘密的空间性置换相对立。存在的意义是时间,这就意味着,存在根本不是什么固定不变的东西。它是不断流逝过去了的东西,它不是手头现成的,而是发生的事件。谁要是勇于思考自己本真的死的话,他就会发现,自己是无终了的存在事件。这个发现几乎已经达到了人生此在自己所能达及的自身透明性的最高限度。如果自我遮蔽是非本己本真性的话,那么自身透明性就是某种本己本真性。海德格尔的哲学正是为达到这种自身透明性而进行的努力,所以这种哲学也就视自身为这类本己本真性。

有些《存在与时间》的解释者尽力否认海德格尔的本己本真性哲学在基础存在论上同伦理学有关系,他们想避免人们对这种本己本真性和海德格尔后来效力于纳粹这件事有某种联系的猜疑。这种解释的努力只强调本己本真哲学的形式主义,这实际上是与海德格尔精神相悖的。因为海德格尔公开声明,"本己本真的生存的把握,是以人类此在的表现出的理想为基础的。"(《存在与时间》,第310页)

这个理想一开始只获得了否定性的规定。当人生此在有勇气信赖自己，不再把自己寄托给黑格尔所谓的"实在性美德"，如果它可以放弃常人世界提供的减轻负担的措施，集中力量到已失去的东西中取回自己，如果他不再参与那成千上万种的游戏，而是把握住人所是的自己，那么，人生此在就是本己本真的。

海德格尔是伟大的亚里士多德解释家。如果他想用他的本己本真性伦理学和公众性伦理学相对抗，他就必须脱离关于公众生活的实践伦理学这个亚里士多德传统。和柏拉图相反，亚里士多德把"善的哲学"重新放回到他那个时代的社会现实性的基地上。他为流行的、习惯的东西恢复了名誉。在亚里士多德看来，不能通过切断同社会上通行的东西的联系去追求合乎道德的善，只有通过这种联系才可能获得合乎道德的善。

无论是亚里士多德，还是由他出发的整个传统，一直到伦理实用主义，以及社会交往理性理论，他们建立道德上负责的成功生活的出发点和取向，恰恰活动在被海德格尔称之为常人世界的那个领域。

当自己从常人那里把自身取回来，重新回到自己之后，它到底到了哪里？海德格尔的回答是：它在对可死亡性和时间的意识之旁、在对实践的意识之旁。它处于对文明生活中人生此在的关照不可靠性的洞见之中，首先是处在对本己本真的可能存在的意识中，在体现为自发性、主动性和创造者的自由之中。戈特弗里德·本通过其他途径也想达到这个目的地。在他的诗"小酒馆"中有这样的诗句："我让我碎裂/我停在终点的近前/在废墟和货之间/站着那伟大的时刻。"在戈特弗里德·本那里，刚到达的人生此在首先必须"碎裂"。在海德格尔这里，人生此在必须挣脱，使脚下失去了根基,处于自由的深渊之上,但是同样——是一个"伟大的时刻"。

1929年在达斡斯,海德格尔同卡西尔的辩论轰动一时。海德格尔在辩论中宣称,"人生存在于他本己的可能性之巅峰的瞬间是十分罕见的。"(《康德与形而上学问题》,第290页)

海德格尔的本己本真性主要涉及的的确不是善的行为和伦理上正确的行为的问题,而是如何为伟大瞬间开拓机会的问题,是人生此在的集约提高的问题。但就伦理问题而言,可以用如下的话来表达海德格尔在《存在与时间》中的考虑:干你所想干的事,但要自己决定,不要让任何人替你决定,以至由此卸掉你应负的责任。当时的学生学着海德格尔的腔调说:"我已作出决定,但不知道对什么而作的。"他们的确对海德格尔的决定论作出了绝妙的理解,但是毕竟仍然是一种误解。说他们理解了海德格尔,是因为海德格尔的确大谈决定性一词,而不提及人们应为其而作出决定的内容和价值。说他们误解了海德格尔,是因为他们仍在期望从海德格尔那里得到这方面的指示与指导。海德格尔本来就是公开要使这种期望落空:它属于那类非本己本真性的哲学思考。哲学不是颁布道德规范的机构,哲学是——最起码在海德格尔这儿——对所谓的伦理客观性的排除与拆卸工作。这项工作完成之后所剩下的东西的确是虚无——当然是从伦理思想的传统来看才是如此。

按照优秀道德哲学的惯例,海德格尔也讨论了良心问题,但是只是为了使这个虚无获得具体的规定性。良心呼唤我们到本己本真性之前,但并不告诉我们,我们必须怎样做才是本己本真的。"良心向被召唤者喊了什么?严格地说——什么也没喊,无。……

被召唤者并没有被呼向什么,而是向他自己的呼唤,也就是向他自己可能存在的呼唤。"(《存在与时间》,第273页)

海德格尔并不顾忌别人会不会谴责他是形式主义。他在马堡的《时间概念》讲演中专门提到了康德道德哲学的形式主义。像康德提出的道德最高律令,在自己的行为中尊重他人的理性,即尊重他人的自由。通俗地讲,这条律令就是:己所不欲,勿施于人。这条律令尽人皆知,后无来者。

同康德关于理性自由中双方相互尊重的道德律令相应,海德格尔发展出了关于人生此在双方相互尊重的原则:"人生此在将其作为共在加以对待的那种实存并不具有器具用品的那种应手性的存在方式,这种实存本身也是人生此在。这种实存不是被筹措操办而是受到关怀照顾担心,为他担忧[Fuersorge]。"(《存在与时间》,第121页)

海德格尔选择的表述方式是描述,但实际上它包含着一种要求。因为这种担忧关怀并不是日常的社会上通行的那类人与人交往中的担心关怀,而是一种人们"本己本真"的,相互之间本应实施的担忧关怀。担忧关怀,它本质上是本己本真的操心——这就是说,它涉及他人的生存,但不涉及这生存所筹措操办的具体内容[was],只是有助于他人自己看透他的操心,向这种操心开放。(《存在与时间》,第122页)

海德格尔在描述性的外表下表达了他的绝对道德命令:在本己本真性中,即不许把自己也不许把他人视之为物。当然隐藏在描述表达中的针对自己的决断性本身也含有道德要求。这种决断性应该开拓下述的可能性,即"让与共在着的他人也在他最本己本真的可能存在中'存在'……从这本己本真性的决断性的自己存在发源出本己本真性的相互共在。"(《存在与时间》,第298页)

就像本己本真的自己存在一样,到底什么是本己本真的相互共在,并不确定。与此有关的信息又是否定性的。像自己存在一样,相互共在也必须到已失落于常人的状态中把自己找出来。这种非本己本真性集体的拆卸或者中断可能吗?

人们把海德格尔本己本真的相互共在与非本己本真的相互共在的区别等同于社会与团体之间的区别,就像菲尔狄南特·特尼斯在《社会与团体》书中所作的区别那样。特尼斯的书出版于1887年,开始没有引起任何反响。但到了本世纪20年代该书成为社会学的畅销书。它为保守派批判现代大众社会提供了大量重要的概念。在此之后,团体就比社会价值高得多。团体意味着"活生生的有机体"和"持久、纯真"的共同生活。社会是一种"机械的聚集和人工制品",只起维护"过渡性的、表面上的"共同生活的作用。在团体中,"尽管有各种隔阂,但他们亲密无间",在社会中"尽管有各种联系",人们是"相互隔绝"的。

但实际上,海德格尔的本己本真的相互共在,并不等同于团体所包含的内容。因为为了构成团体,需要人们的摆脱距离性负担、孤立性和个体性的愿望。海德格尔的本己本真性恰恰要求反对赶潮流、随大流。因为他要鼓励人生此在回到他不可去除的,即个人的存在可能中去,所以在他看来,团体本身有要求、有整齐划一之嫌疑。海德格尔要从他的本己本真伦理学中得出的政治结论则完全不同。后来他把国家社会主义革命理解为集体突然行动,冲出非本己本真性,因此参与其中。但这个结论不是《存在与时间》中的世界观的必然结果,其他人从中得出了完全不同的结果。海德格尔的基础本体论——包括他的本己本真性哲学含有如此的不确定、可塑性,以至为政治上作多种不同的选择提供了广阔空间。第一批海德格尔主义者如马尔库塞、萨特、京特·安德斯、汉娜·阿伦特、卡尔·勒维特就是一些很好的实例。

尽管海德格尔的《存在与时间》中有关于自由的存在论,但仍须毋庸置疑地承认,他是多元主义民主制的反对者。他并不赞同民主制的开放性。这种公开性"规范最先规范了所有的世界和人生此在的解释,并以全权维护这种解释,……并非是因为……这种公开性拥有一种清晰的、与人生此在相适应的透彻了解,而是因为它以不深入'事情'为根据,由于对水平和纯真性的一切差别麻木不仁。"(《存在与时间》,第 127 页)

这里海德格尔所谴责的正是民主公开性的构成性原则。确实,民主性的公开性是对一切意见和观念开放的,不管它们是否对人生此在有清晰的洞见。在它这里,人显示在平均性和"无水平"之中。这正是这类公开性的基本特征。任何人,不管其本己本真与否,均可发言。这种开放性是——起码按其理想状态是——生活的镜像的反映,不管它是如何平庸、卑贱猥琐——非本己本真。这种公开性也意味着,真理必须容忍把自己降格为廉价的意见市场上的某种意见。民主公开性的确是常人的游乐场。

人所共知,那些受非政治,或反民主制传统影响极深的学院里的官员,很少有人喜欢上魏玛的民主制。他们蔑视属于民主制的一切:党派林立、意见纷纭,生活风格杂处,所谓真理的相互相对化,平均化,毫无英雄气概的规范性。在这个学院官员的圈子里有价值的是国家、人民、民族。在他们之中衰落的形而上学实体还在残喘:高居于政党上的国家、作为传统习俗的观念,起着教育与匡正人民大众的作用;领袖人物的超凡气魄代表了人民的精神。在《存在与时间》出版的这一年,慕尼黑大学的校长卡尔·福斯勒在谴责他的同事们的反民主主义制的怨恨时说:"总是这类改头换面的老一套无理性、形而上学的、思辨的、浪漫主义的、狂热的、抽象的和神秘的政治清谈……人们总能听到抱怨,政治活动是多么肮脏、不可救药、不纯洁,新闻刊物是如何讲假话,内阁是多么错误,议会是多么坏,如此等等。人们在诉苦时,总觉得自己如此清高,如此有才智,而不屑于去从政。"

实际上海德格尔也是高居于政党之上,以蔑视的目光注视着、俯瞰着政治家的活动。

海德格尔在这时提出了什么方案以克服政治领域中的非本己本真性呢?在《存在与时间》中尚找不到这一问题的答案。一方面因为这种向本己本真性的转换只停留在个别个体的激进彻底的行为中。海德格尔以赞同的态度引用约克·冯·瓦尔登堡公爵的话说:"国家政治的任务应该是瓦解消除基本的公众意见,通过教育最大限度地使重视和尊重个性成为可能,这样才能够用个人的良心取代所谓公众性良心,这就是说,使良心更加强大有力。而公众良心只不过是一种极端的外化而已。"(转引自《存在与时间》,第403页)

另外一方面,属于在-世界-中-存在的还有一个事实:人是深植在他的民族历史之中,深植在"命运"和"遗产"中。因为本己本真性并没规定特殊行为区域以及它们的目的和价值。本己本真性只意味着在各个生活领域中立场和态度的改变。所以在民族的命运中人生此在也可以取本己本真的或非本己本真的态度。但《存在与时间》中并没进一步的说明，人民的命运的接受和传递如何才是本己本真的，只给出了下述暗示：并不能通过规范、立法和各种组织使人生此在、集体性的此在成为本己本真的，而只能通过生活本身的典范，即只有通过"人生此在自己对其英雄的选择"才能实现。(《存在与时间》，第385页)

尽管《存在与时间》一书中对集体走向本己本真性的道路有这些模糊不清的暗示，该书中占统治地位的内容仍然是关于个人性个体性的。海德格尔甚至有一处公开称他的立场为生存论唯我论，(《存在与时间》，第298页)在生存的决定性问题上每个人都必须单独处理。任何民族、任何集体的命运都无法取代个人在"本己本真的存在可能性"中作决定的活动。面对集体的命运，至关重要的是"在展开的处境中对偶然性保持高度敏感"，"对处境展开这种偶然性的敏锐感觉"。(《存在与时间》，第384页)海德格尔公开拒绝为历史的长时期活动制定任何项目或规划。剩下的唯一可能就是历史的"机会主义"。人们必须利用瞬间，抓住各种机会。

为了达到何种目的[Wozu]，出于什么动机[wofuer]？

不是为了远在天边的历史目标。如果还有目的存在的话，这个目的就是瞬间本身。这里讲的是提高对人生此在的感觉。本己本真性无非是一种努力奋斗。

海德格尔现在尚限于在哲学中寻找努力奋斗的瞬间。但不用多久，他便去政治中寻找这种努力奋斗了。

第 十 章

时间的规定性　对伟大瞬间的期待　卡尔·施米特、蒂利希和其他人　精神的现状　决断性和虚无　从学派压力下解放出来　人生此在的誓言　博伊隆的晚祷　怀念与鲁莽　恶　达斡斯的大辩论　海德格尔和卡西尔在魔山[①]　黑夜与白昼

《存在与时间》是一部未完成的作品。原书计划为分两部。尽管海德格尔在交稿日期的压力下日夜不停地工作,甚至在这期间中断了他天天刮胡子的习惯(这是他一生中唯一的一次),但该书还是连第一部也没写完。在《存在与时间》发表时,有些部分的内容没有完成,后来都逐步完成了。该书所缺的第一部分第三卷的提纲,构成了他1927年夏季学期的讲课内容。这就是后来发表的《现象学基本问题》。

---

① 魔山(Zauberberg)是托马斯·曼的一本长篇小说的名字。该书以德国传统教育小说的形式描写了大学生卡斯托普在一所疗养院中的经历。他在其中生活七年,期间不论是疗养院病人中的理想主义乐观人道主义者、鼓吹狂热禁欲主义的耶稣会教士,还是热衷于享乐主义的精神分析医生,都纷纷企图对他发生影响。但他最后悟到,"为了善和爱,人就不应该让死亡统治自己,"他终于摆脱了等待死亡的思想,离开了疗养院,想有所作为,但又不幸被送上战争的屠场。——译者

《存在与时间》未写成的第二部分,是对存在论的典型代表,康德、笛卡尔和亚里士多德的解构工作。在以后的年代中,这个工作在讲课或者文章中逐步完成了。1929年《康德与形而上学问题》问世,1938年《世界图像的时代》出版,其中包含了对笛卡尔主义的批判。30年代的讲课对亚里士多德思想进行了分析。

所以,在这个意义上,《存在与时间》提出的工作计划后来一直在继续实施,并且最后完成了。就是后来被海德格尔的学生们神秘化的"转向",也是在这个计划范围内完成的。1928年夏季的逻辑课讲演中,"转向"作为一项任务,第一次被提出来。实时性[temperal]分析同时就是转向。(《海德格尔全集》,第26卷,第201页)

这个"转向"意味着,人生此在分析首先揭示了时间,然后转回到自己的思想活动本身——在把握到时间视野之下,用对时间的思考来考察思想活动本身的时间性。当然,这并不是指对具体历史环境的分析,因为海德格尔认为,时间性的核心不在此处。正如我们已经知道的,在操心中,人生此在的时间性得到实施。人生此在操心担忧地生活到开放的时间域之中去。操着筹措办理之心和预先准备之心,在时间流中寻求着立足点和可依赖性。这类立足之点可以是工作,可以是宗教礼仪,可以是组织机构,也可以是各种团体,以及价值等等。但对于一个"转向"自己的本己本真时间性意识的哲学而言,这些立足点均失去了它所有的威严。当这个哲学发现了时间之流以后,它除了将自己作为时间的一部分来把握之外,还能做什么呢?这种哲学剥夺了哲学的普遍性和超时间性的要求;发现如果存在的意义就是时间,也就不存在从时间逃向可靠的存在的可能性。逃亡之路被切断了。哲学不再提供答案，它只能把自己理解为操着筹措办理之心的发问。哲学无非是活动中的忧虑操心而已，用海德格尔的话，自己担忧［Selbstbekuemmerung］。

由于它自身对智慧的各种严格要求，哲学以一种十分难以看穿的方式做着某种手脚。海德格尔在哲学思考中想揭穿哲学的这套把戏。那么哲学还能干什么？海德格尔的回答是：当哲学发现了意义就是时间时，它便可以使人对搏动中的时间心脏，即瞬间，进行更加敏锐的感觉。转向就是说，研究了时间的存在之后，现在转入存在的时间之研究。但这个转向是在届时瞬间的各个尖峰上寻找平衡。

在海德格尔看来，"眼下瞬间"具有一种很有特色的激情。但这里所指的并不是什么流逝中的时间、不断地通过当下时间点之类的陈词滥调。"眼下瞬间"不是已直接"现存在"那里。它有待于人们去发现，因为我们同时间的习以为常的关系，用空洞的，或者稳定的"等等、等等［Undsoweiter］"，把眼下瞬间遮蔽得严严实实。"眼下瞬间"不是出现在面前的什么具体内容，而是人生此在努力的结果，是本己本真性的美德。"眼下瞬间无非是决断性的眼界，它使行为的整个处境展现出来，并保持开放。"海德格尔把这种进入"眼下瞬间"，并强制自己作出决断的人生事实，称为人生此在本己本真生存的基础可能性。（《海德格尔全集》，第 29/30 卷，第 224 页）

海德格尔的对"眼下瞬间"的发现和表彰，是 20 年代激动不安的好奇者和形而上学试验者们的"共同财富"。那些划时代的哲学规划——从恩斯特·布洛赫的"体验到的眼下瞬间的阴暗",到卡尔·施米特[①]的"决定的眼下瞬间",从恩斯特·荣格尔[②]的"突然的惊恐",到保罗·蒂利希[③]的"Kairos"[④]——他们像海德格尔一样,都涉及这个从基尔凯郭尔那里开始了它的光辉业绩的"眼下瞬间"。

基尔凯郭尔的"眼下瞬间"是:当上帝闯进你的生活,使你感到上帝在召唤你作出决断时,你敢于跃入信仰的时刻。在这个眼下的瞬间,把个人同耶稣分割开的历史时间变得毫无意义。基督的福音和救世之主向谁召唤,向谁提出要求,谁就和基督"同时"生存在一起。传统把宗教作为文化财富和约定俗成的道德一直携带在身边。可是这种生存性地激发起来的眼下瞬间,把这整个传统文化化为灰烬。自基尔凯郭尔以来,"眼下瞬间"成了反对市民社会的宗教手段的信号。比如卡尔·施米特的眼下瞬间神秘主义,使他在误入政治和国家法上误入歧途;而恩斯特·荣格尔则提倡在眼下瞬间中享受紧张、无限的刺激性。

这样理解的眼下瞬间许诺了一种同"整个的他人"的关系。它意味着对时间的另外一种经历,和另外一种时间的经历。它许诺一种骤然的转向与变化,也许甚至是降临与解脱。无论如何,它强迫你作出决断。在这个眼下瞬间中横向时间与纵向时间相切。鲁

[①] 卡尔·施米特(Carl Schmit,1888—1985),德国政治哲学家,律师。纳粹期间曾为希特勒政府服务,成为最有名的纳粹御用教授之一。他的政治哲学著作至今仍有影响。——译者

[②] 恩斯特·荣格尔(Ernst Jünger,1895—1998),德国著名作家政论家。——译者

[③] 保罗·蒂利希(Paul Tillich,1886—1965),德国新教神学家和哲学家。——译者

[④] 希腊文,意为"瞬间、时机"。——译者

道夫·奥托在他 1917 年出版的极有影响的《论神圣》一书中对眼下瞬间定义如下:"眼下瞬间是与神力相遇的主观等价物。"20 年代渴望紧张的精神生活瞄准了各种形式的神力。形而上学的追求转变为一种畏惧,它担心可能会错过那决定性的眼下瞬间。胡果·巴尔①在《逃出时间》一书中写道:当他在"伏尔泰俱乐部里把成千个文化转变编导为对巨大转变的期望时","抽象的时代的普遍性钟表发生了大爆炸"。(巴尔:《逃出时间》,第 156 页)为更新一切的伟大瞬间做准备的,正是达达主义,它是唯一可行的训练计划。所以,这是一切特殊的急切之情,"作一个达达主义者就意味着,让物搅动自己,以反对形成任何沉淀。坐在凳子上吃饭,就意味着威胁生命。"(达达主义宣言)在一个瓦解了精神和物质上的稳定的生活气氛里,精神的当下是最大的理性。精神的当下就是对机会的敏感[Sinn]。卡夫卡写于 20 年代初的小说《城堡》的主题,也是这种精神的当下。这里被错过的机会和精神当下性的缺乏,变成了一种形而上学的恐怖:土地测量员约瑟夫·K.因睡觉而耽误了在城堡管理处的会见。② 否则也许他还有救呢。

新的事实性[Sachlichkeit],经过形而上学的冷却,又出现于精神当下性之中。它只承认"达到时间高度"的东西才是够水准的。在布莱希特那里,拳击手成了神圣的人物,他就是精神当下性的竞技者。当一个优秀拳击手闪避时,或当他出拳猛击时,拳击者

---

① 胡果·巴尔(Hugo Ball,1886—1927),德国诗人,达达主义代表之一。——译者
② 小说中 K.去城堡要求在所属村庄落户,但始终未能进入城堡,错过了获得安身立命之地的机会。——译者

对眼下瞬间具有一种本能直觉。对新事物性的变动不居性的想象受到偏执狂的控制：他可能会错过他的时间，就像误了火车一样。对魏玛的最后年代的时代分析中有一类，不是到时间的连续中，而是到它的断裂和破裂中去寻找历史的真理。布洛赫的《踪迹》，本亚明的《单行道》，恩斯特·荣格尔的《冒险的心》就是这方面的例子。本亚明的话对上述一切尝试均适用，"可认识性的现在就是觉醒的瞬间"。历史就像火山口，它并不是生长出现，而是突然喷发。必须要求人们在被淹没之前，按要求进入位置。热爱这个眼下的瞬间，他就不能太顾及自身的安全。危险的瞬间要求一颗冒险的心。因为"世界的历史是在一场灾难中前进的"，奥斯特瓦尔德·斯宾格勒这样写道，因此人们必须时刻作好准备，以面对决定性东西的"突然"发生，它的出现"像一道闪电，一场地震一样突然……我们必须从上个世纪在'进化'概念的禁锢中摆脱出来。"

基尔凯郭尔是19世纪的思想家。他是20世纪"眼下瞬间"的神话揭幕人之一。另一位揭幕人就是尼采。基尔凯郭尔的眼下瞬间，意味着闯入了整个他人之中。尼采的眼下瞬间，意味着常规习惯的冲破。在尼采这儿，在"伟大的解脱"的瞬间中，自由精神诞生了。"伟大的解脱来得……如此突然，犹如地震，年轻的心灵一下子被震动，被撕裂扯下，他自己也不明白，到底要做什么。一种驱动，一种冲力左右着它，像主人一样地向它发号施令。意愿和愿望不断增长，就是要向前进，不管付出什么代价，不管达到什么地方。在它的七情六欲中燃烧着强烈的、危险的对未发现世界的好奇……突然对童年过去心爱东西的惊愕和狐疑、蔑视如闪电一样劈在他的所谓'义务'之上，对转变的渴望激动着、撞击着，如喷发的火山肆虐着任意而为。"

尼采的眼下瞬间是一种加强型的紧张。在基尔凯郭尔那里,眼下瞬间是通过和绝对的接触获得的,在尼采这里则不同,它是通过自我加强的超越活动——"那伟大的摆脱"——获得的。这是一种发自内部的白热化过程。对于它来说,不存在什么高高在上的价值取向,这种价值已经消失了——"上帝死了!"眼下瞬间的紧张来自自由,来自绝对的自发自主性,来自虚无。当然这种眼下瞬间是一种非常状态。但只有从这种非正常状态出发,才可以看清,在常规生活之中隐藏着什么东西。"正常无所证明,非常证明一切……在非常之中,现实生活的力量冲破了僵死的机械力在不断重复中形成的外壳。"(施米特:《政治神学》,第14页)

这是卡尔·施米特1922年出版的《政治神学》一书中的话。它极力主张决断。这种决断"从正常的观点看,诞生于虚无"。这种决断的力量的唯一基础,就是趋向于权力的意志。用原初的、强有力的、眼下瞬间中的紧张来取代合法的认证。1932年蒂利希把这种从虚无里正常发源出来的决断性理论称之为"政治浪漫主义"。它对自己提出下述要求:"由儿子这里出发去创造母亲,并且从虚无去召唤父亲。"(蒂利希:《社会主义的决断》,第253页)对卡尔·施米特来说,国家是一种有神力的非常状态的持续化。神圣的眼下瞬间的国家化被他称之为主权。他用这种交叉的方式提出的定义:"主权就是在非常状态下作决断者。"(《政治神学》,第14页)卡尔·施米特坚持他的主权概念的神学形态,"非常状态之于法学的意义就如神迹之于神学,它们是对称的。"(同上)在神迹中展示的是上帝的主权,在非常状态中展示的是国家的主权。

在魏玛共和国的年代里,伟大瞬间的追随者几乎都是虚无降临的信仰者,不带福音的牧师。这种态度就是他们的内容。

当人生此在从散落飘零中回到自身时,海德格尔式的眼下瞬间也是一种非常状态,也是冲破了"僵死的机械力在不断重复中形成的外壳"(卡尔·施米特语)。它既是基尔凯郭尔又是尼采意义上的瞬间。这里闯进了什么,又冲破了什么。正如海德格尔在1929—1930年的讲课《形而上学基本概念》中说的:"这是由于人们接受内在的惊恐的眼下瞬间,它自身携带着各种秘密,而且赋予人生此在以它的伟大。"(《海德格尔全集》,第29/30卷,第144页)

在这期间海德格尔又回到了弗赖堡。1928年他被聘为主持胡塞尔讲座的教授,胡塞尔自己把海德格尔定为自己的后继者。

1928年以后海德格尔的著作和讲课中,比如1928年弗赖堡大学就职报告《什么是形而上学》,在1929年的报告《根据的本质》,30年代的报告《真理的本质》,特别是1929—1930年的大课《形而上学的基本概念》中,我们听到了一种新的声音。温度在上升,事物性最终也在海德格尔的著作中宣告结束。冷静的、基础存在论的、几乎是机械师式的描述,现在清楚地隐蔽到生存波涛的下面。海德格尔也开始煽动他的听众。

在1929—1930年讲大课期间,海德格尔在给伊丽莎白·布洛赫曼的信里说,"我们的'形而上学课'使我多有创作,但整个工作对我来说是一个自由解放工作。学派的压力、颠倒的科学性以及与此相关的一切都被我甩到了一边。"

到底发生了什么事?

1928年在"逻辑的形而上学的初始基础"的课上,海德格尔还

第 十 章

在强调《存在与时间》的"成果",强调生存分析只是纯描述,它谈论生存,但不对着生存说三道四。"人生此在的分析先于一切预言和世界观的颁布,它也不是智慧",(《海德格尔全集》,第 26 卷,第 172 页)它只是——分析。

亚里士多德曾为伦理思维明确指出了两种基本可能:它或者是"Sophia(智慧)"研究,或者是对"Phronesis"(实践性的聪明,慎思)的研究。但人生此在的分析并没有把这两个方面当作自己的任务。它既没有宣布慎密世界观,向人们建议,在时间中以及对时间应取何种态度。它也不是智慧,它并没有为时间涡流彼岸的立场定位定向。它既与永恒真理无关,也和带着时间印痕的聪明才智无关。

这种分析只想指出,人生此在整体上到底怎样对待自身,1928年的讲课中他不避简化之嫌,把其基本思想归纳为几条简短的指导思想。

首先,人生此在总是散落飘零在它的世界之中(躯体、自然、社会、文化)。

其次,尽管它们已失落在散落飘零中,但在人生此在之中有一种"原初的肯定性的强力"存在,仍可以收拢回来。否则的话,这种散落飘零根本不会被注意到。另外,没有这种原初的强力,也就不会有什么东西可供散落飘零。人生此在的富有戏剧性的基本现象[Geschehen],恰恰活动于渊源与散落飘零之间,而且自相矛盾的是,飘零散落比原初性的强力更加原初。因为人们从未占有过,而只是赢得过这种强力——而且只能从飘零散落中赢得它。

第三,这种从飘零散落中的收拢,需要一种自明性的冲击:一种真正的感受的瞬间。在海德格尔这里,这种自明性的冲击就是畏惧的情绪,就是无聊。在这种情绪中可以听到良心的呼声,这是人生此在对自己的呼唤。

第四,如果真的能从整体上把握了人生此在,我们便可以看到,它在散落飘零和聚集之间来回摇来摆去,在伟大瞬间和日常筹措操办之操心之间来回摆动。这种从飘零散落与渊源之间的摆动就是人生此在的整体,除此以外,它一无所是。

第五,"只有通过哲学思考本身的彻底的生存性努力追求",才有可能达到对整体的这种观审。(《海德格尔全集》,第26卷,第176页)基础存在论只能对自己的实际生存[existenziell]所经历的内容进行生存论[existenzial]分析。

这种哲学活动是以什么东西为出发点呢?答案是:他自己的畏惧和无聊。他倾听自己良心的呼唤。未能进入真正的瞬间感受的哲学思考,是无根的,无对象的。

不管这种彻底的实际生存的努力在个别情况中对于个人意味着什么,有一条是肯定的,只有当读者或听者以某种方式从事这种努力时,他们才可能在海德格尔的意义上理解这种人生此在的分析。海德格尔必须能够以某种形式成功地调动出(他人的)这种"实际生存的努力"。他不能只空谈生存,他还要能够唤醒他人的人生此在中的积极性和强力。谁想听——更重要的是,谁想理解——谁就必须用情感去体验。哲学家不能只限制在对人的意识进行描述的范围内,他还应该掌握一种技术,以唤起人中的人生此在。这就是说,只有在人生此在的转变中,而且只有处在这种转变中,基础存在论的视野才会打开。简而言之,为了能理解生存论的分析,就需要现实生存的积极活动。所以,海德格尔必须找到一种能使他在听众之中唤起真正的瞬间感受的途径。他必须进行某种程度的导演工作。这是密授仪式,祈祷练习,哲学沉思。它完全从学派的压力和颠倒的科学性中摆脱出来。真正的瞬间感受——畏惧、无聊、良心的呼唤——必须在听众中被唤醒,以便使在他们之中居住的人生此在之秘密能够自己现身。这就是海德格尔的新的风格:肇端变故哲学[Ereignisphilosophie]。哲学必须现场变出一种心情处境来,以便进一步关照这种心情处境的意义。比如,他必须使人生此在产生恐惧,进入畏惧之中,将其驱入无聊之中,以便使人生此在能够期待进一步的揭示。在这种情绪中所追求的只是虚无。

这种现实生存的行动哲学的新腔调,对当时的听众产生了强烈的影响。海因里希·维甘德·佩茨特[Heinrich Wiegand Petzet]当学生的时候曾亲自听到了海德格尔的教授就职讲演《什么是形而上学?》。他的感受是,"就像一道巨大的闪电劈开了阴沉沉的天空……,世界的诸物晾摆在几乎令人感到痛苦的白晃晃的光中。……这里涉及的不是'体系',而是生存……当我离开大厅时,我已哑口无言。当时就好像我看到了世界的根底……。"事实是海德格尔想强迫他的听众,在一个瞬间去看破"世界的根底"。

根据[Grund],论证[Begruendung],所有关于充分根据的命题,科学的观点,日常生活的感觉情绪——我们目光所及,无处不是对稳定的根基的需求。海德格尔带着讥讽的腔调让稳定性,栖息处的不同变型,在人们的脑子里一一过了一遍,接着就问,虚无的情况怎样呢?谁要彻底地追问什么是根底,难道不是一定会在某时发现,根底就是掉底[Abgrund]①吗?而且某个事物只有在虚无的背景下才能在我们面前被衬托显现出来吗?

海德格尔接着对实证主义的自然科学家和逻辑学家作了一番议论,他们认为根本不存在虚无。科学家总是同具体东西打交道。逻辑学家则指出,虚无只是语言造出来的东西,是否定判断的实体化表达("这花不是黄的","他不回家")。科学家的这种反驳正好为海德格尔提供了机会,对现代自然科学的内部的"麻木坏死"和"无根性"进行揭露,指出它封闭了自己同基本经验的联系。"逻辑的理念自己将自己消解到原初性的发问的旋涡中。"(《路标》,第37页)海德格尔继续对虚无穷追不舍。但他又无力为此提供有力的证据。他必须召唤某种经验,这种经验就是我们早已知道的畏惧的瞬间。"畏惧展示了虚无,我们'飘'在畏惧中,更清楚地讲,畏惧使我们'飘飘然',因为它使整个实存从我们这里滑落。"(同上书,第9页)

这个"滑落"同时又是收紧淘空。淘空:因为它使一切失去它的意义,成为一无所是,收紧:因为这个"一无所是"闯进了自己的感情之中,畏惧淘空着,这个空又收紧着。人的心抽缩在一起,外部世界物化了,凝固为无生命性,而内在自身失去了它的行动中的中心地位。它非个人化了。畏惧使内部物化,使内部非个人化。"在这里,我们这个实存着的人,在实存中,自身随着滑落了。因此从根本上说,不是'你'、'我'觉得可怕,而是'某一个人'觉得可怕。"(同上书,第32页)

---

① Abgrund,丧底、失底、去底,常译为深渊。——译者

第 十 章

从这个畏惧的零点出发,海德格尔出人意料地来了个大转弯。214 瞬间沉入虚无被他称作"超出实存之外"。这是一个超越的行动。通过这一行动,我们才有可能来讨论实存的整体。当然,我们也可以用抽象的方式来一般地谈论整体,但这样,我们在思想上只是构成了一个上层概念,或者一个总概念:totum,整体。但这样理解的整体没有任何生活的现实性。它只是一个空无内容的概念而已。只有当充满畏惧的情绪出现了,为"整体变得不重要了",而畏惧,这个整体才成为被活生生体验到的现实。这不是一个接近我们的现实,而是离开我们远远滑开的现实。谁要是在畏惧中体验到这个现实从他身上的滑落,他就在其中体验了距离产生的活剧。畏惧过程中产生的距离证明,我们并不完全属于这个世界,我们被驱之于这个世界之上,但不是驱进到另一个世界,而是被驱入一个虚无。在生活的中心我们被空无所包围。在超越进入这个张开在我们与世界之间的空无的活动空间时,我们便体验到"进入虚无"。所有关于为什么的问题都孕育着最后一个问题,为什么一定要是什么是什么,而不是无呢?谁要是能够不想自己或不想着世界,谁能够对自己和世界说"不",他就行动在虚无的方向上。海德格尔证明,确有虚无存在。海德格尔说,人是"给虚无占位子的"。(同上书,第38页)

人的超越是——虚无。

在瞬间哲学中,宗教家不是让神秘的力量出现在瞬间之中(鲁道夫·奥托),就是让"非要与我们发生关系的"东西来到其中(保罗·蒂利希);不是让"上帝上天国"出现其中(卡尔·巴尔特),就是让"不可把握者"出现其中(雅斯贝尔斯)。海德格尔的哲学也引向超越,但这是空无的超越,是虚无的超越。但那种神秘的力量并没有消失。它来自人在意识中可以实施的、在虚无和某个什么之间的特殊运动。这就是海德格尔的特异神力的活动空间:这个空间允许他的奇迹发生:把"居然有某些什么存在"作为奇迹来体验。而且不仅如此。在这个背景之中人的创造性潜力,同样让人吃惊:他居然能生产某些什么。他自己同他的偶然性如此之在[Sosein]是出现在(世界中)的,但他可以塑造他自己和他的世界。他可以让他的世界生长发展,也可以让它毁灭。在空无的畏惧中人失去了一个世界,但是体验到,一个新世界如何从虚无中诞生,通过整个畏惧,人可以重新来到世界上。

人生此在意味着,在这个活动空间中,在这个开放的广阔领域中生存。这个活动空间是由对虚无的体验打开的。轮子之所以能转动,就是因为在车毂处可以"活动[Spiel]"。人生此在能运动也是如此,因为它能"活动",也就是说,它有自由。这种自由不仅仅包括,人生此在对虚无的体验,而且还包括,在"违抗什么的活动的不屈不挠中",在"极度的厌恶中",在"失败的痛苦中",在禁忌的铁面无情中,敢于坚持说出"不",以为自己创造一块场地。(同上书,第37页)

对海德格尔来说,自由的最大奥秘就在于那个"不"和那个"无"。因为在人生此在中开放来的无同"某某[Etwas]"之间的活动空间,给出了通达实存、通达区别、通达决断的自由。"没有原初性的展开性,也就没有自己存在,也就没有自由。"(同上)

人生此在的形而上学基本变故是:若是人生此在可以向虚无超越时,它也可以把实存整体作为什么东西来体验,使实存走出虚无的沉沉黑夜,步入存在的灿烂光明。

1929年夏天,在作完《什么是形而上学?》的报告几周之后,伊丽莎白·布洛赫曼到托特瑙山看望海德格尔。这是一段关于两个人之间受到压抑的爱情故事。在这年的夏末,汉娜·阿伦特在给海德格尔的信里还承认,他仍然还是她生活的"连续性",她仍"勇敢"地回忆着"我们的——请允许我这样说——爱情的连续性"。(埃廷格:《汉娜·阿伦特与马丁·海德格尔》,第14页)现在又是伊丽莎白·布洛赫曼。海德格尔处在女人之间。他和伊丽莎白·布洛赫曼谈到"我们之间友谊的界限",当他在"某种一定使她十分反感的事物面前强迫"她的时候,他触到了这个界限。不是海德格尔对于伊丽莎白·布洛赫曼过于亲近,就是对她不够亲近,使她觉得受到伤害。1929年9月12日的信言词含糊,两种解释都说得通。这封信谈及到他们两个到博伊隆的远足。他们参观了那里的本笃会修道院,整个谈话围绕着宗教展开,海德格尔向伊丽莎白解释了他对天主教会的看法。这封信回忆到这次谈话。

海德格尔在信中写道,真理"不是一件简单事物","当我们完全具有了人生此在的时候,真理才找到了它的时机。"他进一步写道,"上帝——不管人们如何称呼它——对每个人使用不同的声音进行召唤"。人们不应不自量力,以为已对此有了把握。没有任何直觉,也没有任何教条能确保可以安全收获这一真理。这一切都是"毫无用处的杜撰[Gemaechte]"而已。接着他又谈到,在同伊丽莎白·布洛赫曼长谈之后产生的疑惑。他们一起在修道院的教堂内进行了长时间的夜间沉思和晚祷。出乎伊丽莎白的意料,经过晚祷海德格尔认识到,他的沉思仍处在他同天主教教会的激烈争论的影响之下。在这封信里,海德格尔试图对他的这种举止进行解释。他写道:在博伊隆的体验作为种子,将发展成某种本质性的东西。

对这种本质性东西描述的尝试几乎是他"形而上学讲演"里的中心思想的释义,或更准确点讲,他的"形而上学讲演"是博伊隆的夜间沉思中的思想释义。海德格尔在信中写道,"人天天在步入黑夜,这种说法对于今天的人来说已经是老生常谈。……在晚祷中,那深夜还有它的神秘的、形而上学的原初力量,我们必须不断地挣脱它,以便真正地生存,因为善是恶的善。"

在他那里,晚祷成了步入深夜的生存的标志,成了在日间为晚祷作准备之必然性的标志。他把这种经验同他的虚无哲学联系在一起:"我们误以为,我们可以制作本质性的东西,而忘记了,只有当我们完全——这就意味着从黑夜和罪恶着眼——全身心地生活时,本质的东西才会生成。关键是这种原始的强有力的否定性:在人生此在的深处,无任何阻碍。这就是我们具体学习而且必须学习的东西。"

但是,在一个重要的观点上,他这封信的思想超出了他的讲演里的思想。因为这里涉及的是黑夜。在形而上学的讲演中并没有揭示出虚无这个方向。在讲演中,这个虚无,还没有像在这封信中那样清楚指明虚无同罪恶的关系。他在信里说,我们应该"完全"地生活——从黑夜和罪恶着眼。恰恰在给伊丽莎白·布洛赫曼的信里谈到如何从虚无来看罪恶,这也许与他不能自持,因而不能阻止她将他看作引诱者的缘故。

不管怎么说,他关于虚无的思想在这里听起来很像基督教——诺斯替派形而上学。对于海德格尔来说,它们当然都是活生生的传统。

在这个传统的认知中,人的生存是以恶为条件的。这个传统从保罗开始,经奥古斯丁、路德直到康德,从来没有被遗忘。任何一种思考,不管是对整体存在的理解,还是对道德或者政治的理解,都一定开始于对基础性的黑夜、对人们称之为浑沌和恶或者称之为虚无的处理,都是从其中雕琢塑造出来的。任何思想和文明的神圣性显现都是以此为背景的。它们来自黑夜,而且命里注定还要回到黑暗中去。人们认定,即使在显得十分稳定的文明阶段,诱惑、破坏、毁灭等这个无底深渊随时都会裂开。对于尚深受到诺斯替派影响的基督教来说,关于世界的罪恶的问题,同什么是世界的问题几乎是同一个问题。对世界的定义与对罪恶的定义几乎可以相互涵盖。在基督降生的那个时期,对于世界中为何存在罪恶的存在这一问题,长时间内极有影响的答案是:相信,我们尽管在这个世界中,但是不属于这个世界。关于魔鬼的早期生动和直观的形象,只不过是神秘性的大众化的表现方式。罪恶和上帝一样原初根本,这一点是不可掩盖的。也许罪恶比上帝还要根本、还要原初一些。因为罪恶不能构成秩序,而是秩序的否定。此处人的理性根本不能进入其中,所以,开始人们拒绝对魔鬼加以理解和解释,人们应对之加以反抗,而完全信赖主的恩赐。当然,人们也看到了其中的问题:全知全能的上帝如何会让魔鬼出现?这个问题是如此重要,以至于它贯穿于整个中世纪的哲学和神学之中。神证论就是鉴于世界中罪恶的存在而对上帝合理性进行论证的工作。它一直延续到近代,直到它世俗化为对人的证论为止。

古老的形而上学试图通过对人类自由的更深入的思考来协助神证论。按当时的说法，上帝，即世界的创造者给予人以自由，使人与神相仿。从人的自由出发，人们看到，恶来到了世界上。或者更准确地说，创世中的罪恶得以出没的场所就是自由，它作为虚无和浑沌恰恰是创世的基础。因为人是自由的，并且是有创造性的，所以在当时的这种思考中，人是为虚无占位者。

海德格尔曾反复对这一思想进行分析，特别是在他对谢林论自由的著作的解释中。谢林论自由的著作完全是以这一思想传统为基础的。海德格尔的想法中，将不断地泄漏出他自己同关于虚无的形而上学的亲密关系，而此间的虚无同时就意味着罪恶的诱惑。

关于形而上学的讲演和他的信不同，形而上学讲演中谈论虚无与黑夜时表达的是一种伦理性的意义。而信中——"善就是罪恶之善"——恰恰把人们引向道德问题：善如何洗清罪恶，人们如何面对罪恶，人如何又返回白天。在讲演中，海德格尔讲到，人生此在的倾向是向自己掩盖虚无的无底深渊，自身摆向虚假的稳定性和隐蔽性。他说，畏惧"睡着了"。与此相反，海德格尔热衷于追求"鲁莽的人生此在"，去侵占自由之危险的活动空间。在人们有力量摆脱每个人都具有的，而且每人都偷偷溜向其前的那些偶像以前，人不得不一直处于畏惧之中。

把在形而上学讲演中谈论的问题翻译成道德语言的话，就是下面的说法：不能只谈论到如何抵抗罪恶的问题。人们必须首先注意到，恶是存在的。这个黑夜在我们之内，在我们周围，包围着我们。我们的文化总是感到在无底深渊和罪恶的面前受到保护。

这正是问题之所在。这就是我们文化的片面性、单向度性。海德格尔在信中说,"现代人把黑夜当成了白天,人就像理解白天一样,把黑夜理解为一种忙碌,一种狂欢。"

假如海德格尔在他的形而上学讲演中没有谈虚无而是谈罪恶,那么他所讲的勇敢地面对虚无,坚持到底,就有令人捉摸不定的双重意义。对虚无的这种神往,也许和对虚无的下述解释有关。有人染指无视伦理道德的、令人紧张和让人欲望的恶,以及染指有罕见诱惑力的、野蛮的经验。这就像那个年代恩斯特·荣格尔的革命虚无主义宣传那样。1932年荣格尔在他的散文《工人》中这样写道:"为一种新的勇敢的生活作准备的最好手段之一,就是毁灭对放荡不羁的、富有自制力的精神的肯定评价,就是去摧毁在人类中创造了市民文明时代的教育工作。……对于精神对生活的颠覆活动的最好回答,就是用精神的颠覆活动去反对精神。我们这个时代的最高的和最残酷的享乐之一,就是参与这一爆破工作。"(荣格尔:《工人》,第42页)

海德格尔对鲁莽人生此在的鼓励,与上述思想在方向上十分接近,但他毕竟不是公开主张勇于为恶,也不是主张无根基的战争,或无政府的非道德性的冒险,而"仅仅"是勇于为无。作虚无的占位者,不一定非要当恩斯特·荣格尔那种类型的好战者。那么他应该是什么样的呢?

1929年春,海德格尔和恩斯特、卡西尔都参加了达斡斯高校周的活动。今天海德格尔的出场已成为传奇。现在让我们来到达斡斯冷峻的高峰上吧。这里听众来自世界各地;两个人分别作了多次报告。高校周的高潮是两个人的辩论。这个重大事件,吸引了各国的新闻记者。对哲学有兴趣的人都亲临现场,而不能到场者,最起码也得在下面听到些消息。当时还没有进入无线电直播的时代。当时,海德格尔的声誉如日中天,卡西尔也是学界明星,备受尊重。他的代表作《符号性形式的哲学》在20年代问世,成了文化哲学中的一块丰碑。卡西尔出身于新康德主义,但已经从新康德主义的科学认知理论的狭窄的提问方式中解放出来。在这本著作中,他发展出了关于人类创造性精神的庞大哲学体系。他充分利用了汉堡阿比-瓦尔堡图书馆所收藏的十分丰富的材料。他被看作是人文主义传统和追求最大普遍性的文化唯心主义的主要代表。1929年,达斡斯会议之后不久,他便接手汉堡大学校长的工作。他是历史上第一位被选为德国大学校长的犹太人。这是在卡西尔公开支持共和制,激起了有最明显反动倾向的大多数德国教授的不满的情况下发生的,因此,这件事更令人注意。事情是这样,卡西尔受汉堡市政府的邀请在市议会大厦举行的宪法庆祝会上发表祝词。为偏见所左右,当时的德国教授们的主流倾向认为,共和制-议会制的宪法是非德国舶来品。卡西尔针对这种偏见,在祝词中指出,共和主义民主制实际上早就由莱布尼茨和沃尔夫在哲学上制定出来了,并在康德论和平的文章中得到了十分清楚的表达。卡西尔说,"事实是共和制宪法的观念在整个德国思想精神史上绝不是一个陌生思想,更谈不上是什么入侵者。与之相反,在德国它是在自己的土地上生长起来的,是由自己本身所固有的最原初的力量,即由唯心主义哲学的力量哺育起来的。"

他的讲话在汉堡引发了一场抗议和争论。性情平和的卡西尔意外地被推到了这场激烈斗争的前沿。所以,他被选为大学校长,在汉堡内外均被当作自由精神的胜利来庆贺。卡西尔确实是宪法的狂热拥护者。

这位政治人文主义和唯心主义文化哲学的权贵,被达斡斯组织者作为马丁·海德格尔的对手而请到议会上。对组织者来说,海德格尔是一位新秀,是革命者。与会者都感到身临中世纪传奇式的大争论:代表强大的时代精神主流的精神魁首在此登场。在达斡斯白雪皑皑的高峰上,展开了一场形而上学的白刃战。还有一层联想,但不是在时间的深刻中,而是在空间的幻想中。托马斯·曼在他的 1924 年发表的小说《魔山》中,让人文主义者塞特姆布里尼同耶稣会修道士纳福塔在达斡斯上面进行了一场大辩论。它是这个时代思想家大战的典范。塞特姆布里尼这一方,是顽固不化的启蒙运动的宠儿,自由主义者,教会的反对者,口若悬河的人文主义者。纳福塔这一方,是非理性主义和宗教裁判的追随者。热恋着死亡和充满暴力的性爱。对塞特姆布里尼来说,精神是生活的力量,它为人类带来利益和快乐。纳福塔则爱上了反生活的精神。塞特姆布里尼想提高人,安慰人,发展人。纳福塔则要使人惊恐不安,更把人从人文主义的"卧榻"上惊起,将人从他的教育的居室中驱除出去,彻底摧毁他自己的狂妄自大。塞特姆布里尼与人为善,纳福塔则是形而上学式的恐怖主义者。

当时高校周活动的参加者的确感到自己身处托马斯·曼的上述幻想事件中。当时的法兰克福大学的学监,海德格尔在山上滑雪的同伴,库尔特·里策勒在他写给《新苏黎世报》(1929 年 3 月 30 日晨版)的消息中直接暗示了《魔山》上的那一幕。

在卡西尔身后站的是塞特姆布里尼的幽灵,在海德格尔身后是纳福塔吗？1924年在那热恋的夏季，海德格尔同汉娜一起阅读小说《魔山》。

波尔诺作为学生受海德格尔之请参加了那次活动。他在回忆中说，二位哲学家的这次会面给人的印象是"惊心动魄的"。与会者都有一种"雄壮之感"，都觉得自己好像是"一个伟大历史性的时刻的参与者"，与歌德在《法兰西的战争》中所说的一样："在这里，在今天，世界历史上一个新的欧洲诞生了"——这里当然是哲学的历史——"你们可以骄傲地说，你们当时也在场。"（波尔诺：《达斡斯谈话》，第28页）

海德格尔对这种炒得过高的期望十分反感。在一封给伊丽莎白·布洛赫曼的信中他说，有一种"可以使这一切变成一种轰动事件的危险。"他不得已将成为"中心"，因此，他打算集中谈康德，以把哲学兴趣的注意中心从自己身上转移开。在他下榻的格朗特饭店中，他的不合习惯的举止在着装讲究的环境中特别引人关注。他对此并没有多大反感。他在信中告诉伊丽莎白，他如何同一个熟人（他就是上面提到的库尔特·里策勒）在报告间隙，到山上去作"壮观的疾驶"，"每天晚上我们身着滑雪的全部装备，带着舒服的疲劳感、充足的阳光、高山旷野的自由、向远处冲刺时疾风骤雨似的呼啸，步入衣着精致、入时的幽雅晚宴。对大多数教授们和听众来说，事物性的研究工作同完全放松的快快乐乐地滑雪的直接合一是闻所未闻的事。"（1929年4月12日，《海德格尔与布洛赫曼通信集》，第30页）

海德格尔希望人们将他看成在哲学的巨大采石场上的严肃的工作者，对幽雅世界的蔑视者，运动员和一个野小子，险峰的冲击者,勇敢大胆从事游历的男人。参加这次魔山高原上的哲学"最高级会晤"的人们对他的印象与此相仿。一位与会者写道:"海德格尔与卡西尔之间的争论,使我们在个人的印象方面也得到了不可想象的丰富收获……一方是身材矮小的棕黑色皮肤的男人,是一个很出色的滑雪者和运动员,他精力充沛,果敢坚毅,表情严肃,拒人千里之外,有时太过于严肃。他带着令人尊敬的果断性和极为深沉的伦理的庄严,生活在由他自己提出的问题中,并献身于这些问题。另一方是满头银发,不仅外表庄重,而且内在的他也是一个庄严崇高的人,他的思想天地广阔,提问题的视野全面,性格开朗、和善、殷勤热情,生气勃勃,充满灵活性,他还有那贵族式的高尚。"(施内贝尔格:《海德格尔拾遗》,第4页)

哲学家卡西尔的夫人托尼·卡西尔,在1950年写的生活回顾中讲到,同事们让她和她的丈夫对海德格尔不一般的举止做好充分地思想准备,"关于他如何拒绝任何社交上的习惯规矩,我们听了很多"。她周围的人一直担心会发生更坏的事情。人们私下里窃窃私语,"如果可能的话",他想把恩斯特·卡西尔的哲学"就地消灭"。

但是按托尼·卡西尔后来的回忆,这种个人之间的敌对情绪在辩论中一点都感觉不到。一切都完全在合乎"同事精神"的气氛中进行,正和上面已经引述的报道里所说的一样。海德格尔在一封给布洛赫曼的信中对这次与卡西尔会见的估计是个人很有收获。但他感到遗憾的是,在这种融洽的气氛中,两人思想的对立未能充分地显示出来。"卡西尔在讨论中特别有分寸,几乎是过于友好,以致使我觉得,反抗太弱,妨碍了使问题本身获得它表述上应

有的尖锐性"。(《海德格尔与凯斯特纳通信集》,第 30 页)

但是关于这次辩论的记录给人的印象并非如此。二者间的对立是相当尖锐的。

卡西尔问海德格尔,他是否想完全"放弃"在文化中表现出来的"全部客观性"和"绝对性",完全"回到"人的"有终的本质"中去。(海德格尔:《康德与形而上学问题》,1991 年版,第 278 页)

卡西尔自己的努力正是要使人们清楚看到,人类精神的符号创造力以及由此产生的文化创造力是一个"形式"的世界。这些形式并不表现为传统形而上学意义上的无限性,但绝不仅仅只发挥有限的实体的自我娱乐功能。文化对卡西尔来说是已经成为形式的超越。文化为人准备了宽敞的房舍,但它们易于被破坏,难以维护是一种十分脆弱的保护,以对抗随时威胁着人类的野蛮性。

海德格尔批评卡西尔,对精神的居室想得过于安逸。他尽管正确地看到,每种文化、精神的一切活动,都是自由的表现,但这种自由可能会固着在它的构架中,因此自由必须不断重新解放自己。当自由向一种文化状态流去,那么人们已经失去了这种自由。"人之自由的唯一合适的关系(外装)就是人的自由的自我解放。"(同上书,第 285 页)

对海德格尔来说,问题恰恰在于,人"固定生活在"自己创造的文化中,在不断寻求立足点和隐蔽所,这样他对自己自由的意识便消失了。现在应该去唤醒这种意识,而关于优雅文化的哲学是无力完成这一任务的;必须把人生此在带到它的原初的赤裸状态和被抛弃之前。卡西尔把注意力放在文化的超越性成果上,"从精神

第 十 章

王国的圣餐杯中流向他的是无限性"。卡西尔引用黑格尔的话说,使人类免去与有限性和虚无性的争斗之苦的事功,恰恰导致了对哲学的最根本任务的忽略:"把人从只知利用精神之作品的懒惰的观点中解脱出来,在某种程度上把人重新抛回到他的际会的艰辛中去。"(同上书,第291页)

在辩论达到高潮时,海德格尔问道:"在什么意义上,哲学的任务是为畏惧开辟场所?或者,难道它的任务不是把人彻底让渡给畏惧吗?"(同上书,第286页)

海德格尔早已给出了问题的答案。哲学有史以来第一次使人惊恐不安,强迫他退回到无居所性中,由此出发他将重新向文化中逃窜。

卡西尔在他的回答中进一步表明了他的文化唯心主义的立场,人类能够创造文化"是他的无限性的标识。我希望,这意义,这目的,事实上是在下述意义上的解放:'甩掉你们身上世俗的畏惧!'"(同上书,第287页)

卡西尔关心的是文化中居住的艺术。海德格尔想"把基地做成无底深渊"。卡西尔支持通过文化来对意义进行奠基的工作,主张以人类的依靠自己的作品的内在的必然性和它的持久性来战胜人类生存的偶然性和短暂性。

所有这一切被海德格尔以激昂的一挥弃之一边,剩下的只是伟大努力中为数不多的眼下瞬间。人们不应该再继续隐瞒下述事实:"人生此在的生存的最高的形式,是返回到人生此在十分罕见的瞬间,它在人生此在的生与死之间持续,人类此在在十分罕见的

瞬间中,生存在他的本己本真的、可能性的巅峰。"(同上书,第290页)

对于海德格尔来说,在博伊隆修道院教堂参加的晚祷就是这样的瞬间:这使他意识到,黑夜的"神秘的、形而上学的原始力量。我们必须不断地冲破它,以便真实地生存。"

另外,他童年时的一幕也是这类瞬间。后来海德格尔多次对朋友讲起此事。一个后半夜五更天,作为教堂的敲钟童在漆黑的走廊里他从母亲手里接过点燃的蜡烛,一只手半握着,护住蜡烛的火焰,穿过小广场,走向教堂。他站在教堂的祭坛前,用手指尖把流下的白蜡重新往上拢起,他想让蜡点得时间长一点。但是最后蜡烛还是燃尽了。它还是等到了它的那个时候,尽管他推迟了它的到来。

如果人生此在由两幕组成,一幕是黑夜,它从其中发源;一幕是白昼,它克服了黑夜。那么卡西尔把注意力放在第二幕上,即文化的白昼。海德格尔关心的是第一幕,他盯着我们从中走出来的那个黑夜。他的思想使那个黑夜稳固了,以便使某种东西被它衬托出来。一个面向发生,一个面向渊源;一个涉及的是人类创造的居所,另一个顽固地津津乐道于 creatop ex nihilo[①] 的无底奥秘。如果人对自己的生存有了清醒的意识,那么这里充满神秘的新事件层出不穷。

---

① 拉丁文,无中生有。——译者

第 十 一 章

秘密代表作:1929—1930 年的形而上学讲稿
关于无聊　秘密与惊恐　海德格尔的自然哲学尝试
从石头到意识　开放的历史

当马丁·海德格尔1928年2月受聘赴弗赖堡接受胡塞尔讲席时,他给雅斯贝尔斯写信说:"弗赖堡是对我的又一次考验:那里真有哲学存在呢,还是全部集中于知识传授。"(1928年11月24日,《海德格尔与雅斯贝尔斯通信集》,第104页)海德格尔是自愿进入这个"考场"的。那里不仅有学富五车的人物,而且他的新声望也成了他的困难。1929年6月25日他在给雅斯贝尔斯的信中说"我所陷入的公众生存也不太舒服"。(同上书,第123页)克拉考尔[Siegfried Kracauer]曾记述了海德格尔1月25日在法兰克福康德协会作报告时的情况:"还需提及的是,报告者的名字吸引了相当可观的听众,其中不仅仅是由哲学召唤来的、自愿在困难的定义和区别的'灌木丛'中穿行的人。"(法里亚斯:《海德格尔与纳粹》,第118页)

当然海德格尔对他能在此登台以及他的这份荣誉十分高兴。当雅斯贝尔斯写信告诉他,在海德堡的讨论班上也研读"海德格尔"时,他觉得很光荣。但海德格尔不想只作《存在与时间》的作者。在给雅斯贝尔斯的信里他已经表示出对此书的冷淡:"我已根本不去想,不久前我写了那本什么书。"(1928年9月24日,同上书,第103页)

《存在与时间》问世后的头一年,哲学界公众期待在读完他的著作之后,他能为读者提供一个包括了生活各个方面的关于人在世界中生活的一个全面系统的描述。人们把《存在与时间》作为哲学人类学的著作来读,希望这个项目继续完成。在这一年里,海德格尔对此进行了公开的申辩。

在1929年他的康德书中,海德格尔明确把这种期待看作误解,加以拒绝。他在那里写道,他并没有发展出什么修饰一新的关于人和人的基本生活联系的哲学,这种修饰的要求和人生此在的基本特性不符,不符合他的有限性和历史性。如果哲学思考在人类中成长起来,那么它每次都从头开始,并不可能通过内部系统修饰达到它的终结。哲学思考的真实的唯一的终结是偶然的中断——通过死。哲学也在死亡。

当然,作为一个哲学家,他可以在那确定的终结的那一刻之前死亡,即当他那活生生的思想只停留在他已经想过的东西中时,当过去战胜了当下和未来时,当已经想好了的东西俘虏了思想活动时,他就在他死去之前已经事先死亡了。在20年代早期,海德格尔想把哲学传统的思想成果——从亚里士多德到胡塞尔——重新"稀释"。现在他给自己提出的任务是,把自己的在这期间可以作为体系引述的、可作为方法加以琢磨的基础本体论,重新在思想运动中化解掉。

1929年9月12日,海德格尔在给伊丽莎白·布洛赫曼的信中讲到别人对他的著作和他本人的大吹大擂时,他写道:"在求索中,左右着我们的勤奋和结果与结论的东西,从根本上误导着我们,使我们误以为在制作着什么本质性的东西。"(《海德格尔与布洛赫曼通信集》,第 32 页)

他不想再继续对他自己的思想、自己的体系作进一步的修整、发展。他在同一封信中写道,"我的冬季学期的形而上学讲课","应该使我得以重新开始"。

1929—1930 年冬季学期的"形而上学"的大课中,海德格尔公布的题目是:形而上学的基本概念,世界-有限-孤独。前面我已经提到过,这里开始了一种新风格的尝试。在上一章我已经提到他的肇端的变故哲学。在这个课上海德格尔讲的是,哲学必须呼唤出人生此在基本事变。(《海德格尔全集》,第 29/30 卷,第 12 页)什么基本事变?这个课的题目所用的词汇"有限"与"孤独"已经暗示出,海德格尔要进一步深入"无居处"的经验。哲学正好是"一切稳定和保险可靠的对立面。它是一个旋涡,人们不断地旋到它里面去,以便不带任何幻想地,对人生此在进行纯粹的把握。"(同上书,第 29 页)

这种哲学的概念应和科学概念有着完全不同的功能和完全不同种类的"严格性","如果我们不事先把握这些概念应该把握什么的话",那么哲学的概念就是空洞的。(同上书,第 9 页)在海德格尔看来,哲学的概念是对一切类型的自我确定无疑和对世界信赖的"进攻"。"最高的不确定性"是哲学的"永久的危险的邻居"。但是准备欢迎这种哲学的危险性的那种基本状态十分罕见,因此哲学也没有对这个问题的真正的讨论分析——尽管在这期间哲学文献已经汗牛充栋,他们都想证明自己的理论是真理,但是他们忘记了一项真实的困难的任务,把本己本真的人生此在和他人的人生此在驱入可怕的问题之中去。(《海德格尔全集》,第 29/30 卷,第 29 页)

在这个课上,他经常谈到危险,毛骨悚然,成问题。哲学上野性十足的、危险的生活被海德格尔称为形而上学。形而上学[Metaphysik]并不意味着关于超感性东西的理论学说。他要给这超越[meta]的视域以一个原始的意义。这里的超越不是去寻找另外一个什么地方,寻找一个彼岸世界,而是"相对于日常思维的提问的一种特殊转向"。(同上书,第 66 页)

"如果人生此在自己选择自己的英雄",(《存在与时间》,第 385 页)那么这显然是有利于这种转变。因为,确实有这样一些人,他们的"奇特使命"就是成为"使哲学重新警醒的动因"。(《海德格尔全集》,第 29/30 卷,第 19 页)毫无疑问,海德格尔把自己也看作这种赋有"奇特使命的人"。这时候他已经意识到,他自己是一个有魅力的哲学领袖,他肩负着重任。1928 年 12 月 3 日他在写给雅斯贝尔斯的信中说:"这就是那使人生此在奇怪的孤独化的东西——那种面对自己的他者,人们认为,必须为它付出时间。"(《海德格尔与雅斯贝尔斯书信集》,第 114 页)海德格尔曾拜访雅斯贝尔斯,这使雅斯贝尔斯如痴似醉。他走后雅斯贝尔斯在给海德格尔的信中说,"我很久很久以来,没有像今天听您讲话这样倾听过别人的谈话了。我就像飘在纯粹的空气中,在这持续不停的超越之中自由自在。"(同上书,第 129 页,1929 年 12 月 5 日)

海德格尔在他对畏惧的分析中已经指明,应该向何处超越,即

第十一章

向虚无中。在它之中将出现某种惊人的、使人恐惧不安的东西。对于一直追随着时间和瞬间的踪迹的海德格尔的肇端变故哲学来说,现在已经接近了对另一个空洞的伟大事变的处理工作:对无聊的处理工作。海德格尔所作讲演中最令人难忘的、最精彩的部分,是从这个工作中产生的结果。在整个哲学文献中很少有像海德格尔在课上这样,对情绪作如此精当的分析和解释。这里无聊真的成了一个事变。

海德格尔想让他的听众跌入巨大的空洞之中。他们应该去倾听生存运动的基本性的呼啸。他要创造一个眼下瞬间,其中一无所涉,不提供世界内容以供人们把握或供人们用以充实自己。这是空洞的打发事件的眼下瞬间。纯时间,时间的纯粹的当下在场。无聊就是人们注意到时间如何过去的时刻。因为时间恰恰不想过去,而人们又没法去驱逐它,没法扼杀它,没法有意义地充实它。海德格尔用坚定不移的克制精神——在所发表讲稿中这部分长达150页——一直停留在这个题目上。他把无聊导演成了一个形而上学的传授过程。他让人们看到,无聊如何把形而上学经验的两极——作为整体的世界和个体的生存——以悖论的方式相互连接在一起。在个人没有受到世界的侵袭,而是任他在空空如也中存在时,个人却恰恰受到世界的整体的侵袭。海德格尔想把他的听众引导到这一点,以使他们不得不自问,最后我们已经到了这种境界,即不是有一种深沉的无聊,在人生此在的无底深渊中,像沉默的雾气一样来回飘荡吗?(《海德格尔全集》,第29—30页,第119页)

一般情况下,在这种无聊的无底深渊中,一种 Horror vacui

(真空的恐怖)抓住了我们。人们必须忍受这种恐惧,因为这种恐惧使我们与那个虚无亲密地相识。它可以使我们一直瞄准古老的形而上学问题。为什么总是某事某物而不是无?海德格尔鼓励他的听众,把虚无当作停留于空洞的技巧的练习。

海德格尔强调指出,这里讲的不是要去寻找一种人为做出的情绪,也不是要激发出一种想象。而是相反,"这里起作用的是日常自由的视线的信马由缰、听之任之。"(《海德格尔全集》,第137页)海德格尔说,在日常生活中我们经常有空虚之感,但我们在日常情况下马上又把这种空虚给掩盖起来。他要求把这种仓促中的掩盖先搁置较长的一阵子——一个无聊之久①,搁置是哲学经过艰苦努力获得的。因为它对抗日常生活的自发追求。日常追求沦落到世界之中,与这个使劲坚持着的空洞的眼下瞬间完全不同。它不想从这个世界沦落中脱落出来。但是它没有别的办法,不这样从世界脱落出来,没有丧失和听之任之,没有这种空洞,哲学便一无所有。海德格尔想从无聊的虚无中导演出哲学的诞生。

在考虑无聊在日常生活的潜伏性时,海德格尔谈到当时的思想界的情况:当代的蹩脚文化四处蔓延。被海德格尔提及的有同类看法的作家有斯宾格勒、克拉格斯[Klages]、舍勒和齐格勒[Leopold Ziegler]。他用很少几句话便打发了他们对时代的诊断和预测。这些看法可能很有意思,才气横溢,但公正地讲,海德格尔说,实际上丝毫"触及"不到我们。相反,这一切只不过是一个

---

① 德文 Weile(一段时间,一阵子)和 lang(长)结合在一起就是 Langweile,无聊。原文:放一个 Weile lang,即放一阵子,就是 Lange Weile lang,一长阵子长。但长阵(Lange-weile)就是无聊。所以就是无聊之长。中文无法将此语义联系译出。——译者

轰动而已。这又意味着一种不坦诚的、假象式的安慰。(同上书，第112页)为什么？因为"它使我们从自己处脱落了下来"，进而鼓励我们去进入"世界历史的局势，并扮演某种角色"。(同上)那里将导演一出出戏剧，我们则可以足蹬朝靴，迈着四方步去充作文化主体。甚至令人压抑的关于西方没落的各种幻想，也是对我们自身价值感的恭维，或者更准确地说，是对我们被描述塑造的需要、希望见到自己的被塑造的需要的满足。海德格尔以下面一句陈述性的注，结束了他对于这类对时代的哲学诊断的批评。"这类哲学只能达到演示人，但决达不到人的生存此-在。"(同上书，第113页)

在人生此在的无底深渊中却潜伏着无聊。生活在它面前逃避，到演示这种形式中去寻求避难。

海德格尔的分析成了荒漠中心的侦察。这里显示了他对推波助澜的戏剧性手段的谙熟。思想被他引入的去处越空旷，紧张气氛就越浓厚。他从对具体东西的无聊开始。这里我们至少还有可以被认出的对象——一个东西，一本书，一个庆典，一个具体的什么人。我可以把无聊赋之予这些对象上。无聊以某种形式从外部侵入到我们里面来。它有一个外在的原因。但是当这个对象变得模糊不清的时候，而无聊仍然是从外面侵入进来，同时又从内部升起时，这时才触及到一个"在某物处百无聊赖"。我们不能说，没有按时到站的火车本身使某人无聊。但在一个人没赶上车时，这种处境可以使某人无聊。人是在某事中，或是由于某个具体事变的诱发而致无聊。无聊令人不解之处在于，无聊恰恰开始于令人满意的处境。人对自己不知所措。海德格尔津津有味地描述了学界的气氛：一个无聊的晚间聚会。它不仅使人感到烦恼，而且使人陷入某种淡淡的尴尬的境地，因为这种处境本身使你自己成了无聊者。这种处境是十分复杂的，因为使这种处境成为无聊的，正是努力驱赶这种无聊的努力。无聊潜伏在消磨时间的措施中。为消除无聊的一切努力都已经感染上了无聊。必须进行的谈话有垮台的危险。在什么里面去打发时间呢？打发时间的人生此在荡向何方？有一个可以吸引并吞食一切的生存黑洞吗？

最深刻的无聊是完全莫名其妙的无聊。没有什么确定的具体原因唤它出来，我们常说，es langweilt einen（真让人无聊）。海德格尔把这句话纳入他的精细分析之中。这里有双重不确定性：Es，它什么都是，又什么都不是，无论如何是一种不确定。而einen（人），它是人自己，但是只作为一个不确定的某人。一个人至少还可以为自己成了一个无聊之人而感到羞愧。而无聊把这样的"我"也吞掉了。海德格尔把这个 es langweilt einen（真让人无聊）作为充实的时间不在场和进行充实活动的时间彻底不在场的、对无可言说那个瞬间的表达式。这种"任其空洞"被海德格尔称为向在整体上失败着的实存的渡让。（《海德格尔全集》，第 29/30 卷，第 214 页）

这里对整体的理解出人意料，这个整体不再是与我们有关的整体。这个空洞的某某面对着空洞的整体，在毫不相关中相互连在一起。这是三重否定：非自己，一个虚无的整体，作为否定性的相关性的毫不相关性。十分清楚，这里的最高点同时又是最低点。这里正是海德格尔的扣人心弦的无聊分析想达到的地方。按照海德格尔的口味，在这里我处在形而上学的心脏。在这一点上，他也达到了他预期的目的。"通过对无聊的本质的解说,向时间的本质推进"。(同上书,第 201 页)海德格尔问道:"在这种所有充实活动彻底不在场的情况下,我们如何体验时间呢?时间没有过去,时间站住了,它在一种惰性的无运动性中站住了。这种涉及到一切的瘫痪(停顿)任你去观瞧,时间并非我们运动于其中的简单的媒介,它是某种由我们做出来的东西。"我们"时间出了"时间。当我们被无聊"致瘫"之后,我们便停止了"时间出"时间。当然这种停止从来不会是绝对的。时间出时间的过程为了眼下瞬间而中断了,停止了,但仍然与我们自身的时间流相联系。诞生通过停滞、痴迷和瘫痪的方式与之发生联系。

对这种停滞了的时间流的矛盾经验,正是海德格尔分析和导演的这场无聊之剧的转折点。三重否定性——非自己、虚无的整体、毫不相关——只有一个唯一的出路:必须挣脱。如果无其他办法,就自己动手。海德格尔用较复杂方式表达了上述要点:"使时间得到认识——其实是使对时间的认识成为可能——的那种痴迷活动本身[das Bannende als solchs],……无非是人生此在本身的自由。人生此在的这种自由,只存在于人生此在的自我解放中。但只有当它决心对自己作出决断之时,人生此在的自我解放才会出现。"(同上书,第 223 页)

此时,在无聊之中,自己已被稀释为无实体性的幽灵,所以这个决断并不能动用那——坚实的自己,不可能期望这个坚实的自己采取行动。实际上在决断中这个自己才开始诞生。在某种意义上,这个自己不是被发现的,而是被发明出来的。——由决断发明出来的。决断的瞬间来自于无聊,结束于无聊。所以海德格尔可以说,那(在无聊中)"在人生此在的本己本真的可能创造的高峰上被迫进入人生此在时","痴迷着时间"发挥着互补作用。我们也可以通俗地讲:在无聊中你注意到,根本不存在什么重要的东西,除非你去把它做成什么。

成长到自己本身来的人生此在,必须穿过深沉无聊的地带,穿过这整个空洞。由这一考虑出发,海德格尔离开了以前的对无聊的"个人的""亲密"情绪,转入了对现实社会-历史现状文化哲学的考察。他问道:"整个空洞"的困境还能被体验吗?还是它已经不在起作用,被反对其他具体困难的必然斗争给排挤掉了?

此时已是1929—1930年的冬季学期。世界性经济危机引起的后果,高失业率和生活贫困化已有征兆,海德格尔只偷偷看了一眼同时代人困苦的情况:"到处是失望、危机、天灾人祸、困苦,今日的贫困、政治上的混乱、经济的萧条、艺术的堕落、哲学的无根基性、宗教的软弱无力。确实,困难到处都有。"(同上书,第243页)为解决这些困难,宣布了大量的项目,出现了各种党派,公布了无数的措施。各种各样的努力应有尽有。但海德格尔说,恰恰是这些活蹦乱跳应付困难的急救队,阻止了整体困难的出现。(同上书,第243页)

整体上的困难不是随便某一个具体困难,而是刚刚在无聊情绪中体验到的人生此在的重负在身的特点的总和。"人被逼成为人生此在,把这交付与人——去在场。"(同上书,第246页)谁要是躲避这个"本质性的困境"(同上书,第244页),那么他就缺乏最顽强的顽强,而对海德格尔来说,这正是日常生活中英雄主义的全部内容。谁要是不在这种意义上把生活作为负担来经验,谁就对人生此在的"秘密"一无所知,并因此也与"内在的惊恐"无缘,而这惊恐恰恰是那个秘密的承担者,是人生此在之量的给予者。(同上书,第244页)

秘密和惊恐。这里海德格尔暗示了鲁道夫·奥托关于神力的定义。奥托把神圣事物的宗教经验,解释为我们对遇到的一种秘密力量的惊恐。海德格尔接受了对神力的这种理解中的基本的特征,而去掉了它的彼岸性。人生此在本身就是这种神力,就是充满神秘的惊恐的激发者。惊恐就是面对"总是某某,而不是无"的戏剧性地不断升级的惊奇。惊恐性之谜就是实存的赤裸裸的 Dass(那)。下面这段话也是讲这种惊恐的。但是必须强调指出,后来人们赋予它以外在的政治意义,但是在讲这段话的那个时候,它根本不具有这种意义。这段话是:"如果尽管有各种困难,我们的人生此在仍无困窘,如果仍缺乏秘密,那么在我们这里首先涉及的是,为人类赢得那种基础和方向,使人类在其中像遇到人生此在的秘密一样重新与自己相遇。这种让人接近他自身的要求和为此需付出的努力,会使今天的一般人和庸人忐忑不安,甚至使他们眼前发黑,于是他们便拼命抓住各种偶像。这是完全正常的反应,如果你期待别的反应,那只证明了你的误解。我们首先得重新呼唤那个能够给我们人生此在制造惊恐的人。"(同上书,第255页)

谁有能力制造这种惊恐呢？在这期间能指望的还只是有领导魅力的哲学家。他有着"特殊的使命,成为他人的推动力,哲学思考将在其中成熟起来"(同上书,第19页)。用海德格尔自己的另一种说法,他们信赖自己。在这时,制造惊恐和哲学的成熟还是一回事。好像海德格尔已经预感到他的说法会被人误解为对"铁腕人物"的呼唤似的,在上面引述的那段话的结尾他还特别指出,任何政治事变,甚至世界大战也不能使人类成熟到回到自己。这里涉及的不是政治上的,而是哲学上的惊醒体验。正是出于这个理由,海德格尔批判了在政治领域内各种企图"建立世界观大厦",并要求人们去居住的各种努力。(同上书,第 257 页)如果人生此在看透了自己的话,它就会停止修建这类大厦了。在人们中"召唤"(同上书,第 258 页)人生此在,无非是动员人们去拆除这类大厦。

在这期间,海德格尔已经走了很长一段路。讲课的稿子已经有 260 页长。他在开头提出的问题,什么是世界?什么是有限性?什么是孤独?这期间几乎被人忘记了。现在海德格尔又拿起开头提出的问题,让人们记起,到此为止关于无聊的讨论只不过是准备性工作罢了。试图唤起一种情绪,或导演出一种情绪,以便以概念把握的方式使"世界,有限性,孤独"有可能与人们相遇。这里决定性的意义是,"如何"相遇的问题。应该把握的东西,必须出现,而且就在此时此处,在 1929—1930 年冬季学期的一个星期四下午。

作为整体的世界。为什么经验世界整体时必须有一种特殊的情绪呢?世界不是总在那里吗?它就是发生的一切,是一切情况。我们总是处在它之中的。这一点不错。但是我们在这期间已经知道,对于海德格尔来说,我们处在世界中的日常状态同时就是在世界中的沉沦。我们消失在世界里。他之所以把无聊这种情绪专门突出出来,就是因为,在无聊情绪中——就如同《存在与时间》中分析的畏惧情绪一样——"世界整体"显得同我们有了距离。这种距离使形而上学的惊奇式惊恐的态度成为可能——它是作为生存活剧的第三幕。第一幕中,人们日常地献身到世界中去,世界也充实

第十一章

了他。在第二幕中,一切都退到远处,这是巨大空洞的事变,是三重否定(非自己,虚无的世界,毫不相关)。在第三幕中,那脱离者、那本己本真的自己和世界又折返回来。自己和诸物某种程度上变得"更加实存"了。它们获得了某种新的张力。一切均由此而来。在他的课上,海德格尔以罕有的清晰、无掩蔽的方式作了如下说明:"这里所要做的恰恰是,使哲学的人生此在重新赢得事变发生的原初方向,以便得以对诸事物作简单的、强烈的、持续的'观看'。"(同上书,第35页)

对于从事研究的观察能力来说,"整体的世界"作为一个题目不是太大了吗?也许是吧。但海德格尔恰恰基于这个原因指出,如果这个题目对于研究来说确实过于庞大的话,那么在人的无聊、畏惧等这类情绪中,这个巨大题目却天天被直接经历到,而且是在对世界的超脱中经历到的。从这个结果来看,十分清楚,关于无聊的烦琐的分析,无非是对我们如何把"世界"作为整体来占有的方式加以描述的一种尝试。

我们再变换一个角度来看这个问题。一方面我们"占有世界",另一方面,世界"占有"我们。不仅是在"我们把自己交给了常人的世界和对应手之物的筹措操办之忧"这个意义上如此——这一点海德格尔在《存在与时间》中已经指明了——而是在另一意义上,我们属于自然的王国,因而世界"占有"我们,"我们占有世界"。

这个讲课的第二部分,海德格尔第一次讲述他的自然哲学。这是他在这方面的唯一一次尝试,后来他再也没有做过。他把这一思考和《存在与时间》放在同等重要的地位上,人们由此可以看出,海德格尔对这一工作所赋予的重要的意义。一年以前有两本重要的哲学人类学著作问世,一本是马克斯·舍勒的《人在宇宙中的位置》,一本是普列斯纳的《有机物与人的层次》。舍勒和普列斯纳两个人以不同的方式试图把生物学的研究成果和哲学的解释结合在一起,以发现人与他之外的自然界之间的联系与断裂。在《存在与时间》中,海德格尔十分强调人生此在同非人自然之间的断裂,以至于——正像后来卡尔·勒维特批评的——人们获得如下印象:人的生存脱离了他的肉体的自然前提。舍勒和普列斯纳均受海德格尔的启发,重新把人放回到同自然的联系之中。但是对他们来说,最重要的是,同时又不使人重新自然化。

特别是舍勒的尝试,在当时引起的反响很好。海德格尔感到自己受到挑战,认为自己也有必要在自然哲学人类学中作一番自己的研究旅行。

自然属于世界的一部分。但是,人以外的自然有"世界"吗?石头、动物也有自己的世界,还是只是出没于世界之中?在其中,也就是说,在一个世界境域内,只有对于人这种构造世界的自然存在才存在境域吗?

在《存在与时间》中海德格尔说明了,"只有通过一种拆除中的观察才可以达到"自然的存在方式:无机物、有机物和肉体连在一起的生命的存在方式。(《存在与时间》,第377页)要做到这一点并非易事。意识必须去把握无意识的东西,认知必须去把握无认知的内容。人生此在应该去理解根本没有"此"的实存。

这个课的自然哲学部分是唯一讨论这个"此"同在它之外的自然关系的沉思,关于这个"此",如何能理解对这个"此"进行无知无识的自然的沉思。海德格尔想挤入这幽冥之中去,以便从那里出发来看看人是什么样子。这是一个异化了的眼光，对于这个眼光来说，使人变得光明的，并由此自然也光明起来的那个事变，成了一种完全不寻常的东西。这里涉及的是：从自然这里出发，在人之中去揭示此在的展现——后期海德格尔将此称之为"采光"[Lichtung]——使本来处于潜伏状态的物和实体得以显现。人生此在为自然提供了表演的舞台。海德格尔自然哲学的唯一的意义就是导演一出"此"之显灵活剧。

物和事在我们面前的出现。我们也能置我们于它们之中吗？我们可以是它们的形式种类——分享它们的形式吗？是它们分享我们，还是我们分享它们？

我们与它们共享着同一个世界，一个它们沉没于其中的世界，一个对我们来说在"此"的世界。在这个意义上，我们给予了它们自己所没有的"此"。而我们从它们那里接受了它们所有的那种静寂和"任你出入性"。由此着眼恰恰可以体验到我们自己身上存在的缺乏。

他的课是从石头讲起的。石头是没有世界的。它出现在世界中，但并没有建立起自己同世界的关系。在对动物与世界的关系的描述中，海德格尔基本承袭了（雅可布·冯·于克斯屈尔）的研究成果。海德格尔称动物为"贫世界者"。动物的周围世界是一个周围圈。动物从这个周围圈中得到它们的动物本能。（同上书，第347页）它们按从那里来的刺激调整确定自己的行为方式和追求并让它们"发泄"，以便与之相适应。世界对于动物来说，只是周围世界。动物不会把世界同自己割裂出来加以体验。海德格尔引用荷兰生物学家伯腾第耶克的话说："这就表明，在整个动物世界中动物与它们周围环境的联系十分紧密,周围环境几乎就像它们的身体一样。"(转引自上书第375页)这种作为身体的延伸扩张的"周围世界",被海德格尔称之为"无碍环[Enthemmungring]"。动物可以对闯入这个"环"里的东西作出反应。它们对某种东西作出反应时,也就与之发生了关系,但是它们并没有真正把这个某种东西作为某种确定的东西加以感知。换句话来说,它们并没有真正感知到它们所感知的东西。动物对世界有某种开放性,但是世界对它们来说不是作为世界而开放的。而在人这里恰恰如此。人和他的世界之间裂开了一道活动空间。世界对人的束缚放松了,以至于人可以使自己同世界、同自己、同作为在世界中,出现者的自己发生关系。人不仅能从自己出发,把自己同他人区别开,把自己同各类杂多事物区别开,他还可以在东西之间作出区别。海德格尔把这个"活动空间"——这我们已经知道了——叫作"自由"。出现在自由境域中的实存,获得了另外一种现实特性。在可能性的背景上它显示为现实的东西。而具有可能性的实体必须把其现实性看作是可能性的发展进程。可能者的活动空间是为人而展现的。它给予现实者以轮廓分明的线条和个体性。它们处于可比性、生成、历史的领域内,进而处于时间的领域之内。这一切使某某作为某某东西被固化、被区别、被提问成为可能。世界在"昏沉"中被活过,但没有被体验过。它们作为可被清晰感知的东西从这种昏沉沉中冒出来。"不可能是什么"这一思想也是可能者的组成部分。由此世界便获得了一种极特别的透明性。世界是所发生的一切,但是恰恰由于这一点,世界并不是所有的一切。它处在可能者与无其所是者的更大的空间之内。只因为我们对不在场具有感受能力[Sinn]，我们才可能——在感激中、惊奇中、惊恐中、狂欢中——经验到不在场本身。人所经历的现实性都是陷入、到达、隐蔽、显现等运动中的现实。

对可能性和虚无的信赖中——在动物同世界的关系中根本不存在这类东西——显现出宽松的世界关系，海德格尔称其为"世界构图活动[Weltbildend]"。

舍勒在他的人类学草案《人在宇宙中的地位》中解释人的精神个性时，引入了谢林的"在人中并通过人而生成着的神的思想"。海德格尔像舍勒一样，他在讲课时以谢林的另外一个重要思想为结束：自然在人里面打开自己的眼睛，注意到，自然在此。海德格尔把谢林式的"一线光明[Lichtblick]"称之为"开放之位[offene Stelle]"。（同上书，第52页）它在人中，处在向自然本性自身封闭的实存的中心开放出来。没有人，存在就会一声不吭。它会现成在手，但是不会在——此。自然在人之中达到了对自己的可见性——看到了自身。

1929—1930年冬季的讲课是海德格尔讲授的最重要的课程，几乎是他的第二个代表作——开始于对无聊以唤醒和分析。这是一种惨淡苍白的出神情绪。随着无聊的出神状态的骤变，课程在完全不同的另外一种狂热情绪中结束。这是海德格尔著作中的一段奇文，其中充满了欢庆生活的精神："人就是既不能停留，又不能留任者。……而且恰恰哪里有恐怖的危险性，哪里就有惊奇之极乐幸福——这就是那清醒的狂音，它就是一切哲学思考的命脉。"（同上书，第531页）

第 十 二 章

共和国的临终总结　普列斯纳　发挥拆毁作用的"架拱"　朋友与敌人　海德格尔的歧义性：个人还是民众　第一次柏林招聘　卡尔·曼海姆　关于认知社会学的争论　自由主义的急救措施　以不可调和性为生　柏拉图　洞穴中的海德格尔　关于"授权"的观念　实存如何变得更实存

马克斯·舍勒临去世前不久,在1928年的一次讲演中说,"上万年的人类历史中,我们这个时代是第一个使人类完全地彻底地成了问题的时代,他已经完全不知道,他是什么,同时他又知道,他对此一无所知"。(松特海默尔:《魏玛共和国时期的反民主制思想》,第53页)

舍勒对时代批评,针对的是魏玛共和国晚期的历史状况的两个方面。一方面针对意识形态和世界观的斗争造成的四分五裂、派别纷纭的局面。他们做的都是为了应付坍塌、破裂和崩溃,但它们合在一起产生的却是无可奈何的情绪。

第 十 二 章

"世界似乎化为流水,可以寿终逝去",1912年瓦尔特·拉特瑙[①]就已经这样描述当时的发展。(拉特瑙:《关于时代批判》,第17页)而罗伯特·穆西尔面对在魏玛共和国末期的发展,也只能作些讥讽的评论了:"只要一有什么主义出现,人们便以为,又出现了一种新的人类,而且每个学年的结束都意味着一个新的时代的开始。……今天能称之为精神的东西,都标着:无安全感,无活力,悲观失望……而这些自然而然地都反映在大言不惭的精神小贩身上。……农夫党与手工工人党的哲学完全不同,神父、牧师们也有他们的联络网,而施泰讷主义者有一百万之众。而各个大学又有自己的有效性。有一天我真的读到《跑堂工会报》上一篇关于酒店打下手、帮工的世界观的文章:他们必须总是举得高高的。这是一所巴比伦的疯人院。从成千上万的窗子里有成千上万的不同声音在嘶叫。"(穆西尔:《书籍与文学》)

魏玛时期产生的大量世界观,实际上是由新事变和新关系对传统解释和定向框架造成的严重负担的一种反应。自由主义的开放性社会的多元性,就是这类新关系之一。它的特点恰恰是不受任何世界观和为人处世的典型观念的限制左右。有具体内容的命题不再有约束力,取代它们的只是一些操作性规则。按着要求,这种操作规则也应该对相互对立的设想规划的和平共存起到维护作用。思想上的多样性造成了多元主义气氛,传统所谓"真理"已降格为纯粹的意见。对于那些相信自己找到了救世箴言的人来说,

---

[①] 瓦尔特·拉特瑙(Walther Rathenau,1867—1922),德国政治家、企业家,曾任通用电器公司总裁,1921年担任帝国建设部长,1922年出任外交部长。当年被极右派暗杀身亡。——译者

这是极其痛苦、难以忍受的事实。民主制作为一种生活方式使绝对真理的要求相对化。汉斯·凯尔森,当时是少数几个在法律界为共和制作辩护的人之一,当时说:"形而上学绝对主义的世界观适用于专制,而批判的、相对主义的世界观适应于民主的立场。如果一个人不承认人类知识的绝对真理性,不承认有绝对价值,这个人必然会认为,与自己相反的意见,也包括陌生人的相反的意见的存在,起码是可能的。因此相对主义作为一种世界观是民主制思想的前提。"(松特海默尔:《魏玛共和国时期的反民主制思想》,第181页)

在魏玛时期,自由主义为意见和思想自由提供了保证。当时社会上所有的人都从中获益匪浅。最起码人人都准备容忍自己的竞争对手——这就是相对主义。但对于1932年的德国青年思想态度的研究结果表明,对这时的大多数青年来说,自由主义已经死亡:"年轻人只剩下对'自由主义'世界的难以名状的蔑视,他们把精神的绝对性,轻蔑地称为毫无价值、不明事理。他们知道,思想的妥协是一切恶习和谎言的开始。"(同上书,第145页)

当时在德国备受读者青睐的俄国哲学家别尔加耶夫[①],又是这种反自由主义的代言人。20年代在柏林时期,他对这个"现代实验室"有所了解,但对它十分蔑视。在他散文《新兴中世纪》(1927年出版)中对民主制进行了清算。他攻击民主制,谴责它按少数服从多数的原则决定什么是真理。"民主是爱自由的,但不是

---

① 别尔加耶夫(Nikolaus Berdjajew,1874—1948),后留德国的俄国移民,宗教哲学家,文化哲学家。——译者

出于对人类精神和人性的尊重,而是出于对真理的漠不关心"。别尔加耶夫把民主等同于对思想精神的忽视。马克斯·舍勒也谈到,当时蔑视思想精神的倾向四处蔓延。他认为这是造成当时哲学一筹莫展的状态的原因的第二个方面。但是他并没有把蔑视思想精神的倾向误算在民主制头上,而是算在民主制的敌人的头上。面对人类文明,公开发誓要逃避到所谓自然性、基础性之中去,把鲜血与大地,或者把直觉、陶醉、民间的共同体以及命运当作原始力量,在他看来,所有这一切追求才真正是对人类思想精神的蔑视。"所有这一切都预示了新时代人类的叛乱。"舍勒认为,反对理性协调的暴动正在密谋中。受到舍勒的启发,托马斯·曼在《德国人的致词》(1930年)一文中描写了那个时代占统治地位的思想类型。"得意忘形的青年学生"挣脱了"理想主义和人文主义学派的束缚",如今却染上了狂热主义的舞蹈病。"人类摆脱了理念约束,忘乎所以,在古怪的精神状态中与此相适应的是政治上的荒诞风格,教会救世军的恶态,群众的集体抽风,小摊贩的狂叫,上帝的赞歌,单调口号的不断重复,满嘴冒泡仍叫个不停。狂热成了救世的原则;兴奋成了抽羊角风时的'忘我状态';政治成了第三帝国大众的鸦片,或者无产阶级的'转世论'。理性掩面而泣。"托马斯·曼赞扬社会民主党工人运动的实事求是的共和派理性。他寄希望于左倾的中间派政治力量。他告诫知识分子要提防对人文主义基本信条的侵蚀。追求冒险的狂热只知追求紧张刺激,不惜任何代价也要造反,把破坏当成形而上学陶醉,对这种东西千万不可轻信。但是托马斯·曼没有把恩斯特·荣格尔的那种野蛮性估算在内:"我们将找不到任何一块未曾被喷火器用虚无清洗一空"的地方。

(莱茵哈特:《读本·魏玛共和国》,第 173 页)

托马斯·曼清楚地进行政治论证,舍勒则停留在哲学思考之上。他主张思想精神的自我考察。思想必须进行自我批判,它应认清,思想从事综合的伟大时代已经过去。但思想精神还不应因此而心灰意冷,完全引退。它应该把自己面临的困境当作一个机会来把握。舍勒使困惑获得了一种崇高的意义。他的最后一部著作《人在宇宙中的地位》那段尽人皆知的结语中提到,丧失稳定可能同时也是一个进程:通过它可能会诞生一个新的上帝。但上帝应在我们的自由行为、我们的自主性和创造性中长成。它不再是现代性的瘸子们的避难所:"给人以支持,对人的软弱和需求提供补充,一直愿意把这些东西当成它的'对象'的那种绝对的存在根本不在了。"(舍勒:《人在宇宙中的位置》,第 92 页)

舍勒的上帝代表了对自由的勇气。人必须能忍受当前的喧嚣和混乱,在反抗狂热的片面性和教条中锻炼自己的力量,这种力量应该成为一种新人道主义,即"永恒的、客观的、逻各斯的、观念的源泉,……参与向它的秘密的进攻的……不只是一个民族,一个文化圈,而是所有的人一起,包括将来的不可代替的个人文化主体的团结一致,共同合作。"(普列斯纳:《权力与人的本性》,第 286 页)

普列斯纳在他 1937 年发表的《权力与人的本性》一文中,曾把舍勒上述想法引作自由知识分子的典型代表。在他看来,舍勒的思想明显追求协调形式的自由精神尚未得到克服,思想精神在连房子都没有的情况下却去寻求加固的拱架。"如果一切都在流逝,我们怎么可能寄希望在一个稳定的合题,保证它几年后就不会过时了呢? 根本不要去希求什么加固的拱架,除非你企望它的坍

第 十 二 章

塌。"(同上书,第284页)

普列斯纳的人类学基本原理:人的定义是,人不让最终地被定义,因为任何可能的定义,不管是伦理的、科学的、宗教的,它的基础构架都是人的历史的产物。定义式的、依本质理解的意义上的"人",总是由人自己所创造的文化发明出来的。所有关于人的命题,都不可能把人作为完成的对象化的量,全部收入它的视野之内。任何可能的观察提问的角度,都来源于"主体性的创造性力量的王国。"这是一种彻底的历史主义思想。历史只不过是一个"舞台","超时代价值的承担者们依据完全偶然的联系在上面走上来走下去"。我们必须把这个舞台看作"价值的生产和销毁的场所"。(同上书,第304页)但是,关于历史性的这个观念本身也是历史性观念。通过历史使价值自身相对化的思想,也不是一种绝对一成不变的立场。以前有过,现在还有这样的文化:它们不知"把自身作为主题"为何物,剩下的只是对人的"无法研究性"的知识"胡搅"。它是"无法研究的",因为人总有他未来的根据。人总是在当时作出决定的一瞬间显示出来他是什么。人的规定是人对自己的规定,人是自己为自己作决定者。他从自己的不确定性中规划着自己。"在这种对自己的不确定关系中,人把自己把握为力量,并为他自己的生活发现了自己,发现自己是一个理论上和实践上的未解决的问题。"(同上书,第321页)

由此普列斯纳得出结论:具体的处境总是错综复杂,不可了然;在具体历史时刻,到底什么对人来说最重要?此刻作决定的不是哲学,而是实践活动。"根本不可能在客观的条件下为人的这种存在找出一个客观的定义。"(同上书,第319页)在这种上下文中普列斯纳谈到了海德格尔。他断言,海德格尔的基础存在论,已经包含了太多的关于人生此在的客观中立性定义。

在他看来,海德格尔的生存论概念对历史漠不关心,这正是这些概念的缺陷。比如海德格尔关于历史性的这个概念并没有得到历史性的理解。

普列斯纳认为,马克斯·舍勒和马丁·海德格尔以不同的方式演奏了一曲"绝对中的、届时瞬间的交响曲:一个把绝对置入创造性的精神之内,一个则把它置于人生此在的基础之上"。

在海德格尔这里,届时瞬间最后导致对整个政治领域的蔑视:它被视为常人的、非本真本己的领域,将它同本真本己的自己存在的另一领域截然隔开。这无非是德国式的"内在性",它是面对历史强大暴力的最后一个形而上学的避难所。

普列斯纳想在内部使哲学同这个历史暴力遭遇,尽管这可能会使哲学受到一些擦伤。哲学必须同"现实的无底无根基[Bokenlosigkeit]"共事。这就意味着,不管它愿意与否,哲学必须清醒意识到,它自己已处在"古朴的敌人生活关系中"。(同上书,第281页)它不可能轻松地"置身事外",它没机会乘人不提防溜出去,超脱于相互争斗的党派之外。时代不再允许有什么普遍适用的轻松自由,因为哲学根本没有了喘息的功夫。一种理解现实的哲学必须参与到这最基础的敌友关系中来,进而对它加以把握。很显然,普列斯纳的思想和卡尔·施米特对政治的定义有联系。

普列斯纳在写这篇文章的时候,在德国内战已起。1930年9月大选中纳粹党获胜,党卫军开赴市区,在街上与红色战线团以及共和国的保卫者展开了战斗。平衡调解的理性这种政治工具被碾得粉碎。军事形势成了政治上的绝对因素。

这种环境下,哲学虚构着可被自己把握的"基础",但这只不过是哲学的梦幻。普列斯纳要求哲学最终从这种睡梦中惊醒,他指出,哲学一点也不比政治聪明。两者的视野都集中在同一个地方,"这个视野恰恰是开放在那无法把握的向何处去中,不管是哲学还是政治都是在这里精心规划,以塑造我们生活的意义。"(同上书,第362页)

对历史性概念彻底的理解,导致普列斯纳得出下述看法:哲学不仅就其外在义务而言,而且就其内在逻辑而言,也应进入政治这一危险区域。一旦哲学与政治联手,哲学就会注意到,站到时代的最高处是何等困难。哲学的思维"从来没有像生活一样宽广过,而且又总是过分宽阔于生活。"(同上书,第349页)在当下历史的时刻,在当下的政治局势下对哲学提出结构性要求是不切合实际的,所以哲学只限于提出了一些原则和看法。它或者停留在关于前提的领域之内,或者停滞于期望的领域之内。当时政治局面混乱,恰逢进行决断的时刻,哲学却尽力回避,普列斯纳说,政治"是掌握正确和最有利的时机的艺术,这一点决定着一切。"(同上书,第349页)普列斯纳要求一种向这个"瞬间"开放的哲学。

1931年这一届时瞬间对哲学提出了什么要求?普列斯纳的回答是:"它必须把握'民族性'的意义。民族性是人类的本质特征:就和你-我讲话一样,就像信赖和敌意一样"。(同上书,第361页)如果在普遍的人文主义观念中,人类的这种休戚相关性被忽略掉,那它就是一种极恶劣的唯心主义。自己的本己的东西必须由自己来维护,这一点既适用于个人也适用于民族。这种自己维护并不意味着建立自己的优越地位或利己等级制。因为所有的民族和文化均是发源于"创造性主体的强力的基础"之中,所以普列斯纳赋予"所有文化以民主价值上的同等地位",(同上书,第318页)把希望寄托于"逐渐克服自己民族性的绝对化。"(同上书,第361页)这在政治上就意味着民族自己声明反对凡尔赛和约中战争赔偿的苛刻要求,同时又反对民族和种族沙文主义。与此同时,又坚持对本"民族传统"的从属性,将其视为"绝对性立场",因为任何个人都无从控制自己的民族从属,它总是事先已处于其中了。"对人类而言,所有的政治问题都限定在民族的视野之内,因为只生存在这一视野之内,生存在对可能性偶然的突破之中。""不论在思想上还是在行动中,这种处境都不允许人去纯粹地实现什么……。人总是与传统血肉相连,他一开始便从属于某一具体的民族。所以实现什么,总是相对于传统与民族的实现。"(同上书,第361页)

普列斯纳以对海德格尔的第二个批判结束了他的文章:他谴责海德格尔缺乏同"民族性"的关系。海德格尔的本真性哲学,只是加深了原来德国传统中精神获救的个人领域同暴力的社会领域之间的裂隙,这只对"政治的冷淡主义"的蔓延有利。普列斯纳说,这是"对我们的国家和民族的"一种危险。

我之所以如此详细地引证普列斯纳,是因为他与海德格尔相关。他的哲学带有极高的反思性、政治化和民族化倾向,而这种倾向在海德格尔那里,还只是潜藏着没有显露出来。正因为在海德格尔那里已经潜伏着这种倾向,所以当1931年普列斯纳对他进行批判时,他并没有被击中。而且在这期间他业已开始寻找同"民族性"的,同时也是同政治的,更清晰的联系——他走的是同普列斯纳相似的道路。

我们再来回顾一下海德格尔《存在与时间》中关于"历史性"、"使命"、"民族"的基本思路：民族共同体的思想在那里已经是一个重要因素，尽管不是核心因素。《存在与时间》中，海德格尔把个人对自己自由的自身关切[Selbstbezug]视为生存理想，但海德格尔并不想让人们将其理解为"个人个体主义"。所以他十分强调共同体和民族中生存理想的"现实"的人生此在的力量。这种力量被作为被抛性而纳入本真本己此在的人生规划。如果谁想努力把本真本己的人生此在的被抛性"不带任何幻觉地"(《存在与时间》，第391页)承认下来的话，他就必须看到，他属于某一民族，这一点是无法选择的。他被抛在一个民族中，降生在这个民族的历史、传统和文化中。个人的人生此在与"共同体、与民族的活动进程"(《存在与时间》，第284页)之间这种纠缠不清的关系，被海德格尔称之为际会使命[geschick]。像生活的其他实施进程一样，这种休戚相关性也可以在不同的方式——非本真本己的方式和本真本己的方式——中得到体验。人生此在可以有意识地接受作如此理解的"民族的际会使命"。他随时准备参与、承担这一际会使命，对其负责。这就使民族之事变为己任，直至做好为了它牺牲自己生命的准备。人生此在"从这个民族的传统中选择自己的英雄"。(《存在与时间》，第385页)但无论如何，个人并不会放弃自己的责任。本真本己地同民族的联系，就是同本真本己的自己的联系。如果谁为了摆脱自己而走到民族团体那里去寻求什么，那么这种行为就是非本真本己的。因为对于这个人来说，民族无非就是常人的世界。

因为存在着同民族的本真本己联系和非本真本己的联系，所以在谈及民族与民族的休戚相关性时，它们真正所要表达的意思中，一定都包含"歧义性"。"一切看起来好像是真的理解了，把握了，说出来了，但从根本上看，其实没有，或者看起来似乎没有，其实已经做到了。"（《存在与时间》，第173页）

在《存在与时间》中，海德格尔的这种歧义性还不突出。那里也谈到民族，谈到际会与使命，但是思想并没有努力去指明民族与际会使命到底是一种什么样的届时瞬间，这个历史时刻提出的具体要求是什么。海德格尔还没有去找"他的英雄"。他还没有超越由术语构筑起的防卫屏障，没有离开由基本规则构成的区域，还没有离开基础存在论的领域。参与具体的历史还有非本真本己性之嫌疑；具体历史尚被形式化为历史性这一种空洞形式。所有的材料都可以接受它，也就等于没有哪一个具体历史"材料"能接受它。这种思想本身要求一种历史的、政治的开放（即"民族"的"际会使命"），但是这种开放还未得以实施。

海德格尔同代的批判者，完全注意到了这种歧义性，即非历史性的存在论同历史性假设之间（的）换步法。普列斯纳对海德格尔的批判就是一例。在这之前，米施［Georg Misch］在他关于《存在与时间》的详细书评中提出了下述的看法：在海德格尔那里存在论者战胜了历史生活的解释学家。

平时海德格尔总是抱怨说，人们对《存在与时间》一书的反应表明他们对他的思想毫无理解。这次他在这一点上与这二位的批判者看法类似。因为他在《存在与时间》发表不久，就开始向普列斯纳和米施所瞄准的方向前进，对历史性、届时瞬间关联性、政治

第十二章

决断性作进一步的更彻底的思考。

1932年11月18日海德格尔在给伊丽莎白·布洛赫曼的信中写道:此间《存在与时间》早已被他远远置于身后。他当时开辟的道路早已被闲置荒芜,几乎不可通行。从1930年开始,在给伊丽莎白·布洛赫曼和雅斯贝尔斯的信中就经常谈到"新开端的"必要性,但也提及他自己对开辟新路能否成功所持的怀疑态度。1931年12月20日给雅斯贝尔斯的信中,海德格尔公开承认,他自己"已经过于冒险,走得太远了。超出了我自己的生存力量之外,我对自己经验到的事实上和内容上的困窘有清楚的认识。"这封信中他还谈及已经过去了一年多的柏林插曲。

1930年3月28日,海德格尔接到柏林的聘请信,请他去那里主持德国最重要的哲学讲席。聘任委员会一开始在普鲁士文化部长贝克尔建议下,希望能延聘到恩斯特·卡西尔。但海德格尔也是聘请对象的重点人选。但委员会反对海德格尔的人最后还是占了上风。法里亚斯对这个过程作了研究。据他的研究,主要的反对者是E.施普朗格。施普朗格提出的问题是——海德格尔的知名度这样高,与其说是由于他的哲学,还不如说是由于他这个人。他的哲学根本不适用于教授与研究。委员会的报告中说:"新近人们不断提及海德格尔,尽管他的著述成果的科学价值争议甚大,但有一点十分清楚,他……个人的影响力十分大。但他的崇拜者也承认,追随他的为数众多的学生中,几乎无人真正理解他的哲学。他当前正处在危机之中。结果仍需要等待。现在聘请他来柏林,后果将会很严重。"(法里亚斯:《海德格尔与纳粹》,第123页)

关于海德格尔处于危机之中的流言正基于这一事实,即《存在与时间》的第二卷一直未见出版,甚至连预告也没有见到。对他1929年的《康德书》评价不一。无论如何该书没有被看作《存在与时间》的续篇。海德格尔在达翰斯出场给人留下的印象,也促成"危机流言"的形成。留在人们记忆中的,是他对文化哲学的粗暴态度,和他公布的新的开端,但对这个新开端连他自己也没有把握。

1930年上半年普鲁士文化部换班,格林墨接替贝克尔出任文化部长。他是一个受过哲学教育的政治活动家,是胡塞尔的学生,来自保罗·蒂利希周围的宗教社会主义团体。他把哲学教授候选人名单退回哲学系,公开违背哲学家的明确意向,指示他们聘请海德格尔。格林墨想来一次点名委任。另外,海德格尔的反市民文化和文化革命的表现并不使格林墨这样的人感到惊恐。他本人就是出身于反市民社会的青年运动。柏林的自由派报纸对文化部长设的关卡十分愤慨:"一位社会主义的部长聘请一位文化反动派来柏林。"(同上)

1930年4月,海德格尔去柏林进行磋商,路经海德堡,以便到雅斯贝尔斯处听取建议。雅斯贝尔斯通过报纸了解到这件事,并写信给他说:"您将登上最引人注目的位置,它将使您至今鲜为人知的哲学脉搏的跳动变得广为人知,并得到消化。我认为,这是再好没有的机会"。(1930年3月29日信,《海德格尔与雅斯贝尔斯通信》,第130页)因为他自己也曾希望应聘柏林,所以他感到"一阵轻微的痛苦……但是它非常轻微,因为即将应聘的是您。"

海德格尔已经得知,他的应聘完全是部长的旨意,完全违背哲学系的意愿,尽管如此,他还是十分认真地去柏林进行会商。作为预防措施,他要求要"远离大城市生活的干扰,在相对平静之中"建立他的生活。因为这是他的哲学工作不可缺少的"基本条件"。

但是回到弗赖堡后,海德格尔作出决定,拒绝应聘。1930年5月10日,他在写给伊丽莎白·布洛赫曼的信中说"拒绝这件事使我感到最困难的是如何面对格林墨本人。"他在向格林墨陈述他拒聘理由时说:"今天我的工作刚刚开始走上一条新的安全之路,无论对我还是对他人来说,要履行柏林大学教授职责必须具备一定的条件。面对这些条件,我感到自己羽翼未丰。真正不衰的哲学,只能是它那个时代的真正的哲学,也就是说,掌握了那个时代的哲学。"

这是一句关键的话。海德格尔公开承认,他自己感到自己羽翼未丰,他还没有达到把握这个时代的真正哲学的水平,他的哲学不仅要以黑格尔那样的姿态,在思想中表达时代,而且要"掌握"这个时代。也就是说,这里指出了他的哲学的方向,或者像一年后他在课堂上讲授柏拉图时所说的,他必须克服当下。

面对自己所设置的这个要求,他觉得自己尚不成熟。但是他也写道,他已经找到了道路,新的开端已经开始。

尽管柏林应聘一事大大提高了他在公众中的信誉,但海德格尔这方面还没有发出凯旋式的纲领性的《外省人的声明》,而只是十分谦虚地承认,我还没准备好!海德格尔给格林墨拒聘函以下面的请求结束:请承认我尚陷于其中的那个界限吧。

海德格尔写道,真正的哲学必须能掌握它的时代。这样,他便给哲学和他自己提出了一个艰巨的任务。它必须证明他有对时代作出诊断和预言的能力,并且不仅仅是提出一般的决断性,而是作出具体的决定。那种可以随时加以政治化的简明扼要的哲学洞见,这才是所需要的哲学。行为上的可选择性要求具有清晰性和哲学上的可决定性。这一切都是海德格尔向哲学提出的要求,如果这种哲学要掌握它的时代的话。

海德格尔就是带着这个要求置身于时代大潮之中,在思想界关于知识社会学的那场激动人心的大争论中,时代大潮的走向暴露得十分明显。这场争论是1928年11月社会学会议上卡尔·曼海姆的登场引起的。这次会议的与会者,年轻的(诺贝特·艾利阿斯)说,这是刚刚实现的一场"精神大革命",而社会学家(阿弗里德·莫伊泽尔)描写他当时"惊恐的感受,像在旋涡肆虐排山倒海的大洋上,用不宜航海的一只小驳船去冒险一样。到底发生了什么事?"

卡尔·曼海姆就《在思想精神领域的竞争的意义》作了一个报告。一眼看去,这个报告似乎并无新奇:力图从似乎和马克思主义类似的方式,从社会基础的条件出发来揭示思想精神的构成物。对马克思主义者来说,它的危险性在于,曼海姆把这有意识形态之嫌的东西——一般情况这是马克思主义者经常给别人扣的帽子——如今加到马克思主义者头上。他对马克思主义的普遍性要求提出质疑。但对马克思主义者的这种伤害还不足以引起科学界如此普遍的重视。曼海姆的攻击更具挑衅性:他在分析思想精神的构成中,将真理问题搁置起来,并把真理的搁置作为一条基本定律提了出来。对他来说,在思想精神领域内只有不同的"思想风格",它们处在两个方面的关系中——曼海姆称他的这种立场为关系主义的[relationistisch]——它直接同自然的现实和文化的现实发生着联系。它们相互联系,然后出现了复杂的传统的构成,思

第 十 二 章

想一致者的团体,竞争和敌对。这里出现的情况使你误以为,这里是无任何约束的商品市场。整个现象当然有一个"基础",但是这个"基础"本身又只有通过思想风格才能被把握。思想所扎根于其中的东西,只存在于思想风格争吵之中,所以我们对这个基础没有任何稳定的概念。曼海姆使用了"存在"这个术语,指的是思想所能联系到的、它所能要求的一切内容的总称。曼海姆认为,思想与赤裸裸的事实或者真实的现实性毫不相干。思想总是运动在经过解释的和理解的现实性之中。曼海姆对海德格尔的"常人"分析作了批判性的评论,"哲学家整理出一个常人,一个神秘的主体,但这个常人是怎么来的,他却毫不关心。社会学问题恰恰是从哲学家停止追问的地方开始自己的工作。社会学分析表明,这个对存在公开的解释不是简单的已在那里。它也不是被想出来的,而是在这论战中获得的。引导研究的兴趣不是冷静的求知欲。对世界的解释往往是个别团体的权利之争的共生物。"

曼海姆的关系主义没有为任何世界观的派别或任何解释方案提供合法性证明。就像兰克①的历史时代一样,尽管思想精神的建筑不是在上帝面前各个等价,但是在基础性存在面前,它们却是完全等值的,不存在任何优先的途径。任何思维都以自己的方式受到存在的制约。但是,首先受到那个特殊"存在的制约",个人或者群体就扎根于其中。在基础中存在着"一定的生活圈的示范性原始性经验"。(第345页)它对不同的思想形态发生着影响,所以它

---

① 莱奥普奥德·冯·兰克(1795—1886),德国历史学家。他力图用历史时代解释历史冲突,认为历史是由个人、各民族、各国家分别发展、综合而成的历史政治原则,应因民族的特点而异。——译者

本身构成"生存类型的不可磨灭性"的核心。(第356页)因此也根本不可能对整个世界图像和由此导出的行为原则之间的区别进行所谓全面的比较。但曼海姆认为,知识社会学的政治任务是削弱它们之间的对立,缓和它们之间的紧张关系。这是通过还给争论中和相互排斥的竞争中的各个"党派"以各自的"存在-约束性",使之相互理解,来实现这种缓和。通过这种理解行为,四分五裂的整体中的敌对化能量得以部分释放。如果实施了这一步,那么在社会中不同的世界观就会比邻共处,每个党派均无权提出绝对性要求。最理想的情况是:以自身透明性来自律的"党派",通过相互的对立和共处推动历史的发展。社会是由这些部分的关系构成的,所以认知社会学必须与社会相适应,就像一个监控治疗家要适应闹纠纷的夫妇一样。同存在没有特权性的关系,没有不受时间限制的永远有效的真理。"认知社会学为专司政治调解、政治中立化之职的官员们提供的只能是'自由浮动'的理智"。认知社会学知道,达到完全齐一性,既不可能,也不是人们所希望的。认知社会学思想政治纲领是:想通过对"人类的世界构型"中与存在相连的、不可磨灭的、差异性的理解来缓和对立。(第350页)

　　曼海姆的认知社会学是魏玛末期政治科学挽救自由主义的尝试。它给人留下了这样一种深刻印象:它给了存在论一种多元主义的基础。但这个理论要求区别可磨灭的对立与不可磨灭的对立,用理性的比较去寻找可以发现这种差别的地方。否则就只好让"生存性的不可磨灭"隐藏在它的秘密之中。卡尔·曼海姆的结语是:"如果谁在知性尚有权以清楚和冷静加以管理的地方,想请出非理性主义取而代之,他一定是害怕直视秘密的真正所在。"(第

369页）

海德格尔注意到,认知社会学的调解纲领,即这种把自由主义放回到多元主义基础上的挽救尝试,在他看来没有对所面临问题的解决作出什么贡献。他的反驳十分简单:认知社会学知识向"秘密所在之处"只迈进了一步,并没有看到秘密本身。

在1931—1932年冬季,在讲授柏拉图的课上,他对柏拉图《理想国》中包括洞穴比喻在内的一大段文字作了讲解。讲课时,海德格尔把认知社会学放到洞穴中,让它和囚犯在一起,既看不到现实的对象,也看不到发光的太阳,只看到墙上的影子。谁要是被从洞穴中解放出来,走到真理之光中,然后再回到黑暗去,以便去解放一起被困的难友,那么他就变成不为他的难友所欢迎的人。"人们会对他说,他是片面的。因为他是从别的地方来的,所以在人们的眼里,他立场片面。很可能人们在下面有某种所谓的'认知社会学'的科学,人们靠了它的帮助向他说明,他的工作是以某种所谓世界观为前提的,当然这个前提严重干扰了洞穴团体的看法,所以遭到拒绝。"但真正的哲学家看到了光明,他根本置这种"洞穴空谈"于不顾。唯一值得他做的是,抓住几个人,"牢牢地不放,硬是将他们拖住,在一个漫长历史中试着从洞穴中走出来"。(《海德格尔全集》,第34卷,第86页)

1930年海德格尔更强调下述要求,哲学必须控制它的时代。在接下来的那些年里,我们看到海德格尔不停地向古希腊思想的历史深处挖去。他想从历史中求得解脱吗？他在上面引述过的讲授柏拉图的课上非常气愤地反驳了这种怀疑。"真正地回到历史中,我们就可以同现在保持距离,以便创造起跑所需要的距离。而为了从我们本真本己的当下中跳出来,这就意味着用当下唯一应得的方式对当下加以处理:对它加以克服……最后,回到历史之路才能将我们带到今天真正的变故之中。"(《海德格尔全集》,第34卷,第10页)

但是,海德格尔确实有陷入历史不能自拔的危险。是否能从这个历史起跑点上实现向当代的一跃?他此时似乎也没什么把握。他从柏拉图的哲学思考中获得的印象如此之强烈,以至于使他感到疑惑,他是否还有什么自己的话可讲。在给雅斯贝尔斯的信里,他把自己描述为大哲学家博物馆中"管理人员之类"的角色。他的唯一任务就是"留意窗户上的窗帘是否以正确的方式打开和关上,以便使流传下来的少数珍贵的伟大作品在一定程度上得到正常的照明,以便使偶然光顾的观众得以观赏"。(《海德格尔与雅斯贝尔斯通信集》,1931年12月20日的信)他给自己画的这幅讽刺画有多大的严肃性呢?我们可以从他给伊丽莎白·布洛赫曼的信中的一个说明得到一点提示:"越紧张地进入自己的工作,我越明显地感到,每次都受到古希腊人的伟大开端的压力。而且我经常犹豫不定,是不是把自己的一切独立尝试全部放弃,仅致力于让我们这个世界不仅只被继承下来而已,而且还要让这伟大作品、伟大的榜样重新成功上演,让人们对它们有活生生的体验。"(《海德格尔与布洛赫曼通信集》,1932年12月19日的信)

海德格尔在20年代初已经开始研究哲学的古希腊开端。但如今它那巨大的力量对海德格尔影响如此之大,以致对他自己的哲学自我意识形成了威胁。他变得很谦虚,但只是面对古希腊人的时候,而绝不是在当时活着的哲学家们面前。

第 十 二 章

　　海德格尔勤奋地从事古希腊哲学的研究工作时,一直伴随着一种矛盾心情:希腊哲学在他面前打开了一个无限广袤的境域,使他自己感到鼓舞振奋,使他获得了广阔的活动天地。但是,这个广阔天地又使他变得如此渺小,无足轻重。这个历史的吸引力如此强大,以致可以完全被它吞掉。但是对历史性的彻底理解,要求哲学把握历史时代的重大瞬间。因此不允许他长期滞留在渊源之中。他必须把浸淫于过去的快乐辩解为,跃进到当代之中的人的起跑。但是他清醒地承认,作为学院哲学家,他还陷在事实上可以验到的东西的狭窄范围内,而"自己研究工作的一团乱麻的状态"也使他觉得"行动不便"(1930年5月10日信,《海德格尔与布洛赫曼通信集》,第35页)。在这令人沮丧的届时瞬间,海德格尔清楚地意识到,他仍在洞穴之中。仔细看起来,对于当时严峻的重大问题,他尚未发表任何特殊的看法,还没有说什么自己的意见。这个事实折磨着他。他的情绪动荡不定,有时他感到了一种重新开始的力量,觉得自己与柏拉图可以平起平坐;有时又觉得自己空虚,没有原创性,没有创造力。他的过大的野心一方面冲着他前进,另一方面又压抑着他。在雅斯贝尔斯面前,他使这种心态披上了柏拉图化的外衣。在"真正的开放性中"哲学需要"认知的领袖和守卫"。(1931年12月20日的信,《海德格尔与雅斯贝尔斯通信集》,第144页)

　　他在柏拉图那里发现了什么东西,它居然会有如此大的力量,竟然渐渐淹没了他"自己"的东西?(同上书,第149页,1932年12月8日的信)什么东西有这样的尊严,需要有"有认知的领袖"?

　　1931年柏拉图课程的前半部分,正如前面已经提到的,集中讨论了《理想国》中的洞穴比喻。海德格尔对整个事情的具体情节作了描述。对每个场景的具体意义作了解释。第一幕：洞穴居民观察着对面墙上跳动的影子的嬉戏。第二幕：其中的一个人的绳索被解开，被放开了。第三幕：他可以转身了，于是看到了对象和背后的火。他被带到光天化日之下。光明耀眼，使他什么都看不见。但是渐渐地五彩缤纷的对象在日光中显现在他面前，它们变得"实存了些"；最后他去看不仅照亮了一切，而且使一切得以生长繁衍的太阳。第四幕：被解放了的他又回到洞穴中，他想也解放他的同胞。但是他们拼命抵抗，不愿意脱离他们的习惯。在他们看来，解放者发疯了，十分可笑，狂妄自大，异常危险。如果解放者再拉他们的话，他们就要置他于死地。

这个比喻初看起来十分简单明了。因为柏拉图自己作了解释。被囚禁者是受外感官、外部感觉束缚的人。解放使内感官、思想分娩。思想是灵魂的一种静观能力。在心灵的其他能力、欲望和情绪，沉溺于感性世界之时，思维则从其中摆脱出来，津津乐道于对物的直观，观察它们的真相到底是什么。思维向上仰视，看到太阳，它是最高真理的象征。但是这个真理是什么？柏拉图的回答是善。但这个善是什么？善就像太阳一样。这有两方面的意义：首先，它使东西变得可见，使东西具有了可认识性，因此也使我们的知识成为可能。其次，它让一切所是诞生、成长、繁衍。善使可视性获得全面胜利，洞穴居民也分享着可视性。因为火作为太阳的后代使洞穴居民起码得以看到影子形象。有物存在而且还在存在中稳定不变，这也是善的功劳。在柏拉图看来，这个无所不包的、靠着善的力量而活着的存在，如同一个组织得合理有序的团体

第 十 二 章

一样,是一个理想的城邦。柏拉图的对话是从关于公道合理性的本质问题的讨论开始的。柏拉图十分清楚地指出,想通过心灵研究这条路来认识公道合理性,即有善的秩序的存在是十分困难的。较好的办法是,用更大的尺度,即用城邦这个尺度来观察衡量。如果人们在城邦这个"大型人"中认清了什么是合理公道,然后便可以在个别人的灵魂中重新认出它来。柏拉图在他的理想国里导演的合理公道的基本原则是合理标准和公正合理秩序的实现化。在不同等级的人组成的等级制世界中,每个人都有其应有的位置,人可以在这个位置上充分施展他的能力,对整体发挥作用。柏拉图把城邦中同心协力的合作,和谐和相互影响中形成的整体推广到城邦之外,扩大到毕达哥拉斯的宇宙和谐这一个更加宽泛的维度中去。但柏拉图在这里就收笔了。灵魂是宇宙的源泉,宇宙是有灵魂的东西。心灵与宇宙二者在静谧的、永恒不变的广宇中回荡。它们是与不断变化中的时间,与生成相对立的纯存在。

这种柏拉图主义在海德格尔那里派不上用场。让我们先从最后一点,即永恒不变的理想存在开始说起。

对海德格尔来说,存在的意义就是时间,即流逝与发生。对他来说,没有常住不动的理想的存在。在他这里思维的任务恰恰是如何使人感受到时间的流逝。思维恰恰是要在一切日常的物化倾向的在不正确的无时间性中,在关系和处境僵死化的地方开拓时间的境域。思维应进行融化工作,应该把实存,首先是人生此在本身交付给时间之流。永恒理念的形而上学之彼岸世界被时间给融化掉了。在"发问的旋涡中",任何东西都不可能稳定长存。

为了要从柏拉图那里寻找值得吸收的东西,海德格尔不得不把柏拉图的书反过来读。涉及到海德格尔的时间对立的静止的存在的看法是如此，涉及到"真理"观点上的看法也是如此。

在柏拉图那里，具有持久性的真理现存在那里，等待我们去发现，墙上的影子的嬉戏不过是原型——即投射出影子的对象——的拙劣模仿。它们是由火光从背后传递到墙上的。映像总是与原型联系在一起的，总是联系到更高层次的东西，联系到理念。这里所说的"原型"之物，其实也不过是一个不完善的映像。真正的知识能够透彻了解这个映像，并透过它发现原型本来之所"是"。真理性就是正确性，即一种知识与被认识者的适应性。洞穴居民的感觉是不真实的，因为这种感觉只把握了表面现象，而它缺少的是在其中从事显现的存在。在柏拉图看来，有一种被称为理念的绝对真理。在心灵跃进中，通过在数学与神秘的陶醉之间进行思维活动，可以把握到这个绝对真理。但对海德格尔来说，根本不存在这类真理。对他来说，只有真理的出现发生。这只能在人同自身的关系中，或在人同世界的关系中才得以实施。人并不是去发现揭示脱离开人而独立存在的真理。人在不同的时代涉及规划了不同的释义的境域。在这些释义境域中，现实性获得了确定的意义。海德格尔在《存在与时间》中，已经原则上提出了这种真理概念，并在1930年"论真理的本质"的讲演中得到进一步发展。

在那里他讲到，真理不存在于主观方面，即不存在于"真"命题之中，也不存在于客观方面，即不存在于与之相应的被指称者方面，而是存在于"发生出现"这一过程中。这个过程是一个双重运动：一方面，它是世界的运动。世界在这里显现前进。另一方面，它是人认识世界、开发世界的运动。这两重的发生出现过程运作

第 十 二 章

于一定的距离之间。这段距离就是人把自己和他的世界置于自己之前时形成的。他了解这段距离,因而也就知道,有一个世界,它向人显示着自身,同时还有一个世界将自身隐藏起来。他知道这一点,因为他自己作为一个存在物体验到,他可以显示自己,也可以把自己隐蔽起来。这段距离就是自由的活动空间。真理的本质就是自由。(《真理的本质》,第 13 页)在这个意义上,真理就意味着有距离,或活动空间。获取这个活动空间的距离也被海德格尔称为"开放性"。只有在这个空间中,才可能有隐藏和揭示的活动。假如没有这种开放性,人便根本不能将自己同包围着他的周围环境区别开,他也不能将自己区别出来,根本不知道,他自己在何处。只是因为有了这个开放性,人们才想到,把自己的命题关于现实的命题同现实的自身显现加以比较,用它来衡量自己的命题。人类并不占有颠扑不破的真理。但是人处于同真理的关系之中,这点却是颠扑不破的。那出隐藏与揭示、登台与消失,在-场,在-"逃"的好戏,恰恰是这种真理关系本身创作的好戏。海德格尔在古希腊哲学术语中,为这种同真理的关系找到了一个言简意赅的表达:aletheia,直译为非-隐蔽性。真理是同隐蔽斗争的过程:真理不是使某种实存显现自身,就是将实存拉出来显现,将其揭示出来。总而言之,这里有的是战斗。

这种看法显然会导致下述结论:根本不存在超历史的真理标准;不断无限接近某种真理的历史也不复存在;也不存在柏拉图式的心灵向理念天国的跳跃。如今有的只是真理发生出现的事件。也就是说,只有对存在筹措规划的历史。这个历史恰恰就是范式发展史,指导着不同的文化时代和文明类型。比如在近代,对大自然的存在的筹措规划发生着决定性作用。"所发生的事件中最关键的是,某种筹措设计得以实现。这一筹措设计预先圈定了,将来应该如何理解自然和自然过程,无穷多点在时空中的确定的运动关系。"(《海德格尔全集》,第34卷,第61页)这种对存在的筹措设计,当然不是从某一个人头脑中想出来的,而是一种文化的综合,它在现代文明的各个方面起着决定性作用。自然变成了计算的对象。人看自己或看诸物中之一物,没什么两样。他的注意力被限制在狭隘的视野之内,似乎世界总是可以通过某种方式加以控制、可以操纵的。对待自然的这种工具性的基本态度,唤起了技术的发展。海德格尔说,我们的整个文明,都是对存在的特定设计的表达。完全是"坐着电车在城市里瞎逛的这种最平常的事件,我们也是活动于这种筹措设计的领域之中"。(同上书,第121页)我们把知识引向技术的能力,并没有使我们的知识"更真实",它导致的后果是:自然给我们什么样的答案,完全取决于我们怎么样来发问。在我们的干涉下自然暴露着自己的不同方面。因为我们自己也属于自然的一部分,所以,我们干涉自然的不同类型,也使我们自身发生了相应的变态。我们也在揭露着我们自身,任我们存在的另外的方面发挥影响。

把真理看作一个大X,我们只能在无限的过程中不断接近它,因此我们的命题总是要与它相应,因而在这个进程中变得越来越准确,但这样理解的真理,这种陌生的大X根本不存在。有的只是活生生的同实存的交往活动。在这个过程中,实存每次都显示出不同的面貌,而我们自己也在其中不断变换着显示着自己。整个活动都是一个创造的进程。因为每个对存在的设计规划都以一定的方式产生出一个解释过的、经过组织的世界。无论是从材料上还是从精神上看都是如此。

尽管没有绝对的真理标准,而只有在运动中随着真理的发生而出现的事件,但是海德格尔还是找到了一个超然于这个事件之外的标准,用来判断真理的发生。这个标准就是成功。通过与其交往的方式,我们可以让它以不同的形态与我们相遇,让它以不同的形态存在,可以让它更实存些,或少一些实存的方式来发生影响。对海德格尔来说,现代对自然的这种技术性的、理性的理解,是一种使实存干瘪的存在的设计。"这种自然科学能否使实存变得更实存了,或者,是否有某种别的东西被插入到实存和从事认识的人之间,以致破坏了人同实存的关系,使得人完全丧失了对自然存在的本能直觉,进而完全被窒息,人对自己存在的直觉,这本身是一个十分严肃的问题。"(《海德格尔全集》,第34卷,第62页)

上述说法表明,海德格尔衡量实存程度的比较性标准,关涉的是活生生的生活得到了加强还是受到了削弱:实存是否能在它的丰富的可能性中显示自身,我们和世界能否获得自由,我们的关注的方式是否允许实存依其全部丰富性出现、发展、成长,并且在它的发展中也使我们得以成长发展。这种关注被海德格尔称之为"对可能东西的本质观察"。(同上书,第64页)这种观察有一种特殊的工具:原初性的哲学和伟大的诗作。二者都使"实存更加实存"。(同上书,第64页)

1933年之后,海德格尔的哲学思考更多地跟踪着诗的踪迹进行,也就是说,30年代初的集中于对原初哲学之一的柏拉图哲学进行思考。

按照海德格尔对真理的理解,真理就是发生的事件。像柏拉图那样,坚持认为有绝对完美的真理的形而上学思想,在海德格尔这儿应是派不上任何用场的。或者仍然可以?

海德格尔也承认——当然,要否认这一点是十分困难的——在柏拉图那里,对 aletheia 的经验被理解为从事开放活动的真理事件的发生(不带任何"客观"真理)。但这种真理也就已经"变得没有影响力"。已经开始转变为"对真理存在方式的通行理解",即,将其理解为命题的"正确性"(同上书,第17页)。如果海德格尔想从古希腊开始他伟大的新开端,他就必须做到比柏拉图本人更好地来理解柏拉图。因此海德格尔删去了柏拉图所意指的通向真理的连接点,即用太阳象征的善的观念把它看作理念世界最高峰的思想。而把注意力几乎全部集中于解放的过程和灵魂上升的过程。按海德格尔的想法,关键不在于发现背后的"思想精神的世界"。最具重大意义的是在这个解放过程中态度、看法发生的变化:这种变化使实存更加实存。海德格尔不同意从一切现实中逃亡的柏拉图式的上升活动。相反,谁要是自己从洞穴的阴影中(意见、习惯、日常的立场观点中)解脱出来,他才真正地到了现实世界之中,即到了真实的世界之中。这个真实的世界是什么? 我们早已领教了海德格尔对它的描写:这是从本真本己观点出发看到的世界,它是被抛性和设计规划的大舞台,是操心忧虑、牺牲、战斗的大舞台,是一个充满了机会的世界,受到虚无和空无之物威胁的世界,这是一个危险的所在;在这里只有那真正解放了的决定献身于无家可归性的人才能忍受得下去的地方。他们无需到事先已由真理组成的避风港下寻求庇护。因为这个世界图景对海德格尔至关

第十二章

重要，所以他忽忽掠过在洞穴比喻的真正的高潮，不滞留于对太阳的狂热的尊重的迸发那个时刻。他匆匆忙忙地如释重负地返回到洞穴之内。对海德格尔来说，整个譬喻的戏剧性高潮恰恰发生在洞穴之中。因为在这里，那个被解放到光明中的人变成了解放者。解放者必须采取暴力行动，(同上书，第81页)因为被束缚的人在他们的世界中感到十分安逸，根本不想从他们的处境中被解放出来，因为他们并不认识别的东西。海德格尔从两个角度充分利用了这个事件过程，绘制一幅哲学英雄的图像：他被聘为领袖和守卫者；在尝试解放被束缚人们的努力中，他必须做好准备成为殉道者。因为他们会起来反抗，用暴力来反抗对他们使用的暴力。**他们也可以将他置于死地，以便重新获得他们的安宁。**

这里被招聘的哲学领袖应该让新的真理事件发生在整个共体中，在它们之中建立一种全新的真理关系。海德格尔作为准备做殉道者的哲学家，不仅像苏格拉底那样去追求哲学家之死，而且很可能还必须承担哲学之死的巨大痛苦。海德格尔说，发生于当哲学把自己交付给洞穴居民的习惯和有用性的考虑的时候，哲学将会被毒死。海德格尔给哲学事业画了一幅辛辣的讽刺像：一种宗教虔诚的萎缩形式、实证科学的认识论侍女、世界观清谈、市场上知识分子虚荣心的小品剧。所有这一切都表明，哲学自己的本质已成为空洞无物的——软弱无力的多余之物。(同上书，第84页)在柏拉图那里本己本真的哲学，昂首仰视着太阳，在海德格尔这里却陷入对自由的恐怖和战栗。在柏拉图那里哲学占有着绝对真理，在海德格尔这儿却消解在真理的事件的发生过程中。它使本己本真的哲学陷入走投无路的境地，因为它拒绝服务于有用性和通行性的工具化，反对被它们毒化。但如果它不合作就必然受到唾弃，或被排挤到一旁。但是自由之美德又不允许它在这种威胁面前溜之大吉。它不能重新从洞穴中撤出去。"保持自由，坚持当解放者就意味着参与历史。"（同上书，第85页）海德格尔的结论是："在显而易见性占统治地位的区域内，本己本真的哲学思考是软弱无能的。只有当这种显而易见性自己发生转变时，哲学才会产生影响。"（同上书，第84页）

这里出现的又是——历史。在真正的哲学受到重视之前，"占统治地位的显而易见性"必须发生变化。除了等待伟大的历史时刻的到来，我们还能干什么呢？当然还有另外一种可能，就是出现一位伟大的哲学家。他应像海德格尔在1929—1930年的形而上学讲课中说得那样，具有令人倾倒的领导者魅力，使他成为其他人的命运，他将导致哲学的苏醒。（《海德格尔全集》，第29/30卷，第19页）在哲学博物馆里，小心地为伟大作品调整着光线的海德格尔，对他的新角色也作了尝试。就像他在柏拉图讲课中说的，扮演先驱的角色，为走向他想达到的地方"开辟道路"，（《海德格尔全集》，第34卷，第85页）在这期间在给雅斯贝尔斯的信中提出了这个预言家式的问题。"为下一个十年的哲学创造一块基地和空间的努力能成功吗？会出现内在负有未来使命的人们吗？"（《海德格尔与雅斯贝尔斯通信集》，第149页，1932年12月8日的信）

当历史在哲学家的影响下出现了这种转变的时候，当本真本己哲学被看作解放的工作的时候，哲学就不可避免地同政治发生联系。柏拉图《理想国》所描述的灵魂上升最后也走向了政治。在那里柏拉图发展出了他著名的政治乌托邦构想，只有当真正的哲学家在共同体中成为国王的时候,这个共同体才会建立真正的秩序。柏拉图本人曾在叙拉古的狄奥尼斯[Dionys]的王国内作过尝试,结果是尽人皆知的:柏拉图被当作奴隶赤裸裸地拉到市场上去出卖。出于一个偶然的机会才重新获得自由。

柏拉图并不拒绝承认,真正的哲学家是受到善的理念的启发的。恰恰是通过这种启发,他在自己内部把他的灵魂的各种能力——欲望、情绪、智慧——置于一个良好(的)秩序之中。他想依据这种内部的和谐来为社会共同体建立秩序。良好有序的灵魂分为三个层次:欲望能力同手工艺人阶级相应,情绪同战士和卫士阶级相应,智慧则同哲学首脑相应。在欧洲政治思想中,这种三层次秩序在很长时间内占有统治地位。在中世纪被表现为农民-骑士-牧师。在海德格尔的校长致辞中,作劳动工作者、保卫工作者和科学工作者这三位一体起誓时,他仍然喷吐着同样的思想。

一位看到过太阳,又作为解放者回到洞穴中的哲学家的行李里夹带着伦理道德的公理。柏拉图的《理想国》无疑是一部哲学伦理著作。令人吃惊的是,尽管海德格尔的思想一直把哲学如何变得有影响力的思想当作中心问题,但他仍然声称,在柏拉图那里关于善的理念讲的"根本不是伦理或道德问题",我们必须与"所有关于善的理念的这种多愁善感的看法保持距离"。(《海德格尔全集》,第34卷,第100页)

最后问题变得越来越尖锐。如果海德格尔把柏拉图如此结实有力的政治伦理学删去的话,他从柏拉图哲学中发现的令人敬畏的力量在什么地方呢?

在洞穴比喻中,被解放者看到光明之后,不一定非得被迫回到洞穴中去充当解放者。他可以以获得解放、看到真理、达到了生活的最高形式,即达到 bios theoretikos① 为满足。为什么他非要重新跻身于底下的人们中去呢?为什么他非要到那里去从事解放的工作呢?为什么智慧又回到真正的大市场上去?柏拉图提出了这些问题。在讨论这个问题的时候,他合理合法性地把政治道德理想同一切其他政治发展的政治解放思想区别开。实践哲学和从事解放的哲学是相互对立的。哲学家可以进行选择。"现在我们已经体验到",哲学是"多么甜美和壮丽的事业"。"但是另一方面,我们也看清了大众的愚蠢。在他们那里不存在任何有利于国家事物的东西。——把大众的这种现象均放在心上的人就会成为处事冷静、只关心自己事情的人——就像在寒冬腊月,风沙和冰雪肆虐之时,一个人走到城墙的城根下,他看到周围的其他人都罪恶深重,只有他孑然一身,清清白白过了一辈子,未行不义,不沾劣迹,他会感到十分欣慰。当与那些罪孽深重的人分手之时,他带着善的希望告辞而去。"(《柏拉图十卷本全集》,1991 年版,卷 5,《理想国》,第 467 页)"这种通过哲学而自我解脱的可能,使柏拉图的哲学一直具有诱惑力,这是与政治伦理学相对的另外一种可能的选择。"

当海德格尔把柏拉图的政治伦理学排除在外的时候,也许他喜好的是这种通过哲学实现的自我解脱,受到它的引诱?不对。因为海德格尔清楚地承认,哲学有义务"在历史中进行参与活动"。(《海德格尔全集》,第 34 卷,第 85 页)如果吸引海德格尔的既不是表达十分具体的柏拉图伦理学,也不是哲学性的自我解脱的愿望,

---

① 希腊文,意为:理论的生活。——译者

第 十 二 章

那么是什么东西燃起了海德格尔哲学思考对柏拉图的兴趣呢？

十分简单，就是被解放，就是走入开放的广阔天地这一点。这是一种"原初的体验"。在这里，特定的文化和文明中所具有的习惯、义务、价值取向等等，完全丧失了它们最后的约束力。但这并不意味着去习惯于无约束性，这是对把约束性联系转化为自己的选择的体验。从洞穴中被解放出来之后，我们进入到开放的广阔天地。我们在整体中观照这实存。这里"在整体中"就意味着"在虚无的境域中"。实存来自这一境域；实存在这一境域之前突出自身。被解放了的洞穴居民使自身置于虚无之上。他把"实存整体的成问题性"选为他立足点。他在"虚无中同存在、同他的界限"打交道。（《海德格尔全集》，第34卷，第78页）海德格尔这种态度的形式叫"授权"。（同上书，第106页）这是什么意思？海德格尔拒绝回答。"这是什么？关于这个问题，现在无需谈，只需去做。"（同上书，第78页）在"授权"的经验中，"哲学"达到了它的"界限"。（同上书，第106页）

此时海德格尔的思想一直围绕"授权"的观念转。他在寻求一个超越哲学界限的途径，哲学的手段、出于哲学的原因的超越。

深深沉浸在柏拉图中的海德格尔，陶醉于他在那里发现的Gigantomachie[①]：高昂的狂喜和沮丧感觉之间的大战，他希望从中找到他自己的角色。他想当历史-政治主显节上的先导，同时又想当哲学的主显节上的先导[②]。尊敬哲学的时代将会到来的，左

---

① 古希腊语，意为巨人大战。——译者
② 主显节，基督教庆祝耶稣向世人显灵的节日。——译者

右时代的哲学将会出现的。无论以何种方式,他将同此结为一党,或为侍从,或为骑士。他将一直处于警醒状态,决不错过难得的时机:政治可以变为哲学,或者哲学可以成为政治的时机。

第 十 三 章

1931—1932年冬天在小木屋里:"粗大的木料需要粗大的楔子" 纳粹革命 洞穴中集体暴动 存在到来了 渴望非政治的政治 贱民与精英的结合 希特勒"神奇的手" 海德格尔的参与 当选校长 校长致辞 爆炸中的老古董 未带福音的牧师

柏拉图之所以跻身于政治,其原因在于,这里城邦居民的基本政治本能,以及哲学具有的那种建立自己的社会性组织的力量和要求,这种组织使得哲学有幸不受干扰地从事理论研究。柏拉图希望尽量远离传统的日常生活,尽管如此,他一直是城邦里的居民,未能完全脱离它。后来由他建立的柏拉图学园,也是处于城邦的保护之下,并且服务于城邦。

此时,柏拉图的阅读者海德格尔还不想跻身政治,但他企盼着一个历史的转折:也许它能带来对存在的新的理解。此时海德格尔把历史的创造力同日常的政治区分得一清二楚。在日常政治中他只看到"人的日常工作",无生殖能力的激动、奋斗、党派争斗。真正的历史活动在深处,从事统治活动的政治对此一无所知。

魏玛共和国时代的大气候,促成历史哲学对政治的这种深化和超然化。当时从哲学上对时代进行诊断的人们,面对柏拉图的洞穴之墙,想透过墙上的日常事件的影子,去把捉和揭示背后真正的巨人之战。他们相信日常政治背后,一定有崇高伟大的两极对立。蒂里希认为,这是原始神话与反对先知的战斗,斯宾格勒则认为,这是浮士德式的人同农民战斗,别尔加耶夫认为,这是新中世纪对现代的魔鬼的战斗,恩斯特·荣格尔则认为,这是彻底的流动性对市民庸人的战斗。

海德格尔也很喜欢这种激昂的大型湿墙画[Al fresco]风格。他匆匆穿过日常政治中的大量的琐碎事件,以便能碰到"本真本己"的历史。1931—1932年讲授柏拉图的课上,他谈到"整个人类存在的翻转",认为"我们正处在它的开端。"(《海德格尔全集》,第34卷,第324页)但在他的思想中,一切尚若隐若现。只有在凝神思索洞穴比喻时,觉醒与变革才是清楚的。这种出神狂喜的表达式是:实存将更加实存。这种出神狂喜应从内在性的洞穴中走出来,并且社会化。此事怎样才能发生?也许哲学的出神狂喜者应成为新的共同体的奠基人?眼下海德格尔还满足于在哲学讨论班的教室内唤醒哲学的精神,由这里出发,在哲学遗产之中作无限遥远的旅行。但是,海德格尔很清楚,这一切并不意味着哲学"驾驭"了它的时代。然而哲学应该驾驭它的时代。海德格尔在期待着。也许在哲学感到自己强大之前,历史必须首先迈出更强劲的步伐。

当然,所有期待着历史上伟大的政治时刻的心,都对日常政治有他自己的看法。海德格尔至今很少谈及此事。但每每偶或谈及,马上就表现出对它们的极度轻蔑。对海德格尔来说,一切只不过是洞穴人的空谈。

第 十 三 章

1931 至 1932 年之交,讲授柏拉图课的那个学期休假期间,赫尔曼·默兴曾到托特瑙山上的木屋中拜访我们的哲学家。默兴在日记中记下了他当时的印象:"在山上睡觉,含量很高。晚上 8 点半就已经是'钻被窝的时间'了。尽管如此,在漫长的冬夜,人们仍有充分的时间闲聊。根本没有谈哲学,而是谈——国家社会主义(纳粹)。博伊默曾是自由主义狂热的女追求者,现在成了'女纳粹',她的男人跟着也加入了。我没想到。但是根本上不应该感到吃惊。他对政治没有多少了解。他对政党的平庸和不彻底性充满厌恶,不过他只希望它〔纳粹党。——译者按〕能作出某种决断,首先是它能有力地抵制共产主义。从发展现状看,民主制唯心主义和布吕宁①式的良知,根本无望完成这一使命。所以对于今天,只能是独裁,即使动用博克斯海默尔②手段,也在所不惜。它正合当下的要求。只有通过这种纳粹专制,才有望避免使一切个人文化,使一切欧洲意义上的文化毁灭的共产主义。他很少关心政治上的具体内容。住在这山上面的人,对一切都另有尺度。"(马克斯·米勒:《马丁·海德格尔:哲学家与政治》,第 193 页)

对于海德格尔的政治上亲"纳粹"倾向,默兴感到十分吃惊。他只能用海德格尔对"政治上到底发生了什么"的无知来解释。海

---

① 布吕宁(Heinrich Bruening,1885—1970),德国政治家。1930—1932 年任帝国总理,后兼外长。1934—1951 年流亡美国。1951—1955 年回科隆任教授,后又回美国。——译者

② 博克斯海默尔(Boxheimer),德国黑森附近的一个小镇布尔斯塔德里的一个旅馆,1931 年纳粹头目 W.柏斯特在这里召集部分纳粹骨干党员会议,制订反共产党人暴动紧急措施法案,提出以更加严厉的措施镇压共产党人。但因此法案是他个人召集的会议上制订的,引起纳粹党内其他头目和集团的不满而未被采纳。——译者

德格尔的另一个学生马克斯·米勒也记述了海德格尔参加"纳粹"公开之后,他的学生圈子里大吃一惊的情况。"他的学生们从来没想到过政治,因为在他的课上从来没有一句涉及政治的话"。

在默兴到托特瑙山上拜访他的那个时候,也就是他讲授柏拉图的时候,即,1931—1932 年冬季,海德格尔正式参加了国家社会主义统一德国党。这只不过代表了他的一种政治看法。他从这个党身上看到了一种力量,一种在经济危机的苦难之中,在魏玛共和国分崩离析的混乱之时,能够从事组织活动的力量。更主要的是,这个党是反对共产主义颠覆危险的堡垒。"糙木需要糙楔",他对默兴这样说。此时亲纳粹的政治倾向,还没有在他的哲学中找到入口。一年之后,情况发生了根本变化。因为对海德格尔来说,历史上的伟大瞬间到来了,正像他在柏拉图课上所预见的一样。"整个人类的存在都发生了转变",对他来说,纳粹革命是人生此在的强大事件。这个事件渗到了他的哲学的内部,把哲学家从他的哲学界限里推了出来。在讲授柏拉图的课上,海德格尔以下面的话结束了他的哲学出神狂喜的分析:"我们现在无需坐而论道,这是干的问题。"(《海德格尔全集》,第 34 卷,第 38 页)1933 年 2 月海德格尔看到,干的时刻到来了。出神狂喜突然也可以出现在政治中了。

在讲授柏拉图的课上他宣告,他想回到古希腊的开端,以获得距离,作为助跑,以跃入当下和超出当下。但是,他跳得不够远,没达到当下。现在,历史迎面向他走来,征服了他,卷着他前进。他无需再作什么跳跃。他可以任其推着前进,如果他没有野心充当驱动者的话。1933 年 3 月在给雅斯贝尔斯的信中,海德格尔说:

"必须介入"。

后来在为自己参加"纳粹"的行动辩解时,海德格尔强调,这是由于时代的艰难处境,使得决断性的政治行动成为不可避免的。高失业率、经济危机、一直没有得到解决的巨额战争赔款问题、城市里的内战、共产主义颠覆的危险等,魏玛的政治体系对这一切都无能为力。它的政绩只表现在内部党派之间的你争我斗,行贿受贿,推诿塞责的无责任感。他想同那追求新开端真正的意志力在一起。1960 年 9 月 19 日,在给一位名叫亨普尔[Hans-Peter Hempel]的学生的信中写道,他曾希望"国家社会主义承认所有的建设性力量、生产性力量,把它们吸收到自己内部。"

这位学生告诉哲学家,他陷入不能自拔的矛盾冲突之中:一方面惊叹和敬佩海德格尔哲学,另一方面厌恶他的政治表现。海德格尔对此作了尽量详细的回答。他写道:"如果您某天早上谈《充足理由律》,晚上谈关于希特勒晚期当局的消息或者记录新闻的话,那么您的冲突很难得到解决的。您是从今天的角度向后回顾,以此来对国家社会主义下判断的。而这些是在 1934 年之后渐渐地才变得清楚起来。在 30 年代初期,我们民族中的阶级差别,加上凡尔赛和约给德国经济造成的严重压制,使生活在当时的所有具有责任心的德国人都感到无法忍受。1932 年的失业人口达 7 百万之众,他们合家带口,面对的只有贫困、饥饿。这种状态下引起的混乱迷惘,今天的这一代已经无法想象。这种混乱也波及到大学。"

海德格尔只谈到了理性的动机,只字未提他当时的革命激情。他在回顾中"不再承认他的意向的极端性"(马克斯·米勒:《马丁·海德格尔:哲学家与政治》)。

国家社会主义夺取了政权。对海德格尔来说,这个事件的发生是一场革命。它的意义远远超出了政治范围。这是存在史上的新行动,是一个新时代的诞生。在他眼里,希特勒象征着一个新时代的开始,因此,海德格尔在给亨普尔的信中为自己开脱,这时他拉出了黑格尔和荷尔德林,认为,应以理解这二位相似的方式来理解自己,怎样理解他们,就怎样理解我。这种错误常常发生在伟人身上。"黑格尔在拿破仑身上看到了世界精神,荷尔德林则把他当作节庆的王侯,众神与基督与他同在。"

希特勒接管政权的时刻唤起了一种革命的情绪。人们惊恐,也赞叹和宽慰,因为他们看到,"纳粹"党真的去彻底摧毁那只靠少数支持的"魏玛体系"了。果敢的决断和野蛮,给人们留下了深刻印象。除了社会民主党和已经被囚禁的共产党人之外,所有其他党派都一致赞成于1933年3月24日通过的所谓"授权法"。魏玛的各党派全部解散。这不完全是慑于压力与威胁,而且也由于人们被卷入到国家社会主义革命的浪潮之中。当时德国民主党的议员赫伊斯在1933年5月20日以赞成的口吻写道:"革命的大力干涉,以封闭'公众意见',革命时期历来如此。……它们宣告——正是历史要求——重新构造'民族的精神'。……"(贝克尔:《希特勒的夺权斗争》,第311页)

群情激昂的集会。新的集体感。在探照灯飞舞的大厅下聚众宣誓。山头篝火旁的朋友欢聚。广播电台里领袖的讲话。人们身着节日盛装,在大广场上大学的大礼堂里和饭店酒肆中自动集合,以便聆听领袖的声音。教堂里唱着赞美诗,以表示对接管权力的尊

第 十 三 章

重。剧院最高总经理奥托·第伯留斯在1933年3月1日为纪念"波茨坦日"在尼古拉教堂里讲道:"从南方到北方,从东方到西方,一个新的意志来到德意志国家,一种渴望,用特赖齐克[①]的话说,'男人生活中那种崇高的感受'即对自己国家的激动人心的自豪感,很快就要出现了。"(同上)亲身体验过这一事件的哈夫纳曾写道,难以描述那个星期五人们的情绪。它构成了未来"领袖-国家"的权力基础。"那是——人们不能用别的语言表达的——一种到处蔓延的获救之感,是从民主制下获得解放的感觉。"(哈夫纳:《从俾斯麦到希特勒》,第219页)不仅共和国敌人阵营中人对民主制的终结感到欣慰,就是大部分民主制的支持者也觉得力不从心,无力控制这个危机局面。当时人们感觉,像是解除了早已失灵的魔咒一样。似乎一种新的东西宣告诞生了,人民的统治,没有政党,只有领袖。人们希望他能对内使德国重新统一,对外,重新具有自我意识,即信心。即使那些对这一进程冷眼旁观的人也产生这样的想法:德国终于又回到了自己的家。1933年3月17日,希特勒在"和平讲话"中,宣布了"对自己的民族无限的爱与忠诚,包括对其他各民族的国家权力的'尊重'"。(贝克尔:《希特勒的夺权斗争》,第219页)他这一言论很有影响。《泰晤士报》写道:希特勒"的确在为一个统一的德国讲话"。尽管4月1日宣布了抵制同犹太人的业务往来,4月7日解除了犹太籍国家公务员的职务,在犹太居民中仍能听到对"国家革命"的积极支持的声音。皮希特回忆道:

[①] 特赖齐克(Heinrich Treitschke,1834—1896),德国民族主义历史学家,普鲁士德意志帝国的思想代表。——译者

奥根·罗森斯托克-胡塞于 1933 年 3 月在一次演说中解释道：国家社会主义革命是德国人试图实现荷尔德林的梦想的尝试。1933 年夏季费力克斯·雅可比在他讲授贺拉斯的课上，用下面的话开场："作为一个犹太人我处境维艰，但我作为历史学家学会了不用私人的观点去观察历史事件。自 1927 年以来，我选择了阿道夫·希特勒，在国家站起来的这一年里，能获许在此讲授奥古斯都的诗人，为此我感到十分庆幸，因为奥古斯都是世界历史上唯一能与希特勒相匹敌的暴力"。（皮希特：《思想的力量》，第 99 页）对于非政治的政治渴望，似乎突然得以满足。政治对大多数人来说曾十分复杂麻烦，它专务利益保护和贯彻之事。为此而摇唇鼓舌、争争吵吵。它也是个人私利和不满的发泄之所。在政治圈子里，人们眼里只有圈子、团体、幕后操纵者和预谋者、帮派和朋党们的胡作非为。整个政治被海德格尔打入常人和闲谈的领域，正是他对这种政治的厌恨情绪的表达。"政治"代表了对"真正"生活、家庭幸福、思想精神、忠诚和情绪的背叛。瓦格纳就曾经说过，搞政治的人令我"看了就恶心"。对政治的厌恶情绪并不能容忍多元化的现实，它寻求一种伟大的单一性：德国人，人民同志，用拳头、用脑子和精神工作的工人。

所剩无几的政治智谋，一夜之间损失殆尽，现在所能支付的，只有攻击性。G. 本[①]在这个星期里对文学精英们写道："大城市、工业化、知识主义，所有这时代投在我思想上的一切阴影，我为之努力工作的这些几百年以来的权力，在这个时刻出现了，整个痛苦

[①] G. 本（Gottfried Benn, 1886—1956），德国医生兼诗人。——译者

的生活都陷落了,一切等级、一切时代、一切距离、空间、一切的一切都汇集为一个词:人民。"

1933年5月,当海德格尔最后一次看望雅斯贝尔斯时,他也处于这种情绪中。雅斯贝尔斯描写道:"海德格尔好像变了一个人。从到达的时刻起,便有一种情绪把我们隔开。国家社会主义使整个民族都晕了。我到上面海德格尔的房间里去问候他,'就像1914年一样',我开始说,并接下去想说,'又是这种骗人的群众狂热'。但是,鉴于他对第一句话的光芒四射的肯定回答,我的后半句话憋在嗓子里没能说出来……面对受这种狂热袭击的海德格尔,我放弃了。我没有向他讲,他走向了错误的道路。面对他已经变形的人,我已经没有了信任感。我自己感到受到海德格尔参与其中的暴力对我的直接威胁。……"

对海德格尔来说,这是一种解救的暴力。真理的时刻到来了。带着极大的热情从事哲学事业的海德格尔,如今要求对哲学本身开庭审判。在和雅斯贝尔斯的最后一次谈话中,他用愤怒的腔调说:"这么多的哲学教授,简直是胡闹。在德国只需留下两三个哲学教授就够了。"当雅斯贝尔斯问他,"留下谁呢?"海德格尔意味深长地一言不发。

这里上演的是孤注一掷的野蛮性。1933年11月30日在图宾根向学生团体的讲话中海德格尔清清楚楚地讲:"行野蛮的意思是说,在诸事物开始变得野蛮时,变得由内部力量驱动的地方,靠来自内部的冲动和本能,坚持在那里。正是出于这个原因,由于新学生是野蛮的,所以他才被召唤去实施这一新的知识的要求。"(B. 马丁:《马丁·海德格尔与第三帝国》,第180页)

有人想快刀斩乱麻,以此去解决现实的难题。有人想告别他自己对存在的艰辛细腻的思想分析。对具体性和坚实的现实的如饥似渴的追求,突然冒了出来。孤独的哲学想在群众运动中洗个痛快澡。这是一个难以作分辨和区别的时代。海德格尔把他的各种伟大区别,存在与实存的差别弃之不顾。他公开承认,存在终于来到了。"我们处在新现实的指挥力量之下"。

后来汉娜·阿伦特在她的《极权主义的起源》这部伟大著作中,把这里发生的事,刻画为"贱民同精英的联盟"。对少数几个思想精神的精英来说,在第一次世界大战中,昨天那个世界的一切传统价值均已崩溃。如今在法西斯运动掌握了政权的时刻,这几位精英用身体焚烧了身后的桥梁。"战后的精英希望下到群众中去"。

以前海德格尔说过,在"哲学的旋涡中",我们同现实的自明关系没落了。现在正好相反,海德格尔的哲学把自己全部交给了政治现实的旋涡。他之所以能如此,恰恰是因为,他认为,在这个时刻,现实是现实哲学的一个部分。

"自身四分五裂的德国人,在思想精神上见解分歧,莫衷一是,在意志中意欲纷纭,导致在行动中优柔寡断,在对自己生活的声明中表现得有气无力。他梦想着星空中的权力,却失掉了地上的地盘,……最后德国人只剩下一条路:向内开放的路。一个诗人歌手和思想家的民族,梦想着一个别人生活过的世界,仅当那里贫困饥饿达到了非人的程度时,也许能从艺术中成长出一种对新的崇高、新的帝国,进而对新生活的伟大渴望。"(转引自 J.C. 费斯特:《希特勒》,第 525 页)

第 十 三 章

1933年3月21日,阿道夫·希特勒在波茨坦纪念日发表演说,这位艺术家和思想家秘密之梦的实现者在这里登场了。

有一次卡尔·克劳斯[①]说,关于希特勒他想不起来说什么。海德格尔却对希特勒想入非非。正如他1945年在弗赖堡大学清查纳粹委员会面前陈词时讲的,他当时"相信了"希特勒。战后清查纳粹委员会的记录中,把海德格尔的辩词作了如下总括:"他相信希特勒经过发展会超出他的党和他的原则的局限;运动可以被导向另外的轨道。在更新和聚集的基础上,一切将汇集成为欧洲的责任。"(B. 马丁:《马丁·海德格尔与第三帝国》,第202页)

在回顾中,海德格尔把自己描画为一个出于清醒的现实政治的考虑并且按照社会责任感行事的人。而事实上,海德格尔在这纳粹统治的第一个年头里,完全被希特勒迷住了。

"像希特勒这样一个没有教养的人怎么能够治理德国?"在那最后一次拜访中,雅斯贝尔斯问那两眼发直的海德格尔。海德格尔的回答是:"教养是无所谓的,……您只需仔细看看他那双神奇的手!"(雅斯贝尔斯:《哲学传记》,第101页)

1933年11月3日,就退出民族联盟而举行的全民公决一事,海德格尔发表了《向德国大学生的呼吁书》,《呼吁书》的结语中这样说:"你们的存在规则既不是什么原理,也不是什么'理念',唯有领袖本人'是'今天和未来的德国的现实和它的法律。"(B. 马丁:《马丁·海德格尔与第三帝国》,第177页)

[①] 卡尔·克劳斯(Karl Kraus,1874—1936),奥地利的政治评论家和散文家。——译者

在给亨普尔的信中，海德格尔曾经提到这句话，他的解释是："假如我的看法与不求甚解的读者不谋而合，那么加重点号的字应该是'领袖'。而实际上加了重点号的字是'是'。它的意思是：'开始并且任何时候，领袖自己都是被引导者'，它受到历史的命运和规则的引导。"

在1960年的信中，他怀有歉意地指出，他在这个声名狼藉的句子中，想到很特殊的内容，一般的马虎的读者肯定不会注意到它们。而这个特殊内容无非是希特勒自称的，即他是德国命运的化身。而海德格尔确实对他有这样的体验。

海德格尔避而不谈在希特勒上台的这个月里，他的言行在当时的真正意义和所反映的特殊情绪。但事实却十分清楚，国家社会主义革命，引起了他哲学上的激动和兴奋。他在1933年的颠覆活动中，发现了形而上学的基础事变，一个形而上学的革命："我们德国人的人生此在发生了彻底的翻转。"（1933年11月30日，图宾根讲话）这个翻转不仅是德国人民生活的翻转，而且翻开了欧洲历史的新篇章。这里涉及的是作为欧洲文化源泉的第一个开端——古希腊哲学——之后的第二次战斗。这第二次战斗之所以是必然的，就是因为在这期间，第一个开端已经被消耗殆尽。古希腊哲学把人生此在置于不确定的、自由的、成问题的、开放的广宇之中。但经过其后的长时间发展，人们又有了世界图像和价值的巢穴可居，人类龟缩到技术和文化的人类性之中。在古希腊这个人类早期阶段，那里有的是本真本己性的时刻。在此间，世界的历史又重新回到非本真本己的昏暗光线中，又回到柏拉图的洞穴之中。

第 十 三 章

1933年的革命被海德格尔解释为洞穴居民的集体暴动,冲向以前只对孤独哲学问题和哲学思想开放的广宇之中。对他来说,1933年的革命就意味着本真本己性的历史时刻的到来。

海德格尔的反应针对的是政治过程。他的行为活动在政治层次上。但他的反应和政治活动是受到哲学想象力的控制。这种哲学的想象力又变成哲学史舞台上的政治布景。在这个舞台上,要上演的是选自存在的历史的全套剧目中的一场戏。在这里,人们根本认不出真正的历史的本来面目。但这并不重要,海德格尔想要上演自己的历史哲学的剧目。为此他已招募到一批演员。在这个月里,尽管他呼唤的是"新德国现实的发号施令的力量",但他毫不怀疑,这个力量就是他的哲学。只有这种哲学能真正揭示出这种发号施令的本真本己的意义。这种哲学把人推到这种发号施令的力量范围之内,使人们从内部发生形变。为此他要重新组织科学;为此他才向被他召集到大学里的失业者讲话;为此他才有那么多的呼吁、号召和请求,使日常政治事件不断深化,以使之适应想象中的形而上学的舞台。只有当哲学不是进行关于这种关系和事变的清谈,而是直接源于这些关系和事变之时,哲学才能发挥它的这种力量。哲学必须化成它所谈论过的"革命现实"的部分。"只有对它(革命的现实性。——作者按)有正确感觉的人,才能体验到这个现实性。对于观察者来说,它是不可体验的。……因为革命的现实并不是一种手头现成的东西。它只存在于它的在场过程中,存在于它的不断展开之中。……这样一种现实性要求一种与事实的关系完全不同的关系。"(1933年11月30日,图宾根讲话)

海德格尔一直维护着他的基本原理,情绪决定着我们在世界中的存在。现在他就是把变革、翻转、冲击、新团体精神等情绪取为出发点。国家的压制、民众的喧哗,反犹太人的活动,只被看作是为人们不得不容忍的副现象。

我们看到,这位海德格尔陷入他的存在历史的梦幻之中,如痴如醉,不能自拔。他在政治舞台上的活动,只不过是哲学梦想者的活动而已。他做了政治之梦,因此受到欺骗。后来他在1950年4月8日给雅斯贝尔斯的信中,公开承认了这一点。但是,他从来不肯承认,他政治上受骗,是由于他哲学上做梦。由于作为一个哲学家想探究的是历史事件的秘密,所以他必须在政治-历史事变面前,也在自己面前为他的哲学释义的能力进行辩护。

情况完全可以是另外的样子。他没有检验什么哲学问题而直接献身于政治冒险活动。他完全可以不在自己哲学影响的引导下活动。这样,尽管他有自己的哲学,但仍然是直接参与了这类活动,或者在活动过程中,哲学的保险被彻底烧毁,也是可能的。但事实不是这样。事实上,他想在希特勒身上作哲学文章。他的活动带有明显的哲学动机。他为政治事变布置了一个想象的哲学舞台。1930年,他曾写道:哲学"必须左右它的时代"。为了使他这种"左右时代"的哲学理想不被遗弃,海德格尔认为,对于国家社会主义革命的"误解",不是由他的事变哲学造成的,而是由于他在政治上无经验。后来"这种理解"经过变形进入了哲学的历史。他认为,自己在其中起着了不起的重大作用。正是存在本身在海德格尔之内,并且通过海德格尔发生了误解。他只不过是为存在的迷误扛着十字架而已,就如同耶稣为有罪的世人扛着十字架一样。

"我们必须介入",他当时对雅斯贝尔斯这样说。这个"介入"开始于他正式参加"德国高校教师文化政治工作协会"的 1933 年 3 月。这是高校教师的官方组织"德国高校联合会"中的国家社会主义党团。这个组织的成员自认为是从事国家社会主义革命的大学中的干部。他们努力贯彻"德国高校联合会"的思想一体化,争取在大学领域贯彻领袖原则和领袖学说的意识形态。但在学说问题上党团内部却存在着严重分歧。

这个组织的发起人和中心人物是克里克。他原来是一个民校教师,后来争得了法兰克福教育学院的哲学和教育学教授的空衔。克里克野心勃勃,想当纳粹运动的领衔哲学家,与当时纳粹教授罗森贝格[①]和鲍姆勒尔[②]一争高下。他想用这个"文化政治工作协会"来争得学界最高领导权。早在"纳粹"还不得势,不能靠它升官之时,他已经为纳粹立下汗马功劳。1931 年由于他的"纳粹"煽动活动受到调职的惩罚。1932 年被解除公职。希特勒上台使他又重新当上教授。一开始在法兰克福,后来在海德堡。在纳粹党内,他被视为"转折时期的哲学家"。克里克是所谓英雄-民族-现实主义代表。他反对任何文化理想主义:"彻底的批判使我们清楚地看到,所谓文化完全是非本质的东西"。(克里克:《人民与成长》,第 328 页)代替这种"文化骗局"的是克里克提出的新型英雄式人类:

[①] 罗森贝格(Alfred Rosenberg,1893—1946),德国纳粹政治家。——译者
[②] 鲍姆勒尔(Alfred Baeumler,1887—1968),纳粹哲学家,1933 至 1945 年任柏林大学教授。——译者

"他不是靠思想精神活着,而是靠着血和土地。他活着不是为了教养,而是为了行动。"克里克所提倡的"英雄主义"就像海德格尔的"鲁莽性"一样,把"文化"看作病弱者的庇护所。克里克说,人们必须学会没有所谓永恒价值而照样生活。"教育、文化、人性和纯粹思想精神的大厦已经坍塌。普遍的理念已成为自欺欺人的笑柄。"(E. 克里克:《人民与成长》,第 328 页)

但是,克里克和海德格尔毕竟不同。在失去了形而上学的居所的情况下,他又宣布了一种新的鲜血和土地的价值。他用低处的形而上学来代替高处的形而上学。克里克写道:"鲜血挺身而出,对抗形式性的知性,种族对抗着理性的目的的追求,用固定联系对抗所谓'自由'的任意性,用有组织的整体来对抗个人主义的分解。……用民族来对抗单个的个人和群众。"(同上)

克里克想让"工作协会"于 1933 年 3 月通过一项文化政治纲领,该纲领以他的意识形态路线为基础。但海德格尔起而反对,因为海德格尔不能接受这种"鲜血和土地的意识形态"。他们两人一致之处只是在批判"高校联合会"以及在那里占统治地位的、十分肤浅的适应新关系的教育理想主义上。高校联合会主席,哲学家施普朗格尽管在这期间已公开对"进行斗争的国家"发表了效忠的讲话,但在讲话中仍请求"革命"爱护"思想精神性的东西"。海德格尔讥讽地把这种搞平衡的尝试,称之为"走钢丝式的适应时代"。这是在法兰克福参加完第一次"工作协会"第一次会议之后,1933 年 3 月 30 日写给伊丽莎白·布洛赫曼的信中的说法。在这封信里还对克里克作了一个简单的刻画。思想品质"低劣","今天的习惯用语""使他不能领会这个任务真实的伟大和艰巨性"。这是当前这场革命的总的特征,突然一切都成了政治,好像一张标签贴在肤浅的表面而已。对"大多数人"来说,这也许是第一次惊醒,但这只不过是准备阶段,下一步必须接着作第二次而且是更深刻的惊醒。这预兆不祥的第二次惊醒,正是海德格尔同克里克之类的意识形态的区别。第二次惊醒是什么东西?他在给具有一半犹太血统、一个月以后失去了教师职位的伊丽莎白·布洛赫曼的信中,只作了模糊不清的暗示。这里谈到"新的基地";在这里以新的形式、新的获取方式来培养存在本身(《海德格尔与布洛赫曼通信集》,第60页),总之,这里指的是"基地",不是克里克的"鲜血和种族"。

海德格尔想让鲍姆勒尔也参加到"工作协会"中来。在此时海德格尔和鲍姆勒尔还是好朋友。他也像克里克一样,力争作纳粹运动的哲学领袖。鲍姆勒尔的果断决断论与海德格尔思想更接近。1933年1月,鲍姆勒尔在向纳粹学生会发表的讲话中用"政治的人"反对"理论的人"。这种理论的人自以为居住在一个"高级的精神世界之中"。而政治的人则作为"原初的行动存在"实现着自身。在行为的原初性方向上,理念和意识形态已经完全不起决定性作用,鲍姆勒尔说:"行动并不意味着对什么东西作出决定,……因为这本身是以人们知道对什么而作决定为前提的。行动就意味着,朝着一个方向挺进,参加党,依据命运的安排,依据'自己的权力'……对已经认识的东西作出决定,已经变得不重要了。"(转引自劳格斯坦:《德国法西斯主义中的哲学关系》,第45页)

这些说法同样可以出自海德格尔之口。决定作为一种"纯粹"的行为是最基本的。它是人类自己给自己的猛击,是跳出习惯常规的一跃。相反决定之"所为"只是诱因,诱发了使整个人生此在翻天覆地的力量。在海德格尔那里,只有常人才老提"为了什么目的"这个问题。他们在决断面前畏惧不前,因此一直处于对"可能性"的掂量权衡之中。一切都化为清谈,总是在当下决断的地方"悄悄溜走"。(《存在与时间》,第127页)对海德格尔来说,在决断面前的畏首畏尾就是一种罪责。鲍姆勒尔也这样看。他是从海德格尔那里学来的。在20年代后期,海德格尔的这种思想还是决断主义的,此时却被鲍姆勒尔直接联接到国家社会主义革命之上。鲍姆勒尔鼓吹纯粹的运动,认为它是生存的实体。意识形态只不过是纯偶性。谁对纳粹运动保持观望,谁就犯了"中立和宽容"之罪。

海德格尔邀请鲍姆勒尔加入"工作协会",但建议未能获得克里克的同意。对克里克来说,鲍姆勒尔是危险的竞争对手。但鲍姆勒尔的前途没有因此受到影响,他受到了卢森贝尔格办公室的提拔。纳粹党任命他为柏林大学生的"政治教员",为他在那里建立了"政治教育研究所"。在柏林主持哲学教育学的施普朗格[①]为此提出抗议。因为他看到鲍姆勒尔准备掀起反对自由主义科学家和犹太人科学家的揭发告密活动。4月22日施普朗格发表声明,反对"谎言、昧良心和没教养行为"。(劳格斯坦:《德国法西斯主义中的哲学关系》,第41页)这正好为鲍姆勒尔提供口实,趁机反攻。5月10日在柏林集中焚烧图书行动大会。鲍姆勒尔在讲话中攻击施普朗格,指责他是高校的"陈腐精神"。"但是在这个革命的年代,凡是只强调思想精神与理念的指导,不是强调由阿道夫·希特

---

① 施普朗格(Eduard Spranger,1882—1963),德国教育家和文化哲学家。——译者

勒和赫斯特·魏塞尔①来指导的大学,都是脱离政治。"(同上书,第47页)

希特勒掌权使海德格尔十分兴奋。他想行动。但是干什么呢?他自己也不清楚。想在他那里搞清楚是徒劳的。当然,他的注意力集中在大学上。海德格尔在后来的自我辩护中声称,在弗赖堡大学校长任期内,他是随波逐流,任人推着走,"以便应付不适宜的人的钻营和党的机关及党的原则的危险统治"。(海德格尔:《德国大学的自我宣言·校长办公室》,1983年版,法兰克福,克洛斯特曼出版社,第24页)

但是,胡果·奥托、维克多·法里亚斯[Victor Farias]和本特·马丁[Bernd Martin]收集整理材料,得出的却是完全另外一副形象。依据这些材料,1933年3月,经海德格尔同意,一群纳粹教授和讲师在沃尔夫冈·沙德瓦尔特和沃尔夫冈·亚里[Wolfgang Aly]的领导下,准备接管大学。沃尔夫冈·亚里是纳粹党组织在弗赖堡的训导员,他是教育系统中最老的纳粹党员。在4月9日校长选举三周前,他写给文化部的信是此事的关键证据。信中亚里告知,"海德格尔教授先生已经出面与普鲁士文化部进行交涉",他是大学纳粹党团体"完全信赖"的人。人们可以从官方立场将他看作大学中的"忠诚者"。法兰克福举行的"文化政治工作协会"的第二届会议上,海德格尔可以作为"我们大学的发言人"出场。(马丁:《马丁·海德格尔与第三帝国》,第165页)

---

① 赫斯特·魏塞尔(Horst Wessel),1907年生于德国贝勒菲尔德(Bielefeld),1926年起为纳粹党员,1930年2月13日受人袭击死于柏林。他所写作的歌曲"战旗升起……"十分流行,在纳粹统治德国时期被德国人视为国歌。——译者

在这时,在纳粹党圈子里,早已定好海德格尔将当选大学校长一事。海德格尔本人还有些犹豫。这倒不是因为纳粹党提供的担保过于复杂,而是怀疑,他自己是否有能力不辜负"革命"力量对他的厚望。海德格尔十分想行动、参与,但他还在寻找"正确的切入口"。(1933年4月3日致雅斯贝尔斯的信)

1933年3月30日,在给伊丽莎白·布洛赫曼的信中,他承认了他的不知所措的状态,但又马上驱散了他自己的怀疑:"应该拿大学怎么办,谁也不知道……几周以前那些'养尊处优者'还把希特勒的工作说成是'被嚼烂了的愚话',现在却为他们自己的工资和企望的东西而战战兢兢。明智者必须对这些人说,对大学不会有太多的腐蚀,因为本来也没剩下来什么。大学早已经不再是真正聚集在一起,并且具有巨大影响力或者在实际上起着领导作用的世界了。强迫走向清醒思考——尽管发生失误——只能靠恩赐。"(《海德格尔与布洛赫曼通信集》,第61页)

"要想人不知,除非己莫为",刨过木头的地方总会留下木屑。谁步入了革命的新大陆,他就得自己承担失误迷路的风险。无论如何,海德格尔不会被"科学面临危险"的警告所迷惑。海德格尔在1933年4月12日给伊丽莎白·布洛赫曼的信中说,另外,这个任务太重要了,不能将其完全交给"党内同志"去处理。这离他自己隆重公开加入纳粹党只有三周。

当人们在幕后紧张策划海德格尔接管大学一事之时,天主教史学家藻厄正在代行校长职务。1932年底被选上的校长默伦多夫,预定在4月15日接任。解剖学教授默伦多夫是社会民主党员。

按海德格尔和他的夫人埃尔福丽德的说法,在纳粹接管政权之后，默伦多夫本人就已经不准备出任大学校长了。默伦多夫和海德格尔是朋友，所以他直接找到海德格尔与他讨论大学管理方面可能遇到的困难。海德格尔1932—1933年冬季学期正好无课，1933年1月7日才从托特瑙山回到弗赖堡。按海德格尔夫人的回忆，默伦多夫说他"急切希望"海德格尔同"党的政治无任何瓜葛的人"，来接管大学事物。他在早晨、中午和晚上的来访中多次重复了这一愿望。

社会民主党人默伦多夫对接管大学深有疑虑，这是完全可以理解的。因为像德国各地一样，弗赖堡迫害社会民主党人的运动马上就要开始。在警察总监罗伯特·瓦格纳的主持下，这种迫害进行得尤其残酷。9月初就已经发生了工会大楼爆炸事件，社会民主党党部里的人不是被捕就是遭到搜查。3月17日，德国社会民主党著名议员努斯鲍姆，制造了一起严重事件。一周前曾被迫受过神经病治疗的努斯鲍姆在反抗两个警察的自卫中，重伤了他们。就此围剿德国社会民主党的工作在城里愈演愈烈。在明斯特广场，发生了反马克思主义的示威，组织者宣布，马克思主义应该被"连根"铲除。离霍伊贝尔格不远的地方建立了两个集中营。地方报刊登了押运囚犯的照片。纳粹党直接攻击属于中心党的市长本德尔博士，罪名是对努斯鲍姆事件反应不强烈。因为本德尔把此事只说成是"事故"；他应该被撵出市长办公室。可是市民代表团接替了他的职务，代表团发言人之一就是默伦多夫。本德尔于4月11日被停止了职务。他的后继人将是纳粹党地方党团的领导，纳粹报纸《阿勒曼人报》的编辑领导人克尔伯尔。在这张报纸上，海德格尔将有几篇文章发表。努斯鲍姆-本德尔事件之后，默伦多夫已经成为纳粹分子不可容忍的人物。默伦多夫可能对接管大学一事有疑虑，但他是一位有勇气的男人，最后还是表示愿意出任大学校长一职。接管仪式于4月15日举行。在头一天晚上，沙德瓦尔特受纳粹党团委托去见落选的校长藻厄，向他传达了党的疑虑：默伦多夫不一定是实施大学一体化的正确人选，而且向他提出了海德格尔为候选人的建议。这位出身天主教会的藻厄对海德格尔反天主教行径记忆犹新，所以对沙德瓦尔特的建议持保留态度。因此默伦多夫在大学主持了五天工作。4月18日这一天，正值默伦多夫召开第一次大学评议会时，纳粹报纸《阿勒曼人报》发表文章强烈攻击新任校长。该文的结语是："我们给默伦多夫教授先生一次机会，不要阻碍高校新秩序的建立"。现在默伦多夫已经清楚意识到，他再干不了几天了。4月20日他又召集了一次大学评议会，会上宣布他本人和全体评议员集体引退，并建议海德格尔为后继人。按埃尔福丽德·海德格尔的说法，头一天晚上默伦多夫曾来到他家，对马丁·海德格尔说："海德格尔先生，现在您必须接管这个职务了！"(奥托：《海德格尔》，第142页)

一个月以来，一个强大的派别为海德格尔的接任在大学范围内创造好了气氛。但海德格尔本人在最后一刻仍然犹豫不决。"在作抉择的那天上午我还在犹豫，还想放弃候选权。"(《德国大学的自我宣言》，第21页)全体教授大会几乎一致通过选举海德格尔为校长，当然93位教授中13位犹太人被排除在外，剩下的80位教授只有56人参加了选举。参加者中有一票反对，2票弃权。

在当选之后，他的令人注目的行动清楚地表明，他为什么一直

第 十 三 章

犹豫不决。

4月22日海德格尔写信给卡尔·施米特，要求他参加纳粹运动。其实这一要求已是多此一举。他已经投身于这个运动。但是，动机与海德格尔不同。海德格尔想革命；施米特要的是秩序。全体教授大会已经为海德格尔把温和的大多数老保守派排除在大学评议大会之外。海德格尔应该"依靠党"。

为了避免与之冲突，海德格尔没有召集学术评议会。在隆重的接管大学校长职务的庆祝会上，他颁布（即5月27日的讲话）大学的领袖原则和思想的整齐划一原则。此前，在5月1日"民族整体与国家庆祝日"这一天，他正式加入了纳粹党。其实这只是一种表达，实际上他早已属于"革命"队伍。入党的具体日期，是同党的领导机关预先约定好的。选择"五·一"完全是出于策略上的考虑。他要求学生团体和全校教员必须像接到入伍通知书一样，精神激奋地参加5月1日的庆典活动。通知书中写道："建设德国民族的新精神世界，成了德国大学最本质的任务。这是我们民族最崇高、最有意义的工作。"（奥托：《海德格尔》，第165页）第三帝国地方警监瓦格纳——这位声名狼藉的煽动者，押运霍伊贝尔格集中营"囚犯"的行动负责人——在5月1日这一天被任命为帝国地方最高行政长官。海德格尔用下列精炼有力的话对他表示祝贺："我对帝国地方最高长官的任命感到由衷的高兴，并以战斗的胜利向祖国边境省份①的领袖表示祝贺，嗨②！弗赖堡大学校长——海

---

① 弗赖堡城位于德国西南边陲，所以这里讲边境省份。——译者
② 嗨[Heil]，意为祝福。如在第三帝国时期常说的"嗨，希特勒！"。——译者

德格尔(签署)。"(同上书,第166页)

5月20日他签署了唯一的一份国家社会主义者校长给希特勒的电报。电报请求推迟接待《高校联合会》代表团,其理由为:"只有以思想整齐划一为基础,重新选拔的常务委员会才能享有高校的信任。德国学生团体对于现任的常务委员会,表示极大的不信任"。(马丁:《马丁·海德格尔与第三帝国》,第166页)

5月26日,校长上任庆典的前一天,海德格尔在纪念施拉格特的会上发表讲话。施拉格特是为裸体运动而战的斗士。1923年在鲁尔区向法国占领军[①]投掷炸弹,因此按紧急状态法被处决。在民族主义者看来,他是为德国而殉难。海德格尔对他也充满这种感情,因为施拉格特也是康斯坦茨教会寄宿生。5月26日是施拉格特"殉难"十周年。弗赖堡和德国各地一样大肆庆祝。

在他的纪念讲话中,他第一次在公众面前把他自己的本真本己哲学用于政治。他把施拉格特描述为这样的人物:可以从他身上看到,具体的、历史的、政治的东西,就是因实存之存在的神秘相遇。海德格尔说:施拉格特遭受了"最严酷的死亡":不是在共同的战斗中,没有集体的保护和支持,而是孤独地,在完全"抛回到自己身上"的"失败"中死去(施雷贝格:《海德格尔补遗》,伯尔尼,1962年,第48页)施拉格特实践了《存在与时间》的生存理想。他把死当作"最本真本己的,无联系的,不可替代的可能性接受下来"。(《存在与时间》,第250页)纪念大会的与会者应该让这死亡中的"坚韧和明确性"流入自己的内部。施拉格特从哪里获得这股力量

[①] 一次大战后,德国战败。德国重工业区鲁尔区曾一度为法军占领。——译者

呢？他从高山、从森林、从故乡的天空中获取了力量。"这大山是原始的岩石和花岗岩。很久以来它们就一直创造着意志的坚韧。……黑森林秋天的太阳……很久以来就在营养着我们心田的明确性"。(《德国大学的自我宣言》,第 48 页)只有求安逸者才感到大山和森林是隐退藏匿之所。对坚韧不拔和坚决果断之人来说,它们是良知的呼唤。海德格尔在《存在与时间》中解释过,良知并不是呼唤人去作某一具体事情,而是呼唤人到本真本己性中去。至于具体做什么,则依情况环境而定。施拉格特作出决定,在屈辱的时刻挺身而出,捍卫德国的尊严。他必须到巴尔干(去为反抗共产主义而战),他必须去鲁尔河畔(为反对法国人而战)。"命运"选择了他,他自己也选择了"命运"。他服从了命运,也就是服从了自己的选择。"毫无自己地站在枪口前,内在英雄的眼光荡过枪口,涌向蓝天,涌向他故乡的大山,把德意志民族和帝国的阿雷曼的国土鸟瞰,为它而死难。"(同上书,第 49 页)这就是真理的瞬间。他 1930 年的报告《真理的本质》(后来发表的文本和原报告有很大差别)中说,真理本质是在故乡的土地上进行的事变的发生。这里的关键是人生此在的力量的展开。"大地的稳定性"是变故发生的前提。

一天以后,大学校长致辞。

在准备阶段已经发生了引人注目的骚动。5 月 23 日,校长海德格尔给大学所有教职员工的通知中说明了这次集会的形式进程:唱赫斯特·魏塞尔之歌,呼"嗨,胜利"。整个活动要有国庆节的辉煌。此事在教授中引起了不满。在一封供传阅的信件中,海德格尔又作了进一步说明:"高举右手",并不代表与党有不可分的联系，只是表达了民族的崇高。另外，海德格尔也作了妥协，"在我同学生团体领袖洽商后，我决定，高举右手限制在唱赫斯特·魏塞尔之歌的第四段歌词时进行。"（奥托：《海德格尔》，第149页）

海德格尔知道，在这个时刻整个哲学界都看着他，最后的一周他没白过。他的领导位置突出出来了。党的高级领导人、部长、其他大学的校长们和新闻界人士都来了。深棕色军衣与燕尾服交相辉映。海德格尔向前迈进了一大步。1933年4月3日在给雅斯贝尔斯的信中海德格尔说："一切取决于我们能否为哲学准备好合适的切入点，以及能否让哲学讲出话来。"现在，切入点找到了。他也为哲学找到合适的语言了吗？

他的讲话的命题是《德国大学的自我宣言》。讲话以下列提问开始，什么是大学的"自我"，大学的"本质"存在何处？

大学的本质并不是对青年人进行职业教育，以及为此目的而向他们传授知识。大学的本质是科学，但什么是科学的本质呢？海德格尔易如反掌，马上转入古希腊哲学——那开端。他以前曾退到那里，以便为跃入当下准备一个助跑距离。

科学的本质诞生于古希腊人那里。在那里，意志在反抗"命运的优势"中升华为认识[Wissenschaft]。这种最顽强的对抗想要知道，要把它怎么样，什么样的人生此在之力左右着它，这个整体的存在意味着什么？这种认识在密林中开辟了一块透光之地。

海德格尔在这里上演着一场真理的变故。但涉及的具体真理是什么，却并不清楚。但是为此而设的中心比喻却被独立出来，整个文章都是围着这个比喻组织起来的。这是一个关于战斗的比喻，更准确地说，是一个冲锋队前进的比喻。

第 十 三 章

整个黑暗的实存中间,几种可见度的奋力拼搏就是古希腊开端的本质。这是真理历史的英雄的开端。科学和大学的真正的自身就存在于此,海德格尔这样说。

什么东西威胁着被如此理解的科学呢? 当然是实存的黑暗性。但这正是科学和大学的骄傲。带着这种骄傲去战斗,正好构成了认知的本质。"单纯追求知识上的进步的需要,看上去是一种无害的活动",但实际上对科学的威胁更大:它使科学发生退化。(《德国大学的自我宣言》,第13页)

真正的威胁不是来自正面的敌人,即实存的黑暗,而是来自后方,来自日常的科学工作,来自求晋升、虚荣心的满足和对钱财的追求。后方的安逸生活令人气愤,因为现在在认知的前线,正发生着伟大的、危险的事件。人生此在同实存的黑暗的位置现在发生了改变。真理的事变进入了一个危机时期。在古希腊,面对一切实存的成问题性,面前的好奇之心尚能坚韧不拔。在那里隐蔽性、对存在的信仰、对世界的信赖都还发挥着作用。可是现在对存在的信仰已经消失,因为"上帝已经死了",但后方的人们还根本没有注意到这一点。如果不是爆发了革命,如果不是"暴动的壮丽",后方的人们仍还处在衰落的假象文化中,享着清福,直到在"疯狂和毁灭"中彻底坍塌为止。(同上书,第19页)

在这个革命中到底发生了什么事?

按海德格尔的想象,纳粹革命中,尼采所发现的"上帝之死"才正确地得到领会。整个民族都意识到,"今天的人被遗弃在实存之中,但他们勇敢承接了这个被遗弃"(同上书,第13页)。尼采在《查拉图斯特拉如是说》中提出了"最后的人"的观念,他将其看作是人类发展的最后阶段。在这里自身内不再有"混乱",因此再也产生不了"明星"。这最后的人满足于已被发现的舒适的"幸福",庆幸自己终于告别了"艰难困苦的生活";他们满足于白天的一点欢快,晚上的一点滋润,恭维着他们的"健康"。但是纳粹革命已经克服了这衰退中的"最后的人"。

对海德格尔来说,国家社会主义革命是在失去上帝的世界中"生产明星"(尼采语)的尝试。所以海德格尔使尽了他形而上学的惊恐浪漫主义的全部解数,以便赋给这个变故以出人意外的深刻意义。

带着尊敬的心情聚精会神地聆听的学生、党的高级领导、教授名人、各部官员、部门负责人,携着夫人,接受着海德格尔训话,似乎他们都是海德格尔形而上学冲锋队的成员,准备马上出发,进占"实存占统治地位的对人生此在造成最大危害的地区"。海德格尔本人就是冲锋队队长。这位以领导自居的队长,没有他的战友保护也敢于冒险冲入黑暗的最深处。"他们完全无保护地冲入隐蔽和无确定之中",且毫无恐怖。这证明了他们"单枪匹马完成任务的力量"。(同上书,第14页)

毫无疑问,讲演者想提高自己和他的听众的价值。大家一起都属于冲锋队,属于最勇猛的小分队。而讲演者本人——这位领导——也许更鲁莽一些,因为他要证明"单枪匹马完成任务的力量",或者最起码他努力要求自己去证明它。

一切都涉足危险,但是,在这种情况下,不属于这预兆不祥的革命冲锋队则更加危险,这一简单的事实却不见了。

海德格尔眼前看到的危险是什么?是康德所讲的,当他要求人们:"鼓起勇气,服务于你自己的知性吧"时所面临的危险吗?独立思考是要有勇气的。因为这要求放弃构成流行见解的各种偏见保护和它们提供的方便。

但海德格尔在他的讲话中并没有冒这个危险,尽管在会后的宴会上,大家对他窃窃私语,他还是奏响了他的"私人国家社会主义"基调,这对于他仍"属于"国家社会主义这一点并无任何影响。这个讲话并没有使他陷入被冷落的境地。

叔本华在把真正的哲学家同俄底浦斯相比较时,提出了一个绝妙的说法:"启蒙运动寻找着它自己可怕的命运,孜孜不倦地研究下去,尽管它已经预感到,结论对它自己十分恐怖"。(叔本华:《与歌德的通信》,第15页)海德格尔指引的是叔本华这里所描述的知识之危险吗?叔本华这里所说的"恐怖",是指向追问生命意义的人张开的形而上学无根底的深渊。

关于这类无根底的深渊,确实在海德格尔的视线之内,他把这种无底深渊称之为"今天的被遗弃在实存之中的被遗弃性"。但是,对这种意义上的被遗弃性的体验,只能发生在个人作为个人而生存时。当他被抛出集体联系之外时,才经受到、思考到这种被遗弃性。但是当整个民族都开始"进军了",怎么还谈得上"被遗弃性"呢?

海德格尔的确把纳粹革命解释为是洞穴中不正确的安慰和舒适的意义确定性。整个民族都变得本真本己了。他们站起来了,提出了令人不安的存在问题:为什么总是有这有那,而不是无呢?自然、历史、语言、民族、习俗、国家;诗歌、思想、信仰、疾病、疯狂、死亡、权力、经济、技术人生此在的力量,英勇地接管了这一切(同上书,第14页),因为他知道,它们不能提供最后的支撑点,只能引入黑暗、不确定和冒险。

以这种方式行动着的人自己赢得的,不是人们可以在其中解除日常辛劳的优雅的精神世界。海德格尔留给这种逃避现实的态度,除了轻蔑还是轻蔑。如果对某人来说"实存出了问题",这样的人并不会为此而后退,而是勇敢向前,让进攻精神充实自己。这并不是要去冥想什么彼岸的东西。这里所关涉的就是"处在工作中"。这是海德格尔对古希腊的说法"energia"①的翻译。

海德格尔想重复古希腊的哲学开端,但是,又想摈弃那种静观式的生活理想,不受柏拉图的太阳的诱惑。他把柏拉图的理念扫到旁边,然后声称,他对古希腊人的理解,比希腊人自己理解得还好。他认为,古希腊意义上的"理论"出没的"唯一的地方就是激情"。尽量接近实存,坚持在它带来的困境之中(同上书,第12页)。这恰恰不是柏拉图洞穴比喻的意义所在。柏拉图那里讲的是如何从洞穴的困境中解脱,从其中解放出来。海德格尔的目的是一个悖论,他想要一个不带柏拉图天国的柏拉图式的出神狂喜。他想要洞穴暴动,但不要对洞外彼岸天地的信仰。人生此在应被无穷无尽的激情所驾驭,而又不为向往无限之物的激情所左右。

1930年托马斯·曼警告人要提防"古董爆炸"的危险。海德格尔的讲话之中就包含这种古董的危险,包含在他提及的劳动服务-国防服务-知识服务三种服务中。这里中世纪占统治地位的三大等级,比如,农民-战士-牧师,这种令人敬仰的三大社会秩序幻

---

① 希腊文,原文意为"工作的结果"。——译者

想又新回复苏。中世纪关于这个秩序的定义是:"被人们误认为的上帝之家一分为三。在这人间的地上有些人祈祷,另一些人战斗,还有一些人工作。这三者合一,不能容忍相互分争。其中任一方的功能都是以其他两方的工作为基础的,相互之间彼此互助。"(阿达尔贝特·冯·莱昂语)

在中世纪三大秩序的图像中,牧师把天国同社会秩序联在一起。他努力使精神的能量在人间不断流传。在海德格尔这里,哲学家接替了牧师的位置,更准确地讲,是能左右时代的哲学接替了牧师的位置。但原来是天国的地方,现在代之以隐蔽着实存的一片黑暗、世界的不确定性。所以新牧师真的成了虚无的占位者。他比战士更加鲁莽。如遇可能,他随时表现出,他们手中不再有什么来自天国,控制大地的福音。但是,他们身上还闪烁着牧师权力的惨淡余晖,这种权力在遥远的过去建立在伟大而不可见的、情绪奔放的东西之上。

海德格尔以牧师的身份出面干预政治,公开发言,要给魏玛共和国以致命的一击。在15年前,魏玛共和国诞生之际,马克斯·韦伯在他的慕尼黑讲演"作为职业的科学"中呼吁知识分子,要忍受一个"失去魔力的世界"。当时韦伯也回忆到柏拉图的洞穴比喻中的"绝妙的图画",但那只是多愁善感的回顾而已。因为,在韦伯看来,柏拉图的严格知识同热情奔放的意义之间的统一已经一去不返,无可挽救。伟大的解脱,走出洞穴之旅,遥遥无期。马克斯·韦伯警告人们,提防"讲堂预言家们"的令人眼花缭乱的使世界重新魔化的骗人伎俩。

海德格尔也觉得"讲堂预言家"不堪忍受。

1927年夏季当海德格尔在课堂上第一次谈到柏拉图的洞穴比喻时,他把从洞穴中解放描述成一个进程。这个进程"是在完全的冷静中、在纯粹事实问题的解除魔力的过程中实施的"。(《海德格尔全集》,第24卷,第404页)

但是眼下海德格尔站在那里,挺胸腆肚,充满武士精神,气势汹汹地喊叫他的每一个字。这位没带福音的牧师,这位形而上学的冲锋队队长,处在纳粹党旗和彩旗的环抱之中。他当年在讲授柏拉图的课堂上,把自己梦想为去解放洞穴居民,引导他们出洞的解放者的形象。现在他注意到,洞穴居民都已经开始进军,他所要做的无非是站在队伍的最前列而已。

第 十 四 章

校长致辞及其影响　大学改革　海德格尔是反犹太主义者吗？　海德格尔的革命活动　与1968年运动的相似性　为人民服务　科学的状态

"校长致辞被当作耳旁风。校长就职庆典后,它便被丢到脑后……人们继续在科学指导的旧舞台上运动,几十年来,它已经被踏破了",1945年海德格尔在为自己辩护的文章《事实与思想》中这样写道。(《德国大学的自我宣言》,第34页)

但事实上,他的讲话并没有像他说的那样,很快就被忘记。在纳粹时期,这个讲话作为单行本出过两版。纳粹党的机关报多次赞扬他的讲话。在1938年《基尔日报》的一篇回顾纳粹科学政策的文章中写道:"和鲍姆勒尔一样,马丁·海德格尔在他的校长致辞中,也是通过积极行动的、英雄式的基本行为,来规定科学的本质。"(法里亚斯:《海德格尔与纳粹》,第165页)

对"致辞"的直接反应是令人振奋的。地方报纸及跨地区的报纸把他的讲话说成是伟大的、开拓性的事件。纳粹学生团体的报纸警告,地方上许多科学家,只是表面上迎合新关系的机会主义,但他们强调,海德格尔讲话是积极的,是例外。这个讲话真实地表达了暴动和革命的精神。尽管1934年《民族生成》杂志主编此时已经成为海德格尔暗中的敌人,但该杂志仍然刊登了博恩卡姆的文章。文中说:"今天我们高校改革的文献汗牛充栋,就我看,其中最重要的观点仍然是弗赖堡大学校长海德格尔致辞中的思想。"

那些非正式的刊物对致辞的反应也是积极的。后来的道教信仰者(《射箭的艺术》一书的作者)赫尔曼·赫瑞格尔把致辞称为"经典文章"。《柏林股票报》写道:他的讲话又迷人、又有责任感,"很少有哪位校长致辞能有这种影响。"

当然也有人听了讲话不知所措。勒维特在谈到校长致辞的直接影响时说,听了致辞以后,人们不知道应该去学习苏格拉底以前的哲学,还是应该去申请加入纳粹党。所以当时的评论家十分乐意引用那些直接可以加到纳粹原则之上的话,比如海德格尔"三大服务"纲领,工作服务、国防服务和科学服务。

国外的持批评态度的评论家,大多表现出难以置信的吃惊,有些则表示惊恐。《新苏黎世报》上写道:"海德格尔的讲话,不管你读三遍还是读五遍,你获得的印象仍然是无根无底的、破坏性的虚无主义。就是对民族的鲜血与大地的信仰,也对这种虚无主义无能为力。"(同上书,第167页)克罗齐[①]在1933年9月9日给福斯勒[②]的一封信里说:"我终于读到了海德格尔讲话的全文,十分愚蠢又低三下四。我对他长期的哲学工作得出的这个结果毫不吃惊。空洞和一般性总会有结果的。但是它没带来任何东西。我认

---

① 克罗齐(Benedetto Croce,1866—1952),著名意大利哲学家。——译者
② 福斯勒(Karl Vossler,1872—1949),德国小说家。——译者

为，他在政治上根本不会产生任何反响。但是他玷污了哲学，这对政治也是损失，起码对于未来的政治是如此。"(同上)

卡尔·雅斯贝尔斯的反应令人吃惊。他在1933年8月23日给海德格尔的信中写道："感谢您寄来的校长致辞。……您关于古希腊遗产的立场的大方向又一次使我很有感触，就像新的、但又是那么显而易见的真理那样触动了我。您的这个立场与尼采是一致的。但是有一点差别。人们可以希望，您能有时间，把您讲的东西变成解释性的现实。这样您的讲话就有一个可信的核心。我这里指的不是风格和它们内容的充实性。这一方面在我看来，目前这个讲话是至今唯一的代表学者意志的文献。但这个讲话的特性使我觉得有些压抑，有些句子显得过于空洞。这种特性是为适应时代而生的，它并没有影响到我对您的哲学的信任。总而言之一句话，我十分高兴有人能在讲话中触及到真正的界限和源头。"(《海德格尔与雅斯贝尔斯通信集》，第155页)

此信写作的两个月之前，海德格尔最后一次造访雅斯贝尔斯。当时海德格尔是应海德堡纳粹学生团体的邀请去作"新帝国的大学"的报告，其目的是为纳粹阵线助阵，反对保守派的教授们，特别是反对对抗思想整体化的校长威利·安德拉斯。他们显然十分成功。当时的听众之一，历史学家格尔德·特伦巴赫在他的回忆中记述道："我听到一个对煽动性的讲话十分赞赏的人对另外一个人说，安德拉斯一定……会用手枪自杀的。"海德格尔的确是以战斗的姿态出场的。他宣布传统大学已经死亡，他指责大学是"按人文主义化的，基督式的想法建立"的。他号召"为国家而工作"。他讲到"求知欲的疯狂"，并且说，"只有坚强的人种"才能"毫不思想

自己"地坚持"战斗"到最后。但是"谁要是不能坚持战斗,就必须把他打倒"。(《德国大学的自我宣言》,第75页)

报纸上对海德格尔来做报告一事大肆渲染。参加报告会的教授们被告知必须穿制服。海德格尔本人却身着"青年运动"的服装:短裤,绑腿,大翻领衬衣。雅斯贝尔斯在他的回忆中写道:"我坐在前排最边上,双手插在口袋里,两腿直直地伸出去,一动不动。"(雅斯贝尔斯:《哲学传记》,第101页)

在私人的谈话中,雅斯贝尔斯觉得海德格尔"忘乎所以",他感到从海德格尔身上,流露出一股威胁性的力量。

可是两个月后,雅斯贝尔斯又对海德格尔的致辞加以赞扬。他个人后来解释他当时的态度时说,他想尽量从好的方面来解释他的讲话,以便保持同海德格尔的联系,而在实际上,他觉得海德格尔的谈话和行为,"处于一种不可忍受的、陌生的低水平。"

雅斯贝尔斯对海德格尔致辞的赞同,不仅仅是出于后来他自己讲的策略上的需要,他同海德格尔之间在思想上是有共同之处的。而且令人吃惊的是,他们两个在纳粹大学改革问题上的立场也近乎相同。1933年巴登州文化部通过了新的大学法,核心内容是引入领袖原则,取消同事组织。雅斯贝尔斯在1933年8月23日的信中,把刚刚通过的这一大学法称之为"不寻常的一步"。他觉得"新大学法是正确的"。大学的"伟大的时代"早已结束,所以必须有一个新的开端。

1933年夏天,雅斯贝尔斯本人也为大学的改革拟过一个方案。这个提案本应送海德堡大学的同事征求意见。雅斯贝尔斯在海德格尔最后一次来访时曾同他谈及,希望此事能引起政府方面的注意，以便政府同他——雅斯贝尔斯——建立联系。为此雅斯贝尔斯也为他的方案起草了一封信，声明他的改革思想"同今天政府方面所遵循的原则并不矛盾"，而是与其"一致的"。但雅斯贝尔斯最后还是放弃了提案的打算。提案卷宗中有一张纸条附了一句放弃提案行动的理由："毫无疑问，我什么也不能做。因为我被告知，只被看作非党人士，看作为犹太女人的丈夫，不享有任何信任。"(《海德格尔与雅斯贝尔斯通信集》，第260页)

1946年雅斯贝尔斯把他的方案作为初稿进行加工，写成了后来的论大学改革的文章。他在原提案中给大学描画了一幅没落的肖像。他对大学的现状分析与海德格尔是一致的。他提到大学的明显缺陷是：专业科系分工太细、日益严重的教育失误、片面的职业取向、日益滋生的烦琐管理、理论上水平的普遍下降、对学习自由的不正当利用、"自由相关物"——失败者的淘汰制已不起作用等。在当时，即1933年夏天，也许是"千载难逢的机会"。通过大学中享有无限统治权的人的决断性命令来克服各种障碍和痼疾。这个掌握人可以获得青年力量，对目前情况已有意识的人们此时异乎寻常地温和和冷漠。这无异于对掌握者实行改革的保障。如果现在不果断从事，大学将"无可救药地死去"。

雅斯贝尔斯的大学改革方案的具体步骤为：调整大学学习，取消教学计划及各种表格证明，通过加强领导人员的责任心来简化行政管理手续。校长与系主任不应再由多数选举的结果来决定。雅斯贝尔斯想贯彻领导原则，但有一先决条件：责任重大的决定，必须是真正负责任的。在具体情况下，也敢于取消决定。这是对错误利用领导原则的防范措施。刚通过的巴登州大学法能否奏效，还需要时间的检验。无论如何他希望新建立的"高贵原则"能取得丰富成果，1933年8月23日雅斯贝尔斯给海德格尔的信中就是这样写的。

1933年雅斯贝尔斯是同意海德格尔的看法的："如果掌权者肯听从有水平的学者的建议的话，就可以利用纳粹革命对大学作一番合理的更新，雅斯贝尔斯也想以他的方式"参与"纳粹革命。他甚至承认劳动服务和国防体育的观念，对他来说，这属于"进攻性的现实"。它与"人生此在和整个民族的基础有关"。但雅斯贝尔斯十分清楚地反对政治挂帅的思想。他认为，"在世界上除了真知本身带来的神圣性之外，没有任何机构可为研究和理论学说规定什么目标。"

但到现在，海德格尔也尚未公布任何与此不同的东西。在校长致辞中，海德格尔也并没有从政治中去推导科学精神，而是从正确理解的哲学提问的态度出发来为政治立场立论。但是，对这种政治运动的参与的情绪和方式，在雅斯贝尔斯和海德格尔两人那里，存在着两个完全不同的世界。雅斯贝尔斯保卫的是精神贵族，而海德格尔则想把这些精神贵族彻底消灭。存在这么多哲学本身就是胡闹。在同雅斯贝尔斯最后一次谈话时，海德格尔说过，哲学家有两三个就够了。

海德格尔1933年致信雅斯贝尔斯时提出，最重要的是为哲学在新的现实中找到真正的立场，而这时的新现实就是纳粹革命。雅斯贝尔斯要保护未经政治篡改的哲学语言的纯洁。雅斯贝尔斯以吃惊和恐惧的心情，看着海德格尔把他身处其中的权力，抬高解释成为形而上学式的人生此在的权力。但是他也感到，海德格尔的政治行径中总跳动着、燃烧着哲学的狂热。这一点使雅斯贝尔斯神往。他想搞清楚,这个"新的现实"是如何在海德格尔那里变成一种哲学的冲击力和意义的。所以才有了他对海德格尔校长致辞的令人难堪的注释:"但愿可以指望有一天您能把您说的,在哲学的解释中变为现实。"(《海德格尔与雅斯贝尔斯通信集》,第155页)

在大学校长致辞之后,海德格尔在弗赖堡大学实地贯彻了领袖原则。而且在巴登州官方认可高校改革之前就已实施。他有好几个月不召集大学评议会,使评议会实际上丧失了权力。他给大学同事团体和各系的通知与通报,都是以一种刺耳的命令口吻写成。这位在第一次世界大战中没有获得战争经验的海德格尔,对于在大学贯彻军事原则想法一事如痴如醉。他委托以前的海军少校施蒂勒教授为教师制定荣誉规则。这些规则应与军官团的要求相应。海德格尔在聘任教师上已显示了他的熟练技巧,现在他想取消教育工资的附加费、讲席制度等等,通过这些措施来消除大学里的市场精神,竞争精神。所以在他的教师荣誉规则草案中明确地规定,要在我们之间建立一种真正的同志式的精神和真正的社会主义,并不断发展之,直到在我们之中看不到为人生此在而进行争斗,相互竞争的现象。

在经海德格尔同意的这份草案中,还可以读到下面的句子:"我们要进一步纯洁我们的队伍,祛除低级、恶劣的因素,以服务于未来的反对腐化堕落的斗争。"(奥托:《海德格尔》,第152页)

海德格尔在这个具体上下文中所说的"低级恶劣的因素",是想指业务上和品质上不称职的人,但在纳粹革命时期,这句话首当其冲地指向犹太人和政治反对派,这一点海德格尔一定很清楚。

弗赖堡纳粹党在三月初就已经大肆宣传,要人们抵制同犹太人的业务往来。他们还印了犹太人律师和医生的名单,到处散发。纳粹学生团体已经开始呼吁,抵制犹太教授。4月7日通过了"重新设立职业办公室的法案",1918年以后聘任的所有"非雅利安人",全部开除国家公职。但是在弗赖堡,在一天之前,帝国警察总监瓦格纳作出了比帝国法律更严厉的决定:暂时停止一切犹太公职人员的公职,以便最终将他们全部开除,1918年以前已经任公职的也不例外。依据这一决定,胡塞尔于1933年4月14日被停职。在这个时候,海德格尔还没有上任。由于"重设职业办公室的法律"的公布,瓦格纳的决定被取消。胡塞尔的停职决定也应一并被撤销。这应是已经走马上任的新校长海德格尔的任务。海德格尔让取消停职决定的通知带上了个人的色彩:他让夫人埃尔福丽德借此机会给胡塞尔带了一束鲜花。胡塞尔本人把停职一事看作一生中受到的"最大伤害"。最重要的是,他的民族感情受到损害。他在一封信里写道:"我想,我并不是一个旧风格和意义上的最坏的德国人。我的家庭充满了真实的民族感情。我的那些孩子们都曾自愿在战场恪尽职守,战争时期的野战医院里留下了证明。"(同上书,第171页)

花束和祝贺并没有能缓和胡塞尔对海德格尔的失望。1933年5月4日,胡塞尔在给他的学生曼克的一封信中,把海德格尔"戏剧性"的入党仪式,看作是"以假作真的哲学友谊的结束"。在最近的一年里,海德格尔的"反犹太主义的倾向——包括崇拜他的犹太学生圈子和系里的其他人——表现得越来越明显,入党只是

第十四章

他反犹太主义的继续。"（同上）

海德格尔真是反犹太主义者吗？

海德格尔并不是意识形态上那种疯狂的系统的纳粹主义者。惹人注目的是，不论是在他的讲课中，还是在他的哲学文章中，不论是在他的政治讲话中，还是在他的政治宣传品中，人们找不到他任何反犹太人，种族主义的言论。比如，当海德格尔出海报，为庆祝德国民族建设新的精神世界而举行的五一庆祝活动规定规则时，他并不想排除任何人参加。海德格尔的纳粹主义是临时决定性的纳粹主义。对于他来说，重要的不是出身，而是决断。用他的术语来说，不应从他的被抛性，而应从他的人生筹划出发来判断一个人。因此，海德格尔可以为受到威胁的犹太人提供帮助，当然，这些犹太人的工作成绩获得他的承认时，才会有这类帮助。当犹太人古典文学领衔教授埃德华特·弗兰克尔、物理化学教授乔治·冯·赫威塞受到被解雇的威胁时，海德格尔写信给文化部，企图加以阻止。他策略地论证说：这两位犹太教授在科学界有异乎寻常的声望，怀有批判态度的外国兄弟院校，十分关注这个边境大学，解职会给大学带来损失。另外，这两位是"高贵的犹太人"，品格优秀。"在人所能做的判断的范围内"，海德格尔可以为他们行为的无可指责担保。弗兰克尔尽管有海德格尔的呈文，仍然难逃被解聘的命运。乔治·冯·赫威塞又被获准多待了一段时间。

他也曾全力以赴为他的助手维纳·布罗克提供帮助。尽管他不能将他留在学校，但为他在剑桥找到研究奖学金。

1945年海德格尔提出，他曾保护犹太科学家的事，而且上任不久，就与纳粹学生团体发生冲突，原因是他反对在学校外面悬挂

298

反犹太的"打倒非德国精神"的标语。

海德格尔的举止表明,他与意识形态上粗野的反犹太主义者是有区别的。

1933年初,在汉娜·阿伦特流亡、移居国外之前不久,曾写信给海德格尔说,耳边传闻,使她十分不安。听说他从讨论班上赶走犹太学生,以及不与犹太同事打招呼,撵走了犹太博士生等事,她问海德格尔是否真有其事,总之,问他是否已成为一个反犹太主义者?(这是1950年以前海德格尔给阿伦特的最后一封信)埃廷格对这封信的转述中说,"海德格尔带着怒气"按顺序"列数了他为犹太人提供的帮助,开始指出他对犹太学生的关怀:不惜影响自己的研究工作,花时间来帮助犹太学生……谁在困难的时候来找他?犹太人。谁坚持一定要马上和他谈博士论文问题?是犹太人。谁突然寄给他一本规模庞大的著作让他马上写出书评?是犹太人。谁请他提供帮助申请津贴?还是犹太人。"(埃廷格:《汉娜·阿伦特与马丁·海德格尔》,第42页)

这里海德格尔陈述的是他在职责范围内为犹太人提供帮助。但通过他的辩护也可以看出,他把犹太人和非犹太人区别得十分清楚。他的辩护还让人觉得,大学里的犹太人对他纠缠不休。从1989年发现的一封1929年10月20日给"德国科学救急团体"(一个发放奖学金的团体)代主席维克多·施瓦特尔的信里透露出,海德格尔明显有那种在科学家中间流行的"竞争性反犹太主义"(塞巴斯蒂安·哈夫纳的说法)倾向。海德格尔信中说:"这里涉及的是……不可避免的思考:我们必须面对如下两种可能进行选择,把我们的德国精神生活重新引回到基础稳定的力量和教育

者中去,还是广义和狭义地把它完全放手交给不断增长的犹太化。"(《时代周刊》,第52期,1989年12月22日)

这种"竞争性反犹太主义",实质上不承认犹太人同化为德国人的事实,而把犹太人仍看成一个特殊群体,进而反对犹太人在文化中占统治地位,因为他们占有了与其人口比例不相称的位置。马克斯·米勒[①]记述的1933年的一次谈话中海德格尔说:"在内科原来只有两个犹太医生,到了后来,这个科里只剩下两个医生不是犹太人。这使他十分气愤。"(米勒:《马丁·海德格尔:哲学家与政治》,第204页)

海德格尔一方面为犹太同事赫威塞和弗兰克尔解雇一事到文化部去说情,但同时他又公开承认"重建职业领域的法律的必然性",现在我们对此不会感到意外了。

按常规,"竞争性反犹太主义"在文化领域中,坚持把"犹太精神"看作一种特殊思想传统。但这里需要提醒人们,在海德格尔这里,不存在所谓独立特殊的"犹太精神"。海德格尔一直抵制这种"思想精神上"的反犹太主义。30年代中期,他在一个课上为斯宾诺莎辩护时指出:如果他的哲学是"犹太的",那么从莱布尼茨到黑格尔的整个哲学也成了犹太的哲学。平时海德格尔只是十分乐意强调"德国"哲学的地位,以反对法国的理性主义、英国的功利主义以及美国的技术迷信。因此,他对"精神"上的反犹太主义如此激烈的反驳让人觉得十分意外。但是在哲学中,海德格尔的确从来没有把"德国"这个字用来同"犹太的"相对立或相区别。这是海德

---

① 马克斯·米勒(Max Müller,1906—?),德国哲学家。——译者

格尔同他的战友和对手克里克和鲍姆勒尔不同的地方。

卡尔·雅斯贝尔斯在1945年接到请求,让他为海德格尔反犹太主义写鉴定材料。他作出的结论是:"海德格尔在20年代根本不是反犹太主义者",接着又说,"在这个问题上他尚持保留态度。但这并不排除——而且我不得不假定——在其他情况下,他违背自己的良心和品味而行反犹太主义。"(《海德格尔与雅斯贝尔斯通信集》,第271页)

无论如何,他参加纳粹运动的动机,并不是由于他是反犹太主义者。但是,纳粹反犹太主义很早就表现出的野蛮性,并没有使他同纳粹运动分手。他并不支持这类行动,但却容忍了这些行动。1933年夏天,纳粹派学生冲进了犹太学生团体的房子。他们的活动如此粗暴野蛮,以至检察院不得不立案侦查,并请校长提供情况。但海德格尔拒绝任何进一步的调查,其理由是,参与该事件的不仅有学生(参见法里亚斯:《海德格尔与纳粹》,第172页)。海德格尔保护暴民,他认为,这是革命所致。

伊丽莎白·布洛赫曼是半个犹太人,依据"恢复职业状态法"她被解除职务,后来曾写信请海德格尔出面帮助。他答应在柏林为他的女朋友想办法——毫无结果。但就是在这种无需任何策略的私人谈话中,也找不到任何一句对这类措施表示愤怒的话。他向伊丽莎白表示遗憾,好像她遇到了什么一般小麻烦似的。他从来没有想到,他的这种行动是纳粹革命这一集体行动的一部分,他的行动实际也是在反对他自己的女朋友,当这位女朋友(布洛赫曼)给他的信中绝望地写道:"我熬过了十分十分艰苦的日子,但从来没有想到,会受到这样的排挤打击。我过去一直生活在精神和情感上深深融为一体的安全稳定之中。这也许是太天真了。所以我一开始完全无自卫能力,完全绝望了。"(1933年4月18日的信,《海德格尔与布洛赫曼通信集》,第64页)海德格尔对此的回答是:"我任何时候对您的任何请求和困难都将全力以赴"。(同上书,1933年10月16日的信)

汉娜·阿伦特、伊丽莎白·布洛赫曼、卡尔·勒维特——这些海德格尔最亲近的人们——不得不离开德国。但此事这并没有损害到他同纳粹"意志的认同"。他觉得自己属于这个运动,尽管在他的故乡建立了第一个集中营,尽管他的犹太学生受到粗暴的围攻伤害,尽管驱逐犹太人的名单已经在城里散发。当海德格尔第一次小心地表达了对官方政治的批判态度时,也不是由于反犹太的行动过于无节制,使海德格尔愤怒,而是因为当局承认了旧的市民力量的缘故。

1933年初,海德格尔驳回了汉娜·阿伦特听到的关于海德格尔躲避犹太学生和同事的谣传。但是几个月后,这种事却真的发生了。从他走马上任,当上校长那一刻起,他便中断了同一切犹太同事的联系。他的犹太学生不再被允许在他这里继续完成博士论文。他把他们推给了系里的同事。"海德格尔还想让他的学生获得博士学位,但不是在他这里。"(马克斯·米勒:《马丁·海德格尔:哲学家与政治》,第205页)他向他的朋友、犹太私人学者威廉·斯策拉司说,"在现在的处境下,我们必须中断我们的接触"。

被中断的还有他同胡塞尔的联系。说他禁止他的老师和朋友胡塞尔参加他的讨论班一事尽管是谣传,但是海德格尔并没有做任何事情,以帮助日益完全陷入孤独之中的胡塞尔。向胡塞尔伸出帮助之手的是天主教讲席教授、海德格尔的同事马丁·赫尼克尔。他一直保持同胡塞尔的联系,通过马克斯·米勒这位"信使"按期"代表哲学系向他致以最好的问候",并向他报告系里发生的事情。"他在我眼里显得像一位'圣贤',因为他并不关心每天发生了什么,不关心每天威胁着他和他的犹太夫人安全的政治局势的发展。他好像并没有受到威胁似的,或者将其置之于不顾。"(马克斯·米勒:《回忆胡塞尔》,第 37 页)胡塞尔根本不参与系里的事务。但却十分乐意打听海德格尔的情况。对海德格尔 1933 年的"背叛"的愤怒过去之后,他对海德格尔的看法又渐渐缓和了。他对马克斯·米勒说:"在我的圈子里,他是那些有天赋者中资质最高的人"。(同上书,第 38 页)

1938 年胡塞尔在孤独中与世长辞,4 月 29 日被火化。除了利特尔以外,哲学系没有任何人参加葬礼。海德格尔也没有去,他自己躺在病床上。这一天晚上,国民经济学家卡尔·笛尔在一个小型同事聚会上发表了纪念胡塞尔的讲话,讲话中他称与会的这一群人为"正派人的'系'"。(奥托:《胡塞尔与弗莱堡大学》,第 102 页)

在 40 年代初,海德格尔从《存在与时间》的稿样扉页上,把给胡塞尔献辞撤了下来。藏在脚注中对胡塞尔的致谢的话却保留下来。

再回到 1933 年。

我们回忆一下。海德格尔在"校长致辞"中,规划了一个新时代的爆发,人类历史的第二个开端,邀请所有的人,包括这一事件的证人和助手,一起参加存在历史的巨人大战。然而从中人们看到的,无非是反对大学正教授们的斗争。海德格尔后来致雅斯贝尔斯的信中说,"我当时在'做梦',我想的实际上只是在我眼前浮现的'那个'大学。"(1950年4月8日,《海德格尔与雅斯贝尔斯通信集》,第200页)

这场为"新"大学而进行的斗争,同1967年的德国学生运动有很多相似之处。海德格尔亮相总是突出他自己的青年运动的风格,以已经在"冲锋"的纳粹革命学生的尖兵自居。海德格尔身着短裤,打着绑腿,翻领衬衫,用以对抗西装礼服和羔皮手筒。海德格尔以纳粹学生代表的身份,在系里同老牌的教授们抗衡,支持助教们的独立自主性。这是私人讲师的时代,他们看到了自己的前途。海德格尔还特别注意,请大学里的其他工作人员参与提意见和建议。

海德格尔并没有像雅斯贝尔斯后来说的那么狂妄,自以为"可以领导领袖元首"。但是在大学范围内,他的确努力在反对正牌教授阵营的斗争中充当领导角色。1933年6月举行的"高校联合会"会议上,以海德格尔为首的纳粹高校教师团,努力想使"联合会"旧的常务委员会退位。在同时举行的校长会议上,海德格尔努力说服大家解散"联合会",并且还认为应该宣布弗赖堡为纳粹大学革命的"前哨"。如果成功了的话,海德格尔就真的成了德国大学界的某种领袖式的人物。这方面的雄心他的确有。但是,他的主张在其他校长中难以通过。在抗议声中,纳粹教师团退出了会议。海德格尔的活动在全国高等教育界的这个层次没有获得成功。于是他便努力在地区层次上去创造出一个具体的典范。现在上面对海德格尔已经不再有争议。1933年夏天,海德格尔积极参与了巴登高校改革法的制定工作。1933年8月21日,该法生效。并且巴登州成了在大学里贯彻领袖原则的第一个州。

对海德格尔来说,剥夺老牌教授团的权力,是他反对市民唯心主义、反对近代专业科学实证主义精神的继续。这种精神在1967年的学生造反中又新出现了。海德格尔所反对的对象,在1967年被称之为"专业笨蛋"。1967年的批判是:市民社会教育人们,以科学之兴趣取代人们对社会的兴趣。科学对社会整体的责任问题也是1933年时海德格尔的话题,尽管用词不同。"德国民族新精神世界的建设将成为德国大学的本质任务。这是全民族的最崇高、最伟大的任务。"

1967年的学生运动的理想之一,就是所谓"消除体力劳动与脑力劳动之间的差别"。这也是海德格尔的理想。1933年11月25日在学生注册欢迎会上,海德格尔以"德国学生是劳动者"为题发表了纲领性讲话。他的讲话的口吻似乎与1932年发表的恩斯特·荣格尔的文章"劳动者"如出一辙。海德格尔直接谴责受过教育的狂妄自大分子。学生不应该致力于精神财富的收集,以为私人之用和为自己的发迹之用。学生们应该去问,如何用自己的研究和知识更好地为人民服务。"这种服务为创造真正的同志团结之源泉提供了基础经验。"学生们应该谦虚地把自己的学习研究理解成"劳动",同时还应该真正地动手去劳动,在弗赖堡周围帮助秋收、改良土壤,或到国家食堂去帮厨,总之利用一切机会参加劳动。海德格尔说,"国家社会主义的国家是一个劳动者的国家。学生们要在自己的岗位上,用自己的研究和知识为国家"服务",他们应该为此感到骄傲。

第十四章

如果认为，自古以来真正科学与哲学的精神，就是对一切应用的考虑和解决具体问题的工作持保留态度，那么当海德格尔这样的人谈论，为了民族的目的对科学进行工具化时，就会显得十分奇怪、陌生。过去海德格尔把以"价值"为走向的哲学，讽刺为市民的唯心主义的衰落阶段。如今海德格尔把民族的自我宣言作为价值提到前面，在哲学的批准下，以这种价值的名义，争取那"为坏的事件的发生做好最充分的准备"，和"最大限度地坚持到最后一人的同志团结"。这一切都与那种哲学的基本原则联系在一起。在1933年11月11日，在莱比锡"为阿道夫·希特勒举行的德国科学大会"的讲话中，他把这一点讲得特别清楚：依据这种基本原则，"保存自己的存在，挽救自己的存在。"这是一切存在的原始要求。（施内贝尔格：《海德格尔拾遗》，第149页）

海德格尔的为人民服务。德国纳粹党于1934年初公布了失业者社会安置大纲。失业者被派往各大学进行"国家政治"再教育。那里应由"用脑子的劳动者"给"使用拳头的劳动者"来上课。这种纲领在1967年也完全可以被称之为纲领。海德格尔全力以赴去实现这一"基础关系"纲领——这完全可以是1967年的提法——他亲自在600名工人面前作开学讲话。

首先，海德格尔让他面前的工人弄清楚，他们在他面前聚集在一起的意义是什么。他们在这里，已经意味着参加了"我们民族新的未来的建设活动"。尽管他们是失业者，但海德格尔认为，这是把自己的哲学概念小心地灌输到他们之中去的一个极好机会。他把他们的倒霉处境称之为"无能力于人生此在"，只有当他们能够服务于国家和整个人民的时候，他们才具有了人生此在的能力。

创造就业是民族国家的首要任务。其次的任务就是创造知识。"我们民族的每一个劳动者都必须知道,他站在那里是出于什么原因,为了什么目的。"只有这样的个人才能在"民族整体和民族的命运中生根"。人民的同志们所需要的知识的形式是从整体上对实存的发问,但海德格尔不想用这种知识来折磨这些失业工人,另外,他也不想让那些从工作中被抛出来的人去注意自己的被抛性,所以海德格尔为他们准备了十分具体的东西。我们可以从他的讲话中感到海德格尔处理这个问题所遇到的困难,他找不到合适的语言来表达他的提法。于是他便谈论,什么是必须知道的:"人民是怎么分工的……在国家社会主义的国家中,德国民族未来的重要地位……未来民族实体的复兴意味着什么……德国人城市化带来的结果是什么……"通过吸取这些知识,汇集在这里的失业者们将成为"清楚的、果断的德国人"。大学的科学家会就此给他们提供帮助。科学家是十分乐意做这项工作的,因为科学家知道,只有当他们把知识交给了劳动人民时,他们才能成为人民的同志。拳头与大脑的结合才是真正的现实。"在真正知识的创造中,从事劳动创造的意志必须是内在的良知和永不动摇的信仰。"但这种信仰是以我们的领袖的卓越的意志为基础的。海德格尔的讲话以高呼"嗨!胜利"而结束。(法里亚斯:《海德格尔与纳粹》,第185—186页)

1933年11月30日在向图宾根的学生团体的讲话中,他描述了"争取新现实性"的步骤。他说,这就像一件艺术品的诞生过程一样。这是同传统大学分手的最合适的时间,因为这个大学已经是"那空洞的国家的空洞的孤岛"。谁勇于战斗,他便处于一个正

第十四章

在诞生的作品的内部。他会感受到人生此在的充实,并成为"他的国家的人民的真理的分享者"。

现代民族共同体的神话取代了哲学的出神狂喜。孤独思考中进行提问的哲学现在已经被停职。但是整个时间仍然是哲学之事。因为纳粹运动在哲学上使海德格尔着迷,而他还做到了让别人也对此着迷。当时一个着迷者说,"海德格尔讲话就如拨开乌云让人们见了青天"。(同上书,第207页)

这期间海德格尔满怀雄心写了一些作品,其中之一就是"科学营"一文。它的基本思想在1933年6月10日柏林"德国学生团体的科学处"培训会上的报告已经有了阐述。科学营应是童子军训营和柏拉图学园的混合物。同生活,同劳动,同思想——在一定时间内同大自然在一起。在这个过程中,"科学应该又成长为大自然和历史的生命的现实",基督教的"无生育能力的意识形态"和"实证主义的狭隘俗气"应该被克服。(奥托:《海德格尔》,第216页)参加者将会向新的人生此在的力量敞开心扉。这就是海德格尔的计划。这个计划的实施是1933年10月4日至10日。地点就在他自己的托特瑙山的小木屋脚下。全体步行,从大学出发。在这第一次尝试时,他从教师和学生中精选了一批人组成一个团体。他为他们规定了活动细目:"步行达到目的地……纳粹制服……可能的话,穿戴钢盔的军服,带上袖章。"活动的项目:早上六点起床,晚上十点点名。"营地的任务是讨论建立德国精神指导下的未来高等学校的途径及手段。"海德格尔为各工作小组和讨论班准备的题目都是关于高校事务的:系科的组织,纳粹高校改革,领导原则等等。其中海德格尔写道,具有确定性意义的是,"通过营地的共同生活唤起当下革命的基本情绪和基本态度。"海德格尔想带这群青年人到平静的托特瑙山的营地篝火旁,挥旗行令、庄严升旗,共同进餐、讨论、弹琴、唱歌。当他宣布这项活动时,好像是带这群人到敌人占领的前线,面临多么巨大的危险似的:"这个营地的成功与否取决于新勇气的大小。……取决于对忠诚、牺牲和服务的意志的果敢坚定……。"(同上书,第218页)这项活动的唯一的危险是,海德格尔自己出丑。整个行动比一次普通的青少年的野营生活强不到哪儿去,所不同的是,他带的是年龄早过了参加少年团活动的一群老青年。一位名叫海因里希·布尔的参加者记述了海德格尔在营地篝火面前发表给人印象深刻的讲话的情景:"基督教使世界贬值,使世界受辱,使世界统一。对它必须进行坚决的斗争","对人生此在的无蔽性的伟大高尚的认识"大加发扬。这一切使这位后来当了牧师的布尔想起了荣格尔所说的那颗"冒险的心"。(海因里希·布尔:《世界神学家》,第53页)整个活动很有意思,对有些人来说甚至是激动人心的。但是这里并不需要多大勇气,便可以坚持下来。这里并无危险,只有浪漫。来自海德堡的海德格尔忠实的追随者和主张用军事活动代替学生联盟的代表之间发生了冲突。后者是个军事反犹太主义的团体。这个冲突给整个活动带来了一层阴影。1945年在"清查纳粹"的政治案中,海德格尔曾将此事说成是严重的政治冲突。他写道,"海德堡集团受命去破坏这次营地活动。"

参与这个冲突的私人讲师施塔德尔曼在海德格尔命令下并由海德格尔陪同离开了营地。胡果·奥托发现了施塔德尔曼同海德格尔之间就此事的往来书信。从中人们获得的印象是,海德格尔自己的学生同一位武士发生了一场戏剧性的事件：坚定不移的忠诚、牺牲、背叛、阴险、后悔、悔悟。海德格尔写道："营地的考试"也许没人及格，但每人都有了下述意识：革命尚未结束，青年纳粹学生的目的就是大学革命。海德格尔让施塔德尔曼提前退出了争斗，因而显然受到伤害的施塔德尔曼写道："托特瑙山使我以从未有过的清晰意识到，我属于革命的营地。……我将遵守纪律。但我希望的更多，我相信有可能追随下去。"海德格尔回答道："我知道，我现在必须再次请求您的陪同，它对我是非常本质性的。"（奥托：《海德格尔》，第 221—222 页）

人生此在的力量显然发生了作用。这是男人团和候鸟运动式的。海德格尔成功地建立了一个舞台，在那里有诡计、阴谋、派别之间的紧张关系。看起来正像他"校长致辞"中讲的，"处在暴风雨中"。海德格尔会成为他自己为现实提供的解释的俘虏。

当他不再想参与人民整体的共同艺术作品的创作工作，又去注意艺术和哲学的作品时，他便又重新获得了思维的自由和敏捷。与在政治现实中的海德格尔相比，这里的海德格尔更加游刃有余。只有在哲学中及在为哲学安排的现实中，他才感到如鱼得水，像在家里一样。"参与"现实的革命运动是他自己对自己的过分要求。他不久就又回到他相对安全稳定的哲学思考的大本营之中。

第 十 五 章

哲学同政治之间的短路　单数的人和复数的人　差别的消失　不带差别的存在论　来自柏林的第二次招聘　海德格尔为纳粹运动的纯洁性而进行的斗争　作为告密者的革命家

海德格尔曾说过,哲学应该驾驭它的时代。

在力图实现这一要求的过程中,他蜕掉了自己基础存在论的支架。

让我们再作一番回顾:在《存在与时间》中,海德格尔把人类的人生此在看作是最根本的层次,甚至比历史性的差别以及个人生活规划中间的对立性还要基本。30年代初,他在课堂上对无聊和畏惧情绪的分析,也总是联系到"在-世界-中-存在",并不是诉诸于某一具体处境下的个人人生此在的现身情态。

当然,在偶或论及"与他人共-在"时,他的思想总是针对族类单一性意义上的人:人类,人生此在。而且人所面对的东西,或者人所处的环境也都是单数的,(全)世界,(整个)实存,(整个)存在。

但是,在人类与巨大整体之间——整个存在,整个精神,整个历史之间——还有另外一个区域,还有一个"之间"。在这里人具

第十五章

有的是复数的形式：许多人，相互区别的人，有着不同兴趣和不同利益的人。他们在行为中相遇，在这个过程中创造了被海德格尔称之为政治现实的人。在海德格尔的人生此在的背景中，这个整个领域，即多数性和诸个体之间的差异性的存在论意义，完全消失了。剩下的只有两类人生此在：本真本己的此在和非本真本己的此在，本己和常人。当然海德格尔并不否认，具体个人的人生规划千差万别。但这种差别在海德格尔看来并不构成对人生的积极挑战。海德格尔并不把它看作人类生存的基础条件。我们生活在这样的现实中：我处于与我不同的其他人们的包围中；我们并不理解或不能完全理解他们；我们爱着他们，恨着他们；对我们来说，他们有的是不解之谜，有的根本无所谓；我们与他们之间或者毫无间隔，或者隔着无底鸿沟。这种可能性的联系性、这整整一个由联系构成的天地，全部被海德格尔置之不顾，没有被纳入生存概念、生存节奏中去。海德格尔，存在论差异的发明者，从来没有想到去发展一种关于差异的存在论。存在论差异意味着对实存和存在作出区别。关于差异的存在论则意味着承认个人与个人之间的区别，人们一起生活产生的各种困难和机会等，意味着哲学必须接受上述各种现象的挑战。

在传统哲学中，对人的神秘化由来已久。它总是谈论整个人类，但面对的却总是许许多多的具体个人。在哲学舞台上粉墨登场的总是上帝与人类，自我与世界、"我思"与"存在物"。在海德格尔这里是人生此在与存在。海德格尔"人生此在"的说法，仅就这一语言表达的建议而言，就已经把人生此在的具体所是置于同一性之下。在海德格尔这里，人总是跑到实存整体之中去。但实际上，人总是首先跑到其他人的生存此在着的世界里面去。

海德格尔不是去对人类世界的基础的多元性进行思考，而是顽固地坚持于集合性的单一性中：人民。人民的这种单数性被他说成是自己本身存在的生存理想。"本真本己"的个人正是把自己抛回到这个理想中，发展到这个理想中去。"所有人生此在的原始要求就是保持和救助他自己的存在"。11月11日在莱比锡举行的"为阿道夫·希特勒举行的德国科学集会"上，海德格尔把这一思想又移植到人民的身上：人民"必须保持和救助自己的存在"。人们会问，威胁来自何方？来自凡尔赛和约的屈辱，来自当时德国版图的分割，来自战争赔款。是谁批准的这一天下大不公之事？国际联盟。所以，希特勒宣布退出国际联盟是完全正确的。如今这一步骤又通过全民公决得到了人民的事后认可（全民公决与帝国议会的选举同时举行。帝国议会选举是按统一的候选人名单进行）。海德格尔用从个人移植到人民上的本真本己性哲学，给这种政治伎俩授予了更高的荣誉：这是"人生此在的原始要求"。

1933年11月的讲话，是人民基础存在论的应用。1934年夏季海德格尔开了一门讲授逻辑学的课。关于这个课的内容，目前只发表了一个残缺不全的听课的笔记。在这个课上海德格尔明确地对"业己-属我性"向"市井性"[Jeunsrigkeit]的转变进行了反思："那个自己并不是'我'之最富代表性的规定。具有奠基性的其实是'我们自己'。在关心'我-自己'的努力中，个人失去了脚下的基地。他站在丧失性之上面对自己。他站在错误的地方，因为他到完全游离的'我'那里寻找自己。只有在我们中才找到自己。这个我们当然不是指随便什么人的汇集。像保龄球俱乐部或强盗集团之类的'我们'都是'常人'。在'我们'这个层次上,也有本真本己性与非本真本己性之分。非本真本己的'我们'是'常人',本真本己的真正的'我们'就是人民,人民就像一个人一样维护着自己的存在。'人民的整体就是一个巨大的人'。"(法里亚斯编辑的海德格尔《逻辑学,1934年夏季讲课。无名氏记录稿》,第26页以下)

《存在与时间》中,本真本己性的激情是孤独性。但是当人民成为人生此在的集体性单数的时候,孤独性便消失在人民的声名狼藉的可统一性之中。但海德格尔不想放弃生存的激情。所以他挑选了一个可以使整个人民进入决定性的孤独之中的大舞台。孤独是德意志人民在其他人民中的孤独。它的革命早已越出了界限,进入到实存整体的无确定性之中。我们在"校长致辞"中已经听到了这个声音:人民已经前进到查拉图斯特拉空洞的天空之下。一个前进中的团体。为了在无意义中大胆勇敢地建立意义,它把自己分为不同的编队、护从和各种青年联盟。一个德意志人民,一个形而上学人民。

作为对海德格尔的回答,汉娜·阿伦特后来发展出了一个真正的政治理论思考。它源于"不同人的相互存在和共同-存在"。这种理论思考反对将大量的历史事件作神秘的深化,或将其加工提高为"本真本己"的历史的任何尝试。似乎这种历史具有一种自动机制和逻辑实际的历史,充满混乱,它是由无穷多的相互交错重叠的历史事件构成,根本不具有这种东西。

海德格尔没有从政治上进行思维,而是去对历史进行神秘直觉。如果海德格尔注意到自己缺乏政治概念,情况也不至于这么糟。并不是他的不谙政治，而是他没有注意到他缺乏政治概念，把他对历史的神秘直觉误当成政治的思维，这才致使他这期间的政治活动变得如此令人尴尬难堪。假如海德格尔作为历史神秘直觉者继续讲述他的"本真本己"的历史，而没有企图用它们去搞政治，那么他仍然和过去一样是哲学艺术家。但是他让革命卷着自己走，他想成为"哲学政治家"。他站在冬至节的篝火前，向陶醉中聆听他的讲话的人高呼："逝者如斯，人生苦短，但我们冲破未来黑暗的勇气在倍增。我们任何时候都不能在战斗中变为瞎子。火炬指引着我们，照耀着我们，给我们指出前进的道路。在那里只能前进，没有倒退。点燃火炬吧。让我们的热血沸腾吧！……"

弗赖堡大学的大多数教授认为，他们的校长已成为野蛮的、极端的空想家。此时人们还觉得海德格尔十分可笑，转述着海德格尔的故事：前面提到的以前的海军少校，哲学讲师施蒂勒在一个大砖窑的取土坑里用木制步枪训练学生；海德格尔驱车而至，跳出车外；长得像棵大树、身高有 2 米 2 的施蒂勒向身材矮小的海德格尔行立正礼，按照军规，向他报告，而战时只在书信检查站和气象大队干过几天的海德格尔，则用军事上的正确、命令合格的评价，满意地接受了他的报告。这就是海德格尔的战斗场面。

1933 年 9 月海德格尔又接到柏林大学的招聘。9 月接到慕尼黑大学的招聘。法里亚斯对这些聘书的背景作了调查：两次聘书都是违背大学哲学系的愿望发出的。在柏林，鲍姆勒尔明确表示支持聘海德格尔。在鉴定书中称他为"哲学天才"。在同时进行的与慕尼黑大学的洽谈中海德格尔指出，在柏林人们承认他是身负特殊政治使命的教授。他愿意知道，在慕尼黑是否能提供和他的希望相应的条件：对高校系统重新进行调整。他的决定完全取决于在哪儿以及如何才能更好地为"阿道夫·希特勒的工作"服务。反对海德格尔的力量来自两个方面：在保守派教授看来，海德格尔缺少积极的"知识内容"，在强硬的纳粹意识形态家如恩斯特·克里克和燕施看来，他缺少对纳粹世界的承诺。

在柏林和慕尼黑的求职洽谈背后，秘密传阅着心理学家、海德格尔马堡时期的同事燕施对海德格尔写的一份鉴定。鉴定中把海德格尔说成是"危险的精神分裂症者"，其著作实际上是精神病理学的病历；海德格尔思想的核心是犹太式的，"具有犹太教法典的诡辩形式"，因此对犹太人有很大的吸引力；海德格尔总是十分巧妙地把他的"生存哲学"乔装为纳粹主义倾向。一年以后，在讨论海德格尔任纳粹讲师科学院的领导的时候，燕施写了第二个鉴定。鉴定中警告人们，防范海德格尔"精神分裂式的胡扯"；说他善于让"陈词滥调披上有重大意义的外衣"；海德格尔"整个是一个革命者"；人们必须看到，如果有一天，我们革命停止了，海德格尔可能"不再站在我们一边"，而又会"改变颜色"。自称为纳粹运动之官方哲学家的恩斯特·克里克则把海德格尔的立场刻画为"形而上学虚无主义"。和燕施不同，克里克把他的批评发表在他主编的《成长中的人民》杂志，公诸于世。"海德格尔理论的世界观基调是由操心忧虑和畏惧决定的，而这两个概念均又引向虚无。这种哲学的意义是明显的无神论和形而上学的虚无主义。在我们这里，一般情况只有犹太人才主张这种理论，它是瓦解分裂德国人民的霉菌；在《存在与时间》中，海德格尔有意识地从哲学上思考了'日常性'，而不是人民和国家，不是种族和我们国家社会主义的世界图景的所有价值。如果在校长致辞中……突然带上英雄主义的音调,这显然是为了迎合1933年的情况;它是与《存在与时间》(1927年)和《什么是形而上学》(1931年)中关于操心忧虑,畏惧以及虚无心理学的基本态度是相对立的。"(施内贝尔格:《海德格尔拾遗》,第225页)

纳粹权力机关的综合中心的看法,也对科学政策和意识形态部门发生了影响。巴伐利亚和柏林的文化部想赢得海德格尔,是由于海德格尔的国际声望。他们想要一块耀眼的金招牌。至于对党内圈子里的大多数人视海德格尔的"私人"国家社会主义为异物,甚至觉得有什么嫌疑,他们完全置于不顾。克里克甚至怀疑,海德格尔把革命同畏惧虚无主义联系在一起,以把德国人民最终驱向"拯救教会的手臂"。总而言之,海德格尔不适承担"为纳粹运动创造精神和伦理的核心这一任务。"(劳格斯坦:《德国法西斯主义中的哲学关系》,第49页)

纳粹党种族政策办公室负责人瓦尔特·格罗斯也曾对海德格尔式的纳粹主义有所考虑。1936年他在一篇理论文章得出的结论是:"这位专业方面有充分的人类理解力、在种族和政治上没有问题的科学家身上……几乎……不包含对纳粹主义有用的任何因素"。他的高等学校的"政治设施",在现在完全是无意义的。最好是让科学加强它们在科学技术上的作用。格罗斯建议大学"非政治化",以结束现任教授们的"表演纳粹主义"的"尴尬的努力"。(同上书,第88页)关于纳粹主义世界观的发展与传播工作,最好留给相应的党的机关去完成。党的机关必须推动"世界观上无可指责的科学"工作,因为它用了十年时间才发展而成的。

第 十 五 章

纳粹主义的意识形态权力中心,也把海德格尔看作"表演纳粹主义的人"。纳粹党为了对科学后继力量进行世界观教育,准备建立纳粹讲师科学院。1934年仲夏一段时间内,党内曾讨论由海德格尔出任纳粹讲师科学院领导。此时格罗斯也曾向罗森贝格办公室发出紧急警告,要他们提防海德格尔。格罗斯让他们注意燕施和克里克所作的鉴定,并且引述关于海德格尔在弗赖堡所进行的"活动"的有害无益的内部报告。

尽管有这些反对意见,柏林和慕尼黑还是向海德格尔发出了聘书。海德格尔对两地聘请均予拒绝。在正式向党内陈述他的拒聘理由时,他却说,弗赖堡大学的改革还需要他,合适的新校长的人选尚未找到。他在1933年9月19日给伊丽莎白·布洛赫曼的信中说,"假如离开的话,弗赖堡的一切都会垮台"。(《海德格尔与布洛赫曼通信集》,第73页)

但是在弗赖堡大学的人们看法却完全不同。大多数教授们早已迫不及待,如果能让海德格尔今天去职,就绝不要等到明天。因为人们厌恶海德格尔在通报、呼吁、警告之类的东西中威风凛凛的语调。尽管教师中的大多数人已经愿意为新的政治关系服务,但认为,理论和研究不应受到触动。使教授们特别气愤的是,海德格尔用由纳粹学生团体组织的军体活动和劳动锻炼来冲击正式的教学活动。讨论班和授课经常被打断、停课。但海德格尔却把这些活动看得意义重大。在他看来,这些活动中体现的恰恰是纳粹革命的新精神。海德格尔任命的法学系主任埃里克·沃尔夫对此事特别积极,想用海德格尔的思想彻底改造法律系的教学工作,为军体活动和劳动锻炼腾出更多的时间。但他的措施受到系里保守的教授们的强烈反对。这位主任受尽了折磨,精疲力竭,1934年12月7日找到海德格尔,要辞职,不干了。他说,这份工作使他精神上十分痛苦。他怀疑,自己是否是担任此任的合适人选。他以十分敬畏的口吻向海德格尔写道:"尊敬的校长阁下,您一定比任何人都清楚其中的原因"。所以,他认为,海德格尔一定能断定,这次努力的失败到底是由于"他个人的无能",还是由于同事们的抵制。海德格尔没有接受他的辞呈。"您得到我的信任,而没有获得系里的信任,这是新法规和当下斗争形势所致。"(奥托:《海德格尔》,第228页)海德格尔觉得自己有义务支持自己的忠实但缺乏信心的追随者。所以他在圣诞节时向不驯服的教授们发出如下警告:"自我上任第一天起,决定性的根据以及要逐步实现的目的就是,通过纳粹主义国家的力量和要求从根本上改变科学教育;逐一对讲课内容进行筛选和重新编排,以适应'当前的关系',这样做不仅是不够的,而且还使全体学生和教员受到蒙蔽,看不到他们本真本己的任务是什么。由于停课为教员提供的自由时间,必须全部用于讨论讲课和练习课的内容改建工作。……与至今还没有动静,只想掩盖和保护迄今为止的东西的同事们的首肯相比,由于真正的大学改革的共同意愿而引起的斗争和对立,对我来说更具有本质性。我对使高校整体进步的任何一点微小的努力都表示由衷感谢。在对各科系和具体教师工作的评估中,我只启用一个标准:是否明显地、成功地参与了实现未来事业的工作。我们对当下为之奋斗的未来的意义有坚定的信心,有百折不回的毅力将其坚持到底。单个人所处的地位无关紧要。我们这个国家的人民的命运就是一切。"(施万:《海德格尔思想中的政治哲学》,第219页)

第 十 五 章

海德格尔威胁说,要对那些不满者作出"评估"。所谓的"评估"意义丰富。它可以是向上级机关告密,直至解除职务,甚至实行拘禁。但涉及到军体活动和劳动锻炼这类事,海德格尔自己却处于不利地位。因为,在这期间,相应的党的领导机关中占主导地位的倾向是使大学的教学工作恢复正常秩序。

海德格尔在他后来的辩护中声称:卡尔斯鲁尔机关出于政治的原因,要求沃尔夫和默伦多夫辞去系主任职务。因默伦多夫是社会民主党,他不能为之出面维持,因此他才辞去校长职务。但依据胡果·奥托和维克多·法里亚斯的研究调查,海德格尔的说法根本站不住脚。海德格尔辞职原因不是为了同社会民主党人采取一致行动,而是因为纳粹党的政治在他看来还不够革命。海德格尔目的并不是他自己后来说的,为了保护欧洲大学即 universitas[①]的精神,他的目的是用革命去反对知识分子保守主义,反对只对大学的科学和技术的实用价值感兴趣的市民的现实政治。

正是由于这个原因,他在 1933 年 11 月 20 日的报告中解释说:"德国大学的教育革命不仅没有结束,它甚至根本没有开始。"(马丁:《海德格尔与第三帝国》,第 179 页)当他 4 月 12 日接到文化部的提议,鉴于法学系"并非全无根据的怀疑",撤销埃里克·沃尔夫的系主任职务,为此他于 1934 年 4 月 14 日宣布辞去校长职务——跟默伦多夫毫无关系。文化部则提醒他注意,他的"整个德国人生此在的变革"的革命主义在大学里走得太远了。

因此,海德格尔辞去大学校长职务一事,同他为净化革命运动

[①] universitas,拉丁文,即普遍性。——译者

而进行的斗争有关。海德格尔把革命运动理解为：在"上帝死后"对欧洲精神的更新。

他为保护革命运动的纯洁而进行的斗争，还表现在他为反对弗赖堡强大的教会势力所作的斗争中。1934年初，海德格尔同意由地方党组织出面，中止天主教学生团体"里普阿里亚"的活动，但不久由于罗马教廷与希特勒政府签定了协议，该组织又重新开始活动。为此，海德格尔十分愤怒地致函全德国学生会领袖奥斯卡·施塔贝尔："天主教的这种公开的胜利，特别是在这里，是不可容忍的。这是对目前最重要的整个工作的一个巨大危害。我对这种关系与力量的了解十分彻底，……人们一直未能认识天主教的伎俩。总有一天会遭到报应。"（法里亚斯：《海德格尔与纳粹》，第247页）

天主教在弗赖堡的庞大组织和思想精神上的影响——海德格尔费了九牛二虎之力才渐渐从中摆脱出来——对他来说，是整个德国人生此在中变革的不可小视的阻力。所以在科学营地活动中，基督教也是他进攻的主要对象之一。他说：那里进行统治的恰恰是真正的不信神的邪念。因为在那里上帝被乔装成安逸和怯懦，变成了生活的保险公司。海德格尔的革命追求的却是强健、勇猛和果敢的东西。

但海德格尔对天主教的尖锐批判未能在党内获得支持。起初党还想与传统努力合作。

海德格尔为革命运动的纯洁性而进行的斗争，还包括告发政治上他不喜欢的人，这主要是由两件事引起的。

一件事涉及马克斯·韦伯的侄子鲍姆嘎登，他是从美国开始他的学术生涯的,所以他在哲学上十分接近美国的实用主义。1929年到1931年间同海德格尔是朋友。海德格尔甚至成了鲍姆嘎登的孩子的教父。哲学上二人有鲜明分歧,但开始还可以友好地进行讨论。以后鲍姆嘎登移居德国哥廷根,任美国研究方面的教学工作。由于他教学效果很好,1933年他获得有考试权的讲师资格。在政治上他表示愿意投靠纳粹。并表示愿意加入纳粹党的冲锋队和纳粹教师团体。但这时,海德格尔直接干涉。1933年12月16日他写信给纳粹教师团体:"从思想来源和其他关系来看,鲍姆嘎登博士显然属于马克斯·韦伯周围的自由主义-民主派的知识分子圈子。就他在德国的现实表现看,他无论如何不是纳粹主义者。……鲍姆嘎登在我这儿求职未成之后,他与以前在哥廷根执教、现已被解聘的弗兰克尔过从甚密。我推测鲍姆嘎登是通过这种途径在哥廷根安家的。……我认为,现在接受他参加纳粹冲锋队以及教师团体均不合适。鲍姆嘎登极其能说会道,在哲学上,在我看来他只不过徒有其表而已。"(同上书,第283页)

  海德格尔在他的公开谈话中一再告诫人们,不要为表面服从党的路线的人所欺骗。所以他就鲍姆嘎登之事向党的忠告和他的革命主义立场完全一致。这份海德格尔主动提供的鉴定,被哥廷根纳粹教师团体的领导们视为"充满仇恨",认为"不适用",被置于档案中,没有理它。鲍姆嘎登照常升迁——在党的帮助下,后来他成了寇尼斯堡大学哲学系的主任,党的地方组织的名义领导。罗森贝格的办公室常请他参加工作会议。

  1935年通过玛里安娜·韦伯,雅斯贝尔斯也了解到这份鉴定的内容。此事使雅斯贝尔斯终生难忘。这是他一生中"最寒心的经验"。(雅斯贝尔斯:《有关海德格尔的笔记》,第 15 页)"马克斯·韦伯周围的自由主义-民主派知识分子圈子"这一讥讽,一定使雅斯贝尔斯感到也击中了自己。但雅斯贝尔斯感到更糟的是,他过去一直没有将其看作反犹太主义者的海德格尔,用反犹太主义的阿谀以陷害他所不喜欢的科学家。雅斯贝尔斯对此十分惊慌,但他此时对他充满畏惧,不敢就此事直接谴责海德格尔。1945年底清查纳粹分子委员会请雅斯贝尔斯(依海德格尔自己的提议)写鉴定时,雅斯贝尔斯才将此事公诸于世。

此事涉及处理化学教授、1953 年诺贝尔奖奖金获得者海尔曼·施陶丁格一事。胡果·奥托找到了关键性的材料,恢复这一过程的真相。1933 年 9 月 29 日,巴登州高校部门负责人费尔勒来弗赖堡拜访海德格尔。他是为依新的高校法任命海德格尔为领袖校长一事而来。会面中海德格尔告知这位部门领导,施陶丁格政治上有不可靠之嫌。费尔勒马上命人调查,因为事情紧急。因为《职业状态重建法》的实施的有效期是 1933 年 9 月 30 日。海德格尔在夏天已经对施陶丁格进行调查了。对施陶丁格的指责是基于他在第一次世界大战期间的表现。从 1912 年起施陶丁格就在苏黎世技术大学任教授,但保留了德国国籍。他开始是由于健康的原因没有被征兵入伍。在战争期间他发表了和平主义的文章,要求对政治重新考察,因为战争技术的发展威胁到了整个人类的生存。1917 年他取得瑞士国籍。当时人们在他的档案中写上了,施陶丁格有向敌方提供在军事上十分重要的化学知识之嫌。这种嫌疑后来被澄清。但是 1919 年 5 月档案中又附了说明,说战争期间施陶丁格表现"不佳,严重损害了德国产品在外国的形象"。当

1925年聘施陶丁格来弗赖堡任教授时,对此事的议论又起。但是保守的教授们并没有去理会此事,因为在这期间,施陶丁格已经是世界上著名的学术权威了。

现在海德格尔想通过调查将他开除公职。盖世太保把材料收集在一起,1934年2月6日将其交由海德格尔表态。海德格尔把对施陶丁格的指责列在一起:有可能泄漏过化学生产秘密,有背叛帝国之嫌;在祖国最困难的时候申请加入瑞士国籍,最后未经德国的同意,私自加入瑞士国籍;公开宣称,"他绝不会使用武器和其他服务支持他的祖国。"这些不利材料已经足够了。海德格尔写道,"应予开除公职,而不是令其退休"。"干预"必须马上进行,因为施陶丁格"今天表演得像是国家强盛事业的百分之一百一十的支持者。"(奥托:《海德格尔》,第205页)

和鲍姆嘎登的情况一样,他在这里发现的是某种所谓投机主义的东西。但这里他特别积极主动,因为他从根本上不信任国家同专业科学之间的那种实用的联盟。在海德格尔看来,如果"根本无根"的专业科学通过为政治服务重新走到前台,那么这就意味着,"整个德国人生此在改造"将流于失败。因此他反对施陶丁格的斗争引起施陶丁格的反应是,全力以赴证明他的研究对国家建设如何重要。由于他面临受刑讯的危险,就在当周,施陶丁格发表文章,指出对于追求自给自足的新德国来说,化学具有多么重要的意义,同时也表达了他对"国家纳粹革命的爆发"感到"由衷高兴"。由于党的高级干部的出面干涉,他没有被解雇。1934年3月5日海德格尔的态度也退后了一步,建议让施陶丁格退休来代替解雇,并指明,"这是考虑到他在国外这个专业领域中的地位"。但是海德格尔的这一建议也未获批准。按照十分繁杂的协议，施陶丁格被获准保留原职。

这段故事还有一个余波。1938年当他作"通过形而上学而建立的近代世界观"的报告时，公开批判了现代科学的技术主义。纳粹机关报《阿勒曼人报》发表了一篇文章，以海德格尔为例指出，同专业科学事实上的重要工作相反，哲学毫无用处。没有人能懂……它只能教人以……虚无。这里所指的重要工作，就是文章下的广告：施陶丁格教授将作报告，题目是："四年计划与化学"。

在1945年12月15日向清查纳粹委员会作辩解时，海德格尔提到这件事。但他却只字未提向当局告密之事。

海德格尔之所以不提及告密之事，也许不仅是为了不让它给自己带来更多不便。很可能在他看来，这根本不是什么告密问题。因为他感觉自己属于纳粹革命运动，所以清除革命进展中的投机分子是他本身的任务。他不能容忍这些人混入革命运动，利用革命运动为自己捞好处。对海德格尔来说，施陶丁格就是这类投机革命的科学家。他们可以为任何目的服务，只要对个人来说值得一做。他们所寻求的不过是"这种无任何危险的工作的职业安逸"。

一个历史的讽刺：事实上，不是海德格尔这样的哲学家为独裁政府作出了巨大贡献，为其作出了巨大贡献的恰恰是"不问政治"的科学家。长时间内，海德格尔想按照自己对纳粹革命的幻想为纳粹系统服务，但不能如愿。科学家却为这个体系提供了实用的突破性的力量。

第 十 六 章

　　当我们思维的时候,我们在哪儿?　　柏林的托特瑙山　　讲师科学院的计划　　脱离政治舞台　　"我现在讲授逻辑学……"　　海德格尔自己选的英雄:从希特勒到荷尔德林　　"世界变暗"和现实存在着的国家社会主义

　　在我们进行思考的时候,我们到底在哪儿?
　　色诺芬[Xenophon]记述了一个关于苏格拉底的美好的传说。苏格拉底参加了伯罗奔尼撒战争,是一个十分勇敢的战士。但是有时候,在部队前进中,这位战士突然陷入沉思,站住不走了。一站就是一整天,忘了自己,忘了地点,忘了身处的环境。当他突然想起什么或者注意到什么值得他思考的东西时,他便游离出他自己的现实。他完全处于思想力量的控制之下。他觉得没有什么地方可以作为他的归宿。思维的无归宿打破了日常生活的过程,思维是一个具有诱惑力的他乡异地。根据我们对苏格拉底的了解,精神思维的这个他乡异地是一个前提,使他能完全战胜死亡的恐惧。被思维所驾驭的苏格拉底坚不可摧:你可以置他的肉体于死地,但他的精神还活着。他从人生此在的斗争中解脱出来。当

亚里士多德赞美哲学无所不在时,他所想到的,就是身处流转不息的环境中,站在那里一动不动、陷入沉思的苏格拉底:"既不需要任何装备,也无需练习场地,……在大地上,如有谁献身于思维,那么他就会达到真理,好像真理就在那里一样。"(阿伦特:《精神生活》,第一卷:《思维》,第196页)

但是,苏格拉底是城邦哲学家,是雅典市场上的哲学家。在那里,想带着他的他乡异地之许诺,带着他的哲学的不在场性,在市场上、城市里出场。现在,海德格尔是一个有固定位置的哲学家。在积极从事政治活动期间,他以十分坚定的语言走上思想斗争的战场,反对所谓"软弱无力和无根基"。但现在他注意到,新的革命现实的基础,已经在他脚下动摇。就应聘一事去柏林洽谈时,他在给伊丽莎白·布洛赫曼的信中说:"整个事情都会是无根基的。当我离开柏林的时候,我感到一身轻快。"(1933年9月19日信,《海德格尔与布洛赫曼通信集》,第74页)

在这封信里,海德格尔谈到他进退维谷的处境。一方面"我……认为只需认识一件事,我们在为巨大的转变作准备,我们必须参与这一开创性的事业",另一方面,"我眼下已经远离了我自己的工作,尽管我每天都感到,日常的活动每天都在……把我推回去。"

推回到哪里面去呢?

我们可以对他的思维之所在预先作一下定位。一是幻想中,一是实际中,一是在哲学的古希腊,一是在他的省里,更具体地讲,在托特瑙山。

海德格尔要在国家社会主义革命中,实现他的古希腊之梦。

第 十 六 章

对此尼采早在五十年前有过精辟的论述：

"德国哲学整体上看……是迄今为止存在的最缜密……的思乡。……人们在任何地方都找不到归宿。开始人们要求回到可能是其归宿之处，因为人们想在那里找家：这就是古代的希腊世界。但回到那里去的各种桥梁恰恰均已被毁——只有概念搭成的虹桥除外。此外为了通过这座虹桥，人们必须十分细腻，非常轻灵，非常单薄！真是十分幸运，人们还有趋向于精神之事的意志，而且几乎是趋向于精神性本身的意志，人们想回归，想通过教父回到希腊。……德国哲学是趋向于文艺复兴的意志。……是古典哲学的发掘者，首先是苏格拉底以前哲学，那所有古希腊圣殿中埋没最深者……的挖掘者。我们会一天天的希腊化，首先，完全合乎情理地，在概念和价值评估中，变成仿希腊的幽灵，但愿将来我们的肉体也能如此！"

我们已经知道，海德格尔想要在社会躯体方面回到古希腊去，把纳粹革命作为"古希腊哲学爆发"的原始"力量"的重建（校长致辞）。

另外一个所在就是省里，在托特瑙山，在他的黑森林的高峰上。海德格尔受他的古希腊之梦的感召，从这里下到政治的大平原。这里他认为会有所得，因为这里正值狂风暴雨——一切伟大的东西均是在暴风骤雨中诞生的。

在从事政治的几个月中，海德格尔经历着十分痛苦的经验。他不能按他的愿望把两个世界——一个是他在其中思维的世界，一个是他在其中生活的世界——合并到一起。1934年3月，海德格尔在广播里发表讲话，公开拒绝柏林聘请。《创造性的风暴，我们为什么留在省里?》讲话招致很多的攻击。人们常常只想看到讲话中的意识形态化的故乡浪漫主义和农民浪漫主义,而实际上,在这里海德格尔告诉我们的是他的真实体验,对他来说,既简单、又至关重要。"我的全部工作……是由这座山和这里的农民所肩负、所实行的。很长时间以来,山上的工作被山下的商谈、旅行、报告、谈话、教学活动所中断。只要我重新回到山上,在小木屋里的人生此在的头一个小时里,以前问题的整个世界便会迎面而来,而且以我离开它们时的那个老样子出现在我之前。我将直接进入我的工作的自振中去。我根本不能驾驭这种自振的隐蔽的规律。"(海德格尔:《思想的经验》,1983年版,第11页)

海德格尔注意到,并也承认,他的生活的世界同思想的世界在托特瑙山,而且实际上只有在那里这二者才统一在一起。只有在小木屋里的人生此在中,在提问的世界,古希腊开端的重复,才成为活生生的现实。正如海德格尔常说的,它只在那里,到场。所以,做校长失败之后回到思想所在之处时,他才感到浑身的轻松。有一次,沃尔夫冈·沙德瓦尔特在街上偶然碰到海德格尔,据说他曾问海德格尔,"逃离叙拉古了?"人所共知,柏拉图曾去叙拉古实践他的乌托邦式的理想国政治,但结果是,仅是出于侥幸,才偶然从奴隶群中被买了回来。

1934年4月23日,当他辞去校长职务时,他放弃了引人注目的职位,但是,他并未放弃自己的打算,即在新革命的现实中,为哲学创造一个"合理的地位"(《海德格尔与雅斯贝尔斯通信集》,第150页,3月10日信)。为了不再离开他的思想的"所在",他不得不试图自己来建立这样一个"所在"。就像蜗牛的壳一样,让它随

第 十 六 章

着哲学一起行走。他拒绝了柏林的聘请,因为那里一切都是"无根底"的。但是,1934年夏天,他提出了一个柏林讲师科学院的方案,并表示愿意到柏林去,前提是允许他实现他所提出的方案。他的方案的要义是,在柏林建立一个类似哲学修道院之类的机构,一个托特瑙山式的避难所。

实际上,早在1933年秋季,海德格尔就同柏林进行接洽。柏林的党的组织和科学与教育部正在着手组建讲师科学院。按照设想,这是一所教师培训进修机构。所有以后有望成为正教授的青年科学家,都要经过这种培训。培训的目的当然是让他们树立人民的世界观。讲师科学院毕业后才能获得 Venia legendi(大学任教资格证书)。依据党组织的调查,科学家中大多数人虽然已经对党有指示唯命是从,但是"几乎没有几个……真正的国家社会主义坚定分子"。讲师科学院的目的,就是要改变这种不利的状态,为在十年内建立一门"世界观上无任何缺陷的"科学后继队伍而创造条件。他们曾经考虑让海德格尔执掌科学院。为此,海德格尔为科学院草拟了详细的建议,1934年8月28日寄往柏林。依海德格尔的看法,这个机构既不是科学院,也不是有组织的职业教师同仁俱乐部,更不是政治夜校,而应该是教育培训的生活团体。他把这个学院设想得像一个教会的僧团,他们在"本真本己的精神思想"的指导下形成传统,超出其生活的时代,世代流传下去。这对整个学院的气氛,将会产生十分重要的、潜移默化的影响。所以,教师首先通过自己是什么,如何是,来发生影响,而不是通过他们"说什么、谈论什么"。"教师与学生共同生活在一起,科学工作、休息、静思活动、战斗训练、体力劳动、行军、体育、庆祝活动组成日常生活的内容，自然交替进行"。"真正的孤独与静思"的时间也必不可少，因为服务于集体的东西，"不可能仅通过集体性而诞生"。学院外部设置必须适应学院生活"孤独与集体生活"的需要。集体活动场所应包括讲堂、带讲台的食堂、自由活动室和音乐室、集体宿舍；另外还有供个人进行思想精神工作和内部静思之用的小房间。图书馆的设施必须简陋，只有必不可少的设备。图书馆对学校的意义就如同犁杖之于农民。学生应参与图书选购，以便使他们认识到，对作品作出真正的根本性的判断，有多么重大的意义。最后，海德格尔对这个科学修道院的核心思想作了如下总结："如果要克服今天科学工作中十分流行的、影响巨大的'学院主义'，并且在未来避免它，那么就应该为科学的重新改造提供可能，让它们从新的内在必然性中成长出来。这只能，而且永远只能通过个别特殊人物的影响而实现。"（法里亚斯：《海德格尔与纳粹》，第273页）

海德格尔设想的讲师科学院并没有变成现实。此事背后有许多阴谋诡计。罗森贝格办公室和文化教育部受到党的其他部门的警告。1934年2月14日克里克给燕施写信说："目前盛传海德格尔想通过普鲁士讲师科学院的组建，把整个普鲁士高校的后继力量掌握到自己手中。我看到这将是一场灾难。我请您为党的高级部门写一份关于这个人、他的举止、他的哲学、他的德语水平的专题报告。"（同上书，第274页）燕施在海德格尔柏林和慕尼黑的应聘问题上已经进行过干涉。这次又提出了一个报告，其中说"如果您想听我的意见，我将用希特勒的语言陈述如下：在任何时期，他都会主动承认，健康理性的权威是最高权威。国家生活中，在'决定性的时刻'同理性相抗衡，必然导致无可挽回的灾难。如果为我们不久的将来的精神思想生活着想,在一个重要位置上任用我们大学里的糊涂虫和怪人,那么我们就是在与健康的理性抗衡。……如果把一个思想糊涂、暧昧、分裂,甚至已经部分地表现为精神分裂的思想的人,任命为我们科学后继队伍的最高教育者,教育就会对学生造成十分严重破坏性影响,我们在马堡已经清楚地看到这一点。"(同上书,第276页)

文化部尽管驳回了这个鉴定,但是,他们对世界观方面的官僚更感兴趣,因此把海德格尔排除到候选人之外。但海德格尔对于专制政府的意识形态机器仍然有使用价值。1934年5月,海德格尔被聘请为"德国法权科学院"法哲学委员会的成员。委员会主席是帝国法律总监汉斯·弗兰克[Hans Frank]。他在委员会召开的第一次会议上,对委员会的性质和任务作了如下定义:它应该用"种族、国家、领袖、鲜血、权威、信仰、大地、防卫和唯心主义"为新的德意志法权奠定新的基础。这个委员会"按国家社会主义战斗委员会"组建。(同上书,第278页)这个委员会在魏玛的尼采档案馆举行例会。海德格尔在委员会中工作到1936年。他在其中的具体活动至今没人知道。1935年尤利斯·施太谢尔[1]被接纳参加专门委员会,此事当时引起轰动,以致卡尔·勒维特1936年直接询问海德格尔。在几经犹豫之后,海德格尔回答道,"根本不用讨论,施太谢尔当然不是好人"。(勒维特:《我在德国的生活》,第57页)《前锋》杂志无异于色情刊物,为什么希特勒不摆脱他?他也不

---

[1] 尤利斯·施太谢尔(1885—1946),纳粹政治家,仇犹太周刊《前锋》出版者,1946年被判死刑。——译者

知道。他显然害怕他。

尽管海德格尔对希特勒和革命必然性的信仰从未中断过,但他同政治的关系渐渐疏远了。当初他的哲学在寻找一位英雄,寻找一位政治英雄。现在他努力同这个领域区分开了。哲学将回到更深处,它又成为精神思想的基本事变。它尽管以政治为条件,但并不去从事政治。1936年海德格尔讲授谢林的课上,一开始便说:"拿破仑在爱尔富特曾对歌德说,政治就是命运。这话的荒谬很快就会显示在光天化日之下。不对,精神思想才是命运,命运就是精神思想。但精神思想的本质是自由。"(《海德格尔全集》,第42卷,第3页)

其实在1934年夏天的授课中,他已经宣布从政治转向精神思想。这个课公布的题目为"国家与科学"。第一堂课上,社会名流汇集,党的高级领导、绅士、同事坐了一教室。真正的学生反而占少数。人们极想知道,辞退校长职务之后的海德格尔想说什么。在当时,这堂课是一件社会上的大事。海德格尔在挤满了听众——大多数身着棕色制服——的教室中开出一条路,走向讲台严肃宣布,他的讲课题目更换了:"我现在讲逻辑。'逻辑'一词来自逻各斯,赫拉克里特说过……"。这时一切都清楚了,海德格尔准备重新潜入他的深刻之中去。尽管他没有对政治有任何微词,但十分明显,他要保持过去同政治的距离。在这堂课上的第一句话里,已经表明他对"漫无边际的世界观空论"的态度:拒绝。市民社会中,科学在"逻辑"的名义下所能提供的,无非是"形式性的废物",这种废物也被他弃之不顾。"我们所说的逻辑,是提问中对存在的基础的检阅,是成问题性的处所"。(《逻辑学》,1934年,第2

页)第二堂课上,教室里便只剩下对哲学本身感兴趣的听众了。

一年之后,在给雅斯贝尔斯的信中,海德格尔回顾他辞去校长职务之后的第一学期上课的情况时说,这是一个十分困难的开端。"这是我十分困难的……试探。几个月前,我才又重新达到1932—1933年冬季被打断了的工作的衔接处。但还只是单薄的一层。除此之外还有两根刺:对来源信仰的分析和任校长失败的分析。对于实际上要克服的东西而言这些已经够用了。"(1935年7月1日信,《海德格尔与雅斯贝尔斯通信集》,第157页)

在对自己的宗教信仰和政治活动进行理解的工作中,给他提供帮助的是另外一位英雄:荷尔德林。

1934—1935年冬季学期,海德格尔讲授荷尔德林。从此之后,荷尔德林成了他思想的固定的参照系。在荷尔德林身上,他想找出我们所欠缺的具有神性的东西是什么,现在天天所从事的政治又是什么。海德格尔说,荷尔德林是"我们人民历史中的力量",但是这种力量并没有作为力量真正显示出来。如果德国人民要想重新找回自己的话,这种情况就必须改变。参与这个找回自己活动,被海德格尔称之为"最高的本真本己意义上的政治,参与其中的人根本不必谈什么'政治'"。(《海德格尔全集》,第39卷,第214页)

在海德格尔转向这位诗人的时候,恰值荷尔德林复兴。在本世纪初,荷尔德林只不过是文学史上的一位令人感兴趣的诗人。他用奇怪的书信形式写过一本小说《希波里翁》,他还属于当时名噪一时的德国古希腊学者群。狄尔泰和尼采都极力强调荷尔德林的意义,但是,使德国公众重新关注到荷尔德林的既不是狄尔泰,也不是尼采,而是在第一次世界大战爆发前不久,格奥尔格团体以及它的成员诺伯特·冯·黑林格拉特[Norbert von Hellingrath]的工作。他们发现了荷尔德林的后期著作,进行评注,开始编荷尔德林全集。格奥尔格团体从荷尔德林作品中发现了一位"象征主义"的天才先行者。这种象征主义没有流于艺术家的玩物,而是赋予生存的渗透力。在荷尔德林这里,"好像通向最神圣的幕布已经拉开,为人们的目光提供了不可言传的东西。"(萨林:《格奥尔格团体中的荷尔德林》,第 13 页)这就是 20 年代荷尔德林热的基调。马克斯·科莫瑞尔推荷尔德林"作为领袖的诗人"。荷尔德林可以给人们充实"德意志力量之流"。在青年运动中,荷尔德林被视为为德国而破碎的天才之心。《希波里翁》中的名句反复不断地被引用:"这言辞很严厉,但我仍然要说,因为它是真理。我想不出有哪一个民族像德意志这样四分五裂。你看到一个手工艺人,但不是人;你看到一个思想家,但不是人;你看到主人和奴隶,青年和成年人,但不是人。这难道不像一个屠杀的战场,那里摆着手,有胳膊和各个肢体,他们浇灌的鲜血都渗入黄沙,化为乌有?"(荷尔德林:《著作与书信全集》,第一卷,第 738 页)

荷尔德林渴望生活的新的整体性,因此,在广大有教养的人们的政治视野中,他便成为重要的典型代表人物。特别是对那些坚持认为有可能获得对新的神圣东西的经验的人来说更是如此。里尔克在《致荷尔德林》中以诗的语言吟道:

啊,最崇高即所渴望的
你别无他求地放摆

第 十 六 章

一砖一石,让它立在那里

即使它坍塌

也迷惑不了你。

后来荷尔德林精神失常反而使他的诗更有可靠性:他疯了,是不是因为他比任何其他人都更深入了那生活的危险,神秘的境域?

德意志诗人,一位完全被诗的力量所驾驭的诗人,新神的助产者,越境者和失败者。这就是当时人们心目中的荷尔德林。海德格尔也深深迷恋荷尔德林。

海德格尔的荷尔德林注释工作有三个重点。首先,在他自己的"权力-政治"失败之后,他关心的是权力的本质,人生此在力量的层次;诗、思想、政治,这三者关系如何。

第二个重点:海德格尔企图在荷尔德林那里找到一种我们缺乏的语言。他把荷尔德林作为言辞有力的证人,指证我们缺乏存在(《诸神之夜》),而且他又是可能克服这一缺欠的先驱。第三个重点是,荷尔德林是诗的诗人,海德格尔想通过诗本身的诗这一媒介来把握自己的活动:思想本身的思想。把荷尔德林当成一面镜子,到里面,特别是到他的失败里去看自己的形象。他在荷尔德林那里画了一幅自己的形象,一幅自己想让人看到的形象。

海德格尔在课堂上对荷尔德林的两首晚期作品《日耳曼》和《莱茵河》进行了评释。海德格尔引用其中的一句格言作为他全部评释的基础:"大多数情况下,诗人总是形成于历史时代的开端或终结。通过吟唱,一个民族离开了它的童年,走进行动的生活,进入文化的国度,通过吟唱,它又回到它原初的生活。"(《海德格尔全

集》,第39卷,第20页)

海德格尔说,这是诗人的语言。他的言辞使民族及其文化的历史中的各种时代"公开显现,然后我们才得以用日常语言对它们加以谈论和处理"。

对诗人来说,这是对诗歌言辞力量的公开恭维。诗人使一个民族获得了同一性。就像荷马和赫希俄德一样,他们给民族提供了诸神,并以此为民族提供了"道德规范和习俗"。诗人就是这个民族文化的真正发明者。荷尔德林在他的诗中,把诗的力量作为题目,所以海德格尔称荷尔德林为"诗的诗人"。

接下来海德格尔把诗所作的文化奠基活动,同其他伟大奠基活动联系在一起,同哲学上世界的展开和国家的建立联系在一起。"基本情绪,即一个民族之人生此在的真理,最初是由诗人奠基的。通过思想家这样揭示的实存的存在[Seyn],是被作为存在[Seyn]来把握。……民族被作为民族回到自身。藉此而被把握的存在……被置于定了情绪的历史真理之中。这是通过国家创建者创建国家而实现的"。(《海德格尔全集》,第39卷,第44页)

诗、思想、政治有一个共同之处,它们的作品都可能具有一种力量。联系到荷尔德林,海德格尔说:"很可能有一天,我们必须从日常性中退出,必须退到诗的力量中去,然后再也不会像我们离开时那个样子回到日常生活中去了。"(《海德格尔全集》,第39卷,第22页)

诗人、思想家和政治活动家成了其他人的命运,因为他们是创造性的,通过这种创造,有某种东西出现在世界之中,他们在自己周围创造了一个"庭院",其中出现了新的人生此在关系和可洞见性。这种作品在实存的背景中到处存在。他们的创造被海德格尔称之为"战斗"。在一年后所作的报告《形而上学导论》中,他是这样谈论这种创造性"战斗"的:"这个战斗首先设计发展出了一种前所未闻的、至今未被说及的、未被想到的东西。这个战斗后来又被从事创造活动的诗人、思想家和政治活动家所承担,他们建立了一个作品群,同强大的支配力相抗衡,在作品中将此过程中开放的世界固定下来。"(《形而上学导论》,1987年,第47页)

我们已经看到,海德格尔自己如何忘情于希特勒国家建立活动,现在该轮到荷尔德林的诗的权力范围。对国家社会主义革命有效的,在这里同样有效。

1933年11月30日,海德格尔在图宾根作的"国家社会主义国家中的大学"报告中就已经发出警告,切勿把革命的现实看作某种手头现成的或者事实性的东西。如果这样看待革命,人们便无法体验到它到底是什么东西。人们必须深入这个现实的魔力区域内部去,让自己在其中变化。这一条对荷尔德林,对一切伟大的诗均适用。它要求人们必须自己决断,是进到旋涡中去,还是保持自己同它的安全距离。荷尔德林的诗就像政治和思想一样,只向作出决断者展开自己,并使其成为革命的事变,成为整个人生此在的变革。但是,只有少数人肯去冒这个风险。海德格尔试图去分析安全距离的策略:一切努力都是为了不要使人的诗的强力言辞变为现实。人们常常把诗理解为经历和想象的"表达",它有娱乐价值,对拓展思想的界限有好处。或者把诗看作意识形态的上层建筑,看作现实关系的美化或粉饰。或者认为——这里海德格尔引用了纳粹意识形态——"诗有民族生物学上的必然功能"。(《海德格尔全集》,第39卷,第27页)海德格尔讽刺说,消化也是民族的必然功能。这种不是进入到现象的影响力范围之中去,只是从外部来规定它、固定它的做法,被海德格尔称之为"自由主义"的基本立场。"如果'自由主义的'这个被人用滥了的字眼还有某种意义,它就是自由主义这种思想方式。因为它从根本上,并且从一开始,便只想证明自己所认为的东西、自己想好的东西、进而把自己的看法当成纯粹的对象。"(同上书,第28页)

这是对"自由主义的"一词的独特的使用,所指的是无思想的、无情感的、在方法上拒绝或放弃对事物本身的意义的干预。人们总想到事物的"上头"、"底下"、"背后"去看个究竟。但是,在任何情况下,都尽量避免被牵连到事务"里头"去。在这里海德格尔涉及的是荷尔德林"诸神之夜"的典型心情。

荷尔德林说,我们"今天的人"尽管"经验丰富多样",即有多方面的科学知识,但我们丧失了感受自然、感受人类关系的丰富性、生动性的能力。我们失去了"神性",这就是说,"精神"离开了世界。我们屈服于自然,"望远镜"挤入到万有的幽深冥远之中。我们在显现的世界的"稳固的阶梯"上仓促行进。自然与人之间的"爱的联系",被我们做成绳索,我们嘲笑人与自然之间的界限。我们成了最精明的种类,甚至为能看到诸物赤身裸体而飘飘然忘乎所以。于是,人们再"看"不到土地,"听"不到鸟鸣,人与人之间的语言也变得"枯燥无味"。这一切在荷尔德林那里都是"诸神之夜"的表现。它意味着世界关系,人与人之间关系的内在意蕴和辉煌力量的消失。

按荷尔德林的理解,诗人要使已经没落的世界的整个活生生

第 十 六 章

的内容重新在语言中突现。因为诗人只能在没落中苦斗,所以他是一"贫困时代的诗人"。

在荷尔德林这儿,赋有神性的东西不是彼岸的领域,而是改变了的人类的人与人之间,人与自然之间关系的现实。这是向世界开放的、不断上升的、充满冒险精神的、紧张的、清醒的生活,不论是个人还是一般的都是如此,是对在-世界-中-存在的欢呼。

在 20 年代,荷尔德林的赋有神性的东西,被海德格尔称为本真本己性。现在海德格尔又为它找到了一个新名称:"对亲身存在[Seyn]的关联"。在《存在与时间》中,海德格尔把人生此在解释为,总是业已处于同存在的关系中。对这种关系的回避,即非本真本己性,也隶属于这种关系。当人清楚地把握了,即"本真本己地"生活了它时,这种同存在的关联便成为"对亲身存在的关联"。从现在起,每当海德格尔想到那种"本真本己"的关联,即那种将人生此在在这个意义神圣化的关联时,他便把存在[Sein]中的 i 写成 y[Seyn]。在人生此在中向赋有神性的东西开放,本身就意味着,自身开放,勇往直前,直至本真本己的无底无根性,直至世界的奇迹。

人们可以认为,这个自身开放,完全是个人的、决断性的人生此在自己的努力成果。在《存在与时间》的本真本己哲学中,占统治地位的确实是这种突出个人性的视野,诗人和思想家的英雄画卷;他们为整个民族"奠基"了诸神和赋有神性的东西。这里突出个人功绩的观点一直起着作用。但是现在,海德格尔更强调历史的、集体的视野。在历史上,有的时代特别有利于这种亲身存在关联的发展,也有一些时代使亲身存在关联十分难以发展,甚至使之根本没有发展的可能。"诸神之夜"或者用海德格尔的说法,"世界的阴暗化",完全取决于这整个的历史时代。对海德格尔来说,荷尔德林之所以伟大就在于,在一个新时代的开端,在古老的诸神已经消失,新的诸神尚未到来之际,他单个人即是姗姗来迟者,同时又是提前早到者,他彻底感受到了失落的痛苦,而且还不得不继续忍受未来的暴力的苦难。荷尔德林晚年在诗中吟道,

> 但是,朋友! 我们来得太迟了。
> 不错,诸神还活着
> 　但在头上的另一个世界里……
> 　因为一个软弱的容器,
> 　容不了它们

海德格尔把这几句诗和另外一首"在节日的时候如何……"的诗句联系在一起:

> 但是在诸神的雷电下,我们得到了我们应得的
> 　诗人们! 用光秃的头站立着
> 　用自己的手去
> 　把握父亲的光和他自己
> 　使歌声充满民族,交给它们天国的赠品

(引自《海德格尔全集》,第 39 卷,第 30 页)

在诗人头顶上"神的闪电"这幅图像,被海德格尔解释为:"被放逐于亲身存在的强大力量之中"。(同上书,第 31 页)接着他又

引用了荷尔德林 1807 年 12 月 4 日去法国波尔多旅行之前,给朋友伯伦道尔夫的信里的一段话:"否则我就可以为新的真理,为一种在我们之上和在我们之下的特别洞见而欢呼了。但我现在担心,最后我会像古老的坦塔罗斯一样,从众神处得到的太多而难以消化。"在旅行回来之后,荷尔德林迷惘不知所措,他又写信给他的朋友:"那巨大的元素,天上的火,人的静,不断地向我进攻,如果学着英雄的口吻来讲话,我可以说,阿波罗击倒了我。"(《给伯伦道尔夫的信》,1802 年 11 月)

海德格尔解释说,"荷尔德林勇敢向前,也许前进得太远了,进入一个精神思想和历史的人生此在一起发生威胁作用的领域。"(《海德格尔全集》,第 39 卷,第 113 页)当民族不禁锢在"无灾患的困境之中",因而给它的诗人"派不上用场"时,诗人便不得不单独承担这一切,痛苦和过于巨大的幸福。荷尔德林生活在其中、将其吟颂成诗的"基本情绪",在人民中找不到回应。它必须"加以调整"。"这批头胎新生儿,必须在为调整当时占统治地位的、蹒跚而行的情绪进行的战斗中牺牲自己。他们就是那些诗人,在寓言中他们讲述着一个民族在历史的未来中的亲身存在,他们的声音注定被人忽视。"(同上书,第 146 页)

海德格尔讲,这就是那些诗人。但他所指的也包括"那些思想家……"因此,这也是海德格尔给自己的一幅自画像。因为他想让人们把他自己看作荷尔德林的同路人,他也向"诸神的雷电"开放自身,而且受到亲身存在的闪电的打击。他也为人民的无灾患的困境而日夜操劳。他也为人民"创造"了一个作品,但是没有受到公正的对待。"我在他们那儿派不上用场",海德格尔一语双关地引用荷尔德林的话，接着提到正在进行的（纳粹）革命："对这令人恐惧的德意志言辞充耳不闻，这种现象还要持续多久？如果人生此在的伟大转变尚不能擦亮你们的眼睛，你长着耳朵又能听到什么呢？"（同上书，第136页）

这里又是那伟大的转变，国家社会主义暴动的形而上学革命。这肯定就是那本真本己的时刻了。因为新的"亲身存在的奠基者荷尔德林终于应该有了知音。荷尔德林在冒险中走在人民的前头，又一次大量地动用诸神以便创造一个历史的世界。"（同上书，第221页）

海德格尔又一次庆祝伟大的"暴动"。如果这世界历史的时刻曾属于荷尔德林，为什么就不会有属于海德格尔的时刻？！但海德格尔清楚，他当校长失败之后，直接的政治行动，"组织活动和行政管理活动"已与他无缘。他的任务是用"另外一种形而上学，即亲身存在的新的基础经验"来服务于这个暴动。（同上书，第195页）

半年之后，在《形而上学导论》的课堂上，海德格尔描述说，这个暴动如何受到世界历史的大趋势的威胁，以致有被窒息的可能。在这里，他大胆地对时代提出了现实的哲学诊断。在他的想法中占中心地位的，是被他称之为"思想精神失败进程"。（《形而上学导论》，1987年版，第34页）

首先思想精神被压缩为工具理性，按海德格尔的说法，成为"智能"。它只管"对现成给定的东西进行计算和观察，以及如何可能重新改变和生产它们。"其次，这种只知计算的"智能"，又被当作一种世界观、一种意识形态教条来使用。在这里他提到了马克思主义和技术迷信，也提到民族种族主义。"不论这种'智能'服从于物质的生产关系规定和统治（如在马克思主义中），还是服务于对一切已有的规律性的明智的整理和解释（如在实证主义中），或是在对民族的众人和种族进行有组织的控制活动中实现这种服从",（同上书,第36页）精神进程的力量总是已经丧失了它的自由活动性,丧失了以自身为目的的尊严。同时它也失去了对存在的开放性。经济上,技术上,种族上的全体动员的结果是"世界幽灵化",对此海德格尔作了十分形象的表述:"逃避诸神,破坏大地,人的群体化,对一切创造性和自由的仇恨与不信任"。（同上书,第29页）

海德格尔所描述的这幅阴暗的图景,也是1935年德国现实的写照。1933年暴动的精神思想已经受到威胁。在外部受到美国（＝技术总动员）和俄国（＝经济总动员）的威胁。"这个欧洲总是盲目跃进,自寻灭亡。如今处在来自俄国和美国的两方面的压迫之下。形而上学地看,美国和俄国完全是一回事。同样都是脱缰的技术化和组织化,是无根底的普通人的绝望狂奔。当技术占领了地球上的最后一个角落、可以对之在经济上任意盘剥之时,当在随便什么地方、随便什么时间都可以任意快地使任何事件发生之时……如果时间只剩下了快速、瞬息和同时,而一切来自民族的所有人生此在的历史时间销声匿迹,如果成千上万的人集中而形成了胜利凯旋——然后又会怎么样呢？在这光怪陆离躁动喧嚣之外,仍然有一个问题像幽灵一样徘徊:为了什么？——向何方？——然后呢？"（同上书,第29页）

但暴动的思想精神还受到来自内部的威胁:即种族主义的威胁（"一个民族的生命群体和种族的有机控制"）。

在国家社会主义革命中，海德格尔看到一种力量，以为依靠它便可以抵御现在社会的无可挽救的发展趋势。对他来说，这正是这个"运动的伟大和内在真理之所在"。（同上书，第152页）但1935年他看到一种危险，有着最佳的推动力的运动有满盘皆输的危险，有成为"被脱缰的技术之无根底地组织在一起的普通人的盲目狂奔"的牺牲品的危险。在这种情况下，需要一位哲学家挺身而出，捍卫革命暴动的原初真理。他必须耐心地武装自己。"哲学本质上就是不迎合时代之要求的。世间有少数事物，它们的命运就是，在自己所处时代中，从来就找不到——也从来不应找到——直接的共鸣，而哲学就属于这类事物。"（同上书，第6页）

他只字不提自己刚刚放弃的尝试：在当代寻求直接的共鸣。在哲学争权失败之后，海德格尔又回到孤独的哲学之中。按照荷尔德林的榜样，想用个人苦斗来防止世界幽冥化的时代危险。在自己的政治上的短途旅行中他学习到：为真正东西的所作的准备工作，非朝夕之劳作所能成就的。"对亲身存在进行展示"，在哲学中，即在他的哲学中也会偶或出现。但要使这个事变辐射到整个社会里去，从根本上改造这个社会，还需要一段"很长的时间"。因此，这段时间只能是贫困的时代。思想者，无论是荷尔德林还是海德格尔，都必须坚持忍耐，在这个形而上学的艰难之处，以便保持清醒，不要忘记未竟之事业。

海德格尔对他的哲学幻想坚定不移，但他想把这种幻想从同国家社会主义的牵扯中解脱出来。

对海德格尔来说，国家社会主义曾是一种形而上学的革命，是在民族共同体的基础上的一种"亲身存在的公开展示"的现实的生存。如今在他看来，它越来越滑向背叛性的革命体系。因此真正的国家社会主义者——海德格尔，一直觉得自己与它有认同感——必须变成贫困时代的思想家。

海德格尔把任校长的失败变成了好东西，在他的存在历史中，把他自己描述为先行者，只不过他来得为时过早，因此陷入危险之中，被时代碾碎抛弃。他是一位荷尔德林的难兄难弟。

第 十 七 章

世界图像的时间和全面动员　　海德格尔的撤退　　置于作品之中的真理　　气势庄重的实用主义　　国家奠基人、艺术家、哲学家　　对权力思维的批判　　尼采和海德格尔——谁克服谁？　　在汪洋大海上修造木筏

在1932年11月6日的最后一次自由选举中,国家社会主义获得了百分之三十三点三的选票。在国会大厦纵火案之后,共产党被排除于选举之外。在其他反对党受到威胁的情况下,国家社会主义德国工人党[NSDAP],仍然未能获得人民的多数的支持。1933年11月12日国会大选中,只有唯一的候选人名单,加上同时举行退出国联的人民公决投票,国家社会主义德国工人党(纳粹)获得了百分之九十二的选票。这个选举结果,肯定不反映纳粹当时在群众中真正的地位。当时希特勒在人民中的信誉远没有这么高。但是,30年代后期的情况则大不相同。人们完全可以设想,群众中的绝大多数从整体上是支持希特勒的政治政策的。而且不是因为暴力、统一思想运动、恐吓、威胁等措施的奏效,而是因为,到这时为止,希特勒的政治措施在绝大多数人看来是成功的。1939年

4月28日，希特勒滔滔不绝地对这一成功作了总结："我使德国克服混乱的局面，重新建立秩序；我们国民经济各个领域的生产都大大地提高了。我使七百万失业者一个不剩地都在有用生产中发挥着作用。成功地去掉了长期压在大家心头的一块心病。……我使德国人民在政治上团结在一起，而且使它在军事上也装备了起来。我把那个448款条约，一页页地撕毁了，这是一个任何民族和人类，在任何时候都难以忍受的、最卑鄙、最强暴的条约。我把1919年从帝国夺去的省份又夺了回来。我把数以百万计的四处漂流的、陷入极度不幸中的德国人，又重新带回他们的家园。我重建了有一千多年历史的德国生活空间。我没有让人流一滴血就实现这一切，没有把我的人民或其他民族带进战争的苦难。我，这个21年前我的民族的一个无名的工人和士兵，用我自己的力量实现了这一切。"（哈夫纳：《对希特勒的评注》，第36页）

　　这个成绩单的每一条，都可以得到海德格尔的首肯。他祝贺以专制方式实现的德国民族内部的统一。作为魏玛共和国的蔑视者，他对取消反对党派的政治活动并无反感。海德格尔也并不反对领导与服从的原则。纳粹政权使许多人又有了工作，他们又有了"人生此在的能力"。（1934年2月的一次报告中海德格尔这样说过）退出国联，单方面撕毁凡尔赛和约，对海德格尔来说，等于宣布了一个民族的自我维护的意志。它是人生此在的那种"原始的要求"，"维护拯救自己本真本己的本质"的实现。希特勒的兼并政策也得到他的支持。他认为，"有1800万德国人属于我们的民族，但是由于他们在帝国边境之外居住，因而不能属于我们的帝国"，这是一个最大的丑闻。（法里亚斯：《海德格尔与纳粹》，第186页）

专制政权的对外政策,均符合海德格尔的从来没有表达得十分清楚的政治思想。

1936年夏天,他在罗马对卡尔·勒维特说,国家社会主义是"为德国规划好了的道路"。人民"只需义无反顾地'坚持'下去"。(勒维特:《我在德国的生活》,第57页)但是,这种政治意见的表达中,有一种沮丧的情调:形而上学的热情不见了。这里说的只是一些意见、看法:的确国家社会主义的政治搞得不错,消灭了失业,社会安定,修改了凡尔赛和约等等。这期间他已明白,把他诱入政治领域的形而上学革命的幻想并未能变成现实。现在他正开始——正如他给雅斯贝尔斯信中说的——艰苦的努力,接上他1932—1933年冬季学期被中断下来的工作。在这期间,他越来越明显地表明他的看法:由近代走向新的时代的进军,只能停留在孤独的思维的领域中——这时对近代超强的动力的思考,是对他本人政治-哲学上雄心失败的深层原因的思考。当他在国家社会主义革命中体验到深层次时代的断裂时,他显然低估了近代的这种强大力量。他1935年到1938年的工作,就是致力于对它们的重新解释。1935年,在《形而上学导论》的课堂上,国家社会主义革命还被誉为"内在的真理与高尚",因此是反对近代的反抗力量。在下一年他查明,近代的规划走向是一个不可结束的、永无终了的方向。因此他改变了对国家社会主义的看法。纳粹不再是同近代的决裂,而是近代的特别彻底的"表达"。他发现,国家社会主义本身,就是他所致力于解决的那个问题本身。他在国家社会主义中看到了近代的愤怒咆哮、技术的狂奔、统治和组织、总动员的非本真本己性。

然而,海德格尔常常毫无顾忌地把后期对纳粹运动的看法,加到对前期著作的评价中去。比如1935年的《形而上学导论》讲稿于1953年十分成功地发表就是如此。在那里,海德格尔就纳粹运动的"内在真理和伟大"这一说法在括弧里作了注释说:这里的"伟大是指令人恐怖的东西的伟大",即"对行星际起决定作用的技术与近代的人类的相遇"之伟大。我们马上就会看到,在形而上学课堂上发展出来的这个解释,后来又出现在尼采讲课中,出现在他的秘密哲学札记,即《哲学论集》中,出现在关于"由形而上学建立的近代世界图像"——二战后以《世界图像的时代》为题发表——中。这是海德格尔著作中影响最大的几本著作之一。

1935年至1938年期间,海德格尔对他的失望,即对形而上学革命未能在政治上得以实施的失望,进行了加工处理。他试图对近代的强大力量加以把握。即去把握那曾经把握了他的东西是什么,以及如何才能重新摆脱这种把握。

这个吃人的莫洛赫狂暴之神[①],这个使海德格尔政治的和哲学的希望化为泡影,又迫使他回到孤独的思想中寻求避难的近代到底是什么?

海德格尔在《世界图像的时代》中把近代描画为全面的总动员。他实际上是涉及到了恩斯特·荣格尔的思想,尽管他没有明确引用荣格尔的思想。机械技术、科学和研究联合在一起构成了一个强大的体系,一个工作与供求的体系。技术性的思维不仅统治着狭义的研究与生产,而且人对自己自身的态度与关系,人同他

---

① 莫洛赫狂暴之神(Moloch),是古代腓尼基人所信奉的火神。信徒将儿童作为供品烧死,以供奉此神。——译者

人以及人同自然的态度与关系，也成了可作技术处理的东西。人们用技术的可支配性概念对人自身进行解说。艺术也是一样，被视为"艺术产品"，被嵌入近代的生产性的大世界中。文化成了"有价"的存在物，可以对之加以管理、计算、估价和计划。属于这类文化有价物的还有宗教的体验与传统，它们也完全降落为对整体的存在物的保险手段。通过这类对超越物的工具化，我们达到了完全"脱神"状态。（《林中路》，1953年版，第74页）对海德格尔来说，近代就意味着机械技术、工具性科学、文化产业、脱神化。但这些只是对人发生威胁的可见征兆。这些现象的基础是一种形而上学的"基本立场"，这是一种关于实存的观念，它对生活领域和行为方式起着决定性作用。这种决定区分了什么实存与我们的行为和要求有关。海德格尔把这种基本立场定义为：人转变为"主体"；与其对应的世界变为"客体"的总和，即成为现实的、可能的对象。它们可以被统治、被使用、被消耗、被驱赶、被消灭。人类主动定向，他自己不再让自己与世界为伍，而是让世界与自己相对峙。人把世界钉死、固着在世界图像之上。"人成了整个实存关系的中心。"（同上书，第86页）

难道不是从来如此吗？海德格尔说，不对，过去并非如此。而作为没落的惩罚，将来必不会再继续如此了。

过去并非如此。在古典的希腊就是另外的样子。在这个报告中，海德格尔对栖居于世界之中开始的方式，给出一个简明扼要的描述。在古希腊的时代是（如果我们还想有未来的话，我们自己的未来，也是如此）："实存是蓬勃中、开放展开中的东西，是现实在场、超然于作为现实在场的人类之上的东西。这就是说，超然于那些自己向现实在场者展开自身、并进行审视者。实存者实存着,但不是通过人的观察或人的表象活动……相反人是被实存所直观者,是由自身展开于现实在场处,因而集合于实存之处者。被实存所直观,被吸到它的开放中去,附着于实存之上,由实存承载,受实存之对立所折磨,为实存的分裂所分割。这就是那伟大的希腊时代中人的本质"。(同上书,第88页)

这个紧凑的描述如此含糊不清,以至有必要作一些解释。对于古希腊的思维来说,世界是一个大舞台,人和自己的同类以及诸物一起登台,在上面活动,处理、观察、被处理、被观察。人的处所在两种意义上是可见的:他显示自身。只有当他显示自身时,他才是真实的,否则人就处于贫乏的洞穴之中,成了"白痴"。另一个意义是,他是一种可以显示其他实存的存在物。对古希腊人来说,"现象"并不是一个表示有缺陷的"存在"的贬义概念。而是认为,存在无非就是现象。只有现象者,才存在。因此对柏拉图来说,最高级的存在、理念,总是由观看活动给出的。人作为一个实际存在与其他世界一起分有观看和自我显示。并不只是人,而是整个世界都显现出来。世界不仅仅是被动被暗示出来,即世界不是作为我的眼光和把握的材料而显现。在古希腊的思想中世界也同时在回视着我们。宇宙的基本联系,即一切都趋向于显相,人则努力将它们纯粹而清楚地表达出来,因此达到了最高程度的可见性。在主动和被动两种意义上均是如此。因此希腊才发明了话剧,那是第二个世界舞台。对希腊人来说,整个宇宙都是一场舞台事件。人是存在的开放之所。

海德格尔坚信,在这种关系中存在着更丰富的、更紧凑的存在,存在着开放的广域。近代人和上述情况形成鲜明对照。他们陷于自己的设计规划的圈圈。所有自己遭遇到的与之不相合的意外,均被他视为偏差、事故、偶然事件。于是世界便失去了它自己的秘密。它的丰富性、它的深渊、它的命运、它的恩赐。就其存在的某种方式而言,"凡是实存变为表象的对象之处,就是实存确有所失之所"。(同上书,第99页)

海德格尔把存在史划分如下:古希腊时期,在一个开放的大舞台上表演,人与世界直接露面,演出着它(他)们的一出出悲剧和喜剧。存在的绝对优势充满了整个意识,存在保持着它的玄妙和隐秘。在基督教时代,存在隐秘在人们对其充满敬畏的上帝之中。但此时,人们已经怀着一种好奇心,期待创世主和被创物之间有相像性和相应性,后来终于堕入野心,不能自拔。而现在的近代人,最后终于展开全面"进攻"。(同上书,第106页)"在以技术方式组织在一起的星际帝国主义中,人类的主体主义达到了他的最高顶峰。从此出发,在组织上的形式齐一性,成了它安家落户,布置家园的组织场所。而形式齐一性恰恰是对地球最完善的统治,即技术统治的最保险的工具。"(同上书,第109页)

海德格尔接受了马克斯·韦伯关于近代是失去魔力的世界的思想,但将其倒转过来,提出近代是通过技术对世界进行魔化的过程。整个近代都在这个着魔入迷中运动着。我们还有别的路可走吗?

1933年海德格尔曾相信,纳粹的集体的暴动,冲出了这铜墙铁壁,这已经成为一个历史的现实。5年之后,他提出了相反的看法:彻底转变的机遇尚未到来,而且政治上的转变,一时也不会很快到来。现在他把纳粹革命运动和它的后继结果,看作尚完全陶醉在近代的全面动员的狂热之中,没有自我批判式的反思活动。

他的最后的结论是:近代进入了彼此对立的世界强力观念最激烈的斗争阶段,即美国主义、共产主义和国家社会主义之间相互斗争的阶段。它们各自的基本立场,区别明显,各自都为自己辩护,但它们都是在被技术魔化了的十分接近的共同基础上进行的。"在这个斗争中……人类使用无节制的暴力对一切东西进行计算、计划和培植饲养。"(同上书,第92页)

"计算"指的是美国主义,计划指共产主义,培植饲养指国家社会主义,海德格尔在他的关于尼采的讲课中将这种关系称之为"发展完善的无意义性时代"。(《尼采》,第二卷,第9页)从海德格尔对近代全球观念所作的批判来看,所有这一切只是——用阿道尔诺后来使用的行话来讲——一种唯一的"灾变性关联"。

在黑暗中耐心地长时间观察,总会看到些什么。海德格尔尽力争取在一般的昏暗中去发现进一步的区别。尽管整个近代都是"主体性的起义"。"人已成为近代之存在的主体,但他是作为限定在他的任意性之内的、任凭他的主观随意性摆布的自我呢,还是作为社会的我们而存在;是作为单个人,还是作为团体社团而存在;是作为团体社团中的大人物,还是作为团体中的成员而存在;作为国家、民族和作为人民,还是作为近代人的一般人类充当主体而存在",藉此它们便形成了差别。(《林中路》,第90页)

在几行字之后,他又谈到"个体主义意识上的主体主义的破坏性",海德格尔的偏爱十分清楚:"我们","共同体中的大人物"和"人民",才是近代最少堕落的主体存在的形式。这样,尽管他未能从形而上学革命的、根本的、原初的意义上肯定他的政治活动,但起码是整个近代一般破坏性活动中较优的选择。但是,不得已而为之者,自然不等于是正确者。

海德格尔必须提防他人的误解。这里并不是对"这个时代的拒斥"。因为那种坚持"否定时代"这种要求的思维,永远被束缚在被否定物上,因而便失去了它的开拓性的力量。这里涉及的也不是"非历史"的神秘主义。思维自身所面向的实存的存在,不是无世界的神。正好相反,这类思维要重新赢得一种视野,使世界重新变成一种——如海德格尔在 1935 年关于形而上学的讲课中讲的——"各种东西的空间。一棵树,一座山,一座房屋,一声鸟鸣。在这个空间中,它们完全不再是无所谓的、习以为常的……"(《形而上学导论》,第 20 页)

在 1935 年第一次就《艺术作品的起源》作的讲演中,海德格尔进一步说明了这种思想同艺术的近邻关系。那里海德格尔以梵高的那张描述穿破了的鞋的名画为例(海德格尔误以为梵高描述的是一双农鞋),说明了艺术如何展示事物,以便使其失去它的无足轻重性和习以为常性。艺术并没有刻画什么,而是使不可见者变为可见。艺术在作品中就突出的东西,自身形成了一种它自己的特殊世界。对于整个世界来说,艺术品这个特殊世界是透明的,而构造这个艺术世界的活动本身又是可体验的。这样艺术作品使自己表现为能赋予其他东西以意义的力量。它使实存更实存些,它世界着。所以海德格尔说:艺术的本质是,"它在实存中打开一片开阔地,在这个开放的开阔地上,一切都与平时不同了。"(同上书,第 58 页)

第十七章

艺术品是生产出来的东西。海德格尔是如何划清艺术品生产活动,同《世界图像的时代》一文中所分析的技术性生产活动的界限的呢?

为划清它们之间的界限,海德格尔引入了一个概念:土地。土地是不敏感的,是以自己为基础的自然。"土地本质上是自我封闭的。"(同上书,第33页)科学技术的对象化想渗入自然之中去,想去掠夺它发生作用的秘密。但在这条路上,我们永远不能理解自然到底"是"什么。自然本身存在着一种存在的方式,它努力躲避我们。真正的"体验这种躲避",就意味着,我们自己要向令人神往的大自然的自身封闭性和大自然的"土地性"开放。艺术无非就是这种自身开放的尝试。我们可以确定一块石头的重量,可以把五颜六色的光分析为波长。但在这种规定中重量的重压和颜色的光彩并没被揭示出来。"土地可以在自身内粉碎任何侵袭"。(同上书,第32页)艺术却使土地的"自身封闭性"变得清晰可见。艺术揭示了一个秘密,却又没有触动这个秘密。艺术不仅描述了一个世界,而且引起了惊叹、恐惧、欢呼和对世界的漠然。艺术将自己的内容联系组成了自己的世界。海德格尔的说法是,艺术品"建立了"一个世界。这个世界可以在一段时间内抵御普通的脱离世界和世界没落的倾向。关于艺术有"建立世界的作用"以及艺术有特殊力量的看法,对海德格尔至关重要。比如古希腊的神庙。对我们来说,它只具有艺术史纪念碑的意义。但在古希腊却是社会生活的中心。一个社会的生活在它的周围组织起来,它使这个社会充满了意义。"神庙建筑把生与死、不幸与恩赐、胜利与失败、坚韧与没落的道路和关系都集中在一起,同时赋予它们以统一性,——

人类的存在获得了它的生命的型式"(同上书,第 27 页),以此赋予人以"对自身的希望"。在这种强有力的显示中,艺术作品建立了团体的神、团体最高信仰和艺术品从事赋义活动的主管机关。因此海德格尔把艺术称之为"真理在作品中的置入"。(同上书,第 48 页)正是从这一观点出发,他在荷尔德林讲课中,把艺术、思辨和"国家建立活动"并列在一起。

这里涉及的是一种十分庄重的实用主义。首先,它论证了已建立的真理的历史性:它的真理性保存期是有限的。其次,"真理"只在作品中,不存在于别的地方。"真理在作品中的建立,就是那实存的生产,这种实存在此之前不存在,而且将来绝对不会再次存在。"(同上书,第 48 页)

当海德格尔描述被建立的真理的原初权力时,我们可以感觉到,1933 年体验国家社会主义革命建立国家的行为时所引起的激动尚未完全重复。"将真理置入作品的行动碰到了无-畏惧[Un-geheure],但同时也碰到了那阴森可怕[Geheure]和人们以为可怕的东西。在作品中,开放着自身的真理,是至今存在过的东西所无法佐证的,不可能从中导出的。迄今为止存在的东西的唯一的现实性被这作品所驳倒。"(同上书,第 61 页)从海德格尔的观点来看,这一段话既适用于纳粹革命的这整个艺术作品,也适用于希腊的神庙、索福克勒斯悲剧、赫拉克里特残篇以及荷尔德林的诗。总之,这里涉及的是一种创造性活动,它改变了人同现实的关系。人获得了一个新的活动空间,获得了同存在的另外一种联系。但是,任何构建活动都不得不服从衰老和习惯化的规律:开放的东西又会封闭起来。这一点海德格尔在纳粹革命中体会尤深。"开始总是最恐怖、最强暴的,紧接其后的不是什么发展,而是单纯在广泛传播中的肤浅化,是对开端的无力遵从,是使它变得无关痛痒和过分夸张"。(《形而上学导论》,第119页)于是刚刚开始的同近代世界的决裂,便这样陷入停顿。思想只剩下同诗的合作,以便为完全不同的、其他同存在的关联保留"活动空间"。(《林中路》,第110页)这种完全不同的关系的特征是什么呢?海德格尔在《世界图像的时代》一文中,提出了极有影响的公式:"对主体存在的克服"。更准确地讲,在变化中的思想力量的公式:"人类的主体性存在,从来不曾是历史性的人之不断重新开始的存在的唯一的可能性,将来也永远不会如此。"(《世界图像》[①],第109页)

但在,这里海德格尔碰到了相当大的困难:诗与思发源于趋向于作品的意志,克服主体性存在,本应由诗与思开始。但是,作品又是一种最高程度的主动性规定性。诗人和思想家应该干什么?"他们把一堆作品掷于强大的管理之前,以此在这个管理中注入了开放的世界。"(《形而上学导论》,第47页)海德格尔的趋向于作品的意志,难道不是一种明显的主体的授权吗?这里的趋向于作品的意志,不是同尼采的趋向于权力的意志几乎完全一致吗?尼采的趋向于权力的意志,不是也可以被理解为一种主体的授权吗?这两人反对由他们分析诊断出的四处蔓延的近代虚无主义,难道不正是主体的抗议和主体的权力要求吗?

在他的校长致辞中,海德格尔明确地接受了尼采对时代的评断,即"上帝死了"这一思想。他自知与尼采十分接近。在《世界图

[①] 此处似应为《林中路》,第109页。——译者

像的时代》一文中,他认为尼采是几乎克服了近代精神的思想家。但也仅仅如此而已。在这里,他把自1936年以来,讲授尼采的课上的思想的核心作了一个总结:尼采仍被卡在近代价值思想中。他想克服的那个时代仍然统治着他,使他最精彩的思想腐化变质了。海德格尔想比尼采更好地理解尼采思想。他想在通向新型存在思维的路上越过尼采。为此,他无法躲过对鲍姆勒尔的尼采的揭示和批判。鲍姆勒尔把尼采思想吸收到国家社会主义意识形态之中。但这种对尼采的吸收工作,也遭到最强硬的纳粹意识形态专家的反对。比如,恩斯特·克里克就对"收养"尼采的行为发出刻薄的警告:"总而言之,尼采是社会主义的反对者,是民族主义的反对者,是种族思想的反对者。如果我们把上述思想的三个方向忽略不计的话,尼采倒真可以说是一个杰出的纳粹分子。"(米勒-劳特:《关于对尼采的态度》,第845页)

卡尔斯鲁尔的哲学教授阿图尔·德鲁斯在1934年谈到尼采复兴倾向时,十分气愤。他历数了尼采的罪状:尼采是"所有德国人"的敌人,他要造就一批"优秀的欧洲人",而在这里,尼采居然让犹太人在"所有民族的融合中起关键性作用"。他是一个地地道道的个人主义者,他同"国家社会主义的基本信条:共同的利益高于自己的利益"毫无共同之处。"把尼采抬高为国家社会主义的哲学家,是最不可思议的事,因为他到处宣扬的……都是一些与国家社会主义对抗的东西"。这种抬高尼采的现象之所以反复出现,"其基本原因在于……今天人们在谈论尼采时,只不过是把尼采哲学这块大蛋糕上的葡萄干摘出来宣扬而已,而他的箴言警句的写作方式,使人们看不清他的思想的全貌和内部联系。"(同上)

鲍姆勒尔从事的就是这类工作。1931年他的《尼采：哲学家和政治家》一书出版，影响巨大，完成了一件再造尼采的人为的作品。他不仅拣出了尼采这块大蛋糕上的葡萄干，而且建立了它们之间的联系。他利用了尼采趋向权力的意志的思想和尼采用当时生物主义所作的思想实验——生命竞争的达尔文主义，利用了尼采关于从事统治的种族和它的创造活动的思想，和尼采把混杂的人群变成有可塑性的材料，用充满活力的决断主义取代伦理道德的思想。鲍姆勒尔利用上述思想成分，塑造了一个尼采哲学。尼采"同一事物永恒的轮回"的思想在这里派不上用场，因而被弃之不顾："从尼采的体系出发，这一思想毫不重要。"鲍姆勒尔针对这一思想写道。他想通过尼采，把传统的形而上学变为一种只有本能的欲望的冲动过程。其中既没有由价值和理念组成的超感性世界，当然也没有神。为此鲍姆勒尔只需要把尼采的生理主义解释推向极端，便可以得出"种族"和"鲜血"。

事实上，对鲜血和种族的神秘崇拜，的确是对趋向权力的意志中生理主义解释的可能结果。海德格尔也看到了这一点，但与鲍姆勒尔不同，海德格尔对这个结果作了否定的评价："对尼采来说，主体性一定是肉体的主体性，也就是说，是本能欲望和激情的，即趋向于权力的意志的主体性。……所以无条件的主体性存在，必须扩展为 brutalitas der bestialitas（野兽的冷酷）。哲学的终点写着这样的话：Homo est brutum bestiale（人是冷酷的野兽）。尼采的"金发野兽"的说法并非偶然的夸张，而是他意识到他所处的联系的标志、徽记。但尼采并没有看透其中的本质关联"。（《尼采》，第2卷，第200页）

对"金发野兽"的吹捧,在海德格尔看来是"主体反抗"的虚无主义的结果。

海德格尔自己被"纳粹"意识形态专家们指责为虚无主义。上面我们引证过克里克1934年文章中的话:"这种哲学的意义是明显的无神论和形而上学的虚无主义。一般情况下,在我们这里犹太作者正是这种思想的代表,也就是说,它是摧毁和瓦解德国人民的酵素。"(施内贝尔格:《海德格尔拾遗》,第225页)在讲授尼采的课上,在没有让那些纳粹尼采"收养者"注意到他的举动的情况下,海德格尔把枪口调转,企图证明,纳粹意识形态专家引以为据的尼采的"趋向于权力的意志",并不是对虚无主义的克服,而是虚无主义的完善。于是在关于尼采的讲课上,海德格尔对种族主义和生物主义的这种堕落的形而上学展开了正面的进攻。他一方面承认,尼采思想同他自己已经脱离的还在从事统治的纳粹意识形态有部分亲缘关系。另一方面,他自己又企图同尼采挂上钩,即把他自己的思想描述为对尼采的克服——踏着尼采的足迹。

尼采想使传统形而上学彻底崩溃。他的出发点,是用谢林的方式表达出来的一个深刻的形而上学命题:"意志是原存在"。但是直到叔本华为止的传统中,对意志领会,同尼采所理解的意志完全不同。在尼采这里,意志不再是欲望、迟钝的本能。意志是一种"命令的能力",一种可以让存在保持清醒的力量。"意志从整体上就是向往更强大的意志,保持清醒的意志。"

意志是提高生命力量的意志。在尼采看来,只有按着关于不断提高的逻辑行事才能自我保存。凡是只有保存自我的力量者,必然会走向没落。只有在不断提高中、增强中、扩张中才能保存自己。有生命的东西并不具有超越的意义,但是它有一种内在的方向。它是趋向于不断的强大和成功。它总是企图把陌生者融入自己的权力范围内和自己的形式之中。有生命者进行着管理,因此也从事着压制。这是一个能量十分巨大的发展过程,而且是"无意义的"过程,因为它没有更高级的目的。因此它就是虚无主义的吗?尼采想用他的理论克服虚无主义,但其实是通过虚无主义的最终的完善化,来实现对虚无主义的克服。

尼采想使虚无主义彻底完善,以便暴露在漫长的形而上学的意义的奠基中的秘密的虚无主义。尼采认为,当某种东西有利于保存和不断加强自己的权力意志,或者有利于自己的反抗强大势力的意志的时候,人们从来就把它们看成"价值"。也就是说,在每种价值设定和价值评估背后,都有权力意志作基础。这一点同样适用于包括上帝、理念、超感性存在在内的"最高的价值"。但长期以来,这种趋向于权力的意志并没有被看透。权力意志为自己的自制物故意编造了一个超人的源泉。于是人们便以为,这些东西有它们自己独立的存在性、本质性。但实际上它们都纯粹是人类自己发明的东西,即由趋向于权力的意志的驱动而发明的东西。人们误以为它们有自己独立的本质性能量。人们显然宁可当牺牲者,而不愿意当行为者或赠送者——也许是由于害怕自己的自由的缘故。而自己创造价值的能量,在价值上的彻底被否定,通过超感性的价值的稳定性,又进一步得到加强。从超感性事物出发又进一步否定了此岸世界:肉体和有限性。这里显然缺少的是面对有限性的勇气。因此那种超感性价值,即作为对抗虚无性和有限性的威胁而自己发明的价值,就变成了一种否定人生价值的虚无主义力量。在理念的天空之下,人从来没有真正在世界中生存过。尼采想使这个理念的天空彻底坍塌。这就是虚无主义的最后的完善——通过这一完善人们终于会认识到,"保持对大地的忠诚"意味着什么——这就是对虚无主义的克服。

上帝死了,但是人们的自卑的姿态还在,这是尼采对时代作出的诊断。他所说的巨大神秘力量,就存在于对这种自卑姿态的克服中,存在于冲破一切,走向狄奥尼索斯式对生活的陶醉和快乐的肯定之中。尼采关切的是此岸世界即人间的康复。他想以此同纯粹的冷静与虚无主义划清界限。近代的虚无主义使人们失去的是神的彼岸世界,但也没有使人得到人间的此岸世界。尼采要在艺术中教人如何在丢失中有所赢得;所有忘我的狂热,所有愉悦,升入天堂的感情,所有针对着彼岸神界所作的紧张努力,都应该聚集到此岸的人间来。应该保护超越的力量,只不过把它导向人的内部而已。要越界,但又"保持对大地的忠诚",这就是尼采对他的超人、对那未来的人所提出的要求。按尼采的设计,超人完全从宗教下解放出来,但不是在他丢掉宗教这个意义上从宗教下解放,而是说,超人把宗教纳入到自己内部。所以尼采关于同一事物的永恒轮回的思想,并不具有断欲绝念的厌世情绪。不断循环的时间的消磨,不应该陷入无意义性和徒劳无功之中。在尼采这里,并无简单重复的思想,这重复不是掏空,而是使内容更增加了丰富稠密。他的指令是:你应该如你所希望的那样,去活你的每个瞬间,以使这个瞬间不带恐怖地重新归来。Da capo!(从头开始!)

那么海德格尔呢?海德格尔追随尼采对唯心主义的批判,他追随尼采"保持对大地的忠诚"。但又恰恰在这一点上,他展开了对尼采的批判。他谴责尼采的"趋向于权力的意志",并没有保持对大地的忠诚。对海德格尔来说,对大地的忠诚就意味着在卷入实存的时候,没有忘记存在。海德格尔认为,尼采从趋向于权力的意志这一原则出发,把一切均纳入了从事估价的人的范围之内。人每天与之打交道的东西,也就是人本身的存在,完全被看成为"价值"。存在错误地表现为,不同情况下的不同价值。尼采想让人有做人的勇气,自己站立起来。海德格尔说,由此出现的不仅是站起来,而且是起义,是技术和大众的起义。这些大众由于技术的统治而成为尼采所说的"最后的人"。他们惬意地眯着眼睛,建筑着他们的安乐窝和他们的小小的甜蜜幸福,并以最大的野蛮性去对待任何妨碍他们的安全以及现状的倾向和影响力。面对德国的现实,海德格尔说,"人们举行了起义,世界变成了对象……大地自身只可能作为进攻的对象显示自己。……自然到处表现为……技术的对象。"按海德格尔的看法,这一切都在尼采那里作好了准备。因为在他那里,存在只被看作美学的价值、理论的价值、实践的价值,因而是一种失误。对于趋向于权力的意志来说,世界只剩下是"自我保存,不断提高的条件"的总和。

海德格尔提出了一个问题:"还能对存在作出比把它提高为价值更高的估价吗?"他的回答是:"在把存在作为价值来恭维之时,趋向于权力的意志自身所创造的条件已经又被废除了",因而"通向对存在自身进行体验的路也被阻塞了"。

我们已经知道,海德格尔所说的"对存在的体验"并不是对更奇妙的世界的体验,而是指对现实的不可穷尽性的体验,以及人们对下列事实的惊叹:通过人,自然居然在其中打开了"开放的空地",在这里自然居然睁开了它的眼睛,注意到大自然在那儿。在对存在的经验中,人发现了自己的活动空间。人并没有被禁锢在实存之中,并没有被紧紧串在实存上。在诸物之间有人的余隙,就如车轮必有毂之余隙,以便运转一样。海德格尔说,存在的问题最终是"自由的问题"。

不论是个人还是整个一种文化,如果从理论上、实践上或者道德上僵化在当时与现实交往的礼仪程式上,让它剥夺了人的或文化自身的规划能力,失去了对这种关系的相对性的意识,因此也失去了进一步超越它的能力时,人对存在的体验便消亡不见了。我们的真理和文化的十分脆弱易碎的木筏,飘泊在那"隐蔽的、'巨大'的时间'潮流'"(海德格尔语)之上,而这种相对性正是从时间"潮流"着眼的。

存在并不是某种从事拯救的东西,存在是某种边界概念,是一切实践性、可思性以及不可思性的存在-关系[Seins-Verhaeltnisse]的总和。在海德格尔看来,它的历史就是奠基性存在关系的历史性的连续原则。在《世界图像的时代》一文中,海德格尔对这种存在关系的连续序列勾画了一个轮廓,或者也可以说给出了一个文化性的示范。这个连续序列并不是什么在它之外的、之上的"更高意义的"东西的实现。对海德格尔来说,这里涉及的是某种活动的可能性。海德格尔在他的稍晚的著作中写道:"存在……没有基础,它作为无根底的深渊而活动,……思维通过向广袤的一跃,到达了人类被置于其中的活动"。

对海德格尔来说,存在的思维就是可能的存在关系的、在无法估量的视域内展开的运动。所以人们不允许再进一步追问海德格

第 十 七 章

尔,什么是存在。因为这样就无异于要求海德格尔,对可能囊括一切于其中的定义的视域本身给出一个定义。因为对存在的发问恰是这一视域的开拓。所以这一发问的意义并不在于对它的回答。针对就存在的发问给以答案的苛求,海德格尔式的回答之一,就是在他的关于尼采讲课中的说法:"对于存在来说,一无所是……",也就是说,存在并不是什么人们可以把捉的东西。世界观力图保护稳定性和从事加固活动。与此相反,它是地地道道的化解活动。对存在的发问应去阻止使世界成为世界图式。当海德格尔注意到这个"存在"可能会变成一种世界图式,于是他在写存在[Sein]这个词时,把其中的 i 改写作 y[Seyn]。有时候还在写上存在[Sein]这个词之后,再在上面打上一个叉子[Sein]。

对海德格尔来说,尼采仍然是一个建立世界图式的哲学家。

通过他关于同一事物的永恒轮回的原则,尼采的思维的确像是被特别图式封闭起来了。这个思想把时间这一维度给删去了。时间在这里成了一个循环的圆圈,尽管尼采本来是接着赫拉克里特的关于"生成"的思想,进一步在时间中继续对其加以思考的。这恰恰是海德格尔和尼采思想的对立之处。尼采在趋向于权力的意志的运动中来思考时间,使它在永恒返回到存在的理论中找到归宿。海德格尔则坚持他的基本思想:存在的意义就是时间。尼采从时间中得出存在,海德格尔从存在中得出时间。

宗教、文化、意义的追求与给定等等,都是人在汪洋大海上扎起来的、容易破碎的木筏,人们在上面可以挨过一段时间。这个形象的想法是日本哲学家西田几多郎提出的。海德格尔认为,尼采陶醉于他的发明创造性的工作,陶醉于他木筏完工之胜利喜悦之中,而忘记了潮汐与大海。这就是对存在的遗忘。海德格尔自己想瞭望大海,所以他在对存在的发问中一直让人们去想象,在诸物的中心颠簸摇摆。

但是,正如卡尔·勒维特在对海德格尔的尼采讲课的批判中指出的,到底海德格尔和尼采这两位思想家谁在思考开放性时更彻底,谁又到处在干涉中寻求支撑,这是值得争议的问题。但无论怎么说,对尼采来说,袭来的"狄奥尼索斯式"的生活,并不具有承担性的基础,而是一个无底的深渊,对我们自己的"阿波罗式的"自我稳定和固化的企图来说是一种威胁。如果尼采在天有灵,他会谴责海德格尔,在克服对安全的需要的过程中还缺乏彻底性。他可能会把海德格尔的存在看作是柏拉图的底下世界:它仍在为我们提供保护和遮蔽。

在讨论尼采的永恒轮回的学说时,海德格尔曾说,尼采没有把他的最杰出的思想公诸于众,因为对于他的某些思想来说尚不存在"发展的场所"。(《尼采》,第 1 卷,1967 年版,第 264 页)他引用了尼采的话:"一旦告诉人们这些思想,人们便会更喜爱他们自己的知识。"(同上书,第 265 页)

海德格尔对尼采的隐瞒与沉默的评价,充满了同情与理解,以至于使人立刻感觉到,这里讲的是他自己。"我们关于尼采的知识,如果只限于他自己公开发表的著作,那么我们便永远不会体验到,尼采已经认识到什么,准备了什么和不停地思考什么,保存起来没有发表的东西是什么。只有看到他的手写的遗稿之后,我们才能得到遗稿完整的印象。"(同上书,第 266 页)

当海德格尔讲这一段话时,他自己正在写一部手稿,这也是一部保留起来自己未予公布的遗稿。他认为,向大家公布其中的思想的时代显然尚未到来,这就是他的《哲学论文集》,副题是"关于事变的发生[Ereignis]"。

第 十 八 章

> 海德格尔的哲学日记:《哲学论文集》 海德格尔的哲学念珠 大古琴 一次小升天 意味深长的沉默

1938年前后,人们关于海德格尔思想的一般印象是:"对于存在一无所是……"如果人们去把握存在,存在便缩了回去。因为一切我们所能把握到的,都会变成某种实存性的东西,变成引入、分配、分解到我们的知识和价值秩序中的对象,变为可以树为标准的、可以以命令的方式进一步继承下去的对象。所有这一切都不是存在。但所有这一切都存在着、给出着,只因为我们处于同存在的关联中。这个关联是一个公开开放的域,我们在这个域中同实存相遇。对存在的发问不是去寻找什么曾经被称之为上帝的最高实存。这个发问的目的是要创造一个距离,以便对这个与存在的关联本身加以体验。但这个体验发生着变化,人们注意到,面对世界他是"自由"的。他在其中找到了一个"活动空间"。

在一次讲授尼采的课上,海德格尔有一段十分模糊的暗示:"只要人在他投向存在的视野中,让存在将其束缚起来,他便会脱离出自身,以至于使他似乎持续地停留于自身与存在之间,并且出离自己,忘了自身。这种使自己处于自身之外并被存在本身所吸

引的状态就是'Eros(厄洛斯)①'。"(《尼采》,第1卷,第226页)

1936年到1939年,海德格尔写了当时没有准备发表的《哲学论文集》,它是这种哲学"Eros(厄洛斯)"的唯一文件。海德格尔想从自身中摆脱出来。但如何做到这一点呢?通过本己的思维练习。向何方何处摆脱?——如果把西方基督教关于神的想法弃之不用的话,这就很难说了。但在《论文集》中,海德格尔经常谈到上帝,尽管这里讲的上帝对西方传统来说是完全陌生的。它来源于存在的思维。这里所信仰的是从虚无中创造的存在的上帝,在海德格尔这里它本身也是从虚无中创造出来的。是喜出望外,出了神的思维使它产生。

在他的《论文集》中,我们会看到海德格尔如何用概念的妄语和喋喋不休的句子,使自己进入"另外一种状态"的。《论文集》是寻找谈论神的新谈法的实验室。海德格尔用自己作实验,以便弄清,没有肯定性的理论能否建立一种宗教。

首先,海德格尔还遵循奠基宗教的古典模式行事,新神的发现是以偶像崇拜的克服开始的:错误的诸神必须让位,地方必须腾清。为了这个目的,他又重复着我们现在已经熟知的对近代思维的批判。这个批判得出的结果是:神也成了可供理智或想象利用支配的对象。在上帝的形象已经失去光泽的近代,最高的善,第一因,或者历史的意义等等神的替代物,便站到了过去神所处的位置。所有这一切都必须清除,因为它们都是属于实存名单上的货色。要想让亲身存在[Seyn]自身显相,诸实存就必须被摧毁推翻。

---

① 爱神。——译者

存在思维的练习以腾空开始。大师艾克哈特以及雅各布·波墨也想通过这个途径,来体验他们的上帝。神应该用他的现实来充实这颗空洞的心。

在已经被海德格尔腾空的心中,应该出现的是什么神呢?海德格尔小心翼翼地揭示了他的秘密:"如果我们胆敢使用直接的词语",他写道,那么"亲身存在[Seyn]就是神动的震动"。(《海德格尔全集》,第 65 卷,第 239 页)

词语。海德格尔能在它身上进行思维吗?海德格尔花了几百页来从事这一尝试。如果不让它们显示为"某种东西"的话。一个神或者是一个存在,不论是带 y 的,还是不带 y 的,都很难自我显相。众所周知,从事表象的思维正是从"某某是某物"开始其活动的。这种思维阻止了存在的思维活动。在犹太教中禁止为神造像,但神还是作为"大我"对自己说,"我是我所是者"。但是海德格尔的存在却不是这种超越的我性之类的东西。它不是与人生此在相对的东西,它是在人生此在这里实现着自己的东西。为了避免一种实体化的神的形象,海德格尔使用"神动[Goetern]"这个词语指称那使我们"震颤"的事变的发生。不是一个神[Gott],也不是许多神[Goetter],而是神动[Goetern]。如果我们被"神了一下"[Wenn es uns goettert],我们就不仅会震颤,而且整个情绪表上的所有情绪,都在这里发生了作用:"恐怖、压抑、慈善、狂喜、畏缩"。"本质性思维"从"基本情绪"的"矿石"中压榨出它的思想和句子。"如果缺少了基本情绪,一切都只是由概念和词语外壳撞击而成的嘎嘎乱响而已。"(同上书,第 21 页)

《论文集》几乎每页上都写满了他关于存在-思想的句子。但

第十八章

海德格尔又强调,这种基本情绪十分罕见,是瞬间性的。所以这些句子,大多数不是发自于这种基本情绪,相反,这些句子是为了使这种基本情绪产生而作。这就是喋喋不休、不断连祷的实质。天主教的叛徒海德格尔,对这种连祷可以说是驾轻就熟。《论文集》就是他的"念珠祷告",所以才有形式性的重复。那完全是一架手摇风琴,只会奏单一的调子,曲调根本不能受风琴运动变化的触动,根本不发生"转变"。关键恰恰在于这种转变力。这里手摇风琴式的句子的不停的转动,起着十分重要的作用。因此这些句子连续不断重复转动,无非是什么都不说,因此它们的出现旨在传播沉默。"变为沉默"被海德格尔称为想接近存在的"哲学的'逻辑'",只要它想追随着存在(同上书,第78页)。当我们看到,海德格尔在尼采课上,充满同情地以查拉图斯特拉为例讲到,对于非知音者来说,尼采的理论只能是一架"手摇风琴"时(《尼采》,第1卷,第310页),我们一点也不会觉得奇怪了。这显然是在说他自己。单调的手摇风琴实际上是寓意丰富的"沉默"的方法。

在《论文集》的导论性的说明中海德格尔写道:"这里既无描述,也无解说,言说并不与被言说者面面相对,这里言说与被言说是一回事,都是'亲身存在'的存在行为。"(《海德格尔全集》,第65卷,第4页)在海德格尔那里,亲身存在[Seyn]讲话的语调,酷似以前黑格尔的世界精神。那种冷静的要求,只在一系列秘密的画符中,才无遮掩地表达出来。

"亲身存在[Seyn]"是如何谈吐的呢?以闭目凝神的念珠连祷的方式,像和尚念经一样喃喃低声地念叨"亲身存在的真理的变格"、"他的本性行为的震动",以及"那众神之神的神动的内在性的已经解脱的慈善。"(《海德格尔全集》,第65卷,第4页)从它的语义内容看,这整个形而上学的达达主义——就是无。当然对于自己缩身退去的神——思维恰恰是要在缩身退去中对它加以思考的——来说,这并不是什么坏消息。在海德格尔的《论文集》中,只要是直接同存在谈话之处,都是忍受着缩回退身现象的思维表现。但是海德格尔的学派已经不再有这类问题,在这期间,他们一般来说已经干瘪了。

在《论文集》中,凡是他在对哲学传统进行解构之处,他的思想就仍然是准确的,扣人心弦的。在这些地方,他的思想曾是可供把捉的对象。所以它才能做到吸引人。在解构之后出现的,以及应该出现的空洞,只是空空如也。应来充实这种空洞的事变一直没有发生。

如果海德格尔能够回到信仰去,这也还不那么糟糕。但是,他想让从事充实的事变的发生,在思想中显现出来。他不再采取1927年马堡报告"现象学与神学"中的立场。当时他以路德式的风格把思维与信仰严格区别开:信仰是上帝闯入生活的事件的发生,是不可把握的。思维只能确定神是从何处闯入的。上帝事件的发生本身并非思维的事。

但是,海德格尔的《哲学论文集》的野心勃勃的计划,就要由思维来体验神之事的现实。因为他不想运用思维,用清晰的形式来把握神之事,所以他不得不靠少数微少的信息来工作:"对最后的神的接近是沉默"(《海德格尔全集》,第65卷,第12页)像受洗约翰一样,他指出将到来的神的方向。他把自己则说成一个"先行者"。从《论文集》开始,他就开始"等待戈多"了。

第十八章

《论文集》的副题是"事变发生[Ereignis]"。严格地讲，这里涉及了两个事变的发生。一个是近代。这个事变的发生：世界图像的时代、技术时代、组织时代、"人味"时代的发生，总之，一个完善的无意义的时代的发生。它同对存在的遗忘有着密切的联系，它的前提可以一直上溯到柏拉图。第二个事变的发生就是近代的结束，就是转向[die Kehre]，这个事件在海德格尔的存在-思维中为自己的发生作着准备。海德格尔所讨论的是关于第一个事件的发生。因为他相信，他已经至少部分地摆脱了它。而他的讨论所由出发的是另一个事件的发生：它在为新时代作着准备。但在此期间，所发生[Ereignis]的还只是 Einsamkeit 孤独，所以海德格尔试图用一连串与事件发生以及孤独押韵的字串来表达它，并且以 Ereignis 始，以 Einsamkeit 终："Ereignis（事变发生）总是意味着 Er-eignung（为-占有），Ent-scheidung（去-脱离），Ent-gegnung（去-相对），Ent-setzung（去-设置），Entzug（去关联），Einfachheit（单纯性），Einsamkeit（单独性，即孤独性）。"（同上书，第 471 页）海德格尔试图用他的孤独的存在思维来把握那上帝。"为-占有[Ereignis]以及它在时间-空间中的无根无底性中的配置是一个窝，最后的神就挂在[haengt 或者 faengt]——手稿此处不清，两个说法均可能。其中，以便将其捣毁，让这个窝在神性之罕见的、在所有实存中都是陌生的个体性中结束自身。"（同上书，第 263 页）

海德格尔自己十分清楚，他的谈话内容生僻古怪，毫无意义。在他心情最好的时候，他甚至能对此持嘲讽的态度。卡尔·弗里德里希·冯·魏茨泽克有一次给海德格尔讲了一个东部犹太人的故事：有一个人总是在小酒店里坐着，人问他为什么，他说，"唉，我的太太!"——"她怎么啦?"——"唉,她谈呀,谈呀,谈呀,谈……"——"她谈什么?"——"关于这一点,她却没说!"海德格尔听完这个故事后说,"就是这么回事!"(魏茨泽克:《四十年代的会见》,第244页)

他的《论文集》就是这样。整体上它分章十分严格,尽管在个别具体地方包含一些警句和残篇。海德格尔不说分章节,而说"配置[Fuegen]",因为它应该成为一个相互衔接的整体。如音乐中的赋格曲[Fuge],一支有两个主调的,即由两个事件的发生组成的赋格曲。两个相互合在一起又相互对立的主调,最后在光照的存在的齐奏中渐渐减弱,直至结束。不同部分的秩序应该标志出接近的途径。"瞭望"一章中应该看到穿过灌木,达到林间采光空地的整个道路。"相似"一章讨论研究当下,即存在之遗忘中的存在。"传递"一章则讲述了,在西方世界形而上学中,存在如何不断给出其"相似"和"预感"的故事。"跳跃"一章包含了对如何抛弃显而易见性和思维习惯的观察。这个跳跃必须在采取决定性步骤之前实行,因此,这不是步骤,而是充满风险的跳跃。在"奠基"一章中,则集中处理了《存在与时间》中的人生此在的分析,是一种自我解脱。"解释"一章中把这本著作算作从事跳跃,然后又落到地上的瞬间。在"走向到来者"和"最后的上帝"两章中上演了一出升天剧。最后一部分"亲身存在",又一次从高处俯瞰整体,以便看清已经走了多远,攀了多高。为了无遮蔽鸟瞰他那本质困境中的人,我们必须爬到哪一个山峰上去呢?(同上书,第491页)

在这期间,海德格尔已十分清楚,国家社会主义无力改变这一"本质困境"。相反,它仍属于人味性,属于近代的全面动员。它所

第 十 八 章

能提供的只是"最平庸的伤感"和"发酒疯式的体验"(同上书,第67页)。但这个批判是针对整个时代而言的。国家社会主义所反对的思想精神和实践上的倾向,也受到来自存在的批判。这个整体就是不真的。不管这不同的世界观是以自我为基础,还是以"我们"为基础的,还是以无产阶级为基础,还是以人民为基础。不管它是把启蒙运动的人道主义,还是把传统的基督教作为价值来保护,也不管它们把自己视为民族主义者,还是国际主义者,视为革命者,还是视为保守派,所有这些差异都是无所谓的。因为它们都是"把主体人作为实存的中心"来宣扬。(同上书,第443页)海德格尔把这种人对"自己对自身的设定"称之为"自由主义"。所以他可以把流行的生物主义和种族主义,称之为"生物自由主义"。在存在思维的黑夜里所有的猫都是灰的。只有海德格尔周围有一片光亮。海德格尔与世界其余部分相对立。在《论文集》的孤独的自我对话中,他就是如此看待自己的。

人们会注意到,海德格尔不仅是"由"存在思维的事件上出发来从事他的哲学思考。在他的幻想舞台上,他一会儿扮演"寻求者",一会儿扮演"真实者",一会儿又扮演"卫士"。(同上书,第17页)他把自己视为"有最高勇气进入孤独,以便对亲身存在的高尚加以思考"这样一个圈子里的人。(同上书,第11页)

他不厌其烦地叙说着他的幻想:通过建立联盟的方式,存在思维如何渗透到社会实体中去。因为在其最内在的部分中,有那"少数几个""为实存的领域事先建立场所和机会"。"在其周围的无数联盟者",则听任伟大的"个人"魅力的吸引,自动服务于"实存的圈子和区域"。然后便有"许多相互的指示"。它们由共同的来源相互合而为一,自愿让自身在新的秩序中重新加以配置。这个转变是在静谧中出现的。它的出现远离"世界历史"的"暴力变革"的"喧嚣"。所有这些吵吵嚷嚷的变革在海德格尔看来均不是他所说的转变。(《海德格尔全集》,第65卷,第96页)海德格尔自己描画了一幅本真的历史,它在隐蔽中活动表演,他自己同时既是这个历史的作者,又是它的见证人。

想在《论文集》中去寻找海德格尔对这种新秩序的具体形象的说明,那是徒劳的。海德格尔避免任何比喻。给以人民提供精神思想场所的"伟大哲学",就像"高耸入云的山脉",它"用它的至高保卫着大地,指示着的原初的岩脉。它是基准点,立在那里,构成一个总视域。"(同上书,第187页)

海德格尔梦想他的哲学家像"山脉之中的高山一样挺立",他还想使"本质性的东西立足",以便让低地的居民有可能以哲学的高塔给自己定向,所有这一切都表明,海德格尔哲学思维还没有完全从权力的陶醉中清醒过来。所以给人以呆滞板结的印象。和20年代时海德格尔所使用隐喻完全不同。当时他想使已经板结了的思想构架重新流动化。现在他想让思想的构架高高耸起。他自己的哲学也被他放之于"亲身存在[Syen]"的山峦之中。

实际上这种做法,同海德格尔自己1933年前发展出来的哲学思想是相违背的。当时他关注的是自由的,但自身是有头有尾的思维的运动性。这种思维从在世界中存在这一事实中升起,以便使人生此在见到光明,并与人生此在一起消失。思维作为一个事件的发生,就如人生此在一样,是有限的东西。如今使用的高山隐喻清楚地表明,在这时海德格尔想通过自己的哲学,把自己列入到持续永存的世界中去。他想去分有那可以承担他偶然的生存的历史处境的东西。这种对高耸者的偏好，与他的关于完结性的哲学是不相容的。光照的趋势变成为一个天主显灵的事件。这里过去被称为"永恒"的、"超越者"的东西又发生作用了。孤独的苦思冥想中的哲学家，夜以继日地写着他的手稿，他并不想自己一人与其思想厮守，而想寻找接口。这次不是寻找同政治运动的接口，这次寻求的是存在历史，或者叫存在的命运的，十分可疑的精神接口。在存在的幻想性的大竞技场上，出现了伟大的、持存不逝的东西，他自己就身在其中。

当海德格尔高瞻远瞩瞭望整体、反照自身时，他个人的生活关系，他过去几年的实际活动，便没有引起哲学关注的余地。他并没对此作任何哲学上享誉甚高的自我检验，特别是在《论文集》中看不到任何这类痕迹。他所思考审视的是，遗忘存在的大规模的胡作非为。但是对于自己的那一份，他可以堂而皇之，视而不见，他使自己留在视野的死角里。他想通过对存在的发问给世界的关系中带来光明，但他自己对自身的关系却隐藏于阴影之中。

海德格尔一直避免把他的存在的发问，同自己的人生此在纠缠在一起。尽管他在1935年7月1日给雅斯贝尔斯的信中承认，有"两根刺"扎在他的肉中，使他创造活动中运转困难，一根是同起源之信仰的争斗，一根是当校长的失败。《论文集》恰恰表明，海德格尔这位存在历史剧的主要作者，在回避自己的问题上手法如何高明。哈贝马斯把他的这种手法称作"通过本质化实行抽象"，这的确一语道出真谛。对起源的信仰的失落，被抬高为时代的命运。当校长的失败，被提升为与近代精神的疯狂进行战斗中荣耀的失败。

难道说我们的这位在存在历史的舞台上表演的思想家认为,道德上的自我检查这种事过于平庸,不够水平,因此不屑一顾吗?这也许是他的天主教出身给他留下的后遗症,使他对新教式的良心谴责一窍不通?为了能紧紧抓住整体的概念和他的思维之事物本身,他把思维同个人之事完全分离开。所以他也可以以一种奇特的、无动于衷的方式从事静观,当他曾为之欢欣鼓舞的运动,于近在咫尺的地方任意肆虐,并导致了本应对他来说不可原谅的后果时。只要想一下汉娜·阿伦特的命运,伊丽莎白·布洛赫曼的命运,埃德蒙·胡塞尔的命运就够了。

1945年以后,汉娜·阿伦特同雅斯贝尔斯的通信中取得了一致意见:海德格尔显然是这样一个人,在他的思维的热情中,没有生长出道德的敏感性。雅斯贝尔斯写道:"作为一个不纯净的灵魂——也就是说,一个对自己的不洁净毫无知觉的、不将这种不洁不断加以清除的灵魂,而是毫不在意地在肮脏中继续活下去的灵魂——这个灵魂在不坦诚之中看得到那最纯洁的东西吗?……在今天,他知道很多别人根本没有注意到的事,这真是一件离奇的怪事。"(1949年9月1日,《汉娜·阿伦特与雅斯贝尔斯通信集》,第177页)汉娜·阿伦特回答说,"您所说的不纯净性,我宁愿称其为没性格。但总是在下述意义上的没性格,他的的确确不具有性格,所以也还没有什么坏的性格。但是他毕竟生活在深刻之中,充满了激情。这种激情使人不易忘怀。"(1949年9月29日)

但是,缺乏道德的反思不仅仅是一个个人性格上的事实,而且也是一个哲学上的问题。因为思维所缺乏的恰恰是慎思顾忌。慎

第十八章

思顾忌恰恰真正是在严肃对待海德格尔所发誓捍卫的有完结性。人可以犯错误,把这种一定份额的错误拿来,作为对思维的挑战,也属于完结性本身。在海德格尔的《论文集》中,没有为哲学学科中对自身思考和检查留有余地,尽管它在这门学科中古老悠久、备受尊敬。这样"本真本己生存"的理想便破灭了。人生此在对自身失去了清晰的看法,海德格尔著名的沉默,是一种内在的隐瞒,几乎是一种反对自己的冥顽不化。这也属于对存在的遗忘。

海德格尔式的思维的强大力量,以两种方式摆脱了海德格尔自身。一是这种思维离开了从事思维活动的完全平常的个人。二是这种强大力量完全控制了思维者。

乔治·皮希特曾回忆到,海德格尔完全被下述"意识"所充满,"他已被思维的人物所压倒"。他感到受到"他自己所思考的东西"的威胁。(皮希特:《思想的力量》,第181页)另一位同代人汉斯·A.费舍尔-巴尼科尔(他是战后才认识海德格尔的)写道:"在我看来,思维像控制媒介一样左右着这个老人。思维在借助于他来讲话。"(费舍尔-巴尼科尔:《反映-传达》,第88页)赫尔曼·海德格尔,也就是海德格尔的儿子,证实了这一点。他曾讲述,父亲有时候说,"思维在我里头活动,我也拿它没办法。"

海德格尔在伊丽莎白·布洛赫曼的信中有类似的说法。1938年4月12日的信描述了他的"孤独"。他并不为此抱怨,而是把它看作外在环境的结果。他被"思维之运气"所选中[Gezeichnet],因此是出类拔萃的[Ausgezeichnet]。"孤独并不是出现和执着于对本属于它的东西的缺乏之处,而出现和执着于另外一种真理的到来中,和独一无二的吃惊陌生性和唯一性的大量袭来之中。"

(《海德格尔与布洛赫曼通信集》,第 97 页)

写这封信的那个时候,他同时在《论文集》中写下了如下的句子:"亲身存在[Seyn]是神出现于其中的那个困囿性[Not-half]。但为什么是神?困囿性来自何方?是因为无根无底之渊,隐秘不显?因为它超于相遇之上,因而超于相遇者[Ueber-troffenen]就是更高的东西。'超于相遇'又来自何处?无根无底之渊呢?基础呢?存在呢?诸神的神性在于什么?为什么亲身存在[Seyn]?因为诸神?为什么诸神?因为亲身存在?"(《海德格尔全集》,第 65 卷,第 508 页)

只有对自己的语句的吃惊陌生性,能助他游离开,按照尼采的例子,接近未被揭示的伟大思想家的吃惊陌生性。"我现在才开始学会,在一切伟大思想家的吃惊陌生性中,体验与他们的切近。这可以有助于在自己内部,看到那吃惊陌生者,并使其发挥作用。因为显然这恰恰是于本质性处获得成功的源头。如果能获得成功的话。"(1937 年 4 月 14 日给伊丽莎白·布洛赫曼的信,《海德格尔与布洛赫曼通信集》,第 90 页)

在给伊丽莎白·布洛赫曼的另外一封信中,海德格尔描述了他如何在正式的教学活动(他在教学活动中不得不向可理解性作出妥协,因而落入陌生的"常轨老套")和"向自己的本真东西的回摆"之间的来回摇动。(1935 年 12 月 20 日信,同上书,第 87 页)《论文集》肯定属于本己东西最内在的区域。但在这期间,我们已经很清楚,这里关涉的不是思维同自己的相遇,而是完全与之风马牛不相及的东西。这里存在的思维是说存在进行的思维。这里不是对存在的思考,而是存在控制着他的存在,并通过它来思考。媒介式的生存。

　　海德格尔受着折磨，但他也很幸运。人们不难注意到，《论文集》比他的任何其他著作都更经常地谈到"欢呼"。在"欢呼"中，存在也与我们相遇。畏惧、无聊和欢呼。这就是《论文集》中存在体验的神圣三位一体。在欢呼中，人生此在达到的那层天，世界与诸物出现于其中，如果它们显现为值得惊奇的"Dass（那具体内容）"的话。

　　为了维护人生此在这一"开放的场所"，思维必须将自己收回，并注意，不要用其他类型的表象堵住这个开放性。思维应提供静谧，它应变得"悄然"。海德格尔并没有在寓意丰富的沉默这种悖论中找到出路。此外，在那里还有伟大思想家的传统。在光照中，整个山脉挺然而立。难道不应该先去铲平它们？在铲平的工作中他发现，这里有无穷的尚未被发现的宝藏等待着他。他就是这样和那些伟大者打着交道。在对柏拉图作了20年的紧张研究之后，他对乔治·皮希特讲，"有一件事我必须向你承认：柏拉图思维的结构对我来说尚是一片漆黑。"

　　1936年6月27日给伊丽莎白·布洛赫曼的信中，他描述了他进退维谷的情况，"看来，为保护传统而进行的斗争已使我们精疲力尽。创造自己东西的同时又保护伟大者，同时来做这两件事看来是非人力之所能为也。但是那种保护又不够强大，如果这保卫不是来自新的获得的话。这个圈子上没有出口，所以出现了下述情况。一会儿自己的工作显得十分重要，一会儿又显得完全无所谓，而且是粗制滥造。"（同上书，第89页）

　　在给雅斯贝尔斯的信中，这种粗制滥造的感觉又出现在他身上。1936年5月16日,在长达十年之久中断联系之前最后一封信中也如此。当时他写道:从伟大的哲学着眼,自己的那点儿蹦蹦跳跳显得如此微不足道,只不过是急救措施而已。(《海德格尔与雅斯贝尔斯通信集》,第161页)

但在给伊丽莎白·布洛赫曼的信以及《论文集》中,海德格尔表现出另一番情绪:对获得的伟大成功和他著作的伟大意义,充满忘乎所以式的兴奋欣喜之感。他已看到了,在他的著作之中,另外一种真理的降临已经发生了。

第 十 九 章

受到监视的海德格尔　1937年巴黎哲学大会　海德格尔的恼怒　关于德-法谅解的想法　海德格尔与战争　"行星在燃烧中"　思维与德意志

"外部事物的冲击减弱了。"1937年4月14日给伊丽莎白·布洛赫曼的信中海德格尔这样写道。(《海德格尔与布洛赫曼通信集》,第90页)

外部事物是指:在哥廷根大学,狄尔泰的女婿格奥尔格·米施被强迫退休。他原来主持的讲席,尚未选定主持者。1935年7月,哲学系把海德格尔列在应聘的名单上。由哲学系主任签署的鉴定书中说:"通过聘请他,可以使我们获得当代德国哲学的领衔,……同时也获得一位可从事国家社会主义世界观工作的思想家。"(法里亚斯:《海德格尔与纳粹》,第259页)

在文化部里现在已经无人不知,海德格尔尽管在重大的政治事件上,一如既往地支持国家社会主义的外交政策、经济政策、青年义务劳动、领袖等原则,但是,他并不代表国家社会主义的世界观。因此文化部告知哲学系,它应该准备聘请寇尼斯堡的黑塞教授作为米施的继承人。于是,系里便匆匆忙忙对原来的聘任建议的名单,作了有利于黑塞的变动。海德格尔尽管对去哥廷根毫无兴趣,但在名单上将他的名字挪后一事,使他觉得受到伤害。在哲学上,黑塞只不过是海德格尔的模仿者。如黑塞说,"于是,哲学和科学提出了关于生存的根本问题。这个问题出自下列事实:人类的此在被驱逐到对存在的原初的维护之中。"(同上书,第 290 页)但同时,他又是一个十分合格的国家社会主义者,在政治上、组织上更为娴熟。他是上锋钦定的"康德协会"主席,这是一个享有国际盛誉的世界性哲学组织。1937 年在巴黎举行的国际哲学大会上,他是德国代表团的领队。此事下面再说。

在哥廷根提名中海德格尔被置后,此事给人的印象是,在上层政治圈子中,海德格尔已经失宠。但是,直到最后一天,纳粹政权内仍有海德格尔的支持者。否则便不能解释,柏林的文化部在同一年想任命海德格尔为弗赖堡大学哲学系主任。此事之所以未成,完全是由于弗赖堡对这位现已离任的前大学校长的反感:"海德格尔教授在他任大学校长期间,完全失去了弗赖堡同事的信任,而且巴登州教育管理机构,也同样觉得难以与他共事。"(同上书,第 311 页)

尽管对他的哲学持反对态度的人不断增加,国家机关还想利用他的国际声望。1935 年 10 月,海德格尔被聘为尼采新全集出版委员会成员。海德格尔应邀出国作报告时,他也并没有受到阻碍。1936 年初,海德格尔去苏黎世,同年又去罗马。40 年代初,他本应去西班牙、葡萄牙、意大利作一系列报告。他已经为此作好了准备,并且公布了报告题目。但日期被推得很后,以至由于战争结束之期已到,出国作系列报告之事终未能成行。

1936 年 4 月初,他应"日耳曼意大利研究所"的邀请来到罗

第十九章

马。原计划在罗马、帕多瓦和米兰作多次讲演,但海德格尔自己还是要求只限于在罗马作报告,并在那里滞留十天。他在那里面对人数众多的普通听众,作了题为"荷尔德林与诗的本质"的报告。他还利用这个机会会见了卡尔·勒维特。勒维特尽管是流亡者,但仍受到了意大利方面的邀请出席了报告会。勒维特在他的传记著作中,描述了他同尊敬的老师见面的情景。

在报告之后,海德格尔陪勒维特夫妇一起走到他们窄小的住处,"我们设施的简陋寒酸,显然使他很有感触。"第二天早晨,他们一起到弗拉斯卡蒂和图斯克鲁姆去远足。这是阳光明媚的一天,又是充满拘谨局促的一天,特别是那位海德格尔夫人,她觉得,同他们在一起十分尴尬。海德格尔挂着纳粹党徽。他显然没有觉察到,卐字胸章挂得不是地方。海德格尔举止友好,但尽量免谈任何与德国国内情况相关的问题。勒维特正是由于这个原因而被驱出德国,他当然想谈这一点。他将谈话引到由于海德格尔几周前在苏黎世的报告,在瑞士报纸上引起的争吵一事。

大神学家卡尔·巴尔特的弟弟海因里希·巴尔特在《新苏黎世报》上写了一篇关于海德格尔1936年1月20日作的"艺术品报告"的报道。文章开头指出:"我们显然应该把海德格尔在民主制国家中讲话一事看作一种荣誉。但是,他毕竟——起码在一段时间内——是新德国哲学的喉舌。许多人对以下事实记忆犹新:海德格尔的《存在与时间》,是以"敬仰与友谊"献给犹太人胡塞尔的。他的康德解释也同对半个犹太人的马克斯·舍勒的纪念连在一起。一个是在1927年,一个是在1929年。一般来说,人非圣贤,——哲学家也是如此。尽管也有例外。因此我们不可以苛求人去逆流游水。哲学不仅是知识,而且更是智慧。对自己的过去的某种责任感只会提高哲学的信誉。"(海因里希·巴尔特:《艺术作品的起源》,第265页)

埃米尔·施太格尔(当时还是一个私人讲师)对巴尔特的报道作出了激烈的反映。他指责巴尔特显然面对海德格尔哲学不知所措,只好草就了一篇"政治通缉令",以行对哲学的告密之事。但是,海德格尔是"和黑格尔、康德、亚里士多德和赫拉克里特比肩而立的人物。即使认识到这一点,人们还是会对海德格尔那些日子里的一时失足表示遗憾。把环境给搞错了,总是一个悲剧。但是,就像用普鲁士反动派对黑格尔的看法不会影响我们对《精神现象学》尊重一样,这些事也不会影响我们对海德格尔思想赞许和欣赏。"(施太格尔:《再论海德格尔》,第269页)巴尔特对此又一次作出反应:"这里涉及的不是如何用失足[Abgruende][①]把哲学之事同人生之事、把思维同存在分割开"。

在同海德格尔的谈话中,勒维特认为,他既不赞同巴特尔的政治攻击,也不同意施太格尔的辩护。按他的看法,海德格尔"参加(纳粹)党,支持国家社会主义,是他的哲学本质"所致。海德格尔不带任何"保留"地同意他的看法,并接着说,"他的'历史性'概念是他的政治'投入'的基础。"(勒维特:《我在德国的生活》,第57页)

海德格尔意义上的历史性意味着,为届时行为之可能开放一

---

① Abgruende,原文既有"失足"的意思,又有"深渊"的意思,海德格尔在后一层意思上将这个字引为后期哲学的术语,巴尔特此处可能一语双关。——译者

个有限的域。只要哲学想驾驭它的时代，哲学也能活动于这种域中。正如我们已经看到的，1933年"革命"对海德格尔来说就是一种机会，利用它可以打破近代人情味（Menschhaften）的灾难性关系。尽管他现在开始对此另有看法，但面对勒维特，他仍然顽固地坚持认为，新的开端的时机并没有最终错过。"人们只需要坚持足够长的时间"。可是他还是承认，政治形势的发展使他感到某种失望。但是，他马上指出，那些"知识分子"应该对此负责。他们过去踌躇不前，以至于这个变革和暴动未能实现其原来的许诺。"如果那些先生们不是那么文质彬彬、不肯投身革命，情况会完全不同。但我当时完全孤立无援。"（勒维特：《回忆录》，第58页）

当时他还和以前一样，对希特勒充满崇拜。对于那些灾难性的事件，他的解释和其他人没什么不同，"如果领袖知道了的话"，事情马上就会不同。勒维特十分失望。海德格尔的反映在他看来十分典型："对德国人来说，最容易不过的是坚持彻底性，所有事实都是无所谓的。他们无视具体事实，以便顽固地坚持有关整体的概念不放：把'事物'和'个人'割裂开"。

海德格尔关于"整体的概念"，同日常政治的距离日益扩大，摆脱具体的历史方面他走得更远。在他关于荷尔德林的报告中，人们可以清楚地看到这一点。他所塑造的"处在诸神的视野与人民的情绪之间"的荷尔德林，是一个"被抛出者"——"被抛向另外一个之间，即诸神与众人之间。"（海德格尔：《荷尔德林诗的诠释》，第47页）这是"诸神之夜"，诸神逝去，不再返回。这是一个贫瘠的时代。他用荷尔德林的话结束他的报告在这个"黑夜的虚无"中，要坚持忍耐，

因为并不总是可以用脆弱的器皿来把捉它们
人的神性的内容只能承担显示
人只能梦到它们。

在罗马之行后,给雅斯贝尔斯的信描述了他那天的情绪,特别是作为哲学家海德格尔在荷尔德林"这位贫瘠时代的诗人"身旁时的感受:"'哲学'而无声誉,我们原本可以把这看作最佳状态——因为,现在应该是默默无闻地为哲学而斗争的时候。"(1936年5月16日信,《海德格尔与雅斯贝尔斯通信集》,162页)

海德格尔在大权在握的人物那里,不再享有过去的声誉,通过德国对他的那些使罗马公众着迷入神的荷尔德林报告的反映,海德格尔也感觉到这一点。在希特勒的青年团报《意志与权力》上,一位叫做科尼策尔的博士写道,青年们对荷尔德林有自己独特的了解方式。……它比海德格尔教授的方式要强得多。这位处于荷尔德林"诸神之夜"中的海德格尔,对这个批评的反应一点也不超脱。他在写给纳粹新闻出版机关的官员的信中侮辱性地写道:"是呀,依据《意志与权力》报上那位出色的先生的看法,我关于'荷尔德林文章与希特勒青年团是格格不入的',对这种所谓'德国人',我们再不要有什么指望。附带说一句,一位熟悉马堡情况的党卫军领袖告诉我,我们这位 K 博士先生,在 1933 年夏天,还作为一个社会民主党员在马堡上蹿下跳。如今又变成了 VB(人民观察员组织)中的大人物。"(法里亚斯:《海德格尔与纳粹》,第 315 页)

与希特勒青年团报上的批评相比,他罗马之行之后,更为严重的事正在进行。1936 年 5 月 14 日,罗森贝格办公室向慕尼黑纳

第十九章

粹教师协会发了一份公函,询问他们"如何评估马丁·海德格尔教授的为人。"

胡果·奥托对这件事的背景进行了研究。依据他的研究,在罗森贝格办公室对海德格尔的不信任日益增长。燕施和克里克的鉴定起了作用,引起这种怀疑的原因是一种传言,说海德格尔定期到博伊隆(Beuron)的修道院去作报告。人们猜疑海德格尔在耶稣会进行秘密煽动活动。所以,一封给教师协会的正式公函中写道:"他(海德格尔)的哲学与经院哲学联系密切。所以十分特别的是,他居然依此还会在国家社会主义者中发挥着不可低估的影响。"(奥托:《海德格尔》,第253页)

对他是秘密教权主义者的怀疑出现时,海德格尔有好几个博士生和教师资格生(如马克斯·米勒),恰好先后完成论文,而海德格尔在评语中说,基督教哲学最终是一块"笨重的铁块,是被误解的东西"。这便为上述怀疑提供了文字证据。

教师协会的鉴定所提供的信息,对海德格尔一定十分不利,以至罗森贝格办公室认为,有必要于1936年5月29日,将海德格尔的案卷提交帝国保安机关科学部。于是,帝国保安机关安排人对海德格尔进行监察。在《事实与思想》中海德格尔谈到,1937年夏季学期的讨论班上,多了一个从柏林来的汉克博士,"天分很高,而且很有意思"。过了一段时间,他寻求同海德格尔的个人接触。海德格尔说,在个人谈话中,"他向我承认,他不能再向我隐瞒,他为舍尔博士工作。舍尔博士当时是纳粹保安部西南科的领导。"(《德国大学的自我宣言》,第41页)

如果鉴于海德格尔已经知道受到监视,但他仍然在关于尼采的课上批判生物主义和种族主义,人们不得不对他个人的勇气表示钦佩。当时的听众对他的讲课就有此感受。但他们更加惊奇的是,海德格尔比其他教授都明显地坚持上下课时对希特勒行祝愿礼。

(纳粹)党的领导机关在30年代中期,曾企图阻止他的哲学工作,将其"排除",后来海德格尔在《事实与思想》中说。比如,政府部门曾企图阻止他参加1937年在巴黎举行的国际笛卡尔会议。后来法国会议的组织者从中干涉,因此他才于最后一刻被允许参加德国代表团。"整个过程所采取的形式,使我根本无法和德国代表团共赴巴黎开会。"(同上书,第43页)

但是,维克多·法里亚斯在柏林的档案中心和波茨坦的档案馆中找到了相关卷宗。得出的结果是,海德格尔已于1935年去过巴黎,以便为德国代表团参加会议作准备工作。海德格尔把这次会议的意义估计得很高。对他来说,笛卡尔是近代哲学之父。他的哲学的反对对象就是他。巴黎会议对他有吸引力,因为他看到,这是力量的大较量,竞技场。他太愿意接受这种挑战了。海德格尔有目的地发展出了一系列思想。这些思想后来于1938年9月以"通过形而上学对近代世界图像的奠基活动"为题,在弗赖堡以讲演的方式公诸于世。后来题目缩短为《世界图像的时代》发表。

海德格尔想去巴黎,他只等德国方面正式对他的派遣。但起初他的希望落空了。德国方面的支持来晚了。对海德格尔来说来得太晚了。法里亚斯找到了海德格尔1937年7月14日写给弗赖堡大学校长的信。信中解释了他为什么拒绝在这样短的时间内匆匆参加德国代表团一事。"一年半以前大会主席就向我个人发出了邀请。当时我便通知了帝国教育部,并附信指出,准备在这个同时作为笛卡尔纪念会的哲学会议上,对占统治地位的自由主义-民主主义知识的看法进行冲击。为此应提前作相应准备,成立强有力的、有影响的德国代表团。但这一说明如石沉大海,未获回音。所以,此后来自巴黎的多项邀请,便没有再继续报告。因为对我来说,参加巴黎大会并不重要。唯一重要的只是德国的领导机关是否愿意在德国代表团里看到我。"(法里亚斯:《海德格尔与纳粹》,第330页)海德格尔显然觉得受到伤害。因为德国政府机关没有及时就参加会议的战略准备工作和代表团的组建问题同海德格尔进行联系。很可能海德格尔原来预想,他可能会被任命为代表团团长,带团去巴黎。但政府、党的领导机关于1936年定黑塞为代表团团长。他在1936年8月的一篇呈文中,对这次大会的目的作了如此描述。显然大会想把笛卡尔的理性主义同哲学概念本身划等号。这样"今天的德国的哲学意志"便被划到哲学之外,被视为"伟大欧洲传统的否定,视为自然主义的分裂主义的表达,视为对精神思想的放弃"。实施对德国的"思想精神孤立",建立法国的"精神思想的领导"地位。这就是这次大会的战略目的。为此必须对此提出相应的、强有力的对抗措施。代表团必须有能力"代表德国国家社会主义的精神意志,并使之得到清楚的贯彻";不仅需要强有力的辩护,而且必须能够发动进攻。黑塞写道,"这是德国精神思想向欧洲空间的进军"。十分遗憾,在新德国只有为数极少的几个哲学家,能胜任为德国哲学进行"国际水准的战斗"的任务。(同上书,第335页)按黑塞的建议,代表应由海德格尔、卡尔·施米特,阿尔弗雷德·鲍姆勒尔组成。

这个建议被接受了。1937年初,黑塞与海德格尔联系,但海德格尔已经拒绝参加大会了。这也使他避免了进一步的尴尬。因为代表团成员不仅按意识形态原则,而且还是按种族原则组建的。胡塞尔被大会定为主要发言人,但是因为他是非雅利安人种,不能接受邀请参加大会。德国领导机关正确地估计到,胡塞尔出席会议,会把官方代表团完全排挤到不被人注意的地位。人们担心胡塞尔会受到"格外热烈的欢迎"——会变成对德国代表团的示威。

代表团是以军人的姿态出现在巴黎的。有些教授身着纳粹党制服。法国一家报纸在报道中惊叹,与通常的国际哲学大会的情形不同,这次德国方面显然没有"个人"露面,而是一种集体精神的代表。来自诗人和思想家国度的哲学,居然也能按整齐划一的战斗编队前进,使人感到忐忑不安。

海德格尔留在家里,写作他的唯一的关于德法谅解的著作。他的作品发表在一本文集《阿雷芒之国·民族特色与使命》中,题目为《通向表达之路》,文中讨论了法国精神和德国精神争论的问题。

该文集的主编是当时弗赖堡市市长、当时纳粹报纸《阿雷芒人》的主笔弗兰茨·克尔伯尔。从第一次世界大战以后,莱茵河地区就非军事化了。希特勒为了同法国算账,下令向莱茵河地区进驻军队。文集的出版就是为希特勒的军事行动作宣传。但海德格尔并没有为配合这一宣传目的而作文章。按佩茨特的记述,海德格尔十分乐意在朋友圈子中朗读这篇东西,"似乎这篇东西有十分重大的意义。"(佩茨特:《走向明星》,第47页)1945年以后,海德格尔还把它收进了《思想的经验》自选文集中。

文章中涉及的是德国和法国人民相互谅解的问题。海德格尔并不停留在地缘政治冲突、经济冲突、军事冲突与对立等问题上。"现在,这个世界的历史时刻",向"创造历史的西方的各民族"提出了伟大得多的任务:解救西方。但是,通过不同民族风格各异的思维与文化风格的妥协、平衡以及相互混合,并不能成功地完成解救的任务。要想完成此任,只有各个不同民族以自己的独特性为基础进行思考,以这种思考活动为基础,对西方的同一性的解救作出自己的贡献。在法国,笛卡尔主义,即坚持理性对"res extensa(广延之物)"的支配作用的幻想,占着统治地位。在德国,总的来说是与其相对的历史性思维有着决定性影响。把这二者对立起来的做法本身并不稀奇,并不是海德格尔的原创。但值得注意的是,海德格尔把这种对立,看作是最终公开决裂,它是由古希腊原始哲学舞台上未能得以展开、未做出区别所致。这里指的是柏拉图的存在和赫拉克里特的生成,也就是说,后来的理性主义和历史性,还在同一的城邦中相互争论,发生着影响,一起形成了一个统一的思想精神同一性。可以说,是同亚洲思想相对立的同一性。这些亚洲式思想包围着古希腊,像大洋的巨浪冲击小岛一样冲击着古希腊。那么在"今天世界历史关键时刻",什么是"亚洲式的"呢？海德格尔并没给出清晰的答案,但是,按照他的思维逻辑,我们今天的所谓"亚洲式"的,并非是"野蛮、愚昧的",而是以放荡不羁的北美和俄国为其典型代表的现代性。而法国的笛卡尔主义,是现代性的新的源泉,所以法国与德国在解救西方中的合作,是一种非对称的合作:法国的理性主义必须进入德国的历史学校中,更进一步讲,到海德格尔的存在思维的学校中接受教育。因为只有从这种思维的观点出发,才可望克服理性主义的客观性妄想,让自己向存在史的宝藏开放自身。最后的结论是:德国思想精神对法国思想精神的需要,远不及法国思想精神对德国的需要那么迫切。海德格尔的友好提示还指出,法国的思想精神现在已经注意到它们缺了黑格尔、谢林和荷尔德林。法国思想精神还可以救药。

没有任何论据证明海德格尔读过法国康德主义者朱利安·本达的哲学小册子《知识分子的叛变》[La trahison des clercs]一书。1927年这本书在法国出版后引起了很大轰动。它已经代表法国方面对海德格尔式的会谈的提案预先给以了回答。在本达看来,知识分子把他们自己交给历史的大潮,任其推动、漂流,而放弃真理、正义、自由等的普遍适用的思想精神价值,听从本能、民族精神、直觉等等非理性力量支配,这就是知识分子叛变的开始。被定义为世界牧师的哲学和文学的知识分子,所肩负的任务是,反对各个时期的政治上的所谓时代精神的侵袭,保护人类的普遍价值。除了知识分子,难道还有其他人能完成此任吗?因为"俗人"已经不可避免地被卷入到世界的行为和激情中了。这是一种严格的人文主义的唯理论。它公开站出来反对浪漫主义的民族精神的花言巧语。本达在谈到德国思想精神时说,康德以后,德国精神已无甚可学的东西。我们只有不断告诫人们,对它们提高警惕。本达引用了雷兰的话,似乎是一直针对海德格尔的:"人既不属于他的语言,也不属于他的人民,他只属于他自己。因为他是自由的,即道德的存在。"本达坚信,谁要是把人类的精神思想驱逐出它的普遍性的故乡,让它变成人民争论的对象,那么不久就会在那里看到对"文化战争"的呼吁。(本达:《知识分子的叛变》,第98页)这并不是海德格尔想要的。海德格尔所希望建立的,是友好的睦邻式关系。"相互倾听的持久愿望和自己本真的独立和决定的坚定勇气,都是这种睦邻关系的组成部分。"(海德格尔:《思想的经验》,第 21 页)关键性的东西并没有改变:当涉及到决定是笛卡尔的唯理论,还是历史性的思想更适于存在的开放性时,对海德格尔说,必须找到一个"途径'以对这一决定'加以表达。'不允许'回避这一极困难任务,即事先划好选择的区域"(同上书,第 20 页)。有一点很清楚,海德格尔认为,他自己的思想是适合于肩负此任的。法国与德国哲学上的谅解,不是在别的什么中心地方,而是在托特瑙山的山顶上进行。

　　三年之后,希特勒发动的战争全面展开。1940 年夏天法国战败。在这年的夏季学期讲授尼采的课上,他讲解欧洲虚无主义时,讲到法国的投降得出的结论是令人吃惊的:"在这些日子里,我们自己成了神秘的历史规律的见证人。一个形而上学所由发源的民族,有一天会变得对形而上学来说不够成熟,不再适合。而这恰恰发生在形而上学自身转变为无条件的时刻……只有坦克车、飞机和新闻通讯工具是不够的。只有能驾驶和使用它们的人也是不够的。……它需要一个从根本上,从它特殊的基本存在出发,就特别适应于这种近代的技术和形而上学的真理的整个人群,这就是说,一个让技术的本质来统治自己,以便自己对具体的技术过程和可能性加以操纵。只有尼采形而上学意义上的超-人,才适合于这种无条件的'机械的经济学',反过来,超人也需要这种'经济学'以建立对地球的无条件统治。"(海德格尔:《尼采》,第 2 卷,第 161—162 页)也就是说,德国证明了自己比笛卡尔式的法兰西民族更加笛卡尔主义。德国更成功地实现了笛卡尔的统治整个"广延存在",即对自然实行技术控制的梦想。"全面动员"(同上书,第29页)即整个社会和所有个人的技术与组织上的编排整理,在德国才第一次获得成功。近代形而上学在这里结出了丰硕成果。存在只是"被表象性"和"被生产性"。德国获胜了,因为近代的胡作非为,在德国这里得到了彻底的——"超人"的——发展。法国人只是一个魔术学徒,他们启动了这一过程,他们自己却对于这一过程不成熟,不适合。在极权主义的德国,养成了那种能担此任,适应近代技术的人群。在这里,人本身显然变成了导弹。另外,后来海德格尔怀着恐怖和兴奋的双重心情,谈到他的日本学生之一报名参加了"神风飞行队"。

1935年的讲授形而上学的课上,海德格尔还把美国和俄国看作"毫无希望的脱缰的技术的疯狂"的先锋力量。(海德格尔:《形而上学导论》,第28页)现在他看到德国在这方面占了优势。他谨慎的满足的口气谁都听得出来。这使人想起海因里希·曼笔下的一个人物,笛德利希·黑斯林。当他受到一位威风凛凛的海军少尉的极为痛苦的伤害时。他还十分满足地说:"我们没人学他的样子。"海德格尔也是如此:德国胜利了,因为它比其他国家更有效地服从技术的胡作非为。但是,有一条,遗忘存在的顽固不化我们可没有学!

海德格尔的儿子,约格和赫尔曼参军入伍,从1941年起赴东部战线。年轻的伤残军人、休假的战士、老龄学生坐满了讲堂和教室。女学生的数量不断增加。从前线来的死亡和失踪的人数与日俱增。

第十九章

1941年9月26日,海德格尔在一封给他阵亡学生母亲的信中写道:"对我们留在后方的人来说,十分难以了解,许许多多的德国青年出于真正的精神和一颗敬畏的心,这些人到底怎样经历到那最美好的命运的。"

这里所说的阵亡者最美好的命运是什么?是他的思想吗?大多数阵亡者没有几个可信赖的朋友,但他们在哲学家的记忆中被保存起来,用海德格尔的话说,以便他们在后代人那里,重新唤醒德国人的精神和忠诚之心。这场战争因此获得什么意义吗?海德格尔在关于尼采的课上不是说过,这场战争是遗忘了存在的、趋向于权力的意志的表达吗?

的确,海德格尔在他的讲课中不断地重复上述思想,但海德格尔也说,"当下在将'人力物力资源'用于趋向于权力的意志的无条件的授权"的历史时刻(海德格尔:《尼采》,第2卷,第333页),哲学完全变成多余的,因而感到威胁。作为一种文化产物,它将从公众生活的舞台上消失,因为,它除了是"来自存在自身的召唤"之外一无所是。(《海德格尔全集》,第54卷,第179页)但现在已没有时间接受这种召唤了。战争的结果使德国的人们认为,对诗人和思想家民族的从属已经被超越了。(同上书,第179页)为这类战争作出的牺牲还能有什么意义呢?

从海德格尔的观点出发可以有两个答案:第一个答案是众所周知的,即本真本己的人生的实施,并不取决于整个环境的道德特征。这里所关注的只是他对它的态度(Haltung)。海德格尔在给那位母亲的信中,就是在这个意义上称赞阵亡中的"内在的火","在世界性事物面前"的崇敬——而不管这种世界性的事物在不同的情况下具有什么不同的意义。具体准确的意义海德格尔自己也不知道,因为他并不知道这个青年人阵亡时的具体情况。

第二个回答是,牺牲之所以很有意义,是因为而且只有当战争本身很有意义时,才具有意义。但海德格尔在这个问题上是摇摆不定的。一方面他把这场战争理解为划时代的趋向于权力的意志的表达——但他从来没有发觉希特勒的德国对此应负的全部责任——因此整个战争被看作已背离任何意义的近代全部动员的一个事件。从这个立场出发,为战争的牺牲应是毫无意义的。但对海德格尔来说,美国的参战,使战争的情况发生了变化。1942年夏季,在讲授荷尔德林的课上他说:"今天我们知道,美国主义的盎格鲁-撒克逊已经作出决断,要毁灭欧洲,即毁灭故乡,即毁灭西方的起源"。(《海德格尔全集》,第53卷,第68页)

但是,这个"西方"的起源活在什么地方?正式的德国不可能是这个起源的生活场所。因为,正如海德格尔自己不知疲倦地反复强调的,在这里,是机械化的经济学和把人降低为物质性的东西取得了胜利。

但是,还有一个非正式的德国,即一个想象中的德国,即荷尔德林所相信的德国。这个德国,它的语言——除了古希腊之外——是唯一保藏着哲学精神的语言,1943年的关于赫拉克里特的讲课中,海德格尔说:"行星在燃烧,人的本质四分五裂,只有德国人能够从事世界历史的思考,前提是他们能发现那德国性的东西,并将其保护起来。"(《海德格尔全集》,第55卷,第123页)这个本真本己的、众叛亲离的西方的德国,难道不是只存在于海德格尔哲学之中吗?

第 十 九 章

尽管海德格尔不想染指"趾高气扬"的历史使命之类的东西，情况也不会有任何变化。他的哲学在战争的最后几个月中，完全转入对伟大的奠基人的怀念：荷尔德林、巴门尼德和赫拉克里特。在海德格尔这里，思维同外在的事件的发生之间的剪刀差越来越大。当发生的变故走向它的灾难性的终点时，在希特勒政权以其对犹太人的大屠杀达到了它的残酷性的最高潮时，海德格尔则越来越深地沉浸在那开端之中。"西方之开端隐蔽的精神，对于这种无开端的自我毁灭，连鄙视的一瞥都不屑一掷，而只泰然自若地在开端的静谧中期待着转折时刻的到来"。（《海德格尔全集》，第 53 卷，第 68 页）

和 1933 年不同，如今海德格尔已经不再期待社会政治大事变的发生了。如今转折的时刻是孤独中诗的吟诵与思维的时刻。诗的吟诵和思维，暂时还不在任何运动中寻求支持。1943 年海德格尔在为他的《什么是形而上学？》写的后记中说，"本质性的思维关注着难以捉摸的东西的缓慢的朕兆"。（海德格尔：《什么是形而上学？》，第 51 页）这种思维不产生任何"结果"。存在只是一种希望，也许在这里或那里燃起类似的思维，通过这些思维构成一种秘密的跳出了当前的"世界游戏"中的兄弟友谊"世界游戏"，这一说法是 1941 年的一次讲课中第一次使用的，被用来指称这个巨大的悲惨困境的特征。在当前的这场"世界游戏"只看到工人和战士。离开这种"正常态"有两种方式，一种方式被海德格尔说成是影射恩斯特·荣格尔"在这样的时代，迄今为止的世界已四分五裂，现在只能铤而走险，冒险就是摆脱'常态'的一种类型。人在这种冒险中保护现实。在这个时代里，谁还会对上述这种思想的不断增长感到吃惊呢?"(《海德格尔全集》,第51卷,第36页)冒险给存在之遗忘涂上了一层刺眼的颜色,增加生气勃勃的推动力,它冲入现代的大机器之中,尽管它将被这个大机器绞得粉碎。它不断提高这种游戏的赌注,以便使它更有刺激性。

在海德格尔看来,深沉思维急切性(Instandigkeit)是以另外一种方式,与世界游戏的灾难性关系相对抗。以前人们将沉思称为"vita contemplativa"。① 但海德格尔认为这个说法在根本上不适用指称他的思想。正是这种急切性,将海德格尔推入一种简单的生活附近。他在1943年讲授荷尔德林的课上说,如果从一个现代人那里把他借以娱乐和吸引他的一切,如"电影、收音机、报纸、剧院、音乐会、拳击、旅行"(《海德格尔全集》,第55卷,第84页)统统拿掉的话,那么他就会空虚致死,因为"简单的东西"已经不再和他打招呼。但在深沉的思维中,空虚恰恰可成为一种"回忆存在"的契机。(同上)在战火正旺之时,在"整个星球都在燃烧"之时,海德格尔的哲学就已经转到战后的题目之上:泰然任之。

在战火纷飞中能泰然任之,还要归功于对紧迫的现实的无视。上面我们已引证过海德格尔1944年给《什么是形而上学?》第4版写的后记。在这个后记中海德格尔写下了一句十分含糊不清的话:"存在可能没有实存也能存活[west]"。在地狱开始之年,海德格尔对实存的思考已走得相当远了,以至于存在已成为某种以前所不曾是的东西:一种独立于实存的关联量。但在1949年该书再版时,他又撤回了这已逾矩的一步。他把"可能[wohl]"改成了

---

① 拉丁文,意为:静观的生活。——译者

"从来没有[nie]",于是这句使人眼晕的话变为下面的样子:"存在从来没有离开实存存活过。"

关于在那处境艰难的时代,存在是以何种方式在场的,在战争的最后一年写的关于荷尔德林的文章中,我们能找到海德格尔意味深长的表达:"破裂过程的混乱。"(《海德格尔全集》,第 4 卷,第 62 页)无底无根的深渊张开了口,大地在震动。

出于同一时期,在涉及荷尔德林献给施瓦本故乡的赞歌时的下述说法与上面的表达形成鲜明对立:"母亲斯威维恩住在'家中炉灶旁',炉灶一直保护节省下的火炭。当它燃烧起来时,生机勃发中向空气敞开自身。……所以当一个人不得不离开近旁处所时,举步十分艰难。"(同上书,第 23 页)

第 二 十 章

海德格尔参加人民冲锋队　弗赖堡被毁　惊恐不安的田园生活：维尔登施泰恩堡　海德格尔面对清查委员会　雅斯贝尔斯的鉴定信："拘谨、专制、封闭"　禁止教书　法国发现了海德格尔　考叶维、萨特和虚无　海德格尔读萨特　被错过的会面　访红衣主教　精神崩溃和冬季的森林中的康复

1944年11月27日，一夜之间，英国和美国的轰炸飞机大队把弗赖堡城炸得体无完肤。不久前海德格尔参加了人民冲锋队，赴布赖萨赫［Breisach］。人们想在那里把法国军队阻止在莱茵河右岸。但是为时已晚。人民冲锋队只好返回，海德格尔也在行列中。他是依据1944年10月18日的领袖公告而参军的。这是最后一次征集兵力：16岁至60岁的所有男性均应征入伍。不允许有任何免征之例。有工作能力是入伍的唯一标准。因为海德格尔有工作能力，所以也属于被征对象。但并不是海德格尔所有同事都被征入军队。征兵工作是由地方纳粹党负责进行的。当时一片混乱。此时，哲学系的同事为海德格尔脱离军队而努力活动。哲学系同事委托当时柏林的威廉皇帝优生学研究所的臭名昭著的所

长、此时已退休在弗赖堡的欧根·费舍尔给教师联合会的领导舍尔写信,请求让海德格尔脱离军队。信的结尾中说:"在我们德国,阿尔萨斯地区的敌军距离我们城市不到50公里,值此困难之际,我们还提出这一请求,足以表明我们对德国科学的未来的忠诚。"三周之后,当费舍尔回信说:"由于情况不明,我不能为海德格尔做任何实事"时,这个问题已经解决了。当人民冲锋队撤回来后,大学放了海德格尔的假,让他回家去整理手稿,并把它们带到麦氏教堂镇附近保险的地方去。在离开已被炸为废墟的、同盟军队的占领指日可待的弗赖堡城之前,他还去拜访了哲学家乔治·皮希特[Georg Picht]和他的夫人。海德格尔还想请他夫人再弹奏一点东西。皮希特夫人弹了一曲舒伯特的遗作B大调奏鸣曲。海德格尔注视着皮希特说"我们用哲学做不到这一点"。1944年12月的一个夜晚,海德格尔在皮希特家的来访留言簿上写下了下面的话:"沉沦并不是死亡。每个沉沦都隐蔽在开端之中。"(皮希特:《思想的力量》,第205页)

  海德格尔周围发生的一切、海德格尔要逃避的一切,到底是死亡还是沉沦?在留言簿的话对此并没有给出答案。但是半年之后,1945年7月20日,海德格尔在给鲁道夫·施蒂尔曼——他的科学家营地日子里的"侍从"、如今已是图宾根大学哲学系主任——的一封信中对此给予了回答。"现在所有的人都在思考沉沦。为此我们德国人不能沉沦,因为我们还没升起呢,我们刚刚度过黑夜。"(奥托:《海德格尔》,第22页)

  从逃离弗赖堡到返回已被法军占领的弗赖堡,这期间有半年之久。在这半年里,他过着一种惊恐的田园生活。他同他弟弟一起，在麦氏教堂镇整理了一冬天手稿。当春天到来时，整个哲学系——实际上应说，轰炸后遗留的哲学系的残余——都搬进山里。弗赖堡大学决定，将大学的一部分进行疏散转移。隐蔽区被选在麦氏教堂镇附近的博伊隆上面的维尔登施泰恩堡。1945年3月，十个教授同三十几个学生，大部分为女性，部分步行，部分骑自行车，带着沉重的行李和书籍，攀上黑森山，上多瑙河，在富尔施腾堡的房产、城堡中以及附近的莱伯廷根驻扎下来。从麦氏教堂镇到维尔登施泰恩堡，这段路是海德格尔的熟路。现在他又走上这条路，去城堡酒肆中去主持他的小小讨论班。而此时山下的谷地中，法国军队已沿希格马林根方向突进，以扫荡逃亡到那里的法国维希[Vichy]傀儡政府的残余。5月底是牧草收割季节。教授与学生帮助收割。为此他们可以得到食品。很少有消息从弗赖堡传到山上。人们只知道，城市被占领。侥幸的是，在弗赖堡周围地区并没有大战。山脚下谷地中的博伊隆修道院内建起了战地医院。每天都有退下来的伤员。在收割牧草的间隙，在山岩之上，过去强盗住的巢穴里，成了研读康德《纯粹理性批判》、中世纪历史和荷尔德林的场所。荷尔德林在《伊斯特尔》赞美诗中，对上多瑙河进行过歌颂。"但人们称它为伊斯特尔/他住得很美，燃着落叶的烟柱，徐徐升起。……"海德格尔经常对这首诗进行诠解，现在他又来解释它。在这期间，荷尔德林成了他的家族谱系学中不可缺少的部分。在编辑后出版的文本中，没有收入的一条注释中海德格尔说："也许荷尔德林这位诗人，成为了思维者分析活动的决定性的赠品，这思维者的祖父和'伊斯特尔'赞美诗诞生于同一时期……依据文档，他生于多瑙河谷上，山岩下的溪流岸边的羊圈（一个奶牛场的

第 二 十 章

绵羊圈里)。传说的隐秘的故事中不只有偶然性。一切都是馈赠。"(珀格勒:《海德格尔:政治上的自我理解》,第 41 页)

从维尔登施泰恩堡放眼望去,可以看到古老的多瑙屋[Donauhaus],海德格尔的祖父出生的那个绵羊圈就归它所有。

这个不寻常的夏季结束之际,6 月 24 日,在城堡里举行了结束庆祝会。这个地区的居民都接到邀请。他们带来了吃的东西。城堡大厅里,人们演出话剧,又歌又舞。三天以后,在附近的伯纳德·冯·萨克森·麦宁根王子的别墅里,海德格尔又一次大登场。此后,再次登台讲课,那就是好多年之后的事了。他的讲演以一段钢琴小协奏曲作引导;报告的内容是对荷尔德林一句话的讲解:"在我们这里一切都围绕精神思想性的东西协调在一起。我们变得贫穷了,为的是成为巨富。"

在此间已被占领的弗赖堡的法国军事当局,已经开始征用军用住房。在海德格尔的档案卷里有一注释:"海德格尔在本城被视为纳粹(他的校长就职演说)。"(奥托:《海德格尔》,第 295 页)凭这一句话临时市长就有足够的理由将海德格尔的房子——在勒特布克街 47 号——于 5 月中旬列入征用"黑名单"。但尚未最后决定,是只在他家驻军,还是让他搬离此处。而且还有征用他的图书馆的威胁。海德格尔那位夫人埃尔福丽德独自一人与官方进行了一周艰苦的交涉,最后提出抗议,请求等她丈夫回来再议。

在海德格尔回来之前,她就接到临时市长的决议通知书,"据军事政府解决最困难的住房紧张问题的命令,首先征用党的同志的住房"。海德格尔毫无疑问是党的同志。

当海德格尔 7 月初从维尔登施泰恩堡回来之后,对他来说,环境发生了戏剧性变化，刚刚还在城堡里和王子别墅中陶醉在肃穆的敬仰之中，几天之后在弗赖堡就被推上了审判台，成了受审者。负责部门让他承认，他完全可以放弃他的图书馆，因为没有图书馆，将来他也就不会再重操旧业的。7月16日，海德格尔写了一份给市长的陈述状，这是他以后许多年里，不断为自己作的申辩的基本模式的第一个草案："我向对我个人和我的工作进行的这种贬低提出最严重的抗议。为什么恰恰我不仅受到征用我的住房，而且完全剥夺我的工作场所这种处罚？我向世界公开地讲，为什么在全城市父老面前对我公开诽谤？我在党内从来未担任任何公职，也未在党的机关内或它的附属部门从事过什么工作。如果有人把我的校长就职演说看成我的政治问题的话，那我不得不要求，给我提供可能，对所有的、由随便什么人对我提出的谴责和指控进行辩护，这就是说，最重要的是，让我了解所掌握的一切用于反对我以及我的公开的公职活动而提出来的事实。"（同上书，第296页）

　　开始只涉及住房和图书馆。海德格尔还保留公职。但是法国军事管制当局，已经着手从事政治清查工作。大学则想保住自己独立的实体的地位，想向当局证明，它自己有能力从事清查工作。所以1945年5月8日，校评议会作出3项关于校内调查填表活动的决议和甄别校方人员过去政治活动的标准规范。这里提出了三个规范：为保安部从事工作和从事密探工作者；正式从事干部活动者；从事领导和代表性的工作（校长、系主任等）者。按此标准，学校当局认为，海德格尔接受审查是理所当然的事。

　　但法国军事管理当局不承认大学为独立实体，所以不同意把清查工作交由大学自己去办理。法国的联络官员组建了一个委员会,它在大学代表军方政府,由它负责实施清查工作。清查委员会里有康斯坦丁·冯·蒂茨、格哈尔德·里特尔和鲁道夫·兰帕。这三个都参与了 7 月 20 日的密谋①,刚刚从监狱中被放出来。另外还有神学家阿尔盖尔和植物学家弗里德里希·厄尔克斯。后者是雅斯贝尔斯的好友,和雅斯贝尔斯一样,也与犹太女子结婚,因此在过去的几年里整天战战兢兢度日。也就是说,海德格尔必须于 1945 年 7 月 23 日首先面对这个委员会为自己辩解。这个委员会的组成对海德格尔十分有利,使他欢心。比如格哈尔德·里特尔曾专门让人记述下来。他通过与海德格尔十分亲近的人获知,海德格尔自勒姆政变②之后,内心一直是国家社会主义的反对者。委员会里只有兰帕是海德格尔复职的坚决反对者。兰帕是国民经济学家,在海德格尔当校长时受到排挤。当时海德格尔反对延长他的讲座教席,因为海德格尔认为,对纳粹来说,他是政治不可靠分子。从 7 月 23 日委员会主持的第一次审讯起,海德格尔就清楚了,他的辩护应主要针对兰帕。所以,两天以后,海德格尔请求同兰帕进行私人谈话。关于这次谈话,兰帕为清查委员会作了一份详细记录。根据记录,兰帕为了避免尴尬局面,驱除人们认为他持有偏见的怀疑,他一开始便声明,1934 年涉及他自己的事情,于他对事情的判断无任何影响。然后,他向海德格尔重复了委员会对他的谴责:第一,作为校长在学生纳粹团里进行纯粹纳粹式的政治

---

① 指暗杀希特勒的行动。——译者
② 指希特勒于 1934 年杀死由恩斯特·勒姆为首的内部反对派事件。——译者

宣传和呼吁号召。第二，海德格尔十分坚决地、不留一点妥协余地地贯彻执行了领袖原则。第三，作为校长他向教职员发出多次命令、通告，它们的内容，按兰帕的原话，只能看作是"对高校教师有权享有的，理应受到保护的尊严的严重损害。"海德格尔的国际声誉，更加强他的错误影响力，因此，他"当时对国家社会主义的当时特别危险的发展倾向，作出了本质性的支持"，对纳粹有贡献。面对兰帕，海德格尔发展出了一整套的自我辩护方针，这套方针一直延用到他晚年的《明镜周刊》访谈录：他之所以支持国家社会主义，是因为他期待它成为一种力量，以更新了的民族共同感情为基础，形成同现存社会对立相抗衡的力量；另外，共产主义的蔓延也必须加以阻止；他被选为校长也是违背他的心愿的；他之所以任职一年，是为了避免更坏的事情（比如党魁阿里的当选）的发生，但是，他的同事当时并没有注意到这一点，因此而放弃了对他应有的支持；三十年代中期起，他便公开——主要是在讲授尼采的课上——对国家社会主义的权力思想进行了批判。党也对此作了相应的反应：他们派密探到他的课上，阻挠他的著作的公开发表。

兰帕对海德格尔这种毫无负疚之感的表现十分愤怒，要求海德格尔承担"个人的责任"。像海德格尔这样坚决彻底贯彻领袖原则的人，绝不允许用什么"存心捣乱"，没有人支持这类鬼话来为自己开脱。关于海德格尔后期对制度的批评并不足以"抵消"（兰帕语）他的行为。与他的履行校长职责时的行为和各种决定，以及由此带来的那些个人损害相应，他应受到被害者的直接的批判。

海德格尔自我辩护完全出自对自己的恐惧。和他一样身负罪责的同事，比如弗赖堡的罗曼语文学家胡果·弗里德里希已经被法国人逮捕入狱。他十分担心自己会遭到同样的下场。他担心他的房子,担心他的图书馆。他只看着他面对的深渊,但从来没有面对他自己的政治错误这个深渊。只看到他工作的损失和他自己的社会地位有可能降级的威胁。他对兰帕讲,委员会的否定性的鉴定,会使他失去"公民权",所以他才如此全力以赴为自己辩护和证明自己的清白。

也就是说,海德格尔没有表现出有任何一点知罪认罪的感觉。而事实上他也的确没有什么罪。因为对他来说情况是:他短时间地参加了国家社会主义革命,因为他把它当成形而上学革命。当这革命没有兑现它的诺言时——这革命对他许下了什么诺言,他从未说清楚过——他便抽身退出,去做他的哲学工作,而置党的批准与否于不顾。他并没隐瞒他对该制度的保留态度,而是在讲课时公开批评,因此,他与其他那些适应这个制度、为这个制度服务、但并没有受到审讯的绝大多数的科学家相比,他对这个制度应负的责任要小得多。他与这个制度所犯的罪恶有什么关系?让他受到审讯的确使他吃惊。正如他后来面对雅斯贝尔斯所承认的,他对自己短期参加这一革命而感到"羞愧"(1950年4月8日信),但这是对自己"看错了"的羞愧。他自己所追求的暴动、革新,从他的观点看来,与最终的政治现实以及由此产生的后果毫不相干。在他的出自哲学动机的政治参与结束后,哲学与政治领域截然分开。这在他看来,是他的哲学观点重新获得了纯粹性。他自己的向公众公开的思维为他自己平了反,恢复了名誉。所以他并不感到有罪,不仅在法律上是如此,而且在道义上也是如此。

1945年8月,清查委员会驳回了兰帕的鉴定草案,对海德格尔的政治行径,作出了一个十分宽大的鉴定:尽管开始参与服务于国家社会主义革命,用"德国教育界的眼光"对它作了论证,因此加重了"在政治变动中德国科学家自尊"的负担。但1934年以后便不再是纳粹分子。委员会建议:海德格尔应提前退休,但保留公职。他还应继续他的教学工作,但不允许再对任何校系组织和学术团体发生任何影响。

但大学评议会(而不是法国军政府)反对这个宽大的鉴定。理由是,像海德格尔这样的人都一毛未动地逃脱,我们便无任何理由对学校里其他有罪的成员再行审查了。因此委托委员会对海德格尔一案再作审查。

至此,海德格尔的要求是全面恢复权力和名誉。他想保留所有教职人员享有的一切权力和义务。现在他看到,为了获得军方管制方面的信任,校方显然想拿他的案子作个样子给法国人看。所以,情况变得对他不利了。于是他急忙表示愿意接受退休的处分,他只想为保留他的教师权力和退休金而争斗一下。他建议,让雅斯贝尔斯给他作鉴定,指望这个鉴定会减缓他的罪名。1945年圣诞,雅斯贝尔斯为他写了一份鉴定。(胡果·奥托重新找到了这份鉴定)但起的作用完全相反。

一开始,雅斯贝尔斯想推辞不写。后来又觉得,对海德格尔作公正鉴定,是自己不能推卸的义务。当时他正在这个冬季学期讲授"清理罪责的必要性"的课。如果海德格尔当时知道雅斯贝尔斯这门课上讲的内容,那么他无论如何也不会请雅斯贝尔斯为他写什么鉴定了。雅斯贝尔斯在课上说:"许多1933年参与了、并力争充当领袖人物为新权力提供世界观的服务的知识分子,他们个人后来受到排挤,因此十分不满。他们感觉在纳粹时期受了罪,所以现在准备做教授的继承者。他们把自己看作反对纳粹的人。但是在那些年代里,有这样一种纳粹知识分子意识形态,在精神事物上,他们毫不遮掩地宣布真理——他们保卫的是承传下来的德意志精神——他们为破坏提供保护——他们直接参与了具体的事件……一个1933年的成年人的内心的内在信念,如不是出于政治的迷误,而是出于通过国家社会主义而进一步加强的此在生存的感觉的话,那么,这种知识分子的意识形态如果不经过重新熔炼是不会变纯的。他们也许要比其他人需要更深地浸入这熔炼之中去"。(雅斯贝尔斯:《罪责问题》,第46页)雅斯贝尔斯讲这些话时,心里一定想着海德格尔。

雅斯贝尔斯同海德格尔的联系,早在1936年夏季便中断了。最后一封信是1936年5月16日写的。海德格尔不再作答。信中雅斯贝尔斯对海德格尔寄来的荷尔德林的文章作了如下回复:"请您理解并允许我沉默。我的灵魂残废了。因为在这个世界上,我并非如您所写的'没有尊严,只有哲学',而是变得哑口无言。"(《海德格尔与雅斯贝尔斯通信集》,第62页)

1937年雅斯贝尔斯被开除公职,并禁止他讲课和发表任何东西。海德格尔对此没有任何反应。从1938年起,犹太人格特鲁德·雅斯贝尔斯(雅斯贝尔斯夫人)天天都面临被驱逐的现实可能性。为了对付随时可能降临的灾难,雅斯贝尔斯夫妇总是随身带着剧毒胶囊。

雅斯贝尔斯谴责自己,在纳粹统治的最初几年里,面对海德格尔不够公开直率,没有直接质问海德格尔的卷入政治的活动。之所以没有这样做,其原因,乃是因为雅斯贝尔斯在 1948 年 3 月 1 日一封从未发出的给海德格尔的信里有如下说明,"我之所以没有这样做,是出于对某些人的不信任:在暴力统治下我没有看到这些人有任何一点友谊的表示。我学着斯宾诺莎的样子,遵循柏拉图的建议,采取了预先的防范措施:在这种时代像蚯蚓一样隐蔽起来。……从 1933 年起,您就成为对我的一种威胁,直到——就像时间流逝中经常出现的那样——由于 30 年代许多更为可怕的事情的压力不断增长,您对我的这种威胁几乎消失了,只留下了一些淡淡的回忆,和偶或但不断重新出现的对此的惊奇。"(《海德格尔与雅斯贝尔斯通信集》,第 167 页)

现在海德格尔情急之下,于 1945 年底直接找到雅斯贝尔斯门下,这使雅斯贝尔斯十分失望。因为在德国被解放之后,雅斯贝尔斯一直期待着海德格尔的清楚明白的交待。但是海德格尔毫无动静。而且在雅斯贝尔斯于 1945 年秋寄给海德格尔一份由他参与主编出版的《转变》杂志之后,海德格尔仍然毫无反应。

在 1948 年那封未发出的信里,雅斯贝尔斯对他 1945 年为海德格尔作的鉴定作了如下的评论:"在那冷峻的表达中,您已经无法感受到我心之所系。我那封信的出发点是,承受那不可避免之事,在最危险的情势下为您争取最好的可能,以便使您继续您的工作。"(同上书,第 167 页)

雅斯贝尔斯让他承受的"不可避免之事"包括:海德格尔如何向纳粹告鲍姆嘎登[Baumgarten]的密,但另一方面又如何用最优的成绩单和个人的努力帮助他的助教,犹太人布罗克博士脱身回到了英国。委员会直接向雅斯贝尔斯询问海德格尔反犹太主义的问题。雅斯贝尔斯的结论是，直到 20 年代，海德格尔都不是反犹太主义者，但是在一定的情况下，比如处理鲍姆嘎登一案，海德格尔最终还是卷入了反犹主义。

对于大学评议会的最后决定来说，雅斯贝尔斯下述的话起了决定性作用："在我们目前的情况下，青年人的教育问题事关重大，责任非浅。我们追求的目标，是完全的教学自由，现在还不能马上实施。在我看来，海德格尔的思维形态是拘谨、专制、封闭，如让这种思想在青年教育中发生影响，后果不堪设想。在我看来，思想的形态比政治判断的内容更重要。政治上的判断的进攻性很容易转变方向。只要这个人没有在现实行动中证明他已完全悔过自新的话，就不可以向几乎毫无抵抗能力的学生推荐此人为老师。首先要让青年人学会独立思考。"（奥托：《海德格尔》，第 315 页）

雅斯贝尔斯的鉴定，并没有止于对海德格尔参加国家社会主义的活动进行评估，而且认定，海德格尔的思维风格是有害于德国的政治和道德的重建工作。

依据这一鉴定，大学评议会于 1946 年 1 月 19 日作了决定：建议法国的军事政府取消海德格尔教师资格，解除他的公职，让其领取一定量退休金。军事政府接受了这个 1946 年底的决定，但进一步作了更严的修订：1947 年起取消退休金。但这修订于 1947 年 5 月便予以撤回。

正如我们前面已提到的，在这种严厉的决定之前，大学和法国军政府中人们的情绪发生了骤然变化。在初秋之时，海德格尔还有望侥幸过关。因为法国军政当局此时尽管已经征用了他的住房，但对海德格尔的态度还比较温和，他被列为"可供使用"的人员之列，也就是罪责较轻，近期可重新启用者。

但外面的传言和消息，给反对海德格尔复职的人敲了警钟。法国的一群知识分子要到弗赖堡和托特瑙山作虔诚的朝圣活动，拜谒海德格尔。据传说，1945 年 10 月，海德格尔曾与萨特会过面。海德格尔受官方的要求，在法国报纸上作德国现状的评论。实情到底如何，我们下面再说。无论如何，这些传言却马上发生了作用。海德格尔的反对者兰帕据此要求对海德格尔一案作进一步的调查和从严查处，并获得了支持。兰帕的理由是，"如果海德格尔居然相信，他会受到邀请，'作解释和导向的发言人'，那么这不是证明他毫无责任感，对他把我们大学以粗暴强权方式驱入国家社会主义道路的纳粹罪行毫无认识，就是证明，他'对现实作了完全错误的估计'。"（同上书，第 310 页）而这两种情况都只表明，必须最终让这个哲学家退出舞台。

当大学和法国军政当局正在要对海德格尔进行更重的处理的时候，也正是海德格尔在法国文化界的第二次生涯开始的时候。

海德格尔在法国的影响开始于 30 年代初。它同当时的一种思潮有关。20 年代末，让·瓦尔[Jean Wahl]和马塞尔[Gabriel Marcel]就把这一思潮称之为"生存主义"。1929 年基尔凯郭尔著作的新译本在法国出版。与此相关，让·瓦尔和马塞尔对生存作了如下定义："生存就意味着：选择、充满激情、变化生成、个性化、无限地操心自己、对自己的罪恶有知地面对上帝。"

在法国 30 年代的这种"新思维"中有两个核心观念同笛卡尔主义形成尖锐对立：一个是生存的观念。在这里生存被理解为肉体的、有限的、破碎的、被从有承担能力的基础撕扯开去的一种存在。不论是笛卡尔的理性主义还是柏格森的直觉,都未能开辟通向伟大安全保险的道路。现实性已失去了其坚实的稳定的意义。人被置于可能性之中,他必须在这种可能性中作出自己的选择。因此他才会犯罪。关于生存的观念,彻底结束了有关泛逻辑世界的幻想。

关于生存的观念还同偶然确定观念直接联系在一起。具体的个人把自己体验为严格意义上的意外碰巧的发生事件。对他来说,他碰巧有这样一个肉体,因而有了这样一个具体的空间位置和时间位置。他对此无能为力,导致他对大多数事情无能为力。在他能为自己做点什么之前,某种他所不能左右的东西,总是已经与他发生了什么关系。偶然确定就意味着,已有的东西是可能再变成为没有的。人已经没有了更高的确定目标。如果他非相信这一目标的存在不可,他就必须跳过基尔凯郭尔的无底深渊。

关于偶定式生存的观点,从一开始便蕴涵了对自由的极端理解。从基督教所理解的生存出发,自由就意味着,一种存在于人的内部的,面对神和绝对自我作出决定的可能性。这是一种榜样。而由非基督教对生存的理解,自由就意味着,被驱入空无之中。在法国生存主义文化气氛的形成中,反对上面引述的本达的斗争中,存在神秘主义、圣恩决定论、荒唐主义、虚无主义等三教九流,汇集在反笛卡尔主义的大旗之下。同时,在这个文化气氛的形成中,发生着不可小视的影响的还有现象学。早在20年代,法国人就发现了胡塞尔和舍勒。

生存主义怀疑人类生活和文化中存在先定的、有保障的、有意义的和谐。现象学恰恰为此提供了一种可为补充的方法,可用以发展出一种方法,用它关注对世界中繁杂各异的事物,这是一种令人兴奋的方法。现象学在法国被视为一种艺术技巧,用它可从关注中抽出某种享乐,作为有意义的整体的破碎的补偿物。现象学还可以使人们在一个荒唐世界中找到认知的幸福。加缪[Camus]把这种对现象学的狂热和在荒唐世界中所受的苦难之间的联系,表达为"西西弗神[Sisyphos]①的神话"。胡塞尔思想中最吸引他的是,现象学放弃了从事说明的同一的原则,以及对世界的无规则多样性的描述。"思维就是学习重新观看和重新注意,也就是驾驭他的意识,按着普鲁斯特的方式,让每个观念和每个变化到它喜欢的地方去。"(加缪:《西西弗神话》,第 41 页)

曾在德国学习过,并且在那里结识了现象学的拉蒙·阿隆[Raymond Aron]在 30 年代向他的朋友萨特讲述了他对现象学的体验。萨特当时像触了电一样。萨特问,居然有一种能够让我们对杯子、勺子,我用勺子搅着的东西,凳子,等我点菜的跑堂,对这所有的一切进行哲学思考的哲学?就是关于现象学的这点道听途说,使萨特于 1933 年冬天来到柏林,以便在那里研究胡塞尔。到后来他谈到现象学时说:"几百年以来,在哲学中从未见到过这样现实主义的思潮,现象学家把人重新浸泡到世界之中。他们又重新赋予人恐惧和痛苦,以及他的反抗以重要的地位"。(萨特:《自我的超越性》,第 91 页)

就是在生存主义哲学和现象学的大气候下,海德格尔哲学于

---

① 希腊神话中的众神之一。根据荷马的描写,他自私狡猾,罪恶多端,为此受到惩罚,要永远不停地向山上推石头。石头刚推到山顶就落下来,于是他又得重新开始工作。——译者

30 年代也开始在法国发生影响。

1931 年海德格尔的讲演《根据的本质》和《什么是形而上学》在法国哲学杂志上发表。这是这些文章的第一次翻译。接下来出版了选集,其中选入了《存在与时间》中关于忧虑操心和死亡的两章,《康德书》中的一章,以及《荷尔德林和诗的本质》一文。

但是,海德格尔之所以成为巴黎知识分子的秘密武器,与其说是由于这少得可怜的翻译,倒不如说应归功于一位俄国流亡者亚历山大·考叶维[Alexandre Kojève]。他于 1934 年到 1938 年讲授黑格尔一事早已成为传奇。

罗吉尔·凯卢瓦后来描述了考叶维对整个一代人"绝对的智识上的统治"。巴塔伊记述说,每次和考叶维相遇,都被他"撅断、捣碎、连续毙死十几次;被掐死,被打倒在地,还踏上一只脚,然后撇在一边。在拉蒙·阿隆眼里,考叶维是他有生以来遇到的三大真正有头脑的思想家之一"(其他两位是萨特和埃里克·魏尔)。

考叶维的原名叫亚历山大·弗拉基米洛维奇·考叶维尼科夫,是名门显贵之后,十月革命后,于 1920 年得以流亡德国。他靠贩卖走私入境的祖传财宝为生。他还占有着他叔父,瓦西里·康定斯基的肖像,是极有价值的抵押当品。他在海德堡就学于雅斯贝尔斯门下,并在他那里获得博士学位,在这期间,写下了一本哲学日记《非实存哲学》。他的朋友亚历山大·库亚雷[Alexandre Koyré]也是一位俄国流亡者,在 30 年代初将他接往巴黎。在这之前,考叶维与库亚雷的弟媳发生了情爱,后来他又将这位年轻女人诱拐出走,而库亚雷受亲戚委托,从诱拐者那里去抢回爱情的战利品。库亚雷正是在履行此任时结识了考叶维。但库亚雷见到考叶维之后留下的印象如此之深,使他不得不承认,"这位女孩有道理,考叶维比我弟弟强得多。"(里拉:《哲学的终结》,第19页)

是考叶维的金钱危机——他购入的奶酪市场[La vache qui rit]的股票,由于交易所破产而一文不值,他投入的财产荡然无存——使得他不得不接受了聘请,法国高等实验学院讲授黑格尔。

考叶维是欧洲哲学中的纳波科夫①。他所讲授的黑格尔,是一个人们根本不认识的黑格尔:这个黑格尔与海德格尔长得像双胞胎一样相似。

谁都知道黑格尔的名言:"凡是现实的都是合理的"。黑格尔被公认为理性主义者。现在考叶维要证明,黑格尔所作的事情,无非是揭示了理性为争取承认的斗争的非理性的根源:一个自身要求获得其他人在其如此这般的存在中对他的承认。考叶维把海德格尔的"操心忧虑",嫁接到黑格尔上面,使之成为"对承认的操心忧虑"。获取承认是从操心忧虑中发源的,这是历史现实,它是一场人类为了一些十分可笑的赌注,而进行的直至流血的斗争:人拿自己的生命下注,所求的无非是更正边界的走向,为了去保护一面什么旗帜,为了对一个侮辱争得道歉,如此等等。根本不用把黑格尔倒转过来,黑格尔本来就是用脚站着,而且用脚印踏过历史的泥潭。在理性的核心中潜藏着偶然确定性。这些不同的偶然确定性经常发生流血的碰撞。这就是历史。

联系到黑格尔和海德格尔,考叶维问道:这整个存在的意义到

---

① 纳波科夫(Vladimir Nabokov,1899—1977),俄裔作家,主要作品有《洛莉塔》和《艾达》。——译者

底是什么？他给出了海德格尔式的回答:它的意义就是时间。各种东西到处出现,都会衰老,都有其时间形式。但是时间的现实的形式,与事物的时间形式不同。只有人才能体验到,某种现在之所是,不久之后就不再是了,某种尚不是的东西进入其所是。人恰恰是存在中的一个开放点,一个活动的场所。在这里,存在进入虚无,虚无转入存在。考叶维的讲课中关于死亡与虚无的部分是最激动人心的。考叶维说,现实性的整体把"人的现实性,或者讲话这个现实性"也包括在内。"没有人存在就会变成哑巴,存在还在那里,但已不是真的了",这句话是什么意思？考叶维说,这个"开放现实的谈话"的前提是:一方面人不属于坚实的存在的联系之内,但同时又是被从它从上面切下来的、被撕裂开的东西。只有如此,他才有可能犯错误。按黑格尔的思路,考叶维说,人是一个"迷误,他执着在限有[Dasein]之中,但绵延在现实里面"(考叶维:《黑格尔》,第151页)。但又按海德格尔的思路来解说这句话:"我们也可以说,处于反复迷误之中的人,是一个从事虚无活动的虚无的存在",人的现实的基础和源泉是"虚无",他把自己表现为、公开为"从事否定的、或从事创造的、自由的、对自己有知的活动。"

在讲课的最后,他又引用黑格尔的话:"人就是这个黑夜,这个空洞的虚无,一切都保持着它的简单性,由无限多的表象组成的财富。……这就是那黑夜,那自然的内在性,这就是那在这里存在着的——纯粹的自己。如果你去注视人们的眼睛的话,你就会瞥见这黑夜,进入这黑夜的里面,黑夜将成为可怕的东西。一个人的对面悬挂着世界的黑夜。"(同上书,第268页)

这段话表达的恰恰是从《存在与时间》到《存在与虚无》的

过渡。

萨特并没有听过考叶维的课,但他设法弄到了一份课堂笔记。1933年到1934年冬天,他在柏林研究了胡塞尔和海德格尔。他完全陷入研究工作,以至于根本没有注意到国家社会主义独裁政权之类的事。

现象学之所以对萨特有如此大的吸引力,首先是因为它对大量充满诱惑、又使人恐怖的事物的当下关注,但同时它又把人引到"自在的存在"这个不解之谜之前。其次,与上面一点相对,它又使得人们对意识的内在财富十分敏感。它使"为自己的"整个世界再次展现出来。第三,尽管不十分清楚,但它好像是向人们许诺,可以以某种方式解决这个"自在[An-sich]"的和"自为[Fuer-sich]"的存在的双重本体论的内在对立。

萨特在30年代末写的小说《恶心》,用现象学的态度描述了偶然经验中"自在"的自然之物的压抑,它们成为无意的现实在场。"也就是说,我正在公园里。板栗树根直钻地下,正好是我坐的长凳的底下。我当时根本记不得那是树根,这些词连同那些东西的意义,它们的用处,人们在它们的表面所作的那些荒唐的标记均已无影无踪。我坐在那里,略微弓着腰,耷拉着脑袋,面对着那黑里巴几、疙里疙瘩、弯弯曲曲、粗糙不堪的一堆东西。它使我恐惧。然后我恍然大悟。"(萨特:《恶心》,第144页)恍然大悟的是:叙述者观看这些东西,不带任何关联,不带任何意识赋给它们意义。这些东西赤裸裸地站在那里。恰恰是过于直截了当地向他敞开了自己,因而显得那么一幅没羞没臊的样子。它们使他成为了"它们的存在供词"。这里存在[Existenz]的意思是,纯粹的手头现成存在性和偶然确定。这里"具有本质性的是那偶然的确定……任何必然的存在都无法解释生存：偶然确定不是可以任人驱除的错觉，它并非假象。它就是绝对，因此也是完全的无根无底性。一切都是无根底的。这个公园，这座城市，以及我自己，都是无根无底的。当人们意识到这一点时，他马上就会感到翻肠倒胃"。（同上书，第149页）在公园里的经验与贯穿于整个理性谈话方式之中的存在完全对立。这个场景是文学上的一个安排，用考叶维的话来说，"没有了它，存在就成了哑巴。它还在那里，但是却不是"在真理中受到检验的"真东西了"。叙述者经验到了，自己是许多东西中的一个东西，降到了有生命的自在。"我成了板栗树的根"。他用他的整个肉体感受到了那个存在，那个沉重的、难以穿透的东西。这个东西又把他撞到惊恐不安的意识世界中，回到"自为的"存在，以便使他在那里经验到特殊的对存在的缺乏。萨特在《存在与虚无》中用考叶维和海德格尔的语言说，"人是一种通过虚无进入到世界中的存在"。（萨特：《存在与虚无》，第65页）

萨特把他1943年发表的哲学著作《存在与虚无》看作是由海德格尔开始的基础存在论的继续。海德格尔称之为"人生此在"的东西，在萨特这里用黑格尔-考叶维的术语被称之为"自为"的存在。人是从来不肯安静地、不置一问地静存于存在中。他只有在棘手的困境中才能建立、设置和选择自己同存在的关系。人是现实的，但他必须不断地实现自己。他已来到世界上，但又必须不停地重新将自己带到世界上来。萨特说，意识[①]作为有知的存在

---

① 德文意识[Bewusstsein]，直译为"是有知的"。——译者

[bewusstes Sein]，总是在存在上的缺乏。人绝对不会像上帝或者石头那样静止不动。他的特征恰恰是——超越。当然萨特所理解的超越与超感性的理念王国无关。这里讲的是自身超越。这是一种自己内部不断自我摆脱、自身不断超前的、筹措操心的、反思着的、把他人的图样接入自己之内的运动。从萨特的这些分析中，海德格尔理论中的被抛性、筹划和操心忧虑等一系列生存概念的身影不断出现。只不过萨特掌握了使这些现象具有更强的穿透性的描述技术。萨特还接受了海德格尔关于人生此在是时间性的观点。这是一种通向时间的特许途径，因此不允许人停留在自己这里。这特许的途径就意味着，人不能像鱼在水中那样处于时间之中。人必须实施时间，人一直时间着时间。萨特说，这种意识的时间就是"虚无。它是潜入到整体中的、瓦解整体的酵素。"(《存在与虚无》，德文版，第 287 页)

这里确实创造性地发展了《存在与时间》中对人生此在的现象学分析。他的工作，使与他人共在的领域，处于十分耀眼的中心地位，而在海德格尔那里并不十分突出。诚然，在术语上萨特作了许多变动，因此导致了许多后果严重的误解，以及因误解而引发的不必要的争斗。后来在萨特第一次正面承认这一问题之后，海德格尔利用机会表示结束战斗。萨特是在传统的笛卡尔意义上使用 Existenz 这个术语，Existenz 的意思就是，某种东西的经验的现成存在，它和思想对它的纯粹规定相对立。也就是说，萨特在海德格尔的"手头现存性"这个意义使用 Existenz 这一术语。因此，人"生存着[existiert]"就意味着人注意到，他首先是一个简单的实存之物。而他的命运恰恰是，他不得不同他自己的手头现存性打交道。他必须把自己做成什么,规划成什么等等。正是在这个意义上,萨特在1946年的讲演《存在主义是人道主义吗?》中说:存在先于本质。而海德格尔的《存在与时间》中,Existenz 指的恰恰不是这种纯粹的手头现成性、实在性,而是指一种积极的,及物性的意义上的 Existieren,一种对自身的关系。人并不是简单的活着,他必须"指引"他的生活。被海德格尔称之为 Existieren 的一种对自身的关系,在萨特的 Existenz 概念中当然也就被忽略了。但这种关系在他那里有另外一个名称:"自为"。萨特像海德格尔一样,努力克服关于人的问题上的手头现成性形而上学。只不过他使用的术语与海德格尔不同。萨特像海德格尔一样,也强调关于人的讨论方式一直面临着自身物化的危险。人恰恰不是关在封闭的存在之球内部的东西。他是一种"习(惯)"出、"(向)往"外的陶醉出神的存在。所以,萨特把自己的哲学理解为关于自由的现象学。这就像海德格尔一样,认为人的真理能力是以人的自由为基础的一样。1935年海德格尔在他的形而上学讲课中说,真理就是自由,除此之外,真理便一无所是。

萨特《存在与虚无》一书,写于被德国纳粹占领的法国,也是在这种情况下出版的。它用细腻敏感的神经,编制出了反对极权主义的哲学。对于极权主义或整体主义的思想来说,人只是一个物。在《论青年问题》一文中萨特说,纳粹分子就是想成为坚硬无情的山崖,或能冲垮一切的急流,或一道能摧毁一切的闪电的人。这种人想成为一切,唯一不想的就是成为人。萨特的哲学是想重新恢复人的尊严,让他重新发现,自由是他的基本元素。它可以化解所有固化硬死了的存在。在这个意义上,这是一部神化虚无的作品。

这里所讲的虚无，是虚无活动的那种创造性力量。其中的关键就是它对否定人的东西敢于说"不"。

1945年秋天，萨特的名声已经越出了法国的边界，享誉各国。而海德格尔的声誉也开始进入法国。海德格尔开始接待法国来客：后来的电影导演，年轻的阿兰·雷奈和弗里德里克·德·托瓦尼基。

弗里德里克·德·托瓦尼基是一位莱茵河军团的年轻战士，法国军队中的文化专职人员。他读了海德格尔的《什么是形而上学？》，于是决定去弗赖堡探访海德格尔。他的大胆计划是，他想为海德格尔同萨特的见面牵线搭桥。他找海德格尔周围的人谈话，他们向他保证，海德格尔曾保护过犹太籍的大学老师。于是他向萨特报告了此事，并因此使萨特改变了原来拒绝与海德格尔会面的态度。海德格尔这方面则请求托瓦尼基，在重新建立同法国的联系方面助他一臂之力。他给巴黎大学哲学教授埃米尔·巴雷耶的信一直没有回音——他承认除了几篇短文之外，他并不熟悉萨特的东西。托瓦尼基把法文的《存在与虚无》留给海德格尔，算是暂借。海德格尔马上开始阅读。按托瓦尼基的记述，他同海德格尔的谈话表明，萨特的描述方法给海德格尔留下极深的印象。海德格尔特别欣赏萨特对滑雪作哲学思考的那些段落。萨特想以滑雪为例说明，技术从根本上决定了对世界的感知。比如一个萨瓦人，他是按法国的方式滑雪，他对山坡的体验便与挪威人不同。"对斜坡的陡缓的程度的体验，取决于你是用适合缓坡的挪威方法，还是用适合陡坡的法国方法来滑雪。因所用方法不同，同一山坡会时而显得陡峭，时而显得平缓"。按赫尔曼·默兴对马堡时期的记述,海德格尔也曾考虑过对滑雪进行哲学思考,但他终究——起码在公开发表的著作中——未去做这一尝试。

海德格尔对与萨特会面很感兴趣。当然他也期望这一行动会对正在同时进行的清查委员会对他的审讯发生有利于他的积极影响,能减轻对他的处罚。

也就是说,托瓦尼基从海德格尔和萨特两个方面都获得了首肯。托瓦尼基还想邀请加缪参加这一会见。但加缪鉴于海德格尔的"大学校长就职演说"而拒绝参与。

但会面最终未果。首先是得不到旅行证件。另外预定开通的火车也找不到座位,起码托瓦尼基是这样说的。他是于1993年把海德格尔1945年10月28日给萨特的信——即涉及被错过的会见一事的信——的法译本公开发表时这样解释此事。在这期间胡果·奥托得到了这封信的副本。

信中海德格尔报道了他阅读萨特著作的情况。"这里我第一次遇到了一位独立思考的思想家,从根本上说,他所获得其经验的领域,即是我的思考所由出发的领域。您的著作中到处充满了对我的思想的如此直接的理解,这是我于任何其他地方所未遇到过的。"海德格尔明确接受了萨特对"相互共在的强调"。他对萨特对他《存在与时间》一书中"对死亡的说明"的批评也表示可以理解。(萨特反对海德格尔,认为海德格尔的先行到死亡中去的看法,把死亡的轰动性,它的荒谬性,它的"绝对偶然的分配"给掩盖了。萨特认为,死亡的作用只能是"拿去生活的所有意义"。)而且他们之间的分歧,并没有干扰海德格尔希望与萨特会面的愿望。他在给萨特的信中说:希望能"和您一起把思维重新带到一种位置,可以把自身作为一种基本的历史时间来经验,使今天的人们重新回到他同存在的原初的关系之中去。"海德格尔十分欢迎在巴登-巴登和他会面,并对萨特不能赴约深表遗憾。也许应该更成熟、更恳切一点。"如果您能在这个冬天来我这里一次,那该多好啊。我们可以在我的小小的滑雪屋里一起进行哲学思考,还可以从那里出发,在黑森林中作滑雪旅行。"在信的结尾,海德格尔提出了过于激昂的要求,其中描绘了两个从事存在思考的宙斯之子狄奥斯-库仑一个抓住了虚无之事,另一个抓住了存在之事。"现在应该以最严肃的态度去把握那世界的瞬间,让它诉诸言辞,超脱一切党派、一切时髦的思潮和学派,最终使那关键性经验觉醒。这经验就是,对丰富的存在如何在本质性虚无中无根无底地隐藏着的体验。"

海德格尔对萨特如此严肃地认可,甚至已经是对萨特的敬佩。因而寄希望于与他的共同合作。1945年10月5日的一段笔记证明了这一点。这段笔记作为海德格尔《康德书》的附录发表了。这段迄今为止被人们忽视的笔记说:"对萨特的影响有决定性意义,从那时起,《存在与时间》才被理解。"(海德格尔:《康德与形而上学问题》,1991年,第251页)

但萨特造访滑雪屋这幕并未能上演。这两个人直到1952年才在弗赖堡见面。这时海德格尔已经公开,即在《人道主义的信》中,对萨特的存在主义作了批判。此事后文再谈。

德国法国哲学边境交往,不但没有对海德格尔政治问题的处理产生什么积极影响,反而——像前面已经指出的——惊吓了海德格尔恢复权力的反对者们。

第二十章

1945年底，当海德格尔获知，事情发展对他不利，因而便寄希望于雅斯贝尔斯的鉴定以便来减轻他的政治负担时，他还同时求助于另外一个早年的知己，他前去探访了弗赖堡的大主教，他年轻时的宗教导师孔拉德·格勒贝尔，孔拉德·格勒贝尔在纳粹统治初期，曾一度是"民族觉醒"的积极支持者，在纳粹政府同罗马教廷的合作条约草拟、签订中起了决定性作用。但后来孔拉德·格勒贝尔改变了他的政治路线，由支持教会与独裁政府合作的立场，转而反对教会在政治上和意识形态上服从专制制度的立场。所以在1945年后，他可以以权威的身份出入法国军事政府。海德格尔寄希望于他的帮助，于是于1945年12月到官邸探访他。根据马克斯·米勒的记述，在其官邸前厅演出了下述一幕：大主教的妹妹走进来，对海德格尔说，"啊，马丁又到我们家来了！12年以来他从来没有露过面。"海德格尔尴尬局促地说："玛丽，我已为此受到严厉的惩罚。我现在全完了。"（米勒：《哲学家与政治》，第212页）但格勒贝尔还是在圣诞之日，为海德格尔向法国军政府起草了书面报告。这份报告至今尚未找到。但格勒贝尔为海德格尔重新回到大学执教进行过说情之事，以一封军政府工作人员的信可为佐证。这封信中写道："如果大学校长反对的话，允许海德格尔重回大学授课是十分困难的，但是因为是您（指格勒贝尔）推举此人，无论如何我将尽我的努力尽量促成此事。"（奥托：《海德格尔》，第320页）但格勒贝尔的努力无法对大学的反对者产生影响。对格勒贝尔来说，海德格尔的来访意味着郑重赔罪。1946年3月8日，在他给教皇庇护十二世的助手写的关于此处政治环境的情势报告中说："我的同乡，我以前的学生，哲学家马丁·海德格尔已经退休，他被禁止讲课,他现在住在巴登魏勒尔附近的巴登屋进行反省。这是我昨天从格布斯塔尔[Gebsttal]教授那里听到的。在他的不幸开始之前,他来找我,而且态度举止十分虔诚,这对我是一种极大的安慰。我对他讲了真话,他掉着眼泪接受下来了。我不打算断绝同他的这种关系,因为我还希望他精神上的彻底的回心转意。"(奥托:《海德格尔》,第323页)

1946年初,海德格尔在身体和精神上的确崩溃了。他主动到格布斯塔尔那里进行心理治疗。该人是医生兼心理学家,是宾斯旺格人生此在分析学学派的成员。这是一个受海德格尔哲学启发而发展出来的精神分析学派。海德格尔后来的朋友梅达德·波斯也是这个学派的成员。

关于海德格尔精神崩溃,以及他在疗养院治疗期间的情况,海德格尔自己的说法含糊其辞。他对佩茨特说,他是在1945年12月的调查审讯时崩溃的。(事实上可能应该是1946年2月)这时医学系主任伯林格尔来了,把他送到了巴登魏勒尔的格布斯塔尔医生处。"他干什么了?首先他和我一起穿过冬天大雪覆盖的森林,登上蓝峰。除此之外,他什么也没做。但是,他把我当人来帮助。三周之后,我便健康地回来了。"(佩茨特:《走向明星》,第52页)

海德格尔又健壮了。但他还得忍受一段时间的孤独寂寞。有些不愿意在政治上受人指责的人认为,最好避免同海德格尔接触。罗伯特·海斯,一位对海德格尔友善的哲学系同事,于1946年7月给雅斯贝尔斯的信中说,在这期间,很明显,"海德格尔先生过上了流放生活。可以说,他尝到他自己种下的苦果。"(奥托:《海德格

尔》,第 319 页)

他收到什么果子?他必须对 1933 年的政治活动负责。但他的哲学的播种不久会再一次强劲地萌发生长。

第二十一章

当我们思维时,我们在干什么? 对萨特的回答 关于人道主义的信 人道主义的复兴 高调 战后德国的现身情态 由虚无的占位者到存在的牧人 海德格尔对自己的解释:回转。 不作图像,既不为人,也不为神作图像

当我们思维时,我们到底在干什么?

我们思维,以便为我们的行动作准备,以便行动之后对行动进行检查。我们正是在这种意义上来考虑事情。这里思维两次都是与行动发生联系。但思维本身是同行动不同的东西。但因为它同行动发生关系,所以思维在行动中获得了它的意义,在行动中实现了自身。否则人干嘛思维呢?

但是,思维本身不是可思性的吗? 它不是以自身为目的的吗? 它难道不是并不以对外在于自身的东西的影响为目的吗? 思维是在自身之内实现自身的吗? 当一个人以某种神秘的方式被折磨得精疲力尽,在一切都完结之后,他惊奇地揉揉眼睛,回转到——可能有点违心地,也可能觉得一阵轻松——所谓的事实的基地上。霍夫曼描述过一位嗜现实性成癖的愚夫子。听完一部交响乐后,

他问旁边深受音乐感动的人,"啊,我的先生,它向我们证明了什么……?"难道真存在这样一种思维,会提出如此愚蠢可笑的问题吗?

海德格尔自信,他的思想就属于这一类。这种思维并不会"像科学那样,把人们引向知识"。它也并不给人们带来任何"有用的生活智慧"。它也不解决什么"世界之谜",它也"不会为任何活动直接"提供"什么力量"。(《什么是思维?》,1984年版,第161页)

更善于同思维能力打交道,而无意将其用于知识和行动的这种倾向是一种什么样的志趣呢?

在《关于人道主义的信》中,海德格尔讲述了从亚里士多德传下来的关于赫拉克里特的佚事:一群陌生人想到赫拉克里特面前去看看,一个思想家是如何生活的,当他思维时,他看上去是什么样子。当他们到了那里的时候,只见他在一个面包炉那里烤火取暖。"他们吃惊地站住了。更让他们吃惊的是,他还向踌躇不前的人们大胆地说话,让他们进来,他说,就是这里也有神灵在场。"(海德格尔:《关于人道主义的信》,1981年版,第45页)

海德格尔把这件佚事解释为对思维之事的问题的答复。这里是一件"毫不起眼的平常之事",有人受了冷,来炉边取暖。但"这里"也有神灵,这就是说,神灵不仅在特殊的地方和特殊的活动中来出现,神灵在日常生活中也在场。但是,它只出现在对日常的生活已本真地加以思维之处。对某事加以思考,就是还给某事以应有的尊严。只要赫拉克里特使这面包房见诸言语,那么神灵就在面包房中在场。在海德格尔看来,"使之见诸言语",就是思维。实存被从封闭性中给取了出来,在开放的言语空间中成为"Es gibt"(有)。这是思想的第一个视野。在炉边取暖的赫拉克里特暖和着自己,又通过语词以另外一种方式暖和了陌生人。这语词开放了自身,向陌生人发生邀请。于是,思维的第二个视野是:它是分布传达,它旨在与他人分享语词开放的环境。

当海德格尔于1946年在《关于人道主义的信》中对思维加以思维时,他正处于被唾弃者的地位。他想到赫拉克里特的佚事,因为这一传说映出了他自己的生活处境,他现在也生活在贫困苦难之中。一个可供取暖的烤面包炉,正是他现在求之不得的。在弗赖堡没有取暖的东西。在托特瑙山的木屋周围到处有薪柴可打,但木屋又急需修缮,它已无法抵御严冬的寒风。但要翻修又没有材料。海德格尔从年初到晚秋都躲在那里。弗赖堡的住房由于法军的驻扎,变得十分拥挤。而且在黑森林山上也比较容易找到食品。附近的农民经常提供帮助。

使他感到压抑的事情太多,远离大学,牵挂在俄国战俘营中的两个儿子。但尽管战后的最初几年内,海德格尔身处逆境,在他的哲学思维中,仍然保持着一种超脱的情绪。

他对那些对他甄别降级的处罚措施的反应同别人(比如卡尔·施米特)完全不同。施米特是第三帝国的"御用法学家",他深深卷入这个邪恶制度的犯罪活动之中。海德格尔的活动与他根本不可同日而语。施米特现在当然是众矢之的,受到严重处罚。他失去了公职,图书馆被没收充公,被隔离审查一年多(从1945年9月到1946年10月),在纽伦堡战犯审理期间又一次收监入狱,受到审讯(1947年4月、5月)。但最后国际法庭还是没有对他公开起诉。他得以回到故乡普勒滕堡。在解除对他的审讯拘留时,他同起诉方的代表罗伯特·肯普尔进行了一次有重要意义的对话。肯普尔问:"你今后准备干什么?"施米特说,"我将完全沉默"。(诺阿克:《卡尔·施米特》,第 246 页)但这并不是一种超然的沉默。就像他在 1947 年至 1951 年写的《集注》中表明的,他一直生活在自我辩解之中。他用令人尴尬的哭腔抱怨自己的命运像是"被追猎的野兽",他把自己看作是从怪兽利维坦的肚脐中编织出来的先知约拿斯(Jonas)。他用愤怒来对待"纽伦堡的侮辱者们",将其讥讽为"反人性的犯罪是德意志人所为,但支持人性的犯罪则施之于德意志人身上。这就是它们之间的区别的全部内容之所在"。他特别看不起那些"忏悔者",他们之间上演了一场场相互狗咬狗的活报剧。他自己拒绝参加清洗自身的纳粹主义的活动,他自己提出的理由是:"谁想忏悔,就去好了,向牧师检举自己吧。"(同上书,第 77 页)在公开场合,他作出一幅英雄式的沉默姿态。在他的记录中则抱怨,人们抽去他的声音的共鸣空间,他现在必须在"没有咽喉"的情况下喊叫。但他写道,这总比去变成"自我折磨者"要强得多。

当然海德格尔也不属于"自我折磨者"。他把自己想成为"高山上的智者"。他在广阔的视野和全景中,描述着近来的胡作非为,而国家社会主义的罪行,也属于其中的一部分,但海德格尔并没有想到过这一层。因此海德格尔的态度也和鲍姆勒尔不同。尽管鲍姆勒尔在他的笔记中写道:"我认为,自己公开宣布我有罪,这是不值得和无意义的。"但他为的是走到内在的广场上,以便自我批判地走向法庭。鲍姆勒尔分析了自己的倾向:完全回避纠缠不清、充满矛盾的历史所面临的困难,以便逃入关于民族、领袖、种族、历史使命等的理念之中去。不是到"事物的近前"去求索,而是任"遥远的瞭望"取得了全面胜利,任其去强奸现实。这表明了德国人"落在西方世界的陌生性之后"。(鲍姆勒尔:《希特勒与国家社会主义》,第 160 页)鲍姆勒尔也把这叫做"不确定性中的抽象"。(同上)人们必须在政治生活中,必须能抵抗对崇高的渴望。他这里为自己开出了一个清醒的药方。这一剂药最后将他引导到对民主制的尊重。民主制就是"反对崇高"。民主制并不提供关于未来的辉煌的前景,所以它"完全是当下的",在它那里并没有什么伟大历史使命的确定性,只有带着"或然性"的生活。(同上书,第 174 页)在他经历的政治灾难的影响下,包括他个人的灾难在内,鲍姆勒尔开始了新的一课:不带形而上学地思考政治。

海德格尔的思想既不像施密特那样自我怜悯,刚愎自用,也不像鲍姆勒尔那样有自我批判精神和政治精神。

1945 年以后,海德格尔发表最早的思想文献就是《关于人道主义的信》一文。它是作为致让·波弗勒的一封公开信的方式发表的。波弗勒是战后法国哲学界的海德格尔的信徒。按波弗勒自己的记述,他恰恰是在盟军在诺曼底登陆的日子,1944 年 6 月 4 日那一天,有了海德格尔的经验:他第一次理解了海德格尔。他当时如此兴奋,以致把法国解放的喜悦也给冲淡到不知什么地方去了。当法国军队进军弗赖堡的时候,波弗勒通过一个法国军官交给海德格尔一封极为热情的信。"是的,您使哲学本身果断地从一切陈词滥调中解放出来,又回到它的根源的本质之中。"海德格尔作出的反应是,请他来此访问。1946 年 9 月波弗勒来访,从此开始了两个人长期的亲密的友谊。这个新建立的关系的成果之一就是《关于人道主义的信》,波弗勒向海德格尔提出了一个问题,"以何种方式才能使人道主义一词重新获得一种意义!"

海德格尔十分乐于抓住这个问题,这个问题给他提供了一个机会,对萨特几个月前发表的、在德国也被人到处议论的文章《生存主义是人道主义吗?》作出自己的回答。尽管与萨特的个人会面未能成行,但海德格尔还是尽量寻找与萨特交锋的机会。在1945年10月29日萨特作了报告之后(他的上述论文就是以此报告为基础写成),他一夜之间成了欧洲文化的名人。他的报告是在中央大厅举行的。一大堆人云集在这里,期待这个晚上生存主义"通谕"的公布。人群拥挤,你推我搡,乱成一团,连票房也被挤塌了。踏坏的椅子不计其数。萨特花了十五分钟才从听众中穿过,挤到讲台上。在这个极其拥挤、极其热闹的地方,面对兴奋已极的人群,萨特双手随随便便地插在上装里,一句一句、有板有眼地宣布着他的"声明"。他给人留下的印象是:这里宣布的是存在主义的最后的标准表达方式。那些拥挤在一起,相互碰撞,闷得半死的听众们好像觉得,听到的每句话都是今后可以不断反复引用的定理。这次报告之后,没有一天的太阳会在没有引用或提到萨特和存在主义的情况下落山。这不仅限于法国。几个月之前萨特还说"什么是生存主义?我不知道,它是什么。我的哲学是关于生存的哲学。"早在1945年12月就已经流传着一种生存主义的通俗提要:它的说法是:生存主义——它是什么?回答是:"负起责任,跟着人性,不断创造你自己,但只用你的行动。"(科亨-苏拉尔:《萨特》,第413页)

而萨特十分顺口地表达"存在先于本质",也触动了生活在德国这片被彻底炸毁了的土地上的人们的心。在废墟之下,于意识中重新寻找自身,以求摆脱这场灾难的人们的生活感情,也受到了萨特的感染。谁能拯救自己的存在,他便总会有办法重新开始。正是这种理解,使这个极为深奥难懂的句子,在战后的法国平步青云,不胫而走。当1946年底,埃里希·克斯特纳从战俘营被放出来,回到已被夷为平地的德累斯顿时,在那里他认识到——他写的报道中这样说——大多数东西都变得无足轻重。"在漆黑一片的德国,人们感到,本质构成的生存。"(格拉泽尔:《联邦德国文化简史》,第19页)

在这个经历了无节制的过度野蛮的时代之后,人道主义会有什么命运?萨特在他1945年10月29日的传奇式的报告中,对这个问题作出了回答。萨特的回答是:根本不存在那种所谓在我们文化中已经安装好了的、稳定的、因此我们完全可以加以信赖的人道主义价值。只有当我们在具体作出决定的环境中,从不断地去重新发明人道主义价值,让它变为现实时,人道主义价值才存在。生存主义把人置于这种自由以及与之有关的责任之前。所以,生存主义并非什么逃避现实的哲学,也不是悲观主义哲学,也不是消极寂静主义哲学或者个人主义哲学、绝望哲学。它是一种负责哲学。萨特使下面这种十分简明扼要的表达不久便传遍欧洲各地,进入"流通":"生存主义通过人的行为来定义人;生存主义对人说:希望只存在于行为中,唯一使人得以生存的就是干。——人在他的生活中,自己参与并承担责任,描绘着自己的面孔——除了这副面孔之外,他一无所有;"我们被抛弃——没有任何申辩的机会"。这句话同"人被宣判为自由"是一个意思。无论是在德国还是在法国,经历了多年的野蛮与背叛告密以后,人道主义这一问题,或者人道主义的复活或更新,1945年之后又成为现实问题。因此萨特认为,稍后海德格尔也认为,有必要对此进行研究。

当时流行的偏见认为,在这个文明的价值——如团结、真理、自由——被摧毁的历史时刻,萨特让个人来决定什么是道德规范以及它的有效范围,这无异于在困难的情况下进一步削弱了伦理道德规范。对这种谴责,萨特的回答是:既然我们已经拒绝了上帝,因此就有必要有人来发明价值。人们必须按事物所是的样子来接受它。启蒙运动把一切朴质性东西铲除无余。我们从梦中醒来,处在一个空荡荡的天空之下,对社会共同体也不能加以信赖。因此我们别无选择,必须用我们自己个人的行动,将价值植入世界之内,为其有效性而斗争,而不带上苍的恩赐,不带过分热情的信仰,不带民族精神,或者关于人类的普遍概念。每个人都必须自己去发明人性,这就意味着,"人生不具有任何先验的意义。"生活的意义完全取决于每个个人在行动中所选择的那种价值。个人的这种生存选择,也奠定了一种建立"人类共同体"的可能性。任何一种这类选择都是一个"设计规划",都是一个超越,用萨特的话说,都是一种"Transzendieren"(同上书,第35页)。人并不像一个完成了的事实一样滞留于自身。他总想追求超出自身,总得不断发展自己。而他所实现的无非是他的超越。但不应把这种超越理解为彼岸的东西,而应理解为人可能向其超越的各种可能性的总和。超越并不是一种人可以找到的安居之所,它本身不啻是那反复折腾着人的那颗永无平静的心。所以,生存主义就是人道主义,因为我们让人们又记起,除了他自己之外,没有其他立法人,他必须依

413

靠自己为自己作出决定；因为我们指出，不是通过返回的自己本身，而是必须不断地去追求在他之外的目标，即追求这种或那种解放、这种或那种特殊的实现什么的活动。正是在这种追求解放和实现目标的活动中，人才实现了他的人的本质。"（同上书，第35页）

马塞尔，一位基督教人道主义者，也深受生存主义的影响。在德国他和萨特一样知名。他针对萨特的看法指出，萨特的超越是空洞的。这不仅是一个哲学问题，这还意味着，让人听任社会-政治灾难的摆布。他在《月刊》上发表的一篇短文《什么是自由人？》（1950年9月号）中提出了一个问题：在法西斯和斯大林的专制主义中，对自由的压迫是如何建立起来的？他的回答是：因为世俗化所留下的，只能是内在世界的目的实现。这样人变得永无安宁，没有任何保留地。他把自己全部交给了世界。而人的剩余的、要从整体上超越世界的意向性，现在处于"空转"状态，他面对这过剩的意向不知如何是好。于是便把世界内的目的，宣布为无条件的东西，把它做成了偶像。为我们开放了面对现实的活动空间的上帝，如今成了由我们自己制做的奴役着我们的偶像。马塞尔的说法是，他们是"种族的偶像崇拜和阶级的偶像崇拜"。马塞尔的基本原则是，"人只能在与超越发生联系的范围之内，人才具有自由"。（第502页）这条原则使超越发挥了作用。人们可以在喜"出"望"外"的陶醉状态中体验到这个超越。马塞尔和萨特一样，十分激动地谈到人的"创造性的发明力"，说它不仅生成了人类文明，而且它的冲力还越了出去。它不仅能更多地生活，而且多于生活。只有当我们坚持作为两个世界里的公民，我们才能在人性中保护人的世界。

第二十一章

诚然，马塞尔谈到了宗教的基础意义。超越使人不必在相互之间扮演一切的角色，因此超越是一种使人获得解脱的关系。当他们觉得世界陌生的时候，它使人可以避免相互推诿，避免在存在上面的缺陷和相互推卸责任。人不再需要那么严肃忧虑地为自身的认同而去斗争，因为他们可以相信，只有上帝才认识他是谁。总之，超越帮助人来到世界之内，并对陌生性有清醒的意识，并将其神圣化。它阻止人完全世俗化。它提醒人们，他们只是来这里作客。他们在此驻留的批准书是有时间限制的。因此，超越鼓励人们勇敢承认自己的软弱无力、有限性，承认自己可能犯错误，可能犯罪等等。超越使人们可以直接体验这种坦诚，所以它是在信仰上对人的创造性能力界限的回答。

所以，在马塞尔看来，萨特的"除了人的唯我性的万有之外，不存在任何其他万有"的说法是没有道理的（第35页），如果真是这样的话，人间世界就和地狱没有什么两样。人只能向外超越是不够的，人还必须，而且可以超越某种他自己所不是，而且永远也不可能是的某种东西。他不应该停留于有愿望去实现什么。人们还必须帮助他重新找到去实现自己的方向。

在二战以后的头一年里，德国的基督教人道主义者如赖因霍尔德·施耐德或者罗曼诺·古阿蒂尼所提出的论据与马塞尔十分相似。

赖因霍尔德·施耐德自1938年起住在弗赖堡。在国家社会主义统治的末期，他曾因为背叛罪受到起诉。他把他对宗教的想法写成短论、十四行诗、故事，个人抄了几千份四处寄送，也寄往前线的战士。在这些文章作品中，他呼吁用宗教的良知反对野蛮。

1945年之后，他仍然坚持他这个基本思想。在1945年发表的文章《不可摧毁者》中，施耐德问道：集体的犯罪真的无人负责吗？他的答案是，人们既不能任那些政治当权者逃避他们的责任，但也不能把全部责任都推给他们，以至使个人可以逃避自我检讨。这类自我检讨不应被换成下面这种轻描淡写的看法：我们每个人都有罪。如果他们是严肃认真的，那么我们就会看到，犯罪的经验对我们何以是必不可少的。如果共同体为人走上犯罪之路提供辩护之后，那么还有面对人的罪责吗？人的罪责显然不存在了。如果在社会化的集体犯罪中罪责消失了，那么只剩下一种罪，就是在上帝面前有罪。只有同上帝的关系可以使人类获救。这是施耐德从国家社会主义的灾难中得出的结论。但是我们同上帝的关系不是"生产出来"的。上帝不是我们"规划"的。施耐德提不出任何具体实施办法。他手头没有任何现成政治主张。他只能依靠可能对我们特别恩惠的历史的信赖："历史是上帝在前所未闻的可怕深渊之上建立的桥梁。我们必须通过这座桥，但是也许这座桥每天延长一步之长，……我们走向另一个完全陌生的世界，……历史是不会不中断的，但是它的行程却显得像是在没落。"（施耐德：《不可摧毁者》，第12页）

像施耐德一样，古阿蒂尼也想探看没落中的余晖。

古阿蒂尼曾在短时间内一度被考虑提名为海德格尔走后留下的讲席主持者。最后未果。他在1950年出版了一本《近代的终结》，在当时十分走红。这本书是以他1947—1948年冬季学期在图宾根大学讲课稿为基础修改而成的。

古阿蒂尼认为，近代把自然理解为潜在的力量，把人的主体性

第二十一章

理解为是由自治的个人的人类主体性,或者具有自己特殊规律的主体性,与自然的中间地带构成的。一切都是从自然、文化和主体性中获得它们的意义。但近代终结了,这类观念也消失了。我们就是这个终结的见证人。自然失去了它潜在的力量,变得不可依赖,充满危险。群众把个人挤到一旁。文化变得越来越使人厌恶,因此,古老文化的虔诚渐渐断子绝孙。专制制度就是对这种危机的回答。但危机也为新的开始带来了机会。显然,人必须首先失去自然的和文化的财富,以便在"赤贫"中,在上帝面前,重新发现自己的赤裸裸的个人。也许"世俗化的迷雾"被照亮了,历史又翻开了新的一页。

我们不能说,人道主义,在灾难之后的最初几年中又开始讲话。这时已经理屈词穷。尽管当时在许多问题上,特别是在如何进行政治建设这个问题上,存在着难以克服的困难和意见分歧。但整体上来看,人们倾向于欧洲自己的传统,以便从那里获得去重新开始的激情。雅斯贝尔斯在1945年11月为《转变》杂志写的前言中说:"既然我们还活着,就应该有意义。面对虚无我们又振作起来,……如果我们不在愤怒的怀疑中把我们不可失去的东西,即把历史的基础也挥霍掉的话,那么我们就还没有失去一切。对于我们来说,它的基础首先是千年的德国历史,然后是欧洲的历史,然后是整个的人类历史。在把人作为人来感受的过程中,我们可以深入这个基础中,深入到这个最切近的和最遥远的回忆中。"

这些话在当时,对一些持批判态度的人来说,只不过是一些大话而已,是一种被夸大了的德国特产在不幸困境中的重复。早在1935年,赫尔穆特·普列斯纳在荷兰的格拉明格尔流亡期间,就写过一篇文章,已作出了此类诊断。这篇文章的题目是《从市民时代出发看德国精神的命运》(该文后来以《迟到的民族》为题于1959年发表)。德国追随着他的领袖一直到最后,它用追随者的忠诚代替了政治。现在德国又被分割为不同的占领区,受盟军统治。它十分乐于远远摆脱自己的政治责任。到哪里获得一种不回避重大政治问题的、政治上的理智判断呢?德国精神起点不是太高就是太深,它不是从虚无就是从上帝开始,不是在没落中开始,就是在升起中开始,这样到哪里能获得一种构成与精神平衡的思想呢?

和卡尔·雅斯贝尔斯一起出版《转变》杂志的道尔夫·施特恩贝格尔,不久便表现出对这种精神-政治"高调"的厌恶。他看到,听任政治狂妄自傲的德国精神中的坏习气继续发展下去是危险的。他认为,把文化和精神看作一个特殊的领域,与政治、经济、技术和日常生活割裂开,是一种错误。人们必须注意到,在生活的所有事情上都涉及到精神与文化。维护人的事情,并使之升华就是人性。1950年他在"文化自由大会"的讲话中说,"如果能赢得某些文明,我将在德国泰然自若地放弃某些所谓[soitdisant]文化。"少一点飘忽不定的理念和高级价值的云山雾罩,多一些平易近人的东西,多些市民的意义。"不要让我们再步入文化的歧途。如果我们想保卫自由的话,那么我们就应该保卫自由的明确性、完善性和不可分割性,即保卫政治、个人和精神上的全面自由。培养自由吧!这样我们便可以分得其他的一切。"(第379页)

当然,道尔夫·施特恩贝格尔也知道,在德国这块土地上,一定会在自由文化问题上爆发一场意见和纲领的争论:是自由民主式的自由,还是社会主义的自由;是资本主义的自由,还是走第三条道路;是以基督教价值为基础,还是实行彻底的多元主义。道尔夫·施特恩贝格尔不得不反复强调,那在德国还不是理所当然的思想:这种争论是文化不可缺少的部分。它不仅是党派之间的争吵,也并不意味着欧洲的没落。争论并不是问题所在。真正成问题的是,"精神"又想凌驾于这个争论之上,又重新陷入它的神秘直觉怀疑、不祥预言式的狂迷和关于人类末日幻想(不管是在没落还是兴旺意义的幻想)之中,不能自拔。

事实上,在德国当时的情况下,让思维从讨论宇宙的高山之上走下来,任自己去接受复杂的现实情况的挑战,实在是太困难了。比如,盟军的战胜国在德国进行的纽伦堡审判和清理纳粹措施,这类审查应当被承认吗?难道这不会导致,把对自己的历史的责任推给了别人吗?但是,德国人有谁可以执法吗?由于苏联这个同样罪行累累的独裁政权对审判的参与,难道这个政治道德上的试验不会注定失败吗?在纳粹垮台之后,人们面对共产主义这一新的威胁,应该采取什么措施和态度?战争刚刚结束,一场新的战争的威胁已经在酝酿之中。解放与灾难,它们各自在哪里开始,又在哪里结束呢?它的界限在哪里?一个绝大多数人刚刚还为领袖而欢呼的民族,怎么样才能进行民主制的建设呢?资本主义的精英和科学精英,他们支持了纳粹专制制度,还存在什么市民的民主传统吗?法国式的人道主义的复兴,能为此提供多大帮助呢?像迈内克[①]建议的那样,回到歌德去,是解决问题的出路吗?诉诸于市

[①] 弗里德里希·迈内克(Friechrich Meinecke,1862—1954),德国历史学家。——译者

场经济的社会文化影响不是更好吗?如果商品足够丰富之后,道德自新以及生活问题难道不会自动得到解决吗?既然禁止工作,为什么还要从事悔过劳动?关于一个民族应该进行悔过劳动的想法,难道不是一种非政治的幻想,难道不是一种把个人行为转变为集体主体的不相宜的措施吗?

那些年代的现实政治并未为这些理论困扰的风暴所迷惑,而是走着西方成功的实用主义的道路:货币改革、西方阵营的联合、联邦德国的成立、西方的一体化、冷战的开始。一个由权威驯化出来的家长制的开放社会建立起来了。在思想精神上不知所措的处境下,阿登纳-国家开始了它成功的发展史。

汉娜·阿伦特于1950年在她战后第一次访德之后的观察,对理解这个关系最有启发性,她描述道:人们活动于废墟之中,但人们又开始相互寄送印有教堂和市场、公共建筑和桥梁的风景明信片,尽管这些风景早已荡然无存了。人们的情绪在麻木不仁和不假思索的熟练忙碌之间摇摆。在具体琐事上勤奋努力,对社会共同的政治命运则漠不关心。"德国人生活在满目疮痍的环境中,这一现实诱发了一种苦想式的,却无根基的悲天自怜。但是,只要在自己宽宽的大街上见到那种丑陋、低矮的住房——这类房子在美国任何一条大街上都可以见到,这种情绪便在他们身上消失得无影无踪了。"(阿伦特:《此时:政论集》,第46页)汉娜·阿伦特提出了一个问题,德国人在他们的国家变成了什么?他们从废墟中爬出来,诅咒今天世界的不良:当他们挨饿受冻时,他们便说,这就是你们民主要带给我们的东西。在"思想精神"方面也强不到哪儿去。这里是以同样的方式对现实进行维护。"知识分子的圈子里到处渗透着一种空洞的陈词滥调。这些看法早在德国被摧毁以前很久就已经提出,现在才开始流传。人们感受到周围的进攻性的、四处蔓延政治愚钝的压抑。"(同上书,第 50 页)汉娜·阿伦特把某种德国式的深刻也算在愚蠢之内:他们不是在纳粹独裁的罪恶行径中,去寻找战争的原因和摧毁德国、屠杀犹太人的原因,而是"到亚当和夏娃被逐出伊甸园这一事件中寻找它们的原因。"(同上书,第 45 页)

在二战后的情况下,海德格尔《关于人道主义的信》就像一个当时流行的不知所措情绪的证据一样。当然其中也包含着被汉娜·阿伦特观察到的被本质化的愚蠢。尽管海德格尔不是把这罪恶的最终的开端推给亚当、夏娃,也未像阿道尔诺和霍克海默尔的《启蒙辩证法》中那样,将其归之于奥德赛,但他毕竟将其原因归之于遥远的古代,即柏拉图及其后继者。

这篇文章像哑巴一样在政治上一言不发。海德格尔已经不再追求对具体的政治事件提出指导方针。自从就任校长失败之后,他已经渐渐戒除了这个毛病。

此时海德格尔在政治上和托马斯·曼一样不知所措。托马斯·曼在 1949 年歌德年的讲话中,公开反对充当知情者顾问的角色。他缴械投降式地供认:"如果没有幻想的避难所,如果不是幻想在任何完成之后又去追求冒险,追求新的激动人心的尝试之引诱,如果不是它诱惑人们去玩不断升级继续下去的游戏,不是它使人们去虚构、塑造、在艺术中消遣的话,我真不知道如何生活下去,更不用说给别人提出什么建议和好的学说了。"(托马斯·曼:《散文著作集》,第 3 卷,第 313 页)

托马斯·曼说,"我只是一个诗人",海德格尔则说,"我只是一个哲学家",严格地说,他连哲学家也不想当,而"只想"当一个思维者。引诱他的是思维的冒险和激动人心的尝试。它们也诱使他"不断升级继续下去"。如果他不献身于思维的事务的话,他也一定会像托马斯·曼那样说,"我将不知道如何活下去,更不用说给别人提什么建议或提出好的学说了"。

《关于人道主义的信》就是这种"不断升级继续下去"的证据,同时又是对自己的事情的总结。它是一篇以政治为走向的尝试性的混合物,所以它显得如此于事无补。但是作为对自己思想的扼要总结,以确定他的思想在当下的地位的尝试,作为开拓视域的工作,以使我们文明中的某些问题得以明确显示的这篇文章,倒是海德格尔思维之旅中的杰作,是具有深远影响的文件。另外,整个海德格尔的后期哲学都已在此。也就是说,海德格尔这封信是对当时已成为时髦的萨特存在主义的直接回答,是对同样现实的人道主义复兴的回答。我们再回忆一下,波弗勒提的问题是:"以何种方式可以使人道主义一词重新获得意义?"

萨特宣布,他的存在主义是在形而上学无家可归的情况下让自己负起责任,自己参与行动的新人道主义。海德格尔则力图说明,为什么人道主义本身是一个问题,为什么他自己对萨特的解决持保留态度,为什么思维必须超出人道主义之外,并为此思维自己已有足够的事情可做,即为了自己和为了思维本身而积极工作。

海德格尔是从最后一点开始他的思考的,即从思维之事以及它的积极工作开始,以便由此出发达到关于人道主义的问题。

那么什么是——思维?最先让人想到的是理论与实践区别,

以及它们的彼此相互连续:第一步是考虑、模型、假设、理论设计,然后投入实践,加以转化。这样理解的实践是一种真正的活动。而理论则与之相反,是一种试探性的活动。在这个思考模式中,思维不涉及外在于它的某种东西的活动,于是它便失去了自己的尊严和价值,变得一无所是,一文不名。思想同活动的这种联系,同时意味着有用性的统治。此时,当我们要求思维积极从事活动时,就意味着对政治经济社会方面,完成某一实践任务中的有用性。所以,实践上有用性的、受到称赞的、积极投入的证据,就成了思维存在的合理性的官方的证明。

这种看法被海德格尔弃之不顾。他把这种观点称之为"对思维的技术性解释",(《关于人道主义的信》,第6页)它已经十分古老,从柏拉图那个时代起,在思维研究中人们便在这个方向上作了大量尝试。它受到生活实践的苛求的威胁恐吓,因而低声下气,完全丧失了自信。因此这种理论把自己看成"一种服务于行为和制作的思考过程"。(同上书,第6页)而实践的规定对哲学的威胁恫吓所造成的影响及后果是灾难性的。在实践上科学成果累累。竞争中哲学陷入十分狼狈的境地。因为它无力证明自己的实用性。哲学想步已从哲学中解放出来的科学的后尘去做同样的事情。它也想"跻身于科学的地位上去",(同上书,第6页)但人们没有注意到,它只能在诸科学中销声匿迹或者摔得粉身碎骨。哲学之所以如此,并非因为它是某种"更高的"、更崇高的东西,而是因为,它本来是处身在平易亲近的东西之中,对这些平易亲近的东西的经验,恰恰是一切科学工作的前提。因此,当思维远离了这种平易亲近的东西之后,就像鱼离开了水,被置于干燥的土地上一样。"思维之鱼已经离开水很长时间了,而且被置于干燥的地上的时间实在太长了"(同上书,第7页),但是思维原来置身于其中的平易亲近的东西在什么地方呢?

海德格尔驾轻就熟,回到他的《存在与时间》,到那里去寻找关于平易亲近问题的答案。在那里他曾努力寻求,对置身于世界之中的人生此在来说,最切近的、最开始的东西是什么。他的研究的要点是:起先我们并不是按照科学的看法,去经历我们自己和我们的世界的。世界并不是这种意义上的"表象"。我们最先经历的是我们的"在世界中存在"。在这里是决定性的,最基本的是"在……中存在"。"在……中存在"是带有情绪的"在……中存在":它是操心忧虑、无聊、苦心筹措、繁忙、思虑、忘我献身、出神陶醉等等。只有在这种初始性的"在……中存在"的大背景下发生一些事情,比如,我们才有可能从自身反思中,为自己制作各种表象、看法,才可能从我们的苦心筹措和连续体中切割出一些"对象"出来。"有个与客体对立的主体,存在在哪"这类经验并不是最基本经验,而是第二级抽象工作的结果。如果原初性的"在……中存在"是最切近的,如果这种生活上切近之物能使它的全部财富进一步得到发展,如果思想有义务对这种切近进行思考的话,就会出现一种自相矛盾式的局面:为了不让思维破坏直接性的东西,所以便严厉要求那想进入切近的东西的思维,对严格注意自己本来的基本倾向,即,趋于疏远、趋于建立距离的基本倾向。本来专司媒介之职的思维,应该进入到直接之物的切近之处。但是,难道这不会使"鱼"离开"水",躺在"干地"上吗?会不会导致减弱思维的影响呢?这是不是黑格尔式的"间接的直接性"的复活呢?达到切近是可能的吗?

对这些问题海德格尔作了言简意赅的回答:只有在思想之事物被"打碎"时,思想才接触它自己的主要任务。今天十分有市场的"关于失败的哲学"由一道深渊同急待解决之事,"同失败着的思维"完全隔开了。(同上书,第34页)这种"失败着的思维"并非一种不幸。人们可以从中看到,人们走在正确的道路上。但是,这条路把人引向何处?引向切近之中。我们已经知道,这个切近就意味着基本的、最初的"在……内存在",那么我们到切近中去找什么?是因为科学"匆匆掠过"而未认真研究,因此这里才这样吸引人吗?科学还不至于重要到如此程度,以致甚至使被它忽视的东西也由于它的忽视才尊贵起来。在学院中度过了一生的海德格尔,不是也把科学作为竞争者死死咬住不放吗?他拼命吹嘘的存在论差别,也许无非是面对科学化的哲学事业而自怜自艾,以示与科学的区别?

当然我们早已知道,在这个"切近中",深藏着一种伟大的许诺,一种预兆,它确实远远超出了科学能达到的范围。这就是对存在的经验。

《存在与时间》曾走在通向这种存在经验及其表达的道路上,但是却未能"走通"。以"科学"和"研究"为目的这一点(同上书,第47页)妨碍了他,并将他引入了歧途。当然,那时他并非有意为科学人类学去作什么贡献。他原本关心的是对最令人忧患之事的忧患,关心的是在实存中开拓自身的人生此在,并因此使人生此在成为了开放之所。人生此在被理解为实存进入语言之所,并因此是实存成为存在之所,也就是说,人生此在尤其在不穿透性和剥夺丧失中变成了光明的、可相遇的、开放性的东西。

在人生此在的分析中,海德格尔的确把存在作为目标,对他来说,人生此在是那种关切自身之存在(可能之存在)的实存。但是与他的初衷相反,他在人生此在中走得过深。人生此在繁杂纷纭,使得存在滑出了视野。关于生存这一概念就是明证。在《存在与时间》中海德格尔写道,"人生此在可以这样或那样与存在[Sein]发生关系、并且总是处于与它的关系中,我们把这个存在本身称之为生存。"(《存在与时间》,第12页)这样,这里所规定的"存在"这一概念的意义,变成人生此在发展中的自己的存在了。因此海德格尔才在"打算"和"筹划"的意义上讲到"去-存在"。正是在这个意义上,才有所谓"存在在本质面前具有优势"的句子。(《存在与时间》,第58页)因此,萨特在强调人生此在的筹划特征时,依上面的思路而提出"存在先于本质"是不无道理的。

但是,由于海德格尔原本的倾向是想从科学式的哲学的禁锢中走出去,所以现在他便赋以生存这一概念以另外的意义。他不再把生存专用以指称关切自身之存在的那种实体的存在类型,而是将其写成 Ek-sistenz。它的意思是说,"我把站在存在之光中称之为人的 Ek-sistenz。这种类型的存在只关涉到人"。Ek-sistenz的意思就是"坚持存有",但也有"出神陶醉"的意思。我们已经知道,30年代以来,海德格尔非常津津乐道于引用荷尔德林给其朋友伯伦道尔夫的那封信,其中讲他如何被阿波罗闪电所击中。(见《荷尔德林全集》,斯图加特版,第6卷,第432页)

在最佳状态下,"生存[Existenz]"使人进入决断性。而执著于外[Ek-sistenz]则意味着,对最为繁杂纷纭的圣灵降临之体验持开放态度。海德格尔著名的"返转[Kehre]",这个引发过诠解雪崩的"返转",本应就像海德格尔自己所讲的那样"简单"地加以理解。在他思想发展的第一阶段(到《存在与时间》为止),他滞留在人生此在之中,即停留于想发展自己生存的存在之中。第二阶段——或者也可以叫"返转了"的通道——他则想"出去",走到一种招呼攀谈人生此在、对人生此在有兴趣的、占用人生此在的存在上去。"返转"引起了整个一系列的重新诠解,使原来积极主动的,从个别个人的人生此在出发设计的一整套人生此在的可能的关系的系列被调了一个个儿,转换为一个被动消极的、听其自然的、承受性的举止方式的登记簿。人生此在的被抛性变成了"命运[Geschick]",自己本身之事的筹措规划变成了可以将自己托付给它的完全可以信赖的"小舍"。于世界处的沉沦变成了世界"涌来";在诸多筹措规划中,是存在自己在那里通过筹措规划来抛掷着存在自己。

寻求切近之物的存在思维在那里所找到的,正是尼采坦率大方、毫无遮掩地直接指出的那种"真正的从事感受的瞬间"。

这样,思维之事不再是对活动的服务性,那么,此时"思维之事到底是什么",这一问题得到回答了吗?这一问题得到了回答。思维是一种内在的行为活动,它是在人生此在中开辟的另外一种状态——是通过思维,且在思维进程中开辟的一种内在状态。思维是在世界内存在的一种变形。用海德格尔自己的话说,"这种思维既非理论,也非实践。它发生于这种区分之前。这种思维,只要它还存在着,就是对存在的怀念,除此之外一无所是。……这种思维没有什么故事,没有什么影响,它满足于自身的现存,即它存在着。"(《关于人道主义的书信》,第48页)接着出现了包含了整个海德格尔后期哲学在内的句子,因此我们必须在这里加以引述:这种类型的思维——它到底在干什么?"它让存在存在。"(同上书,第48页)

它与人道主义是什么关系?

国家社会主义以灾难性的方式对人道主义加以"彻底贬低"。与这一事实相反,海德格尔则打算对人道主义加以抬高。在人道主义的人的规定中,不管是从神律的人道主义,还是人的自律的人道主义中,"均未见到人的真正尊严"。(同上书,第21页)他"反对"人道主义并不是因为他主张兽性,而是因为人道主义"对人的人性的估价不够高"。(同上书,第22页)应该把人的人性估计为多高才叫够了呢?应该高到平时谈论神那么高才行。人作为"存在的牧人",我们不应为之画像。人作为一种"不能查明的动物"(尼采语),作为一种不依赖于固定对象的,而是在财产关系中生活的存在物,他自然需要道义上的条件,尽管这种道义条件"已变得如此贫乏,收缩为纯粹现代之物",(同上书,第43页)但是,这只不过是一些临时性急救措施。这些条件只不过是最后一种东西,我们不能认为,思维应停滞于其上的东西。思维还需要再前进一步,知道思维在它的生气勃勃的运动中"经历到它本己本真的供把捉的依靠之物","存在的真理为一切举止行为赠送了供把捉的依靠之物"。(同上书,第51页)

在这一点上,海德格尔同萨特之间的确存在着天壤之别。萨特说:"人必须重新找到自己,并坚信,在他面前没有任何东西可以拯救得了他,即使是真的证明了上帝的存在也是如此"。(萨特:《论文三篇》,第36页)

而海德格尔尽管也说过,"'存在'——它不是上帝也不是世界的基础"(同上书,第22页),但这并改变不了下述事实:对存在体验是对存在关系的准备,这种关系是一种虔诚:凝神贯注,沉思冥想,感恩戴德,敬畏,泰然。上帝发生影响的整个构架氛围都在那里。只是海德格尔严格禁止对这个上帝加以形象化,这在任何已有的其他的宗教是从未见到过的。光照也属于海德格尔的"上帝"。人们在光照中遇到实存,但在实存身上还体验不到这位上帝。只有当人们把这种光照作为使可见性成为可能的源头来亲身体验时、把它感恩戴德地加以接受时,他们才可以与这位上帝相遇。

无论人们怎样颠来倒去加以翻转,最后仍然不过是谢林的美妙的思想的重复。按谢林的想法,自然给人一双眼睛,以便使它注意到自然的存在。人是存在得以自视的场所。"没有人,存在便是哑巴:它还在那里,但不会是真的东西"。(考叶维语)

结果是什么?我们已经听到过了,结果是无。"在思维着的言说之中,似乎这一切都没有发生。"(同上书,第52页)慢着,还是有点不一样:同世界的整个关系变了。有了一种新的现身情态,抛向世界的是另外一种眼光。海德格尔将在他的有生之年用这一眼光去从事试验,去看技术、看建造、看居住、看语言,——不管多么难堪——还去看上帝。在它们之上做实验。现在他不再称他的思维活动为"哲学"。这种思维努力让存在去任其存在。

"因为,在这种思维中,所思维的是某种简单的东西,所以,对作为哲学流传下来的看法来说,它显得是如此困难。只是这困难并不在于去追求一种特殊的深刻意义,构造一种特别繁杂的概念。困难恰恰潜藏于那自身后退一步之中……。"(同上书,第33页)

第二十二章

战后的马丁·海德格尔、汉娜·阿伦特和卡尔·雅斯贝尔斯 一个关于个人的和哲学的关系史

"这种扭曲简直让人难以忍受。他把一切都牵强附会地说成是对《存在与时间》的解释,仅这一事实就表明,一切又会以扭曲的方式重新出现。我读了他反人道主义的信,非常有问题,到处充满歧义。但毕竟是第一篇又达到过去水平的东西"。(《汉娜·阿伦特与雅斯贝尔斯通信集》,第178页)汉娜·阿伦特在1949年9月29日给卡尔·雅斯贝尔斯的信中,就是这样评论海德格尔战后的第一篇文章的。自从1938年以后,雅斯贝尔斯同阿伦特相互间便中断了联系。早在1945年深秋,阿伦特便通过梅尔维尔·拉斯基重新与雅斯贝尔斯建立了联系。在战后给阿伦特的第一封信中,雅斯贝尔斯说,他几乎放弃了阿伦特还可能活在世上的希望。阿伦特回答说,"自从我得知,你们两个人居然经过了地狱的骚动,健康地活下来了,我又有了在世界上尚有个家乡的愉悦"。(同上书,第58页)他们在一种侥幸得救的感觉中生活。阿伦特写道,她仍然是一个无国籍者,没有任何名气。她一直坚持她的看法,"今天只有在社会的边缘地区,才可能过上有人的尊严的生活。"(同上书,第65页)这里阿伦特有点贬低自己,因为在这期间,她在美国

已是十分有名气的政治女作家。她在纽约过着相对简朴的物质生活,但这并不妨碍她每月给雅斯贝尔斯夫妇寄三个托转包裹。

战争结束后,雅斯贝尔斯突然变得特别受人"尊重"。在"纳粹"期间的被唾弃,使他一夜之间变成了民族的良心。他开始觉得,这种非分之得令人讨厌,他把这看作假仁假义的亲近。他觉得这种突然爆发的荣誉十分可疑。他好像是"生活在虚构中"一样(同上书,第70页),这使他急于脱离这个地方。于是1948年夏天,他接受了瑞士的巴塞尔大学的聘请,离开了德国。

也就是说,战后阿伦特马上同雅斯贝尔斯恢复了联系,但同海德格尔则不同。在她要逃离德国之前不久,她还目睹了,海德格尔校长如何成了纳粹专制体系的人物。后来在美国听到的消息处处表明,他一直是个纳粹,没有变化。在流亡期间,对阿伦特来说,不可能再维护那将她同海德格尔联系在一起的"永远不毁"的东西了。她不得不把海德格尔算作对她加以迫害的人的行列,她怎么可以再对海德格尔保持忠诚,而又不完全放弃对自己的一致性呢?她努力使自己摆脱海德格尔,对海德格尔进行清算。——直至在战后第一次见面之后,她才如释重负地写道:"这个晚上和这个早上是整个一生的见证。"(埃廷格:《汉娜·阿伦特与马丁·海德格尔》,第86页)

但首先要为重新见面进行清算。

1946年初,阿伦特在《党人评论》上发表了一篇文章《什么是存在主义哲学?》。这一年的冬天,存在主义时髦也蔓延到美国。萨特正在美国。阿伦特与他会了面。她要为读者提供这种思想态度的纯正的哲学背景。在此之前,人们对它的理解,完全只是借助于时髦口号。萨特在他的美国讲演中总是强调存在主义的社会参与精神。汉娜·阿伦特则与此相反,发展出了下述论题:法国式的存在主义始于谢林,经过尼采,直到海德格尔,越来越强调,单个人自身是真理之处所,形成与虚假的社会整体的对立。从雅斯贝尔斯才开始克服这一倾向。海德格尔的著述达到了存在主义唯我论的巅峰。在海德格尔这里,本真本己的自己继承上帝的遗产。人们习以为常地在世界中存在,这本身就意味着原初的纯粹性的丧失。"在海德格尔那里,那些认为人并非神的人,那些与自己同类生活在世界中的所有类型的人,都显得是些'垃圾'。因此在海德格尔看来,他们缺少做人的条件。人可以是什么都是,但可能唯一永远是不了的,就是他本真的自己。"阿伦特说,谁拒斥了"常人"的习以为常的世界,谁就放弃了人之为人的基础。所剩下的只能是卖弄自己的"虚无性"。(同上书,第 37 页)她还暗示,海德格尔使人们对野蛮的罪恶无任何抵抗力。从哲学上否定"常人性[Menschheit]"这一概念最终不是会导致对人性的实践上的否定吗?

汉娜·阿伦特把这篇文章寄给了雅斯贝尔斯。面对过去的哲学老师的严格评判,"仍然充满了儿时的不安心理"。但是,雅斯贝尔斯在读了夹在罐装腌牛肉、奶粉、巧克力块之间的手稿之后,十分"兴奋"。只是对汉娜·阿伦特在脚注中散布的关于海德格尔流言提出了异议。脚注说,海德格尔严禁胡塞尔进入哲学系。雅斯贝尔斯指出,"你所讲的在实质上并不错,但对外部过程描述的正确性是不很确切的。"(同上书,第 79 页)雅斯贝尔斯想,海德格尔像当时的所有的校长一样,只是签署了相关的命令而已。(如我们前面已经指出的,即使这一点也是不对的。海德格尔不得已而通知

第二十二章

胡塞尔,他的"暂时停止"的决定被撤销,因为他不属于"职业重建法"所规定的范围。)但汉娜·阿伦特坚持不改,她把海德格尔看成一个"潜在的凶手"(同上书,第 84 页),因为海德格尔的行径,致使胡塞尔心力交瘁。雅斯贝尔斯回信说,"您对海德格尔的评价我完全同意"。(同上书,第 99 页)

尽管信中有这类表达,汉娜·阿伦特和卡尔·雅斯贝尔斯并没能真正同海德格尔"一刀两断"。尽管两年之后,汉娜·阿伦特反对他的朋友道尔夫·施特恩贝格尔在《新评论》杂志上发表海德格尔《关于人道主义的信》,但是当雅斯贝尔斯写信告诉她,他与海德格尔渐渐又有了通信往来,阿伦特回信中写道:"人并不总是前后一致的,反正我不是。为此我十分高兴。"(同上书,第 178 页)

卡尔·雅斯贝尔斯在为解除对海德格尔教学禁令而努力时,开始恢复同海德格尔的通信联系。1949 年初,雅斯贝尔斯给弗赖堡大学校长格尔德·特伦巴赫的信中说:"马丁·海德格尔教授在哲学中的工作成绩斐然,是当今世界最重要的哲学家之一。在德国没有人能超过他。他的几乎隐藏不露的、充满了极深刻的问题的、在他的发表作品中只能间接看到的哲学思考工作,也许会使他成为今天这个哲学贫困的世界中的一个唯一无二的人物"。无论如何应从现在起,保证海德格尔得以安静地工作,如果他愿意的话,并从事教学工作。(《海德格尔与雅斯贝尔斯通信集》,第 275 页)

1949 年 3 月在清除纳粹运动中,海德格尔获得的评定结论是"胁从分子,免于制裁"。于是弗赖堡大学便开始讨论关于撤销对海德格尔禁教的决定。1949 年 5 月,大学教授评议会以微弱的多数通过了一个给文化部的建议,海德格尔可以正式退休,同时解除对他禁教的决定。1951—1952年冬季学期开始,海德格尔又可以在大学讲课了。

1949年2月6日,雅斯贝尔斯在给海德格尔的第一封信中小心试探地说,"我们互相沉默的"状态是否应该结束了。这当然是一个十分艰难的冒险行为。"1933年以来的,无穷无尽的悲痛,以及使我的德意志灵魂更加痛苦的目前的当下状况,未能使我们联系在一起,而是把我们在沉默中隔开了。"尽管在它们之间存在着"黑暗",但人们仍可以尝试一下,是否可以在私人和哲学上,"在我们之间相互交换一下语言。"雅斯贝尔斯在信的最后说,"我祝福您像从遥远的过去,越过事件的深渊,坚决抓住那过去的、但不可能变为无的东西不放"。(《海德格尔与雅斯贝尔斯通信集》,第170页)

最初,这封信并没到海德格尔手里。海德格尔6月份从罗伯特·魏斯那里得知,雅斯贝尔斯给他写了信。在没有看到雅斯贝尔斯的来信的情况下,海德格尔便写了封短信,它的不太自然的口气,清楚暴露出了他的忐忑不安的心情。"我经历了一切错误、迷惑和一段时间的扫兴,但这丝毫没有影响到与您的关系"。在什么水平上继续这种关系,或者应如何重新恢复呢?海德格尔决定,在崇高伟大事物的共同性上继续它。"在这个不断加强的世界危机中,思想的保卫者寥寥无几。他们还要为反对一切形式的教条主义而不得不坚持斗争,而且不计后果。世界的公众的论坛和它的组织,并不是人类命运自己作出决定的地方。孤独性不应该是谈论的对象。孤独是从事思维和进行吟咏者能依人类的能力而坚守

在存在身旁的唯一场所。我从这个所在衷心向您祝福。"（同上书，第171页）

雅斯贝尔斯的回答十分简捷，毫不掩饰他的不信任感："被您称之为存在开放的东西，对我尚为格格不入。您向我发出祝福的那个'场所'，也许是一块我从未践踏过的土地。我带着惊奇和紧张的心情，愉快地接受了您的祝福。"（1949年7月10日，同上书，第176页）

雅斯贝尔斯面对汉娜·阿伦特评论这封信时，带着十分轻蔑的口气："他整个是在从事存在的投机，把 Sein（存在）写成是'Seyn'。25年前他把宝押在'生存'上，结果从根本上把一切都扭曲了。如今他又把宝押到更本质的东西上，……希望他不要再扭曲一次。但是我很怀疑，作为一个不纯的灵魂，他能够……在不真诚之中能看到最纯真的东西吗？"但雅斯贝尔斯马上收回了他的严厉的评价，指出："他知道某些今天根本没人注意到的东西，并用丰富的预感给人造成深刻的印象，这是极不寻常的。"

汉娜·阿伦特对海德格尔的看法，实际上也是摇摆不定的。雅斯贝尔斯同海德格尔重新建立联系，使她很高兴，同时又赞成雅斯贝尔斯对海德格尔的否定性评价："住在托特瑙山上，咒骂文明文化，把 Sein 中的 i 写成 y 的生活，在实际上只不过是他引身而退的老鼠洞生活。因为他完全正确地假定，在这里只会见到前去焚香朝圣的人。爬到不及1200米高的地方去布置一场戏，并非一件多困难的事。"（同上书，第178页）

1949年11月汉娜·阿伦特到欧洲作了四个月的访问。她是受"欧洲重建犹太文化委员会"之委托，到欧洲对被纳粹抢劫的犹太人文化财产的残余进行视察和清理登记。在工作旅行期间,她首先于 1949 年 12 月到巴塞尔访问了雅斯贝尔斯夫妇。汉娜怀着对父亲的爱向雅斯贝尔斯承认了她同海德格尔之间的爱情关系。雅斯贝尔斯第一次听说此事,说,"噢,但这可真让人激动。"他的反应使汉娜松了一口气。她原来担心雅斯贝尔斯会对她进行严厉的道德批判或者产生妒嫉。他们两个对海德格尔进行了全面深入的讨论,以致使小心谨慎的雅斯贝尔斯觉得有些不适。雅斯贝尔斯说:"可怜的海德格尔,现在我们这两个海德格尔最好的朋友,却坐在这里对他进行透视分析。"(布鲁尔:《阿伦特》,第 346 页)

由美国动身前,她的女朋友希尔德·弗兰克尔问汉娜,她是为能去巴塞尔而高兴还是为能去弗赖堡而感到高兴。汉娜回答说,"亲爱的,为了弗赖堡之行而'高兴',需要野兽般的勇气——可是我缺少这种精神。"(同上书,第 346 页)

1950 年 1 月 3 日,在她赴弗赖堡的前几天,汉娜写信给海因里希·布吕歇尔:"要不要见海德格尔,我自己也不知道……此事我听凭偶然性的摆布。"(埃廷格:《汉娜·阿伦特与马丁·海德格尔》,第 86 页)

雅斯贝尔斯给她看海德格尔的最新来信,但并没有给她留下什么好印象:"同样是真诚与虚伪,或更准确地说,真诚与胆怯的混合物。"(同上)但是当阿伦特 2 月 7 日到了弗赖堡之后,她还是从旅馆给海德格尔寄去了一个信息。海德格尔接到信息,马上来到旅馆,交给服务台一封信,邀请她当天晚上去他家作客。字里行间暗示出,他的夫人埃尔福丽德已经知道了他们之间的恋爱故事。显然海德格尔自己也有一种不安的心情,开始时他还犹豫不决,是否与汉娜私下见面。但把信交出以后,他还是请旅馆服务员通报汉娜他来了。两天以后,汉娜在给海德格尔的信中说:"当服务员说出你的名字的时候……当时好像时间突然停住不动了。它使我闪电般地意识到,好像以前不是你,也不是我,没有任何人承认,一种激动的强力向我仁慈地证明了,我似乎做出了真正唯一的不忠诚之事,以葬送我的人生,但是有一点你必须明白(因为我们没有太多和不经常相互交往之故),如果我真的这样去做了,也只是出于自尊,也就是说,出于纯粹的疯狂的傻气,而不是出于什么原因。"这里的"原因"是指海德格尔过去的纳粹活动。海德格尔的纳粹活动显然不足以阻止她与海德格尔的会面。她所说的"自尊",是指担心又被海德格尔迷惑住。但是正如她 1950 年 2 月 9 日的信里所表明的,这个魔法的魔力已经又开始起作用了。在她重新清醒之后写给弗兰克尔一封信中,把她针对海德格尔而言的"整个一生的见证",描述为一场悲剧:"一切都过去了 25 年,他 17 年未曾见到过我,但海德格尔对此毫无概念。"海德格尔站在他屋子里就像一只"落水狗一样狼狈不堪"。(布鲁尔:《阿伦特》,第 347 页)

海德格尔回家之后,等候汉娜当天晚上的来访,他们两个将单独度过这个夜晚。汉娜在给布吕歇尔的信中说,"在我看来,我们好像有生以来第一次相互交谈。"汉娜不再觉得自己是个小学生。她来自一个世界,有了"丰富的经验",历经劫难而后生,刚刚发表了《极权主义的起源》一书,此书以后使她成为蜚声世界的政治哲学家。但是这并不是他们的话题。海德格尔讲述了他的政治纠葛,讲述了他如何落入"魔鬼"的圈套的,抱怨人们对他的唾弃。汉娜面对的是一个刚愎自用、悔恨莫及、愤世嫉俗的人。他显得需要她的帮助，她也想帮助他。她代海德格尔在美国寻找出版商，商谈出版事宜，监督他的著作的翻译，给他寄食品、书籍和唱片。他则给她写了许多情意绵绵的信。有时还在其中加一束凌风草。他向她讲述他的工作，描写向窗外望去看到的风景，回忆当时她在马堡时穿的绿色时装。而且总是顺便捎去他那位夫人的问候。

海德格尔想通过这次会见，建立一个"三国联盟"。他告诉汉娜，是他的夫人埃尔福丽德鼓励他，重新恢复他们之间的友情的。在汉娜访问的第二天，海德格尔特意安排了三人会面。关于当时的情况，汉娜在两天后给海德格尔的信中说，他的夫人埃尔福丽德的"真诚和对亲近的强烈要求，使我非常感动"。一种"休戚相关之感突然"向她袭来。但是她在给布吕歇尔的信中，描述则完全是另外一种场景："今天早上还同他的太太打了一场交手战"。25年来，或者说，在这位夫人以某种方式打听出了那件糟糕的事情之后，她就把海德格尔投入了人间地狱。他，这个尽人皆知的有名的撒谎者尽其可能，不断扯谎，到处扯谎，但是就像这次十分棘手复杂的三人会面中表明的，他25年来从来没有否认，这是他生活中一次最具有激情的时间。"恐怕，只要我还活着，这位夫人就恨不得把所有的犹太人都溺死才好。这个女人，很遗憾，像刽子手一样愚蠢。"（埃廷格：《汉娜·阿伦特与马丁·海德格尔》，第88页）海德格尔的体验则完全不同，在他看来，根本没有争吵，有的只是谅解。在告别时，两个女人相互拥抱，使海德格尔十分激动。他也想以同样的方式同布吕歇尔建立友好关系，经常通过汉娜转达他的问候。汉娜则尽量给海德格尔的热情泼冷水，告诉他，只是为了他的缘故，才与埃尔福丽德为伍的。她仍按照她的过去的老原则办

事:"不使事情复杂化。我所以离开马堡,也是为了你的缘故。"(同上书,第 90 页)

"三国联盟"一幕演出之后两天,汉娜给埃尔福丽德写了第一封,也是最后一封信。她为这件人为的作品写了最后一笔,以便继续那种密切的关系,同时又为自己获得了必要的距离。她在信中承认:"您打破了僵局,为此我对您表示衷心的感谢。"(同上书,第 92 页)但是她对他们过去的秘密交往并无负疚感。她写道,对她来说,她为这段恋情已付出了太多痛苦的代价。"您看,我在离开马堡的时候,已经果断决定,不再去爱另一个男人。后来与一个男人(与京特·安德斯——作者),随便一个男人结了婚,并没有爱情。"(同上)她已经受到了过多的惩罚,也就是说,请不要对那过去的事再行谴责。关于当下,在她的信中看不到任何两天前相互拥抱的一点痕迹。"您对您的考虑毫不隐讳,今天仍然不隐讳。对我也不隐讳。而这种考虑本身使得谈话几乎无法进行。因为无论别人是什么,都已经被您预先定了性,(请原谅我的直言)您都为他们作好了分类——犹太的、德意志的、中国的。"(同上)

两年以后,1952 年 5 月 19 日,当汉娜·阿伦特第二次来访时,这种不自然的、田园式的、和谐的残余荡然无存。汉娜在给布吕歇尔的信中说,"妒忌使她成了半疯。她在这些年里一直希望他把我完全忘掉。希望的破灭更加强了她的妒忌。她表演了一场半反犹太的闹剧。他不在场。所有的经验都未能使这位夫人的政治信念发生任何动摇。这是一种笨拙的、恶毒的、充满复仇感的愚蠢。它使人们相信,在她那里,什么事情都是可能发生的……。总而言之,我不需要再在她面前按着常规原则演戏了。此后一切都好得多了。"(同上)汉娜·阿伦特坚持认为,一切都是埃尔福丽德的错。汉娜同雅斯贝尔斯的通信中谈到海德格尔的"不纯洁"问题。但在汉娜看来,所谓"不洁"就是通过同埃尔福丽德的接触而受到的污染。

但是如果汉娜认为,海德格尔的埃尔福丽德只是一个魔鬼的话,那她就错了。埃尔福丽德是海德格尔的很好的夫人,是他的生活中的女助手。她同他结婚之时,在海德格尔身上还看不出任何一点以后能如此出名的迹象。在海德格尔任私人讲师的年代中,她靠在学校教书担负了整个养家的任务。她是一位解放型的、自觉自强的妇女,是当时罕见的上了大学的女国民经济学者。海德格尔在最困难的时候,如当海德格尔同天主教决裂的时候,以及战后受唾弃和被禁止讲课期间,总是得到她最有力的支持。她还为海德格尔创造一个尽可能安静的工作环境。托特瑙山上的小木屋,也是她的创造性的劳动的结果。她先海德格尔而参加纳粹也是事实,但海德格尔"加入"纳粹有他自己的理由。而在她身上,妇女解放起着重要的作用。她期待国家社会主义能在这个领域中带来更大的进步,和海德格尔不同,她也追随纳粹运动的种族主义和反犹太主义的意识形态。这方面海德格尔并没有追随她。她始终是一个坚定的纳粹分子。邻居们都十分畏惧她。有她在场,人们避免流露任何对"专制体制"的批判态度。1944年秋天,她是城区义务劳动女领导。她以极残酷的方式对待泽赫林根的城市妇女,强迫"有病和怀孕的妇女去挖战壕"(奥托:《海德格尔》,第135页),因此,受到人们的普遍仇恨。最起码,清查纳粹委员会的沃尔克尔在给雅斯贝尔斯的信中是这样说的。在"清查委员会"中和反纳粹运动时期,埃尔福丽德的行为当然成了海德格尔的政治负担。但海德格尔把他夫人当成了挡箭牌,用以对抗他所谓的敌对世界。埃尔福丽德自愿承担起这一角色。她并不崇拜她的男人,但是对她男人于"思维之事"的热情十分理解,她尽其所能,让他的热情得以充分发挥。海德格尔对这一点十分清楚,所以他一生对她都十分感激。最让他受感动的,是她对他追求孤独的宽容,同时,又使他感到他是在自己的家里。她一人承担了生活的绝大部分负担,以及拉扯孩子的全部任务。这对海德格尔当然是十分理想的分工了。

在早年,海德格尔曾几度惹起她的妒忌,因为海德格尔是一个十分乐于被女人迷住的人。小型桃色事件时有发生。但所有这一切,包括他同汉娜·阿伦特的关系在内,都没有使他想到过离开埃尔福丽德。现在,汉娜又出现在他的生活中的时候,他梦想建立"三国同盟",以便使他一方面抓住埃尔福丽德不放,一方面又可以重新赢得汉娜——尽管不是作为情人,但是作为爱过的女朋友。但这样的"三国同盟"根本不可能。不管是埃尔福丽德还是汉娜都不干。妒忌把埃尔福丽德反犹太偏见全部搅起。而对于汉娜来说,这对婚姻无非是"蠢妇与精英的结合"。

汉娜1952年5月单独访问海德格尔,在单独度过的几个小时中,与海德格尔一起读《什么是思维?》一文时,她又被她的哲学家给迷住了。她在给布吕歇尔的信中说,在这种时刻,她确切感到"一种根本的善良,使我十分激动的信任(我只能这样称呼它),只要他同我在一起时,一切十分容易冲击他的东西都消失了;我感到了他的政治的无依无靠,毫无能力的状态。只要还在从事创作,就无危险。我只是担心,他身上反复出现的阴郁,现在我正试图预防这种危险。也许当我不在他身旁时,他会意识到这一点。"(埃廷格:《汉娜·阿伦特与马丁·海德格尔》,第 98 页)

汉娜把自己想象为一个"更好的海德格尔"的守护天使。她要帮助他,维护他的创造性。布吕歇尔对此加以认可:"《什么是思维?》是关于上帝的提问,这样帮他提问吧。"

但汉娜·阿伦特不仅在提问上帮助他,还帮助他对问题加以回答。

当 1960 年她的哲学代表作《常规生活》德文版问世时,她送给海德格尔一本,并在附信中说,"如果我年轻时未曾从学于你的话",就不会有这本书的诞生。"它直接诞生在马堡的时日里,就这一点看,它几乎全部归功于你。"(同上)

在没有寄出去的一张纸上,她写道:"《常规生活》/此书之献辞可以省略/我如何将它献给你/可靠的/我一直忠实于的/以及我曾不忠实于的/俩人之爱。"(同上)

在哲学上,汉娜·阿伦特在什么地方一直忠实于她的老师呢?

汉娜·阿伦特追随着海德格尔,与哲学思维传统实行了革命性的决裂,她坚持了海德格尔立场,认为,人类的世界性关联,根本上不是一种认识性和理论性的存在,而是一种筹措操办之忧的活动,而人的这种活动同时还是开拓开放的进程,是真理的事件。无论是对于海德格尔还是对于汉娜·阿伦特,被海德格尔称之为光照的开放,都是人生此在的内在的目标。但海德格尔与汉娜·阿伦特不同,他把这种开放性同社会的公众性作了区别。在《存在与时间》中海德格尔声称,"社会的公众性使一切昏暗不清,而且它把隐蔽着的东西,充作熟知的和唾手可得的东西。"(《存在与时间》,第127页)一般情况下,在这种社会的公众性中,人生此在被常人所统治。"人人是他人,无人是自己"。(同上书,第128页)针对这种社会公众性,海德格尔提出了他的著名的本己本真性与之抗衡。

和海德格尔一样,汉娜·阿伦特坚持关于开放性的观点。但是,她认为,这种开放性,可以发展成为社会公众性。她并不指望这种开放性使个人的关系返回到自身,即并不指望成为海德格尔式的本真本己性,而是指望它转变为对多元性的意识。她的观点是:我们在世界中的存在意味着,与许多人共同享有一个世界,共同构建一个世界。只有在人们认真严肃地对待多元性经验的地方,才有开放性。而所谓正统的思维把"多"斥之为"杂多",加以拒斥,并不接受多元性的挑战,而多元性则属于 conditio humana(人生的基本条件)。这种正统思维谈人的时候,不是用复数,而只用单数。在汉娜·阿伦特看来,这正是哲学在政治上的背叛。像海德格尔一样,汉娜·阿伦特也在古希腊为她的主张寻找来源。海德格尔找到的是柏拉图的洞穴比喻。汉娜·阿伦特也在修昔底德[①]的记述中找到了古希腊城邦民主制。"在他们不断重新开始的谈话中,古希腊人发现,在一般情况下,我们是从无限多的不同立场出发,来观察我们这个共同的世界的。与之相应,便有许多不同的观点。……希腊人学会了理解——并不是许多个人相互理解,而是学会了从他人的立场上来观察同一世界。从不同的,经常

---

① 生活于公元前466—前400年左右。古希腊历史学家。《伯罗奔尼撒战争史》的作者。——译者

是相互对立的视野出发来观察同一事物。在修昔底德解说相互争斗的党派的观点和利益的讲话中,可以找到活生生的证据,说明这种争斗具有极高的客观性。"(马什拉:《对公众世界的解释》,第126页)人们也可以说,汉娜·阿伦特为柏拉图洞穴中被束缚着的人们之间的闲聊平了反。在她看来,根本不存在完善真理的柏拉图之光,或者海德格尔所谓从"实存向更多存在的上升"之类的东西。有的只是对共同世界的不同的观点看法,以及处理这种多元性的不同的能力。针对海德格尔的关于社会公众性的闲谈的禁令,汉娜·阿伦特在1959年她的莱辛讲演中宣布,"如果世界不是由人不断加以谈论的话,那么这个世界就一直是非人的世界。"(阿伦特:《在黑暗中的人们》,第41页)

使世界具有开放性的并非是本真本己性,而是"同他人一起商谈的高超技艺"。(阿伦特:《自由与政治》,第681页)而海德格尔恰恰想脱离这一技艺。

真理问题上汉娜·阿伦特也从海德格尔学到了不少东西,而且比海德格尔更前进了一步。她接受了海德格尔把真理解释为去蔽性的看法。但海德格尔指的是,真理的发生过程是人同物本身的关系。而汉娜·阿伦特则在人同人"之间"的关系中,发现了这种真理性。对她来说,作为去蔽的真理概念,只有在人类共同生活的悲剧和喜剧中,才有它的真正的用场。真理的最根本的过程,是在社会的大竞技场上上演的。阿伦特说,"在行为友好的谈话中,人们展示出自己是谁,主动表示出他的存在的个人本性,就像登上世界大舞台进行表演。"(同上书,第169页)

因为人与人之间的交往具有戏剧特征,因此,人们也可以把整个显现中的世界变为大舞台。只是因为人们可以登台,表演自己,所以他们才觉得自己同自然的关系也无非是这样。自然也想"表现"自己。即使是柏拉图的向理念世界的攀升,也是同表现自己的、登台亮相的社会游戏分不开的。因为理念是应该被观赏的东西自然是在哲学家的内在的舞台上。

  这里,汉娜·阿伦特所说的"世界",是指一种舞台式的、社会性的开放性的空间:世界在人之间展开自身。所以不能把世界理解为一切东西,即人和事件的总和,而应理解为人彼此相遇,以及诸物出现于其前的场所。最后,人们还创造生产出了某种超出了各个个人活动之总和的东西。在告知要寄给海德格尔《常规生活》一书的信中,汉娜·阿伦特谈到"人之间"这个问题,"如果在我们之间有某种被公认的、合法的东西的话——我是指'之间',既非你,也非我——那么我会问你,我是否可以将此书献给你。"(埃廷格:《汉娜·阿伦特与马丁·海德格尔》,第122页)汉娜同样有一种感觉,在这种关系中,对她来说只有向海德格尔的奉献和她自己的自视。在这种关系中,处于他们之间的世界必须烧掉,不允许有自由相遇的空间:未做的事太多,未说的话太多,未注意的东西太多了。

  在她的《常规生活》一书中,汉娜·阿伦特所关注的问题是:这个世界是如何维护这个"之间"的。这个世界又是如何可能在个人生活中和历史的标准下被摧毁的。她对"劳作"、"生产"和"行为活动"作了区别。这里她也吸收了海德格尔的思想:她把"在世界中存在"区分为不同性质活动方式的不同层次。人们可以在不同层次上进行一定程度的、自由的生产创作活动,于是为开放性创造了前提。

按照汉娜·阿伦特的理解,"劳作"只是人的生物学上维护生命的活动。在这里,人对他与自然的物质材料的交换活动进行了组织。劳作与休息,劳作与消费,按一定的节奏交替进行,严格地说,这个过程既无始也无终,就像人的种族繁衍过程生与死的交替进行一样。在劳作中,人消费自然,在劳作中,人耗尽了自己的生命。这个过程并不产生持久性的东西,劳作并非真正的"世界构成活动"。

"生产活动"则不同。这里出现了产品,它们不是手工的就是艺术性的。这些产品超出了纯粹服务于维护生命的范围。它产生的是一些不可以直接用于消费的对象:器皿、建筑、家具、艺术作品。这些是能代代相传的东西。一个对象保存时间越长久,生产它的活动便越具有世界性。生产的活动过程是线性的,是直接指向外在目的的,因为不论要建立什么,装配什么,制造什么,它们都要求自己在世界中有相应的位置。所以它们属于人所创造的那个区域之内。在这个区域内,人要为他的活生生的人生之途找到立足处,栖居处,找到关系。这里起推动作用的动力不是生命的必然要求,而是时间性的人生此在,需要在他的生与死之间创造持续性因素,创造超时间的超越性。这种需求在这里起着推动作用。

单数"行为活动"比"生产活动"更持久地把人从他的生命自然生长的循环中突出出来。"行为活动"——希腊文 praxis;"生产活动"——希腊文 poieses;正如亚里士多德业已明确指出的,它们之间的区别在于,"行为活动"是人类自由的自身表现与表达方式。在行为活动中人们表现着自己。他们显摆着,他们是谁,他们想做什么,想成为什么。人们之间发生的一切,如果它不是直接服务于劳动或者服务于生产活动的话,那就是行为活动。这种行为活动构成了世界的大剧院,因此在舞台上,即在世界上,活动着的有:爱情剧、妒忌剧、政治剧、战争剧、对话剧、教育剧、友情剧。因为人是自由的,所以他们可以行为活动,磋商讨论。相互交错纠缠不清的行为活动如此繁多,形成了人类现实性的混乱状态。所以人类的历史中也就不存在可以预测、把握的逻辑。人类历史不是"生产"出来的,也不是"劳作的过程"。它根本就不是过程,而是一种种的事件断断续续的发生,是由人的行为活动的相互冲突的多元性造成的事件。人类制造了机器,并用它进行劳作。不论是个人的还是集体的,历史都不是机器,尽管在历史中不乏将历史变为机器的努力。海德格尔在他的"存在历史"中,也企图在事件的浑沌中找到一种本真本己的逻辑,所以他的思想也属于这种将历史变为机器的尝试。汉娜·阿伦特在她的遗作《精神生活》的第二卷中,说出了她对海德格尔的这种猜测。在那里,她把海德格尔放到"专业思想家"相近的一群之内。这些思想家不能容忍自由和无法解密的偶然性。自由与偶然性不想"以偶然性规定为代价,去换取那问题的自发性的善"。(阿伦特:《精神生活》,第二卷:《意志》,第189页)

　　从"自然过程的观点"和"决定着世界发展的自动发展过程"的立场出发,人的行为活动看上去"像一个怪物,或者一个奇迹"。因为行为活动意味着能采取主动[Initiative ergreifen]。Initium 的意思就是开始创新。(阿伦特:《常规生活》,第242页)

　　侥幸从大屠杀中死里逃生的汉娜·阿伦特,在《常规生活》一书中发展出了一种关于可以重新开始的十分壮观的哲学。正是在这种哲学中流露着她对海德格尔的爱。当海德格尔偷偷登上她在马堡的顶楼小舍时,她正在书写"通过预先走向死亡"而获得本己本真性的哲学。在死里逃生之后,汉娜·阿伦特像在爱情中一样,用预先走向开始创新、能够开始创新的哲学,对预先走向死亡的哲学作了补充性回答。"使世界的进程和人事的过程不时中断、使他们从沉沦中获救的奇迹……最终是一种出生率的事实,是人诞生的事实。……这个奇迹就在于,人居然诞生了,并且可以重新开始。由于他们的诞生,他们可以在行为活动中不断发展。"(同上书,第167页)

这是对海德格尔死亡哲学的杰出的回答,这种诞生哲学对畏惧这种情绪也有认识,但它更了解降临人世的欢悦情绪。以这种诞生哲学为基础,汉娜·阿伦特发展出了她的民主概念。民主维护每个人在相互共有中保有自己重新开始创新的机会。民主的重大任务是学会在不一致中生活。因为,如果我们想在一个世界中相遇,甚至想取得一致时,我们便经验到,我们是从不同开端开始,在自己完全不同的终点结束。民主就是承认这种经验,民主就是愿意重新讨论,如何重新开始我们的共处生活这一问题。但这种新的开始,不论是个人的还是集体的,只有具备了下述两个条件的情况下才有可能:承诺和原谅。我们在行为、活动、商谈时,我们开始了一个我们无法负责的过程。我们置入世界中的东西,总是不可收回的、难以估计的东西。"因为人对他所做之事不可收回,尽管人们不知道,或不能知道他在做什么,于是便具有了一种医治这种不可收性的手段:人有能力原谅;而用以治疗不可预见性,针对

第二十二章

未来的混乱的不确定性,人具有了另一种能力:承诺,并信守承诺。"(同上书,第231页)

汉娜·阿伦特作出自己的承诺,不离开马丁·海德格尔。她所以能作出这个许诺,因为她有力量对他加以原谅。

1955年汉娜再次访德时,她没有去拜访他。她在给布吕歇尔的信中说,"我没去,好像我和海德格尔之间达成了默契似的。"(埃廷格:《汉娜·阿伦特与马丁·海德格尔》,第113页)汉娜·阿伦特应邀参加刚刚在德国出版的《反专制主义》一书的首发式。在这期间,她又成为大明星。她知道,海德格尔注意到,在这种喧嚣中,她将无暇分心给海德格尔。汉娜·阿伦特的这次德国之行的确是一次凯旋。一位自豪的女犹太人回来了。她对这个世界的专制政治的尝试作了总结,而且也带着锐利的批判与这个时代的法国的高级官员一起走向法庭。"自愿地潜入超人的、有破坏力的过程中,似乎使以前存在于社会中的功能、联系都瓦解了,一切纠缠都化为毫无意义的庸俗性。这种专制极权主义运动对人的吸引力曾经是,而且今天仍是……那从一切怀疑之中净化解脱出来的、残忍的、纯粹的行动,同对失去一切人类理解力的、残酷的、纯粹必然性巨大力量的信仰之间,表面上显得十分矛盾的混合为一"。(汉娜·阿伦特:《极权主义的起源》,第534页)

尽管海德格尔只草草翻了一下此书,上面这几句话一定使他觉得击中了他的要害。但恰恰是前面引述过的"暴民与精英的临时联盟"一句,在公众中引起了很大的轰动,因此也使她不能去找海德格尔。从海德格尔讲授尼采以来的立场看,对于她书中的基本思想,极权制度的相似性和可比性他是可以接受的。尽管如此,当他想到,在战争结束时期,他自己曾努力参与为纳粹的辩护,将纳粹美化为是面对共产主义的威胁时对欧洲的拯救时,他一定感到十分不舒服。也可能是阿伦特担心海德格尔对她的书作出愤怒的反应,所以这次她没有去找海德格尔。

1961年夏季,在她参加艾希曼的审判,以及她的关于艾希曼审判一书问世之后——该书的问世在美国引起了一场轩然大波,因为在她的书中披露了犹太人组织也参与了驱逐犹太人的运动——的这年里,汉娜·阿伦特又回到德国。在这期间,她的哲学代表作《常规生活》已经发表。这次她也来到弗赖堡,也给海德格尔写了信:"我写信告诉海德格尔,我什么时候在哪儿,他可以和我联系。没有回音,对此我并不奇怪,因为我根本不知道他是否在城里。"她在弗赖堡接到邀请,参加法学教授凯泽尔的庆祝会。她表达了要利用这个机会和她学生时代就已经结识的欧根·芬克见面的愿望。但芬克"粗暴"地拒绝了庆祝会邀请。这整个过程使她得出如下结论:是海德格尔在背后做小动作,说动芬克,由于她的原因拒绝了庆祝会的邀请。

3个月之后,她在给雅斯贝尔斯的信中说:"海德格尔——这是一段令人十分气愤的故事……我的解释……是,在去年冬天,我第一次把我的书寄给了他。……我知道,我的名字在公开场合出现,以及我还著书立说,等等,这使他受不了。在他面前,我几乎一生都在编造,一直装得好像这一切都不存在,好像我连三都不会数,而且在他的哲学上也是如此。因为,当他发现我已经能数到三,有时甚至超过了三,他便非常高兴,非常欢迎。可是突然这种编造使我感到无聊,于是我便受到了教训。很长一段时间内我十分气愤,但我现在不生气了。我现在的看法是,某种程度上我是罪有应得——不仅对我的编造,而且也对我的突然中止了游戏,不再玩下去,都是如此。"(《汉娜·阿伦特与雅斯贝尔斯通信集》,第494页)

过了5年之后,海德格尔又给汉娜·阿伦特写信。这是祝贺她70岁生日。信中还附上一张托特瑙山的风景明信片和一首以秋为题的诗。

1966年初,针对亚历山大·施万的《海德格尔思想中的政治哲学》一书,《明镜周刊》上发表了一篇文章:"海德格尔的国家社会主义"。汉娜·阿伦特和雅斯贝尔斯在通信中讨论了此事。汉娜·阿伦特猜测是"阿道尔诺的人"所为。雅斯贝尔斯则针对该文中关于海德格尔由于他的夫人是犹太人,而与自己断绝了联系的说法,为海德格尔进行了辩解。1966年3月9日雅斯贝尔斯在给汉娜·阿伦特的信中说,"实际上我的夫人和我在他眼里根本就是无所谓。"(《汉娜·阿伦特与雅斯贝尔斯通信集》,第665页)"海德格尔并没有计划和我们中止联系。事情就这么发生了。1945年后,我也没有决定再不与他重新见面,事情就这样发生了,没有意识。但这种无意识性在我看来是相对应的。"(《汉娜·阿伦特与雅斯贝尔斯通信集》,第666页)

但是,雅斯贝尔斯也没有彻底摆脱海德格尔。三年之后在雅斯贝尔斯去世时,他的笔记放在他的书案上首伸手可及之处。但是在1949年和1950年,同海德格尔重新恢复关系之后,雅斯贝尔斯并没有想到过再同海德格尔进行不间断的通信或者再同海德格尔个人会面。

这次是雅斯贝尔斯主动后退,而且是在海德格尔1950年3月7日来信之后。这封信写于汉娜·阿伦特访问海德格尔之后不久。她鼓励海德格尔,向雅斯贝尔斯开诚布公地谈一谈。因此海德格尔在给雅斯贝尔斯的信中写道:"我1933年之后没有再去您家,并不是因为那里住着一个犹太女人,因为我感到羞愧。"(《海德格尔与雅斯贝尔斯通信集》,第196页)雅斯贝尔斯在一封简短的回信中,对海德格尔这种"无任何保留的解释"表示了感谢。然后是两年的沉默。但他在两年之后还是对此作了回答。回信中表明,雅斯贝尔斯对海德格尔两年前来信中的那种预言式的口气感到十分可疑。海德格尔在两年前的来信中写道:"恶魔之事"并未结束;在这"无家可归"中准备着一种"圣灵的降临"。"也许我们可以在那轻微吹拂中经验到它的遥远的暗示,并一定去截住它,以便为未来将其储存起来"。(《海德格尔与雅斯贝尔斯通信集》,第202—203页)两年之后,雅斯贝尔斯回答说:"在您的来信中的这类句子使我预感到,您所编造的哲学,难道不是一种又在引起庞然怪物幻影的哲学吗?难道不是又在通过与现实脱离,为极权主义的胜利在作准备吗?"针对海德格尔"圣灵降临",雅斯贝尔斯写道:"就我想象力之所能,这纯粹是一种梦幻,是愚弄了我们半个世纪之久的一系列的梦幻中的一种。"(同上书,第210页,1952年7月25日)

这封信之后,雅斯贝尔斯和海德格尔经常在对方过生日的时候寄上生日问候,致辞有长有短。1956年在为恩斯特·荣格尔生日出版的纪念文集中,发表了海德格尔的文章《谈存在问题》,雅斯贝尔斯读到下面的句子:"今天如果有谁从整体上清楚地看透了形而上学问题的类型和历史,并认为应跟着它走的话,那么他仍在光明的空间中、在思考中不断运动,终究有一天他会问起,使人们清楚可见的那个光来自何方?"(海德格尔:《路标》,第410页)对此雅斯贝尔斯作了如下笔记:"在这种漂亮的措辞中,有一点很遗憾是毋庸置疑的:这里指的是我。……这里开始的卑鄙,我是不能让它继续的。"在这一年里,汉娜·阿伦特在她的德国之行中,同雅斯贝尔斯进行了一次关于海德格尔的"总结性会谈"。汉娜·阿伦特在给布吕歇尔的信中说,雅斯贝尔斯几乎是向她发出了关于海德格尔的最后通牒,要求她与海德格尔断绝关系。"我被激怒了,直接声明,我不接受任何最后通牒。"(埃廷格:《汉娜·阿伦特与马丁·海德格尔》,第118页)

海德格尔没有留下"关于雅斯贝尔斯的笔记"。在二人的关系中,海德格尔是冷淡的。雅斯贝尔斯感受到海德格尔身上的哲学的魅力,他不断受到这种魅力的迷惑。海德格尔在雅斯贝尔斯身上并没有这类体验。但是,早在20年代初,是海德格尔第一次向雅斯贝尔斯提出,结成"战斗共同体",在生存的名义下,发动反对教授-哲学的革命的。第一次提出同雅斯贝尔斯建立友谊甚至爱的也是海德格尔。1924年4月17日,海德格尔在给雅斯贝尔斯的信中写道:"自从1923年9月以来,我同您的生活就完全出于下列前提:您是我的朋友,这是能耐受一切的对爱的信仰。"(《海德格尔与雅斯贝尔斯通信集》,第46页)两个人都致力于这种友谊的建立。但是几乎谁也没有读对方的著作。海德格尔为了写书评,唯一认真读过的雅斯贝尔斯的书就是《关于世界观的心理学》。但雅斯贝尔斯对他的书评未作任何反应。同海德格尔谈话比读海德格尔的书更使他感兴趣。他经常在笔记中从对海德格尔的文章作如下记录："我看不懂它"。在50年代雅斯贝尔斯以赞成的态度把勒维特的一句话抄了下来："事实是没人能够声称,他懂得了海德格尔所谈的那个存在、那个秘密是什么。"

雅斯贝尔斯在1932年他的主要著作《哲学》中,以与海德格尔类似的方式,把存在作为哲学的重要任务提了出来。但是,他所寻找的是一种完全不同的存在,更准确地讲,他以另外一种完全不同的方式在寻找存在。对雅斯贝尔斯来讲,存在是一种不可以直接加以把捉的,即使是通过哲学性的思想也做不到。它只能在自由的运作中,在超越行动中才能被把握。

1956年雅斯贝尔斯在笔记中把他和海德格尔思想作了对照。同海德格尔交往伴随了他一生。这是对这种交往的总结:"海德格尔的思想本身就是存在——一切都围绕着它谈,指向它,但并达不到它。雅斯贝尔斯的思想具有生存行动的重大意义——思想在沉思的内在行为中证实着生存意义(准备性的,使其进入表达),让它在生活实践中变为现实——但它不能在哲学著作中出现。"(雅斯贝尔斯:《关于海德格尔的笔记》,第194页)这种区别海德格尔也注意到了,在1936—1937年冬季学期他讲授尼采课上,他对此作了表达。(不过相应的段落并没有被收入雅斯贝尔斯在世时出版的《尼采》一书中去)从根本上看,雅斯贝尔斯哲学只是对"人的个性的道德上明朗化之目的的描述"。雅斯贝尔斯"不再严肃地"对待哲学之认识,哲学在他那里成了"从事道德化工作的关于人类生存的心理学"。(《海德格尔全集》,第43卷,第26页)

雅斯贝尔斯猜测,海德格尔对思想估计过高,是由于他在实际上并没有完全摆脱"科学哲学"的观念,尽管他对科学作出了激烈批评。他过于死地咬着概念的严格性不放,过死地抓住思维出来的、人为构造的思维大厦的建筑不放。雅斯贝尔斯感到《存在与时间》就是这类构造性作品。后来他注意到海德格尔同科学性的彻底决裂,但他在其中又看到另外一种极端,即,使语言独立化。语言只关心自己,于是变成了杂耍;或者语言把自己装扮成存在的启示录,于是语言又变成巫术。对海德格尔的语言哲学,雅斯贝尔斯一直持怀疑态度。在雅斯贝尔斯看来,语言并非存在之屋。因为作为一种"不可把握者","存在"根本不适于有什么房宿居室,语言根本不适合于空间性。在给海德格尔的一封信里,雅斯贝尔斯写道:"语言必须在现实中通过传递信息扬弃自己。通过干,通过当下性,通过爱而使自己得到扬弃。"(《海德格尔与雅斯贝尔斯通信集》,第179页,1949年7月10日信)

在雅斯贝尔斯那里,当哲学变成了生存的内在活动之后,哲学便达到了它的目的。所以雅斯贝尔斯在海德格尔思想中清楚地看到把哲学作成"作品"的意志倾向。任何一个"作品"都超出了通常生活的界限。雅斯贝尔斯十分清楚,他自己的哲学最终不会成为"作品",他觉得,这是他对哲学思维的贡献。从这种考虑出发,他对海德格尔哲学作了如下笔记:"它从一开始就是一个特殊的哲学作品,它维护着它的语言、行动和它的专题。它是从通常的生活中隔离出来的、提取的、特殊的东西……我的方式是某种无界限的东西。……从思想方式来看,就是不把日常思维同哲学思考、不把讲台上的报告同活生生的谈话隔离开。"

尽管有这些批判和保留,雅斯贝尔斯一直认为,在这个"哲学贫困的世界",海德格尔是"独树一帜的人物"。

白发苍苍的雅斯贝尔斯,在他的海德格尔笔记的最后一条中写道:"在高山之巅,山石林立的广阔高原上,自古以来的、不同时代的哲学家们曾相聚首。从那里,人们向下俯瞰雪山、眺望有人居住的更深邃的峡谷,以及天底下的广阔的地平线中的四面八方。太阳和星星在那里比在任何其他地方都更加明亮。空气纯净,吃掉了所有的阴暗;它如此冷清,不允许任何烟雾升上来;它是如此澄明,使思维的勃发在一望无际的空间中任意而行。上山的路并不难。那在许多路上进行攀登的人只需决定,不断迁徙他的住处,以便经验到,这高处到底有什么。在这里,哲学家们进行着一场令人惊叹不已的、毫不留情的斗争。那通过思想,通过人类思想而进行战斗的力量左右了这些哲学家……在那里,今天似乎无人再来相聚首。我似乎是在徒劳无益地、在永无止境的思辨中,寻求与那个具有重要性的人相聚一场。除此以外,别无他人。但这个人却是我的一个十分礼貌的敌人。因为,我们所为之服务的力量不能统一在一起。快乐变成了痛苦,变成了一种绝望的痛苦,好像一种唾手可得的可能性被错过了似的。我同海德格尔之间就是这样。"
(同上书,第264页)

第二十三章

另外一种公众社会　海德格尔的技术批判　托架与泰然任之　梦之乡　海德格尔在希腊故乡之梦:普罗旺斯讨论班　梅达德·波斯　措利孔讨论班:作为治疗法的人生此在分析　中学毕业生之梦

在50年代,弗赖堡大学讨论关于海德格尔是否可以重新算作正规退休人员,并恢复其讲课权的问题,当时有一种情绪,它不仅导致对海德格尔政治上的怀疑,而且提出了海德格尔是否是时髦哲学家,甚至海德格尔是否江湖骗子之类的问题。这种东西在科学上还值得尊重吗?还有必要为他恢复学界职位吗?人们听说,海德格尔在上层社会的疗养院比勒高地这类花花世界中为善男信女们讲哲学,还在"不莱梅俱乐部"中给轮船掮客、商人和船长们作讲演。事实上,海德格尔在大学讲堂尚未向他开放期间,的确向另外的公众社会寻求支持。早在30年代初,他就同不莱梅建立了联系。不莱梅的一个大资本家的儿子、后来的文化史学家海因里希·佩茨特,开始是海德格尔的学生。后来一直都是海德格尔的崇拜者。他为海德格尔建立了这种关系。当时海德格尔在"不莱梅俱乐部"的半私人圈子里,作了《真理的本质》的报告。通过这次活动,海德格尔同佩茨特家族之间建立了友谊。海因里希·佩茨特的父亲,是腰缠万贯的轮船掮客。海德格尔曾去他在巴伐利亚地区的伊肯的夏季别墅作过几次客。二战末期,他曾将他的部分手稿存放在那里。1949年晚秋,又应邀来到不莱梅。他的第一个连环报告的总题目是《对"是什么"的观察》(具体题目为:"物"、"托架"、"危险"、"转向"),报告会于1949年12月1日和2日在新议会大厦的壁炉大厅举行。虔诚的听众会聚一堂,市长亲自主持开幕式,然后海德格尔开始讲话:"十九年前,我曾在这里作过一次报告,当时我表述的东西,现在渐渐开始被人们理解,开始发生影响。当时我大胆妄为,今天我还想再大胆妄为一次!"(佩茨特:《走向明星》,第62页)邀请海德格尔来不莱梅市的商业城市同盟的商贾豪富们,被这种"敢于大胆妄为"的自豪感情所激发。因为海德格尔此人还被当局禁止执教。而这些阔佬们有意行此示威,意味对这种不公正和——按这里人们的说法——敌视的反抗,让海德格尔在一个自由城市自由的讲话。海德格尔作的是循环报告。它是海德格尔于50年代在这里所作的九个系列报告中的第一个。1953年戈特弗里德·本问他的商人朋友E.W.厄尔策,为什么把海德格尔同不莱梅联系的如此紧密。厄尔策作为不莱梅上层社会的一员对此应有了解。他的回答是:"我是这样来理解他对不莱梅的好感的。在这里,恐怕也只有在这里,他可以面对一个社会阶层。这样的阶层在大学城,在行政中心城市,在比勒高地均没有这里集中强大。大富商、外贸专家、航运大亨和造船厂的老板,对于所有这些人来说,一个有名气的思想家不啻是一个寓言中的人物或者半个上帝。"(本:《给厄尔策的信》,第二卷,第342页)

海德格尔十分中意这种商贾富豪的保守自由主义气氛。这些商贾受过体面的资产阶级教育,大多数受的是人文主义的教育。他们从未受到学院式的观点的感染。对他们来说,哲学等于某种世界性宗教之类的东西。他们觉得,在战后年代的阴郁伤感中,人们需要哲学。尽管在细节上人们并不怎么了解它。也许正是因为这个缘故,人们才需要它。使人敬仰的不可理解的东西——这难道不是一切崇高东西从来就有的特征吗?这个邀请来自那些富豪,他们想通过有异国风味的哲学短途旅行,来证明他们是世界公民。甚至连佩茨特也承认,这里人们对海德格尔的思想并不太理解。但重要的是,为这些人出身的社会环境,同受到惊叹的哲学家之间建立桥梁。海德格尔在这里的讲坛上感到一阵自由的清风拂面,他想通过交流,在这里启动他的后期哲学的飞行计划。在不莱梅,他第一次把他的艰涩的、陌生的关于托架的"思考"、关于"视入[Einblick]与闪入[Einblitz]"的思考,关于"由天、地、神、人"这"四合的镜式游戏"公诸于听众之前。在报告后不几天,由欧冈·维塔写的一篇报道中说,这个城市可以为海德格尔到不莱梅来"大胆宣布他思想中迄今为止最大胆的命题而感到自豪。"(佩茨特:《走向明星》,第62页)

海德格尔的另一个讲坛在疗养院"比勒高地"。它位于黑森林北部的山上,居高临下,俯瞰巴登。一位医生格尔哈德·施特鲁曼于20年代初在一个按青春艺术风格修建的建筑里创办了这个疗养院。以前这里是一个赌场。这位施特鲁曼医生就是托马斯·曼小说《魔山》中霍夫拉特·贝伦式的人物。好交际,有威望,有疗养医师应有的魅力。他认为,为那些来自全欧的有钱的当事人建立这个治疗疗养院,同创造性英才交往,会有治疗效果。疗养院便是这种交往治疗的场所。恰巧创造性的英才不仅是应邀来此,而且还有作为前来治疗的病人到此疗养的,比如,恩斯特·托勒尔、海因里希·曼、卡尔·凯伦伊都在此疗养过。20年代到30年代,疗养院邀请过所有声名显赫的人。按照这个传统,战后施特鲁曼又重操旧业。1949年,他设立了一个所谓"星期三之夜"报告会。这个报告会一直举行到1957年。针对不断增加的听众和报界不断增加的兴趣,当代的重大精神思想问题,均在报告会上进行了讨论。来作报告的有科学家、艺术家、政治家。汇集在这里的自身有精英之感的人们积极投入了讨论。如果说50年代有一个陈词滥调的行话大汇集的大市场,那么它就是"比勒高地"。这一点在施特鲁曼关于海德格尔参加活动的札记中也可以看得很清楚。"海德格尔曾多次来比勒高地作报告。每次都引起罕见的轰动。人们激动地蜂拥而至,听他的报告,看他在讲台上的表演。眼下除他而外没人能做到这一点了。……谁能抵御他的思想和知识的冲破一切的力量,创造性语言没有启示,还存在未开发的源泉。"海德格尔的报告活动的影响"如同一个节庆日,像映红了天的大火。语言沉默了。但当讨论开始时,里面带着高度的责任感和最后的危险"。(同上书,第71页)"比勒高地"那些置身于高度的责任和危险之中的听众们,有当地有名望的债权人,有工业大资本家、银行家、贵妇人、高级官员、政治家、外国的显贵,还有少数几个因衣着寒酸而特别引人注目的学生。海德格尔有时向他们发表讲演,有时同阿富汗的文化部长讨论抽象艺术和"einraeumen"一词的意义问题。有一次讨论的题目是诗与节奏。海德格尔解释说,诗与生活中的节奏是"从何处来与向何处去的反映"。(同上书,第72—73页)听众摸不着头脑,要求给予明示。有个人十分粗鲁地插嘴喊道,"为什么总想弄明白一切"。海德格尔的反应是:"这是误解,我们并不想弄-明[er-klaeren]而是要澄清[klaeren]。"讨论中你来我往十分激烈,后来渐渐平息下来。然后又响起一个呼声:"为了大家活跃起来,能不能就女士谈点什么?"尴尬的沉默。突然施特鲁曼的女秘书振作起来说,印度有句成语,"谁能理解激动的秘密,谁就能理解一切。"另一位妇女表示支持,诗人不可能自己带来神圣的形象。但诗人可以编织面纱,在面纱背后可以预感到神圣之物。于是大厅里又开始活跃起来,因为讲这番话的女士具有相当的吸引力。"没有艺术作品我们还能生存下去吗?"一个人高声喊道。另一个回应:"没有艺术我照样能活得很好。"第三个接着说:现在谈论的"进入并跟上节奏",只不过是纯粹的达达主义。因为人们只需要大声嘟噜就是了。接着是一阵活跃和气愤的喧嚣。接着是下一个发言人登台,古斯塔夫·格林德根斯和伊丽莎白·弗利肯席尔特出现在讲台上,对"现代舞台"这个题目作了提纲挈领的说明。海德格尔离开了会场,没有等到节目的结束。

50年代后期,这类"星期三之夜"常常于第二天下午结束。有一次海德格尔已经回去了。一位女士把海德格尔的弟弟弗里茨当成了马丁·海德格尔,问他,他对毛泽东怎么看。狡猾的弗里茨回答,毛泽东是老子的托架[Gestell]。

这件事发生在海德格尔的"托架"这一说法在德国到处流传的时期。海德格尔用它来指称技术世界。海德格尔的这个说法首次出现在不莱梅报告中。但是,使这一说法不胫而走的,却是1953

年海德格尔在"巴伐利亚美艺术科学院"的报告,题目是《对技术的追问》。

50年代初,巴伐利亚科学院曾邀请海德格尔来作报告。起初这一邀请在慕尼黑争议很大。州议会对此进行了辩论:部长洪德海默尔谴责科学院,为"这个以前给纳粹政权牵马坠镫"的海德格尔提供讲坛。来自维也纳、法兰克福和汉堡的学生,已经动身向慕尼黑进发,来听海德格尔的报告。此时康德学会宣布,在同一个晚上举行另一个报告会。这显然是为了它的成员的心灵健康的缘故。海德格尔几乎拒绝了1950年的第一个报告的邀请。这是由于一个要求海德格尔提供报告题目的电报引起的。由于书写错误,使询问"报告题目[Vortragstitel]"的电报变成了询问"报告风格[Vor-tragsstil]"。海德格尔看了电报后,觉得人们是在对他施以管制、监督,因此才要求他的报告必须具有相应的风格。他十分气愤地写信给佩茨特:"事情渐渐超过它的限度,太过分了。……就是不管这种做法的其他方面,这起码表明,人们根本不信任我,不相信我会对这门科学讲些什么根本性的东西。这种事情就是在希特勒时期我也没碰到过。"(同上书,第77页)后来这一误会得到澄清,海德格尔还是答应在慕尼黑作报告。但他在给佩茨特的信中仍说:"这事仅让人心里不舒服,是为'托架'付出的难以逃避的代价。"(同上书,第75页)作报告的那天晚上,科学院的大厅爆满。没接到邀请就来听报告的人,把应邀前来听报告的客人挤得动弹不得。这些人有的坐在从别处找来的椅子上,有的坐在台阶上,有的坐在窗台上,或者挤在壁龛上或走廊里。海德格尔报告题目是"论物"。还是世界四合的老一套。当海德格尔开始讲"天、地、人、神的镜式反映活动"时,当时在场的国务秘书实在受不了,愤然离席,使出全身解数,挤出人群,逃离大厅,这是1950年夏天。三年以后,海德格尔对慕尼黑报告题目是"对技术的追问"。那天晚上,慕尼黑50年代的思想精英汇集一堂:汉斯·卡洛萨①、F. 荣格尔、海森堡、恩斯特·荣格尔、②奥特加·加塞特③。这也许是战后海德格尔最成功的讲演。当海德格尔用他的名言"因为追问是思维的虔诚"结束他的报告时,出现的并不是肃穆静默,而是全场起立与掌声。人们把海德格尔的登台看作西洋美声咏叹调的演唱。人们为之欢呼,因为他的口吻恰恰迎合了50年代人们渴望听到的那种高调。

　　海德格尔关于技术的思想触及到时代的恐惧,这在当时已是公开的秘密。海德格尔并非唯一做这件事的人。在冷战期间,人们很容易认为,决定人们命运的是政治。但是,随着时间的推移,对上述思想的批判的声音越来越强:把一切都寄托于政治稳定,是一种自欺欺人的做法。很多人指出,实际上,在这期间技术已成为决定我们命运的东西。不管是"计划"政治,还是"市场"政治。这是我们用政治根本无法加以驾驭的命运,特别是如果我们顽固抓住传统政治概念不放,在当时,尽管有经济奇迹,建设热情,但一想到由技术统治世界的未来,就感到一阵不舒服。这也许是由于后

---

① 汉斯·卡洛萨(1878—1956),德国医生兼诗人。——译者
② 荣格尔兄弟,哥哥 E. 荣格尔(1895—?)是作家,弟弟 F. 荣格尔(1898—1977)是诗人兼散文家。——译者
③ 奥特加·加塞特(1883—1955),西班牙作家。代表作《群众的暴动》。——译者

来被米切尔里希所抱怨的50年代的"软弱无能",大家承认自己是国家社会主义罪行一般性同谋者,人们为此而哀悼悲伤所致;也可能是因可怕的过去压抑的结果。基督教科学院举行了无数次与此有关的研讨会。政治家的星期日讲坛上,它是久议不衰的话题;杂志上也对这类问题进行着广泛的讨论。在"反核武器"运动中,也可以看到这种情绪的直接表达。为此,有几本重要的著作问世。二战后,对卡夫卡的评价,也是在对世界技术化和管理化的形而上学批判这个总题目下进行的。1951年京特·安德斯的文章《卡夫卡:支持和反对》使他一举成名。文中他把卡夫卡描写成一位在"物化世界的强大力量"面前感到惊恐不安的诗人。诗人把他的惊恐不安作成"神的"恐怖:他是一个技术时代的神秘主义者。1953年阿尔都斯·赫胥黎《美丽的新世界》一书的德文版问世,它是50年代的畅销书。小说为人们描述了一幅恐怖可怕的世界图景:在未来世界中,人们已经开始在伦琴管里编制幸福和职业的程序,这个世界里的命运就是不再有命运,仅仅由于技术的缘故,一切都汇集成为一个专制的系统。同一年里阿尔弗雷德·韦伯出版了《第三或第四阶段的人》一书,引起了很大的轰动。因为它用一种让人感到如此坚定可靠的社会学和文化哲学的语言,描述了机器人组成的技术文明的恐怖可怕的图景。另外该书使读者感到,自己是生活在历史转折时代的人,是人类历史上第三阶段的人。第一阶段是尼安德特古人,然后是生活在未开化的部落和氏族中的人,最后是高级文化人。在欧洲,这种高级人发展出了高度的技术文明。阿尔弗雷德·韦伯说,在技术上高度武装的人类文明中,人类又开始从事自己的灵魂和精神的复原工作。我们之中将来要发生的无非是社会生成性的质变。最后只剩下两种类型的人：一种是像机器人一样地发挥功能的大脑机器；另一种是新野蛮人，他们运动于人工世界和丛林之中，失去控制力，一无所知，战战兢兢。这样一幅人类前途的全景，只能激起人们的恐怖情绪，因此也就具有娱乐价值。

同一年，1953 年，弗里德里希·荣格尔出版了《技术的完善》一书，他的基本思想早在 30 年代已经发展完成。在对他兄弟恩斯特·荣格尔的《工人》一书回答中，他对自己的思想已作了阐述。恩斯特·荣格尔在书中提出：只要还没有通过人的内部的技术化使"技术完善化"，那么技术世界就不得不显示为一种陌生的外在的力量。恩斯特·荣格尔梦想将来有一种"新的人类"。他在"工人的形态"中看到这种新人类。这种人运动于"光学几何的铁的规律"，即在"金属的超高温的白热化世界中游刃自如。"他反应迅速、冷酷无情、准确、敏捷、灵活。他能够适应技术的节奏。但同时他仍然是机器的主人，因为他占有着内在技术性。他能在技术上很好地处理自己，就像尼采以前曾经设想的自由人那样，他能像使用"工具"一样运用他的"美德"，支配和管理它们，让它们脱钩，还能让它们重新挂钩，完全依他自己的目的和意志的需要。恩斯特·荣格尔说，如果最后的一点惬意也消失了，对于这种人来说，并不感到是什么损失。他可以穿过他的生活空间，有如穿过"大山地带或者死寂的月球地面一样"。这是一个寻求冷酷的冒险之心。

我们将在这种冷酷中死去，他的兄弟弗里德里希·荣格尔回答说。此时他的兄弟恩斯特·荣格尔也早已不是技术的辩护者，而已与技术的反对者"林中人"为伍了。弗里德里希·荣格尔的主要观点是：技术不再仅仅是帮助现代人达到预期目的的"手段"和"工具"，因为技术已经使人发生了内在的变化，所以人所设定的目的本身，已经是由技术决定好的了。工业生产中的一个重要组成部分就是需求的生产。通过汽车、电影、广播，人的听、说、看、行为举止以及反应方式、对时间和空间经验均已发生了根本性的变化。这个过程自身的运动力学，不再允许有技术彼岸世界的存在。技术文明的基本构架，不再是人对人的剥削，而是人对大地的规模巨大的剥削。工业化过程把自然在漫长的历史中积蓄的能量和资源都给探测出来，加以消耗。因此难以逃脱熵的命运："整个技术以及由它发展出来的追求一种完善的技术性的普遍性的工作计划——这一计划同一种普遍的机构紧密相联——都服从于热力学的基本定律，它规定了这个过程的损失消耗不会低于任何一架机器的消耗"。当技术掌握支配了一切，不再承认有什么不可触及的、神圣的东西时，技术便破坏了行星借以存在的基础。这个基础还支撑着，现在还只有地球上的一部分居民享受着文明安逸的益处，所以"技术的完善化"显得代价并不太大。但这一现象是虚幻的，弗里德里希·荣格尔说，"承受着这一负担的不是开端而是结尾。"

技术批判家克珊德拉的警告受到别人的嘲笑，在《月刊》杂志上的一篇题为"技术恐怖屋"的文章中提出了下述观点："罪恶"不在于技术，而在于人。技术并无罪恶可言，只有为技术设定的目标才有可能是"罪恶的"。我们应该防范技术的恶魔化，应该认真验查这种"恶魔化的技术"。今天对技术的恐怖，实际上是在更高的精神层次上，以更纯粹的形式重演中世纪的女人变巫婆的迷信而已。反对技术批判的人说,技术批判者不敢接受时代的挑战,拒绝发展出适应技术要求的伦理习惯。如果我们具有了这类适应技术的伦理习惯,我们便根本用不着害怕技术了。反技术批判的主要发言人马克斯·本泽说:"我们自己塑造了一个世界,这个世界的根源,可以上溯到十分久远的传统,它那最古老的智慧的努力,生成了这个世界。但是今天我们却没有能力从理论上、精神上和智慧上对它加以控制。我们缺乏关于它的理论,因此也缺少了技术伦理习俗的清晰性,也就是说,没有可能在这个世界内部作出合理的伦理判断。……我们也许还在继续完善这个世界,但我们却无力对这个世界的人进行完善化以适应这个世界。这就是我们的技术生存的令人沮丧的现状。"京特·安德斯在他1956年发表的《人类的陈旧性》一书中,把本泽所说的人,同由他所创造的技术世界之间的分裂,称之为"普罗米修斯的羞愧"。人类面对他自己的产品而感到羞愧,因为它们比他自己更完美,更有影响力。比如原子弹,他已不可以想象他所生产的东西的影响力是什么样子的。在对技术的这些反思中,中心的问题是:人必须去——像本泽所说的——适应技术吗?还是应该像弗里德里希·荣格尔和京特·安德斯提出的那样,把技术重新置于人类的尺度之下?

现在我们清楚了,海德格尔1953年的论技术的报告,并不是这个领域的孤独的哲学进军。他是跻身于正在进行的辩论之中去。所以当海德格尔努力与技术的"工具性"看法划清界限时,当他把技术理解为近代在世界内存在的基础性的特征时,与弗里德里希·荣格尔的思想相比,(与稍晚的京特·安德斯相比)他并没说出什么新的东西。但无论是弗里德里希·荣格尔还是安德斯,都让这个过程的来源——使人的世界变成为技术宇宙的来源——处于昏暗不明之中。海德格尔恰恰把这个来源带到光天化日之下。在他30年代的哲学思考中,我们就已经了解了他的基本观点,特别是在他的《世界图像的时代》一文中。技术来源于我们面对自然的方式方法。这取决于我们是让自然自己生成发展出来——如古希腊真理概念所主张的那样,还是由我们向自然进行挑战。海德格尔说,技术是一种"去蔽的方式"(《技术与转向》,第13页),统治着整个近代技术的"去蔽具有一种挑战意义上的Stellen(整理安排)的特征"。(同上书,第16页)围绕着"挑战"这一中心概念,海德格尔把技术的各种侵犯活动汇集在一起。与之对立的概念是"引出来[Hervorbringen]"(同上书,第27页),即"任其生长"的意思。米开朗基罗曾经说过这样一句话,塑像就在石头之中,只待人们要将它们解放出来。我们可以用这句话来理解海德格尔所说的"引其出来"和"任其生长"的含义。

对上述两种面对自然所采取的不同态度——"挑战"和"让其产生"——海德格尔曾在他作报告不久前所讲的课程"何为思维?"中作过一个简明的概括:一个人面对一棵鲜花盛开的树,只有用一种没有科学监护的、没有实用功利的眼光,才有可能真正体验到鲜花盛开这一事件。在哲学的视野中,这种对鲜花盛开的体验,被当作某种天真幼稚的东西置之不顾。海德格尔说"最重要的是,使鲜花盛开的树终于不再被置于不顾,而是第一次任它立于它站立的地方去。为什么我说'终于'?因为迄今为止,思想从未任大树立于它站立的地方。"(《什么是思维》,第18页)也就是说,我们不是任自然自己产生发展出来,而是向自然挑战,要战胜它,克服它,逼它在"某种可计算、实证的形式中就范,使其作为信息的系统而可以随时预订"。(同上书,第22页)

"预订[Bestellen]"是"挑战"之后的第二个中心的概念。与预订相应那些被"预订的"东西,就变成了可供分配的"存货[Bestand]"。一座桥梁把两岸联在一起。它的拱形线条向急流作出致敬的姿势。但是在一个水电站,激流被调动,转向,或被调直,它把激流变成了"存货"。水电站不是被建在激流中,而是"激流被建在水电站里"(同上书,第15页)。为了对这里发生的"可怕事件"进行估量,海德格尔求助于被阻隔构建在水电站里的"莱茵河"同荷尔德林同名的赞歌中的"莱茵河"的对立。但人们可以说,莱茵河仍然是那大地上的莱茵河,这一点并没有变化。也许是吧。但它如何是莱茵河的?它以什么方式仍是那片大地上的莱茵河?"无非是由在那里建设的旅游工业的旅行社所组织的、可以预订的参观对象而已。"(同上书,第16页)

技术的干预使自然变成了一种或现实或潜在的"存货"。为了防止这些"存货"有一天从人的头顶上坍塌下来,人们必须精确计算、周密规划,进行"存货安全保险"工作。技术自身追求更多的技术。技术的结果只有通过技术手段来驾驭。人们向自然提出了挑战,现在自然要求沿着这条路继续走下去:走向沉没,以为惩罚。这样遗忘了存在的生命的循环终于画完了,合上了口。挑战、存货、存货安全保险,这整个过程被海德格尔称之为托架。这是他对技术文明的称呼,在这里一切同一切都处于一种可控的调节回路和反馈效应的联系之中。"工业社会生存的基础,是将自身禁锢在

这个社会自己的制作品之中。"(同上书,第19页)

托架是由人做的东西,但人在它面前完全失去了自由。托架成了我的命运。其中的危险是,在这个托架之中,生活有变成单向度的、无选择余地的危险。它使生活遗忘了与世界的另外一种交往邂逅的方式,把另外一种驻留于世界之中的方式的回忆忘记得干干净净。"人所面临的威胁,并不是来自具有致死的影响的技术之机器和仪器设备。本真本己的威胁已经长入人的本质存在内部。托架的统治威胁在于,它有可能使人根本无力再返回到他原初的去蔽中去,根本无能力去体验对更原初的真理性的欢欣"。(《技术与转向》,第28页)

我们对海德格尔的"更原初的真理"已经有了充分了解。这就是自由的任其所是的眼光中观物的真理。任树木繁茂生长,鲜花盛开,或者在柏拉图的洞穴中去发现通向阳光之路,以便在太阳下,在存在的开放的光明中,能使实存变得更实存。这是真理惊恐的傍晚时分。这里期待着,如果我们换一种方式对自然加以提问,自然也能够以另外的方式给予回答。海德格尔在《关于人道主义的信》中说:"很可能,在自然背向人的技术性掠夺的那一面,恰恰潜藏着自然的本质。"(《关于人道主义的信》,第16页)

海德格尔的思考并未满足于对"思索中的思维任鲜花盛开的树在其所立处站立",未满足于"在思维中可以发生出现其他的在世界中存在"的远眺。他还把这种在思考中实现的立场观点的转变,投射到历史之上。在哲学家头脑里实行的这一"返转",变成了对历史中的返转的推测。海德格尔这个庆典式的报告中的表演艺术,在这里找到了一个绝好的结尾。它让听众离去时怀着欢庆的心情：他听到了一种严肃的，而且在某种程度上令人振奋的东西。海德格尔引用荷尔德林的话说："哪里有危险，哪里就有救助……"

当然，对托架［Gestell］之联系进行思考的思维前进得更远，它开拓了一个活动空间，使人们可以在其中看到，到底是什么在活动表演。因此在这种思维中真的发生了一种"返转"，这就是那种"泰然处之"的举止态度。关于"泰然处之"，海德格尔1955年在故乡麦氏教堂镇的报告中这样说："我们任技术的对象进入我们的日常世界，同时又让它处于其外。也就是说，任其作为物而自处。它并非什么绝对的东西，而是自身指向更高的东西。这种对技术世界既肯定，又否定的态度，可以用一个古老的说法来概括：对待物的泰然处之。"（海德格尔：《泰然处之》，第23页）但对物的"泰然处之"，被理解为思维的"返转"，但是，它并不能使人对现实历史的返转变得令人信服。

针对"不可信"责难，海德格尔可以回答说，"可信性"本身就是技术-计算性思维的范畴。谁在"可信性"中思维，他就尚停留在托架［Gestell］之中，即使是那寻求从中解脱出路的思维也不例外。对海德格尔来说，关于技术的问题，根本不存在切实可行的解决办法，"没有哪种人的计算或制造能够由自己出发，并只通过自己便使世界的现状发生转变。单单凭人的人性受到世界现状的直接影响，并沉沦于世界现状之中这一点，就足以使上述想法成为不可能的事，它又怎么能够成为现状的主人呢？"（《海德格尔与凯斯特纳通信集》，第59页）这个转变将作为命运中的事件而发生，或者根本不会发生。但这个事件预先将其影子投射到思考着的思维中，保罗对基督诞生所说的话，也同样适用于本真本己的"返转"：它的到来就像夜间的小偷出现一样。"危险的转向是突然发生,在转向中存在之本质的澄明光照突然出现。这种突然的光照就是闪光"。(《技术与转向》,第43页)

这只是对未来的命运的一些梦幻。在生活历史中,当海德格尔任这种梦幻推动自己,终于迸发到达那对海德格尔尽管已成为过去,但仍然在场的地方去时,情况便又有不同。

经过长时间的犹豫,在梅达德·波斯、埃哈德·凯斯特纳和波弗勒长达几年的反复鼓励下,1962年海德格尔终于决定携夫人同去希腊旅行。这实际是夫人送给他的礼物。他在那里所求索的就是他所一直求索的东西,正如他的报告中说的:"在欧洲人的时运际会之始的古希腊,技术登上了它所坚持的去蔽之最高的巅峰。技术使众神当下在场。使神的际会与人的际会的对话清晰可见。"(《技术与转向》,第34页)

1953年在慕尼黑论技术的报告会上,海德格尔与凯斯特纳相识,后来一直是好朋友。1955年凯斯特纳与海德格尔一起计划了海德格尔的第一次希腊之行。但在船票、火车票均已寄到的情况下,起程的最后时刻,海德格尔还是放弃了那次旅行。5年之后,又旧戏重演:票已订好,旅行路线已经确定,海德格尔最终又一次放弃了计划。"我可以对'希腊'的某些东西进行思考,而不用去观看它。我现在必须思考,如何把用内在的眼光看到的东西,用适当的话将其固定化。它们的汇集提供了最纯真的本土之乡。"(《海德格尔与凯斯特纳通信集》,第43页,1960年2月21日信)两年之后,1962年初,海德格尔终于作好准备,跨出"梦幻的门槛"(凯斯特纳语),走上他的希腊之行的路途。这次旅行的札记后来题为

《驻留》发表,献给他夫人70岁生日。

　　旅行的第一站是威尼斯,到达威尼斯的那天淫雨寒冷。在上船之前,海德格尔又一次产生怀疑:被想象成众神隐身之所的国土,是不是只是一个纯粹思想之物呢?它会不会只能证明思维之路仅是迷途而已呢?(海德格尔:《驻留》,第3页)海德格尔知道,这里有几分风险。希腊会以这个威尼斯一样的态度来迎接他吗?它会像威尼斯一样,只是一个"史学"上的僵死的"客体",是一个"陌生人工业的掠劫物吗"?经过两天的航程,一清早柯福岛展露出来。它是古时候的克法伦尼亚。难道这就是那法阿克人的国土吗?海德格尔在甲板上把《奥德赛》第六卷又重温了一遍,找不到一点相似之处。奥德赛的故乡伊塔卡也没有对海德格尔有任何触动。海德格尔怀疑,为寻求"原初的希腊的东西"而去希腊国踏勘是否为正确的方法。它会不会败坏了那"直接的体验"呢?(同上书,第5页)船于下一站泊在一个海岸。一个春光明媚的早晨,大家乘汽车去奥林匹亚。这里只是一个无任何修饰的简单的村落。大路西岸是刚建到一半的美国旅游饭店。海德格尔为最坏的事情作好准备:难道他的希腊最后还只是自己的"表象的任意性"的产物?(同上书,第8页)在奥林匹亚的废墟场上,夜莺清晨的歌鸣;被割刈过的大石柱堆,仍然保留着它们的高昂与挺拔,显示着它们的承载力。慢慢地,这个世界渐渐渗透到他内心。中午大家在大树底下的草地上休息。到处一片寂静。现在他注意到,此行可能不虚:"对潘神来临之时刻的一点预感"。下一站是米开纳地区。它像是"应邀参加庆典活动的唯一场所"。(同上书,第12页)一块高地上三座旧时宙斯庙的大石柱:"在这广阔的大地里,就像一张大琴的三根弦一样,也许风正在用它们演奏着哀乐——众神逃亡的余音。只不过死的人听不到罢了。"(同上书,第12页)海德格尔开始沉浸在它的元素之中。船接着泊近小亚细亚海岸的希腊岛上。这就是罗德岛,即玫瑰岛,海德格尔并不想登陆。"一种新的反复思考拥有自己的权力"(同上书,第16页)。希腊人当时必须同"亚洲的东西"进行搏斗。这完全是希腊人从当时所进行的抗争出发,向希腊东西提出的要求。我们今天面临的是技术的挑战。向希腊人学习难道不是意味着,要在我们自己面临的挑战面前坚持到底吗?对希腊的"怀念"难道不是一种远离世界的事业,它难道不是恰恰对希腊文化向当下开放的精神的背叛吗?"至少"看起来是如此。海德格尔以此暂时结束了他的这一观察。这时船又行到德罗斯岛。岛的名字已经说明了一切。德罗斯的意思就是开放,显示(同上书,第19页)。这一天阳光灿烂。在海岸有一些妇女正把供人购买的五颜六色的编织物和布料摊放在地上。一幅令人愉悦的景象。除此而外,岛上几乎没有人。但古希腊神庙和古代建筑的残垣断壁、拱柱瓦砾比比皆是,布满全岛。"被掩盖的过去的伟大的开端说出了一切。杂草丛生般'长'在一起的古石残柱,越过这瓦砾场,在吹拂的风中上升到肯托斯的山石参差嶙峋的顶峰。伟大的时候到来了。山脉、天空、大海、围着海岛升腾而起,在光明中显示着自己。那是什么?是什么在它们之中显示?它们向何方示意,昭示那可见的东西的庆典,它们特意地使那进行显示者,作为这样或那样的在场者显露出来。"(同上书,第21页)在德罗斯之巅,环视开放的、广阔的大海与星罗棋布的岛屿。海德格尔为他到达他所赞颂的国土举行欢庆。为什么恰恰是德罗斯?那些描述只能让人们觉察到,这个地方以前曾发生过别的事件。也许这只是这个岛的名字的魔力,还是海德格尔无力给予清楚的说明?他十分小心谨慎地谈到神性东西的在场,但马上又退了回来,因为他想避免落入变得"模糊不清的泛神论"的窠臼。于是他又拿起我们已经熟知的他关于真理事件发生的那套形式,但并不是对以前说过的东西作概括摘要,而是指称这个地方,这些思想均归功于它。他放弃了"用描写性叙述把那看到的东西固化下来"的努力,(同上书,第5页)而为他的出神的幸福情态选择了如下的词句:"从事照耀的进程中,被表象者得以使自身变为现实,它用当下在场性来充实自己,当下在场性,即在光明中,曾保障了希腊人当下在场的东西。"(同上书,第21页)

接下来的旅程是雅典。一清早,在大批的旅游者尚未到来之前,又来到阿卡罗城,然后是德尔斐城。在德尔斐这个圣地上,游者如云。他们不是去参加到思维的庆典,而是频频照相。他们失去了自己的记忆,失去了"纪念"的能力。

在德罗斯的经历,是这次希腊之行的难忘的高潮。半年之后,海德格尔从弗赖堡给凯斯特纳写信说:"我常'在'那岛上",但是,"对此却无适当的言辞",剩下的只是在纪念中保存"纯粹当下在场的惊奇者"(《海德格尔与凯斯特纳通信集》,第51页,1962年8月23日信)。

这是第一次拜访梦幻之乡。后来还有好几次拜访:1964年,1966年,1967年。

在这几年里海德格尔还发现了他的第二个希腊:普罗旺斯。在一次于瑟里西拉萨勒举行的会议上,通过波弗勒的介绍,海德格尔认识了法国诗人勒内·沙尔。此人不仅是诗人,而且是二战期间法国抵抗运动的著名的游击队领导。二人相识后,很快成为挚友。沙尔的诗,用他自己的话说,是"向不可言者的强行军",但同时又不断探访诗人可爱家乡的现场。他邀请海德格尔到他的家乡去作客。波弗勒与海德格尔约好,在海德格尔访问勒内·沙尔期间,举行一个小型讨论班。参加者只有少数几个朋友,波弗勒自己的圈子里的学生,其中有后来将《存在与时间》译为法文的费迪耶和瓦岑。讨论班于 1966 年,1968 年和 1969 年举行了三次。这些研讨班实际上成了一种节庆的仪式。上午在房前的梧桐树下伴着蝉鸣用餐,讨论赫拉克里特,或者讨论黑格尔的句子:"一双破碎的袜子,胜于一双补过的袜子。但自我意识并非如此"。① 或者谈论希腊人的命运概念,或者——在 1969 年——讨论马克思的费尔巴哈论纲第十一条:"哲学家曾用不同的方式去解释世界,而问题的关键是改变世界"。树影纷纷落下之时,人们在这样度过的这些上午的时日中达成一致:我们必须对世界这样加以解释,以便我们终于又可以对它加以珍爱。讨论时有记录,尽管地中海北岸干热的密斯特拉海风不断将这些纸片吹落,人们又把它们拾掇在一起,共同加以编辑整理。有一次记录是以下列的句子开场:"在这里,斜坡上的橄榄树的枝杈从我们面前直拖到平地上。在广阔平原的一望无际的远方,罗纳河的激流在流淌。就是在这里,我们又开始了残篇(2)〔指赫拉克里特残篇——作者〕的讨论,神秘山脉偃卧于我

---

① 见卡尔·卢森克兰茨[Karl Rosenkranz]的《黑格尔生平》[Hegels Leben],第 532 页。——译者

们的背后,这就是勒班克的风景,谁要是找到了去那里的路,谁就是众神的客人"。(《四个讨论班》,第13页)

下午,大家出发远足,去阿维尼翁,到沃克吕兹的葡萄产地,当然首先是去圣·维克多瓦的塞尚登山之路。海德格尔十分喜欢这条路。它从比伯穆斯的采石场起,直到一个转弯处。从这里转过弯,突然整个圣·维克多瓦山脉都展示于眼前。这就是塞尚所走的那条路。海德格尔说:"这条路从开始直到尽头,我自己本己的思维之路,以它特有的方式"与之相应。海德格尔可以坐在这块与整个山脉相对的山岩上,长久不动,远远眺望。塞尚曾在此处说过:"这是世界平衡的瞬间。"当然,他的朋友们津津乐道地回忆起,关于苏格拉底进入沉思之后,可以几小时一动不动的那些故事。晚上,大家又到勒内·沙尔的家里坐在一起。海德格尔说:在谈话中、手势动作中,在这个场所,古代的希腊又一次焕发青春。勒内·沙尔十分感谢海德格尔,因为海德格尔又开辟了通向诗的本质的视野:它无非是"世界于其最佳之处"。每次海德格尔回去时,主人都送给哲学家大抱的植物花卉:他花园里的熏衣草和鼠尾草;这个地区的百里香和其他植物,外加橄榄油和蜂蜜。

他们中的一位朋友写道:"这些辉煌时日的情绪,其实难以用笔墨形容,在场者对海德格尔由衷地钦佩与尊重。所有的人都被革命性思维的历史性、广博性所折服;但同时,与老师交流无拘无束、亲密无间。总而言之:这难忘时日中的南方的光明,即是那泰然处之的爽朗喜悦。"(《四个讨论班》,第147页)

60年代后半期,在措利孔地区梅达德·波斯家举行的讨论班,进入到最富成果、最紧张的阶段。参加者有医生和心理治疗家,他们都是梅达德·波斯的学生和合作者。波斯在苏黎世大学的医学院执教。这里被称为"布尔格赫尔茨里"①,以前是卡尔·古斯塔夫·荣格的天下。在战争期间,波斯是瑞士军队山地部队的军营医生。他当时无所事事,为打发他的无聊,他研究了《存在与时间》。后来他逐渐看到,在这部著作中"提出了一种根本上全新的、闻所未闻的、对人的生存和世界的深刻洞见。"(《措利孔讨论班》VIII)这一洞见可以有效地用于精神病的治疗。1947年他给海德格尔写了第一封信。海德格尔回信十分友好,并请他寄"一小包巧克力"来。1949年波斯第一次登上托特瑙山。信友变成了知己的朋友。海德格尔对与理解他思想的医生的联系寄以厚望。按波斯的记录,"海德格尔看到,他的哲学不仅限于停留在哲学家的书房内,而且,有可能使数量巨大的、首先是急需帮助的人们从中受益"。在1959年至1969年期间举行了一系列的讨论班。开始参加者都有一种感觉,"似乎是一位火星人和一伙地球人初次见面,企图相互沟通。"(同上书,VII)海德格尔以极大的耐心,不断以新的方式向人们解释着他的"基本定理":人生此在就意味着将自身向世界开放。在讨论班的第一堂课上,海德格尔在黑板上划了一个半圆,以标识这种自身向世界开放的存在。在这些讨论班上,海德格尔第一次尝试用他的《存在与时间》的人生此在分析来理解人的精神障碍。大家对病历进行了分析。引导这种分析的中心问题是:同世界的开放性关系是否受到损害,以及在多大程度上受到了损害。同世界的开放关系就意味着"坚守"当下,而不是逃

---

① Burghoelzli 是瑞士方言,专名,意思为"城堡林"。

避到未来和过去中去。海德格尔批判弗洛伊德的心理分析,认为他用构造起来的关于遭受病痛的史前理论妨害了这种当下的关系。另外,同世界的开放关系还意味着,对人和物出没显示于其中的空隙加以保护。比如,患狂躁性抑郁症的人,不知道有这种自由开放的面面相对的状态的存在。他既不给他人也不给他物留下任何为他们所有的空间和时间。他们不是离他太远,就是离他太近。他不是吞噬了他们,就是被他们吞噬掉,或者他们消失于巨大的内在和外在的空无之中。他已经无力聆听、接受世界对他呼唤的内容,更无力坚持它。同人与物保持一种有一定距离的接近,对他来说已是不可能的。他缺乏让自己和共在的他人去存在的那种泰然处之的态度。在讨论班上海德格尔不断回到他的下述思想:大多数精神病应该被理解成是一种"生存"(字面意义上的)障碍,即不能站出来,站到开放的世界关系中去。在海德格尔看来,正常人和精神病之间,没有一条绝对的界限。所以,在他谈论狂躁抑郁症或者伤感抑郁症病人的时候,没几句话便跳到笛卡尔和近代文明使世界阴暗化的问题。在狂躁性抑郁症者看来,世界似乎是某种供人聚敛、战胜和吞噬的对象。在海德格尔眼里,这无非是近代文明中习以为常的趋向于权力的意志,在病态上的极端表现而已。措利孔研讨班的讨论一直围绕着两个问题:个人的精神病问题和近代文明的病理学问题。海德格尔从个人的迷失中看到近代文明的疯狂现状。

海德格尔把波斯视为知己,但并不请波斯当他的心理治疗师,尽管如此海德格尔还是向波斯吐露据称是他做的唯一的、但反复出现的梦。他梦见,他必须像从前一样,在过去中学老师面前再通过一次中学毕业考试。波斯记述道,"当他(指海德格尔——作者)在清醒的思维并有能力在'事件'[Ereignis]之光中体验到'存在'之后,他便再没有做过这个程式古板的梦。"(同上书,第308页)

第 二 十 四 章

克珊德拉的警告[①]　阿道尔诺与海德格尔　阿摩尔溪流[Amorboch]与田间路　从关于本真本己性的行话到60年代的本真本己的行话　对奥斯威辛集中营的言说与沉默　《明镜周刊》的采访　保罗·策兰在弗赖堡和托特瑙山

1965年在广播电台播放了一场传奇式的辩论性对话：一个扮演宗教裁判所的大审判官的角色，另一个则扮演人类之友的角色。大审判官是盖伦[Gehlen]，他的对手是阿道尔诺。

盖伦："阿道尔诺先生，当然，在您看来，这仍然是成熟与否的问题。您真的认为，因为人们一直企图逃避人人都必须严肃地对待的基本原则问题，回避对待反思的滥用问题，一直顽固地走在影响深广的人生迷途之上，而又对此熟视无睹，所以，现在人们就必须承担起这些繁重的任务吗？"——阿道尔诺："对此我的回答简单明确：是的。我认为，有客观的幸福和客观的绝望。我认为，只要

[①] 克珊德拉为希腊神话中特洛伊公主，能预知凶吉，但没人相信她的警告，致使特洛伊战争失败。——译者

免除了人的上述负担,不去苛求他们负起自己的责任,作出自己的决定,那么人在这个世界上的福利和幸福,就只是一层表面现象。这个表面现象总有一天会破灭。当它破灭时,其后果将是十分可怕的。"(魏格尔斯豪斯:《法兰克福学派》,第653页)

盖伦反驳道,这是一些十分有意思的思想。但是十分遗憾,它只在乌托邦式的人类学中有效。阿道尔诺的回答是:人们对减轻负担的需求并非如盖伦所称,是人类学上的自然常数。人类通过他的社会设施而让自己承担负担,而减轻负担的要求,只是对这一负担的反应。人类恰恰想到会给他们带来"灾难"的力量中去寻求逃避。这种"同入侵者的认同"必须被打破。盖伦用下列回答结束了这次辩论:"阿道尔诺先生……尽管我感到,在深层的前提下,我们是一致的,但我获得的印象仍然是,这样是危险的;您倾向于使人们对于经过整个灾难性之后手头上所剩无多的残余产生不满。"(同上)

这个整体是不真实的。辩论的双方都持这种立场,而这也是海德格尔的立场。盖伦认为,最好的做法是,帮助人们使他们所从事的事业经得起批判,不受反驳的影响。只是反思才使他们看到了整体的灾难性的现状,所以,应帮助他们免去反思的累赘。阿道尔诺则认为,我们应该以解放的名义鼓励、要求人们进入这种反思,以便使他们注意到,他们自己的处境是多么糟糕。一个想通过对基本问题的深刻思考使他发现,人类除此而外别无选择,因此保护人们,防范反思。另一个却苛求人们去作反思,尽管他所许诺的解决办法令人十分尴尬:让他们通过回忆,到童年的经验中,到诗歌中,到音乐中,到"行将崩溃的形而上学中"去寻找出路。

第二十四章

值得注意的是,像盖伦、阿道尔诺以至海德格尔这些大哲学家都一致认为,从整体上来看,人类所处的境况是灾难性的。而且对这种灾难还缺乏报警者。人们在这种灾难性中生活得很舒服、惬意。对阿道尔诺来说,这是人们双重异化的结果:他们已经异化了,同时又失去了对这种异化的意识。对盖伦来说,在活生生的状态中,文明本身就是灾难。对海德格尔来说,托架是时运际会,人类对它无能为力。技术化了的世界的基本问题不可能用技术来加以解决。"只有上帝能救助我们",海德格尔说。

在那高不可攀的高山之巅,克珊德拉公主们在向底下由精明和"就这样下去吧"的精神统治的世界呼唤,宣告着她们那阴郁的洞见。

在50年代末60年代初期,讨论灾难蔚然成风。与它同时共生的是当时的建设狂热,对福利的惬意,小问题,鼠目寸光的乐观主义。文化批判的低沉的小调伴随着繁荣中的联邦德国的生气勃勃的建设事业。无论盖伦、阿道尔诺还是海德格尔都属于这低沉小调合唱队的成员。

他们以不同的形式参与了同时受到他们批判的"捣乱行为"。盖伦想用理智的手段防范知识分子。阿道尔诺则给资本主义的异化勾出了一幅恐怖的形象,对之加以研究,以便使"社会研究所"重振旗鼓。这是受马勒斯曼财团委托对企业内部关系进行研究。海德格尔用激昂的语言拒绝用激昂的言语反对技术。

时代的批判者海德格尔的遭遇和阿道尔诺相似。人们听海德格尔的报告就像听到神的预言一样。和后来阿道尔诺的情况一样,追求海德格尔的不是自然科学研究院,而是美艺术研究院。基础性的批判不想成为政治的批判；它面对宗教举止尴尬，不得不使自己美学化。1957年柏林的美艺术研究院在讨论吸收海德格尔为正式成员的问题时，大多数人同意格图鲁德·冯·勒·福特的下述意见：必须把海德格尔的著作作为"诗"来读。这种反应在海德格尔看来并无恶意。因他自己正是逐渐使诗与思维合为一体，思维和诗一起使他陷入时间之谜。"地球已是一片荒凉，成为荒芜的不毛之地，只能为人的统治提供保险。牧人栖居于那看不见的外方异域。"（《海德格尔与凯斯特纳通信集》，第32页）

早在20年代，海德格尔的影响就不仅限于大学之内了。如今的影响就更不限于大学了。尽管在50年代太多的教授想当正教授而不时地引证海德格尔，德国的大学哲学讲座逐渐海德格尔化。人们对海德格尔进行琐碎细致的研究，对其作麻木不仁的观察：什么是抛，什么是被抛性。用海德格尔宏伟壮观的关于无聊的哲学，制作出了真正无聊之极的哲学。它又挑起了经院式的关于存在概念秩序繁琐的争论。但所有这一切都不是使海德格尔成为50年代以及60年代思想大师的原因。当年轻的哈贝马斯在《法兰克福汇报》上为纪念海德格尔70诞辰发表文章，描述海德格尔哲学的影响时，他特别强调"业余爱好者团体"的作用。这种业余爱好者的团体遍布全国，尤其是在那些安静的村镇。在海德格尔的思想的旗帜下，组成了一个个纪念团体。几年之后，阿道尔诺在论战性小册子中，把海德格尔发生影响的形式归纳为："本真本己性经营管理的气氛，就是理性之中的非理性。"当然，这一位经营管理气氛的研究专家知道得最清楚，"在德国，人们讲着本真本己性的行话，而写的行话就更多了。社会化被选择的识别符，高贵与亲切融而

第二十四章

为一。把低级语言当作高级语言。它经过哲学及神学(不仅限于基督教学院)渗入到教育学、业余大学、青年团体的语汇,直至经济和行政管理为代表的所谓高雅表达方式之中。在这种行话追求充溢人的深处的感动时,它自己已经像被它表面加以否定的世界一样标准化了。"(阿道尔诺:《本己本真性的行话》,第93页)事实上,海德格尔哲学中的活动布景和术语成分,恰好可以使那扣人心弦的行话不辱没纯学术的声望。比如在谈论死亡时,在生存论上想严肃又想要表明它并不与人生隔膜,具有哲学上的博学,人们便可以选择一条中间途径。那些一谈到上帝就觉得尴尬的人,当他们不打算放弃讨论匿名的神灵时,特别愿意启用"存在",不管是用带y的存在[Seyn]还是用不带y的存在[Sein]。海德格尔对于那些把步履艰难当作严肃认真的长者的意义,就如同加缪、萨特对于年轻人的意义一样。

在阿道尔诺的"批判"的眼光里,这些年来在德国意识形态中本真本己性的行话——海德格尔是它的纲要的提出者——是某种更危险的东西:表达为有教养的精神气质的亲纳粹倾向。阿道尔诺的批判从一些乍听起来并无妨害的概念开始,比如,"使命、召唤、遭遇、真正的谈话、证词、关切、请求、义务"等。用阿道尔诺的话来说,这些说法经过精心选择,可以演出一部"言辞升天"的好戏。(同上书,第13页)谁要是听取了召唤,选择了遭遇,表达了他的关切请求,对义务责任义无反顾,那么他便表现为一个受到高级任命的人物,因为他向往更高者。他暂时还表象为一个温和的超人,崇高的伟大,而超然于被静观的世界的事务之上。这种行话把生意上的精明美化为被命中选定。本真本己的东西用心身来证明

着贯彻到底的能力,这是一颗弹奏"精神乌尔里茨尔管风琴"①的心。(同上书,第 18 页)

《本真本己性的行话》一书,在跟已经成为过去的时代精神算账。因为,当该书在 60 年代问世时,特别盛行这种庄严行话的阿登纳家长制统治的时代已经过去。路德维希·埃哈德出任政府总理。整个形势已经开始发生变化。"会谈室"离开了"多用大厅";步行街占领了各个城市的中心街区。在建筑中,碉堡式和监狱式建筑大获全胜。人们发现了赤身裸体的魅力,它既体现在性商店中,也体现在哲学中。揭露、批判性的批判、背景的提问统治整个世界的时代已经相去不远了。

行话的技巧之一,就是让所说的话听起来似乎"在谈论比它们实际所指的内容更高级的东西"。(同上书,第 11 页)但是阿道尔诺本人的文章有时也是这个腔调。只不过他导演的不是"升天堂"而是"下地狱"。阿道尔诺对纳粹怀疑的意向过于强烈。但这种怀疑不仅没有发现什么具有危险性的问题,反而使阿道尔诺的做法显得十分可笑。比如阿道尔诺十分注意海德格尔《存在与时间》讨论死亡一章的分节的安排:"死亡作为中心议题受到讨论,在党卫军的命令中和在生存哲学中,文牍主义成了飞马柏加索斯②,在极端的情况下,还可作为世界末日的马来骑。"(海德格尔:《存在与时间》,第 74 页)在另一处,阿道尔诺把海德格尔哲学当成二等道德

---

① 乌尔里茨尔[Wurlitzer]为德籍美国人,于 1880 年左右发明了一种新的管风琴,用于早期电影院的伴奏。——译者

② 柏加索斯[Pegasus]为希腊神话中生有双翼的飞马,所踏之处便有清泉涌流,其水可赋予诗人以灵感。——译者

哲学。"按时下流行的本真本己性的名义,一个受折磨的努力,也可以提出存在论损失的赔偿要求,只要他真的是一个受折磨的奴隶。"(同上书,第 105 页)这一切只是阿道尔诺批判的事前准备。阿道尔诺想从海德格尔的基础本体论内部淘出法西斯主义来。阿道尔诺在他的哲学代表作(《本己本真行为的行话》一书在纲领上本属于该本。)《否定的辩法》中说,存在论,起码是海德格尔的存在论,是导向法西斯制度的"待命状态",是对无自律能力的、在意识面前无法为自己的政治秩序辩护的认可。阿道尔诺在 1959 年解释道:"我把纳粹主义在民主制中的延续看成潜在的危险,因为它是反民主的法西斯倾向。"(《进攻,新的批判形式》,第 126 页)他特别强调下述事实:反对共产主义的冷战,实际上为野蛮的法西斯主义思想提供了保护伞,使他们得以隐姓埋名,潜伏下来。这种野蛮思想只要以欧洲保卫者的身份一起来反对"红祸",就可以使纳粹反对布尔什维克主义的传统继承下来。阿登纳时代的反共产主义,也确实与"恐俄"的种族主义混在一起,唤起了一股独裁的、有时甚至是沙文主义的情绪。为了加强反东方的战线,在 50 年代为纳粹精英平反,使他们重新溶入社会生活的工作进行地畅通无阻。阿登纳不断强调,把人分为两大阶级的,即政治上清白的和政治上不清白的这种区别,应该尽可能快地消灭。早在 1951 年 5 月就通过了一项法案:向"政治上有染者"敞开国家公职的大门。1952 年又通过了所谓"忠于职守法"作为补充,把"受纳粹独裁政权迫害人员联合会"的成员看作共产主义嫌疑分子,将他们开除公职。反犹太主义也蠢蠢欲动。当阿道尔诺同霍克海默尔一起从流亡地回到法兰克福大学时,他对此的感觉尤其深切。1953 年他被聘主持

"哲学及社会学附属讲席",这个讲席正式被称之为"修好抱歉讲席"。这显然是一种侮辱性的称呼。阿道尔诺长期以来希望获得与他的学术成果相称的学界头衔——正教授——的愿望很长时间未能实现。1956年在法兰克福终于讨论阿道尔诺的正教授任命问题,东方学教授赫尔穆特·李希特不假思索地说,是"作弊":想在法兰克福晋升,只需有霍克海默尔的庇护和是犹太人这两张牌就够了!此类反应并非独此一家,而且更有甚者。作为战前校长和研究所所长的霍克海默尔,他的职位早已不可动摇,但鉴于仇犹太情绪蔓延,他也不得不请求提前退休。阿道尔诺和霍克海默尔又不得不重新经历老犹太人们的体验。尽管这些犹太人跻入到上层社会,他们也早已遍体鳞伤,随时可能受到新的伤害。"即使当上了部长,也是犹太人部长,同时他既是阁下,又是贱民"(萨特:《三短文集》,第749页),这是萨特在他的《犹太问题管窥》中对这种经验的总结。阿道尔诺之所以"于50年代及60年代早期容易受到伤害",还由于他的马克思主义背景。1955年的《时代》周刊,把阿道尔诺说成是"无阶级社会的宣传鼓动家"。(勒·魏格尔斯豪斯:《法兰克福学派》,第555页)

尽管如此,阿道尔诺之所以于海德格尔哲学中侦察法西斯主义的连续性,并不只是由于阿道尔诺在海德格尔思想中看到了阿登纳时代的精神调和派,还有其他因素在其中起着作用,即相互敌对的哲学之间的带威胁性的相近。和海德格尔一样,阿道尔诺也对哲学家怀有敌意,因为他们只从事"永恒哲学的研究,似乎这种哲学的对立物,社会学和精神分析学根本不存在一样。"这种无知无视的态度使阿道尔诺十分愤怒。他自己清醒地把这种解除魔化的力量视为己任,用以对抗使他深受其苦的对哲学的爱恋[Eros]。海德格尔根本置这种"科学"现代性现状于不顾,甚至蔑视它。阿道尔诺将海德格尔这种态度指责为"乡下佬主义"。从历史哲学的角度,阿道尔诺清楚地知道,到底有什么东西是"根本行不通的",所以他避免以某种稳定的哲学姿态出现。他对哲学的那股激情只体现为精巧的持续的反思——当然只是对艺术的反思——之中。把走向艺术当作哲学的避难所的做法,又是这两位的共同倾向。当然阿道尔诺没有对海德格尔沉重艰难的步履有什么羡慕或妒忌。对他来说,活蹦乱跳更加自然。可是,也许阿道尔诺终究还是有些羡妒海德格尔。海德格尔能对自己无遮掩的形而上学行径恬然不知其耻。对此阿道尔诺可能多少有些羡慕和妒忌。阿道尔诺有一次说,"羞耻感直接反对对形而上学倾向的直接表达。如果谁敢于这样做,谁就是面对误解的欢呼而宣告缴械"。因此阿道尔诺成了跳哲学蒙面舞的专家。50年代中期,马尔库塞想在《社会研究杂志》专号上发表他的著作《爱欲与文明》(后来在"索尔坎普丛书"中发表时,把上述题目演变为《欲望的结构与社会》)时,阿道尔诺写信给马尔库塞说,该书稿的"某种直接性"和"不可传达性"使阿道尔诺感到不快。平时经常在霍克海默尔处去克服难缠的竞争的阿道尔诺,完全可能阻挠该书在研究所的系列刊物上的发表。在他看来,马尔库塞不可原谅的错误就是,他把社会批判理论的经营秘密——把性解放为爱欲,并以此为基础,建立一种成功的文化的设想——在闲谈中泄露无余。而阿道尔诺自己也是在吹毛求疵的保护下,才克服了他自己的形而上学意向。

正如我们已经指出的,尽管如此,阿道尔诺所关切的事——

"行话"本应就是它的表达——与海德格尔所关心之事有着十分密切的关联。他自己也清楚这一点。1949年阿道尔诺同霍克海默尔商量,在《月刊》杂志上发表一篇文章,对刚刚出版的《林中路》进行评论。他写给霍克海默尔的信中说,海德格尔走"林中路的方式,同我们的方式相去并不太远。"(转引自魏格尔斯豪斯《法兰克福学派》,第658页)

阿道尔诺和海德格尔给近代开出了相同的病情诊断。海德格尔谈到近代的"主体的主体主义",指出它使世界成了"人类"的对象,而这个过程又反弹到主体上,使主体被理解为诸多物体中的物体之一。在阿道尔诺和霍克海默尔的《启蒙的辩证法》中,我们可以看到同样的基本思想:近代人们施之于自然的暴力,返回来反对人类的内在自然本性。"每个人都努力打破、挣脱自然的束缚,以致使自然受到破坏,因而更深地陷入自然的束缚之中"。在海德格尔这儿,世界成了可供驱使的对象,成了为生产服务的图像,表象。阿道尔诺-霍克海默尔那儿则是"主体的觉醒",而这是用"承认权力是一切关系的原则"为代价换来的,而且,"为了自己权力的扩大,人类付出的代价是:向他有控制权的东西异化"(《启蒙的辩证法》,第15页)。在阿道尔诺看来,这种异化了的资产阶级世界的权力原则,最终的结果就是导向对犹太人实施的工业化谋杀的残暴罪行。阿道尔诺说:"民族屠杀是一种绝对的整合,这种整合到处都在准备之中:人被平均化,被磨平,……直至被彻底灭绝为止!"1949年海德格尔在不莱梅的报告中说:"农田耕作现在已经成了摩托化了的食品工业了,本质上同尸体和毒气室的生产一样。"后来,当海德格尔的这段话公诸于众的时候,在那些对阿道尔诺的类似思想无动于衷的人们那里引起了巨大的愤怒。海德格尔的表达方式在阿道尔诺那里完全变成了绝对道德律令。阿道尔诺的表达方式是：人们必须这样调整自己的思维和行为，以使"奥斯威辛集中营事件不再重复，或者类似的事件不再发生"，(同上书，第358页)海德格尔把他关于存在的思想，理解为对近代以来将人类引向了灾难的"趋向于权力的意志"的克服，他的这种存在思想同阿道尔诺在《非同一性思维》为题的文章中所表达的思想相去不远。阿道尔诺把"非同一性思维"理解为，承认和支持每个物和人的唯一性的思维。这种思维反对用"同一"去强暴、去管制它们。这种未被"同一化"的，未被异化的认识"只想告之，某事物是什么，而同一化的思想则告之，某事物服从于什么，是什么的例子，或者是什么的代表，总之不是它自己本身。"(《非同一性思维》，第152页)

在阿道尔诺那里所谓的"非同一性思维"，在海德格尔就是开放展示性的思维：实存在其中显示自身，而不用担心被强暴。但是，阿道尔诺对这种存在思维也不信任，他又捡起老掉牙的非理性主义的论调："在主体和客体之间的分割完全消失的地方，思维可能占据一切据点。这种分割就在每个思想和每个思维活动本身之中。因此，海德格尔思想中的'真理成分'被抹平为世界观上的非理性主义"。(同上书，第92页)阿道尔诺以赞成的态度谈到，海德格尔的"真理成分"指的是拒绝屈服于那种以实证的方式准备好的事实，以及放弃本体论-形而上学需要的基本态度。阿道尔诺也看到并且承认"那种渴望：康德要对绝对物的认知作出审判的那种渴望不应就此了结。"(同上书，第69页)阿道尔诺在海德格尔以欢庆的怀念超越到那里去的地方,导演了一场否定辩证法的戏剧。这种辩证法通过否定的否定,仍保持了形而上学的忠诚。这两位的区别不在于他们运动的方向,而在于他们运动的方式。但是同海德格尔的接近使阿道尔诺的自恋倾向受到了刺激。他害怕同形而上学的公开或秘密的一致。这种一致性表现为:阿道尔诺也把荷尔德林请出来作形而上学的证人,他也把眼光投向南部德国,即海德格尔生活的地区,把它看成迦南圣地。在《诗与社会的讲演》一文中,阿道尔诺在论及对莫里克①的解释时说,"一幅吉祥的图画悠然升起,就像今天节庆之日南部德国小城款待来宾一样,不带任何牛眼玻璃窗②式的故作多情,和小城的小里小气的安定。"

在"形而上学的沉思"(在《否定辩证法》一书中)一文的最后,阿道尔诺讨论了在近代社会中,哪里还可以找到进入形而上学体验的入口。在对全貌的鸟瞰中找不到;在黑格尔还曾深入其中的,通过历史而进入精神的道路,也在我们这里隐而不见。这里只有畏惧,没有上帝显灵,只有阴暗的心,没有令人虔信的世界精神。形而上学活在何处?在形而上学"坍塌崩溃之时刻",人们如何才能同它"保持团结一致"呢?阿道尔诺的回答是:"什么是形而上学的经验,一个人如果鄙视将其同所谓宗教的原始体验拉扯在一起的话,最容易的办法是像普鲁斯特那样,去想象到某些以奥特尔小溪、瓦特尔小溪、罗伊思谷地、月泉等为村名的地方去碰碰运气。如果人们到了那里,人们会感到,似乎确实如此。"(《否定辩证法》,

---

① 爱德华·莫里克(Edward Moerike,1804—1875),德国诗人。——译者
② 牛眼玻璃本是欧洲农舍的一种装饰性玻璃窗,每块玻璃做成瓶底样,用铁框组合在一起,构成窗,原本是早期工艺粗糙的象征,后来成为时髦。——译者

第 366 页)他在一篇短稿《阿莫尔小溪》中,描述了他寻找已经失去,但又被找回的形而上学之所在的情形。他在阿莫尔小溪这个村里度过了他的童年。他看到,后来在他的思想中进一步得到发展的许多主旨动机,都集中在阿莫尔小溪。一座修道院的冰上公园,成了他后来的美的原型,"我对它的奠基追问徒劳无功"。那古老渡船越过美茵河的声音总是在他身边回响,向新的对岸进发时发出的悠扬的汽笛信号。人们就是这样摆渡的,从一个世界渡到另一个世界。在高高的山头,他体验到,夜幕沉临时,山下刚刚装上电灯的村镇如何像闪电一样,一下子就亮了起来。这个小心的练习为后来在纽约和其它地方对现代性的震惊作了准备。"这个小镇子对我关怀备至,以致为接触和它完全对立的东西作了准备。"(《阿莫尔小溪》,第 22 页)阿道尔诺的阿莫尔小溪之路,就如同海德格尔的"田间路"。对两个人来说,这里涉及的是真实的故乡,但同时又是想象的形而上学经验之乡。他们都生活在语言的回忆和反抗力量之中。海德格尔说,"思维总是不时地反复回到……那阡陌小径上,它穿过田野,形成了田间路。滞留在田间路四周的各种东西生长繁茂。旷野贡献出了一个世界。它无言中有言,就像阅读和生活的大师,艾克哈特老先生说的,神,只有神。"[478](《思想的经验》,第 39 页)

阿道尔诺在欧登森林赢得了自己的形而上学抒情风格。在他眼里,海德格尔的田间路是一种廉价的"地方地理知识课"。用海德格尔的语言来说,"生长就意味着,天空展开自己的广袤,同时又扎根到大地的昏暗之中。"(同上书,第 38 页)阿道尔诺马上愤怒地指责,这是法西斯主义:是鲜血与大地的意识形态。

人们得到的印象是,海德格尔短期纠缠于"纳粹"主义,此事发生得正是时候。这样,平时十分谨慎的阿道尔诺,就可以面对海德格尔用锤子进行哲学思考,保持同海德格尔的距离。但就思维本身而言,他们之间的距离并不大。

阿道尔诺公开站出来批判海德格尔,(两个人1945年之后再未谋面,在公开场合海德格尔对阿道尔诺未置一词。)他的辩证法总是把 sich 置后,形成了一种特殊的语法风格。70年代,辩证法的行话大获全胜。它声称,自己是本真的专业行话。70年代中期,当马尔库塞被某家报人问及,他认为还应该写一本什么书?他回答说:"我建议,写一本题目十分严肃的书:《完全没有辩证法根本行不通——论时代精神之病理学》。"(阿莫里:《辩证法的专业行话》,第598页)这种"辩证法"试图以推理的方式超越现实的复杂性。不仅仅是由于担心会陷入陈词滥调,才有了趋向于超越的意志而且更是由于它的努力,在一般性的"联系性关联"中(阿道尔诺语)去发现完全不同的东西,即成功的生活的痕迹,而不必重新堕落为黑格尔或马克思式的辩证前进的假设。社会批判理论就是"试图踏入辩证法的大地,不带有对胜利幻想的编造。"(斯诺特蒂基克语)但是这种辩证法到底还是获得了胜利,尽管只是在议论的世界内的胜利。一种盛气凌人的、充满痛斥的、拿着架子、看上去有不可言说的秘密的气势,沿美茵河一线的南北两岸不断漫延。比如,乌尔里希·索雷曼在写论陈词滥调的罪恶时强调,"真正东西的陈词滥调是中间的,但中间之是却难以坚持,也就是说,在一种反常的确定性张力之中,它却不坚持良知之所是,又是良知性之所在,不是之间的能力出发而不能忍受,不能坚持,而这种不忍受自身于其中,在它扮演的世界角色中,以对真实的东西不忍受和对这种不忍受的不可容忍性的身份未来这个缘故出现于现象中,是它的存在。"(J.阿莫里:《辩证法的专业行话》,第604页)[1]J.阿莫里在抨击这段话时,把它翻译为"罪恶的陈词滥调":"当满足于思想的老一套时,他就不仅没有摧毁它,而且由于玩忽职守而使它成为真理的敌人。"(同上书,第605页)

在阿道尔诺看来,辩证法的语言是高级敏感性的惊人成就,"知识的乌托邦就是用概念来盛载非概念的东西,同时又不让它们合而为一。"(阿道尔诺语)"它是——正如阿莫里说的——让一种不清晰性自己演出超清晰性的游戏。"这种专业行话表现得越来越粗壮健康和清晰,特别是在它由否定的变成肯定的时候。这是1968年前后开始的:发现科学的协作工人,非压抑性的性爱,从事约束的密码,边缘化的潜在性,最后,去发现作为超越了政治体系、在社会上得到解放的进程中重新构建主体的劳动者阶级。这就是这类专业行话的表达式。在这种练习中,阿道尔诺的美——精神的辩证法已无人问津。整个气势向"操作化"和"强调实践"的转向,在法兰克福(不只限于法兰克福)导致了公开冲突。学生占领了社会学研究所,阿道尔诺求助于警察。一年后,阿道尔诺去世。人们完全可以设想,这件事击碎了他那颗心。

在这些年代里,海德格尔到他的省里去为他的哲学寻找避难所。在有些人看来,他成了施瓦本式的道教徒。他们坚信,对当下

---

[1] 阿道尔诺的行话十分晦涩难懂,但毕竟还有意义。在他影响下,一批后继者,只摹仿他的晦涩风格,写了一些根本无意义的抽象概念的堆砌成的无意义的垃圾。作者引用的索雷曼的文字,就是一个无意义行话的典型例子。——译者

的公众来说,海德格尔几乎等于死亡了。汉娜·阿伦特为1969年海德格尔80岁生日写的充满爱意的文章,听起来像是讣告。"冲击着海德格尔思想的那股风暴,就像千年之后仍在柏拉图的作品中刮出来的风暴一样,并不是起于这个世纪。这风暴起于远古,它留下的是完美无缺,像一切完美的东西一样,它又归于远古之中去。"(阿伦特:《海德格尔80岁寿辰》,见《黑暗时代的人》,第184页)

几年前,又发生了一次轰动,这就是亚历山大·施万的书《海德格尔思想中的政治哲学》。1966年2月7日《明镜周刊》发表了一篇文章,题为《海德格尔,世界黑夜中的午夜》。其中包含了很多错误的断言。比如,海德格尔禁止胡塞尔进入大学啦,由于雅斯贝尔斯的夫人是犹太人,海德格尔断绝了同他的来往等等。这篇文章使雅斯贝尔斯十分生气。他给阿伦特的信中写道:"在这个时刻《明镜周刊》退回到它过去的恶劣的行径之中去了。"(1966年3月9日,《汉娜·阿伦特与雅斯贝尔斯通信集》,第655页)阿伦特把她的愤怒投向阿道尔诺,而实际上阿道尔诺同《明镜周刊》文章毫无干系。"尽管我不能证明,但我可以相当有把握地说,真正的幕后操纵者是法兰克福阿道尔诺圈子里的人。越荒诞不经越好。学生们发现,阿道尔诺(半犹太人,我所认识的人中,最令人厌恶的人之一)曾企图参加'纳粹'。他和霍克海默尔多年以来,把德国所有反对他们的人都指控为反犹太分子或以此加以威胁。真是一个令人作呕的团体。"(1966年4月18日信,《汉娜·阿伦特与雅斯贝尔斯通信集》,第670页)

许多朋友和熟人都敦促海德格尔,出面对《明镜周刊》的批判进行自卫。凯斯特纳3月4日来信说,"没有任何事情比敦促你起来自卫对我来说更紧急的事了。您根本不知道,您对这种攻击的鄙夷(而不还击),给您的朋友们带来的痛苦有多大。最强有力的根据之一,……就是,如果对谣言不进行公开的反击,它就会变成事实。"(《海德格尔与凯斯特纳通信集》,第80页)凯斯特纳认为,只给《明镜周刊》写封读者来信进行澄清是远远不够的。他希望海德格尔详尽地主动地进行自卫。他自己于不久前退出了柏林美艺术科学院。因为他决意不再与君特·格拉斯①为伍,因为格拉斯在他的小说《狗年》小插曲中公开攻击海德格尔。("听着,狗:他生于位于因河[Inn]边的布劳努的麦氏教堂镇。在那戴滑雪帽的年代里他和一些人相互咬断脐带;他和另一些人相互编造着谎言。")凯斯特纳打听到,《明镜周刊》有兴趣采访海德格尔,希望能征得海德格尔的同意。但开始,海德格尔断然拒绝。"假如《明镜周刊》真的对理解我的思想感兴趣的话,奥格施泰因先生在去年冬天在此间的大学作报告期间完全可以来看我,就像他在巴塞尔作报告时去看望雅斯贝尔斯那样。"(1966年3月11日信《海德格尔与凯斯特纳通信集》,第82页)但凯斯特纳坚决不退让,他3月12日去信说,"没人喜欢《明镜周刊》的语气,也没人过高估计它的水平。但我认为,不应该放弃此间吹拂的有利的来风。他曾对格拉斯冷嘲热讽,影响不可低估。我打听到……奥格施泰因先生对现代自然科学的崇拜十分反感,深刻的怀疑论是他最喜欢的思想。我实在看不到有任何理由不欢迎他们的来访。"(同上书,第85页)

---

① 君特·格拉斯(1927—),德国左派作家。——译者

由于《明镜周刊》编辑部答应了海德格尔提出的条件，即海德格尔在世期间不予发表，谈话得以进行。《明镜周刊》的采访于1966年9月23日在海德格尔弗赖堡的住宅举行。参加者除了海德格尔、奥格施泰因、《明镜周刊》编辑格奥尔格·沃尔夫、女摄影记者迪吉娜·梅勒尔-马尔科维奇，还有海因里希·维甘德·佩茨特[Petzet]。他是以海德格尔的一言不发的证人在场的。佩茨特报道了奥格施泰因如何在正式采访前公开向海德格尔承认，面对"著名思想家"的他"十分害怕"，这样，在海德格尔眼里，原来想象中的提问暴君，马上变得友善起来，海德格尔本人也十分激动。他站在工作室门口迎接参加者。佩茨特报告说，"当我看到海德格尔时，注意到，他处于十分紧张的状态，使我有些吃惊。……太阳穴前额上的血管都有力暴了起来。兴奋使他的眼球有些向外突起。"（佩茨特：《走向明星》，第103页）

奥格施泰因的"害怕"在采访开始时表现得特别明显，特别小心地，十分婉转地试探性地触及"烫手的铁块"："海德格尔教授先生，我们的经验反复说明，您的哲学著作受到生活中的为时很短的实践阴影的影响。这个暂短的实践从没有得到澄清，因为您或者是出于清高，或者是认为自己对此辩白不合时宜"。海德格尔预计，采访将主要围绕着他与纳粹的纠葛不放。因此，当奥格施泰因急于结束围绕这个问题的谈话，想尽快让海德格尔谈他自己的哲学对近代文明的评论时，特别是想让海德格尔谈他的技术哲学的时候，使海德格尔感到很吃惊。每当他们引述海德格尔校长就职演说或者施拉格特庆祝会上的演说，让海德格尔对所谓他参加焚书运动加以说明，或者问及他同胡塞尔的关系时，奥格施泰因和沃尔夫总是首先表示抱歉。提问者对海德格尔的"纳粹"活动的定义是如此小心谨慎,以便使海德格尔可以自己提出更激烈的定义形式。奥格施泰因和沃尔夫向海德格尔提供的解释是:在他任校长期间他不得不作一些 ad usum Delphini① 式的工作。与此相反,海德格尔强调,"'ad usum Dilphini'的说法远远不够。我当时相信,通过与国家社会主义的交往,有可能开辟一种新的、唯一可能的革新之路。"(同上书,第 87 页)这种表达方式实际上仍然不够。因为,不是"同国家社会主义的交往",而是国家社会主义革命本身——按他当时的理解——对他来说就意味着"革新"。他也没有谈及,在他看来,这"革新"是一件异乎寻常的事件,是一场形而上学的革命,是整个德意志人生此在,以及全欧洲的人生此在的彻底变革。他没有谈及,他当时陷入对权力的陶醉之中,他想捍卫"运动"的纯洁性,因此成为告密者,并因此而同"国家社会主义官方发生了冲突,同他的同事发生冲突,并因此校长工作以失败而告终,因为他想使"革命"走得更远。与此相反,他的谈话想使人们得出的印象是,他之所以参与"纳粹"运动,为的是进行某种形式的抵抗。他强调 1933 年以前,他超脱政治的立场。他决定任校长,是为了防止更坏的事情发生,即防止纳粹党的干部直接管理学校,而作出的牺牲。总之,在这次谈话中,海德格尔尽量隐瞒他曾一度是国家社会主义革命者,他也避而不谈,是他的哲学促使他走向这条道路的。

---

① 拉丁文,意即"Delphi 专用"实际上是指专为中小学生而编辑出版的经典著作的简写本、注释本或通行本。此处是指海德格尔做的例行工作。——译者

当海德格尔把自己在"纳粹"时期扮演的角色轻描淡写,加以削弱的时候,他同时拒绝像战后许多德国人所做的那样,扮演吹捧"四面颂扬的民主主义者"的角色。当谈到"技术不断把人从大地上扯开,将人连根拔起"的问题时,海德格尔指出,国家社会主义原本就是想与这种发展倾向进行斗争的,但后来这种倾向成了这个运动本身的动力。海德格尔承认,当涉及"与今天的技术时代相应的政治制度应是什么样子"的问题时,他也是不知所措。"我不相信,这种制度应是民主制度"。(同上书,第96页)海德格尔的那句名言,"只有上帝能救助我们",就是在谈话进行到这个地方说的。海德格尔死后,1976年发表这次采访谈话时所用的题目,就是这句话。

这篇谈话本应结束关于海德格尔"纳粹"活动的讨论,实际上它却重新引发了这个讨论。因为海德格尔像当时有纳粹问题的人一样,尽量为自己辩护。卡尔·施米特在他的《难词释义》中尖刻地指出,这些人在他们参与的"纳粹"活动中发现了进行反抗的形式:一般情况下,"常人"所做的事,在本真性哲学家那里留下了不值得尊重的印象,他的"果断决定的人生此在"要求对责任的勇气。但是责任并不仅仅存在于自己的目的动机这一领域中,同时还存在于行为的无意识非有意的结果中。海德格尔对他根本没有参与的国家社会主义的骇人听闻的滔天罪行以及共同思想也应有责任吗?海德格尔从来不是一个种族主义者。

海德格尔的沉思——对此议论很多。人们对他的期望是什么?1947年8月28日,马尔库塞曾给海德格尔写信。他期待着海德格尔的"话",希望他以此能彻底从与国家社会主义的认同感中解放出来。他希望海德格尔对他自己的"转变和变型"已经公开（在讲课中）完成了。1945年公开象征式的撤销他以前的信仰是不可能的，因为他不想落入"纳粹追随者"的一群中去，仅仅是为了战后的生涯而"清洗自己"。海德格尔正确地感到要像公众要求的那样，公开与"纳粹"屠杀上百万犹太人的行径划清界限，是一种令人难以置信的无理要求。如果他这样做，就意味着承认公众的判断，他是"纳粹"屠杀行为的同谋。他的自尊要求他拒绝这种无理的要求。

海德格尔拒绝了让他作为屠杀的潜在同谋的身份来进行辩护的苛求，但并不意味着他拒绝了"对奥斯威辛集中营进行思考"的要求。当他谈及"趋向于权力的意志"的反常表现，即把自然和人当成可以加以制作加工的纯粹的物质材料时，海德格尔这里或公开或隐含地包含了对"奥斯威辛"的批判。和阿道尔诺一样，海德格尔把"奥斯威辛"看作近代文明的典型犯罪案例。

如果我们把海德格尔的现代性批判，理解为对奥斯威辛的哲学思考的话，那么就十分清楚，海德格尔对他"纳粹"问题的沉默，并不是因为他拒绝谈"奥斯威辛"。他哲学上保持沉默所涉及的是另外的事。是对他自己，对一个哲学家受权力诱惑这一事实表示沉默。就像哲学上经常出现的一样，他并没提出下面的问题：当我思考时，我到底是谁？思维者占有思想，但有时也可以倒过来，思想占有着思维者。谁对伟大的事物加以思考，那么在尝试中他很容易陷入把伟大的事件视为自身的境地。他想与存在相应，注意着，他如何在历史中出现，但未注意，他自己是如何出现的。在从事思维的自己那里，和那伟大的关系中，自己的人格的偶然属性消失不见了。存在论上的远见,使得切近之事变得模糊不清,因为存在着对自身认识的盲区,即存在着对受事件影响的矛盾的认识和对自己的生平经历和特殊反应性的认识的盲区。凡是对自己的偶然性有认识的人,很少有把自己同他自己所思考的英雄混为一谈的倾向,或者把自己的微不足道的个人历史淹没到伟大的历史中的意图去。总而言之,对自己个人的认识可以抵御权力的引诱。

海德格尔在同策兰的交往中,这个沉默再一次产生作用。策兰 1920 年生于切尔诺维茨。这位诗人只是侥幸才从处死了他父母的纳粹杀人机器中逃脱出来。1948 年后生活在巴黎。他找到了通向海德格尔后期思想的门径。哲学家奥托·珀格勒记述说,策兰曾在他面前为后期的、语言上变得十分难懂的海德格尔思想辩护。他说,策兰本想把他的诗《纹影》送给海德格尔,但他后来在诗集《语言铁窗》中发表。这首诗谈到一只通过惊奇而展示了世界的保护了记忆的眼睛:"眼中的纹影/它珍藏着/一个由黑暗孕育的记号"。也许这首诗原本就是进行联系的记符,但后来仅成了对隔开海德格尔和策兰的"创伤"的怀念。到底策兰是否寄出了这首诗,现在仍无定论。在经过多次十分认真的关于海德格尔的谈话之后,珀格勒问策兰,他是否同意把珀格勒将自己论海德格尔的专著题献给他。策兰拒绝得"十分艰难",他坚持,"在同海德格尔交换过意见之前,他的名字将不会同海德格尔联在一起。"(珀格勒:《海德格尔思想之路》,第 340 页)尽管如此,他还是彻底研读了海德格尔的著作。在他的那本《存在与时间》上到处写满了详细的评论。他了解海德格尔对荷尔德林、特拉克尔和里尔克的评论。在《舒缓行进》一诗中谈到"在野外散步中接近"。海德格尔自 50 年代起,一直十分注意策兰的作品。当日耳曼语学家盖尔哈特·鲍曼于1967年为在弗赖堡同策兰一起举行朗诵会作准备时,他以书面的方式将此事通知了海德格尔。海德格尔在回信中写道:"我很久以来就想结识策兰,他远远站在前面,大多数情况下深居简出。我知道他的所有作品,也了解他自己从中摆脱出来的艰难的危机——在人所能做到的范围内——如果能够带策兰看看黑森林,将是十分有益处的。"(鲍曼:《回忆策兰》,第60页)

1967年7月24日,在弗赖堡大学的最大的讲堂里,策兰与他一生中人数最多的听众面面相对。听众超过千人。其中包括坐在第一排的海德格尔,在这之前,海德格尔到各家书店走了一圈,请他们把策兰的诗集陈放在橱窗最醒目的位置。书店都按海德格尔的请求做了。诗人在第一次游览弗赖堡时,在各家书店里都看到他自己的诗集。他在弗耶尔旅馆同几位熟人见面时,十分高兴地谈到此事。这是在朗诵会开始前一小时。海德格尔当时也在场,但没有透露他的极为有益的准备工作的秘密。在海德格尔同策兰的第一次会面中,出现了这样一个场面。在进行了一会儿激动人心的谈话之后,有人提议大家照一张相。策兰跳了起来,解释说,他不希望同海德格尔一起照相。海德格尔十分坦然,从容地转向旁边的鲍曼,说"他不想,——那么,就不要照了。"(同上书,第62页)策兰离去了一小会儿,当他回来之后,他请大家谅解,他不与海德格尔照相的异议取消了。但第一次拒绝仍有影响。没人再提照相的事。他的行为的后果造成的影响使策兰感到痛苦。他试图重新赢得受伤害者。朗诵会后,大家又一起品尝了一杯葡萄酒。海德格尔建议,第二天早上登黑森林,参观高山泽地,以及托特瑙山的小木屋。一切都约好了。海德格尔还没有离开,策兰对留在后面的鲍曼又提出对他刚刚同意的建议的反对和疑虑。他解释说,和一个很难忘记该人过去的历史的人在一起,他感觉十分困难。按鲍曼的记述,策兰的不舒服感马上又升级为拒绝。鲍曼则提醒策兰,他曾明确表示要同海德格尔见面。策兰没有再驳回鲍曼的反驳。计划照旧。另一方面,他很钦佩海德格尔的著作和个人。他感到受到他的吸引,同时又把这种吸引变成了对海德格尔的偏见。他寻求接近,但却不可能。第二天他到海德格尔的小木屋远足。他和海德格尔在小木屋里度过了一个上午,他们谈了些什么我们一无所知。在小木屋的来客留言簿上,策兰写道:"在小木屋留言簿里,望着井星①,心里带着对走来之语的希望"。

"走来之语"有很多意思。策兰是在期待海德格尔的认错,他对海德格尔没有公开悔过感到失望吗?可是按鲍曼对当时情况的记述,策兰根本没有失望:几小时之后,两人一起回到了旅馆。"我十分惊喜地看到,诗人与思想家感情融洽,他们谈着刚过去的几个小时的经历,清楚提到了'小木屋'之行。在策兰身上,沉重的迹象踪影皆无。"第二天,策兰兴致勃勃地离开弗赖堡去法兰克福。在那里,玛丽·露易斯·凯施尼茨见到策兰时,觉得他完全变成了另外一个人,感到十分意外。她对朋友们说:"弗赖堡的人在他身上做了什么手脚?他在那里出了什么事?我根本认不出他来了。"(同上书,第72页)在这种高昂的情绪中,1967年8月1日策兰写下了那首题为"托特瑙山"的诗:

---

① 指海德格尔在托特瑙屋前泉眼边上用木头刻的小星星。——译者

第二十四章

"金车花,

安乐草,

星泉清饮,

木屋中、书之名

先于我?——,

希望

书行间,今天

(莫延迟之)

走来语,

入于思,

存于心"。

"走来语",这一行是对海德格尔的形而上学的圣灵降临的回答。海德格尔在《在通往语言的途中》中谈到"走来的神",它将使转向成为可能。这"走来语"无论如何不仅仅是海德格尔政治上的赦罪之词。

1968年在策兰寄给海德格尔的该诗的第一稿中,"走来语"这一行原为"未延迟之走来语"。该诗在收入诗集《光之强迫》时,删掉了括弧中表达的对"莫延迟之走来语"的期望。在这期间,两人的多次见面,互相通信和联系,十分友好。1970年,海德格尔想带策兰游览上多瑙地区的荷尔德林家乡的风光。海德格尔为此作了准备,但终未成行:1970年初策兰在巴黎自杀身亡。

与策兰对海德格尔的态度相反,海德格尔对策兰可以说是热情、关注,有时甚至是关怀备至。1970年濯足节的星期四,策兰最后一次同海德格尔见面,又出现了一次小尴尬。策兰朗诵报告了他的一首诗,人们对此进行了讨论。海德格尔听他的诗和报告如此专心,以致会后可以将全诗背了出来。尽管如此,谈话中策兰仍然指责海德格尔不专心。后来大家不欢而散。鲍曼陪海德格尔回家。在花园门口握别时,海德格尔"十分动情"地说,"策兰病了——没救了。"

策兰到底对海德格尔有何期望?也许策兰自己也不清楚。海德格尔的"采光[Lichtung]"在策兰看来是一种承诺 。他期望这承诺的兑现。也许策兰的《光之强迫》隐含着急切的答案。

第二十五章

暮年　再谈一次阿伦特　海德格尔与弗兰茨·贝肯鲍尔　落叶、负担、终曲　难忘之事　存在问题和存在的意义：两则禅的故事　桥梁　文身　鸱枭死　重归麦氏教堂镇的那片天

在弗赖堡勒特布克大街47号大门门铃按钮的旁边，钉着一块小牌子："17点以后为参观时间"。参观者很多。海德格尔必须为此腾出时间。佩茨特曾回忆过一件十分有意思的事：某一个星期天的下午，一个来自南美的四口之家前来拜访，结结巴巴地只提出一个希望："Seulement voir Monsieur Heidegger.〔法语，只想看看海德格尔〕"海德格尔出来露面，来访者惊奇地望着这个奇怪的动物，然后频频鞠躬，缓缓而去。如果能应邀进入海德格尔的工作室的话，那就是一种特殊的礼遇了。参观者必须踩着木楼梯上到二楼，在一个巨大的大柜旁边，还有一道门通向工作室。屋子的四壁都是书架，使房间变得阴暗，只有透过在常青藤环饰的窗子有一道光进来。窗前是写字台。从窗子向外望去，策陵城堡废墟的高塔映入眼帘。书桌旁有一个皮沙发椅。这里坐过几代来访者：布尔特曼、雅斯贝尔斯、萨特、奥格施泰因。在书桌上，海德格尔的手

稿叠叠摞起。他的弟弟弗里茨怀着深情将之戏称为"马丁编组站"。

事隔15年之后，1967年汉娜·阿伦特才再一次踏入这个房间。1952年的拜访之后，他们之间只有通信往来。1966年汉娜60岁生日之际，海德格尔赋诗一首《秋》寄给汉娜。汉娜从中听到挽歌的旋律，暮年的情绪。她想再见一见走向80岁的海德格尔。这个生日的问候对她是一种激励。多年的不愉快之后，又一次和解。汉娜和埃尔福丽德二人决定，相互以名字相称。三年之后，1969年8月，海德格尔80岁生日前夕，汉娜·阿伦特带着丈夫海因里希·布吕歇尔又一次来访。大家情绪真诚、自然。汉娜要是少抽点烟就更好了。他们走后，埃尔福丽德用了整整一天的工夫来换空气。在海德格尔赠的书上题着："汉娜和海因里希留念"。署名是马丁和埃尔福丽德。大家计划明年四人再相聚首。但是1970年10月海因里希·布吕歇尔去世。汉娜把她的生命的最后几年，完全献给了她未完成的巨著《精神生活》（第一卷：《思维》）。这里发展出来的思想，比任何别的地方更接近海德格尔。她的结论是：海德格尔使哲学又重新赢得了思维。对此的酬谢是，让他分享到那"赤裸裸的 Dass（那）"。她同海德格尔的联系再也切不断了。她每年都来看望海德格尔，在美国则积极组织海德格尔在美国的翻译和出版工作。海德格尔对她的帮忙深表感谢。他在信里又一次承认，没有任何人比她更理解他的理想。

海德格尔也日见衰老。家人打算在花园里修一小舍，供老人起居。为了筹集经费，海德格尔准备拍卖《存在与时间》的手稿，卖给某个基金会、图书馆或私人收藏者。1969年4月埃尔福丽德为此事向汉娜请教，应该要价多高，在什么地方可以获得高价，在美国还是在德国。汉娜立即向行家打听。结果是，在得克萨斯大学可以卖得好价，卖到10万马克是不成问题的。

但最后《存在与时间》的手稿还是没能到新世界的得克萨斯落户，而是滞留德国。马尔巴赫的席勒文学档案馆提出有兴趣购买。后来海德格尔全部手稿均移至该处。花园里的小屋也建成了。在搬家时，汉娜送来一束鲜花。海德格尔得以保持他的生活节奏。上午工作，午饭后休息，继续工作直至深夜。他常常散步，直至山坡上的一家名叫"猎人小屋"小餐馆。由此可以眺望全城。他常常在这里和熟人、朋友相聚，喝上一杯1/4升的啤酒。每年春天、初秋他都回到麦氏教堂镇，在弟弟那里住上一段时间。在11月11日，圣马丁日，他总是坐到教堂前面的唱诗班的席位中的老位子上。从还是个淘气鬼的时候起，他就坐在这里了。麦氏教堂镇的人们知道珍惜他到场的价值。从穿开裆裤时就认识他的那些人们，现在面对已成为名教授、戴着无边软帽的海德格尔，常常感到局促不安。有一次，他遇到一位小学时的女同学（她后来只升到作老妈子的地位）。这位当年的女同学竟然语塞，不知怎么称呼他才好：是按习常用"你"相称呢，还是用客套的"您"来称呼。于是在不知所措中落入了海德格尔的"常人"的陷阱："Isch me au do?"（"人还在哈？"）海德格尔生日时，在镇上的大礼堂里大肆庆祝。瑞士的音乐家以 h—e—d—e—g—g—e 为主题旋律谱写了一首《海德格尔进行曲》。麦氏教堂镇的镇音乐团将此列为该团的保留节目。"先知在本土无效"这一常规，在麦氏教堂镇失效了。1959年海德格尔被授予麦氏教堂镇的荣誉公民。

现在海德格尔已成为备受尊敬的老人。他原来对事情的生硬、严厉渐渐软化了,也居然常到邻居家去看欧洲足球杯的电视转播。在已成为传奇的汉堡对巴塞罗那于 60 年代初的那场比赛中,海德格尔过于紧张打翻了自己的茶杯。当时弗赖堡话剧团的团长有一次在火车上碰上了海德格尔。他本想和海德格尔谈谈文学和舞台艺术,但没有成功,因为海德格尔对足球联盟杯还记忆犹新,只想谈弗兰茨·贝肯鲍尔。海德格尔对贝肯鲍尔的球感细腻的控球动作惊叹不已。他试图向惊奇的听者形象地再现贝肯鲍尔高超技法。他十分有把握地作着专业性的评判。在麦氏教堂镇他不仅打过钟,而且还成功地踢过左边锋呢。

在生命的最后几年里,海德格尔主要致力于他自己著作全集的准备工作。他原本想把全集称之为"道路",但它最终还是成了"著作"。

叔本华在他的生命接近终结的时候曾经说,"人类从我这里学到的东西,将永恒不会被忘记。"海德格尔并没有留下类似的话。他并没有创造什么成型的哲学,也就是说,他没有提供什么世界图像,或者道德理论。海德格尔的思维没有什么"结果",他不像莱布尼茨、康德或者叔本华等人的哲学那样,得出什么结论。海德格尔的癖好是提问,而不是回答。所以,在他那里,提问就是"思维的虔诚",因为它打开了一个新的领域,就像宗教在它尚有生气的时候那样,它将领域拓宽,使其中显现的东西神圣化。在海德格尔这儿,最具开拓力量的就是提问中的一个问题,他一生的哲学生涯就是追问这一问题:向存在发问。这个发问的意义无异于采光[Lichtung]中坚持开放,移入采光、突出采光。这种采光恰恰使自明之事、显而易见之事重新获得它们的"此［Da］"的奇观：在人们体验为处所之处，在某些东西暴露之处，在自然进入你眼帘、使你注意到它的存在之处，在实存之中开放的位置上有采光存在之处，在为这一切东西的存在而可能产生感激之处。在存在的发问中隐藏着的是，时刻准备着欢庆。海德格尔意义上的对存在的发问，就意味着，使物疏松。就像航船起锚，以便扬帆远航一样。历史的可悲的讽刺处恰恰在于，在海德格尔思想的介绍中，存在发问在大多数情况下，已经失去了这种开放性和解脱疏松的特征。它们使思维受到威胁，使思维错综绞缠，拘束紧张。存在问题的经历就像禅宗故事中的学生一样：一个学生长期以来挖空心思去想办法，如何把一个在细颈瓶中长大的鹅取出来，既不把它弄伤弄死，又不使瓶子损坏。最后这个被搞得焦头烂额的学生去请老师帮忙解决这个问题。大师转过身去，过了一会儿，突然大击一掌，高呼学生的名字，学生答道"我在这儿，师父！"大师说，"你看，鹅在外边！"关于存在的问题的意义就讲到这儿。关于存在的意义，既存在问题所问的内容，禅里头也有很妙的手法，十分契合海德格尔的理解。某人在研究禅之前，把山看作山，把水看作水，当他修炼到某种程度，达到了对禅之真理的内在观点之后，他看山不再是山，水不再是水。在他彻悟之后，在他看来，山又是山，水又是水了。

在20年代，海德格尔十分乐于使用一些听起来十分抽象的形式性的指示。按伽达默尔的记述，当时许多学生感到这些表达十分难解。当他们努力在某种抽象的层次上对它们的意义加以揣测的时候，海德格尔对这些表达作了如下说明："享受与充实"。指示总是同被指示者有距离，指示者总是要求接受到指示的人自己去观看。他必须用良好的现象学方式去观看那"被指示者",用自己的直观去"充实"它。当他充实了它时,他便享受到了要指给他看的东西。但是正如刚才说的,他必须自己去观看才行。

在给雅斯贝尔斯的信中,有一次海德格尔把自己说成是博物馆的保管员。他把帘子挂到一边,以便使人们更清楚地看到伟大的哲学著作。他此时想说的就是对他的活动作谦虚的描述。因为,本来他想协助人们看生活,——不仅是哲学——时,能看到生活第一次被经历的原样。对海德格尔来说,启蒙运动是在人生此在于世界中的突袭式,因此是强暴式的降临,是对晨光的重建。海德格尔思想开端最大的激情,就在于使隐蔽的、习以为常的、变为抽象的、僵化了的东西移至一旁,加以解构。可是,应该出现的,现实的是什么呢?无非是我们周围围着我们的、但并不使我们感到窒息的、我们人生此在的那个"此"。这里,同样要求人们去对它加以直接体验享受,加以充实。海德格尔哲学从来没有停止这种让人观看的操作训练。它们可以如禅宗故事中的山和水,也可以是桥。有一次海德格尔对桥作了一次绝妙的观察:(《讲演与论文集》,第146页)

我们使用桥,我们根本无需去对桥进行思考;向桥下深渊的一瞥,可以吓得我们心惊肉跳。这里出现的是对人生此在风险的直接感觉。虚无显示出来,我们在虚无之上来回摆动着。桥越过无底深渊而过。桥的一头坚定地扎在大地上,它使大地成为承担者。我们恰恰被指派到大地之上。桥使大地做着承担者的姿态。我们自己的人生筹划,我们本真本己的追求渡过超越,完成的恰似桥一样的功能。这桥式连接飞架于无底深渊之上,耸入开放的天空。

这以大地为根基的桥,不仅把两岸相互接连在一起,并且使我们处于开放的广阔之中,使我们得以停留在空中。海德格尔说,在死亡者的过渡进程(即现实人生——译者)中,桥把大地与天空连接在一起。在古老的桥梁建筑上,这种虹贯连接的风险性、这种向往走向天与地的广阔之间的冒险的乐趣,还直接受到表现,受到庆祝。在桥的形态上、在桥神中,只焕发着信赖的情绪。我们在其中发现的是人生这一馈赠的感激之情,以及对在天空与大地之广阔中居处、对这种过渡的护送的感激之情的表达。

是一种诗意的狂想还是隐喻? 都不是。海德格尔人生此在分析的唯一企图,就是指出天性所致,我们能够造桥,因为桥可以使我们经验到广阔、距离,尤其是无底深渊,因此我们知道,生活意味着在无底深渊之上虹贯连接,并坚持在这个过渡之中。人生此在就是如此地存在着:它向那边瞥视着自己本身,并将自身送向那边:从桥的一端到另一端。这里的关键是,这座桥梁只有当我们踏上它的时候,才在我们的脚步下生成。

让我们就到这里吧。

后期海德格尔进行过一些其他的失败的、昏暗不清的、充满了阿拉贝斯克[1]装饰的思考。他想思维那根本看不到的东西:"四维活动作为单纯的、相互信赖的、发生的镜式游戏而存在。四维活动作为世界的世界活动而存在。世界的镜式游戏就是事件发生的圆圈舞"。(同上书,第 173 页)人们不用去对此加以嘲讽,也不要陷

---

[1] 阿拉贝斯克[Arabesken]为缠绕交错,图案错综的阿拉伯装饰花纹图案,在此处,意为故弄玄虚。——译者

入这种误人的、故弄玄虚的沉思之中。这些句子就像麦尔维尔的小说《姆比·迪克》中的掷叉捕鱼者奎克身上的文身图案一样。这位奎克，南海上的虔诚的野人，他让人把他的部落中有关天与地，以及神秘文献，总之全部秘密学说都刻在他周身的皮肤上。从此以后，他就是文献，尽管他并不能认识身上的文献，尽管他为此呕心沥血。所有的人，包括奎克在内，都知道，他周身皮肤的信息最终也难以破解，终将归于灭亡。奎克在预感到他的末日将近时，他请做船的木工为他制了一口棺木，把身上的文身图案全部复制到棺木之上。

海德格尔全部著作中的许多谜，必须像读南海野人棺木上刻写的记号一样来理解。

1975年12月4日汉娜·阿伦特去世。海德格尔也平静地、冷静地、泰然自若地为自己的死亡作着准备。童年一起玩耍中的朋友，卡尔·费舍尔在为海德格尔86岁，也就是他最后一个生日表示祝福时，海德格尔说，亲爱的卡尔……我现在经常回想我们童年时代，也想到你父母的家，斜坡上的成群的牛羊。在它们之中还有一只鸱枭。

日暮黄昏似曙光重现。我们可以想象，海德格尔又清楚地看到了那只鸱枭。枭鸟起飞的时刻已经降临。也许海德格尔此时又记起卡尔·费舍尔（我有幸见到他）在同我谈话的时候所讲的场景：小马丁挎着一把军刀，军刀很长，所以长长地拖在身后的地上。刀是铁皮的，不是钢的。费舍尔说，"他当时就是首领"。费舍尔在讲这段故事的时候，仍然带着儿时一起敲钟时的敬佩之情。

1975年冬天，佩茨特最后一次拜访海德格尔："像往常一样，

第二十五章

我必须不停向他讲述许多事,他十分认真,不断提问,人哪,物哪,经济工作,什么都问。精神清楚,思路广阔如常。夜幕降临,海德格尔夫人已经离开房间,我准备起身告辞。在大门口我再次转身,老人一直望着我,手举得高高的,我听见轻声说,'啊,佩茨特,现在路走到头了。'他眼睛最后一次向我表示祝贺。"(佩茨特:《走向明星》,第230页)

1976年1月,海德格尔请求他儿时教堂镇的同乡、弗赖堡大学神学教授贝恩哈德·韦尔特同他谈了一次话,告诉他,如果到了时候,他想被葬于他们共同的故土麦氏教堂镇的墓地中。他请求按教会的仪式入葬,并请韦尔特给他作墓前祈祷。在两个人的最后一次谈话中,谈到了对接近死亡的经验,接近故土的经验。韦尔特后来写道:"艾克哈特的思想一直回荡在"谈话中,"上帝等同于虚无"。在海德格尔去世前两天,5月24日,海德格尔又一次写信对他表示祝贺:"我们共同的故乡麦氏教堂镇的新的荣誉公民——贝恩哈德·韦尔特——年老者向您表示衷心的祝贺。望这荣誉的节庆欢欣、活跃,所有参加者的深思的精神协力同心。因为急需深思,在技术化了、形式化了的世界文明时代,是否以及如何还能有故乡。"(《思想的经验》,第187页)

5月26日,早晨苏醒了一段时间之后,海德格尔又沉沉入睡,与世长辞。

5月28日,在麦氏教堂镇举行了安葬仪式。海德格尔又回到了教会的怀抱吗?马克斯·米勒曾讲述过,在散步中,来到教堂时,海德格尔上圣水,画十字,向祭坛行跪膝礼。有一次他问海德格尔,他已经同教会的教义断了关系,这样行教会礼不是自相矛盾吗？海德格尔的回答是:"人们必须历史地思考问题。在人们如此多地祷告过的地方,一定以特殊的方式接近着神圣之事。"

用什么作结束呢？

1928年在马堡的课堂上,在讲课前海德格尔曾就马克斯·舍勒去世讲的一句话,是最合适的终结语:

"哲学之路又一次重归黑暗。"

附　　录

一、马丁·海德格尔年表

1889 年

9月26日马丁·海德格尔生于德国巴登州麦氏教堂镇（Messkirch），父亲弗里德里希·海德格尔1851年8月7日生，1924年5月2日去世，是箍桶匠兼作教堂司事；母亲约汉娜·海德格尔，原名约汉娜·肯普夫［Johanna Kempf］，1858年3月21日生，1927年5月3日去世

1903—1906 年

在Konstanz读中学，奖学金生；住在天主教的学生宿舍孔拉底屋；准备作牧师

1906—1909 年

在Freiburg文科中学和天主教寄宿学校读书

1909 年

9月20日在费尔德基尔希附近的提色斯加入耶稣会，成为见习修士。10月13日因心脏病被耶稣会解除会籍

1909—1911 年

在弗赖堡大学学习神学和哲学，发表反现代主义文章

1911—1913 年

中断牧师教育；危机；在弗赖堡大学学习哲学、人文科学和自然科学；获得天主教哲学的奖学金；与拉斯罗威斯基交好；研究胡塞尔；把逻辑当作生活彼岸的价值

1913 年

以《心理主义中的判断理论》为题获博士学位

1915 年

以论文《邓·斯各特的范畴与意义理论》获大学教师资格

1916—1918 年

应征入伍（部分适宜服役；邮局做军方特派信检员；气象工作）

1917 年

与埃尔福丽德·佩特里结婚

1919 年

儿子约尔根出生

1919 年

1 月正式退出天主教

1920 年

儿子赫尔曼出生

1918—1923 年

在弗莱堡大学任私人讲师和胡塞尔的助教；与伊丽莎白·布洛赫曼建立友谊

1920 年

同雅斯贝尔斯建立友谊

1922 年

海德格尔对亚里士多德的解释使他在马堡名声大震

1923 年

讲授本体论，建立了他"秘密哲学之王"的声誉

1923 年

应聘马堡；在托特瑙山盖小木屋，与布尔特曼交好

1924 年

开始同汉娜·阿伦特的爱情关系

1925 年

汉娜·阿伦特离开马堡

1927 年

《存在与时间》发表

1928 年

作为胡塞尔的继承人应聘弗莱堡

1929 年

教授就职讲演:《什么是形而上学?》;3月在达斡斯高校讨论班讲演;与卡西尔辩论

1929—1930 年

讲授《形而上学的基本概念》

1930 年

第一次拒绝柏林大学的聘请

1931—1932 年

除夕夜;在他山上的小木屋里;论辩中第一次为国家社会主义辩护

1933 年

被选为弗莱堡大学校长;3月1日参加德国国家社会主义工人党(纳粹党);3月27日发表校长就职演说;组织科学夏令营;在莱比锡、海德堡、图宾根等地从事政治宣传活动,参与高等教育改革活动(贯彻领袖精神);10月第二次拒绝柏林大学的聘请;夏天:最后一次拜访雅斯贝尔斯

1934 年

由于同学校各系的冲突以及同党政领导的意见分歧,4月辞去校长职务;夏天:草拟柏林教师科学院组建计划

1936 年

结束同雅斯贝尔斯的通信联系;苏黎世讲演:《艺术作品的起源》;罗马讲演:《荷尔德林与诗的本质》;与勒维特见面

1936—1940 年

在讲授尼采哲学的课堂上多次批判国家社会主义的权利思想;受到盖世太保的监视

1936—1938 年

撰写了为今后发表的《哲学论文集(关于 Ereignis)》

1937 年

拒绝参加巴黎国际哲学大会

1944 年

11 月参加民兵冲锋队

1945 年

1 月至 2 月回麦氏教堂镇整理储藏手稿

1945 年

4 月至 6 月哲学系转移到多瑙河谷博意隆附近的威尔登斯坦城堡;7 月受到盟军清查委员会的审查;一个对哲学有兴趣的法国占领军的军官与海德格尔建立了联系;与萨特会面的计划受挫;开始同让·波弗勒的友谊

1946 年

雅斯贝尔斯为海德格尔写审查鉴定;接到禁止讲课通知(直到 1949 年);开始了同梅达德·波斯的友谊;致波弗勒的信:《关于人道主义》

1949 年

12 月在不莱梅俱乐部作 4 个讲演:(《物-构架-危险-转向》);

1950 年

在布尔高地和巴伐利亚美艺术科学院重复不莱梅的讲演

1950 年

2 月阿伦特访海德格尔;同阿伦特重新开始通信联系,恢复友谊;同雅斯贝尔斯的通信也重新开始

1951—1952 年

海德格尔重新开始了他的教学活动

1952 年

阿伦特第二次访海德格尔

1953 年

慕尼黑科学院讲演:《论技术问题》,海德格尔开始了他战后的学术生涯;建立了同埃哈德·凯斯特纳的友谊

1955 年

在麦氏教堂镇举行的孔拉丁·克罗伊策尔的纪念会上作讲演:《泰然处之》;在 CÕrisy-la-Salle 作报告

普罗普斯作报告;结识了瑞奈·夏尔

1959 年

与梅达德·波斯合作开始举办措利孔研讨班

1959 年

9 月 27 日被授予麦氏教堂镇荣誉公民称号

1962 年

首次赴希腊

1964 年

阿道尔诺发表反对海德格尔的小册子:《本真性的行话》

1966 年

在 Le Thor 主持研讨班;1968,1969,1973 在 Zhaehringen 继续

1966 年

《〈明镜周刊〉谈话》(海德格尔去世后发表)

1967 年

阿伦特访海德格尔,此后阿伦特年年来访

1975 年

《海德格尔全集》第一卷出版

1976 年

海德格尔于 5 月 26 日逝世,5 月 28 日安葬于他的出生地麦氏教堂镇

二、马丁·海德格尔著作目录

讲 演 录

Grundbegriffe(1941,GA 51) 《基本概念》(1941年,《海德格尔全集》第51卷) 328

Die Grundbegriffe der Metaphysik(1929/30,GA 29/30) 《形而上学的基本概念》(1929/1930年,《海德格尔全集》第29/30卷) 206,210,227—239,341

Die Grundprobleme der Phänomenologie(1927,GA 24) 《现象学的基本问题》(1927年,《海德格尔全集》第24卷) 205

Heraklit(1943,GA 55) 《赫拉克里特》(1943年,《海德格尔全集》第55卷) 382

Hölderlins Hymnen(1934/35,GA 39) 《荷尔德林的赞美诗》(1924/1935年,《海德格尔全集》第39卷) 329—335

Hölderlins Hymne〈Der Ister〉(1942,GA 53) 《荷尔德林的赞美诗〈伊斯特河〉》(1942年,《海德格尔全集》第53卷) 381,386

Logik(1934)(Hg. V. Farías) 《逻辑学》(1934年)(由法里亚斯编辑出版) 311,328

Metaphysische Anfangsgründe der Logik(1928,GA 26) 《逻辑学的形而上学基础》(1928年《海德格尔全集》第26卷) 205,210,211

Nietzsche:Der Wille zur Macht(1936/37,GA 43) 《尼采:趋向于权利的意志》(1936/1937年,《海德格尔全集》第43卷) 446

Ontologie(1923,GA 63) 《存在论》(1923年,《海德格尔全集》第63卷)

149,151,153,156

Parmenides(1942/43,GA 54) 《巴门尼德》(1942/1943 年,《海德格尔全集》第 54 卷) 380,381

Phänomenologische Interpretation zu Aristoteles(1921/22,GA 61) 《对亚里士多德的现象学解释》(1921/1922 年,《海德格尔全集》第 61 卷) 123 以下,138—143

Prolegomena zur Geschichte des Zeitbegriffs(1925,GA 20) 《时间概念的历史引论》(1925 年,《海德格尔全集》第 20 卷) 195,106,187

Schelling:Vom Wesen der menschlichen Freiheit(1936,GA 42) 《谢林:关于人的自由的本质》(1936 年,《海德格尔全集》第 42 卷) 328

Vom Wesen der Wahrheit(Platon)(1931/32,GA 34) 《论真理的本质(柏拉图)》(1931/1932 年,《海德格尔全集》第 34 卷) 254—265,268

Zur Bestimmung der Philosophie(1919,GA 56/57) 《关于哲学之规定》(1919 年,《海德格尔全集》第 56/57 卷) 117—131

著　作

Abraham a Sancta Clara（D） 《亚伯拉罕·阿·桑克塔·克拉拉》(见《思想的经验》) 34,35

Anmerkungen zur Karl Jaspers〈Psychologie der Weltanschauungen〉 《对卡尔·雅斯贝尔斯〈世界观心理学〉一书的评论》 147

Aufenthalte 《栖居》 461—464

Der Begriff der Zeit 《时间概念》 164

Beiträge zur Philosophie（Vom Ereignis） 《哲学论文集（论事件之发生）》 341,356,357—367

Das Ding（VA） 《物》(《见讲演与论文集》) 449,493,494

Einführung in die Metaphysik 《形而上学导论》 331,335—338,346,348,

379

Erläuterungen zur Hölderlins Dichtung 《荷尔德林诗的解释》 371

Der Feldweg（D） 《田间路》（见《思想的经验》） 17,22,41,478

Die Frage nach der Technik 《追问技术问题》 453,457—460,461

Frühe Gedichte（D） 《早期诗作》（见《思想的经验》） 90

Gelassenheit 《泰然任之》 460

Geschichte des Zeitbegriffs 《时间概念史》 105

Grußwort von Martin Heidegger（D） 《海德格尔的祝词》（见《思想的经验》） 496

Hölderlin und das Wesen der Dichtung（EH） 《荷尔德林与诗的本质》（见《对荷尔德林诗的解释》） 369,397

Holzwege 475 《林中路》 475

Kant und das Problem der Metaphysik 《康德与形而上学问题》 199,205, 223 以下,397,402

Die Kategorien-und Bedeutungslehre des Duns Scotus（FS） 《邓·斯各特的范畴与意义理论》(《早期著作集》) 75,80—84,86—88

Die Kehre（TD） 《转向》（见《技术与转向》） 449

Die Lehre vom Urteil im Psychologismus（FS） 《心理主义中的判断理论》（见《早期著作集》） 61,62,63,73

Mein Weg in die Phänomenologie（Z） 《我的现象学之路》（见《面向思的事情》） 31,42

Neuere Forschungen über Logik 《关于逻辑学中的最新研究》 58

Nietzsche（Bd.1,2） 《尼采》（第一、二卷） 345—355,357,359,378,379, 380

Phänomenologie und Theologie（W） 《现象学与神学》（见《路标》） 175

Phänomenologische Interpretationen zu Aristoteles 《对亚里士多德的现象

学解释》 136,149—153,154

Das Realitätsproblem in der Philosophie 《哲学中的实在问题》 42,57,58

Schöpferische Landschaft:Warum bleiben wir in der Provinz? 《富有创造性的风景:为什么我们留在省里?》 324

Sein und Zeit 《存在与时间》 15,149,170,173,176—205,210,237,247,284,309,397,403,423,424,437

Die Selbstbehauptung der deutschen Universität(R) 《德国大学的自我宣言》 280,286—291,373

Áber der Humanismus 《关于人道主义的书信》 404,407,408,419—426,429,460

Unterwegs zur Sprache 《走向语言之途》 126

Der Ursprung des Kunstwerkes 《艺术作品的起源》 346—348

Vier Seminare(Le Thor) 《四个讨论班》 464,465

Vom Geheimnis des Glockenturms(D) 《钟楼的秘密》(见《思想的经验》) 21

Vom Wesen des Grundes 《论根据的本质》 210,397

Vom Wesen der Wahrheit 《论真理的本质》 36,210,258,449

Was heißt Denken? 《什么是思维?》 407,458

Was ist Metaphysik? 《什么是形而上学?》 62,210,213—215,348,381,397,402

Wege zur Aussprache(D) 《通向表达之路》(见《思想的经验》) 375—378

Zollikoner Seminare 《措利孔讨论班》 466,467

Die Zeit des Weltbildes 《世界图像的时代》 205,321,341—345,374

Zur Seinsfrage 《关于存在问题》 445

三、主题索引

Absurde 荒唐 396
Alltag, Alltäglichkeit 日常,日常性 182, 185
Altkatholiken 旧天主教运动 19ff
Amerikanismus 美国主义 336,344,379
Anfang,Anfangen 开始 15f,144,381
Angst 畏惧 153,178,183,212
Anthropologie 人类学 237ff
Antisemitismus 反犹主义 169,297ff, 300ff,473
Atheismus 无神论 137
Augenblick 眼下瞬间 111,128,206ff, 209,233
Auschwitz 奥斯威辛 475ff,483

Benommenheit 昏沉 238,352
Bewußtsein 意识 96,99ff,103f
Biologie 生物学 236ff
Böse 恶 216ff

Dadaismus 达达主义 124ff
Dasein 人生此在 15,149,175,177,183, 186
Daß 这一事实 129ff,161,195
Dekadenz 时代的堕落 35
Dialektik 辩证法 478ff
Dichtung 诗歌 180,330ff

Ekstase 喜出望外 358ff
Entfremdung 异化 143
Entmythologisierung 非神秘化 163,165
Eigentlichkeit/Uneigentlichkeit 本己本真性/非本己本真性 28,143,166,193ff, 244
Erbe 遗产 203
Erde 大地 346ff
Ereignis 事变的发生 356,360ff
Ethik 伦理(道德) 200,264
Ewige 永恒 39,165
Existentialismus 生存主义 395,411ff
Existenz 生存 74,152,161f,163,181,395, 423
Existenzialien 生存性概念 187ff
Existenzphilosophie "存在主义"(生存哲学) 161,163,395,428

Faktizität 现实 74,142ff
Freiheit 自由 36,48,73,184,202,223, 232f,238,258,262,395,413,417

Gaeburt,Geburtlichkeit 诞生 16,441ff
Gegenstand Gegenständlichkeit 对象,对象性 88,150,187
Geheimnis 神秘 212,234,253
Geist 精神 48ff,103f,328,417
Geistesgegenwart 精神当下 208,245
Gelassenheit 泰然任之 230,382
Geld 货币 55f
Gelten,Geltung 有效(生效、有效性) 44, 57
Gemeinschaft 团 201ff
Geschichtlichkeit 历史性 191f,244ff,371f
Geschick 命运 203,247,461
Gesellschaft 社会 201ff
Gestell 托架 452,458ff
Geviert 四合 494

Gewissen 良心 200ff
Geworfenheit 被抛,被抛性 16f,180ff
Glaube 信仰 30,36,39,80f,175
Gnosis,gnostisch 诺斯替教派(的) 165f
Gott, Götter 神,褚神 33,39f,80f,101,
　136f,176,178,243,333ff,357f,415ff,
　496
Griechenland 希腊 342ff

Horizont 视域 354ff
Historismus 历史主义 87
Humanismus 人道(文)主义 408ff,412,
　420ff

Ichbewußtsein 我的意识(自我意识) 102f,
　126
Idealismus 唯心主义 45ff,57
Intention, intentional 意向,意向性 40,81,
　186
Intuition 直觉 72,111,118

Jugendbewegung 青年运动 67,160,302,
　307

Kathederpropheten 书斋先知 116ff
Katholizismus 天主教 18f,24,38,61,65,
　88,133f,176
Kehre 转向 205ff,460
Kommunismus 共产主义 184,336,379
Kontingenz 偶然确定 395ff
Krieg 战争 75,78ff,108f,138,380ff
Kultur 文化 55f,137,192,218f,223,330,
　354,417ff

Langeweile 无聊 229ff,232ff,235
Lebensphilosophie 生活哲学 66ff,69ff,
　72ff
Leere 虚空(空虚,空洞) 141,230ff

Liberalismus 自由主义 18,25,241,332f,
　362
Lichtung 采光 170,437f,487
Logik 逻辑 39f 43f,62f,176,328,359

Machen 制作 140
Macht 力量:(掌握时代的) 251f,330ff
Man 常人 170,194ff,244,252,272,279
Marxismus 马克思主义 47,251,336
Materialismus 唯物主义 46f,57,66
Mathematik 数学 96
Metaphysik 形而上学 47f,53,86,123,
　134,164,183,228ff,468ff,476f
Moderne, Antimodernismus 现代,反现代
　的派别 31f,46,114
Moral 道德 182,364
Mystik 神秘王 131
Mythos 神话 17

Nationalsozialismus 国家社会主义 245,
　268ff,271ff,274f,280ff,312ff,339,336,
　362,389
Neukantianismus 新康德主义 53f,66,76,
　180
Nichts 无,虚无 141,143,195,209,212ff,
　215,218f,242,399ff,416,496
Nihilismus 无,虚无(Nichts) 351ff
Nominalismus 唯名论 75f,79ff,82ff
Numinose 神力 207

Offenheit 展开 343,355,367,439
Öffentlichkeit 公开性,开放性,公众性
　170,202,255,437ff
Ontisch-ontologisch 实存的-存在论 181f
Ontologie der Differenz 关于差异的存在
　论 310ff
Ontologische Differenz 存在论差异 310f

Phänomen 现象 94,97,151
Phänomenologie 想象学 40f,92ff,95ff,98ff,101ff,104ff,107,396ff
Pluralismus 多元主义 170,241,437
Politik,Begriff der 政治（概念）79,117,245,271ff,309ff,327,329ff,337,437f
Pragmatismus 实用主义 51f,69
Protestantismus 新教 92,135,137,162
Psychologismus 心理主义 61,123,144

Rassismus 种族主义 350ff
Rationalismus 理性主义 111,114
Realismus 实在论 45f
Reduktion,phänomenologische 还原（现象学的）98f
Relativismus 相对主义 42,241,353
Religion 宗教 180,184,414
Revolution 革命 113f,275ff,295,324,327,337,341,348,390
Romantik 浪漫主义 46,209

Schicksal 命运 286
Scholastik 经院哲学 65
Schweigen 沉默 162,359,392,483
Sein,des Seienden 实存的存在（是）179ff,273
    Frage nach dem 对存在（是）的发问 179ff,492
    Sinn von 存在的意义 151,179ff,185
Seinkönnen,Möglichsein 可能-是,存在的可能 181,193ff
Seinsgeschichte 存在的历史 259,276,338,354,440
Seinsvergessenheit 对存在的遗忘 179ff,189f
Sorge,Besorgen,Fürsorge 操心,与筹措,为他人担心 141,189ff,236
Spiel,Spielraum 活动空间 348,353

Sprache 语言 94,447
Staunen 惊叹 131
Stimmung 情绪,人生之心境情 15,183,190f,334,359
Studentenbewegung 学生运动 303
Subjekt-Objekt 主体-客体 105,121,422
Surrealismus 超现实主义 207

Technik 技术 336,344,360,378,454ff,457ff
Theologie 神学 59,85,136,143,162
Thomismus 托马斯主义 65,75
Tod 死 164f,170,182,197,441
Transparenz(Selbstdurchsichtigkeit) 自身透明 127,140,177,202
Transzendentalphilosophie 先验哲学 76
Transzendenz 超越 413,476ff

Unheimlichkeit 阴森可怕 184
Urerlebnis 原初的生活体验 111,120

Verdinglichung 实物 122
Vernunft 理性 176,398
Vernunftkritik 理性批判 80,161,176,475ff
Volk 人民 203ff,246ff,288,304f,330f,335
Vorhandenheit, Zuhandenheit 手头现存物,应手性 182,188,197,401
Vorstellung 表象 48,344

Wahrheit 真理 32,36,69,258,347ff,354
Weltanschauung 世界观 117f,135,235,240,328
Weltbild 世界图像 342ff,354
Weltspiel 世界游戏 381
Werte,Werten 价值 55f,114f,145

Wertphilosophie 价值哲学 123
Wille, zur Macht, zum Willen 意志,趋向于权利,趋向于意志 45,68,350ff,380
Wissenschaft 科学 97,113f,180ff,212,328

Wissenssoziologie 知识社会学 251ff,254

Zeit, Zeitlichkeit 时间,时间性 179ff,197ff,232ff,354
Zweideutigkeit 模糊性 247

四、人名索引

Abraham a Sancta Clara 亚伯拉罕·阿·桑克塔·克拉拉 17,31,33ff
Adenauer,Konrad 阿登纳 473
Adorno,Theodor W. 阿道尔诺 345,419, 468ff,471ff,474ff,477ff,480,484
Allgeier,Artur 阿尔盖尔 388
Aly,Wolfgang 亚里 280f,389
Améry,Jean 阿莫里 479
Anaxagoras 阿那克萨戈拉 47
Anders,Günther 京特 169,171,202,434, 454,457f
Andreas,Willy 安德拉斯 293
Arendt,Hannah 阿伦特 154,166ff,169ff, 172f,183,202,215,221,273,298,301, 311,365,418f,427ff,431ff,434ff, 437ff,440ff,443ff,479f,489f,495
Aristoteles 亚里士多德 15,25,40f,136, 138f,162,178,199,205,211,227,322, 370,407,440
Aron,Raymond 阿隆 396f
Augstein,Rudolf 奥格施泰因 481f,489
Augustinus 奥古斯丁 135f,217
Augustus 奥古斯 271

Bäumer,Gertrud 博伊默 90,267
Baeumker,Clemens 博伊姆克 59f
Baeumler,Alfred 鲍姆勒尔 277,279f, 291,300,312,349ff,375,409f
Bahr,Hermann 巴尔,海尔曼 69
Ball,Hugo 巴尔 70,125,142,207
Barth,Heinrich 巴尔特,海因里希 370f
Barth,Karl 巴尔特 133,137f,162f,214
Bataille,Georges 巴特勒 397

Baum,Vicki 鲍姆 194
Baumann,Gerhart 鲍曼 485ff,488
Baumgarten,Eduard 鲍姆嘎登 318ff,393
Beaufret,Jean 波弗勒 410,420,461,464
Beckenbauer 贝肯鲍尔 489,491
Becker,Carl Heinrich 贝克尔 173,249
Becker,Oskar 贝克尔,奥斯 149
Benda,Julien 本达 377,396
Bender 本德尔 282
Benjamin,Walter 本雅明 208
Benn,Gottfried 本 199,272,450
Bense,Max 本泽 457
Berdjajew,Nikolaus 别尔加耶夫 241f,267
Bergson,Henri 柏格森 58,68,71ff,104
Beringer,Kurt 伯林格尔 406
Bernhard,Prinz von Sachsen-Meiningen 伯恩哈 386
Bloch,Ernst 布洛赫 113,128f,131,207f
Blochmann,Elisabeth 布洛赫曼 93,109ff, 128,168,210,215f,221f,227,248,250, 255,278f,281,300f,315,323,365ff,368
Blücher,Heinrich 布吕歇尔 170ff,432ff, 436,442,445,490
Böhlendorff,Casimir Ulrich 伯伦道尔夫 334,424
Böhme,Jakob 波墨 358
Boisserée,Sulpiz 布瓦西 28
Bollnow,Otto Friedrich 波尔诺 221
Bornkamm,Heinrich 博恩卡姆 291
Boss,Medard 波斯 406,449,461,465ff
Braig,Carl 布莱克 31f,36,38f
Brandhuber,Camillo 布兰德胡贝尔 24,28
Brecht,Bertolt 布莱希特 208

Brehier, Emile 布吕尔 402
Brentano, Clemens 布伦塔诺, 克莱芒斯 40
Brentano, Franz 布伦塔诺, 弗兰茨 31, 40f, 105
Brock, Werner 布罗克 298, 393
Bry, Carl Christian 布赖 184f
Büchner, Ludwig 毕希纳 46
Buggenhagen, Arnold von 布根哈根 161f
Buhr, Heinrich 布尔 307
Bultmann, Rudolf 布尔特曼 158, 163ff, 166ff, 178, 489
Buytendijk, F. J. J. 伯腾第耶克 238

Caillois, Roger 凯卢瓦 397
Camus, Albert 加缪 396, 403, 471
Carnap, Rudolf 卡尔纳普 63
Carossa, Hans 卡洛萨 454
Cassirer, Ernst 卡西尔, 恩斯特 199, 205, 219ff, 222ff, 225, 249
Cassirer, Toni 卡西尔, 托尼 222
Celan, Paul 策兰 14, 468, 484ff, 487f
Cézanne, Paul 塞尚 465
Char, René 沙尔 464f
Christus 基督 116, 178, 207, 217, 270, 461
Cohen, Hermann 科亨 54
Conrad-Martius, Hedwig 孔拉德-马蒂乌 94
Croce, Benedetto 克罗齐 292
Curtius, Ernst Robert 库齐乌斯 158
Czolbe, Heinrich 乔尔布 46

Darwin, Charles 达尔文 52, 135
Dehn, Günther 德恩 25ff
Demokrit 德谟克里特 47
Descartes, René 笛卡尔 47, 71, 103, 205, 374, 378, 467
Dibelius, Otto 第伯留斯 270
Diehl, Karl 笛尔 302

Dietze, Constantin von 蒂茨 388
Dilthey, Wilhelm 狄尔泰 58, 68, 70f, 88, 106f, 176, 180, 329
Dionys 狄奥尼斯 263
Drews, Arthur 德鲁斯 349
Duns Scotus, Johannes 邓·司各特 75, 80ff, 83, 87

Eckhart, gen. Meister E. 艾克哈特 14, 84, 358, 478
Eich, Günter 艾希 125
Elias, Norbert 艾里阿斯 251
Eliner, Christoph 埃利纳 28
Erhard, Ludwig 埃哈德 472
Ettinger, Elzbieta 埃廷格 167f, 298

Falkenfeld, Helmuth 法尔肯费尔德 75
Farías, Victor 法里亚斯 36, 249, 280, 300, 312, 316, 373f
Fédier, FranÇois 费迪尔 464
Fehrle, Eugen 费尔勒 319
Fichte, Johann Gottlieb 费希特 47, 103
Finckenstein (Graf) 芬肯施泰恩伯爵 172
Fink, Eugen 芬克 443
Finke, Heinrich 冯克, 海因里希 58, 64, 77, 79, 85
Fischer, Eugen 费舍尔, 欧根 384
Fischer, Karl 费舍尔, 卡尔 495
Fischer-Barnicol, Hans A. 费舍尔-巴尼科尔 365
Flickenschildt, Elisabeth 弗利肯席尔特 452
Foerster, F. 弗尔斯特 36
Fraenkel, Eduard 弗兰克尔 298f, 318
Fränkel, Hilde 弗兰克尔, 希尔德 431f
Frank, Hans 弗兰克 327
Freud, Sigmund 弗洛伊德 69, 135, 184f
Friedrich, Hugo 弗里德里希 390

附　　录

Gadamer, Hans-Georg 伽达默尔 93, 102, 118, 149, 159, 162, 493
Galilei, Galileo 伽利略 152
Gebsattel, Victor von 格布斯塔尔 405f
Gehlen, Arnold 盖伦 176, 192f, 468f
Geiger, Afra 盖格尔 144
Geyser, Joseph 盖泽尔 89
Gierke, Otto von 基尔克 79
Goethe, Johann Wolfgang von 歌德 26, 28, 221, 328, 418
Gogh, Vincent van 梵高 346
Gorky, Maxim 高尔基 36
Grabbe, Christian, Dietrich 格拉比 182
Graf Yorck von Wartenburg 瓦尔登堡公爵 203
Grass, Günter 格拉斯 480f
Grimme, Adolf 格林墨 249f
Gröber, Conrad 格勒贝尔 17, 19, 24, 28, 40, 404f
Gross, Walter 格罗斯 314f
Gründgens, Gustaf 格林德根斯 452
Guardini, Romano 古阿蒂尼 166, 414f

Habermas, Jürgen 哈贝马斯 364, 470
Haeckel, Ernst 海克尔 54
Haeusser, Ludwig 豪伊泽尔 116
Haffner, Sebastian 哈夫纳 271, 299
Hamann, Richard 哈曼 158
Hamsun, Knut 哈姆逊 132
Hanke 汉克 373
Hartmann, Eduard von 哈特曼, 爱德华 25
Hartmann, Nicolai 哈特曼, 尼古拉 154f, 159, 173
Hebel, Johann Peter 黑贝尔 17
Hecker, Friedrich Franz Karl 海克尔 18, 25
Hegel, Georg Wilhelm Friedrich 黑格尔 31f, 47, 87f, 143, 160, 198, 223, 270, 300, 359, 370, 377, 397ff, 464, 477
Heidegger, Elfride 海德格尔, 埃尔福丽德 90f, 109, 134, 155, 157, 160, 166, 169, 171, 281, 283, 297, 369, 387, 432ff, 435f, 490, 495
Heidegger, Friedrich 海德格尔, 弗里德里希 16, 20
Heidegger, Fritz 海德格尔, 弗里茨 21ff, 385, 452, 489
Heidegger, Hermann 海德格尔, 赫尔曼 366, 379
Heidegger, Jörg 海德格尔, 耶格 379
Heisenberg, Werner 海森堡 130, 454
Heiß, Robert 海斯 406, 430
Hellingrath, Norbert von 黑林格拉特 329
Hempel, Hans-Peter 亨普尔 269f, 274
Heraklit 赫拉克里特 13, 69, 328, 370, 376, 381, 407f, 464
Herrigel, Hermann 赫瑞格尔 291
Hesiod 赫希俄德 331
Heuss, Theodor 赫伊斯 270
Hevesey, Georg von 赫威塞 298f
Heyse, Hans 黑塞 368, 374f
Hitler, Adolf 希特勒 184, 266, 270f, 274, 277, 280, 284, 310, 313, 322, 326f, 331, 339f, 371, 376, 378
Hitzig(Geheimrätin) 希茨克女顾问官 158
Hobbes, Thomas 霍布斯 47f
Hölderlin, Friedrich 荷尔德林 17, 117, 270f, 322, 328ff, 331ff, 337f, 371f, 377, 381, 383, 386, 424, 459f, 476, 485
Hoffmann, E. T. A. 霍夫曼 407
Hofmannsthal, Hugo von 霍夫曼斯塔尔 94
Homer 荷马 331
Honecker, Martin 赫尼克尔 301
Horkheimer, Max, 霍克海默尔 149, 419,

Hundhammer, Alois 洪德海默尔 453
Hus, Jan 胡斯 24
Husserl, Edmund 胡塞尔 31, 40ff, 44, 57, 61f, 81f, 88, 92f, 95ff, 98ff, 101ff, 104ff, 107f, 118, 122, 134, 136f, 144, 154ff, 174, 180, 186, 188, 210, 227, 297, 301f, 365, 370, 375, 396, 399, 429, 480, 482
Husserl, Malwine 胡塞尔, 玛尔蕴 108f, 144
Huxley, Aldous 赫胥黎 454
Hyginus, Gajus Julius 希吉努斯 189

Ibsen, Henrik 易卜生 25
Ingarden, Roman 英伽登 108

Jacoby, Felix 雅可比 271
Jaensch, Erich 燕施 313, 315, 326, 372
James, William 詹姆斯 51f
Jaspers, Gertrud 雅斯贝尔斯, 格特鲁德 392, 427, 431, 444
Jaspers, Karl 雅斯贝尔斯 126, 128, 133, 144ff, 147f, 154ff, 157f, 161, 171, 173f, 214, 226, 228f, 248, 250, 254ff, 263, 269, 272, 274, 276f, 281, 285, 292ff, 295f, 300, 302f, 319, 325, 328, 340, 364f, 367, 372, 384, 388, 390ff, 393, 397, 406, 416f, 427ff, 430ff, 434ff, 443ff, 446f, 480f, 489, 493
Johannes der Täufer 受洗约翰 360
Jonas, Hans 约纳斯 149, 165ff, 171
Jørgensen, Johannes 约根森 36, 38
Jünger, Ernst 荣格尔, 恩斯特 207f, 219, 242, 267, 304, 307, 342, 382, 445, 454ff
Jünger, Friedrich Georg 荣格尔, 弗里德里希·格奥尔格 454ff, 457f
Jung, Carl Gustav 荣格, 卡尔·古斯塔夫 465

Kästner, Erhart 凯斯特纳, 埃哈德 461, 464, 480f
Kästner, Erich 凯斯特讷, 埃里希 411
Kafka, Franz 卡夫卡 172, 208, 454
Kaiser, Joseph 凯泽尔 443
Kandinsky, Wassily 康定斯基 397
Kant, Immanuel 康德 13, 32, 48, 54, 71, 80, 150, 161, 166, 180, 205, 217, 220f, 288, 370, 377, 386, 492
Kaschnitz, Marie Luise 凯施尼茨 487
Kaufmann, Fritz 考夫曼 149
Kelsen, Hans 凯尔森 241
Kempf, Jakob 肯普夫 16
Kempner, Robert 肯普讷 409
Kerber, Franz 基尔凯郭尔 282, 376
Kerényi, Karl 凯伦伊 451
Kierkegaard, Sœren 基尔凯郭尔 93, 106f, 135f, 145, 166, 184, 207ff, 210
Kimmig, Otto 基米希 25
Klages, Ludwig 克拉格斯 230
Knecht, Justus 克奈希特 65
Könitzer 科尼策尔 372
Kojève, Alexandre 考叶维, 亚历山大 384, 397ff, 400, 426
Kommerell, Max 克默雷尔 329
Kojewnikow, Alexandre W. s. Kojève, Alexandre 考叶维, 亚历山大
Koyré, Alexandre 库亚雷 397
Kracauer, Siegfried 克拉考尔 226
Kralik, Richard von 克拉里克 33
Kraus, Karl 克劳斯 274
Krebs, Engelbert 克雷伯斯 61, 64, 77, 84f, 88, 91, 133f
Kreutzer, Konradin 克罗伊策尔 17
Krieck, Ernst 克里克 116, 277ff, 280, 291, 300, 313ff, 326, 349f, 372
Kroner, Richard 克勒讷 155

Lagarde, Paul Anton de 拉卡尔德 35
Lampe, Adolf 兰帕 388ff, 394
Lang, Matthäus 朗格 26
Langbehn, Julius 朗贝恩 35
Lange, Friedrich Albert 朗格，弗里德里希·阿尔伯特 48ff
Laon, Adalbert von 莱昂 289
Laotse 老子 452
Lask, Emil 拉斯克 57, 76
Lasky, Melvin 拉斯基 427
Laslowski, Ernst 拉斯罗威斯基 58ff, 61, 84f, 89ff
Le Fort, Gertrud von 勒福尔 470
Leibniz, Gottfried Wilhelm 莱布尼茨 47, 194, 220, 300, 492
Lems, Stanislaw 赖姆斯 101
Lessing, Gotthold, Ephraim 莱辛 25
Lipps, Theodor 李普斯 62
Löwith, Karl 勒维特 113, 118, 152, 177, 202, 236, 292, 301, 327, 340, 355, 369ff, 446
Lotze, Hermann 洛采 47
Lueger, Karl 吕格尔 35
Luk'cs, Georg 卢卡奇 122
Luther, Martin 路德 135f, 217

Mahnke, Dietrich 曼克 297
Mann, Heinrich 曼，海因里希 451
Mann, Thomas 曼，托马斯 14, 77f, 160, 220, 242, 289, 420, 451
Mannheim, Karl 曼海姆 240, 251ff
Mao Tse-tung 毛泽东 452
Marcel, Gabriel 马塞尔 395, 413f
Marcuse, Herbert 马尔库塞，希尔伯特 149, 202, 474, 483
Marcuse, Ludwig 马尔库塞，路德维希 75, 78, 478

Martin, Bernd 马丁 280
Marx, Karl 马克思 47f, 93, 134, 143, 187f, 464
Mehring, Walter 梅林 194
Meinecke, Fried 迈内克 418
Melanchthon, Philipp 梅兰希顿 25
Meller-Markovic, Digne 梅勒尔-马尔科维奇 481
Melville, Herman 麦尔维 494
Merleau-Ponty, Maurice Jean-Jacques 梅洛-庞蒂 100
Meusel, Alfred 莫伊泽尔 251
Michelangelo 米开朗基罗 458
Misch, Georg 米施 155, 248, 368
Mitscherlich, Alexander 米切尔里希，亚历山大 454
Mitscherlich, Margarete 米切尔里希，玛格丽特 454
Möllendorff, Wilhelm von 默伦多夫 281ff, 316f
Mörchen, Hermann 默兴 158, 160, 162, 166, 168, 178, 267f, 403
Moleschott, Jakob 莫莱肖特 46
Montaigne, Michel E. de 蒙田 164
Mühsam, Erich 米萨姆 113, 117
Müller, Max 米勒 268, 270, 299, 301f, 373, 405, 496
Musil, Robert 穆西尔 97, 194, 240

Nabokov, Vladimir 纳波科夫 398
Napoleon Bonaparte 拿破仑 270, 328
Natorp, Paul 那托普 53f, 149, 154f
Newton, Isaac 牛顿 72
Nikolaus von Kues 库萨的尼古拉 56
Nietzsche, Friedrich 尼采 25, 36, 45, 48, 50, 58, 68ff, 71, 85, 130, 135, 178, 190, 208ff, 287, 292, 323, 329, 339, 348ff, 351ff, 354ff, 366, 378, 424f, 428, 455

Nishida, Kitaro 西田几多郎 355
Novalis(Georg von Hardenberg) 诺瓦利斯 33
Nußbaum 努斯鲍姆 282

Oehlkers, Friedrich 厄里克斯 388,435
Oelze, E. W. 厄尔茨 450
Ortegay Gasset, José 加塞特 454
Ott, Hugo 奥托,胡果 30,58,280,307,316,319,372,391,403
Otto, Rudolf 奥托,鲁道夫 92,134,207,214,234

Palestrina, Giovanni Pierluigi 帕勒斯蒂那 50
Parmenides 巴门尼德 161,381
Paulus 保罗 135f,217,461
Peirce, Charles 皮尔斯 51
Petri, Elfrides. Heidegger, Elfride 佩特里,埃尔福丽德,参见海德格尔,埃尔福丽德
Petzet, Heinrich Wiegand 佩茨特 212,376,406,449f,453,481,489,495
Pfänder, Alexander 普凡德尔 93
Picht, Georg 皮希特 271,365,367,385
Picht-Axenfeld, Edith 皮希特 385
Pius Ⅻ., Papst 庇护十二世 405
Platon 柏拉图 13,25,47,104,178ff,199,240,255ff,258,260ff,263ff,266,289,324,343,360,367,376,392,419,421,438,459,479
Plessner, Helmuth 普列斯纳 176,192f,236,243ff,246ff,416
Pöggeler, Otto 珀格勒 135,485
Proust, Marcel 普鲁斯特 93,104f,120,396,477

Raffael 拉菲尔 50
Rathenau, Walther 拉特瑙 240

Reinach, Adolf 赖纳赫 95
Renan, Ernest 雷兰 377
Resnais, Alain 雷斯奈斯 402
Richter, Hellmut 李希特 473
Rickert, Heinrich 李凯尔特 50,54f,66,75,84f,150,180
Riezler, Kurt 里策勒 221
Rilke, Rainer Maria 里尔克 77,330,485
Ritter, Gerhard 利特尔 302,388
Rosenberg, Alfred 罗森贝格 277
Rosenstock-Huessey, Eugen 罗森斯托克 271

Sartre, Jean-Paul 萨特 99,108,181,202,384,394,396f,399ff,402ff,407,411ff,414,420,423,425,428,471,473,489
Sauer, Josef 藻厄 60,281f
Schadewaldt, Wolfgang 沙德瓦尔特 280,282,324
Scheel, Kurt 舍尔 373,384
Scheler, Max 舍勒 58,68,71,73,78f,93,96,174,191,230,236f,242ff,370,396,496
Schelling, Friedrich Wilhelm 谢林 31,161,239,377,426,428
Schiller, Friedrich 席勒 117
Schlageter, Leo 施拉格特 284f
Schleiermacher, Friedrich 施莱尔马赫 38
Schmitt, Carl 施米特 79,205,207,209f,245,283,375,409f,483
Schneider, Arthur 施耐德,阿图尔 64
Schneider, Reinhold 施耐德,赖因霍尔德 414f
Schnurre, Wolfdietrich 施努尔 125
Schopenhauer, Arthur 叔本华 71f,135,288,351,492
Schubert, Franz 舒伯特 385
Schwan, Alexander 施万 444,479

Schwörer, Victor 施瓦特尔 299
Siemens, Werner von 西门子 53
Simmel, Georg 齐美尔 55f, 109
Sloterdijk, Peter 斯诺特蒂基克 478
Sokrates 苏格拉底 44, 149, 164, 262, 322, 465
Sonnemann, Ulrich 索雷曼 478
Spengler, Oswald 斯宾格勒 116, 138, 208, 230, 267
Spinoza 斯宾诺莎 47, 300, 392
Spranger, Eduard 施普朗格 117, 249, 278, 280
Stadelmann, Rudolf 施塔德尔曼 307, 385
Stäbel, Oskar 施塔贝尔 317
Staiger, Emil 施太格尔 370f
Staudinger, Herrmann 施陶丁格 319ff
Stein, Edith 施泰恩 95, 102, 107ff
Sternberger, Dolf 施特恩贝格尔 417, 429
Stieler, Georg 施蒂勒 296, 312
Streicher, Julius 施太谢尔 327
Stroomann, Gerhard 施特鲁曼 451f
Struve, Gustav von 施特鲁韦 18
Szilasi, Wilhelm 斯策拉司 301

Tellenbach, Gerd 特伦巴赫 293, 429
Tepl, Johannes 泰波尔 197
Thales von Milet 泰勒士 149
Thomas von Aquin 托马斯, 阿奎那 24
Thomas von Erfurt 托马斯, 艾尔伏特 80
Thurneysen, Eduard 图尔奈森 162
Thukydides 修昔底德 437f
Tillich, Paul 蒂利希 205, 207, 209, 214, 249, 266
Tönnies, Ferdinand 特尼斯 201
Toller, Ernst 托勒尔 113, 117, 451
Tolstoj, Lew N. 托尔斯泰 114
Towarnicki, Frédéric de 托瓦尼基 402f
Trakl, Georg 特拉克尔 485

Treitschke, Heinrich von 特赖齐克 270
Troeltsch, Ernst 特勒尔奇 79, 156

Uexküll, Jakob von 于克斯屈尔 237

Vaihinger, Hans 费英格 25, 51
Varnhagen, Rahel 法恩哈根 172
Verlaine, Paul 魏尔兰 36
Vezin, FranÇois 瓦岑 464
Vietta, Egon 维塔 451
Vogt, Karl 福科特 46
Vossler, Karl 福斯勒 203, 292

Wagner, Richard 瓦格纳, 理查德 51, 272
Wagner, Robert 瓦格纳, 罗伯特 282f, 297
Wahl, Jean 瓦尔 395
Weber, Alfred 韦伯, 阿尔福利 455
Weber, Marianne 韦伯, 玛里安娜 319
Weber, Max 韦伯, 马克斯 79, 93, 113ff, 116ff, 122f, 145, 180, 290, 318f, 344
Weil, Eric 魏尔 397
Weizsäcker, Carl Friedrich von 魏茨泽克 361
Welte, Bernhard 韦尔特 495f
Werfel, Franz 魏尔弗尔 70
Wessel, Horst 魏塞尔 280
Wiese, Benno von 维泽 166, 171
Wilde, Oscar 王尔德 36
Wilhelm II 威廉二世 51
Windelband, Wilhelm 文德尔班 54, 150, 180
Wolf, Erik 沃尔夫, 埃里克 315ff
Wolf, Georg 沃尔夫, 格奥尔格 481f
Wolf, Christian von 沃尔夫, 克里斯蒂 220
Wolters, Friedrich 沃尔特斯 158
Wundt, Wilhelm 冯特 62, 131

Xenophon 色诺芬 322

Ziegler, Leopold 齐格勒 230

Zweig, Stefan 茨威格 96

五、参考文献(一)

Theodor W. Adorno, Eingriffe. Neun kritische Modelle. – Frankfurt a. M. 1963
Ders., Jargon der Eigentlichkeit. – Frankfurt a. M. 1964
Ders., Kierkegaard. Konstruktion des Ästhetischen. – Frankfurt a. M. 1974
Ders., Negative Dialektik. – Frankfurt a. M. 1966
Ders., Noten zur Literatur I. – Frankfurt a. M. 1965
Ders., Noten zur Literatur II. – Frankfurt a. M. 1965
Ders., Ohne Leitbild. Parva Ästhetica. – Frankfurt a. M. 1967
Ders., /*Max Horkheimer*, Dialektik der Aufklärung. – Frankfurt a. M. 1969
Jean Améry, Jargon der Dialektik. – In: H. Glaser(Hg.), Bundesrepublikanisches Lesebuch
Jürg Altwegg(Hg.), Die Heidegger Kontroverse. – Frankfurt a. M. 1988
Ders., Heidegger in Frankreich-und zurück? – In: Ders. (Hg.), Die Heidegger Kontroverse
Hannah Arendt, Eichmann in Jerusalem. Ein Bericht von der Banalität des Bösen. – Mün-chen 1986
Dies., Elemente und Ursprünge totaler Herrschaft. – München 1986
Dies., Freiheit und Politik. – In: Die neue Rundschau 69(1958)
Dies., Martin Heidegger ist achtzig Jahre alt. – In: G. Neske /E. Kettering (Hg.), Antwort. Martin Heidegger im Gespräch
Dies., Menschen in finsteren Zeiten. – München 1983
Dies., Rahel Varnhagen. – Frankfurt a. M. 1975
Dies., Vita activa oder Vom tätigen Leben. – München 1981
Dies., Vom Leben des Geistes. Das Denken. – München 1989
Dies., Vom Leben des Geistes. Das Wollen. – München 1989
Dies., Was ist Existenzphilosophie? – Frankfurt a. M. 1990

Dies., Was ist Politik? – München 1993

Dies., Zur Zeit. Politische Essays. – Berlin 1986

Alfred Baeumler, Hitler und der Nationalsozialismus. Aufzeichnungen von 1945 – 1947. – In: Der Pfahl. Jahrbuch aus dem Niemandsland zwischen Kunst und Wissenschaft. – München 1991

Ders., Nietzsche, der Philosoph und Politiker. – Berlin 1931

Hugo Ball, Die Flucht aus der Zeit. – Zürich 1992

Jeffrey Andrew Barash, Die Auslegung Der<Öffentlichen Welt>als politisches Problem. – In: D. Papenfuss/O. Pöggeler (Hg.), Zur philosophische Aktualität Heideggers, Bd. 2

Karl Barth, Römerbrief. – Zürich 1984(1922)

Gerhart Baumann, Erinnerungen an Paul Celan. – Frankfurt a. M. 1992

Josef und Ruth Becker (Hg.) Hitlers Machtergreifung. Dokumente vom Machtantritt Hitlers. – München 1983

Julien Benda, Der Verrat der Intellektuellen. – Frankfurt a. M. /Berlin 1983

Walter Benjamin, Das Passagen-Werk. Gesammelte Schriften, Bd. V, 2. – Frankfurt a. M. 1982

Gottfried Benn, Briefe an F. W. Oelze. 2 Bde. – Frankfurt a. M. 1982

Ders., Werke. 4 Bde. – Wiesbaden 1961

Max Bense, Technische Existenz. – Stuttgart 1950

Nikolaus Berdjajew, Das neue Mittelalter. – Darmstadt 1927

Walter Biemel/Hans Saner (Hg.), Briefwechsel Martin Heidegger – Karl Jaspers. – Frankfurt a. M. /München 1990

Ernst Bloch, Geist der Utopie. – Frankfurt a. M. 1978

Ders., Spuren. – Frankfurt a. M. 1964

Otto Friedrich Bollnow, Gespräche in Davos. – In: G. Neske (Hg.), Erinnerung an Martin Heidegger

Carl Braig, Was soll der Gebildete von dem Modernismus wissen? – In: D.

Thomä(Hg.), Die Zeit des Selbst und die Zeit danach. Zur Kritik der Textgeschichte Martin Heideggers.

Luzia Braun, Da-da-dasein. Fritz Heidegger: Holzwege zur Sprache. – In: DIE ZEIT Nr. 39 vom 22. 9. 1989

Carl Christian Bry, Verkappte Religionen. – Nördlingen 1988

Arnold von Buggenhagen, Philosophische Autobiographie. – Meisenheim 1975

Heinrich Buhr, Der weltliche Theologe. – In: *G. Neske(Hg.)*, Erinnerung an Martin Heidegger

Albert Camus, Der Mythos von Sisyphos. – Reinbek b. Hamburg 1959

René Char, Eindrücke von früher. – In: *G. Neske (Hg.)*, Erinnerung an Martin Heidegger

Anne Cohen-Solal, Sartre. – Reinbek b. Hamburg 1988

Günther Dehn, Die alte Zeit, die vorigen Jahre. Lebenserinnerungen. – München 1962

Wilhelm Dilthey, Der Aufbau der geschichtlichen Welt in den Geisteswissenschaften.

– Frankfurt a. M. 1981

Elisabeth Endres, Edith Stein. – München 1987

Elzbieta Ettinger, Hannah Arendt-Martin Heidegger. Eine Geschichte. – München 1994

Walter Falk, Literatur vor dem ersten Weltkrieg. – In: *A. Nitschke u. a. (Hg.)*, Jahr-hundertwende. Bd. 1

Victor Farías, Heidegger und der Nationalsozialismus. – Frankfurt a. m. 1987

Joachim C. Fest, Hitler. – Frankfurt a. M. 1973

Sigmund Freud, Werke. Studienausgabe. 10 Bde . u. Ergänzungsband. – Frankfurt a. M. 1969

Hans-Georg Gadamer, Philosophische Lehrjahre. – Frankfurt a. M. 1977

Ders., Martin Heidegger und die Marburger Theologie. – In: *O. Pöggeler*

(*Hg.*), Hei-degger. Perspektiven zur Deutung seines Werkes

Ders., Hegel-Husserl-Heidegger. – Tübingen 1987

Arnold Gehlen, Studien zur Anthropologie und Soziologie. – Neuwied 1963

Annemarie Gethmann-Siefert/Otto Pöggeler. (*Hg.*), Heidegger und die praktische Philosophie. – Frankfurt a. M. 1988

Hermann Glaser (*Hg.*), Bundesrepublikanisches Lesebuch. Drei Jahrzehnte geistiger Auseinandersetzung. – München 1978

Ders., Kleine Kulturgeschichte der Bundesrepublik. – München 1991

Ders., Sigmund Freuds Zwanzigstes Jahrhundert. – München 1976

Günter Grass, Hundejahre. – Neuwied 1979

Conrad Gröber, Der Altkatholizismus in Meßkirch. – Freiburg 1934

Jürgen Habermas, Philosophisch-politische Profile. – Frankfurt a. M. 1987

Sebastian Haffner, Anmerkungen zu Hitler. – Frankfurt a. M. 1981

Ders., Von Bismarck zu Hitler. – München 1987

Ulrike Haß, Militante Pastorale. Zur Literatur der antimodernen Bewegung. – München 1993

Werner Heisenberg, Das Naturbild der heutigen Physik. – Hamburg 1955

Armin Hermann, 《Auf eine höhere Stufe des Daseins erheben》 – Naturwissenschaft und Technik : – In: *A. Nitschke u. a.* (*Hg.*), Jahrhundertwende, Bd. 1, 312

Friedrich Hölderlin, Sämtliche Werke und Briefe. 2 Bde. Hg. von G. Mieth. – München 1970

Hugo von Hofmannsthal, Gesammelte Werke in zehn Bänden. – Frankfurt a. M. 1979

Edmund Husserl, Cartesianische Meditationen und Pariser Vorträge. Husserliana Bd. 1. – Den Haag 1950

Ders., Ideen zu einer reinen Phänomenologie und phänomenologischen Philosophie. Bd. 1. – Halle 1928

Ders.，Die Konstitution der geistigen Welt. – Hamburg 1984

Ders.，Die Krisis der empirischen Wissenschaften und die transzendentale Phänomenologie. – Hamburg 1977

Ders.，Philosophie als strenge Wissenschaft. – Frankfurt a. M. 1965

William James，Der Wille zum Glauben. – In：*Ekkehard Martens*（*Hg.*），Texte der Philosophie des Pragmatismus. – Stuttgart 1975

Karl Jaspers，Notizen zu Martin Heidegger. – München 1978

Ders.，Philosophische Autobiographie. – München 1984

Ders.，Die Schuldfrage. – München 1987

Ernst Jünger，Der Arbeiter. – Stuttgart 1981

F. G. Jünger，Die Perfektion der Technik. – Frankfurt a. M. 1953

Wilhelm Kiefer，Schwäbisches und alemannisches Land. – Weißenhorn 1975

Lotte Köhler / Hans Saner（*Hg.*），Briefwechsel Hannah Arendt-Karl Jaspers. – München 1985

Alexander Kojève，Hegel. – Frankfurt a. M. 1988

Max Kommerell，Der Dichter als Führer in der deutschen Klassik. – Frankfurt a. M. 1942

Ernst Krieck，Nationalpolitische Erziehung. – Berlin 1933

Ders.，Volk im Werden. – Berlin 1933

Christian Graf von Krockow，Die Deutschen in ihrem Jahrhundert. – Reinbek b. Hamburg 1990

Friedrich Albert Lange，Geschichte des Materialismus. – Frankfurt a. M. 1974

Thomas Laugstien，Philosophieverhältnisse im deutschen Faschismus. – Hamburg 1990

Joachim G. Leithäuser，Im Gruselkabinett der Technik. – In：*Der Monat* 29（1959）

Mark Lilla，Das Ende der Philosophie. – In：Merkur 514（1992）

Ulrich Linse，Barfüßige Propheten. Erlöser der zwanziger Jahre. – Berlin 1983

Karl Löwith, Mein Leben in Deutschland vor und nach 1933. Ein Bericht. - Frankfurt a. M. 1989

Ludwig Marcuse, Mein zwanzigstes Jahrhundert. - Zürich 1975

Thomas Mann, Betrachtungen eines Unpolitischen. - Frankfurt a. M. 1988

Ders., Doktor Faustus. - Frankfurt a. M. 1986

Ders., Das essayistische Werk in acht Bänden. - Frankfurt 1968

Bernd Martin (Hg.), Martin Heidegger und das〈Dritte Reich〉. - Darmstadt 1989

Reinhard Mehring, Heideggers Áberlieferungsgeschick. - Würzburg 1992

Volker Meja/Nico Stehr (Hg.), Der Streit um die Wissenssoziologie. - Frankfurt a. M. 1982

Herman Melville, Moby-Dick. - Hamburg 1984

Hermann Mörchen, Aufzeichnungen (unveröffentlicht)

Andreas Müller, Der Scheinwerfer. Anekdoten und Geschichten um Fritz Heidegger. - Meßkirch 1989

Max Müller, Martin Heidegger. Ein Philosoph und die Politik. - In: G. Neske/ E. Kettering (Hg.), Antwort. Martin Heidegger im Gespräch

Ders., Erinnerungen an Husserl. - In: H. R. Sepp (Hg.), Edmund Husserl und die Phänomenologische Bewegung.

Wolfgang Müller-Lauter, Áber den Umgang mit Nietzsche. - In: Sinn und Form 1991,5

Robert Musil, Bücher und literatur. Essays. - Reinbek b. Hamburg 1982

Ders., Der Mann ohne Eigenschaften. - Hamburg 1960

Paul Natorp, Philosophie und Pädagogik. - Marburg 1909

Günther Neske (Hg.), Erinnerung an Martin Heidegger. - Pfullingen 1977

Ders./Emil Kettering (Hg.), Antwort. Martin Heidegger im Gespräch. - Pfullingen 1988

Friedrich Nietzsche, Sämtliche Werke. Kritische Studienausgabe. 15 Bde. - München 1980

Ders. ,Der Wille zur Macht. – Frankfurt a. M. 1992

August Nitschke u. a. (Hg.) ,Jahrhundertwende. Der Aufbruch in die Moderne. 2 Bde. – Reinbek b. Hamburg 1990

Paul Noack ,Carl Schmitt. Eine Biographie. – Berlin 1993

Hugo Ott ,Martin Heidegger. Unterwegs zu seiner Biographie. – Frankfurt a. M. /New York 1988

Ders. ,Edmund Husserl und die Universität Freiburg. – In: *Hans R. Sepp* (Hg.) ,Edmund Husserl und die phänomenologische Bewegung.

Dietrich Papenfuss/Otto Pöggeler (Hg.) , Zur philosophischen Aktualität Heideggers. 3 Bde. – Frankfurt a. M. 1990f.

Heinrich Wiegand Petzet ,Auf einen Stern zugehen. Begegnungen mit Martin Heidegger. – Frankfurt a. M. 1983

Georg Picht , Die Macht des Denkens. – In: *G. Neske* (Hg.) , Erinnerung an Martin Heidegger

Platon , Politeia. Werke in zehn Bänden . – Frankfurt a. M. 1991,Bd. 5

Helmuth Plessner ,Macht und menschliche Natur. – In: *Ders.* ,Zwischen Philosophie und Gesellschaft. – Frankfurt a. M. 1979

Ders. ,Die Stufen des Organischen und der Mensch. – Berlin 1975

Otto Pöggeler ,Der Denkweg Martin Heideggers. – Pfullingen 1983(Dritte erweiterte Ausgabe 1990)

Ders. (Hg.) , Heidegger. Perspektiven zur Deutung seines Werkes. – Königstein 1984

Ders. Heideggers politisches Selbstverständnis. – In: *A. Gethmann-Siefert /O. Pög-geler* (Hg.) ,Heidegger und die praktische Philosophie

Ders. ,Spur des Wortes. Zur Lyrik Paul Celans. – Freiburg 1986

Léon Poliakov/Joseph Wulf (Hg.) , Das Dritte Reich und seine Denker. – Berlin 1959

Marcel Proust ,Auf der Suche nach der verlorenen Zeit. – Frankfurt a. M. 1978

Walter Rathenau, Zur Kritik der Zeit. – Berlin 1912(1925)

Stefan Reinhardt (*Hg.*), Lesebuch. Weimarer Republik. – Berlin 1982

Heinrich Rickert, Kulturwissenschaft und Naturwissenschaft. – Freiburg 1926 (1910)

Ders., Die Philosophie des Lebens. – Tübingen 1922

Rainer Maria Rilke, Werke. 6 Bde. – Frankfurt a. M. 1987

Fritz K. Ringer, Die Gelehrten. Der Niedergang der deutschen Mandarine 1890 – 1933. – München 1987

Heinrich Rombach, Phänomenologie des gegenwärtigen Bewußtseins. – Freiburg 1980

Edgar Salin, Hölderlin im Georgekreis. – Godesberg 1950

Jean-Paul Sartre, Der Ekel. – Reinbek b. Hamburg 1993

Ders., Ist der Existentialismus ein Humanismus? – In: *Ders.*, Drei Essays. – Berlin 1977

Ders., Das Sein und das Nichts. – Reinbek b. Hamburg 1993

Ders., Die Transzendenz des Ego (1936). – Reinbek b. Hamburg 1982

Max Scheler, Der Genius des Krieges und der Deutsche Krieg. – Leipzig 1915

Ders., Die Stellung des Menschen im Kosmos. – Bonn 1991

Ders., Vom Umsturz der Werte. – Bern 1955

Carl Schmitt, Politische Romantik. – Berlin 1925

Ders., Politische Theologie. – Berlin 1922

Guido Schneeberger, Nachlese zu Heidegger. Dokumente zu seinem Leben und Denken. – Bern 1962

Reinhold Schneider, Der Unzerstörbare. – Freiburg 1945

Arthur Schopenhauer, Der Briefwechsel mit Goethe. – Zürich 1922

Alexander Schwan, Politische Philosophie im Denken Heideggers. – Opladen 1989

Hans Rainer Sepp (*Hg.*), Edmund Husserl und die Phänomenologische Bewegung. Zeugnisse in Text und Bild. – Freiburg 1988

Georg Simmel, Philosophie des Geldes. – Frankfurt a. M. 1989

Peter Sloterdijk, Kritik der Zynischen Vernunft. – Frankfurt a. M. 1983

Kurt Sontheimer, Antidemokratisches Denken in der Weimarer Republik. – München 1978(1922)

Oswald Spengler, Der Mensch und die Technik. Beiträge zu einer Philosophie des Le-bens. – München 1931

Edith Stein, Briefe an Roman Ingarden. – Freiburg 1991

Dieter Thomä (Hg.), Die Zeit des Selbst und die Zeit danach. Zur Kritik der Textge-schichte Martin Heideggers. – Frankfurt a. M. 1990

Hartmut Tietjen, Verstrickung und Widerstand. – (Unveröffentlichtes Manuskript)1989

Paul Tillich, Die Sozialistische Entscheidung. – In: Werke. Bd. 2. – Stuttgart 1962

Ferdinand Tönnies, Gemeinschaft und Gesellschaft. – Darmstadt 1991

Ernst Troeltsch, Deutscher Geist und Westeuropa. – Tübingen 1925

Bernhard Waldenfels, Phänomenologie in Frankreich. – Frankfurt a. M. 1983

Max Weber, Der Beruf zur Politik. – In: Ders., Soziologie-Weltgeschichtliche Analy-sen-Politik. – Stuttgart 1964

Bernhard Welte, Erinnerung an ein spätes Gespräch. – In: G. Neske (Hg.), Erinnerung an Martin Heidegger

Benno von Wiese, Ich erzähle mein Leben. – Frankfurt a. M. 1982

Rolf Wiggershaus, Die Frankfurter Schule. – München 1986

Wilhelm Wundt, Sinnliche und übersinnliche Welt. – Leipzig 1914

Elisabeth Young-Bruehl, Hannah Arendt. Leben und Werk. – Frankfurt a. M. 1982

Heinz Zahrnt, Die Sache mit Gott. – München 1988

Stefan Zweig, Die Welt von Gestern. – Frankfurt a. M. 1977

六、参考文献（二）

Günther Anders, Ketzereien. – München 1991

Ders., Kosmologische Humoresken. – Frankfurt a. M. 1978

Karl-Otto Apel, Transformation der Philosophie. – Frankfurt a. M. 1991

Hans Blumenberg, Lebenszeit und Weltzeit. – Frankfurt a. M. 1986

Otto Friedrich Bollnow, Existenzphilosophie. – Stuttgart 1955

Ders., Das Wesen der Stimmung. – Frankfurt a. M. 1988

Walter Biemel, Martin Heidegger. – Reinbek b. Hamburg 1973

Medard Boss, Psychoanalyse und Daseinsanalytik. – München 1980

Pierre Bourdieu, Die politische Ontologie Martin Heideggers. – Frankfurt a. M. 1976

Stefan Breuer, Die Gesellschaft des Verschwindens. Von der Selbstzerstörung der technischen Zivilisation. – Hamburg 1992

Rüdiger Bubner u. a. (Hg.), Neue Hefte für Philosophie. Wirkungen Heideggers. Heft 23. – Göttingen 1984

John D. Caputo, The Mystical Elements in Heidegger's Thought. – Ohio 1978

Jacques Derrida, Vom Geist. Heidegger und die Frage. – Frankfurt a. M. 1988

Alexander Garcia Düttmann, Das Gedächtnis des Denkens. Versuch über Heidegger und Adorno. – Frankfurt a. M. 1991

Hans Ebeling, Heidegger. Geschichte einer Täuschung. – Würzburg 1990

Ders., Martin Heidegger. Philosophie und Ideologie. – Reinbek b. Hamburg 1991

Norbert Elias, Áber die Zeit. – Frankfurt a. M. 1984

Günter Figal, Heidegger zur Einführung. – Hamburg 1992

Ders., Martin Heidegger. Phänomenologie der Freiheit. – Frankfurt a. M.

1988

Kurt Fischer, Abschied. Die Denkbewegung Martin Heideggers. – Würzburg 1990

Luc Ferry/Alain Renaut, Antihumanistisches Denken. – München 1987

Forum für Philosophie, *Bad Homburg* (*Hg.*), Martin Heidegger: Innen-und Außenansichten. – Frankfurt a. M. 1989

Manfred Frank, Zeitbewußtsein. – Pfullingen 1990

Winfried Franzen, Von der Existenzialontologie zur Seinsgeschichte. – Meisenheim am Glan 1975

Hans-Georg Gadamer, Wahrheit und Methode. – Tübingen 1990

Jean Gebser, Ursprung und Gegenwart. – München 1973

Stanislav Grof, Geburt, Tod und Transzendenz. – Reinbek b. Hamburg 1985

Wolf-Dieter Gudopp, Der junge Heidegger. – Frankfurt a. M. 1983

Karl Heinz Haag, Der Fortschritt in der Philosophie. – Frankfurt a. M. 1985

Jürgen Habermas, Der philosophische Diskurs der Moderne. – Frankfurt a. M. 1985

Ders., Nachmetaphysisches Denken. – Frankfurt a. M. 1988

Klaus Heinrich, Versuch über die Schwierigkeit nein zu sagen. – Frankfurt a. M. 1964

Hans-Peter Hempel, Heideggers Weg aus der Gefahr. – Meßkirch 1993

Ders., Heidegger und Zen. – Frankfurt a. M. 1987

Ders., Natur und Geschichte. Der Jahrhundertdialog zwischen Heidegger und Heisenber. – Frankfurt a. M. 1990

Vittorio Hösle, Die Krise der Gegenwart und die Verantwortung der Philosophie. – München 1990

Paul Hühnerfeld, In Sachen Heidegger. – Hamburg 1959

Christoph Jamme/Karsten Harries (*Hg.*), Martin Heidegger. Kunst-Politik-Technik. – München 1992

Hans Jonas, Gnosis und Spätantiker Geist. – Göttingen 1988

Matthias Jung, Das Denken des Seins und der Glaube an Gott. – Würzburg 1990

Peter Kemper (*Hg.*), Martin Heidegger. – Faszination und Erschrecken. Die politische Dimension einer Philosophie. – Frankfurt a. M. 1990

Emil Kettering, Das Denken Martin Heideggers. – Pfullingen 1987

Leszek Kolakowski, Die Moderne auf der Anklagebank. – Zürich 1991

Peter Koslowski, Der Mythos der Moderne. – München 1991

Helga Kuschbert-Tölle, Martin Heidegger. Der letzte Metaphysiker? – Königstein/Ts. 1979

Philippe Lacoue-Labarthe, Die Fiktion des Politischen. Heidegger, die Kunst und die Politik. – Stuttgart 1990

Karl Leidlmair, Künstliche Intelligenz und Heidegger. Äber den Zwiespalt von Natur und Geist. – München 1991

Theodor Lessing, Geschichte als Sinngebung des Sinnlosen. – München 1983

Karl Löwith, Heidegger-Denker in dürftiger Zeit. – Stuttgart 1984

Jean-Francois Lyotard, Heidegger und die Juden. – Wien 1988

Thomas H. Macho, Todesmetaphern, – Frankfurt a. M. 1987

Herbert Marcuse, Kultur und Gesellschaft. – Frankfurt a. M. 1967

Ders., Der eindimensionale Mensch. – Neuwied 1967

Rainer Marten, Denkkunst. Kritik der Ontologie. – München 1989

Ders., Heidegger Lesen. – München 1991

Reinhard Margreiter/Karl Leidlmair (*Hg.*), Heidegger. Technik-Ethik-Politik. – Würzburg 1991

Werner Marx, Gibt es auf Erden ein Maß? – Frankfurt a. M. 1986

Ders., Heidegger und die Tradition. – Hamburg 1980

Barbara Merker, Selbsttäuschung und Selbsterkenntnis. Zu Heideggers Transformation der Phänomenologie Husserls. – Frankfurt a. M. 1988

Hermann Mörchen, Adorno und Heidegger. Untersuchung einer philosophischen Kommunikationsverweigerung. – Stuttgart 1981

Ders. ‚Macht und Herrschaft im Denken von Heidegger und Adorno. – Stuttgart 1980

Ernst Nolte ‚Heidegger. Politik und Geschichte im Leben und Denken. – Berlin 1992

Hanspeter Padrutt ‚Und sie bewegt sich doch nicht. Parmenides im epochalen Winter. – Zürich 1991

Georg Picht ‚Glauben und Wissen. – Stuttgart 1991

Helmuth Plessner ‚Die Verspätete Nation. – Frankfurt a. M. 1988

Otto Pöggeler ‚Philosophie und Politik bei Heidegger. – Freiburg 1972

Ders. ‚Neue Wege mit Heidegger. – Freiburg 1992

Thomas Rentsch ‚Martin Heidegger. Das Sein und der Tod. – München 1989

Manfred Riedel ‚Für eine zweite Philosophie. – Frankfurt a. M. 1988

Joachim Ritter ‚Metaphysik und Politik. – Frankfurt a. M. 1969

Richard Rorty ‚Kontingenz, Ironie und Solidarität. – Frankfurt a. M. 1989

Rüdiger Safranski ‚Wieviel Wahrheit braucht der Mensch? Áber das Denkbare und das Lebbare. – München 1990

Richard Schaeffler ‚Die Wechselbeziehung zwischen Philosophie und katholischer Theologie. – Darmstadt 1980

Wolfgang Schirmacher ‚Technik und Gelassenheit. Zeitkritik nach Heidegger. – Freiburg 1983

Walter Schulz ‚Philosophie in der veränderten Welt. – Pfullingen 1984

Günter Seubold ‚Heideggers Analyse der neuzeitlichen Technik. – Freiburg 1986

Peter Sloterdijk ‚Weltfremdheit. – Frankfurt a. M. 1993

Manfred Sommer ‚Lebenswelt und Zeitbewußtsein. – Frankfurt a. M. 1990

Herbert Stachowiak (*Hg.*) ‚Pragmatik. Handbuch des Pragmatischen Denkens. – Hamburg 1986

George Steiner, Martin Heidegger. Eine Einführung. – München 1989

Dolf Sternberger, Áber den Tod. – Frankfurt a. M. 1981

Michael Theunissen, Der Andere. – Berlin 1977

Ders., Negative Theologie der Zeit. – Frankfurt a. M. 1991

Dieter Thomä, Die Zeit des Selbst und die Zeit danach. Zur Textgeschichte Martin Heideggers. – Frankfurt a. M. 1990

Ernst Tugendhat, Philosophische Aufsätze. – Frankfurt a. M. 1992

Silvio Vietta, Heideggers Kritik am Nationalsozialismus und an der Technik. – Tübingen 1989

Elmar Weinmayr, Einstellung. Die Metaphysik im Denken Martin Heideggers. – München 1991

Franz Josef Wetz, Das nackte Daß. Zur Frage der Faktizität. – Pfullingen 1990

Richard Wisser (Hg.), Martin Heidegger-Unterwegs im Denken. – Freiburg 1987

译 后 记

在本书的翻译中,凡海德格尔的专有术语,译者均按给自己定的译法,尽量意译为通俗易懂的汉语词汇,这也多少合乎海德格尔遣词造句的精神:避雅不避俗。他把大量不登传统哲学大雅之堂的德文口语、俗字略加调整,取为他自己的生存论概念,从传统哲学表达方式看,不伦不类,十分诡谲。但这种新造的文风正好是他"远哲学近生活"思想倾向的体现。但愿译者的尝试,多少能传一点海德格尔的这种"神",并获得读者们的认可。

和我写作《亚里士多德传》一书时一样,整个移译工作是在"两地书"中完成的。我在德国的乌帕河畔用铅笔写成又乱又丑的汉字,按期于周末寄给远在北京的"她"。"她"则在工余假日将其辨认录入到"窗口"里去。这位"她"就是工资收入高于我两三倍的"拙荆"。尽管这种内助并不是我"得天独厚",但我仍为此万分庆幸。也愿这种内助普天皆是。本人对哲学的愚忠甚至得到"犬子"理解,并且不断在"技术上"提供支持和帮助,使我时常感慨系之。正是囿于这种生存体验,我不赞同海德格尔把无情无绪看作人生在世的最基础的结构,而更倾向于马克斯·舍勒的洞见:"爱与亲密无间"、心心相印与携手共进,才是人生在世的最深沉的基础结构。这不仅为我与"她"的生存共在所证明,更为我与学界同人友译稿初成,杜丽燕女士和柯小刚先生不辞辛苦仔细审读了全书的译文,张祥龙先生和邢滔滔先生审读了1至9章的译稿。他们向译者贡献了很好的建议,勘正初稿中的大小错误,数以千计。黑尔德(K. Held)先生和特拉沃尼(P. Trawny)先生、鲍姆(Walter Baum)先生、奥特林豪斯母女(Gabriele und Bettina Ortlinghaus)都为译者理解原文提供过有益的帮助。书中海德格尔的几首小诗都经过杜丽燕女士的润色。译者只能在此一并表示衷心感谢。当然,译文中仍然会有很多问题与错译,应由译者全权负责,恳请读者批评指正。

译文本应一年前就交给商务印书馆,但因诸事冗杂,延误至今才得完稿。为此,对商务印书馆,特别是本书编辑陈小文先生对译者的理解与支持,以及他对本书出版所付出的艰辛表示由衷的谢意。

译 者

1998 年 10 月 15 日

识于京西骚子营

重 印 后 记

本书中文第一版名为《海德格尔传》,收入商务印书馆《世界名人传记丛书》中。这次重印,收入《中国现象学文库·现象学原典译丛》,书名按照陈嘉映和孙周兴先生的建议按原书直译为《来自德国的大师——海德格尔和他的时代》。此次重印只改动了个别译名的翻译,校正了一些手民之误,译文语句未做改动。张卜天先生为本书校出各类手民之误近百处,特此感谢。

译 者
2006 年 4 月 19 日
识于镶黄旗

图书在版编目(CIP)数据

来自德国的大师:海德格尔和他的时代/(德)吕迪格尔·萨弗兰斯基著;靳希平译.—北京:商务印书馆,2021(2022.8重印)
ISBN 978-7-100-19511-9

Ⅰ.①来… Ⅱ.①吕… ②靳… Ⅲ.①海德格尔(Heidegger,Martin 1889-1976)—哲学思想—研究 Ⅳ.①B516.54

中国版本图书馆CIP数据核字(2021)第032395号

权利保留,侵权必究。

来自德国的大师
——海德格尔和他的时代

〔德〕吕迪格尔·萨弗兰斯基 著
靳希平 译

商 务 印 书 馆 出 版
(北京王府井大街36号 邮政编码100710)
商 务 印 书 馆 发 行
北京冠中印刷厂印刷
ISBN 978-7-100-19511-9

2021年3月第1版 开本 850×1168 1/32
2022年8月北京第3次印刷 印张 20⅝
定价:98.00元